행복심리학

사회심리학적 접근

James B. Allen 지음

김정호, 김선주, 김완석, 박경순, 안귀여루, 최상섭 옮김

Σ 시그마프레스

행복심리학 : 사회심리학적 접근

발행일 | 2019년 9월 10일 1쇄 발행

저　자 | James B. Allen
역　자 | 김정호, 김선주, 김완석, 박경순, 안귀여루, 최상섭
발행인 | 강학경
발행처 | ㈜ 시그마프레스
디자인 | 이상화
편　집 | 류미숙

등록번호 | 제10−2642호
주소 | 서울시 영등포구 양평로 22길 21 선유도코오롱디지털타워 A401~402호
전자우편 | sigma@spress.co.kr
홈페이지 | http://www.sigmapress.co.kr
전화 | (02)323−4845, (02)2062−5184~8
팩스 | (02)323−4197

ISBN | 979−11−6226−192−7

The Psychology of Happiness in the Modern World:
A Social Psychological Approach

The Psychology of Happiness in the Modern World, first edition, 9780826132826 by James B. Allen PhD has been published by Springer Publishing Company New York, NY, USA

Copyright © 2018 by Springer Publishing Company, LLC

Korean language edition © 2019 by Sigma Press, Inc., published by arrangement with Springer Publishing Company, LLC through John Scott & Company

✽ 책값은 책 뒤표지에 있습니다.

이 도서의 국립중앙도서관 출판예정도서목록(CIP)은 서지정보유통지원시스템 홈페이지 (http://seoji.nl.go.kr)와 국가자료종합목록시스템(http://www.nl.go.kr/kolisnet)에서 이용하실 수 있습니다.(CIP제어번호: CIP2019033620)

이 책은 James B. Allen이 쓴 *The Psychology of Happiness in the Modern World: A Social Psychological Approach*를 번역한 책이다. 저자는 질문을 던진다. 무엇이 우리를 행복하게 하는가? 행복은 변할 수 있는가? 행복을 증진할 수 있는 방법은 있는가? 그리고 철저하게 과학적 연구에 바탕을 두고 경험적으로 검증된 길을 따라 답을 찾는 여정을 시작한다. 아마도 여러분이 각 장의 말미에 첨부되어 있는 많은 양의 참고문헌 목록을 본다면 이 책이 행복에 대한 답을 찾기 위해 얼마나 성실한 노력을 기울였는지를 알 수 있을 것이다.

심리학자들은 오랫동안 한 개인의 행복이 잘 변하지 않는다고 생각해왔다. 사람마다 행복의 설정점(set piont)이 있어서 사건에 의해 오르락내리락할 수 있지만 결국 자신의 행복 설정점으로 회귀한다는 주장이다. 그뿐만 아니라 한 개인의 10년 전 행복 수준을 알면 지금의 행복 수준을 예측할 수 있다거나, 쌍둥이 중 한 명의 행복도로 다른 한 명의 행복도를 알 수 있다고도 한다. 이런 주장들은 개인의 행복은 많은 부분 정해져 있고 잘 변하지 않는다는 전제를 깔고 있다. 그러나 이 책의 저자는 행복은 변할 수 있고, 더 좋아질수도 더 나빠질 수도 있다고 본다. 그리고 행복을 증진시키려면 어떻게 해야 할지에 대한 답을 방대한 과학적 연구들을 바탕으로 찾아가고 있다.

행복은 사회적 환경, 개인의 선택 및 진화의 산물이다. 진화적 유산이 우리의 행복을 어떻게 만들어내는지, 개인은 어디까지 어떤 방법으로 행복을 통제할 수 있는지, 사회구조적 측면이 행복에 어떻게 영향을 주는지가 궁금하다면, 이 책을 읽어볼 것을 추천하다. 특히 사회구조적 주제들을 이렇게 심도 있게 다룬 교재는 별로 없었다. 아마도 이 책을 공부함으로써 독자들은 행복심리학에 관한 지식이 더 깊고 더 넓게 한 단계 진보되는 경험을 할 수 있을 것이다.

이 책의 역자들은 고려대학교 심리학과로 인연이 맺어진 선후배 사이이다. 현재는 '행복을 위한 걷기모임'을 함께하며 학문적 · 실제적 만남을 주기적으로 갖고 있고, 이번 기회에 좋은 책을 함께 번역하게 되었다. 서문과 제3장은 김정호, 제1 · 2장은 김선주, 제4 · 10장은 안귀여루, 제5 · 9장은 박경순, 제6 · 7장은 최상섭, 제8 · 11장은 김완석 교수가 번역하였다. 그리고 책의 전반적인 틀이나 용어의 통일성을 갖추는 작업은 김정호와 김선주가 했다.

끝으로 이 책이 나오기까지 도움을 주신 많은 분께 감사의 마음을 전한다. (주)시그마프레스 임직원 여러분께도 다시 한 번 감사를 드린다.

2019년 8월
역자 대표 김정호, 김선주

이 책은 무엇이 우리를 행복하고 흡족하고 기쁘고 삶에 만족하게 만드는가에 대한 과학적 연구의 스토리를 소개한다. 사회적 환경, 개인적 선택 및 공유되는 인간의 진화적 유산이 어떻게 우리의 행복을 만들어내는지에 관한 매우 매력적인 스토리이다. 사회적 환경이란 우리 주위의 친구, 가족, 지인, 동료뿐만 아니라 우리 삶을 조형하는 문화 경제적 힘까지를 의미한다. 이 힘이 이 책의 주요 초점이다. 개인적 선택이라 함은 '인격 강점'과 우리가 우리 주변 사건들을 해석하는 방식에 대한 긍정심리학의 중요한 초점을 의미한다.

이 책은 실직, 소득 불균형, 경제적 성장 및 사회복지 정책 같은 경제적 요인이 행복에 어떻게 영향을 주는지를 다룬다. 이와 관련해서는 경제 시스템이 행복에 중요한 영향을 주는 서로 다른 문화적 가치와 어떻게 연관되는지를 알아본다. 자본주의 경제 시스템과 그에 수반된 가치인 개인주의, 경쟁, 물질적 풍요를 주의 깊게 살펴보면, 이들 가치가 광범위한 소비재 광고와 맞물려서 행복에 중요한 의미를 갖는다는 것을 발견하게 된다.

사회문화적 환경도 다른 방식이지만 마찬가지로 행복과 연관이 있다. 예를 들면 문화는 행복과 신체적 건강의 관계에 영향을 준다. 게다가 종교적 신념과 행복 간의 관계는 종교에 대한 문화적 태도와 물질적 풍요의 사회적 수준에 의해 강하게 영향을 받는다. 작업 환경 또한 행복에 영향을 준다. 그러므로 일의 중요성에 관한 문화적 가치가 중요하다. 아울러 작업 스트레스가 가족의 삶을 방해할 수 있고, 이는 행복에 중요한 의미를 갖는다. 따라서 이 책은 직장과 정부의 정책이 일-가족 간 개입과 상호작용해서 어떻게 행복을 높이거나 낮추는지를 검토한다. 우리는 결혼, 부모되기 및 우정을 검토해서, 더 즉시적 사회적 환경의 중요성을 탐색하고 있다.

그 과정에서 우리는 중요한 질문과 대면하게 된다. 이것들 중 몇 가지는 경제학과 직접적으로 연결된다. 돈이 많으면 더 행복할까? 광고는 아이들의 웰빙에 어떤 영향을 줄까? 실직보험 같은 사회적 안전망의 존재는 직업이 있는 사람을 포함한 모든 사람의 행복에 영향을 줄까? 개인의 사회적 관계에 관한 다른 질문도 있다. 결혼하면 더 행복할까? 부모 되기가 행복에 어떤 영향을 줄까? 직장에 친구가 있는 것이 얼마나 중요한가?

행복의 많은 부분이 자신의 통제하에 있다는 것을 아는 것은 대단히 흥미로운 일이다. 물론 가지고 태어난 성격이 중요하고, 행복을 발견하는 인간의 능력은 부분적으로 진화로 인해 만들어진 것처럼 보인다. 그러나 이들 영향이 스토리의 끝이 아니다. 대체로 "행복은 우리 머릿속에 있다." 왜냐하면 삶의 사건들을 해석하는 우리의 방식이 행복에 지대한 영향을 미치기 때문이다. 예를 들어 사회적 비교를 피하고, 긍정적 경험과 정서를 구하며, 감사와 낙관성을 갖는 것은 행복과 삶의 만족감을 증진시킬 수 있다. 이 모든 것이 거의 우리 자신의 통제하에 있다.

이 책은 이 통찰로부터 파생된 다른 근본적인 질문을 검토한다. 예를 들어 심리학자들은 행복이 잘 변하지 않는다고 오랫동안 생각해왔다. 즉, 지금 느끼는 행복이 미래에 느낄 행복과 유사하다는 것이다. 이는 전혀 사실이 아니다. 행복은 변할 수 있다. 더 좋아질 수도 더 나빠질 수도 있다. "우리 자신의 행복을 증진시키기 위해 어떻게 해야 할까?"

행복이 변할 수 있다는 통찰은 다른 질문으로 이어진다. 무엇이 우리를 더 행복하게 만들지 예측할 수 있는가? 사람들은 행복을 증진하기 위해 어떻게 행동해야 하는지 아는가? 혹은 불행을 끝낼 적절한 행동이 있는가? 아마도 가장 중요한 것은 행복을 직접 찾아서 열심히 추구할 수 있는가 하는 것일 테다. 적극적으로 찾으면 행복을 발견할 수 있는가? 혹은 여러 사람들이 주장했던 것처럼 행복에 대한 적극적인 추구는 모두 실패하도록 운명지어진 게 사실인가? 만약 우리가 의식적으로 행복을 얻으려고 시도한다면 행복은 사라져 없어지는가? '행복'을 적극적으로 찾는 대신에, 간접적으로 우리를 더 행복하게 만들어줄 여러 가지 '미덕'을 구해야 하는가? 이 책은 이러한 질문들에 대한 답을 제공할 것이다.

이 책은 또한 과학적 진보의 스토리를 말해준다. 이는 철저하게 과학적 문헌에 바탕을 두고 있고, 이 질문들에 대해 경험적으로 검증된 대답을 제공하며, 행복이 어떻게 증진될 수 있는지에 관한 질문에 답을 한다. 독자들은 이 분야의 사실들뿐만 아니라 그 사실들을 얻은 과학적 과정들을 살펴볼 것이고, 행복에 관해 현재 알고 있는 것과 알지 못하는 것 간의 경계를 이해하게 될 것이다.

• • •
이 책의 주요 독자

이 책은 심리학, 통계 및 연구방법론에 대한 최소한 배경지식을 가진 학부생들을 대상으로 한 행복심리 혹은 긍정심리 과정의 주교재로 쓰였다. 간결한 비전문적 언어를 사용해서 전문용어를 정의하고, 연구방법론과 통계 결과를 기술하고 있다. 심리학개론 정도의 기본적 이해를 가진 학생들에게도 이 책은 접근 가능하고 이해 가능할 것이다.

이 책은 또한 사회심리학, 심리학개론, 건강심리학, 적응심리학 과정의 부교재로 사용될 수 있다. 이 책은 이론, 방법론 및 결과의 의미를 충분히 깊이 탐구해서, 심화과정 학생들에게 경험논문을 이해하는 발판을 제공한다. 이 책을 통해 중요한 이슈들을 이해한 다음에는 각 장에 인용된 연구들을 찾아 읽음으로써 이해를 확장하고 심화한다.

• • •
이 책의 특징

사회구조적 이슈 포함

이 책의 중요하고 특별한 특징은 행복과 웰빙에 영향을 주는 '조건들'에 관해 우리가 알고 있는 것에 강조점을 둔다는 것이다. 예를 들어 소비자 문화, 실직, 소득 불평등, 사회복지 체제, 직업에 대한 문화적 이해 및 가족과 국가와 회사의 정책에 의한 직무방해 같은 영역을 심층적으로 파헤침으로써 이들이 행복과 어떻게 관련되는지를 탐구한다. 이는 학생들에게 그들 자신의 행복을 직접적으로 증진시키기 위해 할 수 있는 것들에 관해 강한 확신을 준다. 이 사회구조적 주제들을 어떤 식으로든 다룬 교재들이 없고, 많은 책들이 이 주제들을 완전히 무시한다. 하지만 인간행복의 심리학을 온전하게 논의하려면 이 요인들을 포함해야만 한다.

인간은 사회적 존재이고, '사회적'이란 말은 우리가 직접적으로 상호작용하는 아주 가까운 사람들을 넘어서서 확장된다. 그러므로 학생들이 만약 경제, 문화 및 행복 간의 관계에 관해 학습할 기회를 갖지 못한다면 손해를 보는 것이다. 지적인 수준에서뿐만 아니라 완전히 많은 것을 알고 있는 의식 있는 시민이 되는 능력의 관점에서도 손해다. 왜냐하면 시민이라면 경제성장과 행복 간의 관계와 그에 따라 오는 문제들을 알아야 한다. 또한 실직하면 동일 임금으로 재취업해도 행복이 완전히 회복되지 못해 개인에게 '상처를 남기는지' 여부에 관해서 알 필요가 있다. 이 책은 이런 류의 여러 질문을 다룬다.

포괄적인 분야의 포함

이 책은 사회구조적 이슈와 긍정심리학의 더 개인적 관심 둘 다를 균형 있게 다룬다. 성격에 대한 장이 있고, 개인차와 행복을 다루는 장도 있다. 이 책은 긍정정서가 어떻게 행복을 구축할 수 있는가, 그리고 사건을 해석하는 방식이 얼마나 중요한가를 검토한다. 또한 개인의 행복을 증진할 수 있는 긍정심리학적 개입을 광범위하게 다룬다.

진화는 심리학적 이론 사이에서 중요한 위치를 차지해왔고, 행복에 관한 중요한 통찰을 제공하고 있다. 인간행복에 제한점들이 있다는 것뿐만 아니라, 행복이 조상들의 생존과 번식의 성공과 연합된 행동들을 추구함으로써 증진될 수 있다는 것을 제안한다. 진화론에 근거한 제안들은 때때로 다른 관점의 설명과 꽤 다르고, 학생들은 진화적 관점을 이해할 필요가 있다. 이런 이유로 이 책은 진화와 행복을 다루는 장을 포함한다.

이 책이 다른 책에 비해 더 강조하는 부분은 행복을 증진할 수 있는 방법이다. 경험적으로 검증된 긍정심리학적 개입과 아울러, 전체로서의 사회의 행복을 증진시킬 수 있는 가능한 조직 변화를 탐구한다. 세금과 사회복지 정책을 재검토하는 것과 같은 변화들 또한 경험에 기반을 둔다. 이 책은 또한 정치적 영향들도 논의한다.

행복심리 과학

이 책은 행복심리의 과학을 강조한다. 나는 사실뿐만 아니라 그 사실들이 어떻게 얻어졌고, 그것들을 이론적으로 어떻게 이해해야 할지를 설명하려고 노력했다. 이는 모든 과학에서 결정적으로 중요한 두 가지 요소다. 이것은 스토리를 더 흥미롭게 만들고, 학생들의 학습을 도와줄 것이다. 단순하게 장황한 사실들을 읽는 것은 지적으로 충족감이 별로 없다. 그 사실들이 왜 중요한지, 우리가 알고 있는 다른 것과 어떻게 관련되는지, 그것들이 사실임을 얼마나 확신할 수 있는지를 알지 못한다면, 사실 자체로는 크게 도움이 되지 못한다.

나는 연구의 많은 측면들이 필연적으로 상관관계이고 따라서 인과관계는 조심스럽게 고려되어야 한다는 것을 알 때, 행복과 돈의 관계와 관련된 사실이 더 흥미로워지고 더 쉽게 기억되며 더 유용하다고 생각한다. 인과관계가 평가되는 방식을 앎으로써 어떤 결과가 다른 결과보다 더 중요한 이유를 이해하게 된다. '작은' 관계가 의미하는 것에 관한 정보를 더 자세하게 아는 것 또한 도움이 된다. 일단 최소한의 부의 역치를 넘으면 그 이상의 돈은 별로 중요하지 않다는 주장에 대해 더 자세하게 아는 것 또한 중요하다. 이 책은 이 문제들을 살펴본다.

이를 위해서는 대학 교재의 전형적인 수준보다 더 자세히 연구에 대해 설명해야 한다. 이를 위해 연구방법론을 설명하고, 인과적 귀인이 적절한지를 논의하고, 많은 연구들의 결과들을 논의하고, 학생들이 주요 논문들의 표와 그래프들을 해석하도록 한다. 매개와 중재관계 또한 논의한다. 학생들은 중요한 발견들을 어떻게 해석해야 하는지를 배우게 될 것이다.

입문자를 위한 과학

비록 과학이 강조되지만, 이 책은 심리학 초심자들도 사용할 수 있다. 학생들에게는 심리학개론 수준의 기본적인 지식만이 요구된다. 그 이상의 연구방법이나 통계에 관한 지식은 가정하지 않는다. 예컨대 매개관계처럼 기법상의 이슈들이 생기면, 기술적인 세부사항으로 내려가지 않고 넓은 개념적인 수준에서 그것들을 논의하고 있다. 개념들은 처음 소개할때 분명하게 정의하였다.

책의 내용은 내적 흥미를 유발하여 읽고 싶게 만든다. 행복의 특징, 재미의 중요성, 행복을 생산하는 데 있어서 돈의 역할, 결혼 및 아이들과 행복, 행복한 사람이 성공하는가, 직업적 성공이 행복을 이끄는가, 행복이 변하는가, 변한다면 어떻게 변할 수 있는가, 행복은 직접적으로 추구될 수 있는가? 이런 등등의 주제들은 학생들을 자연스럽게 책 속으로 초대할 것이다.

James B. Allen, PhD

차례

행복 연구

초등학교 시절 나는 커서 어떤 사람이 되고 싶은지에 관한 글쓰기 숙제를 했다.

나는 행복한 사람이 되고 싶다고 썼고 사람들은 내가 과제를 이해하지 못했다고 말

했다.

나는 그들이 인생을 이해하지 못했다고 했다.

– 작가 미상

행복심리학에 오신 것을 환영한다! 무엇이 우리의 삶을 행복하고 만족스럽게 만드는
가? 그냥 그렇게 태어나는 것인가? 아니면 어린시절부터 우리에게 보상이 되는 무
엇인가가 있는가? 행복은 내적 요인에 달려 있는가 혹은 외부적 영향에 달려 있는가, 아
니면 둘 다?

아마도 우리는 누구나 태생적으로 행복하고 낙천적인 듯 보이는 사람을 알고 있을 것
이다. 내가 기억하는 한 친구는 고등학교 시절 집이 부유하지도 않았고 10대들의 사회적
위계에서 잘나가지도 않았던 친구다. 우리 둘은 졸업반이었고, 비록 둘 다 운동신경이 아
주 좋진 않았지만, 보통은 운동대표선수들을 위해 마련된 '운동광' 체육수업에 수강신청
을 했다. 우리는 제대로 따라가지 못했고, 코치와 다른 학생들로부터 멸시를 당했다.

나는 비참했다. 비록 이 끔찍한 체육수업을 통과하고 나면 내 삶이 더 나아질 것이라는

것을 알았는데도 말이다. 어쨌든 나는 다음 해에 대학에 진학할 것이고, 불안과 희망을 가지고 다가올 기회와 책임을 기대하고 있었다. 그러나 내 친구는 달랐다. 나만큼이나 체육수업을 따라가지 못하고 있었고, 고등학교 졸업 후 전망도 별로였지만, 그는 항상 웃고 있었다. 그는 매 순간을 행복하게 받아들였고 세상을 기쁨으로 바라보았다.

행복은 이와 같이 대부분 성격의 문제인가? 만약 그렇다면 행복은 변화될 수 있는가, 혹은 고정되고 불변하는 개인차인가? 마치 피자 위에 뿌린 앤초비를 무척 좋아하는 사람이 있는가 하면, 결코 그 맛에 적응하지 못하는 사람이 있는 것처럼 말이다. 이 질문에 대한 대답은 제3장에서 살펴보겠다. 우리는 의도적으로 행복을 추구할 수 있는가? 만약 그렇다면 최선의 방법은 무엇인가? 제4장에서 이 질문을 다룰 것이다. 우리를 실제로 행복하게 혹은 불행하게 만들 수 있는 요인들에 관해 얼마나 자주 오해를 하는지도 살펴볼 것이다.

행복과 만족을 느끼는 능력을 제약하는 인간적 특징이 있는가? 인간은 문화를 형성하는 능력 면에서 다른 동물들과는 다르다. 하지만 우리는 또한 다른 동물들과 마찬가지로 자연선택의 압력을 받으며 진화했다. 선사시대 조상들에게는 언제 기쁨, 만족, 충족감이 유용했을까? 어떤 상황하에서 이 긍정정서들은 그들이 더 성공적으로 생존하고 번식하는 데 도움을 주었을까? 긍정정서가 생존과 번식에 항상 도움이 될 수는 없다는 것도 가능한가? 만족과 충족감을 너무 쉽게 느꼈던 사람은 계속 분투하려는 필수적인 동기가 결여되었을까? 그리고 이것이 진화적 성공을 방해할 수도 있었을까? 이와 유사한 진화에 관한 질문들은 제2장에서 논의하겠다.

우리는 행복해지기 위해 사회적 접촉이 필요하도록 진화했는가? 그렇다면 다른 사람과 단지 함께하는 것으로 충분한가, 아니면 깊은 정서적 유대감을 형성해야 하는가? 유대감의 적정 수가 있는가? 많을수록 좋은가? 결혼과 부모되기는 어떤가? 그것들이 우리를 행복하게 만드는가? 혹은 더 행복한 사람들이 결혼하고 부모가 될 가능성이 그저 더 높은 것인가? 그 대답은 제5장에서 다뤄질 것이다.

행복은 돈, 물질주의와 어떤 관련이 있는가? 제6장과 제7장에서는 실업, 소득 불평등 및 경제성장이 행복과 어떤 관련이 있는지와 같은 중요하고 정치와 관련된 쟁점들을 검토하겠다. 연구자들이 도달한 몇 가지 결론은 놀라움을 줄 것이다.

제8장은 일과 행복에 관한 흥미로운 질문들을 다룬다. 직업적으로 성공하면 더 행복한가? 다른 한편으로 행복한 사람이 성공하는가, 혹은 행복한 사람은 현실에 안주하고 "뭘

몰라서 행복하고" 전반적으로 둔한 것인가? 다른 질문들도 아주 많다. 행복을 감소시킬 정도까지 일을 사랑하는 것이 가능한가? 일의 어떤 특성이 행복에 영향을 주는가? 일과 가정생활 간 교차지점이 어떻게 우리에게 영향을 주는가?

제9장은 수세기 동안 철학자, 신학자, 학자들을 사로잡아온 주제를 논의한다. 행복은 삶의 의미와 어떻게 관계되는가? 또한 종교가 왜 행복을 증진시키는지를 이해하려는 연구자들의 노력을 탐구한다.

행복과 건강은 어떤 관련이 있는가? 행복이 건강의 원인인가, 건강이 행복의 원인인가, 혹은 단지 상관이 있는 것인가? 제10장은 이 질문을 면밀히 검토한다. 또한 이 질문과 대답의 배후에 있는 과학을 탐구해서 과학자들이 이 질문을 어떻게 다뤘고 그들의 대답을 얼마나 확신할 것인지를 검토한다.

마지막으로 어떤 구체적인 개입이 개인의 행복을 개선할 수 있는가? 사회적 수준에서의 행복이 사회구조적 요인을 다룸으로써 개선될 수 있는 방법이 있는가? 마지막 장은 우리 모두가 더 행복한 삶을 살 수 있는 방법을 제안하기 위해 책 전반의 연구와 이론을 함께 검토하겠다.

• • •
행복심리학

이 책은 무엇이 우리를 행복하고, 자족하고, 즐겁고, 삶에 만족하게 하는가에 관한 과학적 연구의 스토리를 소개한다. 이 스토리에는 행복심리학의 사실들뿐만 아니라 그 사실들을 어떻게 얻었는지도 소개하려 노력했다. 이 접근이 스토리를 더 흥미롭게 만들 것이라 생각한다. 행복심리 과학에 관한 이야기를 펴내는 것은 잘못된 정보, 견해, 그리고 대중지에서 이 주제를 다룰 때 유행처럼 쏟아내는 뜻 모를 심리학 용어들을 반박하기 위해서도 중요하다.

행복을 공부하는 것이 흥분되고 재미있다는 것을 발견하길 바란다. 이것은 일상적 삶 및 경험과 쉽게 연결되는 주제이다. 다음 장에서는 행복이 시간이 흐르면서 변화될 수 있는지와 어떻게 변화될 수 있는지의 이슈도 다룬다.

비록 이 책이 행복에 영향을 주는 요인들을 살펴보지만, 개인의 행복을 증진시키기 위한 구체적인 제안을 포함한 매뉴얼로서 사용되는 자습서는 아니다. 그럼에도 불구하고 전반적 주제와 통찰이 이용가치가 있는 행복심리학 연구로부터 나왔고, 나는 이 책에 대한 당신의 흥미와 기쁨이 여기에 더해지기를 희망한다. 예를 들어 돈과 행복 혹은 물질과 행복의 관계를 탐구하는 것은 우리와 같은 소비지상주의 문화에서 중요하다. 이 논의를 통해 여러분 각자가, 자기 개인의 행복과 전체로서 우리 사회의 행복과 웰빙을 증가시킬 수 있는 방법에 관해 생각할 거리를 갖게 되길 희망한다.

상황적 및 사회구조적 요인

이 책은 또한 행복과 웰빙에 영향을 주는 조건들에 관해 우리가 알고 있는 것을 강조한다. 제3장은 성격에 초점을 두고 있고, 개인차와 행복에 관한 질문은 다른 장에서도 다룬다. 그러나 그 장의 제목에서 알 수 있듯이 우리가 다루는 주제들은 성격의 개인차보다는 행복에 영향을 주는 중요한 사회적 요인들에 더 강조점을 두고 있다.

예를 들면 제6장에서 사회 경제구조가 어떻게 행복에 영향을 주는지를 검토한다. 그리고 제7장에서 이 사회구조적 요인에 관해 더 살펴보고, 경제 시스템에 의해 장려되는 광고와 문화가치가 행복에 미치는 영향을 검토한다. 문화와 사회적 규범이 결혼 같은 사회적 관계(제5장)에서, 종교적 신념(제9장)과 결합해서, 신체적 건강(제10장)과 관련해서, 행복에 어떻게 영향을 미치는지를 살펴본다. 이것은 단지 몇 가지 예지만 이 책의 접근법을 알게 해준다.

긍정심리학 : 서론

왜 이 책의 제목에 긍정심리학이란 용어를 사용하지 않았는지 궁금한 독자들도 있을 것이다. 긍정심리학은 구글에서 950만 조회수를 기록하고, 미국심리학회(APA)에 의해 지원되는 사회과학연구의 전자 데이터베이스인 PsychINFO의 주제어로 12,000번 가까이 학술발표에 인용된 널리 알려진 용어다. 여러 면에서 긍정심리학은 인간의 행복을 이해하기 위한 현대 과학적 노력의 얼굴이다.

긍정심리학은 주로 인간의 덕성 혹은 강점 연구와 연관된다. 예를 들어 긍정심리학자들은 사랑, 감사, 통제력, 희망 같은 강점들이 개개인이 삶에서 부딪히는 도전들을 효과적으로 다룰 수 있게 도와준다는 것을 발견했다(Ingram & Snyder, 2006; Gallagher & Lopez, 2009; Snyder & McCullough, 2000). 긍정심리학은 또한 행복에 이르는 경로로서 내적 혹은 자율적 힘을 강조한다(Kasser, 2004; Ryan & Deci, 2000; Sheldon & Kasser, 2001). 이 귀중하고 중요한 접근은 개인에게 있어서 잘못된 점에만 맞춰져 있던 심리학의 초점을 개인의 좋은 점으로 돌리게 해주었다. 개인의 강점 및 내재적 동기에 대한 연구와 심리학에서 초점의 변화는, 어떻게 하면 개인으로 하여금 더 행복하고 더 충족된 삶을 살 수 있게 할 것인가에 대한 중요하고 새로운 이해를 가능하게 했다. 제3장(성격)과 제4장(기쁨과 긍정적 감정)에서 이 연구들을 살펴보겠다.

그럼에도 긍정심리학은 개인에 초점을 맞추는 경향이 있다. 연구는 보통 주어진 환경에서 잘 살고 있는 개인을 찾는데서 시작해서, 그들의 성공과 관련된 성격특성을 목록화해 나간다. 반대 방향에서 접근하는 연구도 있다. 개인이 행복하게 잘 살도록 도와준다고 여겨지는 긍정적 특징에서 시작해서, 그 특징들이 행복 및 웰빙과 실제로 연관이 있는지 여부를 검증한다. 두 경우 모두 웰빙과 행복을 증진시키는 개인의 긍정적 특징을 강조한다.

이 개인주의적 접근은 마틴 셀리그만의 저술과 연구에서 쉽게 눈에 띈다. 셀리그만은 긍정심리학의 창시자로 여겨진다. 일반 대중을 위한 셀리그만의 책들은 긍정심리학의 개인주의적 접근을 반영하며, 웰빙을 예측하는 개인의 '인격강점'을 강조한다. 인격강점은 감사, 낙관성, 독창성, 판단력 및 지혜 등을 포함한다. 그가 가장 최근에 쓴 세 권의 대중서적은 자신의 행복을 증진하기 위해 개발할 수 있는 개인의 인격강점을 강조한다(Seligman, 2002, 2006, 2011).

셀리그만은 전공자들을 위한 인격강점에 관한 책인 인격강점과 덕목의 분류(*Character Strengths and Virtues: A Handbook and Classification*)의 공동저자이기도 하다(Peterson & Seligman, 2004). 이 교재는 APA의 정신질환의 진단 및 통계편람(DSM)이 정신질환을 분류하는 방식과 거의 마찬가지로 긍정적 인격강점을 분류하고자 한다. 게다가 그는 자신이 소속된 펜실베이니아대학교에 긍정심리학 센터를 설립하고 지휘한다. 그 센터는 웹사이트를 통해 긍정심리학에 관해 더 공부하고 싶어 하는 사람들에게 무료로 자료를 제공하고 있다. 웹사이트를 최근 확인해보니 Duckworth(2016)의 새 책 그릿 : IQ, 재능, 환경을 뛰어넘는 열정적 끈기의 힘(*Grit: The Power of Passion and Perseverance*)을 홍보하고 있었는데, 그 책은 열정과 끈기가 어떻게 성공을 이끌 수 있는지를 가르쳐준다고 되어 있다. 이것은 환경과 사회적 요인들과는 대조적인 개인적 특징을 강조하는 또 다른 예다.

셀리그만은 그의 저술들(예 : Seligman, 2006)에서 개인의 성격이라는 개인적 측면이 아닌 환경적 및 상황적 영향의 중요성을 언급한다. 그러나 개인의 인격강점에 대한 지대한 관심은 그의 책들과 긍정심리학 분야 초창기 개막 성명에서 분명하게 드러난다. 2000년에 그는 미하이 칙센트미하이와 함께 *American Psychologist* 저널 특별호로 신생 분야인 긍정심리학을 다뤘다. 셀리그만은 심리학이 개인을 환경에 지나치게 '수동적인' 반응자로 보는 '피해자학(victimology)'을 창조했다고 할 정도로 상황적 힘을 지나치게 강조했다고 주장했다(Seligman & Csikszentmihalyi, 2000, p. 6). 셀리그만은 긍정심리학이 이 같은 환경적 초점에서 벗어나기를 분명하게 원했다.

셀리그만의 작업은 매우 가치 있는 것이다. 사실 그는 20세기 후반부터 21세기 초반에 가장 많이 인용되고 영향력이 있는 심리과학자 중 한 명이었다. 나는 그의 업적을 매우 존경한다. 하지만 다음 절에서 설명한 것처럼 이 책을 씀에 있어서의 나의 관심은 긍정심리학 수장의 관심과는 어떤 점에서는 달랐다. 이 책 전반에 걸쳐 우리는 약간 다른 접근법을 가지고 행복과 웰빙에 관한 연구 세계를 탐구한다.

긍정심리학 비평

몇몇 비평가들은 긍정심리학의 개인주의적 측면에 이의를 제기해왔다. 예를 들어 유명한 사회비평가인 Barbara Ehrenreich(2009)는 긍정심리학이 개인주의와 긍정적 사고를 강조하며, 개인에게 '라이프 코칭' 서비스를 팔아서 돈벌이를 하는 사람들에게 너무 많은 지원과 편이를 제공한다고 비판한다. 개인이 문화공동체로부터 따로 떨어져 고립되어 있어도, 단지 더 긍정적으로 생각하는 것만으로 삶을 변화시킬 힘을 갖는다고 지나친 약속을 받는다.

마찬가지로 그녀는 공동체에 '긍정적 사고'와 행복증진 과정을 파는 큰 사업이 있고, 긍정심리학은 이 미심쩍은 행위를 모르는 새에 장려할 수 있다고 지적한다. Ehrenreich(2009)는 긍정심리학을 거짓말이라고 비난하는 것은 아니다. 그 대신에 긍정적 사고에 대한(지나친-?) 옹호가 미국에서 이미 성행하고 있는 좋지 못한 문화적 경향성에 힘을 실어줄 수 있다는 것을 우려한다.

Ehrenreich(2009)는 또한 긍정심리학이 사회개혁에 대한 요구들을 둔화시킬 수 있음을 우려한다. 그녀는 행복을 증진시키는 책임을 너무 많이 개인에게 돌리고 있다고 보았고, 긍정심리학은 사회제도의 변화를 외치기보다는 개인 스스로 변화하도록 조언하는 경향이 있다고 제안한다. 예를 들면 더 큰 행복을 찾는 사람이라면 누구든, 정부에게 더 좋은 고용보험을 요구함으로써가 아니라 아마도 낙관주의를 훈련함으로써 세상에 대한 자신의 관점을 변화시켜야 한다.

다른 비평가인 William Davies(2016)는 행복산업: 정부와 대기업이 웰빙을 파는 방법(*The*

Happiness Industry: How the Government and Big Business Sold Us Well-Being)이라는 책을 썼
으며, 긍정심리학이 사회개혁을 억누르기 위해 사용될 수 있음에 대해 비슷한 우려를 표
했다. Davies는 전반적으로 사회개혁을 논의하지만, 또한 미국 근로자들이 여러 가지 문
화적·경제적 이유로 소외감, 스트레스, 불행감을 많이 느낀다고 지적한다. 그는 정부와
기업이 해로운 환경을 바꾸기보다 근로자를 '손봐서' 생산성 문제를 해결하는 것을 더 선
호한다고 분명히 주장한다.

몇몇 심리학자들조차 행복 연구가 나아가는 방식에 관해 우려를 하고 있다. 예를 들면
이 분야는 상대적으로 돈 많고 편하게 사는 선진국 특권층 엘리트 집단의 구미에 맞춘 뻔
한 얘기를 하고 있다는 비판을 받아왔다(예 : Hart & Sasso, 2011). 이 저자들은 이 분야
가 정말 어렵게 사는 개발도상국 사람들의 웰빙 문제를 더 강력하게 고심해야 한다고 주
장한다. 다른 심리학자들은 Ehrenreich(2009)와 Davies(2016)의 우려를 더 밀접하게 공유
한다. Held(2002, 2005)는 긍정심리학이 긍정성과 개인주의를 강조하는 데 관심을 갖는
다. Ehrenreich(2009)나 Held는 '긍정적이 되는 것'을 반대하는 것은 아니지만, 지나치게
강조된다는 점을 걱정한다. '긍정성'이 별로 도움이 되지 않을 수 있다는 무수한 예들이
있다. 가령 우리 문화가 사람들이 그렇게 생각하기를 원함에도 불구하고, 의학적 문제들
은 '긍정적 사고'에 반응하지 않는다.

Ehrenreich(2009) 및 Davies(2016)와 유사하게 Held(2002)는 긍정심리학의 개인주의가
희생자를 비난하는 우를 범할 수 있다고 염려한다. 그녀는 코미디언 조지 칼린이 사람들
에게서 "좋은 하루 보내라."는 말을 들었을 때 좋아하지 않았음을 인용했다. 왜냐하면 이
것은 모든 부담을 그에게 짊어지게 하기 때문이다. Held(2002, p. 987)는 이것을 문화적
압제의 형식으로 보고, "만약 미국에서 당신이 좋은 하루를 만들 수 없다면 얼마나 열심히
노력했나에 무관하게 당신의 개인적 실패다. 당신 개인의 도덕적 실패인 것이다."라고 대
응한다.

행복심리학 : 사회심리학적 접근

나는 긍정심리학의 개인에 대한 강조를 과장하고 싶지 않다. 이 분야는 어떤 환경이 인간
의 강점과 덕성을 증진시키는지를 검토하고, 또한 어떻게 환경이 이 강점들을 더 잘 길러
내도록 할 수 있는지를 숙고한다. 예를 들어 Ingram과 Snyder(2006)는 심리치료자들이 인
격강점이 스트레스 환경과 상호작용해서 어떻게 심리적 역기능을 산출하는지를 생각해

봐야 한다고 주장했다. 따라서 긍정심리학자들은 인격강점 같은 개인주의적 관심에만 초점을 맞추는 것이 아니라, 이것들이 개인이 생활하는 환경과 어떻게 영향을 주고받는지를 고려해야 한다.

그럼에도 불구하고 주요 강조점은 개인의 인격강점과 그것을 길러내는 방식에 있긴 하다. Lopez, Pedrotti 및 Snyder(2015)의 저서인 긍정심리학: 인간강점의 과학적·실용적 탐구(*Positive Psychology: The Scientific and Practical Explorations of Human Strengths*)에서도 이 강조점을 볼 수 있다. 각 장의 제목들은 낙관주의, 자기효능감, 지혜, 공감 및 대처와 같은 개인주의적 개념들을 참조하고 있다. 한 개의 장에서 학교와 직장 둘 다를 다루긴 하는데, 온전한 한 개의 장을 '일'에 할애하지는 않았다. 돈, 물질주의 및 종교 같은 사회구조적 개념을 집중적으로 다루지도 않았고, 결혼제도와 그 대안으로서의 동거에 대해서도 폭넓은 논의를 포함하지 않았다. 이 또한 사회구조적 변인들이다. Lopez 등(2015)의 교재가 매우 훌륭하지만, 긍정심리학 전통에 견고하게 뿌리를 두고 있음에 의해 제약된다.

이 책은 현대세계에서의 행복심리학(*The Psychology of Happiness in the Modern World*)이라는 제목을 선택했고, 이 책의 부제에 사회심리학을 언급하여 다른 강조점을 반영했다. 비록 여러 장이 긍정심리학의 기본을 형성하는 인격강점에 대한 많은 연구들을 검토하고 있긴 하지만 돈, 실업, 결혼, 일과 같이 행복에 대해 역시 중요한 의미를 갖는 사회구조적 개념들을 강조하고자 한다. 나는 이 책에서 사회가 시민들의 행복을 개선할 수 있는 방법에 관한 광범위한 논의를 하고 싶었다. 이 책은 우리 사회의 최소한 몇몇 사회구조적 요인들에서의 변화에 대한 논의를 필연적으로 포함한다. 그러므로 부제 사회심리학적 접근은 상호 보완적이긴 하지만 긍정심리학과는 다른 인간행복과 웰빙을 연구하는 방식을 반영한다.

● ● ●

행복의 정치

바로 전 논의했던 긍정심리학에 대한 비판과 이 책의 제목을 왜 이렇게 정했는가에 관한 논의의 요점은 정치의 경계를 넘나든다. 대부분의 심리학자들이 피하려고 하는 주제이기도 하다. 우리는 우리의 과학을 객관적이고 가치 중립적인 것으로 본다. 그래서 대중과 정책입안자가 무언가를 결정할 때 우리의 발견들을 고려해주기를 원하지만, 일반적으로 자신들은 그 논의에 관여하고 싶어 하지 않는다. 나는 이것이 건강한 접근이라고 생각한다. 하지만 교육자들은 그 주제들의 정치적 함의를 언급할 의무가 있다고도 생각한다.

행복심리학은 다른 심리학 분야보다 더 중요한 정치적 영향을 갖는다. 이 점의 몇 가지는 이미 알 것이다. 만약 긍정심리학이 '긍정성의 힘'과 개인 각자가 자신의 행복을 만드는 능력에 대해(지나치게?) 강조한다면, 개인의 권한에 대한 이 같은 믿음으로 인해 사회개혁에 대한 요구는 시급하지 않은 사안으로 전락할 수 있다. 우리는 이 책을 통해 더 구체적인 정치적 암시를 몇 가지 더 살펴볼 것이다. 예를 들어 데이터는 소득과 부의 불평등이 낮은 행복감과 연관되어 있다고 말한다. 게다가 우리 경제의 기초를 형성하는 시스템인 자본주의와 연합된 몇몇 가치는 낮은 웰빙 수준과 연관됨을 보여준다. 특히 제5 · 8 · 9 · 11장에서 정치적 의미를 갖는 발견들을 살펴볼 것이다.

나의 역할은 단지 이 영향을 지적하는 것이다. 여러분에게 무언가를 해야 한다고 제안하는 것은 잘못된 것일 수 있다. 임상심리학을 공부하던 대학원생 동료가 얘기해준 스토리가 떠오른다. 그녀는 내담자들을 위한 유용한 메시지로 "내게 '마땅히 해야 한다'라고 하지 말라."라고 하였다. 내담자들은 때때로 자신의 삶은 자신에게 책임이 있고 남들이 말하는 "이래야 한다, 저래야 한다."에 상관없이 자신의 결정을 스스로 할 수 있다는 것을 배워야 했다.

그 교훈은 여기에도 매우 잘 적용된다. 예를 들어 소득 불평등과 웰빙 간의 관계는 사실이고, 그 관계는 불평등이 (낮은) 웰빙의 한 가지 원인이라는 점에서 아마도 인과적일 것이다.

소득 불평등과 행복은 부적 관계지만 소득 불평등은 생산성과 비생산성을 구분하는 큰 목적에 기여하고, 그러므로 우리 사회의 필수적인 요소일 수 있다. 소득 불평등이 기여하는 행복 이상의 중요한 목적이 있다고 결정할 수도 있다. 이런 생각은 소득 불평등-행복의 관계에 대해 남들과는 다르게 반응하게 할 수 있다. 그리고 그것도 좋다. 남들이 내게 "그래야 한다."라고 하게 하지 마라.

선생으로서 내 역할의 큰 부분은 사실들을 학습하도록 돕는 것이고, 더 중요하게는 사실과 허구를 구분하게 하는 것이다. 그리고 이 사실들의 정치적 암시를 지적해야 한다. 그러나 그 사실을 어떻게 사용할지는 여러분에게 달렸다. 나는 "이래야 한다."라고 말하고 싶지 않다.

행복 연구는 쓸데없거나 해로운 것인가

내가 행복심리학 과목을 가르치기 시작했을 때, 특히 이 책을 쓰기 시작했을 때, 몇몇 비평가들은 내게 행복이 사람들에게 '좋은' 것인지라는 근본적인 질문에 이르게 하는 질문들을 던졌다. 질문의 한 라인은 행복추구가 생산적인가 하는 것이었다. "행복이란 적극적으로 추구하면 찾을 수 있는 것인가?", "행복은 가치 있는 다른 뭔가를 하고 있을 때 저절로 생겨나는 것은 아닌가?", "당신의 책은 행복을 찾아나설 수 있다고 생각하게 해서 사람들을 헛수고하게 만드는 것 아닌가?"

질문의 또 다른 라인은 행복이 도덕적으로 건강한가 하는 것이다. Perez-Alvarez(2016)를 포함해서 몇몇 심리학자들은 심지어 행복보다는 더 중요한 목적들이 있는지를 질문해 왔다. '의미 있는' 삶을 사는 것은 행복한 삶을 사는 것보다 더 중요한가? "행복한 사람은 이기적인 부류의 사람들 아닌가? 그들은 지나치게 자신의 즐거움에 몰입되어서 남들에게 관심이 없는 것 같다.", "행복한 사람은 약간 게으른가? 만약에 정말로 행복하다면 열심히 일하려 하지도, 창의력을 발휘하려 하지도 않을까?"

이것은 좋은 질문들이고, 나는 이 책에서 이 질문들을 다루려고 노력했다. 특히 제4장에서는 직접적 추구를 통해 행복을 찾을 수 있는지를 살펴본다. 또한 제3장에서는 이와 관련해서 행복을 변화시키는 것이 가능한지를 다룬다. 행복한 사람들의 생산성에 관한 질문이 제8장에서 주로 다뤄진다. 이 책 전반에서 행복한 삶 대 의미 있는 삶의 질문이 다뤄진다. 이 책을 읽으면서 행복과 의미가 서로 대립하는지 여부를 스스로 결정하라. 우선은 이러한 질문이 있음을 인식하고, 마음 한구석에 그 질문을 유지하고 있으면 충분하다.

• • •
행복의 과학

마지막으로 이 책은 행복의 과학에 관한 책이다. 이것이 의미하는 가장 중요한 점은 여기 제시한 결론들이 연구자료에 기초한 경험적 기반에 있다는 것이다. 다시 말해 이 결론들은 '실제에 기초하고' 있으며, 단순한 의견이나 상식이 아니다. 인간행복에 일관된 실제가 있음을 아는 것은 흥미롭다. 그리고 여러분이 그것을 배우는 과정을 즐기길 바란다.

행복의 과학에서 또 다른 중요한 측면은 모든 과학이 그렇지만 우리의 지식은 한계가 있다는 것이다. 아직 답이 확실시되지 않은 몇 가지 주제가 있고, 이 질문에 답할 적절한 자료가 아직은 없다. 이 예들이 여러분을 좌절시키기보다는 가설을 세우고 이후 자료를 모으는 흥미로운 기회가 되길 바란다.

나는 과학적 발견 과정을 분명하게 하는 데 특별한 노력을 해왔다. 단지 사실들을 보고하고 넘어가기보다는 자료가 어떻게 수집되었고 연구자들이 어떻게 해서 그런 결론에 도달하게 되었는지를 설명하려고 한다. 또한 '중재(moderated)'하고 '매개(mediated)'하는 결과들의 중요한 테크니컬한 부분들도 논의하겠다. 독자들이 연구방법과 통계에 대한 배경지식이 거의 없다고 가정하고 논의를 진행한다. 사실들의 목록을 단순히 읽기만 하는 것은 지루하고 별 도움이 안 된다는 것이 내 생각이다. 주제를 제대로 이해하고 그것에 관해 많이 학습하기 위해서는 연구자들이 왜 그 질문들을 던졌고, 어떻게 답을 찾아가는지를 이해해야 한다.

• • •
행복심리학은 새로운 분야인가

긍정심리학의 구축

행복심리학에 대한 과학적 연구는 그다지 새로운 것이 아니다. 하지만 1998년 마틴 셀리그만이 APA 회장이 되었을 때 촉발된 극적인 초점 변화 때문에 새롭게 보일 수도 있다. 심리학회장 보고서(Fowler, Seligman, & Koocher, 1999, p. 559)에서 셀리그만은 심리학이 긍정심리학의 과학으로 방향 전환할 것을 강력히 촉구했다. "긍정심리학의 강조점은 개인의 긍정적 자질을 이해하고 확립하는 것이다. 이는 낙관성, 용기, 직업의식, 미래 지향성, 인간관계기술, 즐거움과 통찰 능력 및 사회적 책임감 등이다."

셀리그만(Fowler et al., 1999)은 심리학이 정신질환에 너무 초점을 맞춘 나머지 무엇이 개인을 행복하게 만드는가에는 충분히 초점을 두지 못했다고 주장했다(Gable & Haidt, 2005; Maddux, 2002; Simonton & Baumeister, 2005; Snyder & McCullough, 2000도 동의). 이 비판의 기원은 주로 제2차 세계대전 후 재향군인회와 국립정신건강연구소의 설립 때문이다. 이 두 조직은 정신질환을 치료하는 데 공헌을 했고, 심리학자들은 정신병리학을 연구하고 다루는 데 대해 고용과 보조금이 많다는 것을 발견했다. 그 결과 심리학은 사람들이 더 생산적이고 성취감을 느끼는 삶을 살도록 돕는 원래의 미션으로부터 멀어지게 되었다. 비평가들은 긍정심리학의 새로운 관점이 정신질환을 치료하는 것과 '정상적인' 사람을 더 행복하고 더 성취하도록 돕는 것 사이에서 적절한 균형을 회복하게 할 수 있을 것이라고 믿었다(Fowler et al., 1999; Seligman & Csikszentmihalyi, 2000).

APA 회장으로서 셀리그만은 심리학의 새로운 방향을 제창하는 많은 일을 했다. 그는 또한 이 새로운 방향성을 지지하는 구조적 틀을 구축하는 데 중요한 역할을 했다. 예를 들어 셀리그만 회장 재임 동안 APA는 그때까지 심리학에서 주어진 상 중 상금이 최대규모인 연례의 '긍정심리학 상'을 위한 외부 기금을 조성했다. 또한 긍정심리학에 관심이 있는 심리과학자들의 네트워크 수립을 도왔다(Fowler et al., 1999; Linley, Joseph, Harrington, & Wood, 2006). 셀리그만의 노력은 매우 성공적이었다. 새로운 긍정심리학 분과는 재빨리 학회지도 만들고 연구기금을 조성했다(Linley et al., 2006). 긍정심리학은 셀리그만의 1999년 학회장 연설 이래로 단기간에 빠르게 성장했다(Fowler et al., 1999). 그리고 지금은 잘나가는 과학 분과이다(Rusk & Waters, 2013).

게다가 인격강점에 대한 원래의 강조를 넘어서서, 긍정심리학은 인간의 행복이라는 더 전반적인 연구를 포함하는 것으로 확장되었다. 사회학, 정치학, 경제학 등 여러 분야의 연구자들도 긍정심리학의 영향을 받아서 인간행복을 연구하기 시작했다. 아울러 '웰빙'을 연구하는 학자들이, 한때는 각자들 상이한 영역에서 연구한다고 생각했었는데, 지금은 긍정심리학의 자극을 받아 인간행복 연구로 연결되었다고 생각한다(Rusk & Waters, 2013).

역사적 기원

긍정심리학이 강조하는 인간강점과 행복을 만들어내는 요인들에 대한 관심이 최근의 일이 아니다. 비록 긍정심리학이 이 주제들을 심리학의 가장 중심으로 가져오긴 했지만, 이 강조점은 심리학에 항상 있어 왔다. 예를 들어 미국심리학의 설립자라고 할 수 있는 윌리엄 제임스가 최초의 긍정심리학자로 여겨질 수 있는데, 그는 학습을 촉진하기 위해 선생과 학생들에게서 우리가 '인격강점'이라 하는 것을 촉진하는 연구를 했다(Taylor, 2001).

제임스는 오늘날 우리가 긍정심리학으로 볼 수 있는 다른 연구들도 했다. 1906년 APA 회장일 때, 그는 왜 어떤 사람은 자신의 잠재력을 최대로 충족시키고 다른 사람은 그렇지 못한가에 관해 이론화했다. 또한 모든 사람이 잠재력을 극대화하도록 돕기 위해 어떻게 할 수 있을지를 질문했다(Froh, 2004). 이 역시 인격강점에 대한 현대 긍정심리학의 관심과 분명하게 연관된다. 제임스가 20세기 전환기에 심리학자로서 매우 중요한 연구를 했다는 사실은, 셀리그만이 APA 회장이기 훨씬 이전에 긍정심리학의 시작이 있었다는 것을 보여준다.

그러나 긍정심리학의 가장 분명한 뿌리는 인본주의 심리학으로부터 온다. 에이브러햄 매슬로, 칼 로저스 등이 이끈 인본주의 심리학이 20세기에 오랫동안 끓어올랐지만, 1960년대와 70년대에 인기와 명망의 정점에 도달했다. 그것은 거의 행동주의와 프로이트의 정신분석에 대한 반발이었다. 행동주의에 대해서는 인간잠재력의 전체 범위를 인정하지 않는다는 것을 비판했고, 정신분석에 대해서는 지나치게 정신적 질병에 관심을 갖는 것에 대해 비판했다(DeCarvalho, 1990; Hergenhahn, 1997; Schultz & Schultz, 1996; Aanstoos, Serlin, & Greening, 2000; Bugental, 1963).

예를 들어 인본주의 심리학자들은 심리학자들이 재미, 만족, 감사 같은 인간경험의 긍정적 특징들을 연구해야 한다고 충고했다. 또한 인간경험을 풍요롭게 하고 우리 모두의 삶을 더 낫게 만들어줄 요인들의 연구를 지지했다(Hergenhahn, 1997). 따라서 인본주의 심리학은 셀리그만이 APA 회장 연설을 하기 훨씬 전에, 정신적으로 건강한 사람들의 연구를 옹호했고 인간성의 긍정적인 면에 초점을 맞췄다. 흥미롭게도 셀리그만과 칙센트미하이(2000)는 긍정심리학이 인본주의 심리학에 어느 정도 빚을 지고 있다는 것을 인정하면서도 인본주의 심리학은 결코 강력한 경험적 증거들을 산출하지 않았기 때문에 그 빚은 아주 작다고 주장했다. 이는 많은 인본주의 심리학자들을 분개하게 했다(Froh, 2004; Taylor, 2001 참조).

마지막으로 이 책에 인용된 논문들의 발표시기를 면밀히 검토해보면, 인본주의 심리학과 다른 영역의 연구자들이 셀리그만의 1999년 APA 연설 이전에 이미 행복 연구를 시작하고 있었다는 것을 볼 수 있다(Fowler et al., 1999). 예를 들면 이 분야의 선구자인 Ed Diener는 1985년경 "삶의 만족 척도(Satisfaction With Life Scale)"의 개발에 착수했다(Diener, Emmons, Larson, & Griffin, 1985 참조).

물론 더 이전 연구의 인용이 이 분야에서 셀리그만이 차지하는 중대한 영향력을 부인하는 의미는 아니다. 그는 심리학이 행복심리학 쪽으로 더 견고하게 재정립될 수 있게 했고 중요한 제도적 지원을 이끌어냈다. 그럼에도 불구하고 행복심리학의 역사적 기원에 관해 이해하는 것은 흥미롭고 중요하다.

●●●
연구자에게 행복은 어떤 의미인가

내가 이 책 제목에 '행복'이라는 용어를 사용한 이유는, 이 분야에 친숙하지 않는 사람들도 쉽게 알 수 있고 이해할 수 있기 때문이다. 그러나 연구자들은 우리가 행복이라고 생각하는 것들, 즉 개인이 만족감을 느끼고, 충족되고, 정서적·신체적으로 건강하게 삶을 살고, 자신의 삶이 의미 있다고 믿는 등에 대해 **행복** 대신에 **웰빙(well-being)**이란 표현을 더 자주 사용한다(Dodge, Daly, Huyton, & Sanders, 2012; Gillett-Swan & Sargeant, 2015). 이 책에서는 웰빙과 행복을 서로 교대로 사용하고 있다.

아직 행복이나 웰빙을 어떻게 정의해야 할지에 대한 분명한 의견일치는 없다. 그러나 연구자들은 정의가 개인의 삶의 질에 대한 전반적이고 포괄적인 의미를 포함해야 한다는 데 동의한다. 따라서 좋은 삶을 사는 사람들의 다른 특징들 중에서 정서, 인지, 동기 및 사회적 상호작용과 삶의 상황들을 아우르는 정의여야 한다(Dodge et al., 2012; Gillett-Swan & Sargeant, 2015). 이런 모든 차원을 포함하여 행복의 개념을 하나로 정의하라는 것은 매우 어려운 주문일 것이고, 웰빙의 정의에 관해 의견일치가 없는 주된 이유 중 하나일 것이다.

쾌락주의적 웰빙과 자기실현적 웰빙

쾌락주의적 웰빙

행복 혹은 웰빙을 어떻게 정의할 것인가에 대해 의견일치가 있진 않지만, 대부분의 연구자들이 공감하는 잘 확립된 정의 두 가지가 있다. 가장 대표적인 것이 쾌락주의적(hedonic) 전통과 자기실현적(eudaimonic) 전통이다. 쾌락주의적 관점에서 웰빙은 자신의 현재 상태에 대한 개인의 주관적 평가로 가장 잘 측정된다. '주관적'이란 말은 연구자들이 사람들의 행복상태에 대한 자기보고에 의존한다는 의미다(Deci & Ryan, 2008; Ryan & Deci, 2001).

쾌락주의적 관점은 개인이 자신의 웰빙을 어떻게 지각하는지를 더 직접적으로 평가하는 이점이 있다. 이 점이 자기실현적 접근과 다른데, 자기실현적 접근은 그 사람이 온전히 자발적이고 열심히 삶을 사는 정도를 질문하고, 이 정보로 그 사람의 웰빙 수준을 추론한다. 이것이 우리가 길게 논의할 중요한 대조점이다.

쾌락주의적 웰빙은 보통 주관적 웰빙(subjective well-being)이라고도 한다. 이 주관적 평가가 신체적 즐거움이나 잠깐의 긍정적 기분에 한정되지는 않는다. 그 대신 전체로서의 자신의 전반적 삶에 대한 개인의 인지적 평가와 현재 느끼는 긍정정서 및 부정정서를 포함한다(Deci & Ryan, 2008; Ryan & Deci, 2001). 이는 **삶의 만족(life satisfaction)**과 긍정정서, 부정정서로 평가된다. 여기서 정서(affect)는 감정에 대한 심리학적 전문용어이다.

쾌락주의적 전통은 한 사람이 '완전하게 기능하고' 자신의 온전한 잠재력에 도달한 정도를 측정하는 더 포괄적인 웰빙 측정치보다는 행복 연구와 광범위하게 연관된다. 자기실현적 전통은 포괄적인 측정에 더 강조점을 둔다. 쾌락주의적 접근은 삶에 대한 인지적 만족과 정서상태에 대한 주관적 보고를 강조하기 때문에 '행복'과 더 연결된다(Deci & Ryan, 2008).

이 책에 기술된 많은 연구들은 쾌락주의적 전통을 따르고 있다. 우리는 특히 주요 결과 변인으로 삶의 만족 측정치를 사용하는 많은 연구들을 살펴볼 것이다. 실제로 쾌락주의적 전통이 이 분야에서 주도적인 모델이다(Deci & Ryan, 2008; Ryan & Deci, 2001). 그러나 자기실현적 접근은 더 널리 퍼지고 있는 중이고 심도 있게 검토할 가치가 있다.

자기실현적 웰빙

자기실현적 관점은 '행복'에 대한 주관적 보고나 만족이 반드시 심리적 건강을 나타내지는 않는다는 것이다. 그 대신 진짜 심리적 건강은 자신의 온전한 잠재력을 지향하여 노력하는 것을 의미한다. 따라서 웰빙은 과정이지 최종 상태가 아니다. 웰빙 수준이 높은 사람은 자신의 온전한 잠재력에 도달하기 위해, 성장발전하기 위해 노력한다. 그리고 원래 의도한 대로 산다(Deci & Ryan, 2008, p. 2). 이 관점이 암시하는 것은 한 개인이 만족감이나 혹은 심지어 '행복감'을 느낀다 할지라도, 자신의 잠재력을 향해 성장하지 않는다면 높은 수준의 웰빙에 도달할 수 없다는 것이다.

Ryff의 모형 자기실현적 전통의 한 예로 Ryff(1989, Ryff & Singer, 2006, 2008)의 다차원 심리적 웰빙 모형을 들 수 있다(Deci & Ryan, 2008). 이 모형은 여러 철학자, 그중에서도 특히 아리스토텔레스가 심리적 건강과 인간 존재로서 진정한 잠재력에 도달하는 법에 관해 썼던 내용들을 바탕으로 개발되었다. 이 연구를 통해 자기실현적 웰빙의 여섯 가지 차원이 제시되었다. 자기수용, 삶의 목적, 자율성, 개인적 성장, 긍정적 인간관계 및 환경적 지배력이 그것이다. 그런 다음 연구를 통해 이들 차원이 삶의 만족과 자존감 같은 기존 웰빙 측정치를 예측하고, 행복과 웰빙에 영향을 줄 것으로 예상되는 삶의 상황 변화와 상관이 있다는 것을 증명함으로써 이 차원들을 타당화했다(Ryff & Singer, 2008).

자기결정 이론 자기실현적 전통의 또 다른 중요한 예는 Ryan과 Deci(2000)의 자기결정 이론(Self-Determination Theory, SDT)이다. SDT는 인간이 기본 심리적 욕구로 자율성 (자신의 삶에 통제력이 있다고 느낌), 유능감, 관계성(타인과 정서적으로 연결되어 있다고 느낌)을 갖는다고 가정한다. 우리는 이 욕구들을 충족시키도록 동기화되고, 다른 자기실현적 웰빙 모형이 예측하듯이, 이 욕구들을 충족하지 못한다면 온전한 잠재력에 도달하거나 온전하게 기능하는 인간이 될 수 없다. 따라서 단순히 삶에 만족한다고 느끼는 것은, 이 기본 욕구들이 충족되지 않는다면 완전한 웰빙이라고 보기에 충분치 않다(Ryan & Deci, 2001). 웰빙에 대한 SDT 접근은 제7장에서 물질주의를 논의할 때 특히 중요하다.

SDT 접근은 Ryff와 Singer(2008)의 접근과 약간 다르다. 한 가지 차이점은 SDT가 주관적 웰빙(예 : 삶의 만족과 긍정정서 및 부정정서) 측정치를, 전반적 웰빙에 대한 불완전하지만 타당한 측정치로 인정한다는 것이다. 또 다른 차이는 기본 욕구인 자율성, 유능감, 관계성이 웰빙의 핵심적인 원인이지, 그 자체가 웰빙 측정치는 아닌 것으로 보인다. 대신에 SDT는 웰빙지표로서, 활력(활동적이고 자발적이라는 느낌), 자기실현(온전한 잠재력에 도달했다는 느낌) 및 긍정적인 정신건강 측정치에 주로 의존한다(Ryan & Deci, 2001).

번영 Keyes(2002), Huppert와 So(2013), Diener 등(2010), 그리고 Seligman(2011)을 포함해서 몇몇 연구자 집단은 높은 웰빙을 나타내기 위해 **번영**(flourishing)이란 용어를 사용해왔다. 비록 이 노력이 웰빙 스펙트럼상에서 자기실현적 접근 쪽으로 기울어져 있긴 하지만, 쾌락적 전통의 요소들 또한 포함하고 있다(Hone, Jarden, Duncan, & Schofield, 2015). 여기서는 단지 셀리그만(2011)의 모델만 간단하게 논의하겠다. 웰빙의 정의에 관해 얘기하는 데 특별함이 있기 때문이다.

셀리그만(2011)은 웰빙을 정의하는 최고의 용어로 번영을 제안했다. '행복' 혹은 삶의 만족 같은 개념보다 웰빙의 더 포괄적이고 전반적인 상태를 나타내기 때문이다. 이 번영 모델은 다섯 가지 요소로 구성된다. 즉, 긍정정서(positive emotion), 참여(engagement), 관계(relationships), 의미(meaning), 성취(accomplishment)로 구성되고, 머리글자를 따서 PERMA라 부른다.

이 요소 중 몇몇은 약간 설명이 필요할 것 같다. 셀리그만에 따르면 참여란 우리의 주의를 온전하게 붙잡고 완전히 관여하는 활동을 갖는 것이다. 셀리그만은 여기에 몰입 (flow) 개념(Csikszentmihalyi, 1990)을 이용하고 있다. 몰입은 제4장에서 자세히 논의하고 있다. 의미란 우리 삶이 의미와 목적을 갖는다는 느낌을 나타낸다. 의미를 갖기 위해서는 자신보다 더 큰 과업 혹은 원인에 참여한다고 느껴야 한다. 마지막으로 SDT의 자율성 원리와 유사하게, 자주성과 내재적 동기가 중요한 요소이다. 높은 웰빙을 위해서 개인은 외적 보상을 위해서보다는 각 요소, 특히 성취를 그 자체로 추구해야 한다.

셀리그만(2011)은 웰빙에 대한 학술서적들을 숙독해서 이 요소들을 선택했다. 그는 이 요소들이 높은 웰빙과 '좋은 삶'과 함께 가는 가장 중요한 요인들이라고 판단했다. 그 결과 이 모델은 완전히 경험적이기보다는 다분히 이론적이다. 예를 들어 우리는 이 다섯 가지 요소가 웰빙에 중요한 요인의 전체집합을 구성하는지 여부에 관한 좋은 자료를 갖고 있지 못하다.

그럼에도 불구하고 번영하기 위해서, 그리하여 높은 수준의 웰빙을 성취하기 위해서, 한 개인은 이 요소들 각각의 높은 수준을 찾아야 한다. 단순히 '행복'하고 높은 삶의 만족을 갖는 것으로는 충분치 않다(Seligman, 2011). 이러한 요구 때문에 이 모델은 웰빙 스펙트럼상에서 자기실현적 접근 쪽으로 심하게 치우치게 된다.

실제로 셀리그만(2011)은 '행복'이란 용어를 거부한다. 또한 웰빙 연구자들이 삶의 만족 측정치에 지나치게 의존하는 데 대해 비판한다. '행복'이라는 용어는 매우 모호하고 완전한 번영의 속성을 불완전하게 담아내기 때문에 유용하지 않다고 본다. 대신에 행복은 그저 유쾌함과 즐거움 등을 시사하는 것이지, 완전하게 번영한 사람을 나타내지 않는 듯하다.

셀리그만(2011)은 삶의 만족 측정치에 대해서도 유사하게 비판했다. 한 사람이 자신의 삶에 만족할 수 있지만, 번영하지 않을 수 있다. 셀리그만(2011)은 또한 삶의 만족 측정치를 너무 많이 사용하는 데 대해서도 불만을 제기했다. 왜냐하면 삶의 만족 측정치는 현재의 기분에 의해 크게 영향을 받는 듯 보이기 때문이다. 셀리그만에 따르면 참된 웰빙은 단지 기분이 좋은 것 이상이어야 한다. 이것이 삶의 만족 측정치에 대한 중요한 비판이다. 연구자들이 웰빙을 어떻게 측정하는가에 관해서는 다음 절에서 더 자세히 논의하겠다.

셀리그만(2011)의 모델은 자기실현적 접근의 중요한 예다. 하지만 완전히 '순수한' 예는 아니라는 것을 인식하는 것이 중요하다. 왜냐하면 SDT처럼 현재의 정서에 어느 정도 무게를 두기 때문이다(PERMA에서 'P'). 또한 웰빙을 정의함에 있어서 쾌락적 접근과 자기실현적 접근 간의 개념적 차이의 대비를 잘 보여준다. 셀리그만(2011) 접근에서, 한 개인이 자신의 삶에 대한 긍정적 평가와 긍정적 기분을 표현하면서 '행복'할 수 있지만, 만약 의미를 찾는 노력을 하지 않는다면 상대적으로 낮은 웰빙상태로 여겨질 수 있음에 주의하라. 이는 쾌락주의 접근과 다르다.

쾌락주의적 접근과 자기실현적 접근은 정말 다른가

먼저 웰빙의 자기실현적 접근의 두 가지 예와 쾌락주의적 접근 간에 개념적 차이를 주목해보자. 자기실현적 웰빙의 Ryff의 모형과 SDT 모형은 모두 자기자신의 내적 정서상태 혹은 '행복'에 대한 개인의 평가에 거의 의존하지 않는다. 삶이 얼마나 잘 진행되고 있는가에 대한 개인의 인지적 평가에도 의존하지 않는다. 대신에 이 두 모델은 자신들이 삶을 통제하고 있는 정도와 자신의 운명과 목적을 위해 노력하고 있는 정도에 대한 개인의 느낌을 평가한다. 이 반응들이 웰빙으로 해석된다.

그러나 웰빙에 대한 두 가지 접근법 간에 의미 있는 경험적 차이가 있는지 질문하는 연구자들도 있다. Disabato, Goodman, Kashdan, Short 및 Jarden(2016; Kashdan, Biswas-Diener, & King, 2008 참조)은 이 질문에 답하기 위해 전 세계 109개국 7,617명을 대상으로 조사했다. 결과는 거의 쾌락적 웰빙과 자기실현적 웰빙이 구별되기보다는 유사한 구성개념임을 보여준다. 예를 들어 쾌락주의적 웰빙과 자기실현적 웰빙의 측정치는 서로 높은 상관을 보였다. 더 중요한 것은 이 두 개념이 외로움 같은 중요한 결과변인에 대해 유사하게 예측을 하는 경향이 있었다. 따라서 두 개념을 구분하는 것이 중요한지에 대해 의문을 제기하는 것은 합리적인 일이다(반대 의견은 Raibley, 2012 참조).

• • •
사회지표

연구자들은 또한 자살률, 유아사망률, 10대 임신, 고교 졸업 및 비만과 범죄통계 같은 사회지표를 웰빙을 정의하는 데 사용한다. 이때의 논리는 높은 범죄율, 자살률을 보이는 공동체의 성원들이 필연적으로 낮은 웰빙을 보일 것이라는 것이다. 이 같은 사회지표들은 흔히 사회경제적 요인들이 웰빙에 미치는 효과를 검증하기 위한 결과변인으로 사용된다(Diener, Lucas, Schimmack, & Helliwell, 2009).

제6장에서 몇 가지 예를 살펴볼 것이다. 예를 들어 소득 불평등을 몇몇 사회지표들과 연관짓는 연구가 있다(Pickett & Wikinson, 2007). 다른 연구는 실업률과 자살률의 관계를 보여준다(Stuckler, Basu, Suhrcke, Coutts, & McKee, 2009).

사회지표의 사용은 몇 가지 이득이 있다. 사회지표는 개인의 주관적 상태에 대한 자기 보고에 의존하지 않는 '객관적' 측정치이다. 또한 심리학 수업을 수강하고 있는 대학 2학년생 같이 편향된 표집이 아닌, 자연스러운 환경 속의 '실제' 사람들의 행동을 반영한다. 결국 사회지표는 웰빙의 중요한 요소들을 반영한다고 확고하게 말할 수 있다.

그러나 사회지표의 사용에도 문제는 있다. 첫째는 대개 어떤 사회지표가 사용되어야 할지 불분명하다는 것이다. 예를 들어 실업률과 웰빙의 잠재적 관계에 관심이 있는 연구자는 가능한 한 수많은 사회지표들 중에서 선택을 해야 한다. 아마도 실업률이 자살률에 영향을 준다고 생각할 이론적 이유가 있을 것이다. 하지만 실업률이 비만에 영향을 미칠 것을 기대하는 이유도 있지 않을까? 유아사망률은 어떤가? 어떤 사회지표를 선택할지 모를 때 부정확하거나 불완전한 결과를 가져올 수 있다(Diener et al., 2009).

또 다른 잠재적 문제는 사회지표들의 측정 품질에 관한 것이다. 사회지표 자료는 보통 정부나 사회복지 기록 보관소 자료를 이용한다. 그러므로 연구자들은 자료수집과 조사과정에 참여하지 않는다. 사회지표는 인상적이긴 하지만 때로 오해를 일으키거나 해석하기 어려울 수 있다(Diener et al., 2009).

예를 들어 어떤 죽음이 자살로 분류되어야 할지에 관해 불확실한 점이 있을 수 있다. 이 통계치들의 수집가는 모호한 상황에서의 죽음을 자살로 혹은 자살이 아닌 것으로 분류하는 실수를 범할 것인가? 이 경향성은 시간에 따라 혹은 행정구역에 따라 다를까? 예를 들어 자살의 정의는 통계기록보존부서를 누가 이끄는가에 따라, 정부에 따라 다를까? 이런 요인들에 대해 연구자는 흔히 제한된 지식을 가지며 대개는 통제력이 없는데, 이는 자료수집에 개입하지 않았기 때문이다(Diener et al., 2009). 결론적으로 사회지표는 웰빙을 정의하고 측정하는 효율적인 방법일 수는 있지만, 이 접근에 대한 잠재적 문제점들을 염두에 두어야 한다.

• • •

웰빙에 대한 경제적 접근

경제학자들은 웰빙을 정의하는 데 오랫동안 경제지표에 의존해왔다. 경제지표의 사용은 사람들이 자신의 웰빙을 증가시키는 것을 깊이 생각하고 획득하기 위해 돈을 사용하는 합리적 주체라는 가정에 기초한다. 예를 들어 만약 돈이 있다면 여가, 레크리에이션 기회 및 웰빙을 증진하는 상품과 서비스들을 살 수 있다. 따라서 돈이 많을수록 웰빙은 높아진다. 비록 경제학자들이 실제는 이렇게 단순하지 않을지라도, 이 추리는 경제적 접근의 기본 윤곽을 기술한다(Diener et al., 2009).

이 경제적 측정치 중 가장 중요한 것은 아마 국내총생산(GDP)일 것이다. GDP는 일정 기간 한 나라 안에서 판 모든 상품과 서비스 비용의 총합이다. 밀접하게 관련된 측정치로 국민총생산(GNP)이 있는데, 우리의 목적에서는 GDP와 본질적으로 같은 것을 측정한다. 따라서 경제학자들은 GDP(혹은 GNP)를 한 나라의 전반적 웰빙의 지표로서 오랫동안 고려해왔다. 약간 단순화시켜서 다시 말하면 논리는 간단하다. 한 나라의 부가 증가하면(GDP의 증가), 국민들이 웰빙을 증가시키는 것에 더 많은 돈을 쓸 것으로 가정할 수 있다.

제6 · 7 · 11장에서 웰빙의 경제적 정의의 장점들을 자세히 논의하고 있다. 그러나 미리 말하지만 수년간의 심리학 연구들은 최소한 많은 상황에서 사람들이 합리적 경제주체라는 핵심 경제적 가정에 의문을 제기한다. 게다가 엄격한 경제적 접근은 사람들의 주관적 느낌이나 목적에 분명하게 와 닿지 않기 때문에 심리학자들에게는 불만족스러운 것이다(Diener et al., 2009).

• • •
행복은 어떻게 측정하나

간단한 자기보고식 질문지 측정

이전 절에서 사회과학 연구자들이 행복과 웰빙을 어떻게 정의하는지 논의했다. 이번에는 행복을 측정하는 일반적인 기법을 살펴보겠다. 어떤 특정한 행복 척도에 관해 세부적으로 다루는 것은 아니다. 또한 이 기법들의 장점을 설명하겠다.

행복을 측정하는 가장 일반적이고 간단한 접근은 사람들에게 그냥 그들의 웰빙 수준을 자기보고하도록 요청하는 것이다. 이는 여러 가지 방식으로 이루어진다. 간단한 척도에 자신의 웰빙을 평가하도록 요청하기도 한다. 자주 사용되는 삶의 만족 척도(Diener et al., 1985, p. 72)는 "대체로 나의 삶은 나의 이상에 가깝다." 같은 질문을 던지고 '1 = 매우 그렇지 않다'에서 '7 = 매우 그렇다'의 7점 척도로 답하게 한다.

다른 척도는 시각 혹은 연상기호를 이용한다. 예를 들어 한 척도(Myers & Diener, 1996 참조)는 일련의 일곱 가지 '얼굴'을 보여주고 반응하게 한다. 얼굴들은 심하게 찡그린 얼굴부터 가장 행복한 미소의 얼굴까지 순서대로 배열되어 있고, 응답자들은 전반적으로 그들의 삶에 대해 느끼는 방식을 가장 잘 나타내는 얼굴을 선택한다. 캔트릴 '사다리' 척도(Cantril Ladder scale)는 시각자료를 사용하는 또 다른 예이다. 응답자들은 9개 발판의 사다리 그림을 본다. 사다리의 가장 위쪽 칸에는 "당신에게 있어 최선의 삶"이라 적혀 있고, 맨 아래 칸은 "당신에게 있어 최악의 삶"이라 적혀 있다(Larson, Diener, & Emmons, 1985, p. 3). 응답자는 "현재 당신은 사다리의 어디쯤 서 있는가?"라는 질문을 받는다.

이것들은 좋은 측정치인가

요점 지금의 논의는 주로 삶의 만족 측정치에 한정할 것이다. 왜냐하면 이 측정치가 가장 많이 사용되어 왔기 때문이다. 짧게 답한다면 질문지를 통한 삶의 만족 측정치는 '좋은' 측정치이다. 더 구체적으로 말하면 연구자들, 치료자들 및 심지어 공공정책 입안자들이 사용하기에 충분히 정확하다는 점에서 신뢰롭고 타당하다(Diener, 2009). 이 측정치의 타당성을 확신하는 이유는 다음과 같다.

분명히 삶의 만족 측정치는 시간의 변화에도 상당히 안정적이다. 이 점은 중요한데 이 측정치가 타당하려면 개인의 삶에서 중요한 (비교적 드문) 변화가 일어났을 때만 변화해야 한다. 게다가 삶의 만족 측정치가 타당하다면 기대할 수 있는 것처럼, 이 측정치들은 일시적 기분상태나 매일의 날씨 변화 같은 사소한 일들로 영향을 받지 않는다. 아울러 개인들이 이 측정치를 완성할 때 이론적으로 삶의 만족 평가에 영향을 줄 것으로 기대되는 적절한 주제들, 즉 가족, 일, 연애 등을 생각한다는 증거 역시 있다(Diener et al., 2009).

삶의 만족 측정치의 타당성에 대한 몇 가지 객관적 증거도 있다. 뇌영상기법이 행복과 연관된 뇌 영역들을 확인하는 것을 가능하게 했다. 삶의 만족 질문지에 대한 응답은 확인된 뇌 영역의 활동과 상관이 있는 것으로 밝혀졌다. 또한 질문지에 대한 한 개인의 반응은 그 사람의 행복을 평가한 동료들의 의견과 관련이 있었다. 이 같은 증거는 연구자들로 하여금 이 측정치의 타당성을 더 확신하게 했다(Diener et al., 2009).

마지막으로 예상대로 장애나 실직 같은 주요한 생활사건은 삶의 만족 측정치에 영향을 준다. 이런 발견들은 삶의 만족 측정치가 전반적 삶의 질에 대한 타당한 평가라는 주장을 지지한다(Diener, 2009).

일시적 기분상태와 삶의 만족 삶의 만족 측정치의 타당성에 관한 한 가지 우려는, 자기보고들이 삶에 대한 제대로 된 전반적 평가보다는 개인의 일시적 기분상태를 반영할 수 있다는 것이다. 분명 삶의 만족 측정치가 만약 현재의 기분에 따라 마구 변한다면 타당하다고 볼 수 없을 것이다. 방금 아이스크림을 먹은 직후에 삶에 얼마나 만족하는지 물으면 아주 좋다고 반응하고, 좋아하지 않는 음식인 두부를 먹고 난 직후에는 훨씬 낮게 반응할 수도 있다. 이 우려가 Seligaman(2011)이 자신의 번영 모델에서 삶의 만족의 역할을 축소한 한 가지 이유였다는 것을 떠올려 보라.

기분이 삶의 만족 판단에 어느 정도 영향이 있다는 것은 사실이다. 사람들은 보통 전반적인 삶의 만족 측정에 응답할 때 삶의 모든 부분을 시간과 노력을 들여서 세심하게 검토하지는 않는다. 대신에 일부 기분에 근거해서 판단을 해버리는 정신적으로 손쉬운 방법을 택한다(Diener, NapaScollon, & Lucas, 2003).

하지만 다행히도 삶의 만족 측정에 대해 연구자들은 일시적 기분상태가 전반적 삶의 만족 판단에 단지 중간 정도의 영향만 있다는 것을 보여준다. 사람들은 삶의 만족을 판단하는 데 삶의 상황 같은 다른 정보 또한 사용한다(Diener et al., 2003; Schimmack & Oishi, 2005). 예를 들면 제3장에서는 장애나 실직 같은 주요 생활사건들이 삶의 만족 판단에 영향을 준다는 것을 보여준다(Lucas, 2007). 게다가 이 판단은 시간이 흘러 주요 생활사건이 사라져도 비교적 안정적이다(Diener et al., 2003; Krueger & Schkade, 2008; Schimmack & Oishi, 2005).

주요 생활사건들이 삶의 만족에 영향을 준다는 사실과 그런 사건이 사라져도 삶의 만족은 비교적 안정적이라는 사실은 기분 해석을 반박하는 내용이다. 기분은 매일매일 상당히 크게 오르내리고 기분에 의해 삶의 만족이 강하게 영향을 받는다면 삶의 만족 또한 그러해야 한다고 기대할 수 있다. 하지만 그렇지 않다.

실험연구와 비실험연구의 결과가 달라서 논문상으로 삶의 만족 판단에 있어서 시간에 따른 안정성에 관해서 혼란이 있었다. 기분이 삶의 만족에 영향을 준다는 연구들 대부분은 실험연구이다. 이 연구의 참가자들은 인위적인 실험실 환경에서 기분을 일시적으로 올리거나 내리는 어떤 자극에 노출되었다.

그러나 Eid와 Diener(2004)에 따르면, 기분이 인공적으로 조작되지 않는 자연적 환경에서 평가된다면 기분과 삶의 만족 간 관계는 훨씬 더 약한 것으로 나타났다. 다시 말해 참가자들의 자연적 기분 변화는 삶의 만족 평가와 상관이 크지 않았다. 일시적 기분상태는 삶의 만족에 큰 영향을 주지 않는다는 결론이 증거들을 통해 지지되었다.

날씨와 삶의 만족   비슷하게 날씨 같은 다른 사소한 요인들이 삶의 만족 평가에 영향을 줄 수 있다는 우려도 있다. 비록 연구자들은 삶의 만족 평가가 주요 생활사건에 반응하기를 기대하지만, 평가가 날씨 변화 같은 사소한 일로 크게 출렁인다면 이 만족 평가는 별로 의미가 없을 수도 있다. Lucas와 Lawless(2013)는 미국 50개주 백만 명 이상의 사람들을 대표 표집으로 삼아 이 가능성을 검증했다. 5년 동안 자료를 수집했는데, 삶의 만족 점수는 정부와 상업적 기상정보원에 의해 보고된 날씨 변화와 비교되었다.

결과는 매일의 날씨 변화는 삶의 만족에 단지 매우 작은 효과만을 미친다는 것이다. 온도, 기압, 풍속, 구름량 및 습도의 변화는 삶의 만족 차이와 상관이 없었다. 이 결과는 심지어 지역, 계절, 지역의 기상패턴 및 다른 변수를 통제한 후에도 유지되었다. 이 결과는 삶의 만족이 응답자 자신의 삶에 대한 실제 느낌과 평가를 의미 있게 반영하는 안정된 구성개념임을 의미한다(Lucas & Lawless, 2013).

응답자의 생각   사람들이 삶의 만족을 측정할 때 정말 자신의 삶을 전반적인 의미에서 생각하는가? 아니면 그날 점심을 무엇을 먹었는지 같은 다른 사소한 요인들을 생각하는가? 분명히 삶의 만족 측정치는 응답자가 삶의 만족을 평가할 때 자신의 전반적 삶의 질에 관해 생각했다면 타당할 것이다.

Luhmann, Hawkley 및 Cacioppo(2014)는 삶의 만족을 측정하는 동안 응답자들이 무엇을 생각하고 있었는지 열거하게 함으로써 이 질문을 검토했다. 2개의 별도 연구를 통해 생각의 80% 이상이 일, 가족 및 연애 같은 중요한 삶의 상황들과 관련된다는 결과를 보여주었다. 이는 연구자들이 응답자들의 삶의 만족에 영향을 줄 것으로 기대했던 그 요인들이다. 이 발견을 통해 Luhmann 등(2014, p. 777)은 "사람들은 자신의 삶이 얼마나 만족스러운지를 생각할 때 실제로 삶의 만족에 중요한 사건과 일들을 생각한다."고 결론지었다.

뇌스캔과 동료들의 보고   주관적 웰빙 척도에 대한 응답은 개인의 행복에 대한 '객관적' 측정치와 상관이 있다는 연구결과가 있다. 예를 들어 Sato 등(2015)은 구조적 MRI 스캔을 사용해서 주관적 행복(삶의 만족) 척도가 뇌의 우측 쐐기앞소엽의 회백질 용량과 상관이 있음을 발견했다. 이 연구 및 다른 연구들(Davidson, Ekman, Saron, Senulis, & Friesen, 1990; George, Ketter, Parekh, Herscovitch, & Post, 1996; Habel, Klein, Kellermann,

Shah, & Schneider, 2005)은 주관적 웰빙의 측정이 객관적으로 검증될 수 있음을 보여주었고, 검사의 타당도에 대한 우리의 확신을 증가시킨다.

주관적 웰빙 측정치가 주변 사람이 그 응답자에 대해 가졌던 인상과 상관이 있음을 보여주는 연구가 있다. 예를 들어 Nave, Sherman 및 Funder(2008)는 주관적 웰빙 측정에 대한 대학생들의 응답이 그들을 면담했던 임상전문가의 평가와 상관이 있음을 발견했다. 또한 학생들의 응답은 그들을 잘 알고 있던 2명의 지인의 평가와 상관이 있었다. 이 결과 역시 주관적 웰빙 측정치에 대한 객관적 검증과 확신을 제공한다.

자기보고 측정의 회의론에 대한 대답

자기보고 측정의 타당성에 여전히 의문을 제기하는 회의론이 있다. 사람들이 자신의 행복에 관해 말한 것을 믿을 수 있을까? 그들은 질문지에 진지하게 답할까 혹은 단지 가능한 한 재빨리 그리고 별생각 없이 해치워버릴까? 만약 진지하게 한다면 행복에 관한 질문에 솔직하게 답할까? 아니면 실제보다 더 행복하거나 더 불행한 것처럼 자신을 내보이려 할까?

그리고 근본적이면서 아마 가장 중요한 질문으로, 사람들은 그들이 행복한지 여부를 알기나 하는 것일까? 행복이 무엇인지 이해하고 있을까? 이것들은 모두 훌륭한 질문이다.

응답 편향 응답자들은 때때로 질문지에 반응하는 방식에서 편향된다. 예를 들어 진지하게 답하지 않고 질문지를 후딱 해치울 수 있다. 하지만 연구자들은 이런 가능성이 낮도록 환경을 통제하는 방법들이 있다. 구체적으로 친절하지만 전문적이고, 연구의 중요성을 알려주는 연구 환경은 이런 문제를 최소화하는 것 같다.

또한 자료의 총합이 응답자 몇 명의 무의미한 응답에 '오염되지' 않도록, 그런 일이 일어났는지 이 문제를 탐지하는 방법들이 있다. 질문지에 대한 임의적이고 성급한 대답들은 대개 이미 밝혀진 동떨어진 패턴의 자료를 산출한다. 또한 연구자들은 응답들이 이전 연구에서 확립된 발견들을 되풀이하는지 여부를 주목함으로써 이 문제에 관한 단서를 잡아낼 수 있다.

또 다른 잠재적 응답 편향은 응답자들이 실제보다 더 행복하거나 덜 행복한 것으로 '가장'하려 할 수 있다는 것이다. 이 경우 이것이 거의 모든 사람이 갖고 있는 일반적 경향성이라면 사회과학 연구에서는 문제가 되지 않을 것이다. 왜냐하면 사회과학자들은 절대적인 행복 수준을 측정하는 데는 그다지 관심이 없기 때문이다. 예를 들어 우리는 전집의 평균 웰빙 점수가 5점 척도에서 2.6점인지 2.5점인지 크게 상관하지 않는다. 대신에 웰빙과 다른 변인들과의 관계를 조사하고, 시간에 따라 웰빙이 변화하는지 여부를 알아보는 데 관심이 있다. 자기 제시효과는 모든 응답자가 다소간 동등하게 영향을 받는다면 이 계산에 영향을 주지 않을 것이다.

어떤 응답자가 다른 응답자보다 자기 제시 욕구가 더 크다면 문제일 수 있다. 불행하게도 그렇다는 연구결과가 있다(Wojcik & Ditto, 2014). 이 문제를 어떻게 할 것인가에 대해서는 약간의 논란이 있다. 한 가지 잠정적 해결책은 사회적으로 바람직한 반응을 하려는 개인의 경향성(자신을 '좋게 보이고' 싶어 하는 경향성)을 측정하는 추가의 척도를 실시하고 통계적으로 이 욕구를 통제하는 것이다.

그러나 Diener, Sandvik, Pavot 및 Gallagher(1991)는 이 해결책은 자기-증진 욕구는 높은 웰빙의 진짜 구성요소이기 때문에 부적절하다고 주장한다. 따라서 이 경향성을 통계적으로 제거하는 것은 연구자들이 웰빙 점수의 진짜 부분을 제거하는 것이라는 것이다. Wojcik과 Ditto(2014)는 이 생각에 동의하지 않는다.

내 느낌은 이것이 중요하지만 결정적인 문제는 아니라는 것이다. 사람들이 서로 다른 수준의 자기-증진 욕구가 있다는 것은 자료 세트에 부가적인 변동성의 원천을 던져준다. 보통은 이런 경우 실제 존재하지 않는 관계가 있는 것처럼 나타나기보다는, 오히려 실제로 있는 효과를 발견하기 더 어려울 수 있다. 아울러 연구자들은 자기-증진(사회적 바람직성) 효과를 통제한 경우와 통제하지 않은 경우 둘 다로 분석을 실시할 수 있고, 그 결과가 달라지는지 살펴볼 수 있다. 그리고 만약 다르다면 자료를 조심스럽게 판단해야 한다.

사람들은 자신이 언제 행복한지 아는가 사람들은 그들이 실제로는 행복하지 않은데 행복하다고 생각할 수 있을까? 만약 그렇다면 행복을 묻는 자기보고는 분명히 결함이 있는 절차이다. Gilbert(2006)는 로리와 레바 셰플의 사례연구를 통해 이 질문에 답한다. 이 두 명의 자매는 샴쌍둥이로서, 태어날 때 이마가 붙은 채 태어났다. 보통사람 기준으로 보면 한순간도 프라이버시나 독립성을 가질 수 없고 '정상적인' 삶을 살 수 없는 상태였다.

화장실에 가거나, 하물며 데이트를 가는데, 이마가 붙은 당신 쌍둥이 자매와 함께라고 상상해보라. 만약 한 사람이 더 일찍 자고 싶으면 다른 한 사람은 어떻게 해야 하나? 감기에 걸리거나 콧물이 나는데 자매와 이마가 붙어 있는 것을 상상할 수 있는가? 그들은 각자 다른 경력을 추구하고, 한 명은 어느 날 결국 아이를 갖고 싶어 한다. 그들은 이것을 어떻게 다룰 수 있었을까? 그들의 삶은 우리가 보기엔 절망적이고 어려워 보인다. 솔직하게 말해 그들이 행복할 수 있을지 의심이 든다.

그러나 놀랍게도 Gilbert(2006)는 레바와 로리를 아주 분명하게 행복한 것으로 기술한다. 그리고 그것은 사실이다. 인터넷을 검색해보면 그들에 관한 몇 개의 비디오를 볼 수 있을 것이다. 그들은 행복해 보인다. 그리고 확실히 그렇다고 그들은 말한다.

이게 사실일 수 있을까? 아니면 그들은 행복이 의미하는 것을 잘못 이해한 것인가? 아마도 그들은 다른 삶을 결코 알지 못하기 때문에 그들이 정말 불행하다는 것을 알지 못하는 것은 아닐까? 만약 그들이 혼자의 몸으로 사는 것이 어떤 것인지를 알게 된다면 정말 행복하다는 것이 어떤 것인지 이해할 수 있을지 모른다. 분명히 그들의 배경은 정서적으로 빈곤하다.

Gilbert(2006)는 이 말들을 그 어느 것도 받아들이지 않을 것이고, 이전 단락의 모든 주장을 거부한다. 대신에 우리가 로리와 레바를 그들이 말한 대로 믿어야 한다고 주장한다.

자기보고에 대한 Gilbert의 의견   Gilbert(2006)의 주장은 두 가지다. 첫째 우리가 자신의 경험을 해석하는 데 능숙하지 않다는 것을 깨우쳐준다. 그러니 다른 사람의 경험을 해석하려 할 때 주의해야 한다는 것이다. 만약 아직 "Gorilla in the Midst" 영상을 보지 못했다면, 다음 단락을 읽기 전에 구글을 검색해보라.

영상 속에서는 서로 다른 색 옷을 입은 몇 명의 사람들이 둥글게 서서 농구공을 주고받는다. 그 영상을 지켜보던 사람들은 흰색 셔츠를 입은 사람들이 공을 몇 번 주고받았는지를 세라는 지시를 받는다. 영상 중간쯤에 고릴라 복장을 한 사람이 원의 가운데를 통과해 걸어가다가, 멈춰서 가슴을 두드리고는 스크린 밖으로 걸어나간다. 영상의 끝에서 영상을 본 사람들에게 고릴라를 보았는지를 물었다. 놀랍게도 고릴라를 보지 못한 사람들이 많았다! 만약 우리도 우리 자신의 경험에 대해 그렇게 모른다면, 다른 사람에게 그들이 그들 자신의 경험을 이해하지 못한다고 말하는 데 주의해야 한다. 로리와 레바에 대해서도 마찬가지다.

Gilbert의 두 번째 주장은 로리와 레바의 소위 '빈곤한 정서경험'에 관한 것이다. 그러나 이 주장은 로리와 레바가 행복이 정말 무엇인지를 이해하지 못하고 있다고 보지 않는다. 아마도 빈곤한 정서적 삶을 사는 것은 우리들이지 로리와 레바는 아니다. 어쨌든 우리는 항상 가까이에서 믿을 만한 파트너가 주는 정서적 안도감의 위안을 결코 알지 못한다.

빈곤한 정서경험 주장 또한 거의 모든 사람에게 적용될 수 있기 때문에 맞지 않다 (Gilbert, 2006). 예를 들어 나이 50이 넘은 성인인 내가 유명한 가수 비욘세의 연주를 들은 적이 없다면 빈곤한 정서적 삶을 살고 있고, 진짜 행복이 의미하는 바를 알지 못한다는 의미인가?

만약 '예'라고 말하고 싶다면, 내가 묻고 싶다. 당신은 1960년대부터 1990년대 중반까지를 풍미한 그레이트풀 데드의 라이브를 들은 적이 있는가? 듣지 못했다고 해서 내가 당신이 불행하다고 말한다면, 즉 당신의 빈곤한 정서경험으로 인해 당신은 알지도 못하는데 불행하다고 말한다면 어리석은 일일 것이다. 아마도 여기서 내릴 수 있는 유용하고 타당한 결론은 데드의 라이브를 보지 못했다 할지라도 한 사람이 행복하다고 말한다면 그 말을 그대로 믿어야 한다는 것이다. 삶의 만족 질문지를 완성하고 있는 응답자가 행복과 상관있는 경험을 공유하지 않아서 자동적으로 그 사람이 정서적으로 빈약하다고 결론지을 수 없다.

그것이 Gilbert의 요점이다. 행복을 측정할 때 자기보고 검사는 제일 괜찮은 검사이다. 행복은 완전히 주관적 경험이고, 그것을 평가하는 최선이면서 유일한 방법은 어떻게 느끼는지 사람들에게 묻는 것이다. 물론 뇌를 스캔해서 느낌의 신경학적 기질을 들여다볼 수도 있고, 나의 가까운 친구에게 내가 얼마나 행복한지 질문할 수 있다. 또한 내 행복을 평가하기 위해 심리학자를 고용할 수도 있다. 하지만 Gilbert(2006)에 따르면, 그 같은 행복의 모든 '객관적' 측정들은 내가 나의 행복에 관해 말하는 것만큼 타당하지 않다. 그리고 이것이 대부분의 행복학자들이 취하는 입장이다.

행복을 측정하는 몇 가지 다른 방법

지금까지 우리는 응답자들에게 오랜 기간 반복되고 지속되는 행복을 전반적으로 평가하게 하는 주관적 웰빙이라는 전반적인 보고에 관해 논의했다. 그에 반해서 순간적 방법(momentary method)이라 불리는 두 가지 다른 기법은, 사람들로 하여금 특정한 비교적 짧은 시간 동안의 웰빙을 평가하도록 한다(Tay, Chan, & Diener, 2014).

하루 재구성법(Daily Reconstruction Method, DRM)이 그중 하나다. 이 기법에서 응답자는 하루의 끝에, 시간을 특정 주기로 분할해서 그때 무엇을 하고 있었는지, 얼마나 행복했는지를 보고해야 했다. 또 하나는 생태학적 순간평가(Ecological Momentary

Assessment, EMA)이다. 여기서 응답자는 하루를 정상적인 과정으로 지내면서 주기적으로 무엇을 하고 있는지와 행복을 실시간으로 보고한다(Tay et al., 2014).

제5장에서 EMA 기법의 흥미로운 예를 살펴볼 것이다. Mehl, Vazire, Holleran 및 Clark(2010)는 응답자의 실시간 행복과 사회적 상호작용을 모니터링했다. 결과는 의미 있는 사회적 상호작용 시간이 가장 긴 응답자가 가장 높은 행복도를 보고했다는 것이다.

회상 편향에 덜 민감할 수 있는 순간적 방법을 지지하는 연구자들이 있긴 하지만, 어떤 방법이 최선인지에 관한 분명한 합의는 없다(Tay et al., 2014). Diener와 Tay(2014)는 전반적 기법은 충분히 타당화되었지만, 순간적 기법의 타당성에 관해서는 정보가 적다고 주장한다. 그러나 순간적 기법들은 인기를 얻고 있는 듯 보이고, 앞으로는 전반적 평가와 조합해서 사용함으로써 이득을 볼 수 있을 것이다(Tay et al., 2014).

• • •
요약

이제 우리는 이 책의 계획과 다루는 주제들, 과학적 행복 연구의 역사를 알게 되었다. 또한 행복이 어떻게 정의되고 측정되는지에 관해 더 알게 되었다. 이 후 장들에서 자살률과 범죄율처럼 비교적 객관적인 행복의 측정치를 검토하긴 하지만, 우리가 논의한 대부분의 자료들은 자기보고에서 나온 것이다. 우리는 사람들이 자신의 행복에 관해 무엇을 생각하고 느끼는지를 알고 싶다.

나는 독자들이 우리가 논의한 주제들이 매우 흥미롭다는 것을 발견할 것으로 확신한다. 그 주제들은 중대한 정치적 의미를 지닌 중요한 사회적 쟁점들을 다룬다. 그러나 또한 우리 모두가 매일 일상에서 경험하는 것들과 관련된다. 예를 들어 결혼을 한다면 혹은 했을 때 더 행복할 것인가? 종교에서 사람들을 더 행복하게 만드는 것은 무엇인가? 행복해지려면 돈이 더 필요한가? 행복하다면 더 건강할 것인가?

이런 질문들을 다루는 것보다 더 재미난 게 무엇이 있겠는가? 이런 이슈들을 점검하는 데 있어서 우리는 사람들의 개인적 특성을 고려한다. 그러나 사회문화적 요인들 역시 주의 깊게 살펴본다. 개인으로서 그리고 하나의 사회로서 우리가 우리 자신과 우리 주변 사람들의 행복을 증진시키기 위해 할 수 있는 것들에 관한 자세한 논의로 이 책을 마친다. 나는 이 책이, 특히 마지막 장이 토론을 유발하고 여러분과 학우들 간에 아이디어들을 일으키기를 희망한다.

참고문헌

Aanstoos, C., Serlin, I., & Greening, T. (2000). History of Division 32 (humanistic psychology) of the American Psychological Association. In D. Dewsbury (Ed.), *Unification through division: Histories of the divisions of the American Psychological Association* (Vol. 5, pp. 85–112). Washington, DC: American Psychological Association.

Bugental, J. F. T. (1963). Humanistic psychology: A new breakthrough. *American Psychologist, 18*(9), 563–567.

Csikszentmihalyi, M. (1990). The domain of creativity. In M. A. Runco & R. S. Albert (Eds.), *Theories of creativity* (pp. 190–212). Thousand Oaks, CA: Sage.

Davidson, R. J., Ekman, P., Saron, C. D., Senulis, J. A., & Friesen, W. V. (1990). Approach-withdrawal and cerebral asymmetry: Emotional expression and brain physiology I. *Journal of Personality and Social Psychology, 58*(2), 330–341.

Davies, W. (2016). *The happiness industry: How the government and big business sold us well-being.* London, UK: Verso.

DeCarvalho, R. J. (1990). A history of the "third force" in psychology. *Journal of Humanistic Psychology, 30*(4), 22–44.

Deci, E. L., & Ryan, R. M. (2008). Hedonia, eudaimonia, and well-being: An introduction. *Journal of Happiness Studies, 9*(1), 1–11.

Diener, E., Emmons, R. A., Larsen, R. J., & Griffin, S. (1985). The Satisfaction With Life Scale. *Journal of Personality Assessment, 49*(1), 71–75.

Diener, E., Lucas, R., Schimmack, U., & Helliwell, J. (2009). *Well-being for public policy.* New York, NY: Oxford University Press.

Diener, E., Napa Scollon, C., & Lucas, R. E. (2003). The evolving concept of subjective well-being: The multifaceted nature of happiness. *Advances in Cell Aging and Gerontology, 15*, 187–219.

Diener, E., Sandvik, E., Pavot, W., & Gallagher, D. (1991). Response artifacts in the measurement of subjective well-being. *Social Indicators Research, 24*(1), 35–56.

Diener, E., & Tay, L. (2014). Review of the Day Reconstruction Method (DRM). *Social Indicators Research, 116*(1), 255–267.

Diener, E., Wirtz, D., Tov, W., Kim-Prieto, C., Choi, D., Oishi, S., & Biswas-Diener, R. (2010). New well-being measures: Short scales to assess flourishing and positive and negative feelings. *Social Indicators Research, 97*(2), 143–156.

Disabato, D. J., Goodman, F. R., Kashdan, T. B., Short, J. L., & Jarden, A. (2016). Different types of well-being? A cross-cultural examination of hedonic and eudaimonic well-being. *Psychological Assessment, 28*(5), 471–482.

Dodge, R., Daly, A., Huyton, J., & Sanders, L. (2012). The challenge of defining wellbeing. *International Journal of Wellbeing, 2*(3), 222–235.

Duckworth, A. (2016). *Grit: The power of passion and perseverance.* New York, NY: Scribner.

Ehrenreich, B. (2009). *Bright-sided: How the relentless promotion of positive thinking has undermined America.* New York, NY: Metropolitan Books.

Eid, M., & Diener, E. (2004). Global judgments of subjective well-being: Situational variability and long-term stability. *Social Indicators Research, 65*(3), 245–277.

Fowler, R. D., Seligman, M. E. P., & Koocher, G. P. (1999). The APA 1998 annual report. *American Psychologist, 54*(8), 537–568.

Froh, J. J. (2004). The history of positive psychology: Truth be told. *NYS Psychologist, 16*(3), 18–20.

Gable, S. L., & Haidt, J. (2005). What (and why) is positive psychology? *Review of General Psychology, 9*(2), 103–110.

Gallagher, M. W., & Lopez, S. J. (2009). Positive expectancies and mental health: Identifying the unique contributions of hope and optimism. *The Journal of Positive Psychology, 4*(6), 548–556.

George, M. S., Ketter, T. A., Parekh, P. I., Herscovitch, P., & Post, R. M. (1996). Gender differences in regional cerebral blood flow during transient self-induced sadness or happiness. *Biological Psychiatry, 40*(9), 859–871.

Gilbert, D. T. (2006). *Stumbling on happiness.* New York, NY: A. A. Knopf.

Gillett-Swan, J., & Sargeant, J. (2015). Wellbeing as a process of accrual: Beyond subjectivity and beyond the moment. *Social Indicators Research, 121*(1), 135–148.

Habel, U., Klein, M., Kellermann, T., Shah, N. J., & Schneider, F. (2005). Same or different? Neural correlates of happy and sad mood in healthy males. *NeuroImage, 26*(1), 206–214.

Hart, K. E., & Sasso, T. (2011). Mapping the contours of contemporary positive psychology. *Canadian Psychology/Psychologie Canadienne, 52*(2), 82–92.

Held, B. S. (2002). The tyranny of the positive attitude in America: Observation and speculation. *Journal of Clinical Psychology, 58*(9), 965–992.

Held, B. S. (2005). The "virtues" of positive psychology. *Journal of Theoretical and Philosophical Psychology, 25*(1), 1–34.

Hergenhahn, B. R. (1997). *An introduction to the history of psychology.* Belmont, CA: Thomson Brooks/Cole.

Hone, L. C., Jarden, A., Duncan, S., & Schofield, G. M. (2015). Flourishing in New Zealand workers: Associations with lifestyle behaviors, physical health, psychosocial, and work-related indicators. *Journal of Occupational and Environmental Medicine, 57*(9), 973–983.

Huppert, F. A., & So, T. T. C. (2013). "Flourishing across Europe: Application of a new conceptual framework for defining well-being": Erratum. *Social Indicators Research, 110*(3), 1245–1246.

Ingram, R. E., & Snyder, C. R. (2006). Blending the good with the bad: Integrating positive psychology and cognitive psychotherapy. *Journal of Cognitive Psychotherapy, 20*(2), 117–122.

Kashdan, T. B., Biswas-Diener, R., & King, L. A. (2008). Reconsidering happiness: The costs of distinguishing between hedonics and eudaimonia. *The Journal of Positive Psychology, 3*(4), 219–233.

Kasser, T. (2004). The good life or the goods life? Positive psychology and personal well-being in the culture of consumption. In P. A. Linley & S. Joseph (Eds.), *Positive psychology in practice* (pp. 55–67). Hoboken, NJ: John Wiley.

Keyes, C. L. M. (2002). The mental health continuum: From languishing to flourishing in life. *Journal of Health and Social Behavior, 43*(2), 207–222.

Krueger, A. B., & Schkade, D. (2008). Sorting in the labor market: Do gregarious workers flock to interactive jobs? *Journal of Human Resources, 43*(4), 859–883.

Larsen, R. J., Diener, E., & Emmons, R. A. (1985). An evaluation of subjective well-being measures. *Social Indicators Research, 17*(1), 1–17.

Linley, P. A., Joseph, S., Harrington, S., & Wood, A. M. (2006). Positive psychology: Past, present, and (possible) future. *The Journal of Positive Psychology, 1*(1), 3–16.

Lopez, S. J., Pedrotti, J. T., & Snyder, C. R. (2015). *Positive psychology: The scientific and practical explorations of human strengths* (3rd ed.). Thousand Oaks, CA: Sage.

Lucas, R. E. (2007). Long-term disability is associated with lasting changes in subjective well-being: Evidence from two nationally representative longitudinal studies. *Journal of Personality and Social Psychology, 92*(4), 717–730.

Lucas, R. E., & Lawless, N. M. (2013). Does life seem better on a sunny day? Examining the association between daily weather conditions and life satisfaction judgments. *Journal of Personality and Social Psychology, 104*(5), 872–884.

Luhmann, M., Hawkley, L. C., & Cacioppo, J. T. (2014). Thinking about one's subjective well-being: Average trends and individual differences. *Journal of Happiness Studies, 15*(4), 757–781.

Maddux, J. E. (2002). Stopping the "madness": Positive psychology and the deconstruction of the illness ideology and the *DSM*. In C. R. Snyder & S. J. Lopez (Eds.), *Handbook of positive psychology* (pp. 13–25). New York, NY: Oxford University Press.

Mehl, M. R., Vazire, S., Holleran, S. E., & Clark, C. S. (2010). Eavesdropping on happiness: Well-being is related to having less small talk and more substantive conversations. *Psychological Science, 21*(4), 539–541.

Myers, D. G., & Diener, E. (1996). The pursuit of happiness. *Scientific American, 274*(5), 70–72.

Nave, C. S., Sherman, R. A., & Funder, D. C. (2008). Extending the personality triad to nonhuman samples. *European Journal of Personality, 22*(5), 461–463.

Pérez-Álvarez, M. (2016). The science of happiness: As felicitous as it is fallacious. *Journal of Theoretical and Philosophical Psychology, 36*(1), 1–19.

Peterson, C., & Seligman, M. E. P. (2004). *Character strengths and virtues: A handbook and classification*. New York, NY: Oxford University Press and Washington, DC: American Psychological Association.

Pickett, K. E., & Wilkinson, R. G. (2007). Child wellbeing and income inequality in rich societies: Ecological cross sectional study. *British Medical Journal, 335*(7629), 1080–1085.

Raibley, J. R. (2012). Happiness is not well-being. *Journal of Happiness Studies, 13*(6), 1105–1129.

Rusk, R. D., & Waters, L. E. (2013). Tracing the size, reach, impact, and breadth of positive psychology. *The Journal of Positive Psychology, 8*(3), 207–221.

Ryan, R. M., & Deci, E. L. (2000). Self-determination theory and the facilitation of intrinsic motivation, social development, and well-being. *American Psychologist, 55*(1), 68–78.

Ryan, R. M., & Deci, E. L. (2001). On happiness and human potentials: A review of research on hedonic and eudaimonic well-being. *Annual Review of Psychology, 52*, 141–166.

Ryff, C. D. (1989). Happiness is everything, or is it? Explorations on the meaning of psychological well-being. *Journal of Personality and Social Psychology, 57*(6), 1069–1081.

Ryff, C. D., & Singer, B. H. (2006). Best news yet on the six-factor model of well-being. *Social Science Research, 35*(4), 1103–1119.

Ryff, C. D., & Singer, B. H. (2008). Know thyself and become what you are: A eudaimonic approach to psychological well-being. *Journal of Happiness Studies, 9*(1), 13–39.

Sato, W., Kochiyama, T., Uono, S., Kubota, Y., Sawada, R., Yoshimura, S., & Toichi, M. (2015). The structural neural substrate of subjective happiness. *Scientific Reports, 5.* doi:10.1038/srep16891

Schimmack, U., & Oishi, S. (2005). The influence of chronically and temporarily accessible information on life satisfaction judgments. *Journal of Personality and Social Psychology, 89*(3), 395–406.

Schultz, D. P., & Schultz, S. E. (1996). *A history of modern psychology.* Orlando, FL: Harcourt Brace College.

Seligman, M. E. P. (2002). *Authentic happiness: Using the new positive psychology to realize your potential for lasting fulfillment.* New York, NY: Free Press.

Seligman, M. E. P. (2006). *Learned optimism: How to change your mind and your life.* New York, NY: Vintage Books.

Seligman, M. E. P. (2011). *Flourish: A visionary new understanding of happiness and well-being.* New York, NY: Free Press.

Seligman, M. E. P., & Csikszentmihalyi, M. (2000). Positive psychology: An introduction. *American Psychologist, 55*(1), 5–14.

Sheldon, K. M., & Kasser, T. (2001). Goals, congruence, and positive well-being: New empirical support for humanistic theories. *Journal of Humanistic Psychology, 41*(1), 30–50.

Simonton, D. K., & Baumeister, R. F. (2005). Positive psychology at the summit. *Review of General Psychology, 9*(2), 99–102.

Snyder, C. R., & McCullough, M. E. (2000). A positive psychology field of dreams: "If you build it, they will come. . . ." *Journal of Social and Clinical Psychology, 19*(1), 151–160.

Stuckler, D., Basu, S., Suhrcke, M., Coutts, A., & McKee, M. (2009). The public health effect of economic crises and alternative policy responses in Europe: An empirical analysis. *Lancet, 374*(9686), 315–323.

Tay, L., Chan, D., & Diener, E. (2014). The metrics of societal happiness. *Social Indicators Research, 117*(2), 577–600.

Taylor, E. (2001). Positive psychology and humanistic psychology: A reply to Seligman. *Journal of Humanistic Psychology, 41*(1), 13–29.

Wojcik, S. P., & Ditto, P. H. (2014). Motivated happiness: Self-enhancement inflates self-reported subjective well-being. *Social Psychological and Personality Science, 5*(7), 825–834.

진화

행복은 인간이 추구하는 보편적인 목표다. 하지만 많은 이들에게 행복은 실망스럽게
도 여전히 도달할 수 없는 것이다. 진화심리학적 관점은 행복의 성취를 방해하는 성
가신 장해물과 인간 삶의 질을 개선해주는 조건들에 대한 특별한 통찰을 제공한다.

– Buss(2000, p. 15)

"**사**람들은 행복하게 되어 있다!" 이 문장은 내가 흔히 듣는 애처로운 소리다. 분명한 보편적인 느낌은, 사람들이 선천적으로 행복하도록 운명지어져 있다는 것이고, 만약 그렇지 못하다면 누군가 혹은 무언가가 방해하고 있다는 것을 의미한다. 우리가 신의 길에서 벗어나지 않았다면, 혹은 문명의 침식효과가 없다면, 혹은 좋은 부모를 만났다면 등등 우리 모두는 행복할 것이다. 하지만 이것이 사실인가? 인간은 정말로 행복하게 되어 있는가? 진화심리학자들은 그렇게 생각하지 않는다(Buss, 2000; Hill & Buss, 2008). 인간의 행복을 감소시키는 요인들에 관한 진화심리학자들의 이론은 여러분을 놀라게 할 것이다.

진화적 논쟁점의 가장 중요한 부분은 이것이다. 우리의 먼 선사시대 조상을 생각해보자. 온전히 인간이 아닌 인류로서, 기후 변화 때문에 서서히 줄어들고 있는 아프리카 정글의 끝자락에 살고 있었다. 별로 알려지지 않은 여러 이유로 우리 조상과 그 친구들은 더 친숙한 울창한 정글 서식지에 은둔하기보다는 정글의 끝자락에 새로 생겨난 대초원에 정착하기로 결심한다. 그들이 살아남을지는 불확실하다. 포식자는 상존하고, 음식과 집에 대한 경쟁은 격렬하다. 성적 파트너에 대한 경쟁 또한 마찬가지다. 그런 환경에서 어떤 정서적 특성이 우리 조상의 생존과 번식을 도울 것인가?

진화는 쉽게 만족하는 태평스러운 성향을 가진 개인을 선호하는가? 완전 쾌활하고 낙천적인 성향이 이득이 있을 것인가? 진화심리학자들에 따르면 아니다(Buss, 2000). 어느 정도 이들 긍정적 특성이 이득이 있을 수 있다는 것은 인정하지만, 세심하고, 조심스럽고, 쉽게 만족하지 못하고, 경쟁적이었던 개인이 생존과 번식에 이득이 있었을 것이고 따라서 유전적으로 관련된 정서적 패턴을 후세에 전했을 가능성이 더 크다고 진화론자들은 주장한다(Buss, 2000; Hill & Buss, 2008). 예를 들어 좀 과하다 싶게 조심하고 약간 불안하거나 신경증적이라고 할 정도로 주의를 하는 것이 우리 조상을 포식자로부터 보호했을 것이다. 그리고 충족되기 어려운 욕구, 즉 더 많이 원하고, 현재의 음식 공급이나 성적 파트너에 쉽게 만족하지 않는 경향성이 좋은 음식을 더 많이 공급해주었을 것이고, 매우 건강하고 번식력이 왕성한 상대와의 더 많은 성적 접촉을 가능하게 해주었을 것이다. 삶은 매우 위험해서 '충분한' 음식과 거주지를 갖는다는 것은 불가능했고, 우리 조상들은 항상 더 많은 것을, 그리고 더 나은 것을 찾아야 했다. 아울러 우리 조상들은 경쟁적이었다. 비록 많은 상황에서 협력하기도 했지만, 경쟁은 아주 중요한 특징이었다. 성공적인 남성 조상은 자신의 동료를 주의 깊게 관찰하다가 동료가 더 많이 혹은 더 좋은 것을 가지면 심히 괴로워했다. 성공적인 여성 조상이 '더 많이', '더 좋은' 것을 제공한 성적 파트너에 매료되었을 것이기 때문이기도 했고, 라이벌이 자원에 대한 접근성으로 압도할 수 있었기 때문에도 그랬을 것이다.

이 조상들은 그래서 어떻다는 것인가? 진화론자들에 따르면 그들은 약간 신경증적일 정도로 조심스럽고, 현대인이 '만족'이라고 부르는 것을 결코 모르고, 동료들과 경쟁적이었다(Buss, 2000; Hill & Buss, 2008). 행복의 그림은 아니다. 그러나 그로 인해 그들은 어떻게든 생존하고 번식했으며, 중요한 것은 자신들의 유전자를 우리에게 전해주었다는 것이다. 유전자적 진화가 매우 천천히 일어나기 때문에 우리는 그 유전자를 오늘날 가지고 있다. 우리는 우리 조상과 매우 닮았다.

• • •
행복에 대한 진화적 영향의 증거

진화심리학

진화심리학 전반이 경험적으로 잘 뒷받침되고 있다. 몇 개만 예를 들자면 면역기능 (Schaller & Park, 2011), 인간의 의사결정(McDermott, Fowler, & Smirnov, 2008), 짝짓기 전략과 짝 선호(Buss, 1989a, 1989b; Gandestad, Garver-Apgar, Simpson, & Cousin, 2007; Kendrick & Keefe, 1992) 등의 행동적 측면, 남성의 자기자녀에 대한 투자(Anderson, Kaplan, & Lancaster, 1999), 공격성(Buss, 2004), 협력(Kendrick, Neuberg, Griskevicius, Becker, & Schaller, 2010; Tooby, Cosmides, & Price, 2006) 및 도덕성(Krebs, 2011) 등을 포함하는 다양한 진화적 가설들이 확증되어 왔다. 그러므로 인간행복에 대한 진화론적 설명은 현대심리학 이론과 연구의 주류로 충분히 가능하다. 이 가설이 다른 영역들에서 매우 잘 지지되고 있다는 사실은 웰빙과 관련된 가설에도 확신을 갖게 만든다.

그러나 많은 영역에서 인간의 행동과 정서에 진화가 영향을 주었다는 확실한 증거가 있음에도 불구하고, 명망 있는 과학자들 중 우리가 유전적으로 부호화된 지시를 맹목적으로 따르는 단순한 로봇이라고 생각하는 이는 없다. 대신에 우리의 행동과 정서적 반응은 유전적(예 : 진화적) 및 사회문화적 영향 모두의 산물이라는 것은 분명하다(Kendrick, 1987). 이 장의 다음 절에서는 진화가 인간의 행복에 영향을 준다는 여러 증거를 보여줄 것이다. 이 증거를 강조하는 것이 목적이고, 여러분도 진화를 지지하는 강력한 증거가 있다는 데 동의할 것이라고 생각한다. 그러나 그다음에는 유전자와 환경이 행동을 예언하는 데 어떻게 상호작용하는가라는 주제로 돌아올 것이다. 이 상호작용은 큰 그림이고, 이 요점을 잃지 않는 것이 중요하다.

쌍둥이 연구와 행동유전학

유전이 웰빙에 영향을 미친 것은 분명하다. Tellegen 등(1988)은 같은 가정 혹은 다른 가정에서 양육된 일란성 쌍둥이와 이란성 쌍둥이를 비교함으로써 행복을 포함해서 성격에 미치는 유전의 영향을 추정할 수 있었다. 그들은 유전적으로 동일한 쌍둥이가 같은 가정에서 성장했는지에 상관없이, 행복 수준을 포함해서 성격적으로 유사하다는 것을 발견했다. 다시 말해 일란성 쌍둥이들은 성격적 관점에서 유사할 뿐만 아니라 양육환경은 거의 영향을 미치지 못했다. 이는 유전의 영향을 나타내는 것이다. 이란성 쌍둥이는 달랐

다. 이란성 쌍둥이 수가 더 적어서 결과를 해석하는 데 주의가 필요하긴 하지만, 유전자
의 50%만을 공유하는 이란성 쌍둥이는 서로 훨씬 덜 유사했다.

이후 연구가 이 발견들을 확인해주었다. 예를 들어 Nes, Roysamb, Tambs, Harris 및
Reichborn-Kjennerud(2006)는 노르웨이에서 일란성 쌍둥이와 이란성 쌍둥이를 6년 동안
추적했다. 유전의 중요성을 입증한 Tellegen 등(1988)의 발견과 일관되게, 6년 연구의 시
작과 끝 모두에서 일란성 쌍둥이는 이란성 쌍둥이보다 행복도 수준이 더 유사했다. 게다
가 이란성 쌍둥이의 경우에 비해 일란성 쌍둥이의 연구 초기 행복도는 연구의 말미의 한
쪽 쌍둥이의 행복도를 강하게 예언했다.

이반과 어빙은 일란성 쌍둥이고, 폴과 피트는 이란성 쌍둥이라고 가정해보자. 6년 연
구의 초기 이반의 행복 수준은 6년 후 어빙의 행복도와 유사했다. 그러나 연구 초기 폴의
행복도는 6년 후 피트의 행복도와 유사하지 않았다. 유전의 영향은 분명하다. 만약 내가
나의 쌍둥이와 유전적으로 동일하다면, 지금 나는 그와 유사한 행복 수준일 뿐만 아니라
서로 다른 환경적 사건과 변화를 경험한 후에도 유사한 행복 수준을 맛보고 있어야 한다!

흥미롭게도 환경적 영향은 Nes 등(2006) 연구의 시작과 말미에서 측정한 행복도 변량
의 약 절반을 설명했다. 그것은 의미 있는 효과이고, 유전만이 유일하게 중요한 요인은
아니라는 것을 나타낸다. 그러나 환경적 영향은 금새 사라졌다. 6년 연구의 시작 시점의
환경적 효과는 연구 말미의 행복도에 영향을 주지 않았다. Nes 등은 이 발견이 환경자극
이 반복적으로 적용되는 것이 아니라면 환경적 효과는 영구적일 수 없다는 다른 연구결
과와 일치한다고 언급한다. 이 결론은 성격과 행복, 행복 증진에 관해 논의하는 이 책의
뒷부분에서 중요한 함의를 갖는다.

Nes 등(2006) 연구에서 마지막으로 흥미로운 발견은 장기적 유전효과가 남자보다 여
자에서 더 약했다는 것이다. 이는 일반적으로 남자와 여자에서 유전적 영향의 일관된 패
턴이 발견된 횡단연구들(참가자들을 한 시점에서 검토한 연구)과 모순된다(Keyes, Myers,
& Kendler, 2010). 그러나 이 횡단연구들은 시간에 따른 유전효과의 변화를 탐지할 수 없
다. Nes 등(2006)은 신경증 같은 성격특성에서 시간에 따른 유전효과의 성차가 유사한 패
턴으로 나타남을 보여주고, 환경적 영향(예 : 인간관계에서 역할의 변화 등)이 시간에 따라
남자보다 여자에게 더 강하게 영향을 줄 수 있다고 제안한다. 이 패턴이 비교문화적으로도
의미가 있는지를 알아보는 것은 흥미롭다. 서구 문화가 여성 행동에 과도한 효과를 갖는
가, 아니면 환경이 여성의 행동을 조형하는 경향성이 남성의 문화보편성을 넘어서는가?

최근 연구는 행복에 대한 유전적 영향뿐만 아니라 이 영향의 기제에 관해서도 말해준다. 다른 쌍둥이 연구에서 Franz 등(2012)은 행복에 대한 유전과 환경의 영향 강도가 측정된 행복 유형에 따라 다르다는 것을 발견했다(Keyes et al., 2010 참조). 구체적으로 말하면 유전요인들은 '자기 평가'와 '사회적 비교'를 평가하는 항목들에서 가장 중요했다. 예를 들어 "나는 내 성격 대부분을 좋아한다."(자기 평가)와 "나는 여러모로 삶의 성취에 실망을 느낀다."(사회적 비교) 같은 항목에 대한 일란성 쌍둥이들의 반응은 꽤 유사했다. 그러나 '전반적 만족'을 평가하는 항목에 대해서는 일란성 쌍둥이들의 반응에 유의미한 상관이 있긴 하지만 더 약했다. 즉, 일란성 쌍둥이들은 "… 삶의 질이 전반적으로 좋다는 느낌" 같은 항목에 대해서 유사하게 반응하지 않았는데(Franz et al., 2012, p. 587), 이는 이 같은 웰빙 유형에 대해서는 환경의 영향이 더 강함을 나타낸다. 이 발견은 또한 이 장의 시작에서 기대했던 것과 일치한다는 것에 주목하라. 우리는 진화가 자신의 지위를 모니터하고 자신을 남과 비교하는 개인을 선택할 것이라고 기대했었음을 회상하라. 흥미롭게도 우울 측정치는 유전과 환경 효과를 나타내는 항목 둘 다와 연관되었다.

Franz 등(2012)에 따르면, 전반적 삶의 만족은 삶의 상황에 따라 달라지기 쉬운 데 반해 '자기 평가'와 '사회적 비교'에 대한 명백한 유전적 영향은 장기적 웰빙의 안정성을 설명할 수 있다고 한다. 그들은 또한 행복에 대한 유전 가능성은 연구자가 웰빙을 촉진하는 유전자를 찾아낼 수 있을 정도로 충분히 강하다고 주장한다. 게다가 그들 연구에서 발견된 웰빙-유전 관계의 다차원성에 의해 제안된 것처럼, 여러 웰빙의 측면들을 조절하는 독립적 유전 구조가 있을 수 있다.

생리적 증거

인간의 웰빙은 생리적 과정과 연결되어 있다(Lindfors, 2013; Steptoe, Dockray, & Wardle, 2009). 뇌기능을 포함하는 생리적 과정은 의심할 여지 없이 진화에 의해 조형되었기 때문에, 웰빙 또한 진화 과정의 영향을 받는다. 예를 들어 Steptoe 등(2009)은 문헌을 검토하고, 긍정정서가 심혈관기능과 면역기능 같은 생리적 과정을 통해, 신체적 건강과 연관될 수 있음을 결론지었다. 이것은 중요한 발견으로 진화를 뒷받침하는 분명한 신체적 건강의 중요성을 제공하기 때문이다. Lindfors(2013)는 또 다른 리뷰에서 긍정정서는 전전두엽의 기능, 상승된 심혈관 활동 및 면역계와 내분비계의 기능과 연관됨을 발견했다. Lindfors는 또한 삶의 의미에 대한 생리적 연관성을 발견했다. 구체적으로 Lindfors

는 심혈관기능에 영향을 주는 스트레스원의 부담 혹은 누적 효과가 삶의 의미와 연관된다고 결론지었다.

행동적 증거

연구는 또한 진화적 과정을 웰빙과 연관된 행동과 반응들과 연결한다. 예를 들어 오르가슴은 분명히 즐거운 경험이고 인간의 행복과 관련된다. 남성 오르가슴은 꽤 분명한 진화적 기능이 있다. 즉, 생식 행동에 대한 보상이 바로 그것이다(Wallen & Lloyd, 2011; Zietsch & Santtila, 2011). 여성 오르가슴의 가능한 진화적 기능에 관한 강력한 논쟁이 있긴 하지만(Lloyd, 2005 참조), 최근의 축적된 증거는 진화적 관점을 지지한다(Puts, Dawood, & Welling, 2012). 첫째, 여성 오르가슴은 수정을 촉진하는 것으로 보인다. 여성 오르가슴에서 발생하는 수축은 난자를 향한 정액의 흐름을 촉진하고 또한 사정을 부추긴다. 여성 오르가슴은 또한 정액을 받아들이기에 최적의 위치에 자궁 경관을 위치시킨다. 흥미롭게도 오르가슴은 여성이 배란기일 때 더 쉽게 일어난다(Puts et al., 2012).

둘째, 자료에 따르면 오르가슴은 건강한 남자를 '선택'하도록 돕는다. 건강한 남자란 아이에게 좋은 유전물질을 제공할 가능성이 큰 남자를 말한다. 이를 '아비 선택(sire choice)' 가설이라 한다(Puts et al., 2012). 여성이 오르가슴 동안 임신을 위한 의식적 결정을 하는 것은 아니지만, 오르가슴이 임신을 촉진하고, 파트너가 좋은 짝이라는 무의식적 생각으로 임신 가능성을 높인다는 아이디어다. Puts, Welling, Burriss 및 Dawood(2012)는 노스이스턴대학에서 이성애 학생커플 표집을 대상으로 아비 선택 가설을 확증했다. 남성적이고 우월한 파트너를 둔 여성은 오르가슴을 더 빈번히 경험했으며, 다른 여성들에 비해 파트너의 사정 동안 혹은 그 후에 오르가슴을 느낄 가능성이 더 컸다. 이 결과는 중요한데, 남성성과 우월성이 그 남성이 잠재적 아이에게 좋은 유전적 물질을 제공할 수 있다는 지표이기 때문이다. 그러므로 그러한 남성과 오르가슴을 더 잘 경험했던 우리의 여성 조상들은 유전적으로 더 적합한 자손을 가졌던 것이다. 게다가 여성의 오르가슴 타이밍은 임신 가능성을 예언한다. 남성의 사정 직전 혹은 직후에 오르가슴을 느끼는 여성은 임신 가능성이 더 높다(Baker & Bellis, 1993).

행복과 진화 압력 간에는 또 다른 연결이 있다. 예를 들어 이타주의는 웰빙 증진, 건강, 장수를 예언한다. 아울러 이타주의와 웰빙 간의 연결은, 특히 가족 구성원들 간에 있어서 진화적으로 쉽게 설명된다(Post, 2005).

또 다른 예는 행복의 확실한 징표인 웃음이다. 최근 연구는 쥐가 인간 웃음의 원조격인 찍찍거리는 소리를 낸다고 제안한다. 예를 들어 쥐들은 놀이와 긍정적 사회적 상호작용 동안에 찍찍거린다(Panksepp, 2007). 쥐와 인간은 또한 쥐의 찍찍거림과 인간의 웃음 둘 다를 통제하는 유사한 뇌회로를 공유한다(Panksepp, 2007; Panksepp & Burgdorf, 2003). Panksepp(2007)은 관련문헌을 검토하고 다음과 같이 주장한다.

> 지금까지의 증거로 보면 인간의 웃음과 쥐의 50kHz 찍찍거림은 보상적이고, 적어도 상동의 구성요소를 갖는 실행 기반시설을 공유하는 것으로 보인다. 우리는 경험적으로 이 관련성을 여러 관점에서 평가해왔다. 그것들이 진화적으로 관련되었다는 가설을 반박하는 어떤 중요한 불일치도 발견하지 못했다.

따라서 Panksepp(2007)은 진화과정이 인간의 웃음과 쥐의 찍찍거림을 만들어냈다고 주장한다. 쥐가 원초적 웃음행동과 유사한 무언가를 한다는 발견은, 우리가 쥐에게서 뇌의 생리학에서 분리된 '마음'을 기대하지 않기 때문에 진화적 주장을 강화한다.

또 다른 예는 정치적 보수파가 진보주의자들보다 더 높은 수준의 웰빙을 느낀다는 것이다(Napier & Jost, 2008). Vigil(2010)은 이 차이를 진화로 설명한다. 그는 진보주의자들이 자신들의 사회적 지지 수준에 덜 만족하고 관계를 덜 신뢰한다는 것을 보여줬다. 사회적 지지와 관계가 인간조상의 생존에 필수 요소였기 때문에, 이 발견들은 진화적 관점을 지지한다(Baumeister & Leary, 1995; Buss, 1990; DeWall & Bushman, 2011). 따라서 만약 진화가 인간이 행복을 발견하는 방식에 영향을 미쳤다면, 우리는 덜 만족스러운 관계의 사람들(이 경우 진보주의자)이 덜 행복할 것이라고 기대할 수 있다.

마지막 예로서 낭만적인 이성애 관계에서 남자 혹은 여자 중 누가 "사랑해"라고 먼저 말한다고 생각하는가? Ackerman, Griskevicius 및 Li(2011)는 이 질문을 조사했다. 그들은 대부분 사람들이 여자가 먼저 낭만적 파트너에게 사랑을 선언한다고 가정함에도 불구하고, 실제로는 대개 남자가 여자보다 먼저 사랑을 천명한다는 것을 발견했다. 또한 낭만적 파트너에 의한 사랑의 천명은 여자보다는 남자의 행복을 증가시켰다.

흥미롭게도 비록 이런 관계가 일반적으로 적용되긴 해도, 사랑 고백의 타이밍이 상당한 차이를 만든다. Ackerman 등(2011)은 또한 성관계 전의 사랑 고백이 여성보다는 남성에 의해서 더 행복하게 받아들여진다는 것을 발견했다. 성관계 후에는 여성이 남성보다 파트너가 사랑을 표현할 때 더 행복해했다.

이 결과가 진화심리학과 어떻게 들어맞는지 알겠는가? 이론적 배경을 좀 더 살펴보는 것이 도움이 될 것이다. 여기서 진화적 설명은 **차별적 부모투자**(differential parental investment) 개념에 기초한다(Trivers, 1972). 이 개념은 여성이 남성보다 태어날 아이에 대해서 필연적으로 더 많은 '투자'를 해야 하기 때문에, 성적인 관계에 들어가는 데 더 신중할 수밖에 없다고 예측한다. 여성은 남성에 비해 낳을 수 있는 아이의 수가 상대적으로 적고, 임신 동안 태아를 돌보는 데 필요한 생리적 투자 때문에, 부모투자가 더 높다고 가정한다. 반면에 남자는 성적 파트너를 덜 가리고 책임이 적은 성관계에 쉽게 관여한다고 가정한다. 그러므로 진화적 설명은 남자가 부모투자가 더 높은 여성에게, 성관계에 이르기 전에 자신이 헌신적이고 좋은 파트너라는 확신을 줄 수 있도록 사랑을 더 열심히 표현해야 한다고 예측한다. 그러나 성관계가 시작된 후에는, 남자의 경우 사랑의 표현에 관해 덜 행복하게 느끼는데, 왜냐하면 이 같은 헌신의 표현이 다른 여성과의 성적 선택권을 제약하기 때문이다(Ackerman et al., 2011). 이러한 결과 패턴, 그리고 이것이 (여성이 먼저 사랑을 표현한다는) 문화적 가정과 대립된다는 사실은 진화적 관점을 지지한다.

자연 선호

인간의 웰빙에 대한 진화적 해석을 지지하는 또 다른 증거들이 있다. 이 연구들은 대략 Wilson(1984)의 생명애(Biophilia) 가설에 기초한다. 인간은 자연적 환경에서 진화했기 때문에 그것들을 좋아할 것이다. 또한 자연환경에 대한 노출은 심리적 웰빙을 증가시킬 것이다. 이 가설은 자연선택의 압박이 자연환경에 대한 선호를 만들었음을 예언하고, 그것들이 우리의 웰빙을 왜, 어떻게 증가시키는지를 설명하기 때문에 진화적 가설이다. Kaplan과 Kaplan(1989)은 이 생각에 대한 더 심리학적인 해석을 그들의 이론으로 발전시키면서, 자연은 주의자원을 회복시켜준다고 보았다. Kaplan과 Kaplan은 자연이 본래 인간을 매료시키기 때문에 노력 없이도 그것에 주의를 집중할 수 있다고 가정했다. 그 결과 자연에 대한 노출은 우리의 주의 능력과 에너지 수준을 보충해준다고 본다.

많은 연구가 주의회복 가설과 잘 들어맞는다. 예를 들어 Hartig, Evans, Jamner, Davis 및 Garling(2003)은 피험자들을 주의-소진 과제에 무선적으로 할당했다가, 그다음 자연에서 짧은 산책의 기회를 주었다. 그 결과 주의-소진 과제를 한 후에 도심환경에서 걷게 한 피험자들에 비해 주의능력이 더 큰 것으로 나타났다. 유사하게 van den Berg, Koole 및

van der Wulp(2003)는 모든 참가자에게 무서운 영화(Faces of Death; 여기에는 농부의 아내가 수탉의 목을 치는 장면 등이 포함되어 있다)를 보여주었다. 그런 다음 도심 혹은 자연환경 중 한곳을 산책하는 비디오를 보여주었다. 그 결과 자연 비디오 참가자들이 도심 비디오 참가자들보다 더 좋은 주의능력을 가진 것으로 나타났다. 이 두 결과 모두는 (사전과제 혹은 무서운 영화 때문에) '소진된' 참가자가 자연노출 후에 '회복'되었음을 증명했기 때문에 회복가설과 일치한다. 이 결과들은 또한 진화적 요인들이 인간의 행복감정에 영향을 줄 수 있다는 주장과 일치한다.

자연노출이 행복과 관련된다는 것도 연구로 검증되었다. 예를 들어 이전에 기술한 두 연구 모두에서 자연에 노출된 참가자들은 도심에 노출된 참가자들보다 긍정적 기분을 더 잘 느꼈다. 아울러 도심산책에 비해 자연산책에서(Mayer, Franz, Bruehlman-Senecal, & Dolliver, 2009; Nisbet & Zelenski, 2011; Ryan et al., 2010), 자연과 '연결되어 있다고' 느끼는 사람이(Capaldi, Dopko, & Zelenski, 2014; Howell, Dopko, Passmore, & Buro, 2011), 녹색공간이 더 많은 도시지역에 사는 사람이(White, Alcock, Wheeler, & Depledge, 2013), 자연에 관한 슬라이드를 본 사람이(Ryan et al., 2010; Weinstein, Przybylski, & Ryan, 2009), 자신들이 자연 속에 있다고 상상한 사람들이(Ryan et al., 2010) 더 높은 행복 수준을 보였다.

비록 자료가 웰빙에 관한 진화적 관점과 일관된다고 하지만, 인과적 결론을 내릴 때는 주의해야 한다. 당신은 이 결과들에 대한 가능성 있는 반대 설명을 생각할 수 있는가? 자연선택과 자연에 대한 본연의 친밀감이 아닌, 이 발견들을 설명할 수 있는 다른 원인이 있는가? 다음 단락을 읽기 전에 잠시 동안 생각해보라.

이 연구들의 한 가지 문제점은 참가자들의 기대가 반응에 영향을 줄 가능성이다. 이를 '요구 특성(demand characteristics)'이라 한다. 자연을 산책하거나 자연에 관한 사진을 본 참자가들은 더 행복할 거라고 기대될 수 있고/있거나 스스로도 연구자들이 자신들에게 더 행복할 것을 기대한다고 생각할 수 있다. 이는 참가자들이 자기보고 질문지를 할 때 매우 쉽게 영향을 줄 수 있다. 또 다른 문제는 자연환경과 도심환경 간에 가능한 모든 차이를 통제하기 어렵다는 점이다. 소음 수준, 기온과 습도, 활동 수준, 색깔, 오염 수준, 신기함 등 여러 요인이 자연환경 혹은 도심을 걸을 때 차이가 나기 쉽다. 자연환경과 도심환경의 사진을 비교할 때도 유사한 문제가 있을 수 있다. 연구자들이 사진의 질, 색깔 함량, 사람과 동물들의 활동 수준 등에 대해서 완벽하게 통제할 수 있었을까?

우리는 또한 비교문화 연구를 더 살펴볼 필요가 있다. 만약 이 효과가 진화에 기인한다면 모든 사람에게 영향이 있어야 하고 지역문화에 상관없는 보편적 영향을 나타낼 것이다. 그러나 대부분의 자료는 서구인들의 표집에서 얻어졌다. 비서구인들도 같은 선호를 보일 것인가? 우리는 확신할 만한 충분한 자료가 없다. 그러나 어느 회의론자가 내셔널지오그래픽을 방영하지 않는 문화에서 성장했고, 미국인들처럼 '개척자'를 우상시하는 역사가 없는 개인이 자연노출에 대해 유사한 반응을 보일지 여부를 궁금해하는 것은 당연할 수 있다.

마지막으로 가설은 좀 더 가다듬어져야 한다. 자연은 무슨 의미인가? 대부분의 문헌에서 자연은 초록의 장소로 정의된다. 그러나 진화적으로 말하면, 자연은 특별히 우리의 인간조상이 인간으로 인식되기 시작한 시점의 사바나/숲의 경계 부분의 환경을 지칭해야 한다(Walter, 2013). 아름답지만 자원이 희박한 고산환경과 사막에 대해서 자연 친화성을 기대해야 하는가? 이와 관련해서 어떤 연구도 참가자들을 거친 자연환경 요소에 노출시킨 적이 없다. 만약 참가자들이 극단적인 기온, 강수, 배고픈 포식자가 있는 벌레가 들끓는 환경에 노출되었다면 무슨 일이 일어났을까?

이 영역에서 행해진 더 많은 연구가 있다. 증거는 진화적 관점과 일치하지만, 명백한 자연 친화성이 진화에 의한 것인지, 다른 요인에 의한 것인지 여부는 불분명하다. 그러나 이 영역의 연구는 흥미롭고 유망하며, 문제는 극복될 것이다.

• • •
행동은 유전자만의 함수가 아니다

행복이 유전될 수 있다는 것은 분명하다. 앞에서 설명한 쌍둥이 연구가 이것을 증명하고, 자연-도심 비교 연구의 증거 또한 이 결론과 일치한다. 우리의 유전자는 웰빙의 느낌에 중요한 영향력을 미친다. 그러나 어떤 연구자들은 이 점을 과장하기도 했다. 이 장에 소개된 첫 쌍둥이 연구를 행했던 Tellegen과 동료들(1988)은 성격적 개인차의 약 절반을 유전적 요인으로 설명할 수 있다고 추정했다(Lykken & Tellegen, 1996 참조). 더욱이 그들은 심리적 척도에 내재된 측정오류 때문에 "… 환경에 기초한 특성 변량은 개인 성격차의 20~35%를 넘지 않을 수 있다. … 성격차는 환경적 다양성보다는 유전적 다양성에 의해 더 영향을 받는다고 결론내리는 것이 더 합리적으로 보인다." 이후 논문에서 그들은 환경이 성격에 "매우 소박한"(p. 1037) 기여를 한다고 주장한다. 분명하고 직설적으로 말하면, 유전의 압도적인 효과 때문에 개인의 행복을 증진시키는 것은 가능하지 않을 수도 있다(Franz et al., 2012).

하지만 내가 암시했던 것처럼 이것은 사실이 아니다. 유전? 중요하다. 하지만 환경 또한 중요하다. 진화심리학자들은 인간의 행동이 유전과 환경 둘 다의 상호작용의 산물임을 오랫동안 인식해왔다. 구체적으로 사회적 및 물리적 환경은 유전요인의 발현에 영향을 줄 수 있다(Buss, 2004; Kendrick, 1987; Kendrick, Li, & Butner, 2003; Kendrick, Maner, Butner, Li, Becker, & Schaller, 2002).

이 중요한 통찰은 또한 인간의 웰빙에도 적용된다. 발달과정이 유전자의 발현에 어떻게 영향을 주는지를 연구하는 후성유전학(epigenetics)(Holliday, 1987, 2006)에 따르면, 환경적 사건이 유전자가 활성화될지 아닐지 여부에 영향을 줄 수 있고, 따라서 유전-환경 상호작용의 예가 될 수 있음을 보여준다. 인간과 동물 연구에서 이 과정이 부분적으로 스트레스원에 의해 야기되며, DNA 요소에 특정 알킬의 추가를 가져온다고 한다. 이를 메틸화반응(methylation)이라 한다. 그런 다음 이 알킬은 유전자가 스스로 표현될지 여부에 영향을 준다(Hing, Gardener, & Potash, 2014). 예를 들어 Hing 등(2014)은 문헌 검토를 통해 메틸화반응 과정이 어떤 자살에 영향을 주고, 간호사들의 만성적 직무 스트레스와 소진 사이의 관계, 아동학대와 우울증 간의 관계를 매개한다고 결론지었다. 따라서 유전이 중요하긴 하지만 환경 또한 중요하다.

유전적 다양성은 또한 유전과 환경 간의 상호작용을 산출할 수 있다. Duncan, Pollastri 및 Smoller(2014)는 문헌 검토를 통해 세로토닌 기능에서의 유전적 다양성이 환경과 상호작용해서 인간의 기분에 영향을 미친다는 것을 발견했다. 비록 몇몇 발견들을 반복하는 데 어려움이 있긴 했지만(Munafo, Durrant, Lewis, & Flint, 2009; Risch et al., 2009), Duncan과 그녀의 동료들은 반사회적 행동, 불안 및 우울을 예언하는 세로토닌을 포함해서 세 가지 별개의 유전/환경 상호작용에 대한 예비적 지지를 발견했다. 예를 들어 Cicchetti, Rogosch 및 Sturge-Apple(2007)은 우울과 불안에 대한 유전적 표지와 성적 학대 전력 둘 다가 있는 낮은 사회경제적 지위의 젊은이들에서 우울과 불안 수준이 높게 나타남을 발견했다.

여기 Cicchetti 등의 연구에 관한 중요한 세부사항이 있다. 그들은 이 청소년들이 학대를 당했는지, 즉 신체적 학대, 성적 학대, 무시등을 당했는지 혹은 그렇지 않은지를 확인했다. 또한 웰빙과 연합된 신경전달물질인 세로토닌 수준에 영향을 주는 것으로 알려진 유전자의 대립형질에 차이가 있는지로 그들을 다시 분류했다. 이전 연구에 따르면 '짧은' 대립형질 및 기능적으로 동등한 다른 대립형질은 '긴' 대립형질에 비해 낮은 세로토닌 수준을 촉발했다. 흥미로운 결과는 성적 학대 경험은 모든 젊은이에게서 우울과 불안 증상을 일으켰는데, 그들이 가진 유전자의 종류와는 무관했다는 것이다. 더 중요한 결과는 환경적 영향이 유전적 특징과 상호작용했는데, 짧은 대립형질(우울과 불안의 표지)은 성적 학대를 당했던 젊은이들에게서만 높은 증상 수준과 상관이 있었다는 것이다.

따라서 이 연구는 유전이 개인으로 하여금 특정 정서상태를 쉽게 경험하도록 만들 수 있는 취약성을 생성할 수 있다는 것을 보여준다. 하지만 이 경우 유전만으로 불안과 우울이 발생하지는 않는다. Cicchetti 등(2007)과 다른 연구자들(Dalton, Hammen, Najman, & Brennan, 2014)은 우울과 불안에 대한 유전적 표지의 조합들을 검토해서 불안과 우울의 예측이 환경적 요인들을 같이 고려함으로써 개선된다는 것을 발견했다. 그리고 Cicchetti 등의 연구에서 대립형질 유형과 증상들 간에는 아무런 관련이 없었다는 점을 기억하라. 대신에 유전적 표지는 단지 특정 환경(성적으로 학대받은 경험이 있는 경우)에서만 자신을 표현했다. 이들 연구 모두는 상호작용 관점과 일관된다. 중요한 점은 유전자가 우리의 운명이 아니고 환경이 중요하다는 것이다.

유전과 사회적 환경이 어떻게 상호작용할 수 있는가를 보여주는 또 다른 예가 있다. 결혼상태(및 동거)는 유전자와 행복 간의 관계 강도에 영향을 준다. Nes, Roysamb, Harris, Czajkowski 및 Tambs(2010)는 노르웨이의 이란성 및 일란성 쌍둥이들 여러 쌍(4,462명)을 검토하여, 유전적 유사성이 웰빙의 유사성과 상관이 있다는 이전 결과를 반복해서 보여주었다. 그러나 또한 이 유전적 영향이 남녀 모두에서 결혼상태일 때보다는 독신일 때 더 크다는 것을 발견했다.

왜 그럴까? Nes 등(2010)은 기혼자들에서 유전적 영향이 적은 이유를 결혼 환경이 높은 사회적 통제력을 갖기 때문이라고 설명한다. 즉, 결혼에는 행동에 있어서 꽤 엄격한 사회적 제약들이 있다. 이를테면 환경은 행동과 정서에서 유전적으로 영향받은 성격차이의 효과를 축소할 수 있다. 이는 유전과 환경이 어떻게 상호작용할 수 있는가에 대한 고전적 예이다. 사회적 환경이 행동을 충분히 강력하게 제약할 때 개인은 그 환경의 영향에 따라 강하게 반응하고, 유전의 영향은 감소한다.

이 장과 이 후 장에서 우리는 우리 자신의 행동 또한 중요하다는 것을 배우게 될 것이다. 우리는 의미 있게 행복을 증진시킬 수 있다. 이 장의 말미에서는 진화심리학자들이 주장한 몇 가지 제안을 설명할 것이다. 우리는 이 책의 뒷부분에서 긍정심리학의 뛰어난 연구자인 Sonja Lyubomirsky 박사를 만나게 될 텐데, 그녀는 행복의 40%가 우리의 통제 하에 있다고 추정한다(Lyubomirsky, 2008). Lyubomirsky 박사는 이 생각을 검증하는 중요한 연구를 행했고, 주변 세상을 해석하는 방식에 관한 의도적 선택이 행복에 큰 영향을 미친다는 것을 증명했다.

● ● ●
행복을 이해하는 진화적 관점의 공헌

지금까지 진화적 관점의 타당성을 설명했는데, 이 관점이 행복의 이해에 공헌한 바는 무엇인가? 한 가지 답변은 '현대성의 핵심 딜레마'에 대한 다른 이해다(Nesse, 2004, 2005). 그 딜레마란 인간의 건강과 부의 엄청난 증가에도 불구하고 행복이, 특히 서양에서 분명하게 그 증가를 멈췄다는 것이다. Nesse는 기술발전 덕에 대부분의 서양사람들이 불과 얼마 전까지 인간에게 고통을 줬던 배고픔, 추위, 통증 및 병 같은 물질적 욕구 때문에 더이상 고통받지 않는다고 주장한다. 그러나 이 놀라운 기술적 기적은 일반적이고 광범위한 행복으로 이어지지는 않았다. 그렇다면 이제 왜 그랬을까, 그리고 행복을 증진시키기 위해서는 무엇을 할 수 있을까를 물어야 한다. Nesse는 진화심리학이 이 질문에 대한 답을 위한 유망한 로드맵을 제공한다고 주장한다.

진화적 관점에 따른 간략한 답변은 두 가지다(Hill & Buss, 2008; Nesse, 2004; 2005). 첫째, 비록 기본적 안전과 안락함에 대한 관심이 행동에 대한 진화적 설명에 중요하긴 하지만, 그것들은 인간의 근본적인 동기가 아니다. 또래들과의 소속감, 전략적 동맹 및 성공적인 번식은 진화적 관점에서 무엇보다 중요하다. 여기에는 자식과 손자들과의 친밀하고 의미 있는 멘토링 관계도 포함된다. 이들 활동은 현대생활의 중요한 속성은 아닐 수도 있다(Hill & Buss, 2008). 둘째, 진화는 아마도 특정 부정정서를 선택했을 것이고, 그것들을 인간 조건의 일부로 만들었을 것이다. 이는 행복이 성취될 수 없다는 의미가 아니라, 인간심리학에서 이 같은 속성들을 다루는 데 특정 책략들이 필요할 수 있다는 것을 의미한다. 이 주제는 이 장의 뒷부분에서 더 자세히 다루겠지만, 우선은 진화심리학에 의해 제공된 일반적 공헌과 로드맵을 살펴볼 것이다.

핵심동기에 관한 새로운 질문

진화심리학의 한 가지 중요한 공헌은 인간의 핵심목표에 대해 검토하고 질문하도록 촉발했다는 것이다(Nesse, 2004, 2005). 예를 들면 진화는 "사람들이 어떤 종류의 사회적 관계를 맺을 때 더 행복한가?" 같은 질문을 단순히 다루기보다는 이 관계가 왜 만족스러운지를 질문하게 할 수 있다. 그것들이 적응적 욕구들을 충족시키기 때문인가? 핵심적 동기에 대한 이러한 강조는 더 심도 있는 이해를 제공할 수 있다. 두 변인 간의 상관 여부(사회적 관계가 웰빙을 예측하는가) 이상을 알려준다. 이 관계가 존재하는 이유를 이해하게할 수 있다. 또한 미래 연구의 틀을 잡고 안내할 수 있다. 진화를 참조해서 인간의 웰빙에영향을 줄 수 있는 다른 요인들에 관해 제안할 수 있다.

그 한 가지 예가 유명한 매슬로의 인간욕구의 위계를 재해석한 Kendrick, Griskevicius, Neuberg 및 Schaller(2010)이다. 매슬로의 욕구 위계는 가장 기본적인 즉각적 생물학적 욕구부터 안전, 사랑, 자존감, 최종적으로는 자기실현까지 순차적으로 진행된다. Kendrick, Griskevicius 등(2010)이 제안한 대안적 위계 역시, 즉각적 생물학적 욕구에서 시작해서자기보호, 소속감, 지위/자존감, 짝 획득, 짝 유지 및 최종적으로 부모되기까지 순차적으로 진행된다. 소속감에서 지위/자존감과 세 가지 짝짓기 욕구까지 진화적 동기를 강조하고 있음을 주목하라. 소속감의 욕구는 상대적으로 사지가 약한 인류 조상들의 생존에 중요했고, 지위/자존감의 욕구는 조상들이 자원과 짝짓기 기회를 획득하고 보존하는 것을도왔을 것이고, 세 가지 짝짓기 욕구는 분명히 진화에 중요한 것이다(Buss, 2004).

Kendrick, Griskevicius 등(2010)은 인간의 웰빙을 단지 일반적으로 언급한다. 하지만그들 모델의 의미는 분명하다. 우리의 기본적 생리 욕구를 만족시키는 것은 행복에 필수적이지만 그것은 단지 출발이다(현대성의 핵심 딜레마를 기억해보라). 우리는 또한 다른사람과 관계를 맺어야 하고, 다른 동료들로부터 지위와 자존감을 인정받아야 한다. 그리고 온전하게 행복하기 위해 사랑, 협력, 아이양육/멘토링을 포함하는 생식과정에 관여해야 한다. Kendrick, Griskevicius 등의 모델은 핵심동기에 대한 진화심리학의 초점이 행복심리학 연구가 어떻게 진행될지를 도울 수 있는 일례로서 중요성을 갖는다.

부정정서는 핵심동기의 검토가 인간행동의 이해를 어떻게 증진시킬 수 있는지에 관한또 다른 예를 제공한다. 진화이론의 틀 밖에 있는 전형적인 이론가들은, 부정정서가 약간 '비정상적이고' 불필요하다는 가정에 기초한 이해할 수 없는 분노로 반응하는 것 같다. 그러나 진화심리학에 따르면 부정정서(및 긍정정서)는 핵심동기가 고려된다면 꽤 '자연스럽고' 정상적이다(그것들은 우리 조상들의 적응적 욕구를 해결했다)(Hill & Buss, 2008; Nesse, 2004, 2005).

불만족 설계

사람들은 왜 그리 자주 불행하고, 미국에서조차 물질적 풍요에 만족하지 못하는가? 이 장에서 몇 번 언급한 것처럼 진화적 관점은 부정정서가 우리 조상들에게 적응적 이득을 제공했기 때문에 선택되었다고 설명한다(Hill & Buss, 2008; Nesse, 2004, 2005). 이는 Hill과 Buss(2008)로 하여금 이 절의 부제인 '불만족 설계'라는 말을 만들어내게 했다. 이 통찰은 매우 중요해서, 시간을 가지고 음미해야 한다.

잠시 생각해보자. 약간 불행한 쪽으로 기울어졌던 조상들이 살아남아 성공적으로 자손을 퍼뜨렸을 가능성이 컸을 것이다. 이 가설은 만약 우리 조상들이 이렇지 않았다면 우린 여기에 없었을 것이라는 것이다. 우리는 지금 그들의 유전자를 물려받았고 그들의 정서적 경향성을 물려받았다. 이 의미는 적어도 부정정서가 한때는 적응적이었다는 뜻에서 '비정상적인' 상태가 아니라는 것이다. 진화는 어느 정도의 불행과 불만족을 갖도록 우리를 '설계했다'.

'화재경보기 원리'가 이 논리의 예다(Nesse, 2004, 2005). Nesse(2004)는 '거짓 경보'가 낮은 수준의 일반화된 불안 비용과 결과적으로 불필요한 에너지 소모가 있음에도 불구하고 진화적으로 이득이 있어 왔다고 주장한다.

> … 극심한 공포로 인한 도피가 성공하면 200칼로리가 소모되지만 호랑이에게 붙잡히면 20,000칼로리에 상당하는 비용을 지불해야 한다. 그렇다면 호랑이가 나타날 가능성이 1%만 넘어도 놀라서 도망치는 것이 나을 것이다. 이는 정상적인 시스템이 한 마리 호랑이가 실제로 나타날 때마다 99번 거짓 경보를 내보낼 것이라는 뜻이다. 관련된 스트레스는 모든 개별 사례에서 불필요한 것이다. 당황하지 않는 것이 좋을 것이다. 100번에 한 번을 제외하면 말이다. 이는 '화재경보기'라 불렸고, 우리는 모든 실제 화재에 대해 조기 경보를 해줄 화재경보기를 원하기 때문에 토스트를 굽는 데 거짓 경보가 울리는 것을 기꺼이 수용한다.(Nesse, 2004, p. 1338)

　　그러므로 불안이라는 부정정서는 적어도 일정 수준에서는 정상이다. 진화는 이 불쾌한 특징을 지니도록 인간들을 '설계했다'.

　　유사한 논리가 부러움과 욕심 같은 부정정서에도 적용된다. 정서는 '좋은' 것도 '나쁜' 것도 아니다. 곧 있을 적응적 성공 혹은 실패를 개인과 소통하기 위해 진화가 사용하는 방법일 뿐이다(Cosmides & Tooby, 2000; Hill & Buss, 2008). Buss(1989a; Hill & Buss, 2008)는 이 효과들을 설명하기 위해 전략적 간섭이론(Strategic Interference Theory)을 제안했다. 이 이론은 분노, 질투, 혼란 같은 부정정서가 진화적으로 적절한 목표를 얻기 위한 노력이 방해받았을 때(즉, 전략적 간섭이 있을 때) 일어난다고 본다. 그때 발생한 부정정서는 간섭을 신호해주고 그 간섭을 제거하거나 감소시키도록 동기화하는 반응들을 진화시킨다. 다시 말해 부정정서는 뭔가가 잘못되었고 그 문제를 바로잡아야 한다는 것을 우리에게 알려준다. Hill과 Buss(2008)는 간섭을 신호하는 능력 때문에 진화되었다는 증거가 있는 다수의 정서들이 진화적 목적을 지녔다는 데 주목한다―부러움, 불안, 우울, 두려움과 동포, 성적 질투심, 낮은 자존감, 분노, 혼란.

　　진화는 또한 짝짓기와 번식에서 자연선택의 압력 때문에 행복을 약화시키는 것 같다. 이들 압력은 남녀 사이에 긴장을 생성할 수 있다. 왜냐하면 성별에 따라 다른 짝짓기 전략을 사용할 가능성이 있기 때문이다(Buss, 1995, 2000, 2004). 우리는 이미 차별적 부모투자 원리에 대해 논의했다(Trivers, 1972). 여기서 여성은 남성에 비해 성적으로 까다로울 것이라고 예측한다. 이 결과는 흔히 남성들이 여성보다 성관계에 관해 더 가벼운 경향성의 배후에 진화적 과정이 있음을 제안한다(Buss, 1989b, 2004; Clark & Hatfield, 1989). 이는 또한 남녀가 서로 다른 목표를 추구하기 때문에 갈등의 원천일 수 있다. 헌신을 싫어하는 남성과 헌신을 구하는 여성이 상호작용하기 때문에 불행이 발생할 수 있다.

　　또 이 같은 진화적 짝짓기 압력은 같은 **성별** 내에서(intra-sexual) 긴장을 만들어낼 수 있다. 즉, 진화는 여성을 두고 서로 경쟁하는 남성들, 남성을 두고 서로 경쟁하는 여성들 간에 긴장을 생성할 수 있다(Buss, 2004). 몇 가지 배경지식이 될 만한 이론을 살펴보자. 성적 선택(sexual selection)은 다윈(1859)의 가설 중 하나이고, 자연선택의 사촌쯤이다. 성적선택은 개인들이 특정 성향을 가진 성적 파트너(이성)를 선호할 때 일어난다. 그러면 이 선호가 어떤 개인이 짝짓기할 가능성이 가장 큰지를 결정한다. 예를 들어 연구는 여성은 신체적·사회적으로 우월하고(Sadalla, Kendrick, & Vershure, 1987), 자원을 획득한(Buss, 1989b; Kendick & Keefe, 1992; Kendrick, Sadalla, Groth, & Trost, 1990) 남성 파트너를 선택하는 경향이 있다는 것을 보여준다. 따라서 남성은 여성의 마음을 끌기 위해 우월성을 갖추고 경제적 자원을 획득하기 위해 동성들끼리 경쟁하게 된다(Buss, 2004). 비록 남성들은 상대적으로 덜 까다롭다고는 하나, 더 젊고 신체적으로 매력적인 여성을 선호한다(Buss, 1989b; Kendrick & Keefe, 1992). 따라서 여성들은 미의 서열에서 우위를 점하기 위해서 동성들 간에 경쟁한다. 모든 이런 경쟁은 또한 불행감을 만들어내기 쉽다.

사실 이런 종류의 경쟁은 Hill과 Buss(2006, 2008)가 **지위 편향**(positional bias)이라 부르는 일반적인 현상이고, 개인은 여러 영역에서 그들의 절대적 지위수준보다는 상대적 지위에 더 관심이 있다고 가정한다. 예를 들면 지위 편향은 나의 절대적인 부의 수준보다는 상대방이 얼마나 가졌나와 비교해서 내가 얼마의 돈을 가졌는지에 더 관심이 있다고 예측한다.

아마도 이 같은 진화적 논리를 여기서 볼 수 있을 것이다. 이는 자원과 짝에 대한 경쟁에 관한 이야기다. 만약 내가 당신보다 더 가졌다면 나는 당신보다 이득이 있고, 짝을 만날 가능성이 더 크다(Hill & Buss, 2008). 이 주제는 제6장에서 더 다룰 것이다. 하지만 단순한 경쟁과 갈등을 넘어선 불행한 결과가 있다. Hill과 Buss(2008)는 지위 편향 때문에 자신의 물질적 부 수준에 완전히 만족하기란 언제나 어렵다고 주장한다. 상대적 지위가 매우 중요하기 때문에, 우리는 항상 획득해야 할 것이 저기에 더 있고, 다른 누군가가 우리보다 먼저 그것을 가질 수도 있다는 느낌을 항상 갖는다.

이것은 장기적 행복을 위한 방안이 아니다. 하지만 진화적 의미가 있다. 지위 편향에 의해 동기화되어 행동했던 우리의 (이 경우 남성) 조상들은 아마도 그들이 획득한 자원 덕분에 생존 가능성이 더 높았을 것이다. 또한 역시 자원 덕분에 더 자주 짝짓기를 할 수 있었을 것이다. 그러한 불행의 원천에 대해 누구를 비난해야 하는지(아주 먼 할아버지의 할아버지$\times 10^{1,000}$)를 아는 것으로 어느 정도 위안이 될 수 있을지 몰라도, 지위 편향이 야기한 피해를 감소시킬 수는 없을 것이다. 다행히 Hill과 Buss(2008)는 지위 편향을 물리칠 제안을 진화에 기초해서 제공하고 있다. 이에 대해서는 이 장의 끝에서 논의하겠다.

진화적 경로는 간접적일 듯하다

행복이 "유전자에 직접적으로 부호화"되지 않았을 것에 대해 깨닫는 것은 중요하다 (Nesse, 2004, p. 1335; Nesse, 2005). 그러므로 웰빙에 대한 유전자의 효과는 실제적이고 중요할지라도 간접적일 개연성이 있다. 지위 편향이 그 예다. 우리 모두는 아마도 만족하기 어려운 물질적 욕구를 가질 경향성을 물려받았을 것이다. 물론 이 특성이 얼마나 강할지에 있어서는 개인차가 있겠지만 이 같은 행동 경향성은 우리의 행복에 영향을 줄 수 있는 행동에 관여하게 할 것이다(Nesse, 2005). 언급한 것처럼 특히 환경으로부터의 입력 없이 행복에 직접 영향을 주는 '하나의 유전자', 혹은 '유전자 세트'가 있을 것 같진 않다. 유전자의 간접적 효과의 또 다른 예는, 여러 가지 생활사건을 경험하는 경향성을 물려받았을 수 있다는 것이다(Nesse, 2004). 이 또한 직접적 유전-행복 가설에 반대하는 주장이다. 대신에 유전은 우리를 특정 환경경험으로 이끌 수 있고, 그것이 행복에 영향을 주게 된다.

• • •

행복으로 가는 진화적 경로

내면의 원시인 발견하기

그래서 무엇을 할 수 있는가? 지적했던 것처럼 진화심리학자들은 행복을 증진시키기 위한 몇 가지 제안을 한다. 이 제안들은 일반적으로 우리 내면의 원시인을 소환해서 무엇이 선사시대 조상들을 행복하게 했는지에 관해 생각하게 한다(Hill & Buss, 2008; Nesse, 2005). 여러분은 이미 이 제안을 어느 정도는 생각해봤을 것이다.

진화에 따르면(Hill & Buss, 2008) 우리 조상들은 가까운 가족 구성원들과의 관계가 만족스러울 때, 건강하고 쑥쑥 크는 아이들과 손자들이 있을 때, 50~200명의 친족집단의 사회적 네트워크에 통합되었다고 느낄 때 행복했다. 다시 말해 우리 조상들은 친밀한 동맹과 강한 공동체 의식에 의해 둘러싸여 있었다. 그들은 또한 사냥, 수렵채집, 집 짓기, 옷 만들기, 간병 활동 등 생존에 적절한 일들을 직접 했다.

마지막으로 우리가 하지 말아야 할 일에 관해 생각하는 것 또한 건설적이다. 그중 하나가 전자 미디어에 주의를 기울이는 것이다. Hill과 Buss(2008)는 우리의 먼 조상들은 믿을 수 없을 만큼 돈이 많고 매력적인 다른 사람들의 미디어 묘사에 노출되지 않았다고 주장한다. 지위 편향을 기억하는가? 대중매체가 오늘날 우리 안에서 어떤 동기와 감정들을 촉발시키는지 생각해보라. 그러나 조상들은 자신과 상당히 유사한 타인에 의해 둘러싸여 있었을 가능성이 크다. 부와 매력도에서도 분명히 개인차가 있었겠지만 이 차이는 상대적으로 작았을 것이다. 그들은 승부를 겨룰 수 없을 정도로 매력적인 인상을 만들어낼 수 있는 카메라 각도, 조명, 화장을 포함하는 현대적 비디오 이미지 속임수와도 상관이 없었다.

사회적 연결이 가장 중요하다

행복을 증진시키는 진화적 책략은 무엇인가? Hill과 Buss(2008)는 몇 가지 책략을 제안한다. 전반적으로 우리가 사는 방식과 선사시대 조상이 살았던 방식 간에 불일치를 감소시키는 노력들을 포함한다. 다행스럽게도 그들의 제안에는 샅바 같은 천조각을 입는다든지 실내 화장실과 페니실린을 포기한다든지, 곤봉을 들고 사슴과 토끼를 쫓아다닌다든지 하는 것은 빠져 있다. 그들은 조상들이 가졌었던 공동체 의식, 사회적 연결을 회복해야 한다고 제안한다. 예를 들면 확대 가족이나 다른 지인들과 단절된 외딴 교외지역에서의 현대인의 삶의 방식은 웰빙을 위한 방안이 아니라고 본다. 또한 사회적 관계를 증진하고 유지하기 위해 현대기술를 사용하라고 제안한다. 예를 들면 비행기와 사회적 매체는 거리가 멀어서든 혹은 시간이 없어서든, 멀리 있는 타인들과 사회적 연결을 만들고 유지하는 것을 도와줄 수 있다. 현대의 인터넷 만남 사이트는 진화적으로 의미 있는 새롭고 만족스러운 관계를 만들어줄 수 있다.

다른 개인과의 협력을 강조하는 것 또한 중요하다. 이 장의 많은 부분은 지위 편향 같이 진화를 통해 상속된 경쟁적 동기들에 초점이 맞춰져 있다. 이들 동기는 실제적이고, 진화에서 생존을 위한 투쟁의 필연적 산물이다(Axelrod & Hamilton, 1981; Buss, 2004; Nowak, 2006). 그러나 협력 또한 인간행동의 중요한 부분이고, 진화적 뿌리를 갖고 있을 가능성이 크다(Axelrod & Hamilton, 1981; Buss, 2004; Henrich & Henrich, 2006; Nowak, 2006; Tomasello, Melis, Tennie, Wyman, & Herrmann, 2012; Walter, 2013). 인간들은 가까운 친족집단 안에서 진화했고, 집단 내 협력은 개인과 집단의 생존에 필수적이었음을 기억하라(Buss, 2004; Tomasello et al., 2012; Walter, 2013). 비록 자연선택에 의한 진화라는 야만적이고 비도덕적인 우주에서 협력이 그럴듯해 보이지 않지만, 진화론자들은 협력 행동을 지지하는 몇 가지 기제들을 발견했다. 예를 들면 친족을 돕는 것과 상호적 도움행동 모두 진화에 의해 선호될 수 있다(Axelrod & Hamilton, 1981; Buss, 2004; Nowak, 2006; Tomasello et al., 2012).

협력은 지독한 경쟁에 비해 행복을 키우기 쉽다. 왜냐하면 우리 조상들은 협력을 필요로 하고, 협력은 의미 있는 관계를 만드는 데 필수적이기 때문이다. 깊고 의미 있는 사회적 관계는 인간행복에 필수적이다(Baumeister & Leary, 1995). 요약하면, 협력은 선천적인 목표를 다루는 것을 돕고 우정을 가져오기 때문에 그것 자체로 만족스러울 수 있다. 그러나 진화적 의미에서 협력은 이용하는 것과는 다른 것이다. 진화론자들은 우리를 이용하려는 해적과 협력하면서 우리가 행복할 것이라고 기대하지 않는다. 친족이나 비슷한 타인과의 상호적인 방식의 협력은 보상적일 가능성이 있다.

선천적인 욕구와 목표 충족

우리는 또한 진화적으로 적절한 목표를 인식하고 충족시킴으로써 행복을 증가시킬 수 있다(Hill & Buss, 2008). 예를 들어 우리는 신체적 및 물질적 안전, 동료들의 존중, 친족들과의 강한 사회적 연대를 향하도록 진화된다. Hill과 Buss(2008)는 이들 과제를 성취하는 것이 웰빙을 증가시킨다고 주장한다. 아울러 문헌 검토를 통해 이 목표를 향해 다가가는 것이 그것들을 실제로 성취하는 것만큼 행복에 중요할 수 있다고 결론지었다. 진화적으로 적절한 목표를 성취하려고 진전을 이루고 있음을 지각하기만 하면 행복은 증가한다.

우리는 또한 현시대의 목표추구가 선조들의 목표추구와 어떻게 연결될지 생각해봐야 한다(Nesse, 2005). Nesse는 현시대 목표의 크기와 지속기간이 선조들의 것과는 매우 다르다고 주장한다. 예를 들어 우리 선조는 견과나 과일을 모으는 목표를 가졌을 수 있다. 이 목표는 며칠이면 노력의 결과를 손쉽게 볼 수 있고 즉시 충족될 수 있다. 이 과업을 올림픽 대표선수가 되기 위해 훈련하거나, 박사과정을 하고 있거나, 전문적 피아니스트가 되기 위해 공부하거나, 회사에서 승진하려고 하는 사람과 비교해보자.

Nesse(2005)에 따르면 이 현대적 목표추구는 길고 끝이 없으며, 그 과정에서 만족스럽고 쉽게 드러나며 진화적으로 의미 있는 보상도 상대적으로 작다. 그 결과 덜 만족스럽다. 게다가 이 현대적 목표는 더 많은 양의 헌신을 요구하고, 선조들의 목표보다 포기하기 더 힘들 수 있다. 예를 들어 과일과 견과를 발견하기 어려웠던 선사시대 조상들은 그날은 대신에 뿌리나 산딸기류를 찾는 것으로 쉽게 맘을 바꿨을 수 있다. 그러나 박사과정에서 몇 년 동안 연구에 투자한 후에, 손에 잡히는 결과도 별로 없이 단념하는 것이 얼마나 어렵고 심리적으로 고통스러울지에 관해 생각해보라. 박사과정 학생은 어떤 새로운 기술을 학습하고 획득했겠지만 노력의 결과를 보여주는 산딸기로 가득한 저장소를 갖지는 못한다. Nesse는 현대적 목표가 자주 다른 중요한 진화적 우선사항으로부터 주의가 멀어지도록 너무 많은 헌신을 요구한다고 주장한다. 예를 들어 피아노에 굶주린 학생은 너무 많은 시간을 연습에 매진하느라 가족과 친구들과 보낼 시간이 거의 없을 수 있다.

그 의미는 성공이라는 현대적 목표를 조심스럽게 추구해야 한다는 것이다. 만약 행복이 우리에게 중요하다면 성공이라는 목표가 다른 중요한 목표, 즉 가정생활을 돌보는 것과 같은 목표를 방해하지 않도록 해야 한다. 아울러 점증적으로 성공을 분명히 인식하고 축하하는 방법을 찾아야 한다. 예를 들어 비록 박사과정 학생으로서의 삶이 외롭고 고립되어 있을 수 있지만, 대학원 학생들은 보통 동료가 첫 통계시험을 통과하고, 과정의 첫 해를 끝마치고, 석사논문을 완성하고, 처음 학회지에 논문을 싣고, 종합시험을 마무리하고, 학위논문 심사를 마치고, 첫 강단에 섰을 때 축하를 한다. 이 점증적 축하는 보상적이며, 조상들의 더 작은 규모의 성공을 모방하는 것이다.

지위 편향을 타파하다

흥미롭게도 지위 편향이 인간 삶의 모든 영역에서 일어나지는 않는다(Hill & Buss, 2008). 예를 들어 사람들은 결혼유지 기간, 휴가 기간에서 지위 편향을 보이지 않는다(Hill & Buss, 2008). Hill과 Buss는 지위 편향-위협 영역에서 다른 삶의 영역으로 주의를 옮길 것을 제안한다. 또한 부와 매력 같은 영역에서 지위 편향의 위협을 최소화하는 방법을 찾아봐야 한다면서 구체적으로 부와 매력의 비현실적인 예를 묘사하는 현대 매체에 대한 노출을 제한하는 '미디어 단식'을 고려하라고 제안한다. 예를 들면 TV 쇼, 패션, 라이프스타일 잡지 등등.

어떤 심리학자들은 진화에 기초한 심리치료를 개발하기 시작했다. 애착이론을 기반으로 한 접근(Bowlby, 1970, 1977; Gilbert, 2002)에서는, 진화가 인간의 두뇌가 정보를 조직화하는 두 가지 기본 시스템을 만들었다고 본다. 하나는 **방어 시스템**(defense system)으로 위협을 감시하고 반응한다. 다른 하나는 **안전 시스템**(safeness system)으로 잠재적 보상을 찾고 반응한다. Gilbert에 따르면 이들 시스템은 과거 선사시대 인간의 생존에 필수적이었다. 게다가 어린 시절 초기 사회적 조건화 전력 때문에, 그리고 현재의 역할 때문에, 우리는 상대적으로 낙관적이고 안전하게 느낄 수도 있고 혹은 방어적으로 느낄 수도 있다(Gilbert, 2002). 매우 방어적일 가능성은 심리적 문제를 초래할 수 있다. Gilbert는 이 방어성을 완화시키도록 설계된 인지치료가 많은 사람들에게 도움이 될 수 있다고 제안했다.

• • •

요약

진화는 행복심리학에 독특한 관점을 제공한다. 우리 삶에서 불만족은 인간경험의 정상적인 부분일 수 있다는 것이다. 예를 들어 우리 선조들은 성공적으로 생존하고 번식하기 위해, 걱정하고 부러워했어야 했을 것이다. 우리는 그들의 유전자를 물려받았기 때문에 그같은 특성을 갖게 되었을 것이다. 쌍둥이 연구, 인간생리학, 인간행동에 관한 인상적인 연구들이 이러한 관점과 일치한다.

따라서 진화적 관점은 인간의 핵심동기에 중요한 통찰을 제공한다. 이는 확실한 사회적 연대, 짝 찾기, 신체적 안전 유지 같은 진화의 기본 문제를 해결하려 한다. 진화는 또한 행복을 개선하기 위한 구체적인 제안들을 제공한다. 이 관점에 따르면 친밀한 사회적 관계에 둘러싸여 있을 때, 신체적 욕구가 해결되었을 때, 현대사회에 의해 공공연하게 남을 부러워하도록 유혹받지 않을 때 우리는 더욱 행복하다.

참고문헌

Ackerman, J. M., Griskevicius, V., & Li, N. P. (2011). Let's get serious: Communicating commitment in romantic relationships. *Journal of Personality and Social Psychology, 100*(6), 1079–1094.

Anderson, K. G., Kaplan, H., & Lancaster, J. (1999). Paternal care by genetic fathers and stepfathers I: Reports from Albuquerque men. *Evolution and Human Behavior, 20*(6), 405–431.

Axelrod, R., & Hamilton, W. (1981). The evolution of cooperation. *Science, 211*, 1390–1396.

Baker, R. R., & Bellis, M. A. (1993). Human sperm competition: Ejaculate manipulation by females and a function for the female orgasm. *Animal Behaviour, 46*(5), 887–909.

Baumeister, R. F., & Leary, M. R. (1995). The need to belong: Desire for interpersonal attachments as a fundamental human motivation. *Psychological Bulletin, 117*(3), 497–529.

Bowlby, J. (1970). Disruption of affectional bonds and its effects on behavior. *Journal of Contemporary Psychotherapy, 2*(2), 75–86.

Bowlby, J. (1977). The making and breaking of affectional bonds: I. Aetiology and psychopathology in the light of attachment theory. *British Journal of Psychiatry, 130*, 201–210.

Buss, D. M. (1989a). Conflict between the sexes: Strategic interference and the evocation of anger and upset. *Journal of Personality and Social Psychology, 56*(5), 735–747.

Buss, D. M. (1989b). Sex differences in human mate preferences: Evolutionary hypotheses tested in 37 cultures. *Behavioral and Brain Sciences, 12*, 1–49.

Buss, D. M. (1990). The evolution of anxiety and social exclusion. *Journal of Social and Clinical Psychology, 9*(2), 196–201.

Buss, D. M. (1995). Evolutionary psychology: A new paradigm for psychological science. *Psycholog-

ical Inquiry, 6(1), 1–30.

Buss, D. M. (2000). The evolution of happiness. *American Psychologist, 55*(1), 15–23.

Buss, D. M. (2004). *Evolutionary psychology: The new science of the mind* (2nd ed.). Needham Heights, MA: Allyn & Bacon.

Capaldi, C. A., Dopko, R. L., & Zelenski, J. M. (2014). The relationship between nature connectedness and happiness: A meta-analysis. *Frontiers in Psychology, 5*, 1–15.

Cicchetti, D., Rogosch, F., & Sturge-Apple, M. (2007). Interactions of child maltreatment and serotonin transporter and monoamine oxidase A polymorphisms: Depressive symptomatology among adolescents from low socioeconomic status backgrounds. *Development and Psychopathology, 19*, 1161–1180.

Clark, R. D., & Hatfield, E. (1989). Gender differences in receptivity to sexual offers. *Journal of Psychology and Human Sexuality, 2*(1), 39–55.

Cosmides, L., & Tooby, J. (2000). Evolutionary psychology and the emotions. In M. Lewis & J. M. Haviland-Jones (Eds.), *Handbook of emotions* (2nd ed., pp. 91–115). New York, NY: Guilford Press.

Dalton, E., Hammen, C., Najman, J., & Brennan, P. (2014). Genetic susceptibility to family environment: BDNF Val66met and 5-HTTLPR Influence Depressive Symptoms. *Journal of Family Psychology, 28*(6), 947–956.

Darwin, C. (1859). *On the origin of the species*. London, UK: Murray.

DeWall, C. N., & Bushman, B. J. (2011). Social acceptance and rejection: The sweet and the bitter. *Current Directions in Psychological Science, 20*(4), 256–260.

Duncan, L. E., Pollastri, A. R., & Smoller, J. W. (2014). Mind the gap: Why many geneticists and psychological scientists have discrepant views about gene–environment interaction (G×E) research. *American Psychologist, 69*(3), 249–268.

Franz, C. E., Panizzon, M. S., Eaves, L. J., Thompson, W., Lyons, M. J., Jacobson, K. C., . . . Kremen, W. S. (2012). Genetic and environmental multidimensionality of well-and ill-being in middle aged twin men. *Behavior Genetics, 42*(4), 579–591.

Gangestad, S. W., Garver-Apgar, C. E., Simpson, J. A., & Cousin, A. J. (2007). Changes in women's mate preferences across the ovulatory cycle. *Journal of Personality and Social Psychology, 92*, 151–163.

Gilbert, P. (2002). Evolutionary approaches to psychopathology and cognitive therapy. *Journal of Cognitive Psychotherapy, 16*(3), 263–294.

Hartig, T., Evans, G. W., Jamner, L. D., Davis, D. S., & Gärling, T. (2003). Tracking restoration in natural and urban field settings. *Journal of Environmental Psychology, 23*(2), 109–123.

Henrich, J., & Henrich, N. (2006). Culture, evolution and the puzzle of human cooperation. *Cognitive Systems Research, 7*(2–3), 220–245.

Hill, S. E., & Buss, D. M. (2006). Envy and positional bias in the evolutionary psychology of management. *Managerial and Decision Economics, 27*(2–3), 131–143.

Hill, S. E., & Buss, D. M. (2008). Evolution and subjective well-being. In M. Eid & R. J. Larsen (Eds.), *The science of subjective well-being* (pp. 62–79). New York, NY: Guilford Press.

Hing, B., Gardner, C., & Potash, J. B. (2014). Effects of negative stressors on DNA methylation in the brain: Implications for mood and anxiety disorders. *American Journal of Medical Genetics Part B: Neuropsychiatric Genetics, 165*(7), 541–554.

Holliday, R. (1987). The inheritance of epigenetic defects. *Science, 238*(4824), 163–170.

Holliday, R. (2006). Epigenetics: A historical overview. *Epigenetics, 1*(2), 76–80.

Howell, A. J., Dopko, R. L., Passmore, H., & Buro, K. (2011). Nature connectedness: Associations with well-being and mindfulness. *Personality and Individual Differences, 51*(2), 166–171.

Kaplan, R., & Kaplan, S. (1989). *The experience of nature: A psychological perspective.* New York, NY: Cambridge University Press.

Kenrick, D. T. (1987). Gender, genes, and the social environment: A biosocial interactionist perspective. In P. Shaver & C. Hendrick (Eds.), *Sex and gender* (pp. 14–43). Thousand Oaks, CA: Sage.

Kenrick, D. T., Griskevicius, V., Neuberg, S. L., & Schaller, M. (2010). Renovating the pyramid of needs: Contemporary extensions built upon ancient foundations. *Perspectives on Psychological Science, 5*(3), 292–314.

Kenrick, D. T., & Keefe, R. C. (1992). Age preferences in mates reflect sex differences in mating strategies. *Behavioral and Brain Sciences, 15*, 75–91.

Kenrick, D. T., Li, N. P., & Butner, J. (2003). Dynamical evolutionary psychology: Individual decision rules and emergent social norms. *Psychological Review, 110*(1), 3–28.

Kenrick, D. T., Maner, J., Butner, J., Li, N., Becker, D., & Schaller, M. (2002). Dynamical evolutionary psychology: Mapping the domains of the new interactionist paradigm. *Personality and Social Psychology Review, 6*(4), 347–356.

Kenrick, D. T., Neuberg, S. L., Griskevicius, V., Becker, D. V., & Schaller, M. (2010). Goal-driven cognition and functional behavior: The fundamental-motives framework. *Current Directions in Psychological Science, 19*(1), 63–67.

Kenrick, D. T., Sadalla, E. K., Groth, G., & Trost, M. R. (1990). Evolution, traits, and the stages of human courtship: Qualifying the parental investment model. *Journal of Personality, 58*(1), 97–116.

Keyes, C. L. M., Myers, J. M., & Kendler, K. S. (2010). The structure of the genetic and environmental influences on mental well-being. *American Journal of Public Health, 100*(12), 2379–2384.

Krebs, D. (2011). *The origins of morality: An evolutionary account.* New York, NY: Oxford University Press.

Lindfors, P. (2013). *Physiological correlates of mental well-being.* New York, NY: Springer Science + Business Media.

Lloyd, E. A. (2005). *The case of the female orgasm: Bias in the science of evolution.* Cambridge, MA: Harvard University Press.

Lykken, D., & Tellegen, A. (1996). Happiness is a stochastic phenomenon. *Psychological Science, 7*(3), 186–189.

Lyubomirsky, S. (2008). *The how of happiness: A new approach to getting the life you want.* New York, NY: Penguin Press.

Maslow, A. (1943). A theory of human motivation. *Psychological Review, 50*, 370–396.

Mayer, F. S., Frantz, C. M., Bruehlman-Senecal, E., & Dolliver, K. (2009). Why is nature beneficial? The role of connectedness to nature. *Environment and Behavior, 41*(5), 607–643.

McDermott, R., Fowler, J. H., & Smirnov, O. (2008). On the evolutionary origin of prospect theory preferences. *The Journal of Politics, 70*(2), 335–350.

Munafò, M. R., Durrant, C., Lewis, G., & Flint, J. (2009). Gene × environment interactions at the serotonin transporter locus. *Biological Psychiatry, 65*(3), 211–219.

Napier, J. L., & Jost, J. T. (2008). Why are conservatives happier than liberals? *Psychological Science, 19*(6), 565–572.

Nes, R. B., Røysamb, E., Harris, J. R., Czajkowski, N., & Tambs, K. (2010). Mates and marriage matter: Genetic and environmental influences on subjective well-being across marital status. *Twin Research and Human Genetics, 13*(4), 312–321.

Nes, R. B., Røysamb, E., Tambs, K., Harris, J. R., & Reichborn-Kjennerud, T. (2006). Subjective well-being: Genetic and environmental contributions to stability and change. *Psychological Medicine, 36*(7), 1033–1042.

Nesse, R. (2004). Natural selection and the elusiveness of happiness. *Philosophical Transactions of the Royal Society B: Biological Sciences, 359*, 1333–1347.

Nesse, R. M. (2005). Natural selection and the regulation of defenses: A signal detection analysis of the smoke detector principle. *Evolution and Human Behavior, 26*(1), 88–105.

Nisbet, E. K., & Zelenski, J. M. (2011). Underestimating nearby nature: Affective forecasting errors obscure the happy path to sustainability. *Psychological Science, 22*(9), 1101–1106.

Nowak, M. (2006). Five rules for the evolution of cooperation. *Science, 314*, 1560–1563.

Panksepp, J. (2007). Neuroevolutionary sources of laughter and social joy: Modeling primal human laughter in laboratory rats. *Behavioural Brain Research, 182*(2), 231–244.

Panksepp, J., & Burgdorf, J. (2003). "Laughing" rats and the evolutionary antecedents of human joy? *Physiology and Behavior, 79*(3), 533–547.

Post, S. G. (2005). Altruism, happiness, and health: It's good to be good. *International Journal of Behavioral Medicine, 12*(2), 66–77.

Puts, D. A., Dawood, K., & Welling, L. L. M. (2012). Why women have orgasms: An evolutionary analysis. *Archives of Sexual Behavior, 41*(5), 1127–1143.

Puts, D. A., Welling, L. L. M., Burriss, R. P., & Dawood, K. (2012). Men's masculinity and attractiveness predict their female partners' reported orgasm frequency and timing. *Evolution and Human Behavior, 33*(1), 1–9.

Risch, N., Herrell, R., Lehner, T., Liang, K., Eaves, L., Hoh, J., . . . Merikangas, K. (2009). Interaction between the serotonin transporter gene (5-HTTLPR), stressful life events, and risk of depression: A meta-analysis. *Journal of the American Medical Association, 301*(23), 2462–2471.

Ryan, R. M., Weinstein, N., Bernstein, J., Brown, K. W., Mistretta, L., & Gagné, M. (2010). Vitalizing effects of being outdoors and in nature. *Journal of Environmental Psychology, 30*(2), 159–168.

Sadalla, E., Kenrick, D., & Vershure, B. (1987). Dominance and heterosexual attraction. *Journal of*

Personality and Social Psychology, 52, 730–738.

Schaller, M., & Park, J. H. (2011). The behavioral immune system (and why it matters). *Current Directions in Psychological Science, 20*(2), 99–103.

Steptoe, A., Dockray, S., & Wardle, J. (2009). Positive affect and psychobiological processes relevant to health. *Journal of Personality, 77*(6), 1747–1775.

Tellegen, A., Lykken, D. T., Bouchard, T. J., Wilcox, K. J., Segal, N. L., & Rich, S. (1988). Personality similarity in twins reared apart and together. *Journal of Personality and Social Psychology, 54*(6), 1031–1039.

Tomasello, M., Melis, A., Tennie, C., Wyman, E., & Herrmann, E. (2012). Two key steps in the evolution of human cooperation. *Current Anthropology, 53*(6), 673–692.

Tooby, J., Cosmides, L., & Price, M. E. (2006). Cognitive adaptations for n-person exchange: The evolutionary roots of organizational behavior. *Managerial and Decision Economics, 27*(2–3), 103–129.

Trivers, R. L. (1972). Parental investment and sexual selection. In B. Campbell (Ed.), *Sexual selection and the descent of man, 1871–1971* (pp. 136–179). Chicago, IL: Aldine-Atherton.

van den Berg, A. E., Koole, S. L., & van der Wulp, N. Y. (2003). Environmental preference and restoration: (How) are they related? *Journal of Environmental Psychology, 23*(2), 135–146.

Vigil, J. M. (2010). Political leanings vary with facial expression processing and psychosocial functioning. *Group Processes and Intergroup Relations, 13*(5), 547–558.

Wallen, K., & Lloyd, E. A. (2011). Female sexual arousal: Genital anatomy and orgasm in intercourse. *Hormones and Behavior, 59*(5), 780–792.

Walter, C. (2013). *Last ape standing: The seven-million-year story of how and why we survived.* New York, NY: Walker & Company/Bloomsbury Publishing.

Weinstein, N., Przybylski, A., & Ryan, R. (2009). Can nature make us more caring? Effects of immersion in nature on intrinsic aspirations and generosity. *Personality and Social Psychology Bulletin, 35*(10), 1315–1329.

White, M. P., Alcock, I., Wheeler, B. W., & Depledge, M. H. (2013). Would you be happier living in a greener urban area? A fixed-effects analysis of panel data. *Psychological Science, 24*(6), 920–928.

Wilson, E. (1984). *Biophilia.* Cambridge, MA: Harvard University Press.

Zietsch, B. P., & Santtila, P. (2011). Genetic analysis of orgasmic function in twins and siblings does not support the by-product theory of female orgasm. *Animal Behaviour, 82*(5), 1097–1101.

03

성격

행복은 자신에게 달려 있다.

– 아리스토텔레스

우리는 누구나 성격적으로 행복하거나 혹은 불행한 사람을 알고 있다. 어린 시절 학교 스쿨버스 운전사인 에콜스 씨에 대한 내 기억은 아주 강렬하다. 나는 앨러배마의 작은 도시에서 자랐는데, 그의 아들과 나는 한해 여름 야구팀에서 함께 운동을 했다. 우리는 리틀 야구 리그에서만 야구를 한 게 아니라 "딕시(Dixie : 미 동남부 여러 주_역주) 유스" 야구도 했다. 그 당시 우리 동네 병원에는 백인과 흑인 대기실이 따로 있었다. 나의 가족과 나는 백인이었고, 에콜스 씨와 그 가족은 흑인이었다.

에콜스 씨는 강하고 위엄이 있었다. 또한 낙천적이고 긍정적이었다. 그는 항상 미소와 이야기로 그날을 열어주었고, 휘파람을 잘 불었다. 그는 우리가 그럴 자격이 없을 때에도 우리에게 친절했고 이해심이 있었다. 삶의 여러 상황들이 그에게 불리했음에도 불구하고 그는 이런 방식이었다. 우선 그는 엄격한 차별이 있는 시기와 장소에 살고 있는 흑인이었다. 또한 가난했다. 하지만 그는 만만한 사람이 아니었고 사람들이 그의 품위를 손상시키는 것을 용인하지 않았다.

내가 보기에 에콜스 씨는 나쁜 상황에도 불구하고 진정으로 행복해 보였다. 그는 열심

59

히 일했고 사랑하는 가족이 있었다. 그는 자신이 대접받기를 원하는 방식으로 남들을 존중해주었고, 매일 어디에서든 즐거움을 발견해냈다. 단순히 백인권력구조에 유화하기 위해 웃음을 짓는, 행복한 흑인에 관한 백인의 고정관념의 일부가 아니었다. 그는 능동적으로 그 권력구조에 저항했다. 나는 종종 그런 상황에도 불구하고 그가 행복을 발견해내는 능력을 자기 안에서 어떻게 찾아냈는지 궁금했다. 그의 성격에서 무엇이 그로 하여금 이렇게 하도록 했을까? 이 장에서 몇 가지 단서를 찾아보겠다.

• • •
성격과 행복

행복을 예언하는 중요한 성격특성

심리학 용어로서 성격(personality)은 다른 상황에서도 꽤 일관되게 유지되는 개인 안의 고정적 행동 패턴을 말한다(Kendrick & Funder, 1988). 우리는 아마도 어떤 사람이 다른 사람보다 선천적으로 더 행복한 것을 본 적이 있을 것이다. 여러분은 에콜스 씨 같은 분을 알지도 모른다. 삶의 상황에 거의 상관없이 일관되게 행복하거나 불행한 사람들이 있다. 이 사람들은 행복 수준과 상관있는 일관적이고 예측 가능한 일련의 특성을 지니고 있는 경향이 있다. 또한 그들 주변 세상을 바라보고 해석하는 한결같은 방식을 가지고 있다. 따라서 우리는 행복 관련 성격이 있다는 것을 안다.

　환경에 무관하게 일관된 행복 수준을 유지하는 사람, 즉 행복한 성격을 지지하는 증거를 찾아보자. 행복에 미치는 성격의 중요성에 관해 생각하는 한 가지 방법은 성격의 반대되는 힘, 즉 환경의 영향을 생각하는 것이다. 성격은 한 사람의 내부에 있는 안정적인 힘인 반면에, 환경은 정의상으로 보면 외부에 존재한다. 그러므로 행복에 대한 환경적 영향에 관해 알게 된다면 성격의 중요성에 관한 사실을 알게 될 수도 있다. 연구자들은 전반적으로 삶의 상황과 환경적 요인들은 행복에 비교적 적은 영향을 미친다고 보았다. 예를 들어 Lyubomirsky, Sheldon 및 Schkade(2005)는 논문들을 검토해서, 삶의 상황들은 개인 행복 수준의 차이를 단지 약 10% 정도만 설명한다고 결론내렸다.

　따뜻한 기후에 살다 신이 저버린 얼어붙은 서부 뉴욕 주로 이주하고서, 나는 따뜻한 기후로 돌아간다면 더 행복할지 여부가 궁금했다. 내 주변의 많은 사람들은 플로리다나 노스캐롤라이나로 이주하는 꿈을 꾼다. 그리고 거기로 가면 더 행복할 것이라고 생각한다. 분명 이 같은 환경/삶의 상황 변인은 우리 행복에 큰 영향을 주지 않을까?

놀랍게도 그것은 사실이 아니다. Lucas와 Lawless(2013)는 미국 50개 주에서 매일의 날씨 자료와 그 주에 살고 있는 백만 명 이상의 대표 표집을 검토했다. 자료는 5년간 수집되었다. 결과는 날씨와 웰빙 간에 신뢰할 만한 관계가 없다는 것이다. 날씨 같은 환경변인은 웰빙과 큰 상관이 있는 것 같지 않다. 이 결과는 성격이 중요하다는 것을 암시한다.

아울러 질문을 더 직접적으로 검토해보면 성격이 웰빙의 중요한 예언변인임을 알 수 있다(DeNeve & Cooper, 1998; Ozer & Benet-Martinez, 2006). DeNeve와 Cooper(1998)의 메타분석(한 영역의 연구결과들을 통계적으로 조합한 문헌조사)에 따르면, 성격은 결혼상태 같은 인구학적 특징보다 더 강력한 웰빙의 예언변인이고, 사회경제적 상태(소득, 교육 및 직업상태의 조합)만큼 중요하다. 게다가 성격은 삶의 만족(인지적 웰빙)과 긍정정서를 동등하게 잘 예측하고, 부정정서는 덜 예측한다.

요약하면 행복 성격이 있음을 지지하는 증거가 있다. 이는 개인 안에 안정적이고 지속적인 행복 수준이 있다는 말이다. 삶의 상황을 포함하는 환경적 요인은 행복에 아주 작은 영향을 미치는 듯 보이고, 성격은 행복을 예측한다. 그러나 지금까지 성격은 전반적 의미에서 논의되었다. 이제 웰빙을 예측하는 성격의 구체적 속성을 살펴보겠다.

성격의 5요인 모델 : 빅 파이브

성격 연구자들은 행복을 예측하는 중요한 특성으로 '빅 파이브(Big Five)' 세트를 확인했다(Costa & McCrae, 1992). 이 모델은 5개의 독립적 차원을 제안한다.[1]

- ▶ 친화성
- ▶ 외향성
- ▶ 성실성
- ▶ 신경증
- ▶ 개방성

행복 연구자들은 웰빙을 예측하는 데 빅 파이브를 사용함으로써 연구를 확장했다.

예를 들어 방금 전에 기술했듯이 메타분석을 행했던 DeNeve와 Cooper(1998)는 빅 파이브가 웰빙을 예언한다는 것을 발견했다. 특히 그들의 결과는 다른 차원들에 비해 신경증이 웰빙의 세 가지 영역(삶의 만족, 긍정정서, 부정정서)을 더 잘 예측함을 보여준다. 물론 신경증은 웰빙과 부적 상관이 있다. 성실성은 웰빙과 가장 강한 정적 상관이 있었다. 외향성과 친화성은 동일한 정확도로 다른 차원들에 비해 긍정정서를 더 잘 예측했다. 개방성은 웰빙과 상관이 없었다. 더 최근 연구(Boyce, Wood, & Powdthavee, 2013)는 이 성격차원들에서의 변화가 웰빙에서의 변화를 예측해냄을 증명함으로써, 빅 파이브가 웰빙과 상관이 있다는 결론을 강화했다.

빅 파이브 차원들에 대한 이들 결과는 다른 연구에 의해 확인되었다(Albuquerque, de Lima, Matos, & Figueiredo, 2012; Chamorro-Premuzic, Bennett, & Furnham, 2007; Hayes & Joseph, 2003). 빅 파이브는 사회적 수준의 행복 또한 예측한다. McCann(2011)은 미국의 48개 인접한 주의 주 단위 여론조사 자료를 구했다. 주 단위 빅 파이브 성격차원 점수는 그 주의 웰빙 수준을 예측하고 있다. 이런 결론이 가능한 것은 사전 연구자들이 각 주의 대표 표집에 대해 전화조사로 성격과 웰빙의 특성을 측정했기 때문이다.

DeNeve와 Cooper(1998)의 결과와 일관되게, McCann(2011)은 특정 주의 신경증 수준이 그 주의 웰빙을 잘 예측한다는 것을 발견했다. 흥미롭게도 McCann의 발견 중에 뉴욕주는 가장 높은 신경증 수준을 보였고, 웰빙에서는 평균보다 1/2 표준편차보다 약간 더 낮았다. 콜로라도는 가장 낮은 신경증 수준을 보였고, 웰빙에서는 평균보다 1/4 표준편차 정도 높았다.

빅 파이브의 단면

빅 파이브의 각 차원은 수많은 단일 측정치들로 구성된다. DeNeve와 Cooper(1998)는 삶의 만족을 가장 잘 예측하는 단일 측정치들로 신뢰, 통제욕구, 정서적 안정성 및 억압적 방어성이 있음을 발견했다. 그중 억압적 방어성을 제외한 나머지는 모두 정적 상관이었다. DeNeve와 Cooper(1998, p. 216)에 따르면 억압적 방어성은 "위협적인 정보에 대한 무의식적 회피"로 정의되는데, 경험과 그 경험과 관련된 부정정서의 표현을 거부하게 만든다. 이들 측정치 모두는 삶의 만족과 중간 정도의 상관이 있었다.

이 발견들은 빅 파이브 성격요인의 '단면들' 혹은 하위요소들이 웰빙을 어떻게 예측하는지를 다루는 후속 연구들로 이어졌다. 더 정확하게 재단된 성격 측정치를 사용함으로써 예측이 강화될 수 있을지 여부를 알아보고자 노력한다. 예를 들면 '신경증'이라 부르는 전반적 차원은 다음의 여섯 가지 개별 측정치로 구성된다: 불안, 분노, 우울, 자의식, 충동성, 취약성. 각각의 점수를 합해서 신경증 점수를 구한다. 그렇다면 이 6개 중 어느 측정치가 웰빙을 더 정확하게 예측하는가?

빅 파이브 성격차원의 하위요소들이 그 상위차원보다 웰빙을 더 강하게 예측한다는 결과가 있다. 예를 들어 Albuquerque 등(2012)은 신경증의 하위요소인 우울과 취약성이 신경증 전체 점수보다도, 삶의 만족을 더 잘 예측한다는 것을 발견했다. 구체적으로 우울과 취약성은 삶의 만족 변량의 21%를 설명하는 반면에 전체 신경증 차원은 단지 15%를 설명한다. 어떻게 더 적은 측정치들이 더 정확하게 예측할 수 있는지 의아할 수도 있다. Albuquerque는 예측을 잘 못하는 항목이 측정의 '오류'로 더해져서 전체 예측의 강도를 감소시킨 것이 한 가지 이유라고 설명한다. Quevebo와 Abella(2011)도 유사한 결과를 보여주었다.

이런 발견들은 웰빙에 적합한 성격의 구체적 측면들에 관한 더 세부적인 그림을 그려주기 때문에 중요하다. 예를 들면 단순히 신경증이 전반적으로 삶의 만족과 부적 상관이 있다는 것을 아는 것이 아니라, Albuquerque 등(2012)에 따르면 취약성과 우울증이 특히 중요하고, 신경증의 다른 요소들보다 더 중요하다는 것이다. 아울러 Albuquerque 등은 삶의 만족을 예측하는 데 있어서 외향성에서는 긍정정서가 가장 중요한 요소이고, 성실성에서는 유능감, 질서, 자기훈련이 가장 중요한 요소임을 발견했다.

빅 파이브가 웰빙을 어떻게 왜 예측하는가

연구자들은 성격이 웰빙에 영향을 미치는 데 다른 변인들과 어떻게 조합되는지 궁금했다. 결과들을 설명하기에 앞서 방법론을 잠깐 살펴보자. 연구자들을 매개분석(mediation analysis)이라는 기법을 사용해서 두 변인이 왜 상관이 있는지를 이해한다.

기본 논리는 간단하다. 은유를 쓰자면 이렇다. 우리는 공부와 성적 간에 상관이 있다고 어느 정도 확신한다. 하지만 어느 누구도 실제로 공부가 성적에 직접적으로 영향을 줬다고 생각하지는 않는다. 대신에 공부는 학습을 증가시키고 그 학습이 성적에 직접적으로 영향을 준다는 것을 안다. 그러므로 다음과 같은 인과적 체인을 가정할 수 있다.

공부 → 학습 → 성적

이 도표를 통해 공부가 좋은 성적과 관련된 이유는 학습을 증가시키기 때문임을 알 수 있다. 전문 용어로 '공부'는 예측변인이고, '성적'은 결과변인이다. 그리고 '학습'은 매개변인(mediator variable)으로, 예측변인이 결과변인과 상관이 있는 이유를 설명한다. 즉, 학습은 공부와 성적 간 관계를 매개한다고 말할 수 있다.

마지막으로 매개 없음, 부분 매개, 혹은 완전 매개 등이 가능하다. 매개 없음의 의미는 우리가 검증했던 잠재적 매개변인이 예측변인과 결과변인과의 상관관계를 설명하지 못하는 것이다. 완전 매개는 매개변인이 예측변인과 결과변인 간 관계를 완전하게 설명한다는 의미이다. 예를 들어 만약 공부가 성적을 증가시킨 유일한 이유가 증가된 학습량이었다면, 공부와 성적 간 관계가 학습에 의해 완전하게 매개되었다고 말한다. 그러나 매개변인이 예측변인과 결과변인이 왜 상관이 있는지를 설명하는 단지 일부분인 경우가 있다. 예를 들어 공부가 학습 증진과 학생의 자신감 상승 둘 다를 통해 성적을 올렸다고 생각해보자. 그렇다면 학습과 자신감 둘 다가 관계를 부분적으로 매개했다고 말할 수 있다.[2] 도표로는 다음과 같다.

정서지능

성격이 왜 웰빙을 예측하는 것일까? 여기에는 몇 가지 대답이 있을 수 있겠지만, 그중 한 가지는 정서지능(emotional intelligence)과 관련된다. 정서지능은 우리가 타인과 상호작용할 때 자신과 타인의 정서에 관한 정보를 활용하는 능력을 말한다(Mayer, DiPaolo, & Salovey, 1990). Chamorro-Premuzic 등(2007)은 정서지능이 신경증과 성실성 두 가지와 행복의 관계를 부분적으로 매개하고, 친화성과 행복의 관계를 완전 매개한다고 했다.

따라서 친화적인 사람들, 즉 협동성 같은 특성을 가진 사람이 행복한 이유는 친화성이 높은 수준의 정서지능을 발달시키기 때문이다. 이 높은 수준의 정서지능은 행복의 즉각적 원인이 된다. 다시 말해 친화성은 행복에 있어서 중요하지만 원거리 원인이다. 먼저 높은 수준의 정서지능을 생성하기 때문에 행복과 관련된다.

아울러 신경증과 성실성이 행복과 연관되는 부분적 이유도 이들이 먼저 더 높거나(성실성의 경우) 혹은 더 낮은(신경증의 경우) 정서지능을 산출하기 때문이다. 성실성과 신경증 두 가지와 행복 간의 상관은 부분적으로만 매개되기 때문에, 이 예측변인이 웰빙과 연결되는 또 다른 이유가 있을 것이다. 그러나 현재의 자료로서는 다른 이유가 무엇인지 알 수 없다.

개인적 프로젝트

어떻게, 왜 행복을 예측하는지를 다른 각도에서 다룬 연구가 있다. 우리의 '개인적 프로젝트'가 성격과 행복 간 관계를 매개할 수 있는지 검토한 연구이다. 개인적 프로젝트는 쓰레기를 버리는 것처럼 일상적일 수도 있고, 알츠하이머에 걸린 엄마를 돌보는 것처럼 큰 열정과 헌신을 수반할 수도 있는, 의지적이고 목적이 분명한 행위 세트이다(Little, 2014)

Albuquerque, de Lima, Matos 및 Figueiredo(2013)는 참가자들에게 현재 계획된 개인적 프로젝트들을 모두 찾아보게 하고, 그중 자신이 누구인지를 가장 잘 정의하는 프로젝트 일곱 가지를 선택하게 했다. 그런 다음 이 프로젝트들을 중요성, 도전감, 유능감 및 몰두 등의 인지적 차원들과 관련해서 평가하게 했다. 그런 다음 이 평가들을 조합해서 개인적 프로젝트의 효능감 측정치를 구했다. 개인적 프로젝트 효능감에서 높은 점수는 참가자들이 그들 프로젝트에 대해 통제감을 느끼고 성공할 것으로 기대한다는 것을 나타낸다. 개인적 프로젝트 효능감, 빅 파이브 성격차원 및 웰빙 간의 상호관계가 측정되었다.

예언과 일관되게 Albuquerque 등(2013)은 개인적 프로젝트 효능감이 빅 파이브와 웰빙 간의 관계를 매개한다는 것을 발견했다. 그림 3.1은 완전한 매개 결과들을 보여준다. 선마다 매겨진 숫자는 관계가 정적인지 부적인지의 방향성과 강도를 나타내는 경로계수이다.

여러 빅 파이브 차원에서 개인적 프로젝트 효능감을 거쳐 웰빙으로 가는 간접경로와 성격에서 웰빙으로 가는 직접경로가 있음을 주목하라. 직접경로와 간접경로의 존재는 부분 매개를 나타내는 반면에, 간접경로만 있는 경우는 완전 매개를 나타낸다. 확인을 위해 잠시 도표를 살펴보라.

Albuquerque 등(2013)의 결과에서 한 가지 흥미로운 발견은 개방성, 친화성 및 성실성과 삶의 만족 간의 관계가 완전 매개라는 것이다. 아울러 경로계수가 정적이어서 더 친화적이고, 개방적이고, 성실할수록 삶의 만족이 높다는 것이다. 또 다른 흥미로운 발견은 신경증과 삶의 만족 간 관계는 부적이고 부분 매개이다. 이 결과가 제안하는 바는 무엇이고, 왜 중요한가?

성격이 웰빙과 어떻게, 왜 관련되는지의 질문에서 출발했음을 떠올려보자. 개방성, 친

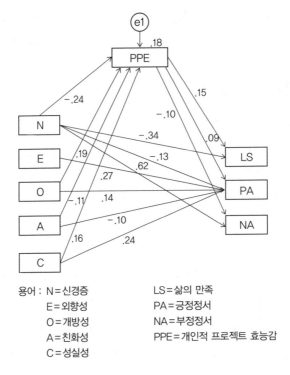

그림 3.1 매개경로 분석의 결과는 빅 파이브 성격차원(왼쪽)과 웰빙의 요소들(오른쪽) 간의 관계를 보여준다. 개인적 프로젝트 효능감(도표의 위쪽)이 빅 파이브와 웰빙 간 매개변인이다. 추정치는 표준화되었다(n=396).

출처 : Albuquerque 등(2013)에서 인용

화성, 성실성과의 관계가 완전 매개이기 때문에 개인적 프로젝트가 잘 진행되고 있고, 그 것들을 통제하고 있다는 느낌이 삶의 만족과 이들 성격변인들 간의 관계를 설명한다. 다시 말하면 개방적이고, 친화적이고, 성실한 성격의 사람들이 개인적 프로젝트를 잘 통제하고 있고 성공할 것이라고 느낀다. 개인적 프로젝트에 대한 이런 느낌들은 분명하고 즉각적으로 삶의 만족에 영향을 준다. 다른 한편 신경증은 프로젝트에 대한 통제감과 성공할 것이라는 자신감을 약하게 한다. 프로젝트에 대한 통제감의 결여와 낮은 자신감은 즉각 낮은 삶의 만족으로 이어진다.

이 설명이 매개분석이 왜 매우 중요한지를 이해하는 데 도움이 되기를 희망한다. 성격이 삶의 만족을 예측한다는 것을 아는 것이 중요하다. 그러나 이것을 이해했다고 해서 저절로 왜 그런 관계가 존재하는지에 관한 모든 것을 알게 되는 것은 아니다. 성격과 웰빙 간의 상관을 관찰한 것만으로, 성격이 삶의 만족으로 연결되는 기제를 알았다고 보기 어렵다. 매개분석은 이 기제를 어렴풋이 보여준다. 성격이 우리의 삶을 정의하는 프로젝트에 관해 자신감을 갖게 하고 성공할 것이라는 확신을 느끼게 하기 때문에 높은 수준의 삶의 만족과 관련된다는 것을 아는 것은, 단지 둘 간에 상관이 있다는 것만 아는 것보다 훨씬 더 만족스럽다.

성격과 웰빙 간의 매개적 관계를 확인하는 작업은 계속 진행되고 있다. 예를 들어 Pollock, Noser, Holden 및 Zeigler-Hill(2016)에 따르면, 개인이 자신의 삶에서 의미를 찾는 행복을 향한 지향성이 외향성과 삶의 만족 간의 관계를 부분적으로 매개한다고 한다. 다시 말하면 외향적인 사람이 자신의 삶에 더 만족하는 이유 중 하나가 그들이 삶의 의미를 발견하려고 노력하면서 행복을 찾는다는 것이다. 매개변인을 확인하는 이런 노력 모두는 신나고 흥미로운 일이다. 연구자들은 아마도 매개변인과 관련된 서로 다른 이 발견들을 곧 통합하기 시작할 것이다. 우리는 알려진 모든 별개의 발견들을 포함한 포괄적인 모델을 기대할 수 있다. 이 모델이 개발된다면 우리는 왜, 어떻게 성격이 웰빙과 관련되는지에 관한 훨씬 더 나은 이해가 가능해질 것이다.

요약하자면 빅 파이브 성격특성은 웰빙과 중요한 관련이 있다. 신경증, 외향성, 성실성, 개방성 및 친화성은 행복 성격의 중요한 측면을 이룬다. 아울러 이 주요 차원의 하위요소들 또한 중요한 예측변인들이다.

그러나 가장 흥미롭고 과학적으로 생산적인 연구는 빅 파이브가 어떻게, 왜 웰빙을 예측하는가를 검토하는 것이었다. 비록 이 연구가 아직 응집력 있는 단일한 이론으로 완벽하게 체계화되진 않았지만, 몇몇 유망한 발견들이 나오고 있다. 빅 파이브 성격특성은 자신과 타인의 정서를 이해하는 능력과 관련이 있고, 이 능력은 웰빙을 촉진한다. 아울러 빅 파이브는 또한 자신의 중요한 개인적 프로젝트가 잘 진행되고 있다는 확신과 연결된다. 이 성공의 느낌은 웰빙을 증진시킨다. 다른 연구는 빅 파이브가 삶의 의미과 목적 의식과 연결되고, 그것 또한 웰빙을 증진시킨다고 지적한다.

• • •
행복한 사람과 불행한 사람의 차이

또 다른 연구 전통은 원래 행복하거나 불행한 사람을 확인하고 그들을 비교해서 어떻게 다른지를 이해하는 것이다. 행복하거나 그렇지 않은 사람을 예측할 수 있는 특성을 파악하려는 노력과는 극명히 대조되는 흥미로운 접근법이다. 예를 들면 Diener와

Seligman(2002)은 대학생 222명을 표집해서 여러 측정치로 그들의 행복 수준을 평가했다. 그런 다음 행복 분포상에서 상위 10%와 하위 10%의 사람들을 분포상 중간에 있는 사람들과 비교했다.

그 결과 행복한 사람들과 불행한 사람들은 개인적 특성이 달랐다. 하지만 경험이 다르진 않았다. 예를 들어 가장 행복한 상위 10%의 사람들은 다른 사람들에 비해 사회적 연결이 유의미하게 강했고, 더 외향적이고 친화적이었으며 덜 신경증적이었다. 그러나 가장 행복한 사람들이 운동이나 종교적 활동에 더 많이 참여하는 것은 아니었다. 중요하고도 놀라울 수 있는 결과는 그들이 긍정적인 생활사건들을 더 많이 경험하는 것도 아니라는 것이다. 따라서 두 집단은 경험 측면에서는 (아마도 사회적 연결을 제외하면) 다르지 않았다. 하지만 그들이 세상과 상호작용하는 방식은 달랐다. 더 행복한 집단은 더 사교적이고 친화적이었다.

이후 연구는 행복한 사람들이 덜 행복한 사람들에 비해 세상을 보고, 해석하고, 상호작용하는 방식이 다르다는 것을 보여준다. Otake, Shimai, Tanaka-Matsumi, Otsui 및 Fredrickson(2006)은 행복한 사람들이 덜 행복한 사람들에 비해 감사와 친절에 더 초점을 맞춘다는 사실을 발견했다. 이들은 일본 대학생 표집을 주관적 행복 척도의 중간값을 기준으로 '행복한' 집단과 '덜 행복한' 집단으로 구분했다. 행복한 참가자들은 긍정적인 사건들을 더 많이 경험했고, 그 사건들을 정서적으로 더 강렬한 것으로 평가했다. 하지만 두 집단은 부정적인 사건의 수나 강도 면에서 다르지 않았다. 게다가 행복한 경험의 내용이 매우 중요했다. 행복한 경험의 대부분은 타인과의 긍정적 상호작용을 포함했고, 특히 친절한 행위들이 포함되었다. 행복한 사람들은 이 행위를 인식했고 그것들에 대해 감사를 느꼈다.

따라서 행복한 사람들은 그들에게 나쁜 일이 더 적게 일어나기 때문에 이 상태에 도달한 것이 아니었다. 그 대신에 그들에게는 좋은 일이 더 많이 일어났고, 이 사건들을 타인의 친절한 행위와 관련해서 인식했다. 이전 단락의 첫 문장에 있는 '해석'이라는 단어를 떠올려 보라. 이것이 중요한 포인트다. 이 장의 끝에 논의하겠지만, 행복한 사람과 불행한 사람들의 주요 차이 중 하나는 자기 주변의 사건들을 어떻게 해석하느냐의 문제라는 많은 증거들이 있다. Otake 등(2006)의 연구는 행복한 사람들이 친절을 더 잘 기억하고 이 행위들에 대해 감사를 더 느낀다는 것을 보여주기 때문에 훌륭한 예가 된다.

미국 표집에서도 유사한 결과들을 발견할 수 있다. Gilman과 Huebner(2006)는 행복한 청소년이 덜 행복한 10대에 비해 더 희망적이고 사건에 대한 통제감이 더 강하다는 것을 발견했다. 유사하게 Proctor, Linley 및 Maltby(2010)는 행복한 미국 청소년이 덜 행복한 청소년에 비해 삶의 의미와 감사를 더 많이 느낌을 발견했다. 이 결과들은 우리가 세상을 바라보고 우리 주변의 사건들을 이해하는 방식이 행복 수준에 강력한 영향을 준다는 생각을 강화한다. 이 장의 뒷부분에서 더 행복한 사람은 왜 더 행복한가에 관한 이론을 살펴볼 때 행복한 사람과 덜 행복한 사람을 비교하는 더 많은 연구를 논의하겠다.

실제로 행복 성격이 있다. 특질과 개인차는 행복한 사람과 덜 행복한 사람을 구분하고, 이 특질들은 거의 상황의 영향을 받지 않으며 시간이 지나도 일정하다. 구체적으로 빅 파이브는 웰빙을 예측하고, 행복한 사람과 덜 행복한 사람의 특질을 비교한 연구들은 이 두 집단 간의 뚜렷한 차이를 보여준다. 그러나 이 시점에서 연구자들이 행복 성격을 정의하는 단일하고 통합된 예측변인들을 확인하지 못했다는 것을 아는 것 또한 중요하다. 그 대신에 성격이 웰빙에 중요한 공헌을 한다는 의미에서 행복 성격이 있다는 것이지, 전능한 성격특성의 세트가 있다는 의미가 아니다.

• • •
행복은 변하는가

행복 성격은 있다. 비록 행복 성격이 복잡하고 단일차원이 아니긴 하지만 웰빙을 예측하는 다중 성격특성이 있다. 이런 결론은 성격이 일관되고 안정적인 특질이고 상황에 따라 많이 바뀌지 않는다는 것 때문에 행복이 고정적이고 변화 불가능한 것으로 보이게 할 수 있다.

이 생각은 행복에 관한 가장 근본적으로 중요한 질문 중 하나를 일으킨다. 행복은 변화 가능한가? 행복을 증진시킬 수 있는가? 아니면 행복은 성격과 유전적 요인에 의해 특정 좁은 범위 안에 고정되는가? 즉, 상황에 따라 시간 따라 약간씩 오르락내리락하지만 결국 항상 이 정해진 범위 안에 머물며, 이전 기저선으로 되돌아가는가?

이 질문들은 흥미롭고 중요한 철학적이고 실용적인 의미를 지닌다. 또한 성격과 행복에 관한 모든 연구의 핵심을 찌른다. 이 절에서는 설정점 이론(Set Point Theory)을 다룬다. 이 이론은 행복이 변하지 않는다고 본다. 비록 이 이론이 최근 연구자들에 의해 확고하게 받아들여지고 있지만, 아마도 더 이상 유지되기 어려울 듯하다. 행복은 변할 수 있고 변한다.

이것은 지금까지의 논의에서 도달했던 성격에 관한 결론을 부정하는 것이 아니라는 것을 알아둘 필요가 있다. 행복이 변할 수 있다는 사실은 성격이 중요하지 않다는 의미가 아니다. 대부분의 시간 동안 행복은 꽤 안정적이다. 하지만 행복이 변할 수 있다는 사실은 이 장의 뒷부분에서 논의할 웰빙을 증진시키는 연구 및 가능한 개입을 지지하는 흥미진진한 길을 열어준다.

● ● ●
설정점 이론

오랫동안 심리학자들은 행복이 비교적 고정적이라고 생각했고, 행복의 **설정점**(set point) 아이디어가 이 분야를 주도했다(Headey, 2013). 행복 설정점 아이디어는 Lykken과 Tellegen(1996)에 의해 제안되었고, 그들은 행복의 강력한 유전적 영향을 발견했다. 유전이 매우 중요하기 때문에 행복을 흔들 수 있는 어떤 환경적 영향에도 우리는 재빨리 적응한다는 생각이었다. 이 이론에 따르면 우리에게 일어나는 사건들 때문에 행복이 일시적으로 오르락내리락하지만 그런 다음에는 타고난 웰빙의 기저 수준으로 재빨리 되돌아간다.

그러므로 설정점은 행복이 시간이나 상황 변화에도 비교적 안정적이라고 예측한다. 설정점 이론은 일단 한 개인의 성격이 잘 발달되면 그 사람의 행복은 시간이 흘러도 많이 변화하지 않을 것이라고 예측한다. 또한 결혼, 이혼, 좋은 직장에 취업, 장애인이 되는 것 같은 주요 생활사건도 행복에 일시적 효과만을 가질 것이라고 본다. 비록 이들 사건이 단기적으로 행복을 올리거나 내릴 가능성이 있지만, 행복은 이전의 기저 범위로 비교적 빠르게 되돌아올 것이다. 다음 절에게 이 예측을 검토하겠다.

행복은 얼마나 안정적인가

설정점 이론과 달리 행복(특히 삶의 만족)은 시간에 따라 단지 중간 정도만 안정적이다(Fujita & Diener, 2005; Lucas & Donnellan, 2007). 예를 들어 Fujita와 Diener(2005)는 많은 수의 독일 성인의 키, 체중, 성격 및 삶의 만족 같은 특성을 종단적으로 관찰했다. 그림 3.2에서 그 결과를 살펴볼 수 있다. y축은 연구 초기와 몇 년 후 측정한 특성(인치, 파운드, BMI 등)의 상관을 나타낸다. 예들 들면 소득은 1년 후 재측정한 것과 .6 정도의 상관이 있었다. 연구가 끝나는 시점인 16년 후에 측정한 소득은 처음 측정한 소득과 .2를

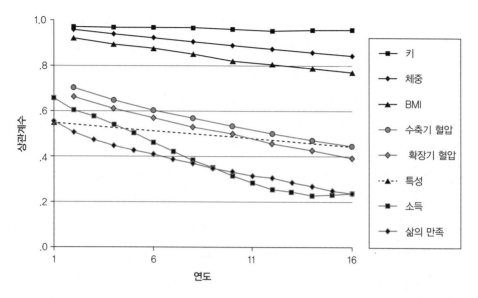

그림 3.2 성인 표집에서 심리적·생물학적 및 경제적 개인차의 안정성 비교
BMI : 체질량지수
출처 : Fujita & Diener(2005)에서 인용

약간 넘는 상관을 보였다. 물론 1.0에 가까운 상관은 완전한 상관을 나타내고, 0에 가까운 상관은 상관이 없음을 나타낸다.

삶의 만족에 대한 상관을 보고 다른 측정들과 비교해보라. 그림 3.2에서 눈에 띄는 것이 무엇인가?

아마도 설정점 이론과 달리 시간에 따른 삶의 만족 측정치 간의 상관이 가파르게 떨어지는 것을 봤을 것이다. 1년 후 삶의 만족은 첫 측정치와 약 .6의 상관이 있지만, 16년 후 상관은 .2을 약간 넘는 수준이다. 삶의 만족에 상당한 불안정성이 있음을 보여준다. 다시 말해 삶의 만족은 시간에 따라 변한다는 결과이고, Fujita와 Diener(2005)는 그들 표집의 약 10%가 삶의 만족에서 '큰' 변화를 겪었다고 결론 내렸다.

아울러 '특성'은 성격 측정치를 나타낸다. 삶의 만족은 성격에 비해 시간에 덜 안정적이라는 데 주목하라. Fujita와 Diener(2005)는 성격이 삶의 만족에 영향을 준다고 지적한다. 또한 삶의 만족이 성격특성보다 덜 안정적이라는 사실은 환경이 삶의 만족에 영향을 준다는 것을 나타낸다고 본다. 이 관찰은 설정점 이론과는 상치된다.

게다가 삶의 만족은 소득과 동일한 정도의 안정성을 보인다. 우리 모두가 소득이 삶의 시기에 따라 어떻게 변하는지에 관한 직관적 아이디어를 가지고 있기 때문에 이는 유용한 비교라고 저자들을 말한다. Fujita와 Diener(2005)에 따르면, 사회적 계층과 교육이 개인을 어떤 소득 집단으로 들여보내기 때문에 상대적 소득이 어느 정도 안정성을 갖긴 하지만, 어떤 사람은 직업을 잃고, 다른 사람은 그렇지 않고, 어떤 사람은 유사한 배경을 가지고도 다른 사람보다 더 빨리 출세가도를 달리기도 한다. 이 소득 수준의 격차가 개인에게 있어서 삶의 만족의 격차와 거의 같다. 따라서 어떤 사람은 웰빙에서 의미 있는 변화를 경험하게 된다.

이 결론을 뒷받침하는 다른 연구가 있다(Headey, 2013; Li, Yin, Jiang, Wang, & Cai, 2014). Headey(2006, 2008b, 2010)는 시간에 따라 개인 행복 수준의 뚜렷한 변동을 발견했다. 예를 들어 Headey(2010)는 많은 수의 독일 성인을 대상으로 종단연구를 통해 행복 수준을 관찰했다. 그는 25~69세 성인 표집의 1/4~1/3에서 1 표준편차 이상 행복 수준의 변화가 있음을 관찰했다. 이 연령대는 행복 수준에서 가장 안정적이라고 가정되는 집단이다. 이는 매우 큰 변화이고 웰빙 백분위 30에서 65로 이동한 것에 해당한다.

유사하게 Yang과 Waliji(2010) 또한 종단 표집에서 행복 수준의 큰 변화를 발견했다. 이들은 행복한 참가자의 20% 정도가 그들의 생애 동안 불행해졌고, 50%의 불행한 참가자는 후에 행복해졌음을 발견했다. 저자들은 후에 이 변화를 통계적 모델링 결과로 분명히 보여주었다. 표 3.1에서 볼 수 있듯이, 이 표집의 행복한 30세 여성은 50.2년의 여생을 기대할 수 있었다. 그들은 38.5년은 행복하게, 11.8년은 불행하게 살 것으로 기대된다. 여기서 몇 가지 흥미로운 점이 있는데, 먼저 개인의 행복 수준이 생애 동안 변화 가능하다는 점에 주목하라. 행복한 사람과 불행한 사람 모두 그들 앞에 행복한 해와 불행한 해가 있을 수 있다. 그러나 행복한 30세는 불행한 사람보다 행복한 해를 더 많이 보낼 것으로 기대할 수 있었다. 이는 행복에 있어서 어느 정도의 안정성과 예측 가능성을 보여준다.

성격특성은 웰빙에서의 중요한 변화와 연관된다. 예를 들어 Headey(2008b)는 신경증과 외향성이 행복의 변화를 예측한다는 것을 발견했다. 그리고 이것은 외향적인 사람은 긍정적 생활사건을, 신경증적인 사람은 부정적인 사건을 더 많이 경험하기 때문일 수 있다고 주장한다. 아울러 Headey(2008a)와 Headey, Muffels 및 Wagner(2010)에 따르면 가족에 대한 헌신과 사회정치적 관여 등을 포함한 삶의 선택과 목적이 웰빙을 예측하고, 또한 시간에 따른 웰빙의 변화를 설명하는 것 같다.

아울러 성격이 시간이 지남에 따라 변화할 수 있음을 연구는 지적한다. 이 점은 성격이 웰빙의 중요한 예측변인이기 때문에 중요하다. 만약 성격이 변화하면 웰빙 또한 변화할

표 3.1	30세 여성과 남성의 기대수명과 행복한 미래와 불행한 미래 예상 연수					
	행복한 참가자			불행한 참가자		
	전체 기대수명 (30세 기준)	행복 예상 연수	불행 예상 연수	전체 기대수명 (30세 기준)	행복 예상 연수	불행 예상 연수
여성	50.2	38.5	11.8	50.1	34.7	15.4
남성	44.8	36.6	8.2	44.4	32.9	11.5

출처 : Yang & Waliji(2010)에서 인용

것이라는 것을 기대할 수 있다. 예를 들어 Boyce 등(2013)은 9,000여 명의 호주 성인을 대상으로 4년 동안 조사한 결과 소득, 결혼상태 및 다른 인구학적 요인만큼이나 성격도 변화했다는 것으로 발견했다. 이 같은 성격의 변화는 웰빙의 변화와 연결되었고, 행복은 변화 가능하다는 것을 보여주었다.

마지막으로 행복과 관련된 신경학적 기질이 잘 변한다는 증거가 있다(Rickard & Vella-Brodrick, 2014). 이들 구조는 환경적 영향에 반응할 수 있다. 그러므로 웰빙에 영향을 미치는 신경생리학적 구조는 고정적이지 않고, 특정 한계 내로 혹은 특정 방향으로 행복을 확고하게 제약하지 않는다(Rickard & Vella-Brodrick, 2014).

예를 들어 Rickard와 Vella-Brodrick(2014)은 문헌 검토를 통해 세로토닌 전달을 조절하는 유전자와 같이 행복과 관련된 유전적 신체 구조조차도 환경과 상호작용하고 환경에 의해 변화할 수 있음을 지적했다. 환경적 요인은 유전적 표현에 영향을 줄 수 있고, 행복을 변화시킬 수 있다. 다시 말해 원래는 특정 한계 내로 행복을 제약했던 생리학적 구조였던 경우에서조차 변화가 일어날 수 있다.

게다가 행복을 조절하는 신경생리학적 기제들을 형성하는 발달 과정들이 다소 느리다. Rickard와 Vella-Brodrick에 따르면 그 기제들은 사춘기 후에도 여전히 발달 중이고, 어린 시절과 청소년기를 통해 행복 개입을 위한 넓은 기회의 창을 제공하게 된다. 결국 어떤 행복 관련 구조는 성인이 되어서도 '신경가소성(neuroplasticity)'이 있다. 실제로 행복을 증진시키기 위해 특별히 설계된 몇몇 개입들이 생리학적 변화를 생성하는 것으로 나타났다.

이 절에서 행복이 고정된 것이 아님을 강력하게 제안하는 자료들을 검토했다. 행복은 시간에 따라 변화하는 듯 보이고, 최근의 이 결론은 설정점 이론의 가장 기본적인 예측을 반박하기 때문에 중요하다. 그러나 Cummins, Li, Wooden 및 Stokes(2014)는 이 발견들을 논박했고 설정점 이론을 옹호했다. 그들의 주요 경험적 논지는 연구자들이 항상 행복 수준이 이전 기저선으로 되돌아가는 데 충분한 정도의 시간을 허용하지 않았다는 것이다. 다시 말해 Cummins 등은 비록 행복이 변하더라도 충분한 시간이 주어지면 초기 기저선으로 되돌아가는 경향이 있다고 주장한다.

Cummins 등(2014)은 더 연구해봐야 할 흥미로운 경험적 질문을 던졌다. 자료가 어디로 이끌지를 보는 것은 흥미로울 것이다. 그러나 실용적 목적으로는 설정점에 반대하는 주장에 더 마음이 끌린다. 연구자들은 상당한 시간대에 걸쳐 행복의 변화를 추적해왔다. 만약 행복이 이전 기저선으로 되돌아간다면 아마도 재빨리 이루어지는 것은 아닌 듯하다.

우리는 생활사건에 적응하는가

복권 당첨자들과 마비환자 연구

인간이 생활사건에 적응하는지 여부에 관한 질문은 설정점 이론에서 매우 중요하다. 왜냐하면 이론은 행복이 우리의 유전자 및 고정된 성격특성에 기초하기 때문에 거의 바뀌기 어렵다고 예측하기 때문이다. 따라서 환경적 사건들, 즉 장애가 생기거나 혹은 복권에 당첨되는 것처럼 중요한 사건들조차 행복에 유의미한 영향 없이 우리를 단지 흔들기만 해야 한다. 환경적 사건에 적응한다는 생각의 가장 분명한 예는 아마도 Brickman, Coates 및 Janoff-Bulman(1978)의 유명한 연구가 될 것 같다. 실제로 이 연구는 너무 많이 알려져서 이미 여러분에게 친숙할 수 있다. 설정점 이론과 일관되게 Brickman 등은 개인이 심지어 매우 극단적인 상황에 대해서조차 적응한다는 것을 증명해 보여줬다.

Brickman 등(1978)은 최소한 부분적으로 마비가 된 사고 피해자, 복권 당첨자[3] 및 통제 집단을 인터뷰했다. 모든 참가자는 6개월 전 얼마나 행복했었는지, 그리고 현재 얼마나 행복한지, 또한 이후 2년이 얼마나 행복할 것이라고 기대하는지를 묻는 질문을 받았다. 마지막으로 참가자들은 친구들과의 대화, TV 시청, 아침식사, 재밌는 유머를 듣는 일, 칭찬 받는 일, 잡지 읽기 등 일상적인 일에서 얼마나 즐거움을 느끼는지를 보고했다.

그 결과는 표 3.2에 있다. 이 자료는 극단적인 상황을 경험했던 사람들로부터 얻은 것임을 기억하라. 따라서 상황에 적응하는 인간의 능력에 대한 가능한 검증을 제공한다. 이 자료에서 어떤 패턴이 보이는가?

이 결과들은 적응과 설정점 가설을 지지하는 듯 보인다. 사고 피해자와 복권 당첨자 같이 대단히 독특한 상황을 경험한 사람들도 일상적인 즐거움을 비슷하게 경험했고, 미래

조건		전반적 행복			일상적 즐거움
		과거	현재	미래[a]	
연구 1	복권 당첨자	3.77	4.00	4.20	3.33
	통제집단	3.22	3.82	4.14	3.82
	사고 피해자	4.41	2.96	4.32	3.48

표 3.2 전반적 행복과 일상적 즐거움 평가의 평균

[a] 몇몇 참가자는 이 측정치를 완성하지 못했다.
출처 : Brickman 등(1978)

행복에 대한 기대도 다르지 않았다. 이 두 집단 모두 두 가지 측정에서 통제집단과 유사했다. 아울러 2.5가 모든 척도의 중간 점수였는데, 사고 피해자들도 행복에서 중립 이상의 점수였다. 심지어 현재를 고려했을 때도 중간 이상이었다. 하반신마비와 사지마비 피해자들이 현재의 행복 관점에서 최소한 중간 점수에 해당하고, 미래의 행복을 복권 당첨자만큼 예상했다는 것은 놀라운 결과다. 이 발견들은 우리가 사건들에 적응하고 행복의 원래 설정점으로 돌아간다는 주장과 일관된다. 이 결과는 사건들이 행복에 영향이 없음을 제안하는 듯 보인다.

이 결과는 전반적으로 우리 인간들이 모든 것에 적응할 수 있다는 생각을 강하게 지지하는 것으로 해석되었고, 인간의 행복이 비교적 고정적이라는 것을 제안했다. 하지만 뒤에 논의하겠지만, 이 결론은 부적절했다는 것이 밝혀진다. 그뿐만 아니라 이 자료들에는 결과 해석에 주의해야 하는 힌트가 있다.

여러분은 아마도 이 연구가 실험연구가 아님을 이미 깨달았을 것이다. 왜냐하면 Brickman 등(1978)은 참가자를 '통제', '피해자', '당첨자' 조건에 무선적으로 할당할 수 없었기 때문이다. 그러므로 사고/당첨/통제 경험 이전에 당첨자집단과 통제집단이 피해자집단과 비슷할지 여부를 알 수가 없다. 예를 들어 미래 행복 예상에 대해서 통제집단의 점수가 피해자들 점수와 유사한데, 통제집단이 태생적으로 비관적인 사람들이기 때문은 아닐까? Brickman 등은 두 번째 연구에서 이 우려를 다루려 했으나, 여전히 여러 조건에 참가자들을 적절히 매치시킬 수 없었다.

또 다른 심각한 문제는 미래에 혹은 가상적인 상황에서 얼마나 행복할지를 정확하게 예측하는 사람들의 능력에 관한 것이다. 제4장에서 보게 되겠지만, 이를 감정예측(affective forecasting)이라 하는데, 사람들은 이 점에서 유능하지 않다(Gilbert, 2006). 미래 행복에 관한 참가자들의 예상이 의미 있을지 매우 의심스럽다.

결국 적응가설의 궁극적 검증은 사람들이 더 행복해질지 예상하는 것이 아니라, 그들이 실제 더 행복해졌는지 여부다. 이 질문을 다루는 유일한 방법은 **종단연구**를 행하는 것이다. Brickman 등(1978)의 연구는 참가자들을 단 한 시점에서 평가한 **횡단연구**였다.

적응에 대한 종단연구

시간에 따른 행복을 추적했던 이후 연구들을 보면, 우리가 더 잘 적응하는 생활사건이 있다(Diener, 2012; Luhmann, Hofmann, Eid, & Lucas, 2012). 구체적으로 보면 사람들은 결혼, 아이 출산[4] 및 이혼에 대해서는 상당히 빠르고 완벽하게 적응하는 것 같다(Anusic, Yap, & Lucas, 2014a, 2014b; Clark, Diener, Georgellis, & Lucas, 2008; Clark & Georgellis, 2013; Lucas, 2005, 2007a; Lucas & Clark, 2006; Yap, Anusic, & Lucas, 2012). 이 결과들은 행복이 사건 이전 수준으로 돌아감을 보여주기 때문에 설정점 이론과 일치한다.

그러나 설정점 이론과 상치하는 결과도 있다. 우리는 실직, 장애 및 사별에는 잘 적응하지 못하는 듯하다. 이들 생활사건 각각에 대한 적응에 관한 증거는 뒷부분에서 별도로 논의하고 있지만, 실직에 대해 우선 살펴보자. 몇몇 연구(Anusic et al., 2014a; Clark et al., 2008; Lucas, 2007b; Lucas, Clark, Georgellis, & Diener, 2004; Yap et al., 2012)에 따르면 실직하면 행복이 감소한다. 게다가 상당한 시간이 경과한 후에도 행복이 실직 전 수준으로 돌아가지 않는다. 특히 이 상관은 남자들에게 강력하다.

이것은 남자들이 실직에 적응하지 못한다는 분명한 증거이긴 하지만 스토리는 약간 더 복잡하다. 미래에 실직될 사람의 행복 궤적이[5] 하강추세인 것으로 나타났다. Yap 등(2012)과 Anusic 등(2014a)은 영국과 호주 자료를 각각 검토해서 실직자의 행복 수준은 그들이 실직하지 않았다고 가정하고 예측한 수준과 결국 일치한다는 것을 발견했다. 그림 3.3에서 Anusic 등(2014a)의 자료를 검토해보면 더 잘 이해할 수 있을 것이다.

오른쪽 그래프가 핵심이다. 실선은 실직자들의 실제 행복 결과를 나타낸다. 행복 수준이 내려가서 실직이 일어난 그 시점 수준으로 되돌아오지 않는다는 점을 주목하라. 하지만 이 사람들의 행복 수준은 실직이 일어나기 전에도 어쨌든 내려가고 있는 추세였음을 또한 주목하라. 밝은 회색선은 실직하지 않았을 때를 가정한 미래 행복을 보여준다. 몇

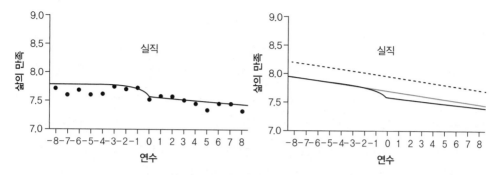

그림 3.3 전통적 모델(왼쪽)과 시간에 따른 변화를 포함하는 모델(오른쪽)로부터 추정된 삶의 만족의 궤적. 점은 주요 생활사건을 경험한 사람들의 삶의 만족의 원래 평균이고, 검은색 실선은 사건 집단에서 추정된 궤적을 보여준다. 점선은 통제집단의 추정된 궤적을 보여준다. 회색 실선은 주요 사건을 경험한 사람들이 만약 그 사건을 경험하지 않았다면 어떤 궤적으로 그려질 것인가를 추정한 선이다.

출처 : Anusic 등(2014a)

년 후면 실제 행복 수준과 결국 만난다.

이 결과는 무슨 의미인가? 이것을 '적응'이라고 불러야 할지는 불분명하다. 하지만 이는 경험적이라기보다는 정의적 쟁점이다. 만약 그대로 부른다면 적응은 실직 후 몇 년이 지나도 일어나지 않는다. 오른쪽 그래프에서 회색선과 검은색 실선은 실직 후 5, 6년까지도 만나지 않는다.

따라서 최소한 실직에 대한 적응 효과는 복권 당첨과 장애 연구에서 Brickman 등(1978)이 제안했던 것만큼 빠르고 힘들지 않은 것이 아니다. Anusic(2014a)의 결과는 설정점 이론과 배치된다. 이 결과들을 적응이라 부르든 부르지 않든 간에 연구결과에 따르면 분명히 행복은 시간에 따라 변한다.

사별과 적응에 관한 발견들도 확실히 엇갈린다. 비록 사별에 완벽하게 적응한다는 증거를 발견한 연구자들도 있긴 하지만(Clark et al., 2008; Clark & Georgellis, 2013), 그 반대를 발견한 연구자들도 있다(Anusic et al., 2014a; Yap et al., 2012). 아울러 연구자들은 실직 연구에서 행했던 것처럼 실제 행복 결과를 사별 전 추세에 기초해서 예상된 행복 수준과 비교했다. 이 연구들 또한 엇갈린 결과를 냈다. Yap 등(2012)은 영국인들을 대상으로 사별한 사람의 행복 수준이 사별 전 궤적으로부터 예측된 행복도보다 더 낮음을 발견했다. 그러나 Anusic 등(2014a)은 호주인들을 대상으로 이와 다른 결과를 발견했다. 이 엇갈린 결과들이 문화, 성, 그리고 또는 사별과 관련된 주변 조건의 차이에 기인함을 추후 연구가 밝혀야 할 것이다. 그러나 사별에 대한 반응으로 행복이 변한다는 것을 보여주는 충분한 증거가 있고, 이는 설정점 이론에 심각한 의문을 던진다.

장애에 관한 자료는 복잡하지만 사람들이 적응하지 못한다는 것을 보여준다. 최소한 Brickman 등(1978)이 제안한 것처럼 아주 쉽게는 아니다. 장애에 대한 적응을 보여주는 소수의 연구 중 몇 가지가 Pagán-Rodriguez(2010, 2012)에 의해 행해졌다. 심지어 이 연구들조차 전반적 삶의 만족에서 완벽한 적응이 장애 후 5, 6년까지 이루어지지 못했음을 보여주었다. 게다가 Pagán-Rodriguez(2012)는 7년 후에 직업 만족과 건강의 관점에서 약 50%만 적응했음을 발견했다. 다시 말해 그들은 장애 직후에 잃었던 일과 건강에 관한 만족도의 약 절반만을 회복했다.

몇몇 다른 저자들도 장애에 대해서는 전반적 행복에서 완벽한 적응이 안 된다는 것을 발견했다(Anusic et al., 2014b; Lucas, 2007a, 2007b; Powdthavee, 2009). Anusic 등(2014b)도 장애를 가진 개인의 행복 수준은 그들의 장애 이전 행복 추세에 의해 예측되었던 것보다 더 낮았다는 것을 발견했다. 아울러 Braakmann(2014)은 자신의 한 가지 장애에 대해서는 부분적 적응을, 낭만적 파트너의 장애에 대해서는 적응이 불가능함을 발견했다.

다른 증거 또한 사람들이 장애에 잘 적응하지 못한다는 것을 보여준다. 예를 들어 이전 증거에 따르면 장애가 심할수록 적응은 더 어렵다(Lucas, 2007a, 2007b). 이 발견과 일관되게 McNamee와 Mendolia(2014)는 통증은 더 심한 장애와 연합된다는 것을 가정하며, 남성 만성통증 환자의 삶의 만족에서 적응의 증거를 발견하지 못했고, 호주 여성에서는 부분적 적응을 발견했다. 유사하게 Binder와 Coad(2013)는 몇몇 의학적 조건들(예 : 심장문제, 암진단)에 대해서는 부분적 적응, 다른 것(예 : 팔을 포함한 장애, 뇌졸중)에 대해서는 거의 적응이 안 된다는 것을 발견했다. 종합하면 시간을 두고 장애인을 추적하고 통증과 신체적 상태의 효과를 측정하는 이 연구들은 장애에 적응하는 우리의 능력은 아무리 잘 봐줘도 제한이 있음을 말해준다.

결론적으로 종단적 자료는 적응가설에 엇갈리는 지지를 제공한다. 우리는 다른 사건들(예 : 실직, 장애)보다 어떤 생활사건들(예 : 결혼, 이혼, 출산)에 더 쉽게 적응한다. 사별에 적응하는 것은 이 시점에서 약간 불분명하다. 흥미롭게도 적응 효과는 사건의 긍정성의 함수가 아니다(Luhmann et al., 2012). 예를 들어 사람들은 결혼과 출산 같은 긍정적 사건들과 이혼처럼 외견상으로 부정적인 사건 모두에 적응한다는 것에 주목하라.

장애와 관련된 발견들은 Brickman 등(1978)의 결과와 직접적으로 대립한다. 사람들로 하여금 미래 행복을 추정하도록 요청한 결과는(Brickman 등이 했던 것처럼) 실제로 시간에 따른 행복을 추적한 결과와 동일한 결과를 산출하지 못했다. Brickman 등(1978)은 개인이 모든 상황, 특히 장애에 적응할 수 있는 정도를 과장했다는 것은 명백하다. 행복이 변화하는 것을 보여주는 이 결과들은 설정점 이론과는 배치된다.

적응에 개인차가 있는가

빅 파이브 성격특성 중 하나인 친화성은 장애에 대한 적응률을 중재하거나 혹은 변화시킬 수 있다. 예를 들어 Boyce와 Wood(2011)는 시간을 두고 개별 집단을 검토했다. 그들 중 몇 명은 장애인이 되었다. 다른 연구와 마찬가지로 장애는 모든 사람에게서 최소한 초기에는 삶의 만족과 강한 부적 상관을 보였다. 그러나 적절히 친화적인 사람은 4년 이내로 자신들의 장애에 완전히 적응한 조짐을 보인 반면에, 친화성이 낮은 사람은 거의 적응의 조짐이 없었다.

시간이 가면서 적절히 친화적인 사람들은 친화적이지 않은 사람들에 비해 삶의 만족에서 약 1/3 표준편차 정도 더 높았다. 즉, 적절히 친화적인 사람들은 장애 이전 웰빙 수준으로 회복했으나, 낮은 친화성의 사람은 그렇지 못했다. Boyce와 Wood는 이 결과가 친화성이 친절, 공감, 정서, 협력과 관련이 있기 때문에 의미 있다고 말한다. 이 모두는 긍정적 대처 전략뿐만 아니라 사회적 지지와 좋은 관계를 맺는 데 도움이 되는 것들이다. 사회적 지지, 관계 및 긍정적 대처의 결과물들은 장애가 있는 개인이 웰빙을 유지하는 데 도움을 주게 된다.

또한 연구에 따르면 친화성 이외의 빅 파이브 차원들은 생활사건에 대한 적응 패턴을 중재하지 않는다(Anusic et al., 2014a; Yap et al., 2012). 하지만 다른 개인차 변인들이 적응 패턴을 중개한다. 예를 들면 Mancini, Bonanno 및 Clark(2011)는 나이, 소득, 건강 같은 사회인구학적 변인들이 이혼, 결혼 및 사별에 대한 반응에서 개인차를 예측한다는 것을 발견했다. 흥미롭게도 대다수 사람들이 단기적으로조차 이들 생활사건에 의해 영향받지 않았다. 즉, 전혀 유의미한 변화를 보이지 않았다. 그러나 꽤 많은 소수는 영향을 받았고, 이 효과는 사회인구학적 특징에 따라 달라진다는 것을 보여주는 결과도 있다.

그림 3.4는 Mancini 등(2011)의 연구의 사별에 관한 결과이다. 59%의 사람은 웰빙에서 전혀 유의한 변화를 경험하지 않았다[이 연구의 '탄력적(resilient)'이란 '동요하지 않는(unperturbed)'을 의미한다]. 하지만 세 가지 다른 반응의 궤적이 있었다. 이 그림은 Boyce와 Wood(2011)의 결과와 마찬가지로, 적응에 있어서 개인차의 중요성을 설명한다. 특히

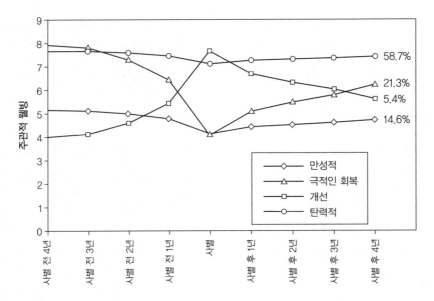

그림 3.4   여러 개인 부류별 사별의 궤적

출처 : Mancini 등(2011)의 허락하에 재구성. © 2011 Hogrefe Publishing www.hogrefe.com

사별한 사람이 그들의 경험에 완벽하게 적응하지 못한다고 단순하게 진술하는 것은 이 경험의 완전한 실제를 기술하지 못한다는 데 주목하라. 비록 자료가 한데 섞여서 개인차가 무시되었을 때는 기술적으로 사실이긴 하지만 말이다.

Mancini 등(2011)은 결혼과 이혼에서도 유사한 패턴을 발견했다. '동요하지 않는'의 비율이 심지어 더 높았다. 응답자의 72%가 이혼 후 웰빙에 아무런 변화를 경험하지 않았고, 결혼 후에도 72%는 아무런 변화가 없었다. 아울러 이혼에 대해서는 2개의 다른 반응 궤적이 있었고, 결혼에 대해서는 세 가지 다른 궤적이 있었다. 나이, 건강이상, 소득 변화가 사별에 대한 개인적 궤적을 예측하는 반면 소득, 건강이상이 결혼의 궤적을 예측했다. 건강이상과 교육기간이 이혼의 궤적을 예측했다.

결론적으로 적응에는 개인차가 있다. 하지만 개인 간 적응의 차이 혹은 생활사건 간 적응의 차이를 설명하는 단일한 이론적 이해는 아직 없다. 왜 친화성이 장애에 대한 적응은 예측하지만 다른 생활사건에 대해서는 그렇지 않은가? 왜 빅 파이브의 다른 차원들은 적응에 전혀 상관이 없는 듯 보이는가? Mancini 등(2011)의 발견에서 개인의 궤적을 설명하는 것은 무엇인가? 이것들은 과학적으로 답해질 수 있는 경험적 질문들이지만, 그러기 위해서는 더 많은 자료가 필요할 것이다.

설정점 이론의 현재 위상

설정점 이론은 중요한 수정을 겪어왔다. Diener, Lucas 및 Scollon(2006)은 설정점이 만약 존재한다면, 중간에 위치하지는 않는다고 지적했다. 대부분의 사람들은 행복하다. 그들의 행복 수준은 척도상 중간 점수 이상이다. 또 한 가지 더 수정한 부분은 우리 모두가 동일한 수준의 행복을 느끼는 것이 아니라는 것이다. 어떤 사람은 다른 사람보다 그냥 더 행복하다. 마지막으로 행복 수준은 평가되는 행복 영역에 따라 다르다. 예를 들어 인지적 웰빙, 긍정정서 및 부정정서의 측정치는 항상 서로 다른 값을 산출한다. Diener 등의 리뷰는 아마도 이론을 지키려는 노력이겠지만, 더 이상 가능하지 않은 듯 보인다. 왜냐하면 이론의 주된 예측이 행복은 시간과 상황에 상관없이 안정적이라는 것이고, 증거는 명백하게 행복이 변한다는 것을 보여주고 있기 때문이다. 우리는 이것을 시간에 따른 행복의 안정성에 관한 연구들에서, 주요 생활사건들에 대한 반응을 검토한 연구들에서 보게 된다. 그러나 여전히 몇몇 부가적 수정을 더한 설정점 이론이 가능할 수 있다. 즉, 행복은 변화되기 어렵다고 가정하고, 변화가 일어나는 조건들을 명세화할 수 있다.

이것은 행복이 필연적으로 변화해야 한다고 말하는 것은 아니다. 한 개인의 "정상적이거나 예측 가능한 생활사건의 패턴"에 변화가 없다면, 행복은 비교적 안정적으로 유지된다는 증거가 있다(Headey, 2013, p. 890). 하지만 행복이 흔히 변화한다는 사실은 설정점 이론을 무효화한다(Headey, 2013).

설정점 이론을 버리는 것은 대단히 중요한 의미가 있다. 만약 행복이 우리의 성격과 유전적 자질에 의해 고정되어서 변할 수 없다고 한다면 기분이 어떻겠는가? 아마도 당신은 자신의 행복을 증진시키는 것을 기대할 수도 없고, 당신이나 사회나 행복 증진과 관련해서 아무것도 할 수 없다고 한다면 좌절감을 느낄 것이다. Headey(2010, p. 8)는 심지어 설정점 이론이 행복의 변화 가능성을 거부하기 때문에 '무기력한' 것이라 했다. 다행히 이는 사실이 아니다. 비록 행복이 감소될 수 있는 가능성 또한 열려 있더라도 말이다.

그렇다면 다음 질문은 이것이다. 무엇이 인간행복에 변화를 가져올 수 있는가? Headey(2013)는 삶의 목적/우선 사항, 종교, 행동적 선택을 포함하는 선호(preferences)가 대부분의 생활사건보다 더 중요하다고 주장한다(p. 897). 다시 말하면 우리의 통제하에 있는 요인들이 행복에 영향을 줄 수 있다. 삶을 어떻게 살 것인가, 그리고 특히 우리 삶에서 일어나는 일들의 우선순위를 어떻게 할 것인가에 관한 우리의 선택은 매우 중요하다. 이것이 자유롭게 하고 힘을 실어주는 사고이다.

행복이 변할 수 있다는 많은 증거들이 있다. 행복의 안정성에 관해서 앞에서 검토했던 자료는 분명하게 이것을 보여준다. 또한 생활사건들이 행복에 영향을 줄 수 있고, 이 생활사건에 반응하는 방식에 개인차가 있음도 보여준다. 따라서 설정점 이론은 최소한 현재로서는 타당하지 않다.

● ● ●
Lyubomirsky의 해석이론

행복 성격(personality of happiness)이 있다는 것은 분명하다. 한 사람을 다른 사람보다 더 행복하게 만드는 개인적 특질들이 있다. 이 특질들은 생활사건들을 다른 방식으로 해석하게 해주고, 이 해석들은 한 사람을 남들보다 더 행복하게 해주는 데 중요해 보인다. 예를 들면 Otake 등(2006)은 행복한 사람들이 감사를 더 잘 느끼고 타인의 친절을 더 잘 인식한다는 것을 발견했었다. 행복한 사람은 자신이 가진 것에 감사하는 방식으로 사건들을 해석하고, 그들이 행복한 이유 중 하나가 이것이다.

행복이 고정적이지 않고 변화 가능하다는 발견과 함께 이 발견들은 연구를 위한 흥미로운 길을 열어준다. 만약 행복이 변화할 수 있다면, 그리고 행복한 사람이 덜 행복한 사람과 다른 이유가 사건을 해석하는 방식에 있다면, 사건을 해석하는 방식을 변경함으로써 행복을 증진시키는 개입을 구성하는 것이 가능한가? 이 장 나머지 부분의 초점이 여기에 있다.

연구자들은 내가 해석(interpretation)이라 부르는 용어에 해석(construal)이란 단어를 사용한다. 하지만 의미는 같다(Abbe, Tkach, & Lyubomirsky, 2003; Layous, Chancellor, & Lyubomirsky, 2014; Lyubomirsky et al., 2001). Lyubomirsky(2001)는 행복의 해석이론을 개발했는데, 행복한 사람이 사건을 해석하고 이해하는 데 사용하는 인지 정서적 과정에 초점을 맞춘다. 이 연구자들은 사람들이 사건을 어떻게 해석하는지를 연구한다. 예를 들어 문헌 검토를 통해 Lyubomirsky(2001)는 행복한 사람들은 사회적 비교 정보(예 : 동료의 상대적 수행)에 의해 덜 부정적인 방식으로 영향을 받고, 사건을 긍정적 방식으로, 그렇지 못하다면 적응적인 방식(예 : 부정적인 사건을 유머로 누그러뜨림)으로 기억하는 경향이 있었고, 더 고마워하고, 부정적 사건에 덜 매몰되는 경향이 있다는 것을 발견했다. 따라서 Lyubomirsky(2001)의 해석이론에 따르면 우리가 사건에 관해 생각하는 방식은 행복에 엄청난 영향을 미친다고 가정한다.

이 인지적이고 동기적인 책략들은 객관적 사건들에 대한 적응적 심리 반응(psycho-logical reactions)의 예이다. 이 통찰은 Lyubomirsky(2001, p. 240)로 하여금 어떤 사건이 "진짜 객관적일" 수 있는지 여부를 질문하게 했다. 그녀의 요점은 한 사람에게 일어나는 모든 일은 그 자신의 심리적 필터를 통과해야 한다는 것이다. 그것을 "… 해석하고 틀에 넣고, 평가하고 해석하고, 심사숙고하고 기억한다. 그래서 각 개인은 필연적으로 별개의 주관적 세상에 살게 된다."(Lyubomirsky, 2001, p. 240).

Lyubomirsky(2001)의 이론은 행복은 주로 우리 머릿속에 있다는 것이다. 잠시 그 문장을 생각해보자. 우리 주변에서 일어나는 일은 우리가 그것을 어떻게 해석하는가보다 덜 중요할 수 있다. 사건도 중요하다. 하지만 영향력은 거의 간접적이며 그 사건을 해석하는 인지적 · 동기적 구조에 의한 것이다. 그러므로 성격이 중요하다. 개인은 사건을 해석하는 데 있어서 차이가 있기 때문이다.

나는 학생들에게 심리학자는 현실에 그다지 관심이 없다고 말한다. 그들은 마치 이 제정신이 아닌 심리학 교수가 그럴 줄 알았다는 듯이, 다 알고 있다는 듯한 능글맞은 미소를 짓는다. 하지만 나는 '해석'에 관한 Lyubomirsky(2001)의 요점을 이해시키기 위해 이 문장을 사용한다. 심리학자에게 있어서 주변의 사건(현실)은 주로 그것들이 사고, 정서, 동기에 영향을 주는 방식의 관점에서 중요성을 갖는다. 지금 화씨 90도라고 가정해보라. 그 현실은 당신을 행복하게 만들 수도 있고 그렇지 않을 수도 있다. 당신이 그 정보를 어떻게 처리하느냐에 따라 다르다. 현재의 위치와 목표, 그리고 따뜻한 날씨를 어떻게 생각하는가 하는 것이 당신으로 하여금 이 기온을 다르게 해석하게 한다. 화씨 90도라는 사실은 그 정보를 어떻게 해석하는가 만큼 중요하지 않다.

경험적 지지

사회적 비교

Lyubomirsky(2001)의 이론에 대한 강력한 경험적 지지가 있다. 예를 들어 행복한 사람과 덜 행복한 사람은 사회적 비교에 반응하는 방식이 특히 다르다. Lyubomirsky와 Ross(1997)는 행복한 여대생과 덜 행복한 여대생에게 실제로 연구 동료인 다른 여대생과 나란히 애너그램(철자 바꾸기 퀴즈)을 풀도록 했다. 여자 동료에게는 참가자보다 50% 더 빠르게 혹은 더 느리게 애너그램을 풀도록 지시했다. 그런 다음 Lyubomirsky와 Ross는 참가자들이 자신의 능력을 어떻게 지각하는지 검토했다. 그림 3.5에서 '동료'는 애너그램을

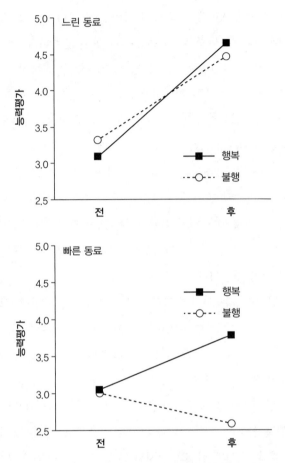

그림 3.5 더 느리거나(위 그래프) 더 빠른(아래 그래프) 동료와 함께 수행하기 전과 후 참가자의 능력에 대한 평가 (연구 1)

출처 : Lyubomirsky & Ross(1997)

완성하는 동료의 속도를 나타낸다. '전'과 '후'는 참가자들이 자신의 능력에 관한 추정을, 애너그램 과제 수행에 관한 거짓 피드백을 받기 전에 했는지 혹은 후에 했는지를 나타낸다. 이 결과를 어떻게 생각하는가?

행복한 사람과 불행한 사람 모두 위쪽 그래프가 보여주듯이 느린 동료에 대해서는 동일하게 반응했다. 두 선의 기울기는 통계적으로 동일했다. 그러나 아래 그래프는 행복한 사람과 불행한 사람 간에 차이가 뚜렷하다. 행복한 참가자는 빠른 '동료'를 신경쓰지 않았고, 심지어 자신의 능력을 더 확신하게 되었다. 반면에 불행한 참가자는 자신감이 적어졌다. 행복한 참가자는 내적 기준에 의해서 수행을 평가했고, 다른 사람을 기준으로 평가

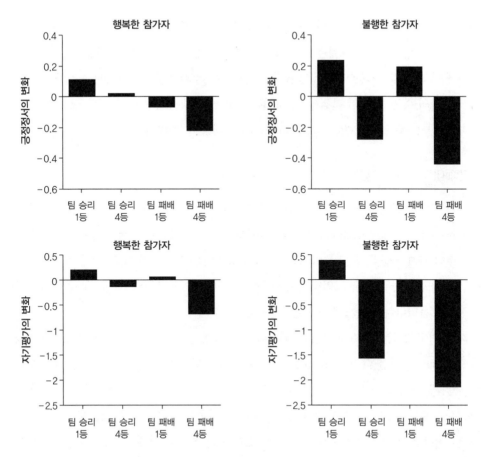

그림 3.6 집단과 개인의 수행에 관한 피드백을 받은 후 행복한 참가자와 불행한 참가자의 전반적 긍정정서(위)와 능력에 대한 자기평가(아래)(연구 2)

출처 : Lyubomirsky 등(2001)

하진 않았다. 행복한 참가자와 불행한 참가자가 동일한 외부사건(예 : 빠른 동료)을 경험했음에 불구하고, 행복한 참가자는 Lyubomirsky(2001)의 가설, 즉 행복한 사람이 세상을 더 적응적으로 해석한다는 내용과 일치하게 처리했다.

이후 연구는 불행한 참가자들이 팀으로 일할 때 사회적 비교에 더 부정적으로 반응한다는 것을 보여준다. Lyubomirsky 등(2001)는 참가자들에게 팀 경합의 일부로 '단어생성과제'를 수행하도록 했다. 각 참가자의 점수와 팀 점수에 대해 가짜 피드백이 주어졌다. 결과는 그림 3.6에 제시되었다. '자기평가'는 자기 자신의 수행에 대한 참가자의 평가이다. 참가자는 4인조 팀과 경쟁했고, 4등을 했다는 것은 팀에서 꼴찌를 했음을 나타낸다.

불행한 참가자들은 부정적 피드백(그들이 팀에서 4등을 했다는)을 받았을 때 더 강하게 영향을 받았다. 아울러 팀의 승리에 더 심하게 반응했다. 결국 불행한 참가자들은 그들 팀이 졌지만, 자기가 팀에서 최고점수를 받았을 때 긍정적 기분을 더 많이 경험했고, 반면에 행복한 참가자는 이런 상황에서 기분이 떨어졌다. 불행한 참가자들은 개인적 피드백과 팀의 수행 둘 다의 관점에서, 사회적 비교에 더 강하게 반응하는 것으로 나타났음을 다시 한 번 주목하자. 이는 Lyubomirsky(2001)의 이론과 일치한다.

사건에 대한 기억과 곱씹기

행복한 사람과 불행한 사람은 사건을 다르게 기억하고 대처한다는 연구가 있다. 예를 들어 Liberman, Boehm, Lyubomirsky 및 Ross(2009)는 이스라엘과 미국의 행복한 학생들은 긍정적인 과거사건을 더 잘 음미했고, 과거 부정적인 사건을 곱씹지 않았다. 따라서 행복한 사람과 불행한 사람은 기억방식이 달랐고, 다시 말해 사건을 부정적으로 곱씹거나 긍정적으로 음미하는 방식으로 해석한다.

　다른 연구에서는 행복한 사람과 불행한 사람에게 곱씹기 기회를 실험적으로 조작해서 이 결과를 확증했다. Lyubomirsky, Boehm, Kasri 및 Zehm(2011)에 따르면 불행한 사람은 나쁜 소식을 곱씹고, 곱씹기는 나쁜 수행과 부정적 기분 둘다와 상관이 있었다. Lyubomirsky 등(2011)은 행복한 대학생과 불행한 대학생을, 다른 대학생들보다 과제에서 못했다거나 잘했다고 가짜 피드백을 주는 조건(상대적 성공/실패 조건)에 무선적으로 할당했다. 그런 다음 모든 참가자에게 독해과제를 실시했다. 그 결과가 그림 3.7에 있다. 참가자들이 얼마나 많은 단락을 읽었는지(화면을 가로막고 제시된 질문)와 단락에 관한 질문에 정확하게 답변한 수(독해), 읽는 데 걸린 시간, 과제를 방해한 그들이 했던 과제 외 생각의 수(간섭적 사고)를 점수화했다.

　그래프로부터 자료를 해석하는 일은 훈련이 필요하지만 매우 가치 있는 획득된 기술이다. 그림 3.7에서 볼 수 있는 결과는 곱씹기 효과에 관한 것인가? 불행한 사람들의 수행이 부정적 피드백 후에 더 떨어지는 패턴이 보이는가? 이 낮아진 수행이 곱씹기와 상관이 있는가?

　이 그림에서 보는 모든 것은 좀 전에 설명한 애너그램 과제에서 상대적으로 잘했거나 못했다고 피드백을 준 후에 참가자들에게서 관찰되었던 결과임을 기억하라. 부정적 피드백을 받았던 불행한 학생들은 이후 독해 과제에서 수행이 저조했다. 특히 그들은 독해 과제(왼쪽 위 그래프)를 덜 완성했고, 단락을 잘 이해하지 못했다(왼쪽 아래 그래프). 부정

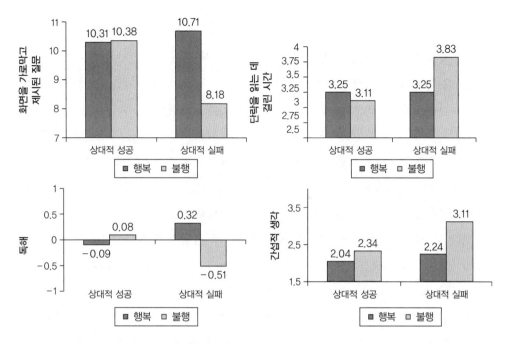

그림 3.7 상대적 성공 대 실패에 대한 반응과 관련해서, 화면을 가로막고 제시된 질문(왼쪽 위), 단락을 읽는 데 걸린 시간(오른쪽 위), 독해(왼쪽 아래), 간섭적 생각(오른쪽 아래)(연구 2)

출처 : Lyubomirsky 등(1997)

적인 피드백을 받은 불행한 사람들의 이 저조한 수행은 곱씹기와 연합되어 있었다. 그들은 단락을 읽는 데 시간이 더 걸렸고(오른쪽 위 그래프), 방해가 되는 과제 외 사고를 더 많이 했다(오른쪽 아래 그래프).

사건에 대한 대처

행복한 사람과 불행한 사람은 사건에 대처하는 방식에서도 달랐다. Lyubomirsky와 Tucker (1998)는 대학생들을 대상으로 특별히 행복한 혹은 불행한 가까운 친구를 지목하도록 요구했다. 이 행복한 혹은 불행한 지명자는 그다음으로 최근의 긍정적 및 부정적 생활사건을 기술했고, 잠재적 대처 전략 목록에서 자신이 이 사건에 대처하거나 반응한 방법을 선택했다. 행복한 사람과 불행한 사람은 부정적 사건에 대처하는 방식이 달랐다. 행복한 사람들은 덜 행복한 사람들에 비해, 특히 부정적 사건을 유머감각으로 바라보며, 현재 더 좋은 일이 얼마나 많은지를 생각하는 경향이 있었다.

감사

행복한 사람과 불행한 사람은 생활사건에 대한 감사에 있어서 차이가 있다는 연구가 있다. Tucker(2007)는 대학생을 대상으로 지난 24시간 이내로 좌절적이었거나 혹은 감사할만한 사건을 생각하도록 하는 조건에 무선할당하였다. 참가자들은 이 사건들을 상세하게 기술했고, 각 사건의 요소들에 얼마나 감사한지를 나타내도록 했다(예 : 좌절조건의 피험자들은 최근 그들을 좌절시켰던 친구에게 얼마나 고마운지를 평가할 수 있다).

기대했던 것처럼 행복한 사람과 불행한 사람은 감사조건에서 분명한 차이가 있었다. 행복한 사람들은 불행한 사람들에 비해 감사했던 사건들을 더 많이 회상했고, 이 사건들에 대한 감사의 수준이 더 높았고, 이 사건들이 더 오래 행복을 지속시켜줄 것으로 기대했고, 전반적으로(24시간 이내뿐만 아니라 대부분의 다른 날들에 대해서도) 더 많이 감사했다. 좌절조건에서는 행복한 사람과 불행한 사람 간에 차이가 없었다. 아마도 모든 참가자가 좌절사건에 감사하기 어려웠기 때문인 것 같다. 그럼에도 불구하고 연구자들은 행복한 사람과 불행한 사람은 세상을 달리 해석한다는 것을 다시 한 번 증명했다.

자료는 분명하다. Lyubomirsky(2001)의 해석이론과 일관되게, 행복한 사람과 불행한 사람은 세상을 매우 다르게 보고, 이해하고, 해석한다. 행복한 사람들은 사회적 비교를 덜 인식하고 영향도 덜 받는다. 행복한 사람들은 또한 사건을 더 긍정적으로 기억하고, 부정적 경험을 곱씹는 경향이 적었다. 마지막으로 행복한 사람들은 부정적 경험들을 부드럽게 하기 위해 유머를 더 잘 사용하고 생활사건들에 더 감사한다. 해석의 중요성에 다시금 주목하라. 행복한 사람들은 세상을 더 긍정적인 방식으로 본다.

여기서 인과관계가 궁금할 수 있다. 연구자들은 몇몇 참가자들은 행복조건에, 다른 참가자들은 덜 행복한 조건에 무선적으로 할당한 것이 아니다. 해석 이외에 행복한 사람과 불행한 사람 간의 차이를 설명하는 다른 요인이 있을 수 있을까? 이것은 상관연구이기 때문에 다른 해석이 항상 가능하다. 그러나 해석이론에 대한 우리의 확신은 불행한 사람들을 행복한 사람처럼 행동하도록 (세상을 해석하도록) 실험적으로 할당한 이후 개입연구(Layous et al., 2014; Lyubomirsky & Layous, 2013; Lyubomirsky et al., 2005)를 통해 강해진다.

Lyubomirsky 등(2011)은 곱씹기를 검토하는 또 다른 연구를 했다. 방법은 유사했다(애너그램 과제 수행에 대한 가짜 피드백 등등). 하지만 이번에는 불행한 사람들을 '곱씹기' 혹은 '주의전환' 조건에 무선적으로 할당했다. 주의전환 조건에서는 앞선 애너그램 과제에 대한 피드백에서 주의를 거둘 수 있는 대상(예 : 구름의 형성 방식)을 생각하라고 지시했다. 곱씹기 조건 참가자들에게는 그들의 느낌과 자질에 관해 생각하도록 지시했다. 결과는 주의전환된 불행한 참가자들이 행복한 참가자만큼 수행했음이 나타났다.

그러므로 행복한 사람의 행동 패턴이 덜 행복한 사람에게서 더 생산적인 해석을 만들어내는 듯하기 때문에, 이 해석 패턴이 원인이라고 비교적 확신할 수 있다. 제11장에서 유사한 결과들을 더 상세하게 검토하겠다. Lyubomirsky(2001)의 이론과 그를 지지하는 이후 연구들은 행복을 개선하기 위한 중요하고 효과적인 책략들을 제공한다. Lyubomirsky(2008, 2013)는 일반 대중으로 위해 행복에 관해 쓴 두 권의 책에서 행복은 정말 우리에게 달려 있다고 썼다. 사람들은 세상을 더 효과적으로 해석하도록 배울 수 있다.

●　●　●
생각해볼 거리

해석이 의심할 여지 없이 중요하다는 것은 분명한 결과이다. 우리는 우리의 행복을 통제하고 키울 놀랄 만한 힘을 가지고 있다. 하지만 때때로 이 메시지가 불행한 사람들의 곤경을 책망하는 시점까지 확대될 수 있음은 우려된다. 우리가 불행한 사람들을 손가락질하며 꾸짖는 게 말이 되는가?

이것이 적절한가? 해석의 중요성에 관한 지식이 어떤 불행한 사람이 나쁜 결혼상태에 있거나, 만성통증을 겪고 있거나, 생물학적으로 우울하거나, 죽을 만큼 아픈 아이가 있다거나, 탄압하는 정치경제적 체계에서 살고 있다는 것을 인지하기 어렵게 만들지는 않을까? "희생자 비난식" 사고방식을 영속시키는가? 분명히 Lyubomirsky는 이것이 적절하다고 생각하지 않았다. 두 권의 행복 책에 담긴 그녀의 어조는 매우 친절하고 자비롭고 조력적이며, 특히 생물학적 기반을 갖는 우울증에 대해 특별히 논의하고 있다(Lyubomirsky, 2008, 2013).

이 부분에서 나와 관심을 공유하는 사람들이 있다. 제1장에서 행복심리학의 정치적 함의에 관해 논의한 내용을 떠올려 보라. 사회비평가 Ehrenreich(2009)와 Davie(2015)는 긍정심리학의 개인주의적 강조점이 행복문제를 해결하는 데 개인에게 너무 많은 책임을 부과하고 있고 중요한 사회적 개혁에 대한 요구를 억압한다고 우려한다.

이 문제들은 명백한 암시와 심리학 분야의 성질 때문에 흥미롭다. 내 학생들은 내가 심리학이 상당히 정치적으로 보수적인 지식 분야라고 말하면 놀라워한다. 생각해보라. 심리학은 개인에 대한 연구이고, 그러므로 사람들이 살고 있는 정치경제적 시스템 안이 아니라 개인 안에 좋든 나쁘든 방편(예 : 통제 혹은 인과)을 두는 경향이 있다. 개인의 권리와 책임에 대한 이러한 강조점은 보수적 정치철학의 기본이기도 하다. 이 접근은 사회정치적 구조의 중요성을 더 강조하는 진보주의적 관점과는 매우 다르다.

심리학 과정에서는 개인이 살고 있는 시스템을 바꾸기보다 시스템에 적응할 수 있는 방법을 가르치는 보수주의를 쉽게 볼 수 있다. '적응심리학', '의지력의 심리학', '자기통제의 심리학' 등은 정치 시스템을 인간 요구에 조율시키기보다는 개인이 적절한 행동을 유지하는 것의 중요성을 강조한다.

심리학은 그 성격상 행복을 성취하는 데 있어서 개인의 역할을 강조하는 경향이 있다. 반면에 사회학과 같은 다른 사회과학 분야는 문화와 경제체계의 중요성을 더 강조는 경향이 있다. 나의 요점은 어느 접근을 비판하고 다른 접근을 칭찬하는 것이 아니라, 차이에 주의를 두자는 것이다. 두 접근 모두 가치가 있다. 이 관점들의 자료는 차차 더 자세히 검토하겠다.

● ● ●
추후 이론적 발전

지속가능한 행복의 구조물

Lyubomirsky와 동료들은 최근에 해석이론을 수정했다. Lyubomirsky 등(2005)은 '지속가능한 행복의 구조 모델'을 상정했다. 이 모델에서 해석은 유전/성격 및 삶의 상황과 함께 행복에 중요한 공헌요소로 인식되고 있다. 이 모델은 Lyubomirsky의 초기 논문에서 몇 가지 진보가 있다.

첫째, Lyubomirsky 등(2005)은 해석의 중요성에 대한 이론적 기초를 강화했다. 이들은 문헌 검토를 통해 사람들의 행복 변량의 50%는 유전요인, 10%는 상황, 40%는 개인의 행동과 인지를 반영하는 의도적 활동의 결과에 기인한다고 결론 내렸다. 이 결론은 행복이 거의 고정되어 있어서 변화 불가능하다고 보는 전통적 관점에 도전한다.

둘째, Lyubomirsky 등(2005)은 '의도적 활동'이란 말로서 해석의 아이디어를 확장했다. 의도적 활동은 행복을 증진시키려는 의도를 가지고 자유롭게 선택되고 행해진다. 그것은 노력을 요하며 결국 행복을 지속시키는 습관을 이끈다. 따라서 의도적 활동은 긍정적 해석을 포함하지만, 또한 개인이 긍정적 습관을 들이기 위해 노력하려고 선택한 전략적 요소도 포함한다. 이러한 의도적 활동은 Lyubomirsky의 '지속가능한 행복의 구조물'를 형성한다. 이에 대해서는 제11장에서 더 자세하게 논의하겠다.

셋째이자 마지막으로, Lyubomirsky 등(2005)의 이론은 행복이 증진될 수 있다는 격려를 제공한다. 모든 사람은 행복을 증진할 수 있는 의도적 활동을 시작할 능력이 있다. 게다가 Lyubomirsky는 행복 개인차의 40%가 삶의 상황이나 유전의 도박이 아니라 개인의 통제하에 있다고 주장한다.

Lyubomirsky와 동료들(2005)은 자신들의 연구를 설명하면서 마지막 요점에 대한 지지를 제공한다. 한 연구에서 참가가들에게 감사할 점이나 남에게 한 친절한 행위를 생각하도록 요구했다. 이러한 개입은 의도적 활동/해석의 사례다. 왜냐하면 이는 노력을 요하고, 참가자가 세상을 보는 방식을 조형할 수 있기 때문이다. 감사할 점을 생각하는 것은 앞에서 설명했던 감사 연구와 비슷하고, 친절 행위는 자기 자신의 좋은 미래에 대한 감사를 증가시킬 수 있다. 기대처럼 두 조건 모두에서 전반적으로 웰빙이 증가했다.

긍정적 활동 모델

추후연구를 통해 의도적 활동이 어떻게, 왜 웰빙을 증진시키는지가 재정의되었다. Lyubomirsky와 Layous(2013)는 긍정적 활동 모델(positive activity model)(그림 3.8)을 발전시켰다. 이 모델의 전제는 웰빙과의 연결을 강조하기 위해 '긍정적 활동'으로 새롭게 재정의된 의도적 활동이 긍정정서, 사고, 행동들을 먼저 발전시키고, 인간의 기본 욕구를 충족시킴으로써 간접적으로 행복을 증진시킨다. 해석의 중요성을 생각해보라. 긍정적 활동은 먼저 정서와 사고를 변화시킴으로써 웰빙을 개선한다. 아울러 긍정적 활동은 자율성, 관계, 유능감 등 인간이 사회적 정보를 어떻게 바라보고 처리하는가를 반영하는 인간의 기본 욕구에 영향을 준다.

모델에서는 또한 긍정적 활동의 구체적 특징, 즉 인간/활동 적합성이 중요하다고 제안한다. 예를 들면 긍정적 활동의 정량과 다양성은 미세조정이 필요하다. 사람들은 동기화되고 노력해야 한다. 제11장에서 이 모델의 구체적인 내용을 다시 한 번 논의하겠다. 그러나 우선은 해석이 웰빙에 어떻게, 왜 영향을 주는지를 설명하기 위해 Lyubomirsky(2001)의 해석 모델이 어떻게 진화되었는지를 이해하는 것이 중요하다.

이 모델의 새로운 부분은 긍정적 활동이 웰빙을 위협하는 요인들을 방어해주기도 한다는 것이다. Layous 등(2014)은 긍정적 활동이 부정적 사건과 정서적 도전을 다룰 수 있

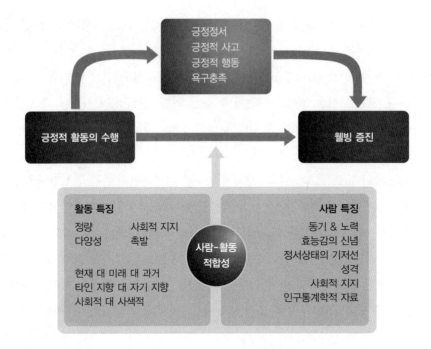

그림 3.8　긍정적 활동 모델. 긍정적 활동을 수행하는 것이 사람들을 어떻게, 왜 더 행복하게 만드는지를 설명하기 위한 목적을 갖는다. 위쪽 표에서 볼 수 있듯이 긍정적 활동은 긍정정서, 긍정적 사고, 긍정적 행동 및 욕구충족을 증진하고, 이는 웰빙 증진으로 이어진다. 긍정적 활동의 특징(예 : 정량과 다양성)과 사람의 특징(동기와 노력)은 그 활동들이 웰빙을 개선하는 정도에 영향을 준다. 최적의 사람·활동 적합성(예 : 활동 특징과 사람 특징 간 중첩)은 웰빙 증진을 예측한다.

출처 : Lyubomirsky & Layous(2013)

게 도와주는 기술들을 발전시킴으로써 웰빙을 보호할 수 있다고 주장한다. 따라서 긍정적 활동은 즉각적·장기적 맥락 둘 다에서 이득이 될 수 있다. 즉각적으로는 해석에 도움이 되지만, 상황과 시간에 구애받지 않고 사용할 수 있는 더 영구적인 해석기술을 구축할 수도 있다.

　긍정적 활동은 반추(예 : 곱씹기)를 줄일 수 있다. 반추란 "자신과 자신의 문제에 대해 해결하려는 행위 없이 반복적으로 주의의 초점을 두는 것"으로 정의된다(Layous et al., 2014, p. 6). 이는 경험적으로 몇 가지 심리적 문제와 연결된다. 긍정적 활동은 개인의 주의를 자신으로부터 거둬서 더 긍정정서로 보낼 수 있다. 긍정적 활동은 또한 고독 같은 다른 정서적 도전을 감소시킬 수 있다. 가령 친절 행위와 감사를 느끼는 것은 더 사회적으로 통합되었다고 느끼고 더 통합되도록 도울 수 있다. 결국 긍정적 활동은 개인으로 하여금 사건을 더 긍정적으로 해석하게 도와줌으로써 대처를 도울 수 있다(Layous et al., 2014).

• • •
요약

성격과 웰빙 간에 대단히 흥미로운 관계가 있다. 이 성격특성이 행복에 어떻게, 왜 영향을 주는가를 탐색하는 연구가 진행되고 있다. 이 연구에 따르면 빅 파이브 같은 성격특성은 우리가 세상에 접근하는 방식에 영향을 주고, 이 접근은 웰빙에 강력한 영향력을 미친다. 하지만 비록 성격이 행복에 영향을 주긴 하지만 행복 수준은 변할 수 있다. 특히 우리가 우리 주변의 세상을 해석하는 방식을 조정한다면 가능하다. 우리는 좁은 범위의 행복 수준 안에 성향과 유전의 힘에 의해 갇혀 있지 않다.

그러므로 무엇보다도 이 장의 메시지는 희망적이다. 행복 수준은 변할 수 있고, 우리 주변에서 윙윙거리는 삶의 상황의 소용돌이에서 독립적이다. 기질적으로 행복한 사람의 생각과 행동을 따라함으로써 더 행복해질 수 있다.

주

1. 친화성은 좋은 인간관계와 관련된 특성(예 : 협동)을, 신경증은 적응의 결여와 관련된 특성(예 : 불안)을, 개방성은 인지적 복잡성과 관련된 특성(예 : 창의성)을 말한다.
2. 어떤 형태의 매개가 일어났는지를 결정하는 상당히 복잡한 통계가 있지만, 이것이 작동하는 방식에 관한 세부사항을 설명할 필요는 없다.
3. 모든 복권 당첨자들은 최소 50,000달러 이상을 땄고, 대다수는 400,000달러 이상이다.
4. 부모는 아이가 태어난 직후 짧게 일시적 웰빙 증진을 경험하지만 빠르게 소멸된다. 부모되기가 행복에 미치는 전반적인 장기 효과가 부정적이라는 것을 많은 연구가 보여준다.
5. 이것들이 종단연구라는 것을 기억하라. 연구자들은 과거를 되돌아보며, 나중 자료에서 실직이 될 사람을 확인할 수 있다.

참고문헌

Abbe, A., Tkach, C., & Lyubomirsky, S. (2003). The art of living by dispositionally happy people. *Journal of Happiness Studies, 4*(4), 385–404.

Albuquerque, I., de Lima, M. P., Matos, M., & Figueiredo, C. (2012). Personality and subjective well-being: What hides behind global analyses? *Social Indicators Research, 105*(3), 447–460.

Albuquerque, I., de Lima, M. P., Matos, M., & Figueiredo, C. (2013). The interplay among levels of personality: The mediator effect of personal projects between the Big Five and subjective well-being. *Journal of Happiness Studies, 14*(1), 235–250.

Anusic, I., Yap, S. C. Y., & Lucas, R. E. (2014a). Does personality moderate reaction and adaptation to major life events? Analysis of life satisfaction and affect in an Australian national sample. *Journal of Research in Personality, 51*, 69–77.

Anusic, I., Yap, S. C. Y., & Lucas, R. E. (2014b). Testing Set-Point Theory in a Swiss national sample: Reaction and adaptation to major life events. *Social Indicators Research, 119*(3), 1265–1288.

Binder, M., & Coad, A. (2013). "I'm afraid I have bad news for you . . ." estimating the impact of different health impairments on subjective well-being. *Social Science and Medicine, 87*, 155–167.

Boyce, C. J., & Wood, A. M. (2011). Personality prior to disability determines adaptation: Agreeable individuals recover lost life satisfaction faster and more completely. *Psychological Science, 22*(11), 1397–1402.

Boyce, C. J., Wood, A. M., & Powdthavee, N. (2013). Is personality fixed? Personality changes as much as "variable" economic factors and more strongly predicts changes to life satisfaction. *Social Indicators Research, 111*(1), 287–305.

Braakmann, N. (2014). The consequences of own and spousal disability on labor market outcomes and subjective well-being: Evidence from Germany. *Review of Economics of the Household, 12*(4), 717–736.

Brickman, P., Coates, D., & Janoff-Bulman, R. (1978). Lottery winners and accident victims: Is happiness relative? *Journal of Personality and Social Psychology, 36*(8), 917–927.

Chamorro-Premuzic, T., Bennett, E., & Furnham, A. (2007). The happy personality: Mediational role of trait emotional intelligence. *Personality and Individual Differences, 42*(8), 1633–1639.

Clark, A. E., Diener, E., Georgellis, Y., & Lucas, R. E. (2008). Lags and leads in life satisfaction: A test of the baseline hypothesis. *Economic Journal, 118*(529), F222–F243.

Clark, A. E., & Georgellis, Y. (2013). Back to baseline in Britain: Adaptation in the British household panel survey. *Economica, 80*(319), 496–512.

Costa, P. T., & McCrae, R. R. (1992). The five-factor model of personality and its relevance to personality disorders. *Journal of Personality Disorders, 6*(4), 343–359.

Cummins, R. A., Li, N., Wooden, M., & Stokes, M. (2014). A demonstration of set-points for subjective wellbeing. *Journal of Happiness Studies, 15*(1), 183–206.

Davies, W. (2015). *The happiness industry: How the government and big business sold us well-being.* London, UK: Verso.

DeNeve, K. M., & Cooper, H. (1998). The happy personality: A meta-analysis of 137 personality traits and subjective well-being. *Psychological Bulletin, 124*(2), 197–229.

Diener, E. (2012). New findings and future directions for subjective well-being research. *American Psychologist, 67*(8), 590–597.

Diener, E., Lucas, R. E., & Scollon, C. N. (2006). Beyond the hedonic treadmill: Revising the adaptation theory of well-being. *American Psychologist, 61*(4), 305–314.

Diener, E., & Seligman, M. E. P. (2002). Very happy people. *Psychological Science, 13*(1), 81–84.

Ehrenreich, B. (2009). *Bright-sided: How the relentless promotion of positive thinking has undermined America.* New York, NY: Metropolitan Books.

Fujita, F., & Diener, E. (2005). Life satisfaction set point: Stability and change. *Journal of Personality and Social Psychology, 88*(1), 158–164.

Gilbert, D. (2006). *Stumbling on happiness*. New York, NY: Alfred A. Knopf.

Gilman, R., & Huebner, E. S. (2006). Characteristics of adolescents who report very high life satisfaction. *Journal of Youth and Adolescence, 35*(3), 311–319.

Hayes, N., & Joseph, S. (2003). Big 5 correlates of three measures of subjective well-being. *Personality and Individual Differences, 34*(4), 723–727.

Headey, B. (2006). Subjective well-being: Revisions to dynamic equilibrium theory using national panel data and panel regression methods. *Social Indicators Research, 79*(3), 369–403.

Headey, B. (2008a). Life goals matter to happiness: A revision of Set-Point Theory. *Social Indicators Research, 86*(2), 213–231.

Headey, B. (2008b). The Set-Point Theory of well-being: Negative results and consequent revisions. *Social Indicators Research, 85*(3), 389–403.

Headey, B. (2010). The Set Point Theory of well-being has serious flaws: On the eve of a scientific revolution? *Social Indicators Research, 97*(1), 7–21. doi:10.1007/s11205-009-9559-x

Headey, B. (2013). Set-Point Theory may now need replacing: Death of a paradigm? *The Oxford handbook of happiness* (pp. 887–900). New York, NY: Oxford University Press.

Headey, B., Muffels, R., & Wagner, G. G. (2010). Long-running German panel survey shows that personal and economic choices, not just genes, matter for happiness. *Proceedings of the National Academy of Sciences of the United States of America, 107*(42), 17922–17926.

Kenrick, D. T., & Funder, D. C. (1988). Profiting from controversy: Lessons from the person-situation debate. *American Psychologist, 43*(1), 23–34.

Layous, K., Chancellor, J., & Lyubomirsky, S. (2014). Positive activities as protective factors against mental health conditions. *Journal of Abnormal Psychology, 123*(1), 3–12.

Li, Z., Yin, X., Jiang, S., Wang, M., & Cai, T. (2014). Psychological mechanism of subjective well-being: A stable trait or situational variability. *Social Indicators Research, 118*(2), 523–534.

Liberman, V., Boehm, J. K., Lyubomirsky, S., & Ross, L. D. (2009). Happiness and memory: Affective significance of endowment and contrast. *Emotion, 9*(5), 666–680.

Little, B. R. (2014). *Me, myself, and us: The science of personality and the art of well-being*. New York, NY: Public Affairs Books.

Lucas, R. E. (2005). Time does not heal all wounds: A longitudinal study of reaction and adaptation to divorce. *Psychological Science, 16*(12), 945–950.

Lucas, R. E. (2007a). Adaptation and the set-point model of subjective well-being: Does happiness change after major life events? *Current Directions in Psychological Science, 16*(2), 75–79.

Lucas, R. E. (2007b). Long-term disability is associated with lasting changes in subjective well-being: Evidence from two nationally representative longitudinal studies. *Journal of Personality and Social Psychology, 92*(4), 717–730.

Lucas, R. E., & Clark, A. E. (2006). Do people really adapt to marriage? *Journal of Happiness Studies, 7*(4), 405–426.

Lucas, R. E., Clark, A. E., Georgellis, Y., & Diener, E. (2004). Unemployment alters the set point for life satisfaction. *Psychological Science, 15*(1), 8–13.

Lucas, R. E., & Donnellan, M. B. (2007). How stable is happiness? Using the STARTS model to estimate the stability of life satisfaction. *Journal of Research in Personality, 41*(5), 1091–1098.

Lucas, R. E., & Lawless, N. M. (2013). Does life seem better on a sunny day? Examining the association between daily weather conditions and life satisfaction judgments. *Journal of Personality and Social Psychology, 104*(5), 872–884.

Luhmann, M., Hofmann, W., Eid, M., & Lucas, R. E. (2012). Subjective well-being and adaptation to life events: A meta-analysis. *Journal of Personality and Social Psychology, 102*(3), 592–615.

Lykken, D., & Tellegen, A. (1996). Happiness is a stochastic phenomenon. *Psychological Science, 7*(3), 186–189.

Lyubomirsky, S. (2001). Why are some people happier than others? The role of cognitive and motivational processes in well-being. *American Psychologist, 56*(3), 239–249.

Lyubomirsky, S. (2008). *The how of happiness: A new approach to getting the life you want.* New York, NY: Penguin Press.

Lyubomirsky, S. (2013). *The myths of happiness: What should make you happy, but doesn't, what shouldn't make you happy, but does.* New York, NY: Penguin Press.

Lyubomirsky, S., Boehm, J. K., Kasri, F., & Zehm, K. (2011). The cognitive and hedonic costs of dwelling on achievement-related negative experiences: Implications for enduring happiness and unhappiness. *Emotion, 11*(5), 1152–1167.

Lyubomirsky, S., & Layous, K. (2013). How do simple positive activities increase well-being? *Current Directions in Psychological Science, 22*(1), 57–62.

Lyubomirsky, S., & Ross, L. (1997). Hedonic consequences of social comparison: A contrast of happy and unhappy people. *Journal of Personality and Social Psychology, 73*(6), 1141–1157.

Lyubomirsky, S., Sheldon, K. M., & Schkade, D. (2005). Pursuing happiness: The architecture of sustainable change. *Review of General Psychology, 9*(2), 111–131.

Lyubomirsky, S., & Tucker, K. L. (1998). Implications of individual differences in subjective happiness for perceiving, interpreting, and thinking about life events. *Motivation and Emotion, 22*(2), 155–186.

Lyubomirsky, S., Tucker, K. L., & Kasri, F. (2001). Responses to hedonically conflicting social comparisons: Comparing happy and unhappy people. *European Journal of Social Psychology, 31*(5), 511–535.

Mancini, A. D., Bonanno, G. A., & Clark, A. E. (2011). Stepping off the hedonic treadmill: Individual differences in response to major life events. *Journal of Individual Differences, 32*(3), 144–152. doi:10.1027/1614-0001/a000047

Mayer, J. D., DiPaolo, M., & Salovey, P. (1990). Perceiving affective content in ambiguous visual stimuli: A component of emotional intelligence. *Journal of Personality Assessment, 54*(3–4), 772–781.

McCann, S. J. H. (2011). Emotional health and the Big Five personality factors at the American state level. *Journal of Happiness Studies, 12*(4), 547–560.

McNamee, P., & Mendolia, S. (2014). The effect of chronic pain on life satisfaction: Evidence from Australian data. *Social Science and Medicine, 121*, 65–73.

Otake, K., Shimai, S., Tanaka-Matsumi, J., Otsui, K., & Fredrickson, B. L. (2006). Happy people become happier through kindness: A counting kindnesses intervention. *Journal of Happiness Studies, 7*(3), 361–375.

Ozer, D. J., & Benet-Martinez, V. (2006). Personality and the prediction of consequential outcomes. *Annual Review of Psychology, 57*, 401–421.

Pagán-Rodriguez, R. (2010). Onset of disability and life satisfaction: Evidence from the German socio-economic panel. *The European Journal of Health Economics, 11*(5), 471–485.

Pagán-Rodriguez, R. (2012). Longitudinal analysis of the domains of satisfaction before and after disability: Evidence from the German socio-economic panel. *Social Indicators Research, 108*(3), 365–385.

Pollock, N. C., Noser, A. E., Holden, C. J., & Zeigler-Hill, V. (2016). Do orientations to happiness mediate the associations between personality traits and subjective well-being? *Journal of Happiness Studies, 17*(2), 713–729.

Powdthavee, N. (2009). What happens to people before and after disability? Focusing effects, lead effects, and adaptation in different areas of life. *Social Science and Medicine, 69*(12), 1834–1844.

Proctor, C., Linley, P. A., & Maltby, J. (2010). Very happy youths: Benefits of very high life satisfaction among adolescents. *Social Indicators Research, 98*(3), 519–532.

Quevedo, R. J. M., & Abella, M. (2011). Well-being and personality: Facet-level analyses. *Personality and Individual Differences, 50*(2), 206–211.

Rickard, N. S., & Vella-Brodrick, D. (2014). Changes in well-being: Complementing a psychosocial approach with neurobiological insights. *Social Indicators Research, 117*(2), 437–457.

Tucker, K. L. (2007). Getting the most out of life: An examination of appreciation, targets of appreciation, and sensitivity to reward in happier and less happy individuals. *Journal of Social and Clinical Psychology, 26*(7), 791–825.

Yang, Y., & Waliji, M. (2010). Increment-decrement life table estimates of happy life expectancy for the U.S. population. *Population Research and Policy Review, 29*(6), 775–795.

Yap, S. C. Y., Anusic, I., & Lucas, R. E. (2012). Does personality moderate reaction and adaptation to major life events? Evidence from the British household panel survey. *Journal of Research in Personality, 46*(5), 477–488.

기쁨과 긍정적 감정

발로 땅에 입맞춤하는 것처럼 걸어라.

– 틱낫한, 모든 걸음이 평화 : 일상생활에서의 마음챙김

웃음은 영혼의 와인이다—심각함을 엷게 해주는 부드러운, 큰소리의, 깊은 웃음—
삶이 살 만하다는 인간의 즐거운 선언이다.

– 숀 오케이시(오케이시 유산위원회의 친절한 허락하에 게재)

• • •

대부분의 사람은 적어도 어느 정도는 행복하다

긍정심리학 연구에서 가장 놀라운 발견 중 하나는 대부분의 사람이 대부분의 시간 동안 어느 정도는 행복하다는 것이다. Diener, Kanazawa, Suh 및 Oishi(2015)가 공동으로 연구한 바에 따르면 이와 같은 현상을 긍정정서 상쇄(positive mood offset)로 정의하고 있으며, 그들은 이를 뒷받침할 다양한 근거를 제시하고 있다. 예를 들어 최근 집계된 Gallup World Poll(GWP)에 의하면 총 160개국의 응답자 중 82%에 해당하는 100만 명의 사람들이 설문 당일 기준 하루 전에 대체적으로 긍정적인 감정을 느꼈던 것으로 답변하였다. 이는 전 세계 사람들을 표본으로 한 조사이므로 매우 중요한 발견이라고 할 수 있다. 이러한 결과에 기반하여 대부분 사람들의 기본적인 감정상태가 긍정적인 것을 알 수 있다.

상기 언급된 Diener 등(2015)은 기존에 수집한 데이터를 통하여 그 행복의 수준이 어느 정도인지를 분석하였는데, 이 중 하나는 미국 대학생을 대상으로 진행된 것으로, 총 6주 동안 매일 불특정한 시각에 그들의 감정상태를 확인하였다. 학생들은 총 조사기간의 94% 수준의 시간 동안 자신들이 행복하다고 답변하였으며, 이 중 상대적으로 가장 불행한 학생들 또한 68% 수준의 시간 동안 행복감을 느꼈다고 답변하였다. Diener 등은 다른 사람들의 행복감 수준을 판단하는 또 다른 설문 조사에서도 비슷한 결과를 도출하였으며, 조사 대상인 200명의 사람 중 오직 2% 수준의 인원만 다른 사람들의 설문에서 불행한 것으로 평가된 것으로 나타났다.

행복한 감정의 상쇄 현상은 수감자들뿐만 아니라 노숙자 및 사회 빈곤층 등 다양한 사람들에게도 적용된다. GWP의 또 다른 설문에 의하면 세계에서 가장 행복지수가 낮은 지역에서도 57%의 설문 참가자들이 그 전날 일정 수준 이상의 행복감을 느꼈던 것으로 파악되었다. 또한 끼니를 제때 해결하기에도 어려운 빈곤층 및 과거 1년 안에 폭력을 당한 경험이 있는 응답자 중에서도 53% 수준의 인원이 조사 전날 일정 수준의 행복감을 느낀 것으로 나타났다. 이 중 60%의 사람들은 조사 전날 크게 웃거나 미소 지은 기억이 있다고 답변하였다. 따라서 어렵고 곤란한 상황에 처한 사람들도 일정 수준의 행복감을 느끼면서 살아가고 있다는 것을 알 수 있다(Diener et al., 2015).

Diener 등은 이와 같이 세계적으로 널리 퍼져 있는 인류의 긍정적 감정상태 유지 능력은 진화론적인 측면에서 설명이 가능하다고 주장한다. 그들은 이러한 현상이 인류 선조들의 적응에 최적화된 행동양식과 연관되어 있다고 얘기한다. 그들은 대부분의 행복한 사람들은 비교적 사교적이며 친사회적인 관계를 보유하고 있음을 언급하며, 행복이라는 감정은 긍정적인 에너지와 낙천주의에 깊이 연관되어 있다고 판단하였다. 이러한 친사회적인 성향은 생존을 위해 서로 긴밀하게 협력하여야 했던 인류 선조들의 강점이자 특성이었을 것이다.

전 세계 대부분의 사람들은 일정 수준 이상으로 행복하며, 이와 같은 현상이 진화론적인 이유에 기반한다는 주장은 매우 설득력이 있다. 그 근거에 관련된 좀 더 자세한 내용은 제5장에 기재되어 있다. 또한 그 설명을 위해 긍정적인 감정들은 사람들이 유용한 기술을 습득하고 좀 더 나은 삶을 살도록 기여한다고 주장하는 Fredrickson(1988, 2001)의 '확장확립 이론(Broaden and Build Theory, BBT)'을 논의할 것이다.

• • •
확장과 확립 이론

긍정적인 감정들은 오히려 오래 지속되지 않지만, 사람들의 전반적인 웰빙에 큰 영향을
미친다. 예를 들어 기쁨, 사랑 및 관심 등의 감정들은 인류가 현재 풍요로운 삶을 영위
한다는 증거일 뿐만 아니라 인류의 풍요로운 삶을 가능케 한 원인이기도 하다(Conway,
Tugade, Catalino, & Fredrickson, 2013; Fredrickson, 1998, 2001). 이 장에서 이러한 현상
뿐만 아니라 긍정적인 감정들의 다양한 특성에 대해서 얘기하고 다루고자 한다.

당신이 Fredrickson과 Branigan(2005)이 실시한 긍정적 감정 관련 연구에 참여하고, 만
약 운 좋게도 무작위로 부정적인 영상 대신에 유쾌하고 즐거운 영상을 보게 된다고 가정
해보자. 그리고 나서 지금 하고 싶은 것 20가지를 쓰라는 요청을 받는다.

Fredrickson과 Branigan(2005)의 연구결과에 따르면 유쾌하고 즐거운 영상을 본 설문
참가자들이 비교적 좀 더 다양한 분야를 포괄하는 답변을 하였으며, 그 개수 또한 훨씬
방대하였다. 영상 시청 후 각 참가자가 느낀 긍정정서들은 그들이 애초에 생각하지 못한
분야까지 고려할 가능성을 유도하였다. 이러한 사고 범주의 확장은 대단히 큰 영향력을
내포하고 있다. 이는 지속적으로 긍정적 정서상태를 유지할 수 있도록 돕는다. 다른 연구
는 우리가 긍정적 영상조건에 있었다면, 우리의 확장된 사고가 정신적인 상처를 극복하
고 살아가는 데 필요한 기술을 좀 더 효과적으로 습득하도록 도움을 주며, 향후 발생 가
능한 부정적인 사건들이 미칠 정신적인 영향을 최소화하는 데 큰 역할을 한다는 것을 보
여준다.

긍정적인 감정들은 사람들의 삶에 있어 긍정적인 효과를 가져온다. 올바른 방식과 의
지 그리고 태도를 가지고 추구하는 경우라면, 강아지의 애교, 새로 구운 바삭한 초콜릿칩
쿠키, 친구의 따뜻한 미소, 즐겁고 유쾌한 영화 등 당신을 행복하게 하는 그 모든 것이 삶
의 질 향상에 큰 도움을 줄 것이다. 이제 당신의 웰빙의 극대화를 위한 긍정적인 감정들
과 부정적인 감정들의 적정한 비율에 대한 연구도 보게 될 것이다.

이론

BBT 연구자료는 총 네 가지 요소로 되어 있다(Conway et al., 2013; Fredrickson, 1998,
2001). 첫 번째는 긍정적인 감정상태는 사고나 행동의 범주를 **확장**한다는 주장이다. 사람
은 긍정적인 감정들을 느낄 때 한 가지 특정한 것에 얽매이기보다 다양한 가능성에 대해

고려한다. 이처럼 확대된 가능성을 고려하는 것은 사람의 장기적인 웰빙을 위해 필요한 자원을 확보하는 데 크게 기여한다. 예를 들어 Fredrickson은 기쁨이라는 감정은 기쁨을 유발하는 다른 행위를 실천하고자 하는 욕구를 유발한다고 얘기한다. 이와 같이 기쁨을 유발하는 행위는 우정과 같은 실질적이고 사회적인 자원을 발달시킨다.

두 번째는 긍정적인 감정은 부정적인 감정의 치료제 또는 대체재로 작용한다는 것이다. 이 두 상응하는 감정은 공존할 수 없는 특성을 보유하고 있어 긍정적인 감정은 심리적인 측면뿐만 아니라 생리적 측면에서도 부정적인 감정의 감소에 도움이 된다. 세 번째는 긍정적인 감정들은 사람의 회복력 향상에 크게 기여한다는 것이다. 이와 같은 주장은 BBT 연구의 '확립(build)' 이론에 주요 근거로서 긍정적인 감정상태는 인생의 부정적인 경험에 대비하는 기술을 발달하는 데 중요한 역할을 하고 있다는 주장에 의거한다(Fredrickson, 2001).

마지막으로 긍정적인 감정상태는 개인의 웰빙 증진에 도움을 주는 긍정의 선순환(upward spiral)을 촉진한다는 것이다(Fredrickson, 2001, p. 223). 확대된 사고 및 행동양식, 부정적인 감정의 영향 감소 및 회복력 향상은 모두 긍정의 선순환 촉진에 기여한다. 긍정적인 감정상태는 사람의 행동 및 사고에서 긍정적인 결과를 도출하는 데 기여하며, 이는 이어 더 큰 긍정적인 감정 및 더 나은 결과를 내며 결국 긍정의 선순환을 만들어낸다. 또한 앞서 설명한 요소들은 서로를 강화하며 개인의 삶에서 긍정적인 의미를 찾도록 기여한다.

확장과 확립 이론의 근거

사고 및 행동양식의 확대

Fredrickson(1998, 2001)은 긍정적인 감정이 개인의 사고 및 행동양식을 확장한다는 그녀의 가정을 뒷받침하기 위하여 Isen과 동료들의 연구를 인용한다. 예를 들어 Isen과 Daubman(1984)은 긍정적인 감정들이 개인으로 하여금 좀 더 유연한 사고방식을 형성하도록 도움을 준다는 것을 발견하였으며, Isen, Daubman 및 Nowicki(1987)는 긍정적인 감정이 개인의 창의성과 밀접한 관계가 있음을 발견하였다. Fredrickson과 Branigan(2005)의 후속연구는 저자가 앞서 간략히 설명하였듯이, 사고 및 행동양식 확장과 긍정적인 감정상태의 관계에 대해 좀 더 직접적으로 검증했다. 이전에 언급된 조사에서 유쾌한 영상을 시청한 참가자들이 부정적인 영상을 시청한 참가자들에 비해 사고 및 행동양식이 확

그림 4.1 이 이미지는 보는 사람의 사고와 행동의 넓이를 측정하는 데 사용되는데, 이는 정서적 상태와 관련이 있다.
출처 : Fredrickson & Branigan(2005)

장되어, 그 순간 그들이 하고 싶은 것을 적도록 했을 때 더 많은 것을 나열했음을 떠올려 보라.

Fredrickson과 Branigan(2005)은 또한 다른 방식으로도 사고 및 행동양식 확장을 측정 하였다(그림 4.1 참조). 연구 참가자들은 제시된 그림에서 하단에 위치한 2개의 그림 중 어떤 모형이 상단에 위치한 모형과 비슷한지에 대한 질문을 받았다. 참가자의 반응은 그 들의 개인적인 감정상태를 나타내는데, 만약 왼쪽 하단의 모형이 상단의 모형과 비슷하 다고 답하였을 경우에는 그들은 현재 긍정적인 감정상태를 보유할 확률이 높다.

우측 하단의 모형은 상단의 모형과 '지엽적인' 측면에서 비슷하다고 할 수 있다. 두 모 형은 모두 사각형으로 이루어져 있기 때문이다. 이러한 유사점을 발견한다는 것은 참가 자가 모형의 지엽적인 디테일에 집중하고 있으며, 이는 부정적인 감정상태와 연관된다. 하지만 좌측 하단의 모형은 상단의 모형과 배치 측면에서 유사하며, 이는 확장된 사고 및 시각을 의미하며, 긍정적인 감정상태와 연관된다(Fredrickson & Branigan, 2005).

이와 같은 실험의 결과는 긍정정서가 보다 확장된 사고 패턴을 유도한다는 Fredrickson 과 Branigan(2005)의 가설과 일치한다. 긍정적인 영상을 시청한 참가자들 대부분은 좌측 하단의 도형이 상단의 도형과 좀 더 유사하다는 답변을 한 반면 부정적인 영상을 시청한 참가자들은 우측 하단의 도형이 좀 더 상단의 도형과 유사하다고 답변하였다. 이 외에도 몇몇 다른 연구들이 이 효과를 반복해서 증명하였고, 긍정적인 감정상태는 개인의 사고 및 지각능력을 확대시키는 유사한 결과가 도출되었다(Conway et al., 2013; 개관을 위해 서는 Garland, 2010 참조).

무효화 가설

무효화(undo) 가설은 긍정정서가 부정정서의 영향을 무효화할 수 있다고 예측한다. Fredrickson, Mancuso, Branigan 및 Tugade(2000)는 대학생을 대상으로 스트레스를 유발하는 상황에 노출시킨 후 유쾌한 영상 시청을 통하여 이들의 정신적인 상태가 회복되는지에 대한 실험을 진행하였다. 실험에 참여한 대학생들에게 3분짜리 연설을 준비하는 데 1분의 시간이 주어졌으며, 이들은 50% 확률로 카메라 앞에서 준비한 연설을 다른 학생에게 발표해야 하는 등의 스트레스를 유발하는 상황에 노출되었다.

이와 같이 비상식적인 무리한 요구는 부정적인 감정상태를 인위적으로 유발하기 위함이었으며, 실제로 연설을 카메라 앞에서 다른 학생에게 발표해야 하는 것은 아니었다. 참가자들의 심혈관계 반응은 이러한 요구를 제시하기 이전부터 측정되어 실험이 끝날 때까지 모니터링되었다. 이러한 심혈관계 측정치는 참가자들이 연설을 준비하면서 유의하게 각성되었음(아마도 부정적으로)을 잘 보여주었다(Fredrickson et al., 2000).

참가자들은 이후에 기쁨, 환희, 슬픔 등의 감정을 유발하는 영상들을 무선적으로 배당되어 시청하였다. 그림 4.2에서 제시하듯이 유쾌한 영상(즐거움과 만족감)을 시청한 참가자들이 가장 단시간 내에 혈압수치를 평상시 수준으로 회복하였다. 이는 긍정적인 감정이 부정적인 사건들의 영향을 최소화하고 개인의 정신상태를 회복하는 데 크게 기여하는 것을 증명한다.

이러한 결과는 보다 자연스러운 조건하에서 이론을 검증한 연구를 포함해서 반복적으로 검증이 되었다(Conway et al., 2013). 예를 들어 Gloria, Faulk 및 Steinhard(2013)가 미국 텍사스의 공립학교 교사를 대상으로 진행한 실험에서는 참가자 중 가장 긍정적인 감

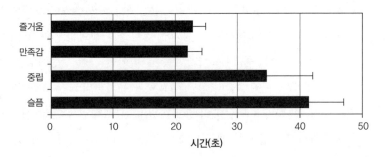

그림 4.2 긍정적 영상을 본 참가자들의 심혈관계 반응성의 평균 지속시간. 오차 막대는 표준편차를 보여주는 것이다.
출처 : Fredrickson 등(2000)

정상태(즐겁고, 평온하고, 만족스러운)를 보유한 군이 비교적 낮은 수준의 업무 관련 스트레스를 받고 있으며 회복력 또한 높은 것으로 나타났다. 이 중 일부는 "외부 상황으로부터 압박을 받을 시에 집중력이 증가하고 머리가 맑아진다."고 언급하며, 일 스트레스의 수준을 통제한 후에도 긍정적인 감정상태가 스트레스에 대한 회복력 증가에 도움이 되는 것을 입증하였다(Gloria et al., 2013, p. 188).

긍정적인 감정의 회복력 확립

부정적인 감정들의 영향 감소뿐만 아니라 Gloria 등(2013)의 연구는 긍정적인 감정이 개인의 정신적 회복력 상승에 기여함을 발견하였다. 이러한 결과는 다양한 실험에서 증명되었는데, 예시적으로 긍정적인 감정들이 증가된 회복력과 관련이 있으며, 더 적은 우울 증상을 예측한다는 연구결과가 존재한다(Loh, Schutte, & Thorsteinsson, 2014).

또 다른 연구는 긍정적인 감정이 지속적으로 순환하며 심리적인 회복력을 강화하는 것을 보여준다. Cohn, Fredrickson, Brown, Mikels 및 Conway(2009)는 대학생들을 대상으로 그들의 삶에 대한 만족도와 정신적 회복력 수준("나는 놀랐을 때 금방 극복하고 회복된다.")(p. 363)을 조사하였다. 실험 첫날, 그들의 삶에 대한 만족도와 심리적인 회복력 수준을 측정하고 실험 참가자들은 이후 28일간 매일 자신이 느낀 긍정적이거나 부정적인 감정들을 안전한 웹사이트상에서 보고하였으며, 이후 실험 마지막 날에 다시 한 번 삶에 대한 만족도와 정신적 회복력 수준을 측정하였다.

예상한 바와 같이 실험 시작 전의 삶에 대한 만족도와 심리적 회복력 수준을 고려하더라도 긍정적인 감정들이 삶에 대한 만족도와 정신적 회복력 수준 상승에 기여하는 것으로 밝혀졌다. 실험 동안 가장 높은 행복감을 느낀 참가자가 실험 마지막 날에 가장 높은 수준의 정신적 회복력을 보여주었다. 긍정적인 감정은 시작하는 지점의 회복력과 마지막의 회복력 간 관계를 매개하는 것으로 나타났다. 따라서 긍정적인 감정들이 증대함에 따라 회복력이 성장하고 이렇게 성장한 정신적 회복력은 개인이 긍정적인 감정을 더 보유하는 데 도움을 주며 잠재적으로 긍정의 선순환을 만든다(Cohen et al., 2009).

기타 다른 연구들 또한 긍정적인 감정과 정신적 회복력의 우호적인 상관관계를 증명하고 긍정적인 감정이 개인의 성장 및 계발에 중대한 영향을 미친다는 것을 밝혀냈다. 이는 긍정적인 감정이 시련이 닥쳤을 때 개인이 이를 헤쳐나가기 위해 필요한 기술 및 능력을 계발하는 데 도움이 되며, 궁극적으로는 심리적 회복력을 증대한다는 주장에 아

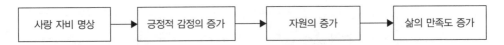

그림 4.3 사랑 자비 명상과 긍정적 감정, 자원, 그리고 삶의 만족도 사이의 인과론적 경로를 예측하는 개념적 모델
출처 : Fredrickson 등(2008)

주 중요한 근거이다(Frerickson, 2001 ; 개관을 위해서는 Garland, 2010 참조). 긍정적인 감정과 자원의 관계는 많은 연구에서 증명되었는데, Frerickson, Cohn, Coffey, Pek 및 Finkel(2008)은 현재 사회생활을 하는 성인들을 대상으로 실험한 결과 명상이 긍정적인 감정을 이끌어내는 것을 밝혀냈다. 그림 4.3에서와 같이 긍정적인 감정의 증대는 개인의 능력 계발(심리적 회복력 상승, 스트레스에 대한 내성, 사회적 관계의 발전, 수면의 질 향상 등)에도 긍정적인 영향을 미치는 것으로 나타났으며, 이는 삶에 대한 만족도 또한 증가시키는 요소이다.

Chaves, Hervas, Garcia 및 Vazquez(2016)는 심각한 질환을 앓고 있는 소아들(평균 나이 12세, 암이나 다른 생명을 위협하는 질병으로 고통받고 있는)을 대상으로 이 관계를 증명하였다. 연구결과는 긍정적인 감정들은 소아들의 자기 계발에 긍정적으로 기여하여 그들의 심리적 회복력 상승에 크게 도움을 준다는 것을 보여주었다. 연구 초기의 긍정적인 감정은 연구 동안 지속적으로 더 높은 사랑, 만족 등의 감정들을 예측하였다. 이러한 자원들은 더 높은 삶에 대한 만족감을 이끌어냈다. 결과적으로 상기 언급된 자원들은 긍정적인 감정과 삶에 대한 만족도 간 관계에 큰 영향을 주는 것으로 나타났으며, 이는 긍정적인 감정이 자원 계발을 돕고 삶에 대한 만족도 상승에 기여함을 뜻한다. 더 나아가 이러한 결과는 소아들이 보유한 초기의 삶에 대한 만족도, 건강상태 및 기타 요소들을 통제하더라도 유의하였다.

긍정적인 감정은 웰빙의 선순환을 극대화한다

연구들이 긍정적인 감정은 점차적으로 사람들의 상호관계 및 개인 간 믿음을 증대하여 그들의 웰빙을 극대화한다는 가정을 뒷받침하고 있다. Fredrickson과 Joiner(2002)는 대학생을 대상으로 실시한 5주간의 연구에서 긍정적인 감정이 그들의 문제해결 능력을 상승시킨다는 것을 밝혀냈다. 첫째, 긍정적인 감정은 대처의 관점에서 사고 형태 및 방식을 확대하였다. 둘째, 이와 같이 긍정적 감정에 의해 생성된 확장된 대처방식은 향후 그들의 긍정적인 감정을 더 성장시켰다.

기타 연구결과 또한 긍정적인 감정이 자체적으로 강화되고 대처 능력과 밀접한 관계를 보유하고 있음을 밝혀내어 긍정적인 감정이 개인의 웰빙에 미치는 긍정적인 영향을 뒷받침하고 있다. 구체적으로 더 확대된 대처는 연구 초기의 긍정적인 감정의 수준과 연구 후반의 긍정적인 감정 수준 사이에서 매개효과를 보였다. 이와 유사하게 긍정적인 감정의 변화는 연구 초기의 확대된 대처 수준과 연구[1] 후반의 확대된 대처 수준 사이에서 다음과 같이 매개효과를 보였다(Fredrickson & Joiner, 2002).

긍정적 감정들 → **확대된 대처의 변화** → **긍정적 감정**
(5주 연구의 시작 시점)   (5주간의 연구 기간)   (5주 연구의 종결 지점)

확대된 대처 → **긍정적 감정의 변화** → **확대된 대처**
(5주 연구의 시작 시점)   (5주간의 연구 기간)   (5주 연구의 종결 지점)

Fredrickson(1998, 2001)이 예상하였듯이 긍정적인 감정은 확대된 대처같은 자원과 기술을 확립하기 때문에 결과적으로 더 높은 수준의 긍정적인 감정을 이끌어낸다. 긍정적인 감정과 확대된 대처가 서로 상호작용한다는 것은 그들이 얼마나 서로 밀접한 관계를 맺고 있는지를 잘 보여준다. Burns 등(2008)의 연구결과는 이러한 결과를 다른 측정치들을 사용하여 보여준다. 다시 한 번 연구 초기에서부터 보유한 긍정적인 감정들은 더 많은 자원을 예측하였다(이번에는 대인관계에 대한 신뢰와 대처 능력에 대한 다른 측정치들을 사용하였다). 그리고 이 자원들은 연구의 종결 지점에서 결국 더 높은 수준의 긍정적인 감정으로 이어졌다. Fredrickson과 동료들의 다른 연구는 이러한 긍정의 선순환이 한 사람의 신체적 건강 외에도 정신적인 웰빙에도 연관된다고 얘기한다(Kok et al., 2013).

긍정적 감정의 긍정적 선순환이 결국 자원 개발과 심리적 웰빙으로 이어진다는 주장의 근거는 아직 잠정적이다. 이러한 모델의 부분들은 따로따로 시험되었으나, 총체적인 모델에 대한 연구는 아직 진행 중이다.

다만 전체로서의 연구는 모델의 개별적 요소들을 모두 확인하였다.

확장과 확립 이론의 새로운 발견

두뇌의 가소성

두뇌의 가소성(brain plasticity)이란 인간의 두뇌가 개인의 경험에 따라 그 구조가 변화하는 것을 의미한다. Garland 등(2010)은 긍정적인 감정이 개인의 사고와 행동양식의 범주를 확대하고 두뇌의 구조에도 변화를 줄 수 있다고 주장한다. Garland와 그의 연구진들은 현재 빠르게 성장하고 있는 신경학 분야의 사례를 그 근거로 제시하였다. 악기를 다루거나, 길을 외우거나, 저글링을 배우는 성인의 두뇌 구조가 변화한다는 연구결과가 그 예라고 할 수 있다. 그들은 전전두엽피질의 형태에 따라 심리적 회복력에 차이가 있음을 발견했다. 더 나아가 두뇌의 구조는 긍정적 또는 부정적 경험의 반복에 따라 변화하는 것을 밝혀냈다.

Garland 등(2010)의 개관은 악기를 연주하는 것 같은 특수한 학습 경험들이 두뇌 구조에 미치는 것처럼 긍정적인 감정들도 뇌의 구조에 영향을 미칠 수 있음을 발견하였다. 이는 신경 간 연결 강화 및 새로운 신경의 발달을 포함한다. 이러한 변화 중 일부는 긍정적인 감정과 뇌의 특정 부위에서 발생되는 도파민의 관계에 부분적으로 연관되어 있다고 볼 수 있다.

마지막으로 Garland 등(2010)은 개인의 정서 발달과 불안장애 또한 두뇌 구조에 연관이 있다고 설명한다. 이러한 그의 주장은 개인의 감정이 두뇌의 구조에 영향을 미칠 수 있다는 가능성을 제시하며 개인이 긍정적인 감정을 갖도록 장려하는 것이 올바른 선택이라는 것을 의미한다. 종합하면 긍정적 감정이 그냥 우리의 심리적 상태만을 변화시키는 것이 아니라는 충분한 증거가 있다. 긍정적 감정들은 우리 뇌의 생리적 본질을 변화시킨다.

평가의 변화

긍정적인 감정은 부정적인 감정을 몰아낸다는 점에 있어서 유익하다. Garland 등(2010)은 긍정적인 감정이 사람들이 특정한 경험을 지각하는 방식을 변경하므로 부정적인 행동양식을 감소시킨다고 제시하며 이러한 주장을 체계화시켰다. 구체적으로 긍정적인 감정은 특정한 사건이 위협이 될 수 있다는 왜곡되거나 부정확한 사고방식을 감소시킨다. 따라서 긍정적인 감정은 불필요하고 부적절한 걱정을 최소화하는 데 도움을 준다.

이러한 긍정적인 감정상태 및 인지력에 대한 주장은 Fredrickson 및 그의 동료들(Cohn & Fredrickson, 2010)이 마음챙김 및 명상 연습을 통해 긍정적인 감정상태 및 심리학적 웰빙을 탐구하는 데 일조하였다. 그들은 이러한 마음챙김 및 명상을 통해 개인이 특정한 상황에 대해 좀 더 적절하게 자각하고 인지하는 것에 도움이 될 것이라고 주장하였다.

확장과 확립 이론의 의미

긍정의 비율

긍정적인 감정은 웰빙과 매우 명백한 관련이 있다. 그렇다면 개인은 긍정적인 감정을 지속적으로 추구해야 하는 것일까? 그렇다면 얼마만큼의 긍정적인 감정을 추구해야 할 것인가? 긍정적 감정과 부정적 감정 간 적절한 비율은 무엇일까? 이 질문들에 대한 해답은 매우 복잡하지만 중요하다. 확실한 것은 이후 절들에서 다루겠지만 긍정적인 감정을 '추구'하는 것은 위험한 일이 될 수 있다. 이러한 문제에서는 우리의 동기가 매우 중요한 요소이다(Catalino, Algoe, & Fredrickson, 2014).

하지만 Fredrickson(2012, 2013a)은 사람들이 그들의 웰빙을 위하여 긍정적인 감정을 개발하여야 한다고 제시한다. 사람들은 얼마만큼의 긍정적인 감정이 필요할까? 이러한 질문을 검토하던 중 Fredrickson(2013b)은 그녀가 '번영자(flourishers)'라고 지칭하는 정신적으로 아주 건강한 개인들은 평소 부정적인 감정에 대비하여 3배나 많은 긍정적인 감정을 느낀다는 것을 밝혀냈다. 그 외 집단의 긍정정서 대비 부정정서 비율은 2:1에 가까웠다.

예를 들어 Fredrickson과 Losada(2005)는 번영자들과 그렇지 않은 사람들 간 비교를 위하여 두 가지 실험을 진행하였는데, 이 두 집단이 보이는 차이점은 위에서 설명한 바와 아주 유사하게 나타났다. 이 두 가지 실험에서 번영자들의 경우 3.2:1 및 3.4:1의 비율로 긍정정서와 부정정서를 느끼는 것으로 밝혀졌으며, 그렇지 않은 사람들의 경우 2.3:1 및 2.1:1 수준의 비율을 기록하였다. 또한 Waugh와 Fredrickson(2006)의 연구에서 적어도 2.9:1의 긍정-부정 비율을 보유한 대학교 신입생들이 타 학생들과 좀 더 긴밀한 유대관계를 단시간에 형성한 것으로 나타났다.

기타 연구들도 비슷한 패턴을 보였으며, 심리적으로 번영자들은 그렇지 못한 집단과 확연한 차이를 보였다. Fredrickson(2013b)은 그녀의 개관에서 행복한 결혼생활을 하고 있는 사람의 경우 최대 5:1의 긍정-부정 비율을 기록하였고, 이혼을 준비하는 사람의 경우 1:1의 비율을 기록했다고 기술하였다. 비슷하게 우울증을 겪고 있는 사람의 경우에도 1:1에 가까운 비율을 나타냈고, 우울증에서 빠르게 회복한 사람의 경우 4:1 수준의 비율을 기록하였다. 또한 창의적인 사람의 경우 3.6:1 수준의 긍정-부정 비율을 나타냈다. 다른 자료에서는 긍정-부정 비율이 3:1 이하인 경우 긍정적인 감정들이 개인의 정신건강에 크게 도움을 주지 않는 것으로 밝혀졌다. 따라서 Fredrickson(2013b)은 정신건강과 긍정적인 감정 간의 비선형적 관계를 주장하였으며, 긍정적인 감정이 개인의 정신건강 증진에 일조하기 위해서는 일정 수준 이상의 긍정-부정 비율이 필요함을 설명하였다.

따라서 "개인은 정신건강 증진을 위하여 긍정적인 감정을 최대한 추구하고 개방하는 것이 옳은가?"에 대한 답변은 분명히 "예"이다. 이상적인 비율에 대한 이견이 아직 존재하지만 Fredrickson(2013b, p. 819)은 그녀의 주장을 확고히 펼치고 있다.

> … 개인이 번영하는 정신건강을 얻기 위하여 긍정 비율을 최대한으로 끌어올리려는 노력은 합리적이고 건강한 목표다. 긍정정서의 장기적인 긍정적 효과는 이제 그 증거가 충분하고…, 이러한 조언은 시의적절하고 증거에 기반하고 있음을 확신한다."

더 나아가 Fredrickson(2013a)은 긍정정서가 단지 그것 자체를 위한 목표일 뿐만 아니라 장기적인 행복을 확립하는 데도 도움을 준다고 강조한다.

> … 순간적으로 느끼는 **긍정정서를 방출하는** 것은 그 자체로 기분 좋고자 하는 단순한 목적 이외에도 개인의 회복력, 건강, 웰빙을 다시 형성하는 데에 중요하다. 또한 긍정정서는 삶을 만족스럽고 의미 있게 해주며, 다른 자원들과 성격특성의 개발에도 중요한 역할을 한다…. (Fredrickson, 2013a, p. 155, 고딕체는 저자가 강조)

긍정의 생성

Fredrickson은 개인의 긍정 비율을 높이라고 할 뿐만 아니라 그 방법도 제시하고 있다. Garland 등(2010, p. 856, 고딕체는 저자가 강조)은 정신건강이 악화된 사람들의 경우 "대부분 긍정 정서가 **의도적으로 자기 스스로 생성할 수 있다**는 것을 알지 못하고 있다."고 주장한다. 인용 중에 내가 강조한 부분을 주목하라. 연구자들은 긍정정서라는 것이 "자연스럽게"만 발생해야 한다고 생각하는 것은 잘못된 판단이라고 주장한다. 대신 개인은 긍정정서를 일으킬 수 있는 긍정적 사건을 적극적으로 찾을 수 있다고 주장한다.

Garland 등(2010)은 긍정정서를 이끌어내기 위한 다양한 방법을 제시하였는데, 이 중에는 긍정심리학에서 개발된 '인격강점(character strengths)' 또한 포함되어 있다. 그들은 Lyubomirsky, Sheldon 및 Schkade(2005)의 연구를 인용하여 선행을 베푸는 것과 같이 의도적으로 긍정정서를 일으키는 행위들이 개인의 정신건강에 도움이 된다고 주장한다.

Lyubomirsky(2008, 2013)는 두 권의 대중도서를 집필하였으며, 이는 모두 낙관성, 감사, 음미 등 긍정적인 심리학적 요인들을 이용하여 의도적으로 행복을 추구하기 위한 방법을 제시하고 있다.

Fredrickson과 동료들(예 : Cohen & Fredrickson, 2010; Fredrickson, 2012; Fredrickson et al., 2008; Garland et al., 2010)은 마음챙김 명상(mindfulness meditation)이 의도적으로 긍정정서를 이끌어내는 데 좋은 방법 중 하나라고 얘기한다. 마음챙김 명상은 현재 시점에 집중하여 반응하거나 판단하지 않으면서 명상자 자신의 감정과 생각을 관찰하는 명상이다. 이러한 명상 방법을 통해 개인은 긍정정서를 이끌어내고 사고방식의 확장을 성취할 수 있다(Garland et al., 2010). Fredrickson과 동료들은 마음챙김 명상으로 연구 참가자들에게 불교에서 유래한 사랑 자비 명상(LKM)을 훈련시켰다.

이 연구의 한 예에서 Fredrickson 등(2008)은 미국 디트로이트에 소재한 컴퓨터 관련 대기업의 직원들을 대상으로 LKM 연수회에 참가하도록 하였다. 이를 위해 100명 이상의 직원들이 자원하였고, 이 중 절반은 연수회에 바로 참여하도록 하였으며, 나머지 절반은 대기인원으로 분류되어 나중에 연수회에 참가할 수 있도록 하였다.

숙련된 교육관이 연구 참가자를 대상으로 1시간짜리 연수를 총 6회 진행하였다. 1주차 교육은 자기 자신을 향한 사랑과 자비를 위한 명상 기술을 중점적으로 다루었다. 이후 진행된 연수에서는 개인 주변의 지인, 가족, 친구 및 모든 생명체에 대한 사랑을 위한 명상 기술을 다루었다. 연구 참가자들은 또한 일주일에 적어도 5회 이상 LKM을 실천하도록 지도 받았다. LKM은 참가자들이 긍정적인 감정과 삶에 대한 만족도를 높이는 데에 기여하였다.

Fredrickson 등(2008)의 연구는 BBT를 증명할 뿐만 아니라 의도적인 일련의 행동들이 개인의 정신건강 수양에 도움이 된다는 것을 입증하기 때문에 매우 중요하다고 할 수 있다. LKM의 특성 중 하나는 개인이 명상뿐만 아니라 일상생활에서도 긍정적인 감정을 극대화하도록 지도한다는 것이다. 우리는 의도적으로 긍정적인 감정을 유도하여 자신의 정신건강을 증진하는 데에 기여할 수 있다.

Garland 등(2010)은 개입 방법과 무관하게, 의도적으로 긍정적인 경험 및 감정을 추구하는 행동 자체가 BBT 이론이 얘기하는 긍정의 선순환을 활성화할 수 있다고 주장한다. 긍정적인 경험들과 이에서 비롯되는 긍정정서는 부정정서를 감소시키고 스트레스를 좀 더 긍정적이고 생산적인 방향으로 다룰 수 있도록 도와준다. 이처럼 의도적으로 좋은 경험을 추구하는 행동은 즐거움과 보상 중추를 활성화시켜 긍정의 선순환을 촉진하고, 더 많은 긍정정서를 이끌어낸다.

어떤 연구에서는 아이스크림을 먹는 등 좀 더 일상적인 행위들도 개인의 정신건강 수양에 도움이 되며, 충분한 수준의 긍정정서를 이끌어낸다고 주장한다(Hurling, Linley, Dovey, Maltby, & Wilkinson, 2015; Linley et al., 2013). 하지만 Fredrickson(2009)은 이러한 노력에 대해서 다소 부정적인 시각을 갖고 있다. 그 이유로는 아이스크림을 먹는 것과 같은 일상적인 행위는 순간적인 즐거움은 제공하지만 진정한 긍정정서를 이끌어내는 데에는 한계가 있다는 것이다. 그녀는 개인이 일상의 경험에서 긍정적인 의미를 찾을 것을 권고한다. 그녀는 저서와 유튜브에 업로드된 영상(www.youtube.com/watch?v=Ds_9Df6dK7c; www.youtube.com/watch?v=_hFzxfQpLjM)에서 개인이 정신건강을 수양하고 긍정의 선순환을 성취하기 위해서는 개방적이고, 감사하고, 친절하며, 호기심을 가지고, 현실감을 보유해야 한다고 주장한다.

Fredrickson(2009)이 정의하는 '개방적'이란 우리 주변의 선에 열려 있어야 한다는 것인데, 여기에는 일상에서 타인의 인간적이고 자비로운 행동, 아름다움 등이 포함된다. 개인은 이러한 선함을 인지하고 수용하여 긍정정서를 이끌어내야 한다. 그녀는 또한 '현실감'이란 단어를 언급하며 진실함과 솔직함의 중요성을 강조한다. 이는 개인이 거짓으로 행복한 감정을 느끼고 있다고 생각하거나 억지로 행복한 감정을 가지려고 하는 것을 지양해야 한다는 것이다. 대신 진짜 호기심이 생기고 진심으로 아름답다고 생각하는 것들을 추구해야 한다.

이것이 Fredrickson(2009)이 독자들이 이해하기를 바란 핵심이다. 그녀는 매일 긍정적 경험을 추구할 것을 강조한다. 그것이 사소해 보이거나 바쁜 삶에서 우선순위를 부여하는 것이 어렵더라도 말이다. 그 경험들은 '현실적이고', 진실되고, 진정성이 있어야 하지만, Fredrickson(2009)의 연구는 이들이 그만한 가치가 있다는 것을 보여준다.

정신병리에 대한 치료 방법으로서의 긍정

긍정정서를 강조하는 임상적 치료 방법은 불안장애, 우울증 및 조현병 등의 정신질환을 앓고 있는 환자들에게도 도움이 될 수 있다. Garland와 그의 동료 연구진들(2010)은 우울증과 불안장애 등의 정신질환에서 부정정서들의 악순환(downward spiral)에 주목하였다. 이 과정에서 부정정서는 주의의 초점을 좁혀서 잠재적 위협에 더 민감하게 만들고, 결국 부정의 악순환을 초래하는 더 큰 부정정서로 이어졌다. Garland 등은 전통적인 '인지행동치료'와 더불어 긍정심리학적 개입(친절 베풀기, 음미하기 등)을 통한 긍정적인 감정 극대화 및 긍정-부정 비율을 적어도 3:1로 유지하는 것이 우울증 및 불안장애치료에 효과가 있다고 주장하였다. 그 근거는 무척이나 간단하다. 부정적인 감정을 긍정적인 감정으로 대체하여 생각 및 행동 범주를 증대하고 우울함과 불안함의 악순환을 긍정의 선순환으로 대체하는 것이다.

Garland 등(2010)은 조현병 증상에도 높은 긍정-부정 비율을 유지하는 것이 도움이 된다고 주장한다. 이는 의학 및 약물적 치료가 대부분인 현재 매우 흥미롭고 놀라운 주장이다. 많은 수의 조현병 환자들은 의욕, 기쁨, 감정, 사회적 만남을 위한 욕구가 저하되는 **음성 증상**들을 동반한다. 또한 조현병 환자들 대부분은 미래에 대한 긍정적인 기대 또는 기쁨인 기대 즐거움(미래 활동에서 기대되는 기쁨의 가능성)의 감소를 경험한다. 이 같은 음성 증상들은 BBT에서 설명하는 긍정적인 감정의 결여로 이어진다. 따라서 조현병 환자들에게 자기 스스로 긍정적인 감정을 갖게 하는 방식으로 그들의 증상 중 일정 부분을 치료할 수 있을 것이다.

긍정의 과다?

긍정정서들은 아이스크림, 피자, 통계학 수업 등과 같이 과다하면 좋지 않다라는 우주적인 법칙을 공유한다. 긍정정서가 과다해지면 우리에게 좋지 않은 영향을 미칠 수 있다 (Fredrickson, 2013b; Forgas, 2014). 이 주장에는 두 가지 고려사항이 존재하는데, 그 하나는 긍정정서의 **강도 대 빈도**이다. 높은 빈도로 발생하는 (비교적 가벼운) 긍정정서는 우리에게 도움이 되는 것으로 판단되는 데 비해, 강한 강도의 긍정정서는 그렇지 않은 것 같다. 예를 들어 (비교적 가벼운) 긍정정서의 빈도가 강도보다 삶의 만족에 대한 더 좋은 지표라고 할 수 있다(Fredrickson, 2013b).

긍정적인 감정상태와 개인의 적응행동(adaptive behaviors)에는 역U자 모양의 관계가 성립한다. 긍정정서의 증가는 어느 일정 수준까지 개인의 창의성을 상승시키지만 과다한 긍정정서 상태는 역으로 개인의 창의성 및 창작성을 감소시키는 것으로 나타났다. 감정의 급격한 변화를 나타내는 조울증을 그 예로 들 수 있다. 조증의 파괴적인 성향은 높은 강도의 긍정정서에서 나타나기 때문이다.

두 번째 고려사항은 적당한 부정정서 또한 놀라울 정도로 소중하다는 것이다. 유용한 상황에서 화를 내는 것(예 : 당신에게 화를 입힌 사람과 다툴 때)은 신기하게도 행복과 연관되어 있다(Kim, Ford, Mauss, & Tamir, 2015; Tamir & Ford, 2012). 심리적으로 건강한 개인은 다른 사람들과의 다툼에서 분노를 느끼고자 하지만, 다른 사람들과 협동할 때에는 행복감을 느끼고자 한다(Kim et al., 2015). 유사하게 너무 강하지 않아 점차 사라지는 부정정서는 심각한 질병처럼 위험한 사건을 다룰 수 있도록 동기화시켜준다(Fredrickson, 2013b). 또한 약간의 스트레스는 과제를 수행하는 데 도움이 된다(Robertson, 2016). 비교적 건강한 심리상태를 가진 번영자들이 그렇지 않은 사람들과 같은 수준의 부정정서를 느낀다는 점도 매우 흥미롭다(Catalino & Fredrickson, 2011). 두 집단은 오직 긍정정서의 숫자에서만 차이를 보였다. 그러므로 최소한의 강도와 빈도의 부정정서는 번영의 삶에 해롭지 않으며, 인간의 기본적인 기능에 있어 도움이 된다고 볼 수 있다.

• • •
행복을 중요하게 여기고 추구하기 : 잠재적 문제점?

모든 연구자가 Fredrickson과 그녀의 연구진이 주장하듯이 긍정정서의 가치, 그리고 더 광의적이고 일반적으로 정의해서 행복을 의도적으로 추구하고 개발할 수 있다는 것에 전적으로 동의하는 것은 아니다.

일부는 동양 문화권에 살고 있는 사람들은 행복에 반감을 가지고 있다고 주장한다. 이러한 주장은 Fredrickson이 주장하는 긍정적인 감정의 추구와 더 큰 행복을 이끌어내는 행동들에 대한 의견에 대해 반론을 제기한다. 게다가 행복을 소중히 여기고 추구하는 것은 개인을 덜 행복하게 만듦으로써 역효과를 낳는다고 주장하는 다른 연구자들도 있다. 이와 같은 주장들에 대해 좀 더 알아보고 Fredrickson의 답변에 대해 알아보도록 하자.

행복에 대한 반감

일부 사람들은 행복에 대해 반감을 느낄까? 그들은 최소한 서양 사람들이 행복을 이해한 방식에서 행복하기를 원하지 않는가? Joshanloo와 Weijers(2014)는 그렇게 생각하고 이 영역에 그들의 연구결과가 제시된다. 그들은 연구결과들에 대한 개관에서 동양 문화권에 살고 있는 많은 사람과 기타 문화권에 살고 있는 일부 사람들은 행복에 대한 반감 또는 부정적인 시각을 갖고 있다고 주장한다. 그들은 행복이 개인의 궁극적인 목표이자 삶의 원동력이라는 서양 사람들의 가정과는 달리, 세계의 많은 사람들이 행복에 대해 우려와 의심을 느끼고, 이에 따라 행복을 잠재적으로 위험한 감정이라고 판단한다고 주장한다.

　예를 들어 동양인들은 사회적 조화 및 소속감을 행복보다 더 가치 있다고 생각하고 개인의 행복은 사회적 조화에 잠재적 위협이라는 인식을 보유하고 있다. 결과적으로 동아시아 문화에서는 개인의 행복에 대한 '욕구'의 중요성에 대해 경시하는 경향이 있다는 것이다. Joshanloo와 Weijers는 행복에 대한 반응의 문화적 차이에 대한 다른 증거들을 지적하였다. 예를 들어 동양인들은 서양인들에 비해 긍정적인 감정을 덜 중요시한다는 것이다. 그리고 서양 문화권에 살고 있는 사람들 또한 "행복에 대해 분명한 두려움"(예 : 기쁜 일이 생기면 반드시 슬픈 일이 따라온다)을 느끼고 있다고 주장한다.

왜 행복에 대해 반감을 느낄까

사람들이 행복에 대한 반감을 느끼는 데에는 다양한 이유가 있을 수 있다. 일부는 행복은 결국 불행과 일정 수준 연관되어 있고, 현재 느끼는 행복은 차후 다가올 불행의 원인이라고 믿는다. 이러한 믿음은 많은 동양 문화에서 발견되는데, "올라간 것은 반드시 내려가게 되어 있다(What goes up, must come down)."(Joshanloo & Weijers, 2014, p. 723)라는 속담에서도 알 수 있듯이 서양 문화에서도 이런 생각은 어느 정도 존재하는 것으로 판단된다. 다른 일부에서는 행복이라는 감정이 개인을 타락시킨다고 생각한다. 예를 들어 기독교 사상에서는 현재 느끼는 행복과 기쁨이 그들의 신에게서 멀어지고 있다는 징후일 수 있다고 주장한다. 이슬람교에서도 비슷한 요소를 찾아볼 수 있다. 더 나아가 많은 사람들은 불행이 창작활동에 필수적이라는 잘못된 판단을 하고 있다. 그러므로 불행은 그 개인이 생산적인 시민이라는 증거로 잘못 받아들여진다.

　사람들은 또한 행복을 표현하는 것을 경계한다. 행복을 표현하는 것이 다른 사람들로 하여금 질투를 유발하고 이것은 사회적으로 부정적인 결과를 초래할 수 있다고 믿는 것이다. 동양 및 서양 문화에서 모두 억제되지 않은 행복의 표현에 대한 경각심을 강조한다.

　마지막으로 일부 사람들은 행복을 추구하는 것이 자신뿐만 아니라 주위 사람들에게도 부정적인 영향을 끼칠 수 있다고 생각하여 그 행위 자체가 가치 있는 행동이 아니라고 생각한다. 불교 사상에서는 개인적 행복을 추구하는 것이 자기중심적이기 때문에 결과적으로 이기심을 초래한다고 생각한다. 서양의 학자들도 유사한 주장을 하였는데, 그들은 행복을 추구하는 행동이 바른 사고에 악영향을 미치고 부당한 행동에 대해 덜 신경 쓰게 한다고 주장한다. 유사하게 다른 서양학자들은 행복의 추구에 의해 발생하는 과도한 개인주의는 물질 만능주의, 사회적 유대감 저하 및 이기주의를 초래한다고 경고한다.

요약하자면 사람들은 직접적으로 행복을 추구하는 것을 우려하는 시각으로 보고 있다. 이는 행복은 추구할 만한 가치가 있는 미덕이 아니라는 도덕적 요소에 기반한다. 행복을 추구하는 것이 자멸적이라는 믿음 또한 이러한 이유에 기반한다. 행복이라는 것은 로맨틱한 사랑 또는 물리학에서의 원자 입자와 같이 너무 소유하려고 한다면 가질 수 없는 그러한 개념일지도 모른다. 이러한 주장에 대해 다음 영역에서 더 알아보도록 하자.

행복을 중요시하는 행동은 역효과를 낼 수 있다

많은 학자들은 행복을 간접적인 방법으로 추구하는 것이 가장 올바른 방법이라고 주장한다. 그들은 행복을 능동적으로 추구하기보다는 다른 목표를 위해 노력해야 한다고 얘기한다. 아이러니하고 역설적이게도 이러한 간접적인 방법은 개인의 행복을 증대시킨다. 이러한 주장은 우리의 논의에 아주 중요한데, 그 이유는 이전의 영역들에서 제시된 주장들의 대부분을 반박하는 개념이기 때문이다. 다시 말해 이러한 생각은 직접적으로 긍정적인 감정을 추구하는 행동은 행복을 이끌어내지 못한다는 것을 의미한다.

예를 들어 아리스토텔레스는 평생의 덕을 추구하는 삶을 통해 행복을 느낄 수 있다고 주장하였다. 좀 더 근래의 학자인 Henry Sidgwick(1874/1981)은 행복의 역설(Paradox of Hedonism)이라는 개념을 통해 행복은 직접적으로 달성할 수 없다고 주장하였다. 대신 Sidgwick(1874/1981)은 우리는 행위 그 자체를 위해 행동하고 이러한 행동만이 행복을 가져다줄 수 있다고 주장하였다. 다시 말해 그것이 행복을 가져다줄 것이라고 믿기 때문에 어떤 취미나 다른 활동들을 하는 것은 소용이 없다는 것이다. 그러나 어떤 취미가 본질적으로 흥미롭기 때문에 선택한 것이라면, 그 취미는 우리의 행복을 증대시키는 데 도움을 준다.

다른 학자들도 행복을 추구함에 있어서 간접적인 방법을 추천한다. 홀로코스트의 생존자이자 정신과 의사인 빅터 프랭클(1946/2006. 1986, 1988)은 행복은 개인의 삶에 대한 진정한 의미를 찾는 과정에서 발생하는 부산물이라고 주장한다. 그는 남들을 사랑하고 봉사하는 것이 삶의 가장 본질적인 의미라고 얘기한다. 마지막으로 경제학자인 케이는 철학 및 다양한 사회과학적 자료를 수집하여 행복을 포함한 많은 목표들을 간접적으로 추구하는 것이 최선이라고 주장한다.

근거

여러 연구에서 행복에 너무 지나친 가치를 두거나 행복을 강하게 추구하는 것은 개인의 행복을 감소시킬 수 있다는 것을 보여준다. 다시 말해 행복의 추구는 역효과를 낼 수 있다는 것이다. 이러한 결과는 불가피한 것은 아니지만 분명히 발생한다. 그것은 정신장애의 임상적 수준과도 어느 정도 연관되어 있다. 총체적으로 보았을 때 이러한 연구결과들은 직접적으로 행복을 추구하는 것은 헛고생일 수 있다는 주장과 일치한다.

예를 들어 행복에 가치를 두는 것은 정상적으로 기능하는 성인들 사이에서 우울증상과 상관이 있다. 이것은 또한 인구통계학적 변수를 통제하더라도 우울증의 정도와 수준을 예측한다(Ford, Shallcross, Mauss, Floerke, & Gruber, 2014). 추가적으로 극단적으로 행복에 가치를 두는 것 역시 인구학적 특징들을 통제하고도 조울증을 예견한다(Ford, Mauss, & Gruber, 2015).

행복에 가치를 두는 것은 좀 덜 극적인 방식으로도 우리에게 악영향을 미친다. 예를 들어 이러한 행동은 실망감을 유발할 수 있다. Mauss, Tamir, Anderson 및 Savino(2011)는 행복을 추구하고 매우 소중하게 생각하는 사람들은 행복의 목표를 성취하기 어려운 수준으로 설정한다고 가정한다. 이러한 높은 행복에 대한 목표는 실망과 행복의 상실을 가져올 것이다. 그들은 이러한 효과가 아주 높지는 않은 행복 수준을 설명하는 명백한 외적 이유가 없는 긍정적 상황에서 주로 발생한다고 추정한다. 그러나 극도의 스트레스와 같은 부정적인 상황들은 행복의 감소에 대한 가능한 이유를 제공한다. 따라서 행복을 가치 있게 생각하고 추구하는 것은 부정적인 상황에서는 행복의 감소로 이어지지 않을 것이다.

이러한 가정들은 Mauss 및 연구진들(2011)이 실시한 두 가지 연구에서 증명되었다. 첫 번째 연구에서는 연구 참가자들(캐나다 덴버에 거주하는 성인 여성)이 어느 수준으로 행복을 가치 있게 생각하는지를 측정했다. 예상대로 생활 스트레스가 이 관계에 중재변인으로 작용하였다(두 변인의 관계를 변화시켰다). 구체적으로 행복을 소중하게 여기는 것은 낮은 행복감과 관련이 있었는데, 이는 오직 생활 스트레스 수준이 낮은 여성들에게서만 나타나는 현상이었다. 높은 생활 스트레스를 느끼는 여성들에서는 이러한 현상이 나타나지 않았다.

두 번째 연구에서는 참가자 중 절반에게 행복이 사회적, 직업적, 건강상의 이점이 있다고 얘기하여 행복을 가치 있게 생각하는 수준을 실험적으로 조작하였다. 참가자들은 무작위로 슬프거나 혹은 행복한 정서를 산출하는 영상을 시청하였다. 이러한 조작은 행복을 가치 있게 여기는 행동이 오직 긍정적인 상황에서만 행복 경험을 감소시키는지 재차 확인하게 해준다. 참가자 중 행복을 비교적 더 가치 있게 여기고 추구하는 사람들은 긍정적인 상황(행복한 영상 시청)에서 덜 행복하였으며, 부정적인 상황에서는 느끼는 행복에 차이가 존재하지 않았다.

이러한 연구결과는 실망감이 행복을 가치 있게 여기는 것과 실제로 경험한 행복 간의 관계에 매개효과가 있다는 것을 증명하였다. 특히 행복을 더 가치 있게 생각하도록 조작된 연구 참가자들은 현재 자신들이 느끼는 행복감에 대해 더 실망하였다. 이러한 실망감은 행복을 가치 있게 여기는 것과 실제로 참가자들이 느끼는 행복감의 관계를 완전하게 설명하였다.

기타 연구에서는 행복을 추구하는 행동은 외로움을 유발할 수 있다고 얘기한다. Mauss 등(2012)은 행복의 추구가 개인적인 것으로 그 개인을 사회로부터 격리하고 그의 사회적 관계에 악영향을 끼칠 수 있다고 가정한다. 그들은 성인을 대상으로 매일 자신들이 느끼는 스트레스와 외로움에 대해 기록하게 한 연구를 통해 이 가설을 검증하였다. 예상했던 바와 같이 참가자들이 스트레스를 받는 상황에서 행복을 가치 있게 여기는 것은 좀 더 높은 수준의 외로움과 연관되어 있었다. 이러한 결과는 참가자들의 일반적인 스트레스 수준과 행복 그리고 인구학적 변수를 통제하더라도 매우 뚜렷하게 나타났다. 차후 진행된 연구에서 통제집단에 비해 행복을 가치 있게 여기도록 무선할당된 참가자집단이 더 외로움을 느끼는 것으로 나타났다.

이론

문화의 중요성   다른 연구자료에서는 행복을 소중하게 여기는 정도에 문화가 영향을 미친다는 것을 보여준다. Ford와 Dmitrieva 등(2015)은 개인주의-집단주의의 연속선상에서 차이를 보유한 다양한 문화권을 표본으로 그 영향을 조사했다. 그들은 미국인들의 경우 행복을 가치 있게 여기는 것과 실질적으로 느끼는 행복 사이에 부적 관계성이 있다는 것을 발견하였다. 그러나 독일인들에게서는 이러한 관계가 성립되지 않았고, 러시아인 및 동아시아인들은 동일한 조건에서 더 많은 행복을 느끼는 것으로 나타났다.

이러한 결과들은 적극적으로 행복을 추구하는 것은 개인주의적인 성향이 강한 문화권에서만 실질적으로 느끼는 행복과 부적 상관을 갖는다는 주장과 일치한다. 가정과 일치하게 행복의 추구는 집단주의 문화에서 행복을 증가시켰다. 따라서 문화적 차이는 행복을 추구하는 것이 언제, 어떻게 실제적인 행복 경험에 영향을 미치는지에 대한 하나의 설명일 것이다.

행복이 추구되는 방식   행복을 추구하는 것이 우리를 덜 행복하게 만드는 또 다른 이유들은 문화와는 상관이 적다. Ford와 Mauss(2014)는 우리가 행복을 추구하는 방식과 관련하여 세 가지 이유를 제시하였다. 첫째는 우리가 행복을 추구할 때 우리는 아주 행복할 것이라는 기대를 한다. 이러한 기대는 실망으로 이어진다. 역설적이게도 우리는 우리가 아주 행복할 수 있는 상황에서조차 불행하다고 느낄 수 있다.

다른 두 이유는 우리에게 새로운 개념이다. 두 번째는 우리는 우리를 행복하게 하는 것이 무엇인지에 대한 이해가 없다는 것이다. 이러한 현상은 정서적 예상의 실수(affective forecasting errors)(여기서 '정서적'은 감정을 의미)라고 하는데, 이 장의 뒤에서 더 자세히 다루고자 한다. 하나의 예로 금전적인 성공과 명예가 자신을 행복하게 하는 목표라고 잘못 판단하고 시간을 허비하는 사람들을 들 수 있다. 그 과정에서 그들은 가족과 친구를 등한시한다. 하지만 향후 이 장에서 사회적 관계가 금전과 명예보다 행복을 예측하는 데 있어서 훨씬 더 중요한 요소라는 것을 알 수 있다.

마지막으로 Ford와 Mauss(2014)는 행복의 추구가 행복을 자발적인 상태로부터 개인의 목표로 변화시킨다고 주장한다. 우리는 자연적으로 어떠한 목표를 달성할 때와 마찬가지로 행복을 성취하는 그 과정을 감찰한다. 하지만 행복과 그 행복 목표를 얼마나 성취했는지를 면밀히 감찰하는 것은 역효과를 낼 수 있다. 예를 들어 자전거 바퀴의 압력을 측정하기 위해서는 어쩔 수 없이 일정 수준의 공기가 바퀴에서 빠져나가는 것과 같다. 마찬가지로 우리가 얼마나 행복한지 측정하고 감찰하는 것은 불가피하게 행복의 감소를 초래한다.

Ford와 Mauss(2014)는 그들의 연구에서 참가자들에게 하나의 농담을 들려주고, 그 농담이 왜 즐겁고 유쾌한지에 대해 설명하도록 요구하였다. 그들은 그저 농담을 듣기만 한 사람들에 비해 그 농담을 덜 유쾌하다고 판단하였다. 왜 행복을 감찰하는 것이 우리를 덜 행복하게 하는 것일까? Ford와 Mauss(2014)는 이와 같이 행복을 감찰하는 것은 우리로 하여금 현재에 집중하고 그 행복을 느끼는 대신 그것을 분석하는 데 집중하게 한다고 주장한다. 아마도 행복추구의 목표 지향성이 핵심일 듯하다. 행복해지기 위한 우리의 노력을 감찰하는 것은 행복 목표를 완전히 달성하지 못했음을 상기시키고 실망감을 가져올 수 있다.

행복을 추구하는 것이 언제나 역효과를 낼까

역효과를 반박하는 증거

상기에 제시된 것과는 다르게 여러 학자들이 행복은 성공적으로 추구될 수 있다고 얘기한다. Fredrickson의 생각과 연구(Cohen & Fredrickson, 2010; Garland et al., 2010; Fredrickson, 2009, 2013a, 2013b)에서 말하는 긍정정서가 긍정의 선순환을 만들고, 이는 행복의 증대로 이어진다는 주장도 이와 같은 맥락이다. 또한 Lyubomirsky(2008, 2013)는 두 권의 유명한 자기계발서에서 이를 어떻게 달성할 수 있는지를 설명한다. 대부분의 자기계발서와 다르게 그의 저서는 과학적 연구(그중 상당수는 그녀 자신의 것)에 기반하여 쓰였다. 우리는 다음 부분에서 행복을 올바른 방식으로 추구하는 것이 얼마나 중요한지 논의할 것이지만, Lyubomrisky는 적극적으로 행복을 추구하는 것이 우리의 행복을 증대시키는 데 도움이 된다는 근거를 잘 설명하였다. 사실 이전에 설명한 부작용에 대한 주장을 정면으로 반박하는 Lyubomirsky의 연구는 우리가 행복을 증대하기 위해 투입하는 노력 자체가 정신건강 증진 및 우리가 행복을 증대하는 데 매우 도움이 된다고 설명한다.

다른 연구는 좀 더 직접적으로 역효과 관련 주장을 반박한다. Luhmann, Necka, Schonbrodt 및 Hawkley(2016)는 이전 연구자들(Mauss et al., 2011)이 행복을 가치 있게 여기는지를 측정하기 위해 사용한 측정도구가 단일차원이 아니라고 주장한다. 달리 말하자면, 이러한 측정도구는 서로 다른 심리학적 구성개념들을 측정한다. 이들 중 하나는 개인이 불행해지는 것에 대해 걱정하는 수준을 나타낸다("만일 내가 행복하지 않으면, 나한테 문제가 있는 거야.")(Luhmann et al., 2016, p. 49). 척도의 이 부분(행복에 대한 걱정)은 행복과 부적으로 상관이 있는 반면, 척도의 다른 부분은 행복과 정적으로 상관이 있거나 상관이 없다.

Luhmann 등(2016)은 행복을 가치 있게 여기는 것은 행복을 도리어 앗아갈 수 있는데, 이러한 현상은 행복에 대해 걱정하는 등의 특정한 단편적인 행복 가치에 한하여 일어난다고 판단한다. 다른 방식의 행복 가치는 우리의 행복을 제한하지 않을 수 있다. 예를 들어 행복 가치에 대한 척도에서 어떤 문항들은 행복이란 자신의 삶이 의미 있었음을 뜻한다는 참가자의 생각을 반영한다. 이러한 문항들은 삶의 만족과 긍정정서 모두를 정적으

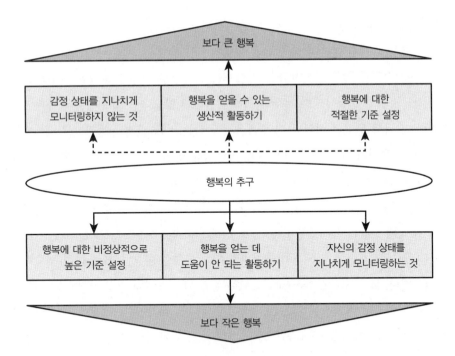

그림 4.4 목표 추구 관점에서 해석한 행복의 추구에 대한 도식적 묘사
출처 : Ford & Mauss(2014)에서 인용

로 예측한다. 다른 문항들은 행복이 참가자들에게 중요한 정도를 반영한다. 이 문항들은
긍정정서와 정적 상관이 있다.

　Fredrickson과 그녀의 동료들은 역효과 이론에 대해 직접적으로 반박하였다. Catalino
등(2014)은 '긍정을 우선시하기(prioritizing positivity)'라는 척도를 개발하여 개인이 자신
의 하루를 계획할 때 긍정적인 경험을 추구하는 동기를 측정하고자 하였다("나는 나의
행복을 최대화하도록 하루를 구조화한다.")(p. 1158). BBT와 일치하게 그들은 긍정정서
를 추구하는 사람들이 더 행복한 것을 발견했다. 구체적으로는 성인 표집에서 긍정을 우
선시하는 사람들은 삶의 만족도가 높고 덜 우울하였다.

　Luhmann 등(2016)과 Catalino 등(2014)의 연구결과는 우리가 행복을 추구하는 방식이
매우 중요하다는 걸 제시한다. 아직 이 분야의 연구는 계속 진행되고 발전하고 있지만,
행복이란 그 방법을 고심하여 잘 선택하면 우리가 직접적으로 추구할 수 있는 것이다.
Ford와 Mauss(2014)처럼 행복을 적극적으로 추구하는 것이 역효과를 낼 수 있다고 주장
하는 학자들도, 이러한 역효과가 완전히 불가피한 것은 아니라고 얘기한다. 그들은 그림

4.4의 모델을 통하여 행복을 추구하는 것이 어떤 경우에는 좀 더 큰 행복으로 이어지고 다른 경우에는 그렇지 않을 수도 있음을 설명하고자 하였다. 만일 실망으로 끝날 가능성이 작은 현실적인 목표를 설정하고, 행복을 정말로 증진시키는 활동들을 추구하고(즉 목표가 있음), 자신의 정서상태를 너무 자세히 감찰하지 않는다면 행복을 추구하는 것이 효과적이다. 따라서 우리는 이와 같이 행복을 추구하는 것에 대해 긍정적으로 생각해도 될 것이다. 만약 우리가 그 방법만 잘 설정하고 올바른 방식으로 행복을 추구한다면 우리는 긍정적인 결과를 만들어낼 것이다.

Lyubomirsky 및 Layous는 방법을 올바르게 설정하여 행복을 추구하는 것이 효과적이라는 유사한 주장을 제시했다(Layous & Lyubomirsky, 2014; Lyubomirsky & Layous, 2013). 예를 들어 개인은 행복을 이끌어내기 위해 무엇을 할 것인가에 대한 구체적인 조언이 필요하다. Layous와 Lyubomirsky(2014)는 그 예로 단순히 개인에게 건강에 도움이 되니 운동을 하라고 지시하는 것은 효과적이지 않다고 얘기한다. 대신에 그 사람에게 매일 30분 동안 걸으라고 요구한다면 좀 더 효과적으로 원하는 결과를 성취할 수 있다고 주장한다. 비슷하게 그들은 감사를 표현하는 것과 같이 구체적인 제안이 필요하다는 것을 실험을 통해 밝혀냈다. 이는 우리가 무엇을 즐기고 행복해하는지 모른다는 Ford와 Mauss(2014)의 관찰결과와 유사하다.

Layous와 Lyubomirsky(2014)는 또한 행복을 이끌어내는 행동들의 '투입량(dosage level)'과 시점에 대해 강조한다. 그들은 이러한 행복을 증가시키는 행동들의 주기와 강도가 매우 중요하다고 주장한다. 또한 같은 행위를 반복하는 것보다는 다양한 행위를 시도하는 것이 중요하다고 얘기한다. 마지막으로 그러한 행위들이 개인의 성격과 상황에 잘 맞아야 한다고도 주장한다.

긍정성 우선시 척도(prioritizing positivity scale)를 개발하고 실험한 Catalino 등(2014, p. 1160)의 학자들 또한 우리가 행복을 추구하는 방식에 주의해야 한다고 강조한다. 그들은 "행복을 추구하는 것이 섬세한 기술이라는 것을 인지하지 못하는 것은 사람들을 잘못된 길로 이끌 수 있다."라고 얘기한다. 또한 그들은 "행복을 추구하는 방식은 효과적인 방법과 그렇지 않은 방식이 존재하기 때문에 매우 복잡하다. 이것은 긍정심리학의 다른 연구에서도 나타나듯 무엇을 하느냐보다는 어떻게 하느냐가 더 중요하다는 것을 의미한다."고 기술한다. 따라서 행복은 제대로 된 방식으로 추구해야만 의도적으로 증대될 수 있다.

• • •
감정예측

인간은 무엇이 자신을 행복하게 하거나 불행하게 할지에 대해 얼마나 잘 예측할까? 우리는 이미 우리가 이 같은 예측을 잘 하지 못한다는 주장에 대해 논의했다. 이러한 현상은 행복을 추구하는 행위가 역효과를 초래하는 이유이기도 하다. 우리는 이러한 주장의 이론적이고 실험적 기반을 조사하고자 한다.

미래의 감정을 예측하는 것을 감정예측(affective forecasting)이라고 한다. 참고로 감정 (affect)이란 단어는 심리학에서 정서의 의미로 사용된다. 결론적으로 우리는 이러한 감정에 대한 예측을 잘 수행하지 못한다. 사면초가에 몰린 기상캐스터처럼 우리는 특정한 사건이 우리에게 정서적 맑음 또는 흐림을 선사할지 잘 예측하지 못한다는 것이다[2](Wilson & Gilbert, 2005).

이러한 현상에 대한 첫 번째 연구 중 하나로 Gilbert, Pinel, Wilson, Blumberg 및 Wheatley(1998)는 대학생들을 대상으로 (a) 연애의 시작과 끝, (b) 개인적으로 부정적 피드백을 받는 것, (c) 취업 면접에서의 낙방, (d) 유아 사망에 관련된 글 읽기, (e) 자신들이 지지하는 선거 후보자의 당선 및 낙선 이후에 그들이 얼마나 행복 혹은 불행할 것으로 예측하는지 조사하였다. 또 다른 연구에서 그들은 대학교수들에게 자신들의 학문적 경력에서 매우 중요한 단계인 종신직 보장 관련 결과를 알게 되었을 때 얼마나 행복 또는 불행할 것으로 예측하는지 조사하였다.

연구결과에서 대부분의 참가자들이 상기 제시된 사건들이 자신들에게 어떤 기분을 초래할지 정확하게 예측하지 못하였다는 것이 밝혀졌다. 다시 말해 그들은 흔히 감정예측 오류(affective forecasting errors)를 경험했다. 예를 들어 현재 이성교제를 하고 있는 행운아들은 관계가 끝났을 때 얼마나 불행할지 예측하였다. 당연히 그 행운아들은 그런 일이 일어나면 매우 불행할 것이라고 예상했다. 연구자들은 그들이 예상한 행복 수준과 최근 이성친구와 헤어진 학생들의 실제 행복 수준을 비교하였다. 흥미롭게도 그들이 예상한 행복 수준은 실제로 헤어진 연인들의 행복 수준보다 유의미하게 낮은 것으로 나타났다 (Gilbert et al., 1998).

행복과 불행의 과대평가

부정적인 사건

Gilbert 등(1998)의 학자들은 다른 경우에서도 비슷한 현상을 발견했다. 대학교수들은 대부분 종신직을 거절당한 후 5년간 예상되는 자신들의 불행 수준에 대하여 과대평가하였다. 나아가 자신이 지지하는 선거후보가 낙선하거나, 예상치 못한 부정적인 피드백을 받았거나, 아이의 죽음에 대한 글을 읽거나, 면접에서 탈락한 학생들 또한 자신이 얼마나 불행해질 것인지에 대해 과대평가하였다.

다른 연구도 이러한 결과를 지지하였다. 사실 감정예측의 오류는 긍정적 사건보다는 부정적 사건에 대한 반응에서 더 나타나는 경향이 있다(Coteţ & David, 2016). 다른 예들이 있다. 경쟁적으로 달리기를 하는 사람들은 자신의 개인적 수행 목표를 달성하는 것에 실패했을 때 자신의 불행감을 과대평가하였다(van Dijk, Finkenauer, & Pollmann, 2018). 미식축구 팬들 또한 자신의 팀이 슈퍼볼 경기에서 졌을 때 느낄 불행에 대해 과대평가하는 것으로 나타났다(Meyvis, Ratner, & Levav, 2010). 다른 연구(Loehr & Baldwin, 2014)에서는 육체적으로 활동적이지 못한 사람(매주 60분 이하로 운동을 하는 사람)은 운동을 즐길 것으로 예상하지 못한다고 밝혔다. 하지만 그들은 자신이 예상한 것보다 더 운동을 좋아하는 것으로 밝혀졌고, 이것은 감정예측 오류의 한 예시이다. 다른 학자들은 근래에도 여전히 Gilbert 등(1998)의 연구결과를 반복하여 입증하고 있다(Eastwick, Finkel, Krishnamuri, & Loewenstein, 2008; Meyvis et al., 2010; Norris, Dumville, & Lacy, 2011).

마지막으로 사람들은 복수라는 개념이 이끌어낼 수 있는 행복에 대해 (적어도 특정 상황에서는) 과대평가하는 경향이 있다. Carlsmith, Wilson 및 Gilbert(2008)는 연구 참가자들이 욕심 많고 부도덕한 다른 참가자들을 벌할 수 있도록 설계된 의사결정 게임을 통해 상금을 얻을 수 있는 기회를 무작위로 주었다. 결과는 참가자들이 다른 부도덕한 참가자들을 벌하여 얻게 될 행복의 수준을 과대평가한다는 사실을 보여주었다. 그들의 의도와는 다르게 다른 참가자들을 벌하여 복수를 하고자 한 참가자들은 복수의 기회가 주어지지 않은 참가자들보다 더 불행한 감정을 느꼈다.

Carlsmith 등(2008)은 복수가 불러일으키는 이러한 부정적인 감정들은 참가자가 그 벌을 주고자 하는 다른 참가자에게 집착하게 되어 다른 유쾌한 감정들에 집중하지 못하게 되기 때문이라고 주장한다. 후속연구(Funk, McGeer, & Gollwitzer, 2014)에서는 사람들이 이러한 복수에 따른 감정적 영향을 정확히 예측할 수 있고, 이러한 영향이 긍정적일 수 있다고 주장하였는데, 이러한 주장은 복수의 대상(탐욕스럽고 조심성 없는 동료)이 처벌을 인정하고 앞으로 도덕적으로 행동하기로 약속했을 시에만 성립하였다.

긍정적인 사건

긍정적인 사건들의 영향 또한 과대평가할까? 대답은 '자주 그렇다.'일 것이다. 예를 들어 대학생들은 자신이 제출한 과제에서 예상밖의 높은 점수를 받았을 때(Sevdalis & Harvey, 2007)나 자신이 속한 학교가 라이벌과의 경기에서 승리했을 때(Wilson, Wheatley, Meyers, Gilbert, & Axsom, 2000) 느끼는 행복을 과대평가한다. 더욱이 자신이 원하는 기숙사에 배정 받고 1년이 지났을 때에 대부분의 학생들이 자신이 생각한 것보다 덜 행복하다고 표현했다(Dunn, Wilson, & Gilbert, 2003). 사람들은 또한 자신이 원하는 상품을 구매했을 시에 느끼는 행복을 과대평가하기도 한다(Meyvis et al., 2010). 그리고 아이를 기대하는 부부들도 아이가 태어났을 때 자신들이 느낄 행복을 과대평가하는 경향이 있다(Powdthavee, 2009). 슬프게도 휴가에 대한 기대감 또한 과대평가된 부분이 크다 (Mitchell, Thomson, Peterson, & Cronk, 1997).

　어떤 연구들은 남들이 쉽게 경험하지 못할 법한 아주 긍정적이고 보기 드문 사건이 그 사람의 행복 수준에 놀랍게도 부정적인 영향을 미칠 수 있다는 결과를 보여준다. 이유는 이렇다. 매우 긍정적인 사건이라고 하더라도 보기 드문 경험들은 많은 사람들에게서 공감을 이끌어내지 못한다는 것이다(Cooney, Gilbert, & Wilson, 2014). 이러한 보기 드문 사건들의 일반적이지 않은 특성은 개인으로 하여금 사회적 고립을 느끼게 하고, 사회적 관계가 인간의 행복에서 중요한 역할을 하기 때문에 결국엔 개인의 행복 감소로 이어질 수 있다(Baumeister & Leary, 1995).

행복과 불행의 과소평가

우리는 또한 어떤 사건들이 행복에 미치는 영향을 **과소평가**하기도 한다. 예를 들어 과거에 있었던 평범한 일상과 경험들을 재발견할 때에 느끼는 행복을 과소평가한다. Zhang, Kim, Brooks, Gino 및 Norton(2014)은 연구 참가자들에게 최근에 그들이 나누었던 대화를 적도록 하였다. 참가자들은 또한 자신이 적었던 글을 미래에 다시 보게 된다면 얼마나 즐거울지에 대해서도 답하였다. 이 연구의 참가자들은 7개월 뒤 자신들이 적었던 대화를 다시 보게 되었는데, 이들은 그들이 예상했던 것보다 더 긍정적인 감정을 느꼈다고 말했다.

Zhang 등(2014)은 다른 연구에서도 유사한 결과를 도출하였는데, 그중 한 연구에서 여름 초입에 참가자들은 사회적으로 그들이 경험한 사건, 좋아하는 음악, 지인들과의 유쾌한 대화 등에 대한 정보를 담은 '타임캡슐'을 만들었다. 참가자들은 여름이 끝날 무렵 이 정보들을 다시 보게 되었을 때 느낄 감정을 과소평가하였다. Zhang 등은 우리가 보통 일상생활에서의 경험들을 다소 경시한다고 주장한다. 이러한 성향은 우리로 하여금 현재를 기록하는 습관(예 : 일기 쓰기)을 간과하고 현재의 경험들을 미래에 다시 발견함으로써 우리가 얻는 즐거움에 대해 깨닫지 못하게 한다.

이와 같이 행복에 관련된 사건들에 대한 과소평가의 예는 다양하다. 버스를 타고 직장에 출근하는 것에서 오는 즐거움을 과소평가한다(차량을 직접 운전하여 출근하는 것에 대한 즐거움을 과대평가하기도 한다)(Comerford, 2011). 이러한 감정예측 오류는 환경적인 측면에서도 중요하다. 그들이 이런 사실을 알았더라면 자동차에서 나와서 친환경적인 대중교통을 더 이용하도록 하는 것이 가능했을 것이다(Comerford, 2011). 또 다른 자연환경 관련 연구에서는 사람들이 도시에 위치한 공원 등을 걸으면서 느끼는 즐거움을 과소평가한다는 것을 보여준다(Nisbett & Zelenski, 2011).

마지막으로 도덕적이고 친사회적인 행동들이 이끌어내는 행복에 대해서도 고려해보자. Sandstrom과 Dunn(2011)은 베풀고 감사하고 용서하며 진실되게 행동하는 것과 같이 도덕적으로 행동하는 것이 기대 이상으로 행복을 증대시킨다고 서술한다. 이러한 행위들은 우리가 기대하지 않았을 때조차 우리의 행복을 증대시킨다. Dunn, Aknin 및 Norton(2008)은 사람들이 다른 사람들에게 돈을 쓰는 것보다 자신을 위해 돈을 쓰는 것이 더 행복할 것이라고 예상한다는 것을 발견하였다. 하지만 이후의 연구들에서 그 반대가 사실임이 밝혀졌다.

감정예측 오류의 원인

면역 무시

감정예측 오류에 대한 설명 중 하나는 면역 무시(immune neglect)이다. Gilbert 등(1998)은 사람들이 부정적인 사건들이 우리 정신에 미치는 영향에 대해 심리적 면역 체계를 보유하고 있다고 제안했다. 심리적 면역 체계(psychological immune system)는 자아상에 피해를 주지 않는 방식으로 부정적 사건을 재해석한다. Gilbert 등(1998, p. 619)에 따르면 우리의 마음은 "부정적인 사건들의 영향을 최소화하기 위해 … 정보를 무시하거나, 증대하거나, 변형하는 등의 교묘한 방식을 사용한다."고 주장한다. 그러므로 심리적 면역 체계는 행복을 위협하는 부정적인 사건이 우리에게 미칠 영향을 최소화할 수 있도록 한다. 부정적인 사건들은 주변에서 많이 발생하기 때문에, 이러한 면역 체계는 우리로 하여금 항상 우울한 것은 아니도록 해준다.

Gilbert 등(1998)은 이러한 면역 체계에 대해 잘 인지하지 못하는 이유는 그 면역 체계가 우리가 관찰하지 않을 때 그 기능을 최대한 발휘하기 때문이라고 주장한다. 자아상을 보호하기 위해 정보를 조작하는 이러한 속임수는 우리가 면밀히 관찰하지 않을 때 가장 효과적으로 그 목적을 달성한다.

우리가 이러한 심리적 면역 체계에 대해 인지하지 못하기 때문에 상기 언급한 '예측 오류'를 만든다. 이러한 면역 무시 때문에 마음이 우울한 감정을 유발하는 부정적 사건들로부터 우리를 지키는 장치를 보유하고 있다는 사실을 인지하지 못한다. 따라서 만약 해고를 당했을 때 어떤 감정을 느낄지를 묻는다면, 나는 매우 끔찍할 것이라고 답할 것이다. 하지만 수집된 자료에 의하면 예상한 것보다 막상 그 일이 닥쳤을 때에는 좀 더 낮은 수준의 불행을 느낀다. Gilbert 등(1998)에 의하면, 이러한 현상은 심리적 면역 체계가 빠르게 행복의 많은 부분을 회복하려고 노력한다는 사실을 인지하지 못하기 때문이다. 예를 들어 나는 나 자신에게 애초에 이 직업을 좋아하지 않았고, 다른 분야에서 더 좋은 기회가 생길 것이며, 사실은 더 이전에 이 직업을 그만두었어야 했으며, 내 형제의 소파에서 잠을 자는 것이 그렇게 나쁘지 않다는 등의 생각을 하며 나 자신을 설득시키려고 할 것이다.

정리하자면 심리적 면역 체계는 우리가 부정적인 사건들을 다루는 데 필요한 장비를 지원한다고 할 수 있다. 하지만 우리는 이러한 두뇌의 기능을 지각하지 못하며, 따라서 부정적인 사건들의 정신적 영향을 과대평가하게 되는 것이다. 마지막으로 이러한 면역 무시는 오직 부정적인 사건들에만 해당된다는 것을 알아두자. 이러한 설명은 왜 긍정적인 사건들의 영향을 과대평가하는지에 대해서는 해당되지 않는다(Gilbert, 1998).

초점주의

감정예측 오류의 다른 한 이유로는 우리가 한 가지 사건에 너무 집중하여 우리에게 행복을 선사하는 다른 것들을 간과한다는 것이다. 초점주의(focalism)라고 하는 이러한 현상(Wilson et al., 2000)은 긍정적인 사건과 부정적인 사건에 대한 예측 오류 모두를 설명할 수 있다. 만약 해고를 당했을 때나 복권에 당첨되었을 때의 기분을 물어본다면 아마도 그 특정한 사건에만 집중하여 다른 중요한 요소들을 간과할 것이다.

해고를 당하는 것은 명백하게 부정정서를 유발할 것이고, 이에 대해 질문을 받았을 때 나는 이 특정한 사건에만 고도로 집중하여 판단할 것이다. 이러한 부정적인 사건과 관련되어 행복을 줄 수 있는 것들에 대해서 생각하지 않을 것이다. 예를 들어 가족들과 시간을 더 보낼 수 있다는 점 때문에 행복할 수도 있으며, 지금 직업보다 더 좋은 직장을 찾을 수도 있는 것이다. 또한 새로운 친구를 만들고 다른 기술을 배울 수도 있다. 해고를 당한다는 상상이 내 마음으로 하여금 그 특정한 사건에만 집중하고 그 이외의 긍정적인 사건들에 대해서는 집중하지 못하도록 하는 것이다. 해고를 당한 후에도 여전히 맛있는 음식, 아름다운 석양 등 일상적인 즐거움과 가족들의 사랑과 친구들의 응원 등에 대해 행복을 느낄 수 있다. 이렇게 제한된 시각으로 부정적인 사건을 바라보는 것은 결국 향후의 부정적인 감정의 과대평가로 이어지는 것이다.

초점주의는 복권에 당첨되는 것과 같은 긍정적인 사건에도 해당된다. 내게 복권에 당첨되면 기분이 어떠할지에 대해 질문한다면, 나는 큰 당첨금에만 생각을 집중할 것이다. 이러한 당첨금이 가족과 친구 등 주변 사람들과의 관계에 부정적인 영향을 미칠 수 있다는 사실을 망각한다. 또한 무릎 통증은 그 당첨금을 수령하더라도 계속 지속될 것이다. 이렇게 잠재적 행복에 대한 나의 예측은 특정 사건에만 집중하여 다른 부정적인 사건들을 무시하고 결국은 행복의 과대평가로 이어진다.

동기화된 추론

감정예측 오류의 세 번째 이유는 그것들이 사람들로 하여금 목표를 이루도록 동기부여한다는 것이다. 특히 나를 행복하게 할 것이라고 생각한 목표를 위해 동기부여가 되어 열심히 일하거나 나에게 실망감을 안겨줄 결과를 피하기 위해 노력할 것이다. 무의식중에 더 큰 동기부여를 위해 감정예측 오류를 만들 수도 있다. 이러한 관점을 지지하는 증거들이 있다(Morewedge & Buechel, 2013).

동기부여에 대해 생각해보자. 감정예측 오류는 우리가 어떠한 목표를 이루고자 하는 의지와 연관되어 있다. 이러한 예측 오류는 목표 달성을 돕는 전략적 방식으로 발생한다. 우리가 한 목표에 전념할 때나 이루고자 하는 목표에 영향력이 있다고 판단할 때가 그것이다. 나아가 이러한 감정예측 오류는 목표 달성을 위해 필요한 노력을 더 투입하는 데 기여한다. 따라서 우리가 이러한 감정예측 오류를 하는 것은 이 실수가 우리에게 더 큰 동기를 부여하기 때문이다. 만일 특정한 사건이 우리를 행복하거나 불행하게 한다고 판단하면, 우리는 그 결과에 대해 최대한 많은 영향력을 행사하려고 하는 경향이 있다.

기억의 실패

우리가 이러한 감정예측 오류를 계속한다면, 왜 그 경험으로부터 배우지를 못하는 것일까? 우리의 판단이 그렇게 자주 착오였다는 것을 지각한다면 결국 통찰을 통하여 이러한 오류를 수정하여 착오를 최소화했을 것이라고 생각하기 쉽다. 하지만 사실은 그렇지 않다.

Meyvis 등(2010)은 우리가 그러한 예측 착오 오류를 잊어버리기 때문에 착오를 수정하지 못한다고 주장한다. 그들은 사람들이 이러한 감정예측 오류를 하고 나서도 그들이 초기에 했던 원래의 예측을 정확하게 기억하지 못하는 것을 보여주었다. 이를테면 한 연구에서 미식축구 팬들은 자신의 팀이 슈퍼볼에서 패배했을 때 느낄 불행을 과대평가하였는데, 실제로 경기에서 패하고 난 후에, 자신의 불행감 예측이 실제보다 훨씬 더 치명적이었다는 것에 대해 기억하지 못했다. 우리는 우리의 예측이 정확했었다고 잘못 생각하기 때문에 예측 오류로부터 배우지를 못한다.

왜 우리는 초기의 예측을 잘 기억하지 못하는 것일까? 사람은 컴퓨터에서 저장한 파일을 열 듯 머릿속에서 기억을 통째로 꺼내는 것이 아니라 기억을 구성한다는 것을 배웠을 것이다. 스냅 촬영처럼 간단하게 복구하는 것이 아니라, 우리의 기억은 현재의 기분이나 상황 같이 다양한 요소들을 고려하여 다시 설계되는 것이다(Loftus, 1979). Meyvis 등(2010)은 사람들이 특정한 사건(예 : 참가자의 팀이 슈퍼볼에서 진 것)을 경험할 때 자신이 애초의 감정예측을 기억해낼 때 현재의 감정상태에 기반한다는 가설을 확인하였다. 이러한 기억들은 개인의 현재 경험을 정확하게 반영하지만, 그들이 애초에 가졌던 현재 사건에 대한 예측은 정확하게 반영하지는 못한다.

개인차

빅 파이브 성격 검사에서 나타나는 신경증 및 외향성은 '감정예측'을 매개한다(말하자면 변화시킨다). 구체적으로 신경증을 보유한 사람들은 특정 사건 이후 자신들이 얼마나 행복할지에 대해 과소평가하는 경향이 있었으며, 외향성의 사람들은 과대평가하는 경향이 있었다. 다른 연구에서는 내향적 사람들은 행복을 이끌어낼 수 있는 외향성(사교성과 외부 지향적인)의 긍정적 효과를 과소평가함으로써 감정예측 오류를 보인다는 것을 밝혀냈다. 따라서 내향적 사람들이 이러한 '감정예측 오류'를 하지 않는다면 더 행복해질지도 모른다(Zelenski et al., 2013).

정서지능이 높은 사람들은 좀 더 정확한 감정예측을 한다(Dunn, Brackett, Ashton-James, Schneiderman, & Salovey, 2007; Hoerger, Chapman, Epstein, & Duberstein, 2012). 정서지능(emotional intelligence)이란 자신이 느끼는 감정을 지각하고 조절하고 이해하는 능력으로 좀 더 명확하게 사고하는 데 도움이 된다. 정서지능이 높은 사람들은 특정 감정을 이해하고, 그런 감정을 이끌어내는 요소들이 무엇인지 파악하는 능력이 뛰어나기 때문에 좀 더 정확한 감정예측이 가능하다. 구체적으로 그들은 자신들의 감정을 잘 이해하고, 따라서 무엇이 그러한 감정을 유발하는지 잘 알고 있으며, 그 감정이 얼마나 지속될지에 대해 잘 알고 있기 때문에 미래의 감정상태를 좀 더 정확하게 예측한다(Dunn et al., 2007).

그 외의 시사점 : 윤리

이제 감정예측 오류의 그 의미와 중요도를 잘 이해하게 되었을 것이다. 당신은 운동이 가져다주는 행복을 과소평가하는 것과 복수를 통해 만들어진 행복의 과대평가 등이 시사하는 바를 알고 있다. 행복을 증대하려는 사람들은 이 저서에서 자신이 노력해야 할 부분을 찾을 수 있을 것이다.

하지만 감정예측 오류는 우리의 윤리적 결정에도 영향을 미친다. 구체적으로 사람들은 자신의 목표를 달성하지 못했을 경우 자신이 얼마나 불행해질지에 대해 과대평가하여 비윤리적으로 행동한다. 이러한 불행의 과대평가와 같은 감정예측 오류는 실패를 피하고자 사람으로 하여금 부정행위와 같은 극단적인 행동을 일으킨다(Noval, 2016).

Noval(2016)은 이러한 가설을 다가올 시험을 고려하는 대학생 참가자들을 대상으로 확인하였다. 결과는 자신들의 삶에서 학문적이지 않은 측면들에 초점을 맞추고 있을 때 부정행위를 할 가능성이 작다는 것을 보여주었다. 더욱이 이 학문적인 점에 초점을 맞추고 있지 않은 학생들은 시험에서의 좋지 않은 수행이 자신을 불행하게 만드는 정도에 대해 정서적인 예측 오류를 덜하는 것으로 나타났다. 따라서 초점주의와 감정예측 오류는 윤리적 행동과 관련이 있다. Noval(2016)은 이러한 발견들을 가설적 시나리오를 사용하는

(예 : 참가자들이 졸업 후에 자신이 꿈꾸던 직업을 갖게 되는 기회를 얻는 것을 상상하도록 하는) 두 가지 다른 연구에서도 재현하였고, 그리고 4번째 연구에서는 진짜 부정행위가 측정되었다.

Noval(2016, p. 11)은 이러한 결과의 의미를 "심오하다"고 언급하였다. 이러한 결과는 우리가(아마도 부정확하게) 우리의 행복을 증대시킬 것이라 생각하는 목표를 성취하기 위해 부정행위를 할 수 있다는 것을 보여준다. Noval은 대부분의 집단 및 기관들은 높은 도덕 수준을 보유한 사람을 고용하거나 도덕적 행동을 강조하여 사람들로 하여금 도덕적인 행동을 추구하도록 촉진한다고 제안한다. 하지만 이러한 접근은 그 도덕적 특성을 파악하기 어렵고 상황적 요소들이 개인의 행동에 큰 영향을 미치게 때문에 그 효과가 제한적이다. 따라서 Noval은 우리가 비윤리적 행동들의 이유를 파악하고 고심해야 한다고 주장한다. 그리고 이러한 비도덕적 행동들의 한 가지 이유는 승진과 같은 보상이 가져다줄 행복에 대한 사람들의 과대평가이다.

요약하자면 감정예측 오류는 다양한 상황에서 발생하지만, 긍정적인 사건보다는 부정적인 사건에 대한 반응으로 더 자주 발생한다는 것이다(Coteţ & David, 2016). 우리가 이러한 오류를 범하는 것에는 다양한 이유가 있다. 하나의 이유로는 우리는 미래의 행복을 예측하고자 할 때 너무 특정한 사건에 편협하여 주목한다는 것이 있다. 졸업 직후에 자신이 그리던 꿈의 직장에 취직하게 된 학생은 미래의 자신의 행복에 대해 예측할 때 그 한 가지 사실에만 집중한다. 결과적으로 그 학생은 자신의 미래 행복에 영향을 줄 다른 요소들을 인식하지 못하게 될 수도 있다.

감정예측 오류는 우리가 부정적인 사건이 발생했을 때 우리의 행복을 유지하기 위해 가진 능력인 심리적 면역 체계를 과소평가하기 때문에도 발생한다. 이전에 유사한 사건이 발생했을 때 우리가 어떤 감정을 느꼈는지 정확히 기억하지 못하는 현상도 이러한 판단 착오를 유발한다. 마지막으로 이러한 예측 착오에는 적응적이고 동기적인 요소도 있다. 부정적인 사건은 우리를 매우 불행하게 하고 긍정적인 사건은 우리를 매우 행복하게 한다는 믿음이 부정적인 사건을 최대한 피하고 긍정적인 사건을 추구하도록 동기화시키는 것이다.

그리고 감정예측에는 흥미로운 개인적 차이가 존재한다. 예컨대 우울한 사람들은 잘못된 판단을 하는 것뿐 아니라 대체적으로 부정적인 예측을 하는 경우가 많다. 그들은 부정적인 사건이 가져올 불행을 과대평가하고 긍정적인 사건의 행복을 과소평가한다. 반면에 정서지능이 높은 사람들은 다른 사람들에 비해 더 정확한 예측을 한다.

감정예측은 우리가 성공이 가져다줄 행복을 과대평가하기 때문에 행복을 위해 비도덕적 행동을 할 수 있다는 함의를 지닌다. 다른 함의들도 존재하는데, 그 예로 이별이 가져다줄 불행을 과대평가하게 되면, 그 관계를 필요 이상으로 불건강하게 오래 유지할 가능성이 있다는 것이다. 마찬가지로 직장생활의 성공이 가져다줄 행복을 과대평가한다면, 우리는 우리 삶의 중요한 다른 요소들을 간과할 수도 있다.

마지막으로 그 누구도 우리가 이러한 판단 착오를 매번 한다고 주장하지 않는다는 것을 인식하는 것이 중요하다. 이러한 판단 착오는 흔하게 발생하지만 우리가 미래의 행복을 예측할 때마다 매번 발생하지는 않는다는 것이다. Gilbert 등(1998, p. 617)이 거창하게 관찰하였듯이, 우리는 다양한 상황에서 정확한 예측을 한다.

> 이러한 (감정) 예측들이 맞을까? 어떤 점에서는 의심할 여지 없이 그렇다. 예를 들어 대부분의 사람들은 방광수술보다는 프랑스 파리에서의 휴가가 더 행복할 거라는 것을 안다. 그리고 초콜릿을 두려워하거나 다음 해의 전화번호부를 가슴 설레며 기다리는 사람은 거의 없다.

● ● ●
몰입

가끔 당신의 흥미를 유발하는 것에 집중하여 다른 것들은 신경쓰지 못하는 경우가 있지 않은가? 아마도 악기를 배우거나 어려운 퍼즐을 풀고 있었을 것이다. 아니면 저글링이나 암벽 등반과 같이 어려운 신체적 기술이 필요한 행위를 하고 있었을 것이다. 또는 관심 있는 분야를 공부하고 있었을 때일 수도 있다. 그 활동이 무엇이든 간에 그것에 너무 집중하여 시간이 가는지도 모르는 상황이 분명히 있었을 것이다. 또는 그 업무가 매우 도전적이지만, 계속 노력한다면 완수할 수 있을 것이라는 자신감을 느꼈을 상황도 있었을 것이다. 그렇다면 당신은 아마도 **몰입**(flow)이라는 현상을 경험한 것이다. 이와 같은 경험은 긍정적인 감정을 만드는 데에 아주 중요한 역할을 하고 장기적 행복으로 이어진다(Csikszentmihalyi, 1979, 1999).

몰입이라는 개념을 이해하기 위해서는 개인이 악조건에서도 기술을 익히거나 목적을 달성하기 위해 노력하는지를 밝혀내고자 한 Csikszentmihalyi[3](1975)의 연구를 살펴볼 필요가 있다. 무엇이 예술가로 하여금 직접적인 보상이 부재하는 상황에서 배고픔 같은 어려움을 잊고 오랫동안 그림을 그리게 하는 것일까? 더 나아가 이들이 왜 하나의 프로젝트가 완성되면 그에 대해 흥미를 잃어버리는 것일까(Nakamura & Csikszentmihalyi, 2002)?

그 답을 찾기 위해 Csikszentmihalyi는 열정적이고 창의적인 사람들을 인터뷰했다. 그는 그 조사에서 적정한 수준의 어려움이 있거나 본질적으로 흥미로운 활동들에 대한 아주 흥미로운 사실을 발견했다. '몰입'이라는 단어는 인터뷰에 참여했던 사람들이 즉흥적으로 자신의 기분을 설명할 때 자주 사용한 단어였다. 예를 들어 숙련된 암벽 등반가이자 시인인 사람이 앞서 설명한 현상을 경험하였을 때를 얘기하면서 이 단어를 사용했다.

> … 암벽 등반의 이유는 암벽 등반이며 시를 쓰는 이유는 시를 쓰기 위함이다. 사람은 자기 자신 안에 있는 것을 빼곤 지배할 수 있는 것이 없다. … 글을 쓴다는 것이 시를 집필하는 이유이다. 암벽 등반도 마찬가지다. 바로 자신이 '몰입'하는 것을 인지하는 것이다. '몰입'의 이유는 그 상태를 유지하기 위함이지 유토피아나 어떠한 정점에 서기 위함이 아니다. 암벽 등반을 하는 이유는 암벽 등반 그 자체 외에는 존재할 수 없다…. (Csikszentmihalyi, 1975, pp. 47-48)

Csikszentmihalyi(1975, 1999)는 10,000명 이상의 사람들과 인터뷰하였으며, 그들의 직업은 운동선수, 의사, 예술가, 작가, 학자, 사업가, 근로자 등 매우 다양했다. 인터뷰 대상자들은 그들이 경험한 몰입 경험을 매우 유사하게 표현하였다. 첫째, 그들이 수행하는 작업에는 그들이 보유한 일정 수준의 기술이 필요했다. 매우 도전적이기는 하지만 노력한다면 할 수 있는 수준의 작업이었다. 둘째, 그들은 일련의 목표를 이루었으며 작업과정을 유심히 모니터링하고 필요한 경우에는 자신들의 행동양식을 수정하였다. 마지막으로 그들은 다음과 같은 성격을 지닌 특별한 의식상태를 경험했다.

▶ 현재하고 있는 과업에 대한 고도의 집중상태
▶ 그 과업을 완수하기 하기 위해 취한 행동들에 대한 완전한 인식
▶ 과업에만 초점을 두고 자기 자신에 대한 인식의 감소
▶ 그 과업을 통제하고 있다는 느낌

▶ 시간에 대한 개념 실종(보통은 시간이 빨리 지나가는 것 같은)

▶ 그 과업에 대한 강렬한 내재적인 흥미

상기 제시된 특성들 중 과업에 대한 내재적 흥미는 특히 아주 중요하다. Csikszentmihalyi (1975)는 몰입이라는 경험에서 가장 중요한 요소는 바로 그 과업에 대한 본질적인 관심이라고 주장했다. 외부적인 보상을 갈망하는 사람들은 이러한 경험을 하지 못했고, 이러한 외부적인 보상은 몰입과 공존할 수 없었다. 이는 몰입을 경험하는 사람들이 그 업무를 완수한 이후에 흥미를 잃는 이유이기도 하다. 이를 강조하기 위해 그는 몰입을 그 자체에 목적이 있는 경험(autotelic experiences)이라고 표현하였는데, 그리스어로 *auto*는 자기, *telos*는 목적이라는 뜻이다. 이후에 그는 행위 그 자체에 목적을 두는 성격에 대한 주장 또한 제시하였는데, 이는 그 본질적인 흥미를 위한 활동을 통해 몰입을 자주 경험하는 사람들의 성향을 표현하기 위함이다(Nakamura & Csikszentmihalyi, 2002).

Csikszentmihalyi(1975, 1999)의 주장의 근거가 되는 삶의 다양한 측면에 대한 10,000명에 대한 인터뷰를 기억하는가? 그는 그들이 직업이 서로 다르고, 취미도 다르지만 내재적으로 흥미롭고 일정 수준 도전의식을 일으키는 업무를 할 때 '몰입'을 경험한다고 밝혀냈다. 이는 Csikszentmihalyi(1999, p. 826)의 행복과 관련한 중요한 결론과 연결되는데, 그는 "사람들은 자신이 하는 일 때문에 행복한 것이 아니라, 그것을 어떻게 하느냐 때문에 행복한 것이다."라고 얘기한다. 예를 들어 공장 생산라인에 근무하는 근로자도 몰입을 경험할 수 있는 반면, 고급 휴양지에 있는 사람이라도 몰입을 경험하지 못할 수도 있다는 것이다. 그러므로 몰입과 그 산출물인 행복은 우리가 내재적인 흥미를 추구한다면 그 누구나 느낄 수 있는 감정이라는 것이다.

몰입과 긍정적인 감정

'몰입'의 즉각적인 경험은 긍정적일 수 있지만 항상 그런 것은 아니다. 시인이자 암벽 등반가인 한 사람이 자신의 몰입 경험에 대해 묘사한 것을 기억하는가? 그는 몰입과 등산에 대해서 이런 말도 하였다. "암벽 등반의 신비는 등반이다. 산의 정상에 오르면 기쁨은 끝이 나지만, 또 한편으로는 그 기분이 지속되길 바란다." 몰입의 경험은 대부분 엄청난 노력이나 스트레스, 혹은 이 두 가지가 다 동반된다. 이는 강한 강도의 몰입은 주어진 도전이 우리의 기술 수준을 너무 많이 넘어서지 않을 때 발생하기 때문이다.

　그렇다면 왜 우리는 즐거움과 긍정적 감정에 관련된 장에서 몰입에 대해서 논의하는 것일까? 두 가지 이유가 존재한다. 첫 번째는 몰입의 극대화를 위해서 우리는 우리의 능력이 그 업무나 목표를 달성하기 위하여 충분한지에 대해 확신을 가져야 하기 때문이다. 이것은 보통 긍정적인 감정과 관련되어 있다(Csikszentmihalyi, 1975). Fredrickson은 흥미와 내재적 동기는 상호 교환적이기 때문에 몰입은 흥미 같은 많은 긍정정서와 유사하다고 주장한다(Catalino & Fredrickson, 2011; Fredrickson, 1998, 2001). Fredrickson(2013a)은 BBT를 연구하기 시작한 초장기에 Csikszentmihalyi(1990)의 이론을 부분적으로 사용했다고 밝혔다.

　몰입과 긍정적 감정을 연결하는 두 번째 이유는 몰입이 심리자산(psychological capital)을 개발하는 데 도움이 되고, 미래의 긍정적인 감정을 증대하는 데 기여하기 때문이다. Csikszentmihalyi(2003)는 퇴근 이후 집에서 할 수 있는 것들에 대해서 생각하는 것을 통해 이를 설명한다. 그는 앉아서 TV를 시청할 수도 있고, 좀 더 활동적인 일을 할 수도 있는데, 책을 읽거나, 병원에서 자원봉사를 하거나, 기타를 배우는 등 다양한 것들을 생각해볼 수 있다. 후자의 활동들이 나중에 사용될 중요한 심리적 기술들을 개발하는 데 더 도움이 될 확률이 높다. 이러한 기술들은 미래의 긍정적 감정들을 형성할 수 있는 자원 혹은 자산이다.

　이러한 심리자산이 Fredrickson(2001)의 BBT 이론에서의 회복력과 유사하다는 것이 보이는가? 긍정적인 감정들과 같이 몰입은 이후에 개인에게 도움이 될 만한 능력과 자원을 계발하는 데 도움이 된다(Csikszentmihalyi, 2003). 이러한 자원들은 우리의 회복력을 잠재적으로 증대시킨다. 그러므로 몰입은 Fredrickson(2001)이 묘사한 것과 유사한 방식으로 긍정적인 감정을 만들어낼 수 있다. 언제나 그런 것은 아니지만 몰입은 보통 긍정적인 감정과 함께 발생한다(Nakamura & Csikszentmihalyi, 2002). Fredrickson은 몰입이 흥미와 같은 긍정적인 감정과 비슷하다고 설명한다(Catalino & Fredrickson, 2011; Fredrickson, 1998, 2001).

경험적 증거

다양한 관점에서 작업하는 많은 연구소의 연구결과들이 Csikszentmihalyi(1975)의 몰입 가설을 뒷받침한다. 대부분의 연구들은 경험 표집(experience sampling)에 기반하여 조사되었는데, 참가자들은 설문지 또는 전화 통화로 그들의 일상생활 중 겪은 경험들에 대해

하루에 여러 번 질문을 받았다. 이를 통해 연구자들은 참가자들의 '자연스러운' 일상생활에 대해 조사할 수 있었으며, 창의적인 사람들이 몰입을 비교적 더 많이 경험하는 것을 발견했다(Nakamura & Csikszentmihalyi, 2002). 또한 전반적으로 과제의 난이도 수준이 개인의 능력 범위 안에 위치하는 것도 중요한 요소라는 것을 밝혀냈다. 몰입을 경험하기 위해서는 개인이 도전 받는 느낌이 필요하지만, 그 정도가 너무 심하여 개인이 압도당하지 않는 수준이어야 한다는 것도 발견했다(Fong, Zaleski, & Leach, 2015).

몰입은 또한 행복과 연관되어 있다(Csikszentmihalyi, 1999, 2000; Robinson, Kennedy, & Harmon, 2012). 예를 들어 시카고에 거주하는 사람들의 심리적 경험의 질은 취미 활동이나 근무 중보다 몰입을 경험할 때와 연관되어 있는 것으로 나타났다(Csikszentmihalyi & LeFevre, 1989). 더불어 70세 이상의 성인들을 조사한 결과 몰입 경험의 질이 높을수록 삶에 대한 만족도 및 긍정적인 감정이 더 증대되었고 부정적인 감정도 감소한 것으로 나타났다(Collins, Sarkisian, & Winner, 2009). 미국의 청소년(Csikszentmihalyi & Hunter, 2003)과 인도의 성인들(Sahoo & Sahu, 2009)에서도 같은 결과가 나타났다. 대만의 등산가들(Tsaur, Yen, & Hsiao, 2013)과 웨스트버지니아에서 카약을 즐기는 사람들(Jones, Hollenhorst, & Perna, 2003)에서도 같은 결과가 나타났다.

이론의 적용

학교

몰입 경험의 기회를 확장하는 것은 교육 시스템에 큰 도움이 될 수 있다(Csikszentmihalyi, 1999). 학교 내에서 몰입을 경험하는 학생들은 더 우수한 학업성적을 성취하고 좀 더 공부에 전념하게 될 것이다. 학업은 보통 높은 수준의 도전과 높은 수준의 기술을 필요로 하는데, 이러한 요소들은 몰입을 이끌어낸다. 학교와 교직원들은 학생들의 행위 그 자체에 의미를 두는 성격(몰입을 자주 경험하는 사람들) 개발에 기여할 수 있다. 하지만 안타깝게도 학업은 또한 높은 수준의 도전과 낮은 기술로 구성될 수 있는데, 이 경우 학생들은 부적절한 준비로 인해 큰 압박을 느낀다. 이러한 조합은 스트레스를 유발하고 내재적인 동기와 몰입을 감소시킨다(Nakamura &Csikszentmihalyi, 2002).

학생들의 흥미와 동기에 대한 다양한 연구들은 어린 아동들은 학습에 대한 열망이 있지만 학교생활 초반에 이러한 흥미를 잃게 된다는 것을 보여준다. 적극적으로 배우려고 하기보다는 지루해하며 학교 활동에 참여하지 않으려고 하는 경향을 보인다는 것이다. 이것은 학교가 학생들에게 내재적인 흥미를 이끌어내는 데 어려움을 겪고 있기 때문일 수도 있다. 다시 말해 학생들은 학교에서 몰입을 경험할 적절한 기회를 갖지 못한다(Shernoff & Csikszentmihalyi, 2009).

이러한 문제를 해결할 방안은 없을까? 몰입 관점에서는 학생들의 이상적인 학습을 위해서는 두 가지 아주 중요한 요소가 존재한다. 첫째는 교과목이 도전 의식을 북돋우고 어느 정도 학생들의 흥미와 관련이 있어야 한다는 것이다. 다른 하나는 학생들이 학업에서 긍정적인 감정을 이끌어낼 수 있는 환경이 조성되어야 한다는 것이다. 이처럼 긍정적인 감정을 이끌어내는 경험은 학생들이 학업에 대해 일정 수준의 통제감을 갖고 있어야 하며, 학업의 난이도에 맞는 기술을 보유해야 가능하다. 학생들은 또한 적극적으로 학습에 참여한다고 느껴야만 한다. 수동적으로 강의를 듣는 것은 학업에 대한 긍정적인 반응들을 약화시킨다. 그보다는 다른 학생들 및 선생님들과의 활발한 상호작용이 학습에 대한 최선의 개입을 가져온다(Shernoff & Csikszentmihalyi, 2009).

마지막으로 교사들의 적극적인 참여(몰입) 또한 매우 중요하며, 이는 학생들이 학교에서 긍정적인 경험을 하는 데 도움을 준다. 이러한 교사들의 몰입은 학생들에게 전이될 수 있다. 종합해보면 긍정적인 감정의 학습 경험은 자존감, 기쁨 그리고 내적인 동기를 학생들에게서 이끌어낸다. 교사의 영향력은 학생들이 학교를 온전히 즐기고 학업 성적을 증진하는 데 크게 기여할 수 있다(Shernoff & Csikszentmihalyi, 2009).

소비지상주의와 물질만능주의

몰입 — 보다 정확하게는 몰입의 결여 — 은 서양의 소비지상주의에 대한 우리의 부정적인 반응에도 연관되어 있다. Csikszentmihalyi(2000, 2003)는 그의 연구자료의 상당 부분이 대다수의 미국인들이 몰입을 경험하지 못하고 있으며, 내적으로 흥미로운 것들에 집중하고 있지 않다는 것을 보여준다고 얘기한다. 그는 이 관찰을 토대로 사람들이 자신의 삶에서 몰입의 부족을 보상하는 방법으로 소비지상주의와 물질만능주의(소비 상품을 추구하는)를 추구한다고 주장한다.

Csikszentmihalyi(2000)는 마케터들이 소비를 추구하는 것이 사회에 기여하고 성취감, 통제감, 자존감 등의 심리적 욕구를 충족하는 수단이라고 표현한다고 주장한다. 이러한 주장은 몰입을 자주 경험하지 못하는 사람들에게는 설득력 있게 받아들여질지 모른다. 하지만 이러한 마케터들의 주장은 매우 무의미하고 공허하며, 이러한 물질에 대한 추구는 심리적 욕구를 충족하기 위한 장기적 방법으로는 전혀 효과적이지 않다. 결과적으로 소비지상주의는 몰입의 질 낮은 대체재로서 본질적인 흥미를 추구하는 것보다 훨씬 낮은 수준의 행복을 제공한다.

Csikszentmihalyi(2003)에 따르면 옷이나 자동차를 사는 것과 같은 행동의 가장 큰 문제는 그것이 순간적인 기쁨을 가져올 수는 있지만 장기적으로는 기쁨이나 행복을 가져올 수 없다는 것이다. 그 이유는 긍정적 심리자산 이론에 연관된다. 단순히 무언가를 사는 것, 혹은 단순히 TV를 보는 것은 심리자산 및 긍정적인 감정을 이끌어내는 개인의 능력을 증진하는 데 도움이 되지 않는다. 또한 이러한 행위는 긍정적인 감정을 장기적으로 제공하지 못한다. Csikszentmihalyi(2003)는 우리가 물질만능주의를 거부하고 내재적인 흥미를 추구하고 몰입을 추구하는 것을 통해 소속감과 자존감을 높일 수 있는 사회를 만들기 위해 노력해야 한다고 주장한다.

우리가 이 장에서 논의한 바와 같이 몰입의 경험은 긍정적인 감정의 특수한 범주이며, 우리의 기술 발달과 웰빙에 직접적으로 연관되어 있다. 이러한 경험을 하기 위해 중요한 것은 과제에 대한 내재적 동기를 갖는 것과 과제가 요구하는 기술과 도전이 어느 정도 일치해야 한다는 점이다. 학생들의 학업에 대한 개입이나 성취와 같이 몰입은 우리 삶에 다양하게 응용될 수 있다.

• • •

요약

긍정적인 감정들은 그저 그 순간 기쁘다는 것뿐만 아니라 장기적으로 행복을 유지하는 데도 필수적이다. 긍정적인 감정은 우리가 기술을 개발하고 회복력을 증대시켜 삶의 도전들에 대처하는 데 도움을 준다. 긍정적인 감정 대비 부정적인 감정의 적정 비율은 긍정의 선순환으로 이어지고, 이는 우리의 웰빙에도 기여한다.

추가적으로 우리는 긍정적인 감정을 의도적으로 이끌어낼 수 있다. 하지만 이렇게 긍정적인 감정을 추구할 때에는 그 방법에 대해 고심하고 올바른 방식을 선택해야 할 것이다. 이러한 행복 추구 방식에서 결정적으로 중요한 것은 우리가 어떤 것들이 우리를 진정으로 행복(혹은 불행)하게 하는지에 대해 항상 제대로 인지하지는 못한다는 것을 알고 있어야만 한다는 것이다. 우리는 종종 감정예측 오류를 범한다. 그러므로 우리는 우리의 행복 목표를 신중하게 설정해야 할 것이다.

주

1. 이 두 가지 결과는 부분 매개이고, 이는 예측변인과 결과변인 사이 관계의 일정 부분은 매개변인을 통하지 않는다는 것을 의미한다.
2. 감정예측 효과의 적절성에 대한 논란이 있다. 개관을 위해서는 Levine, Lench, Kaplan 및 Safer(2012)와 Wilson과 Gilbert(2013)를 보라. 그러나 기본적 효과는 잘 지지되었다. 예를 들어 Coteț과 David(2016), 그리고 Mathieu와 Gosling(2012)은 감정예측에 오류가 있음을 보여주었다.
3. '칙센트미하이'라고 읽는다.

참고문헌

Baumeister, R. F., & Leary, M. R. (1995). The need to belong: Desire for interpersonal attachments as a fundamental human motivation. *Psychological Bulletin, 117*(3), 497–529.

Burns, A. B., Brown, J. S., Sachs-Ericsson, N., Plant, E. A., Curtis, J. T., Fredrickson, B. L., & Joiner, T. E. (2008). Upward spirals of positive emotion and coping: Replication, extension, and initial exploration of neurochemical substrates. *Personality and Individual Differences, 44*(2), 360–370.

Carlsmith, K. M., Wilson, T. D., & Gilbert, D. T. (2008). The paradoxical consequences of revenge. *Journal of Personality and Social Psychology, 95*(6), 1316–1324.

Catalino, L. I., Algoe, S. B., & Fredrickson, B. L. (2014). Prioritizing positivity: An effective approach to pursuing happiness? *Emotion, 14*(6), 1155–1161.

Catalino, L. I., & Fredrickson, B. L. (2011). A Tuesday in the life of a flourisher: The role of positive emotional reactivity in optimal mental health. *Emotion, 11*(4), 938–950.

Chaves, C., Hervas, G., Garcia, F. E., & Vazquez, C. (2016). Building life satisfaction through well-being dimensions: A longitudinal study in children with a life-threatening illness. *Journal of Happiness Studies, 17*(3), 1051–1067.

Cohn, M. A., & Fredrickson, B. L. (2010). In search of durable positive psychology interventions: Predictors and consequences of long-term positive behavior change. *The Journal of Positive Psychology, 5*(5), 355–366.

Cohn, M. A., Fredrickson, B. L., Brown, S. L., Mikels, J. A., & Conway, A. M. (2009). Happiness unpacked: Positive emotions increase life satisfaction by building resilience. *Emotion, 9*(3), 361–368.

Collins, A. L., Sarkisian, N., & Winner, E. (2009). Flow and happiness in later life: An investigation into the role of daily and weekly flow experiences. *Journal of Happiness Studies, 10*(6), 703–719.

Comerford, D. A. (2011). Attenuating focalism in affective forecasts of the commuting experience: Implications for economic decisions and policy making. *Journal of Economic Psychology, 32*(5), 691–699.

Conway, A. M., Tugade, M. M., Catalino, L. I., & Fredrickson, B. L. (2013). *The broaden-and-build theory of positive emotions: Form, function, and mechanisms.* New York, NY: Oxford University Press.

Cooney, G., Gilbert, D. T., & Wilson, T. D. (2014). The unforeseen costs of extraordinary experience. *Psychological Science, 25*(12), 2259–2265.

Cotefi, C. D., & David, D. (2016). The truth about predictions and emotions: Two meta-analyses of their relationship. *Personality and Individual Differences, 94*, 82–91.

Csikszentmihalyi, M. (1975). Play and intrinsic rewards. *Journal of Humanistic Psychology, 15*(3), 41–63.

Csikszentmihalyi, M. (1979). Play is real, work is escape. *Contemporary Psychology, 24*(4), 313–314.

Csikszentmihalyi, M. (1990). The domain of creativity. In M. A. Runco & R. S. Albert (Eds.), *Theories of creativity* (pp. 190–212). Thousand Oaks, CA: Sage.

Csikszentmihalyi, M. (1999). If we are so rich, why aren't we happy? *American Psychologist, 54*(10), 821–827.

Csikszentmihalyi, M. (2000). The costs and benefits of consuming. *Journal of Consumer Research, 27*(2), 267–272.

Csikszentmihalyi, M. (2003). Legs or wings? A reply to R. S. Lazarus. *Psychological Inquiry, 14*(2), 113–115.

Csikszentmihalyi, M., & Hunter, J. (2003). Happiness in everyday life: The uses of experience sampling. *Journal of Happiness Studies, 4*(2), 185–199.

Csikszentmihalyi, M., & LeFevre, J. (1989). Optimal experience in work and leisure. *Journal of Personality and Social Psychology, 56*(5), 815–822.

Diener, E., Kanazawa, S., Suh, E. M., & Oishi, S. (2015). Why people are in a generally good mood. *Personality and Social Psychology Review, 19*(3), 235–256.

Dunn, E. W., Aknin, L. B., & Norton, M. I. (2008). Spending money on others promotes happiness. *Science, 319*(5870), 1687–1688.

Dunn, E. W., Brackett, M. A., Ashton-James, C., Schneiderman, E., & Salovey, P. (2007). On emotionally intelligent time travel: Individual differences in affective forecasting ability. *Personality and Social Psychology Bulletin, 33*(1), 85–93.

Dunn, E. W., Wilson, T. D., & Gilbert, D. T. (2003). Location, location, location: The misprediction of satisfaction in housing lotteries. *Personality and Social Psychology Bulletin, 29*(11), 1421–1432.

Eastwick, P. W., Finkel, E. J., Krishnamurti, T., & Loewenstein, G. (2008). Mispredicting distress following romantic breakup: Revealing the time course of the affective forecasting error. *Journal of Experimental Social Psychology, 44*(3), 800–807.

Fong, C. J., Zaleski, D. J., & Leach, J. K. (2015). The challenge–skill balance and antecedents of flow: A meta-analytic investigation. *The Journal of Positive Psychology, 10*(5), 425–446.

Ford, B. Q., Dmitrieva, J. O., Heller, D., Chentsova-Dutton, Y., Grossmann, I., Tamir, M., . . . Mauss, I. B. (2015). Culture shapes whether the pursuit of happiness predicts higher or lower well-being. *Journal of Experimental Psychology: General, 144*(6), 1053–1062.

Ford, B. Q., & Mauss, I. B. (2014). The paradoxical effects of pursuing positive emotion: When and why wanting to feel happy backfires. In J. Gruber & J. T. Moskowitz (Eds.), *Positive emotion: Integrating the light sides and dark sides* (pp. 363–381). New York, NY: Oxford University Press.

Ford, B. Q., Mauss, I. B., & Gruber, J. (2015). Valuing happiness is associated with bipolar disorder. *Emotion, 15*(2), 211–222.

Ford, B. Q., Shallcross, A. J., Mauss, I. B., Floerke, V. A., & Gruber, J. (2014). Desperately seeking happiness: Valuing happiness is associated with symptoms and diagnosis of depression. *Journal of Social and Clinical Psychology, 33*(10), 890–905.

Forgas, J. P. (2014). On the downside of feeling good: Evidence for the motivational, cognitive and behavioral disadvantages of positive affect. In J. Gruber & J. T. Moskowitz (Eds.), *Positive emotion: Integrating the light sides and dark sides* (pp. 301–322). New York, NY: Oxford University Press.

Frankl, V. (1986). *The doctor and the soul* (3rd ed.). New York, NY: Vintage Books.

Frankl, V. (1988). The will to meaning: Foundations and applications of logotherapy. New York, NY: Penguin Books.

Frankl, V. (2006). *Man's search for meaning*. Boston, MA: Beacon Press. (Original work published 1946)

Fredrickson, B. L. (1998). What good are positive emotions? *Review of General Psychology, 2*(3), 300–319.

Fredrickson, B. L. (2001). The role of positive emotions in positive psychology: The broaden-and-build theory of positive emotions. *American Psychologist, 56*(3), 218–226.

Fredrickson, B. L. (2009). *Positivity: Groundbreaking research reveals how to embrace the hidden strength of positive emotions, overcome negativity, and thrive*. New York, NY: Crown Publishers/Random House.

Fredrickson, B. L. (2012). *Building lives of compassion and wisdom*. New York, NY: Guilford Press.

Fredrickson, B. L. (2013a). Learning to self-generate positive emotions. In D. Hermans, B. Rimé, & B. Mesquita (Eds.), *Changing emotions* (pp. 151–156). New York, NY: Psychology Press.

Fredrickson, B. L. (2013b). Updated thinking on positivity ratios. *American Psychologist, 68*(9), 814–822.

Fredrickson, B. L., & Branigan, C. (2005). Positive emotions broaden the scope of attention and thought-action repertoires. *Cognition and Emotion, 19*(3), 313–332.

Fredrickson, B. L., Cohn, M. A., Coffey, K. A., Pek, J., & Finkel, S. M. (2008). Open hearts build lives: Positive emotions, induced through loving-kindness meditation, build consequential personal resources. *Journal of Personality and Social Psychology, 95*(5), 1045–1062.

Fredrickson, B. L., & Joiner, T. (2002). Positive emotions trigger upward spirals toward emotional well-being. *Psychological Science, 13*(2), 172–175.

Fredrickson, B. L., & Losada, M. F. (2005). Positive affect and the complex dynamics of human flourishing. *American Psychologist, 60*(7), 678–686.

Fredrickson, B. L., Mancuso, R. A., Branigan, C., & Tugade, M. M. (2000). The undoing effect of positive emotions. *Motivation and Emotion, 24*(4), 237–258.

Funk, F., McGeer, V., & Gollwitzer, M. (2014). Get the message: Punishment is satisfying if the transgressor responds to its communicative intent. *Personality and Social Psychology Bulletin, 40*(8), 986–997.

Garland, E. L., Fredrickson, B., Kring, A. M., Johnson, D. P., Meyer, P. S., & Penn, D. L. (2010). Upward spirals of positive emotions counter downward spirals of negativity: Insights from the broaden-and-build theory and affective neuroscience on the treatment of emotion dysfunctions and deficits in psychopathology. *Clinical Psychology Review, 30*(7), 849–864.

Gilbert, D. T., Pinel, E. C., Wilson, T. D., Blumberg, S. J., & Wheatley, T. P. (1998). Immune neglect: A source of durability bias in affective forecasting. *Journal of Personality and Social Psychology, 75*(3), 617–638.

Gloria, C. T., Faulk, K. E., & Steinhardt, M. A. (2013). Positive affectivity predicts successful and unsuccessful adaptation to stress. *Motivation and Emotion, 37*(1), 185–193.

Hoerger, M., Chapman, B. P., Epstein, R. M., & Duberstein, P. R. (2012). Emotional intelligence: A theoretical framework for individual differences in affective forecasting. *Emotion, 12*(4), 716–725.

Hoerger, M., & Quirk, S. W. (2010). Affective forecasting and the Big Five. *Personality and Individual Differences, 49*(8), 972–976.

Hurling, R., Linley, A., Dovey, H., Maltby, J., & Wilkinson, J. (2015). Everyday happiness: Gifting and eating as everyday activities that influence general positive affect and discrete positive emotions. *International Journal of Wellbeing, 5*(2), 28–44.

Isen, A. M., & Daubman, K. A. (1984). The influence of affect on categorization. *Journal of Personality and Social Psychology, 47*(6), 1206–1217.

Isen, A. M., Daubman, K. A., & Nowicki, G. P. (1987). Positive affect facilitates creative problem solving. *Journal of Personality and Social Psychology, 52*(6), 1122–1131.

Jones, C., Hollenhorst, S., & Perna, F. (2003). An empirical comparison of the Four Channel Flow Model and Adventure Experience Paradigm. *Leisure Sciences, 25*(1), 17–31.

Joshanloo, M., & Weijers, D. (2014). Aversion to happiness across cultures: A review of where and why people are averse to happiness. *Journal of Happiness Studies, 15*(3), 717–735.

Kay, J. (2012). *Obliquity.* New York, NY: Penguin Press.

Kim, M. Y., Ford, B. Q., Mauss, I., & Tamir, M. (2015). Knowing when to seek anger: Psychological health and context-sensitive emotional preferences. *Cognition and Emotion, 29*(6), 1126–1136.

Kok, B. E., Coffey, K. A., Cohn, M. A., Catalino, L. I., Vacharkulksemsuk, T., Algoe, S. B., . . . Fredrickson, B. L. (2013). How positive emotions build physical health: Perceived positive social connections account for the upward spiral between positive emotions and vagal tone. *Psychological Science, 24*(7), 1123–1132.

Layous, K., & Lyubomirsky, S. (2014). The how, why, what, when, and who of happiness: Mechanisms underlying the success of positive activity interventions. In J. Gruber & J. T. Moskowitz (Eds.), *Positive emotion: Integrating the light sides and dark sides* (pp. 473–495). New York, NY: Oxford University Press.

Levine, L. J., Lench, H. C., Kaplan, R. L., & Safer, M. A. (2012). Accuracy and artifact: Reexamining the intensity bias in affective forecasting. *Journal of Personality and Social Psychology,*

103(4), 584–605.

Linley, P. A., Dovey, H., de Bruin, E., Transler, C., Wilkinson, J., Maltby, J., & Hurling, R. (2013). Two simple, brief, naturalistic activities and their impact on positive affect: Feeling grateful and eating ice cream. *Psychology of Well-Being: Theory, Research and Practice*, *3*(6), 1–14.

Loehr, V. G., & Baldwin, A. S. (2014). Affective forecasting error in exercise: Differences between physically active and inactive individuals. *Sport, Exercise, and Performance Psychology*, *3*(3), 177–183.

Loftus, E. F. (1979). The malleability of human memory. *American Scientist*, *67*(3), 312–320.

Loh, J. M. I., Schutte, N. S., & Thorsteinsson, E. B. (2014). Be happy: The role of resilience between characteristic affect and symptoms of depression. *Journal of Happiness Studies*, *15*(5), 1125–1138.

Luhmann, M., Necka, E. A., Schönbrodt, F. D., & Hawkley, L. C. (2016). Is valuing happiness associated with lower well-being? A factor-level analysis using the valuing happiness scale. *Journal of Research in Personality*, *60*, 46–50.

Lyubomirsky, S. (2008). *The how of happiness: A new approach to getting the life you want*. New York, NY: Penguin Press.

Lyubomirsky, S. (2013). *The myths of happiness: What should make you happy, but doesn't, what shouldn't make you happy, but does*. New York, NY: Penguin Press.

Lyubomirsky, S., Dickerhoof, R., Boehm, J. K., & Sheldon, K. M. (2011). Becoming happier takes both a will and a proper way: An experimental longitudinal intervention to boost well-being. *Emotion*, *11*(2), 391–402.

Lyubomirsky, S., & Layous, K. (2013). How do simple positive activities increase well-being? *Current Directions in Psychological Science*, *22*(1), 57–62.

Lyubomirsky, S., Sheldon, K. M., & Schkade, D. (2005). Pursuing happiness: The architecture of sustainable change. *Review of General Psychology*, *9*(2), 111–131.

Mathieu, M. T., & Gosling, S. D. (2012). The accuracy or inaccuracy of affective forecasts depends on how accuracy is indexed: A meta-analysis of past studies. *Psychological Science*, *23*(2), 161–162.

Mauss, I. B., Savino, N. S., Anderson, C. L., Weisbuch, M., Tamir, M., & Laudenslager, M. L. (2012). The pursuit of happiness can be lonely. *Emotion*, *12*(5), 908–912.

Mauss, I. B., Tamir, M., Anderson, C. L., & Savino, N. S. (2011). Can seeking happiness make people unhappy? Paradoxical effects of valuing happiness. *Emotion*, *11*(4), 807–815.

Mayer, J. D., & Salovey, P. (1997). What is emotional intelligence? In P. Salovey & D. J. Sluyter (Eds.), *Emotional development and emotional intelligence: Educational implications* (pp. 3–34). New York, NY: Basic Books.

Meyvis, T., Ratner, R. K., & Levav, J. (2010). Why don't we learn to accurately forecast feelings? How misremembering our predictions blinds us to past forecasting errors. *Journal of Experimental Psychology: General*, *139*(4), 579–589.

Mitchell, T. R., Thompson, L., Peterson, E., & Cronk, R. (1997). Temporal adjustments in the evaluation of events: The "rosy view." *Journal of Experimental Social Psychology*, *33*(4), 421–448.

Morewedge, C. K., & Buechel, E. C. (2013). Motivated underpinnings of the impact bias in affective forecasts. *Emotion*, *13*(6), 1023–1029.

Nakamura, J., & Csikszentmihalyi, M. (2002). *The concept of flow*. New York, NY: Oxford University Press.

Nisbet, E. K., & Zelenski, J. M. (2011). Underestimating nearby nature: Affective forecasting errors obscure the happy path to sustainability. *Psychological Science*, *22*(9), 1101–1106.

Norris, C. J., Dumville, A. G., & Lacy, D. P. (2011). Affective forecasting errors in the 2008 election: Underpredicting happiness. *Political Psychology*, *32*(2), 235–249.

Noval, L. J. (2016). On the misguided pursuit of happiness and ethical decision making: The roles of focalism and the impact bias in unethical and selfish behavior. *Organizational Behavior and Human Decision Processes*, *133*, 1–16.

Powdthavee, N. (2009). Think having children will make you happy? *The Psychologist*, *22*(4), 308–310.

Robertson, I. (2016). *The stress test: How pressure can make you stronger and sharper*. London, UK: Bloomsbury.

Robinson, K., Kennedy, N., & Harmon, D. (2012). The flow experiences of people with chronic pain. *OTJR: Occupation, Participation and Health*, *32*(3), 104–112.

Sahoo, F. M., & Sahu, R. (2009). The role of flow experience in human happiness. *Journal of the Indian Academy of Applied Psychology*, *35*, 40–47.

Sandstrom, G. M., & Dunn, E. W. (2011). The virtue blind spot: Do affective forecasting errors undermine virtuous behavior? *Social and Personality Psychology Compass*, *5*(10), 720–733.

Sevdalis, N., & Harvey, N. (2007). Biased forecasting of postdecisional affect. *Psychological Science*, *18*(8), 678–681.

Shernoff, D. J., & Csikszentmihalyi, M. (2009). *Flow in schools: Cultivating engaged learners and optimal learning environments*. New York, NY: Routledge/Taylor & Francis.

Sidgwick, H. (1981). *Methods of ethics* (7th [Hackett reprint] ed.). Indianapolis, IN: Hackett. (Original work published 1874)

Sin, N. L., & Lyubomirsky, S. (2009). Enhancing well-being and alleviating depressive symptoms with positive psychology interventions: A practice-friendly meta-analysis. *Journal of Clinical Psychology*, *65*(5), 467–487.

Tamir, M., & Ford, B. Q. (2012). When feeling bad is expected to be good: Emotion regulation and outcome expectancies in social conflicts. *Emotion*, *12*(4), 807–816.

Tsaur, S., Yen, C., & Hsiao, S. (2013). Transcendent experience, flow and happiness for mountain climbers. *International Journal of Tourism Research*, *15*(4), 360–374.

van Dijk, W. W., Finkenauer, C., & Pollmann, M. (2008). The misprediction of emotions in track athletics: Is experience the teacher of all things? *Basic and Applied Social Psychology*, *30*(4), 369–376.

Waugh, C. E., & Fredrickson, B. L. (2006). Nice to know you: Positive emotions, self-other overlap, and complex understanding in the formation of a new relationship. *The Journal of Positive Psychology*, *1*(2), 93–106.

Wilson, T. D., & Gilbert, D. T. (2005). Affective forecasting: Knowing what to want. *Current Directions in Psychological Science, 14*(3), 131–134.

Wilson, T. D., & Gilbert, D. T. (2013). The impact bias is alive and well. *Journal of Personality and Social Psychology, 105*(5), 740–748.

Wilson, T. D., Wheatley, T., Meyers, J. M., Gilbert, D. T., & Axsom, D. (2000). Focalism: A source of durability bias in affective forecasting. *Journal of Personality and Social Psychology, 78*(5), 821–836.

Zelenski, J. M., Whelan, D. C., Nealis, L. J., Besner, C. M., Santoro, M. S., & Wynn, J. E. (2013). Personality and affective forecasting: Trait introverts underpredict the hedonic benefits of acting extraverted. *Journal of Personality and Social Psychology, 104*(6), 1092–1108.

Zhang, T., Kim, T., Brooks, A. W., Gino, F., & Norton, M. I. (2014). A "present" for the future: The unexpected value of rediscovery. *Psychological Science, 25*(10), 1851–1860.

05

사회적 관계

> 좋은 친구와 함께라면 어떤 길도 멀지 않다.
>
> – 터키 속담

꽤 오랫동안 혼자 있어 본 적이 있는가? 평소 다른 사람들의 집단에 소속감을 느끼는가? 그럴 때 어떤 느낌이었는가? 이런 질문이 중요한 것은 인간은 사회적 창조물이어서 인간심리의 깊은 측면을 다루기 때문이다. 우리는 주변에 사람들이 필요한데, 외출할 때 고양이를 맡아 준다는 실질적인 도움이 필요해서만이 아니라, 이들이 제공하는 깊은 정서적 친밀감 때문이기도 하다. 타인과의 정서적 연결은 우리의 웰빙에 필수적이다. 흥미롭게도 우리가 그저 알고 지내는 사람, 즉 알기는 하지만 강한 연계감을 느끼지는 않는 사람이 얼마나 많은가보다는 소수라도 밀접한 정서적 유대를 느끼는 사람이 있는가가 중요하다.

이 장에서는 결혼생활이 행복을 향상시키는지, 그리고 행복감을 느끼는 데 낭만적인 관계가 필요한지에 관한 흥미로운 질문들을 탐구할 것이다. 또한 친자관계가 행복과 결혼 만족에 미치는 영향을 살펴본다. 사회적 관계는 인간의 행복 연구에 근본적인 영역이며, 낭만적 관계와 친자관계는 특히 흥미롭고 중요한 분야이다.

• • •
소속욕구

이론

이 분야 연구의 초점은 Baumeister와 Leary(1995)가 제안한 타고난 '소속욕구'라는 가설을 내세운 획기적인 이론 논문이다. 이 연구에서는 소속감에 대한 욕구가 진화론에 기초한 기본적인 인간 동기이며, 그래서 다문화적으로 널리 퍼져 있다고 주장했다. 이 동기에는 두 가지 필수 요소가 있다. 첫째, 일정 기간 같은 사람과 자주, 감정적으로 즐거운 상호작용이 필요하다. 둘째, 이 상호작용에는 정서적 유대감이 포함된다. 거기에는 서로 돕는다는 인식이 있어야 한다. 또한 이렇게 서로 돕는 상호작용이 예측 가능한 간격으로 발생해야 하며, 이것이 앞으로도 계속되리라는 기대가 있어야 한다.

또 소속욕구 이론에는 몇 가지 중요한 예언이 포함된다. 가장 중요한 것은 인간의 행복은 소속욕구를 만족시키는가에 달려 있다는 것이다. 여자들은 의미 있는 관계를 형성하는 것이 웰빙을 증가시키며 돌봄 관계가 손상되면 웰빙감이 저하된다고 가정했다. 또 저자들은 우리의 소속감에 대한 모든 위협은 우리의 주의와 사고과정에 영향을 미칠 것이라 예측한다.

이 이론의 이런 요소에 따른 또 다른 예언이 있다. 우리에게는 **서로를 돌보고 정서적으로 밀접한 관계를 형성하려는 특별한 동기**가 있다. 예를 들어 내가 매일 직장에 출근하는 동안 "안녕하세요." 하고 인사하는 사람들이 있다. 우리는 서로 친근하게 굴지만 이들을 모두 잘 아는 것은 아니다. 나는 그들과 교류하지 않으며, 그들의 가족에 대해서 많이 알지 못한다. 우리는 서로 돌본다는 느낌을 받고 있지 않으며, 서로의 안녕을 배려한다는 느낌도 없고, 다만 같은 동네에 사는 다른 사람들에게 일상적인 선의를 가지고 있을 뿐이다. 이 이론에 따르면 자신이 이런 종류의 관계를 꽤 많이 가질 수 있지만, 그것이 자신의 소속욕구를 만족시켜주지는 않는다고 예언한다. 관계의 질이 양보다 훨씬 중요하다.

또 이 이론은 우리의 소속욕구가 비교적 적은 수의 정서적 유대만으로도 만족되리라고 예언한다. 우리는 소수의 유대를 형성한 것으로 만족하게 될 것이다. 구체적으로 어느 정도의 유대관계가 있어야 하는지 명시하고 있지는 않지만, Baumeister와 Leary는 친밀한 관계를 형성하려는 동기가 어떤 결정적 숫자에 도달하면 감소한다는 것을 강조한다. 그 지점에서는 새로운 관계를 형성하는 것에 저항하게 될 것이다.

또 다른 중요한 예언은 우리가 만족하기 이전까지는 사회적 유대를 쉽게 형성할 것이며, 이 관계를 깨는 것에 저항하리라는 것이다. 게다가 우리는 하나의 유대가 사라지면 쉽게 또 다른 관계 상대로 대체할 것이다.

이런 점들이 Baumeister와 Leary의 이론과 다른 이론의 중요한 차이점이다. 예를 들어 우리의 관계 상대가 교체 가능하다는 소속욕구 이론의 주장은 초기 양육자(보통 어머니) 와의 관계가 우리의 웰빙에 핵심이라고 주장하는 애착이론(Bowlby, 1969)이나 프로이트 이론(Freud, 1962)과 매우 다르다. 이 이론은 또한 소속욕구를 인간의 기본적 동기로 간 주한다는 점에서 독특한데, 성(Freus, 1962, 2002), 일관성(Festinger, 1957), 애착(Bowlby, 1969), 또는 의미(Baumeister, 1991)를 강조하는 다른 동기이론들과 대비가 된다.

이론에 대한 초기의 지지 증거

Baumeister와 Leary(1995)는 그들의 이론을 강력한 증거로 뒷받침한다. 예를 들어 이들은 문헌을 개관한 결과 전 세계 사람들은 사회적 유대를 쉽게 형성할 수 있으며, 이를 깨는 것에 저항한다는 것을 알 수 있었다. 그들은 또한 인간의 인지과정이 대인관계에 집중되 어 있음을 발견했다. 우리는 자신이 속한 집단을 다른 집단과는 다르게(종종 더 긍정적으 로) 생각하는 경향이 있다. 외집단 구성원들에 대해 더 극단적인 판단을 내리거나, 우리 집단 구성원들이 하는 나쁜 일들은 더 관대하고 쉽게 잊어버릴 가능성이 크다. 그리고 우 리의 인지과정은 다른 사람들과의 관계에 의해 주도된다. 예를 들어 긴밀한 관계를 고려 할 때 우리는 그 사람의 개인 특성에 주의를 기울일 가능성이 더 크다.

중요한 것은 감정적 유대의 강도이다. Baumeister와 Leary(1995)는 단순한 연대로 만족 한다는 확실한 증거는 발견하지 못했다. 하지만 우리가 가까운 감정적 유대를 경험할 때 더 행복하고 그렇지 않은 경우에는 행복하지 않다는 것을 발견하였다. 마지막으로 그들 은 또한 그들의 대체(우리는 기존의 유대가 망가지면 쉽게 새로운 유대를 형성한다)와 포 화 가설에 대한 지지증거를 발견했다.

이론에 대한 강력한 초기의 지지 증거들은 후속연구에 의해 확인되었다. 예컨대 Gere 와 MacDonald(2010)는 최근 문헌을 검토하고, 이 이론이 널리 지지된다고 결론지었다. 소속욕구 이론은 오랫동안 잘 유지되어 왔다.

후속연구

우리가 연구의 세부사항에 몰두하기 전에 나는 한 가지 경고와 지지를 제시하고 싶다. 후속연구를 이해하는 것은 인간이 기본적으로 소속동기를 가지고 있는가 하는 근본적인 질문에 대한 우리의 이해에 중요하다. 다음의 질문들이 우리 개인생활과 우리가 살고 있는 사회에 얼마나 적절한 것인지 생각해보자. 우리에게 많은 지인들이 있다면 행복할까, 아니면 정서적으로 밀접한 우정이 필요한가, 우리가 유지할 수 있는 친구관계의 수에 한계가 있을까, 우리가 사회적으로 배제되면 어떻게 될까.

연구 내용도 중요하지만 큰 그림을 놓치지 마라. 말하자면 우리가 인지과정을 검증하는 것은 인간이 근본적으로 소속욕구가 있는 것처럼 반응하는지 여부를 확인하기 위한 것이다. 데이터가 이 가설을 뒷받침하는가? 이 기본 질문을 염두에 두면 세부사항을 이해하는 데 도움이 될 것이다.

인지과정

후속연구에 따르면 우리의 소속감에 대한 위협이 사고과정에 영향을 미친다. Knowles (2014)는 사회적 배제의 경험이 참가자의 사회적 기억에 영향을 미치고 다른 사람의 관점을 받아들이게 한다는 것을 발견했다. 마찬가지로 O'Connor와 Gladstone (2015)은 사회적 배제가 참가자들로 하여금 실제로는 존재하지 않는 사회적 네트워크와 사회적 연결을 찾게 한다는 것을 발견했다.

이러한 결과는 소속감에 대한 위협이 사고과정을 변화시킨다는 Baumeister와 Leary (1995) 가설과 일치한다. 두 결과는 또한 우리가 다른 사람들의 관점을 취하거나 사회적 관계를 면밀히 관찰함으로써 사회적 유대관계를 재건하는 것과 관련될 수 있는 방식으로 사회적 배제에 반응한다는 것을 보여준다. 또한 이러한 결과는 소속욕구가 중요한 인지과정에 영향을 미치기 때문에 소속욕구가 하나의 기본 동기로서 인간심리학에 포함되어야 한다는 주장을 뒷받침한다. 후속 절에서 설명하는 거의 모든 행동에는 사고과정이 수반된다.

포화 가설

포화 가설(우리가 밀접한 정서적 애착을 원하는 사람의 수가 비교적 적음)은 충분히 검증된 것이 아니다. 그러나 DeWall, Baumeister 및 Vohs(2008)는 이 가설과 일치하는 증거를 제시했다. DeWall 등은 충족된 동기는 약해진다고 추론한다. 예를 들어 우리는 충분히 먹고 나면 덜 먹고 싶어진다. 결과적으로 그들은 개인이 그들의 관계에서 만족스럽거나 안전하게 느껴질 때는 사회적 관계라는 목표를 추구하려는 동기가 덜하게 된다고 가정한다.

그들은 참가자들에게 장래의 관계 만족에 대한 예상에 대해 가짜 피드백(긍정적 또는 부정적)을 주는 일련의 여섯 개 연구를 통해 이 가설을 검증했다. 모든 참가자에게 노력과 주의집중이 필요한 게임을 하게 했다. 게임을 시작하기 전에 참가자의 절반에게는 이 게임이 사회적 기술을 '진단'하는 것이라 알려주었고, 나머지 절반에게는 그렇게 하지 않았다. 따라서 실험설계는 2(미래에 혼자 또는 타인과 함께)×2(사회적 기술의 진단 여부)의 네 가지 조건이었다. 결과 측정치는 참가자가 게임을 얼마나 정확하고 빠르게 했는가였다.

소속욕구가 포화될 수 있다는 예언과 일치하게, 미래에 관계 만족이 없을 것이며 게임이 사회적 기술 진단을 위한 것이라 들은 참가자들만이 사회적 기술을 증명하기 위해 열심히 노력했다(게임 점수가 좋았다). 이는 아마도 그들의 관계 만족이 포화되지 않았고, 그래서 좋은 점수가 좋은 관계 유지에 필요한 사회적 기술이 있음을 나타내는 것이라 생각했기 때문일 것이다. 예상대로 미래의 만족스러운 관계를 기대했던 참가자와 진단 도구가 아니라고 생각했던 참가자는 점수가 별로 좋지 않았는데, 이는 아마도 게임이 사회적 관계에 대한 자신의 전망을 향상시킬 수 있는 기회를 제공하지 않았기 때문일 수 있다.

이 연구는 포화 가설을 직접 검증한 것은 아니다. 기존의 정서적으로 밀접한 관계가 있는 사람들은 추가적인 유사한 관계를 맺을 기회를 거부한다는 것을 입증해야 한다. 그래도 DeWall 등(2008)의 연구는 개인이 포화상태일 때는 관계와 관련된 목표를 추구하려는 동기가 없어진다는 것을 보여주는 것이기 때문에 중요하다.

다른 증거(Waytz & Epley, 2012)는 사회적으로 연결된(포화된) 개인이 다른 사람들을 비인간화할 가능성이 더 큼을 보여준다. 이 또한 결과는 간접적이지만 포화 가설과 일치한다. 사회적으로 포화된 사람들이 다른 사람들을 비인간화한다는 것은 그들이 추가적인 사회적 관계 형성을 원치 않는다는 주장과 일치하는 것이다.

결론적으로 포화 가설은 간접적인 지지를 받았지만, 이 주제에 대한 더 많은 연구가 필요하다. 윤리적으로 수행될 수만 있다면, 포화된 개인이 다른 사회적 접촉을 피한다는 가설을 직접 검증한 연구가 흥미로울 것이다. 만일 그렇게 확인된다면, 포화과정의 심리적 기제도 연구해야 한다. 예를 들어 어떤 감정적 신호가 포화의 표현일까? 포화 경험은 어떻게 인식될까?

이 가설이 의미하는 바를 고려할 가치가 있다. 비교적 적은 수의 밀접한 정서적 관계로 우리가 포화된다면, 이것은 인간의 행복에 어떤 시사점이 있는가? 아마도 이 질문에 대한 해답은 과학보다는 철학에 더 가까울 것이다. 그러나 그것은 또한 인간의 행복을 향상 시키는 방법에 대한 사고에 영향을 미칠 수 있고, 사회가 정서적 친밀감의 욕구와 정서적 사생활 보호 사이의 균형을 맞추어야 함을 시사한다.

관계의 질

관계의 깊이가 중요하다는 Baumeister와 Leary의 주장을 지지하는 연구들이 있다. 예를 들어 Mehl, Vazire, Holleran 및 Clark(2010)는 학부생에게 4일 동안 '전자식 활성화 레코 더(EAR)'를 착용하도록 하였다. EAR은 눈에 잘 띄지 않는 오디오 레코더로서 하루 동안 의 대화 내용을 캡처하도록 설계되어 있다. 연구결과는 의미 있는 사회적 교류가 담긴 상 당한 대화들(예 : "그 여자가 네 아빠와 사랑에 빠졌니? 그래서 곧 이혼했어?")(Mehl et al., 2010, p. 539)이 성격차이를 통제한 후에도 전반적인 웰빙과 행복을 예언할 수 있다 는 것을 보여주었다.

또한 Anderson, Kraus, Galinsky 및 Keltner(2012)는 사회적 지위(예 : 친구나 직장 동료 같은 대면 집단에서 받는 존중과 존경)가 소득이 포함된 척도인 사회경제적 계급보다 웰 빙과 더 강한 상관이 있음을 밝혔다. 더우기 관계의 질을 측정하는 척도인 애착 양상은 행복과 밀접한 상관관계가 있었다(Mikulincer & Shaver, 2013). 사회적 지지를 인식하는 것은 행복의 중요한 예언요인이 된다. 흥미롭게도 사회적 지원에 대한 인식은 주어진 실 제 지원보다 더 중요하다(Lakey, 2013).

또 다른 증거는 관계의 질이 관계의 양보다 더 중요하다는 것을 보여준다. 예를 들어 Demir와 Ozdemir(2010)는 대학생들의 우정 패턴을 조사한 결과, 우정의 질은 행복과 긍 정적인 관계가 있고 감정적으로 의미 있는 우정은 평범한 우정보다 행복에 대한 예측력 이 높다는 것을 발견했다. 마찬가지로 Saphire-Bernstein과 Taylor(2013)는 문헌 개관을 통 해 결혼 그 자체는 행복에 대한 강력한 예측요인이 아니며, 결혼생활의 질이 훨씬 더 강 력한 예측요인이라고 결론 내렸다.

사회적 배제와 행복

사회적 배제의 위협(즉, 우리의 소속욕구에 대한 위협)이 불행을 초래하는지 여부에 관 한 증거는 엇갈린다(Gere & MacDonald, 2010). 이 위협의 심각한 부정적인 결과는 Baumeister와 Leary 이론의 중요한 결론임을 상기하자. 이 결론과 일치하는 문헌 개관에 따르면 실생활에서 장기적인 사회적 배제는 사망 위험을 400%까지 높이며, 이는 흡연에 의한 위험과 동등하다(Tay, Tan , Diener, & Gonzalez, 2013).

그러나 Gere와 MacDonald(2010)의 개관에 따르면 일부 연구에서는 행복에 대한 사회적 배제의 효과가 나타나지 않는 반면, 다른 연구에서는 긍정적 영향이 감소하거나 부정적인 영향이 증가하는 것으로 나타났다. 이런 무효과의 가능성은 Baumeister와 Leary의 소속욕구 이론에 대한 주요한 불합치를 보인다는 점에서 중요하다고 할 수 있다. 이러한 결과는 그 이론과 반대된다는 것 외에도 사회적 배제가 행복을 낮추지 않는다는 이상해 보이는 결과이기 때문에 수수께끼 같다. 그리고 사회적 배제와 사망률 사이의 상관관계를 보여준 Tay 등(2013)의 연구결과를 감안하면 정말 아이러니하지 않을 수 없다.

이러한 결과에 대한 몇 가지 잠정적인 설명이 있다. Gere와 MacDonald(2010)는 성격차이가 이러한 모순된 결과를 설명할 수 있다고 제안한다. Baumeister와 Leary는 소속욕구를 느끼는 정도에서 성격차이가 있다고 가정했으므로 Gere와 MacDonald(2010)의 이런 결과에 대한 해석은 원래의 이론과 일치할 수 있다.

이러한 수수께끼 같은 결과에 대한 몇 가지 다른 설명도 이론과 일치한다. 한 가지 가능성은 사람들이 사회적 배제를 부정적 감정으로 등록하지 않고, 정서적 무감각을 느끼는 것이다(Baumeister & DeWall, 2005). 또 다른 하나는 사회적 배제와 추방(ostracism)에 대한 반응이 다를 수 있다는 것이다. 단순한 사회적 배제는 해당 관계를 고치거나 새로운 관계를 찾을 기회가 있기 때문에 항상 불행을 초래하지 않는 것일 수 있다.

그러나 사회적 추방은 극단적 형태의 사회적 배제이며, 따라서 더 고통스러울 수 있다. 연구자들은 추방은 전 세계적으로 불쾌하다는 사실을 발견했다(Wölfer & Scheithauer, 2013). 사실 van Beest, Williams 및 van Dijk(2011)는 추방으로 인해 겪는 불행은 일반적인 반응이라는 것을 발견했다. 그들이 이 규칙에 대한 유일한 예외로 생각해낸 것은 러시아 룰렛 시뮬레이션 게임에서 참가자들을 추방하는 것이었다!

연구자들은 사회적 배제가 항상 불행을 초래하는 것은 아니라는 가능성으로서, 관계를 회복하거나 새로운 관계를 찾을 가능성이 있기 때문에, 결과 측정의 시점을 고려할 필요가 있다고 제언하였다. Richman과 Leary(2009), 그리고 Williams(Williams, 2007; Williams & Carter-Sowell, 2009)는 배제에 대한 즉각적인 반응은 감정적으로 부정적이지만, 나중에 응답하게 하거나 아니면 참가자에게 미래를 전망하게 했을 때에는 꼭 부정적이지 않을 수 있다는 가설을 세웠다.

예를 들어 Richman과 Leary(2009)는 배타에 대한 즉각적인 정서적 반응은 항상 부정적이지만, 이런 초기 반응은 개인이 배제를 어떻게 해석하는지(Richman과 Leary의 용어로 '구성')에 의해 조절된다는 모델을 개발했다. 예를 들어 관계를 수리하거나 대체할 수 있다고 생각하는 사람은 배제에 대해 좀 더 긍정적으로 반응할 것이다.

결론적으로 이러한 설명이 소속욕구 이론과 경합하는 것이 아님을 인식하는 것이 중요하다. 만일 확증된다면, 이러한 설명은 또 다른 관계를 빨리 찾을 수 있는 방법이 없다면, 사회적 배제는 결국 불행을 초래한다는 것을 의미한다. 정서적 마비 가설은 마비가 연구자들이 아직 적절히 측정하지 못하고 있는 일종의 고통이라는 점에서 이 이론과 일치한다. 또한 소속욕구의 성격차이에 관한 가설도 Baumeister와 Leary의 이론과 일치한다.

사회적 배제와 행동

우리는 또한 행복과 같은 감정뿐만 아니라 행동도 사회적 배제에 반응할 것으로 기대한다. 그러나 이상하게도 배제에 대한 행동적 반응은 일관성이 없다. Gere와 MacDonald(2010)는 Baumeister와 Leary의 모델에서 기대할 수 있는 가설은, 배제된 사람은 사회적 포용을 얻고자 하며, 이러한 노력에 사회적으로 바람직하고 규범에 적합한 반응이 포함되리라는 것임에 주목한다. 하지만 그들은 사회적 배제에 대해 개인이 공격성과 보복으로 반응하는 경우가 많다는 결론을 얻었다.

Gere와 MacDonald(2010)는 이러한 배제에 대한 반사회적 대응은 많은 연구가 인위적인 실험실 조건에서 이루어진 결과일 수 있다고 지적했다. 특히 많은 연구에서 참가자들은 사회적 관계를 고치거나 새로운 관계를 만들 기회를 갖지 못한다. Gere와 MacDonald는 그런 기회가 주어졌던 다른 연구들에서는 배제된 참가자가 사회적 집단에 합류하려고 모색한다는 것을 보여준다는 것을 지적했다(Maner, DeWall, Baumeister, & Schaller, 2007; Twenge, Baumeister, Tice, & Stucke, 2001). 인공 실험실 조건에 대한 이 통찰이 만일 확증된다면, 사회적 배제가 소속욕구 이론이 예측하는 방향의 행동을 일으킨다는 것을 보여주는 증거가 될 것이다.

사회적 배제와 고통

연구에 따르면 사회적 배제는 고통스럽고, 신체적 고통을 경험하는 방식과 유사하게 고통을 불러일으킨다(Bernstein & Claypool, 2012; Eisenberger, Lieberman, & Williams,

2003; Gere & MacDonald, 2010; MacDonald & Leary, 2005). 이 발견은 소속욕구가 인간의 근본적인 동기라는 가설을 확증하는 것이기 때문에 중요하다. 결국 소속욕구가 기본적인 동기라면, 이 동기가 충족되지 않았음을 알려주는 내재적인 처벌 시스템이 있을 것이다.

비슷한 방식으로 정서적/신체적 고통을 경험한다는 것 또한 소속욕구를 기본적인 동기로 보는 것과 일치하는데, 이는 정서적 고통을 진화론적으로 구축된 생리적 구조와 연결짓는 것이기 때문이다. MacDonald와 Leary(2005)는 정서적 고통에 대한 생리는 이미 신체적 통증을 위해 발달한 구조 위에 진화했다고 주장했다. 사회적 집단에 합류하는 것이 생존에 중요할 때에는, 사회적 배제를 불쾌하게 여기는 사람들이 선호되는 선택압력을 받는다. 연구결과들은 이 가설을 확증하였다(Bernstein & Claypool, 2012; DeWall & Bushman, 2011; Riva, Romero-Lauro, DeWall, & Bushman, 2012).

사회적 고통과 신체적 고통이 관련되어 있다는 증거로 두 개의 연구를 살펴보자. 첫째, Eisenberger 등(2003)은 참가자들이 사회적으로 배제되었을 때 나타나는 두뇌활동을 보여주는 사진을 수집했다. 그 결과 이미지는 사회적으로 배제된 참가자의 뇌활동이 신체적 고통을 겪는 참가자가 전형적으로 보여주는 뇌활동과 비슷한 것으로 나타났다. 구체적으로 배제된 참가자의 전측 대상피질과 우복측 전전두피질이 모두 활성화되었다. 또한 이 활성화는 불편감의 자기보고를 예측하였다.

DeWall 등(2010)은 아세트아미노펜이 사회적 고통을 감소시킨다는 것을 발견함으로써 뇌의 신체적 고통과 사회적 통증의 담당 부위가 중첩됨을 보여주었다. 연구팀은 3주 동안 매일 아세트아미노펜을 1,000mg 섭취하게 한 집단의 참가자들은 위약 대조군에 비해 상처받은 느낌을 덜 보고한다는 결과를 얻었다. 두 번째 연구에서는 아세트아미노펜이 이미 신체적/정서적 통증의 중첩과 관련이 있는 것으로 드러난 영역인 배전측 대상피질의 뇌활동을 감소시킨다는 것을 알아냈다. 결론적으로 사회적 배제는 신체적인 통증으로 아픈 것과 비슷하게 문자 그대로 아프게 한다(Riva et al., 2012; Vangelisti, Pennebaker, Brody, & Guinn, 2014). 우리가 소속되기를 원한다면 사회적 배제는 불쾌할 것이라 예상하며, 이는 또한 우리의 기본적 생리와 결합되어 있으리라 예상할 수 있다. 이런 중요한 통찰이 행복심리학에 갖는 실질적인 함의를 주목하자. 우리의 신체는 우리가 사회적으로 배제되면 고통을 느끼도록 만들어졌다. 개인적이든 사회적 차원이든 행복을 증가시키려는 모든 시도는 이 발견을 진지하게 받아들여야 한다.

성격차이와 소속욕구

성격특성은 개인이 소속되려는 욕구에 영향을 미친다(Gere & MacDonald, 2010). Baumeister와 Leary(1995)는 이러한 가능성을 인정하고 이를 개인의 소속욕구의 정도차 이로 간주한다. 실제로 Leary, Kelly, Cotrell 및 Schreindorfer(2013)는 소속욕구의 개인차 를 측정할 수 있는 척도를 개발했으며, 연구는 이 동기에 중요한 개인차가 있음을 보여준 다(Lavigne, Vallerand, & Crevier-Braud, 2011).

예를 들어 부적절한 애착에 자존감이 낮은 사람은 사회적으로 불안해하거나 우울하 며, 거절에 과민한 사람은 강한 소속욕구를 보인다. 이러한 과민성은 관계의 형성과 유지 를 어렵게 만든다. 왜냐하면 그러한 사람들은 다른 무엇보다도 사회적인 안도감에 대한 지속적인 필요를 느끼기 때문이다. 민감한 사람들 또한 사회적 접촉을 잠재적 위협으로 여기고 그런 위협의 제거를 끊임없이 요구한다. 어떤 사람들은 사회적 접촉을 차별적인 보상으로 여긴다. 예를 들어 회피애착인 사람들은 관계 맺기를 보상적으로 여기지 않으 며, 소속욕구를 다른 사람들처럼 강하게 나타내지 않는다(Gere & MacDonald, 2010).

일부 이론적 연구는 개인이 사회적 접촉을 위협이나 잠재적 보상으로 보는 방법을 통 합하고 공식화했다. Lavigne 등(2011)은 개인이 소속욕구를 표현하는 방식을 두 가지로 가정했다. 성장 지향형(growth-oriented)인 사람은 관계 맺기를 풍요롭게 하는 것으로 생각 하기 때문에, 적극적으로 관계와 사회적 몰입을 추구한다. 이런 사람은 부정적 판단을 두 려워하지 않기 때문에 상대방에게 개방하는 것을 덜 두려워하고, 덜 방어적이다. Lavigne 등은 성장 지향성이 웰빙과 밀접한 관련된다고 주장한다. 반면에 손상감소 지향형(deficit reduction-oriented)인 사람도 사회적 관계를 추구하지만, 그들의 동기는 관계의 풍요를 기반으로 하는 것이 아니라 사회적 수용의 부족 때문에 생긴 사회적 공백을 채우기 위한 것이다. 이런 사람들은 외로움과 사회적 불안, 사회적 수용에 대한 열망이 높고 웰빙 수 준이 낮다는 특징을 보인다.

Lavigne 등(2011)은 두 지향성이 통계적으로 구별되고 타당함을 보여준다. 예컨대 두 지향성 모두 소속동기를 예측하지만, 손상감소 지향은 성장 지향에 비해 사회적 거부감 을 피하는 것과 더 밀접하게 관련된다. 둘째, 두 지향성은 다른 방식으로 웰빙을 예측한 다. 예상대로 성장 지향은 웰빙과 정적인 상관이 있으며, 손상감소 지향은 부적인 상관 이 있다. 결론적으로 이 결과들은 누구나 소속욕구에 의해 동기화된다는 것을 보여준 다. 그러나 이러한 동기의 근본적인 이유와 이러한 동기가 나타나는 방식은 사람에 따라 매우 다를 수 있으며, 웰빙이 중요한 영향을 미친다. 이러한 결과는 Pillow, Malone 및 Hale(2015)을 포함한 다른 연구자들에 의해서도 재현되었다.

인간이 보편적으로 소속욕구를 느낀다는 충분한 증거가 있으며(Lavigne et al., 2011), 이것이 인간의 기본 동기라는 증거도 충분히 많다(DeWall et al., 2008, 2010). 사실 일부 연구자들은 페이스북이라는 전염병의 핵심적 요인이 인간의 일반적인 소속욕구이며 (Nadkarni & Hofmann, 2012), 페이스북 하기는 이러한 동기의 현대적인 표현이라고 주장한다. 우리의 소속감 욕구를 차단하는 사회적 배제는 사고 패턴에 영향을 미쳐서 웰빙을 감소시킬 수도 있고(Richman & Leary, 2009; Williams, 2007; Williams & Carter-Sowell, 2009), 실제 신체적 고통과 유사한 고통을 일으킬 수 있으며(DeWall et al., 2010), 행동을 변화시킬 수도 있다(Gere & MacDonald, 2010).

우리 모두가 소속욕구를 느끼는 것처럼 보이지만 우리는 이러한 동기를 다양한 방식으로 경험할 수 있고, 이러한 차이가 우리의 웰빙에 서로 다른 영향을 미친다(Lavigne et al., 2011). 누구나 어느 정도는 이런 동기를 가지고 있는 것으로 볼 수 있지만, 애착이나 성장 지향성 수준에 따라 욕구의 크기를 다르게 느낄 수 있다. 또한 성격차이에 따라 소속욕구가 긍정적인 관계를 방해하거나 촉진시키는 원인이 될 수 있다는 것도 흥미롭다.

마지막으로 우리의 사회적 접촉은 양보다 질이 더 중요하며(Demir, Orthel, & Andelin, 2013), 비교적 적은 수의 친밀하고 감정적으로 의미 있는 사회적 관계로도 충분한 것 같다(DeWall et al., 2008). 전반적으로 Baumeister와 Leary(1995)의 이론은 잘 지지된다.

• • •
결혼의 '이득'?

우리는 결혼생활이 웰빙을 강력하게 높여서 '결혼 혜택'을 제공할 것이라 기대한다. 이것은 진화론과 소속욕구 이론을 감안하면 말이 된다. 결국 결혼생활은 진화론에서 말하는 재생산 동기를 충족시킬 수 있으며, 이것이 정서적으로 밀접한 관계를 원한다는 동기를 제공한다. 결혼생활이 웰빙을 증가시킬 것으로 기대하는 다른 이유도 있다. 예를 들어 결혼생활은 삶의 목적추구를 촉진하는 문화 기관들이 인정하고 권장하는, 의미 있는 사회적 역할을 제공할 수 있다. 또한 관계 당사자들 간의 헌신을 강화할 수도 있다(Musick & Bumpass, 2012).

연구에 따르면 결혼과 행복 사이에는 관계가 있다(Diener, Suh, Lucas, & Smith, 1999;

Wadsworth, 2016). 그러나 이 관계를 보고 결혼이 행복의 원인이라 확신하는 것은 지나친 비약이다. 이 관계에 대한 몇 가지 대안적(즉, 비인과적인) 설명이 있다. 그리고 우리가 고려해야 할 다른 측면들이 있다. 예를 들어 결혼생활의 질은 독신자의 인간관계의 질과 마찬가지로 중요하다. 나쁜 결혼은 행복을 증가시키지 않으며, 독신은 또 다른(즉, 비혼의) 관계를 키워서 매우 행복할 수도 있다.

결혼이 행복의 원인인가

결혼생활이 행복을 예언한다 해도 결혼이 행복을 가져다주는 원인이 아닐 수도 있다. 연구자가 참가자를 무작위로 결혼 조건에 배정하거나 제외할 수는 없기 때문에 결혼과 행복의 관계에 대한 대안적인 다른 설명을 제거하기가 어렵다(DePaulo, 2011). 예를 들어 인과관계의 방향은 불분명하다. 기혼자는 적어도 싱글에 비해 본래 행복하기 때문에 더 행복할 수도 있다. 행복이 결혼의 원인이라는 아이디어를 선택가설(행복한 사람이 결혼으로 '선택'됨)이라 한다.

결혼과 행복은 제3의 변수와 공통점이 있기 때문에 우연히 관련될 수도 있다. 이를테면 사람들을 행복하게 만들고 결혼하게 만드는 어떤 성격변수가 있을 수 있다. 이런 경우 그것이 우연히 결혼과 행복 사이의 상관관계를 만들어낼 수 있다.

또 다른 관련 질문은 만일 결혼이 행복을 가져다준다면 그 관계가 영구적인 것이냐, 아니면 일시적인 것이냐에 관한 것이다. 제6장에서 볼 수 있듯이 우리는 특정 소득 수준에 적응할 수 있다. 한때 많아 보이던 돈이 나중에는 평범하거나 심지어 불만스럽게 느껴질 수 있다. 결혼생활도 마찬가지일까? 결혼생활이 행복을 늘려준다 해도, 이런 행복이 사라지는 것은 아닐까? 우리가 결혼생활에 적응하고 시간이 지남에 따라 결혼생활을 덜 행복하게 느끼게 되는 것일까?

학자들은 이러한 질문에 답하기 위해 많은 진전을 이루었다. 기혼자와 비혼자를 한 시점에서 비교하는 횡단연구는 소득과 나이와 같은 변수를 통계적으로 통제한 후에도 기혼자가 비혼자에 비해 행복하다는 것을 발견했다(Diener et al., 1999). 이것은 제3의 변수라는 문제를 제거하는 데 도움이 된다. 결혼/행복 관계가 제3의 변수 때문이 아니라는 우리의 확신은 다음에 살펴볼 종단연구에 의해 더욱 확실해진다. 이 연구들도 제3의 변수들을 세심하게 통계적으로 통제했다.

선택

선택 가설은 기혼과 독신 사이의 행복의 차이의 적어도 일부를 설명한다(Lucas & Clark, 2006). Stutzer와 Frey(2006)는 독일에서의 종단연구에서 선택가설을 지지했다. Stutzer와 Frey는 여러 시점에서 행복의 측정치를 얻었기 때문에 결혼하지 않은 사람들보다 결혼한 사람이 더 행복하다는 것을 알 수 있었다. 이러한 차이는 사회인구학적 요인을 통계적으로 통제한 후에도 유지된다. Stutzer와 Frey는 결혼하지 않은 사람들과 결혼한 사람들 사이의 행복의 격차는 '상당'하다고 말했지만, 선택 효과로 결혼한 사람과 안 한 사람 사이의 행복 차이를 완전히 설명하지는 못한다고 말했다.

선택 효과에 대한 유전적 증거도 있다. Horn, Xu, Beam, Turkheimer 및 Emery(2013)는 각기 기혼과 미혼인 일란성과 이란성 쌍둥이 자매들을 연구했다. 일란성 쌍둥이는 유전적으로 동일하고 이란성 쌍둥이는 쌍둥이가 아닌 형제자매와 마찬가지로 상호 DNA의 50%를 공유한다는 것을 상기하자. 이 연구설계를 통해 저자는 공유된 유전적 영향과 환경적 영향 모두를 통제할 수 있었다. 따라서 그들은 '행복'한 개인이 결혼할 가능성이 더 큰 정도와 이것이 웰빙에 미치는 영향을 더욱 정확히 예측할 수 있었다.

Horn 등(2013)은 결혼의 건강상의 이점은 완전히 선택에 의한 것임을 발견했다. 더 행복하고 더 건강한 사람들은 결혼 확률이 높으며, 이것으로 결혼과 건강 간의 관계가 설명된다. 그러나 Stutzer와 Frey(2006)의 연구결과와 마찬가지로, 선택은 결혼과 심리적 웰빙 사이의 관계를 일부만 설명한다. 결혼과 행복의 관계의 일부는 결혼의 '보호 효과'로 설명된다. 예를 들어 한쪽은 결혼하고 한쪽은 비혼인 일란성 쌍둥이 중에 기혼한 쪽이 비혼인 쪽에 비해 우울 지수가 0.13 표준편차만큼 낮았다. 따라서 결과는 결혼과 행복 사이의 양방향 관계를 보여준다. 행복은 결혼의 원인이자 결과이다(Braithwaite & Holt-Lunstad, 2017).

적응

결혼 적응 가설을 지지하는 종단연구들이 많다(Frijters, Johnston, & Shields, 2011; Lucas & Clark, 2006; Lucas, Clark, Georgellis, & Diener, 2003; Luhmann, Hofmann, Eid, & Lucas, 2012; Stutzer & Frey, 2006). Luhmann 등(2012)은 다양한 연구결과를 통계적으로 통합하는 문헌 개관인 메타분석을 실시하여 결혼이 가까워지면 삶의 만족도가 상승하고, 결혼식 직전보다는 직후가 높았지만 이후 다음 달에는 감소해서 결국 결혼 이전에 느끼

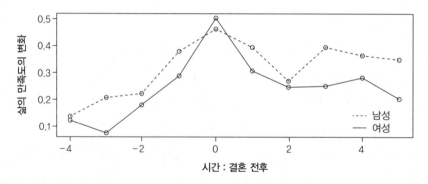

그림 5.1   결혼 전후 삶의 만족도의 변화
출처 : Qari(2014)

던 원래의 기본 수준으로 돌아간다는 것을 발견했다. 흥미롭게도 결혼은 정서적 웰빙(쾌활함)에 아무런 영향을 미치지 않는다.

이러한 적응 효과는 상당히 빠르게 나타난다. 결혼 전의 기저선으로 돌아가는 삶의 만족도 감소는 대부분 결혼 후 4년 이내에 발생한다(Luhmann et al., 2012). 그 효과가 연령과 성별에 따라 일정하다. 적응 비율은 남성과 여성이 비슷하며, 결혼 당시 개인의 연령은 적응에 영향을 미치지 않는다. 흥미롭게도 이런 적응은 연구 기간 동안 갈라서지 않은 커플 사이에서는 덜 두드러졌다. 그러나 이들 갈라서지 않은 커플에서도 적응 효과가 나타났다.

후속연구는 적응을 옹호하는 이러한 결론에 도전했다. 이 연구는 적응 효과를 지지하거나 반박하는 증거들은 첫 행복 측정을 언제 했는가에 달려 있다고 주장한다. Qari(2014)는 독일의 종단 데이터를 조사한 결과, 적어도 5년 동안 결혼을 유지한 사람들은 비혼이었을 때보다 더 행복하다는 것을 발견했다. 이 발견은 적응 가설과 모순된다.

그러나 Qari(2014)는 독신기간을 결혼 전 1년 또는 2년이 아니라 결혼 전 5년으로 정의했다. 기간을 이렇게 한 이유는 그림 5.1을 보면 분명해진다. 행복은 결혼 2년 전에 극적으로 증가하기 시작한다. Qari는 이 증가가 결혼에 따른 행복 증진의 일부라고 주장한다. 왜냐하면 사람들은 일반적으로 이 시간 동안 미래의 배우자와 관계를 즐기기 때문이다. 즉, 개인은 결혼 전 5년 동안 독신이었지만, 이 기간에는 진정한 독신이 아니다. 이 그림은 독신 기간의 기준을 미래의 배우자와 아직 관계가 시작되지 않았던 시기로 되돌리면, 개인이 결혼생활에 완전히 적응하는 것은 아니라는 것을 보여준다.

결혼 5년 후의 행복 수준은 결혼 3~4년의 행복 수준(y축)으로 돌아가지 않는다. 또한 결혼식이 끝난 후 선이 기울어지므로(x축의 0), 일부 적응이 발생하지만 이 적응은 완전하지는 않다. Qari는 적응 효과의 크기를 여성의 경우 60%, 남성의 경우 25%로 추정한다. 즉, 5년간의 결혼생활을 마친 여성은 결혼생활로 이어진 행복의 증가분의 60%를 잃고 남성은 이 행복의 25%를 잃는다. 따라서 이러한 추정에 의하면 결혼으로 향상된 행복 수준은 유지된다.

그리고 이 행복 증진 효과는 크다. Qari는 결혼생활이 행복에 미치는 영향은 실업자와 취업자 간의 행복도 차이보다 2~3배 더 크다고 추정한다! 화폐로 환산하면 결혼 후 5년이 지난 여성은 그동안 미혼인 여성에 비해 대략 32,000파운드를 더 번 셈이다. 이 금액은 남자의 경우 약 53,000파운드가 된다.

결혼이 행복의 원인인가 하는 문제는 적응에 대한 우리의 견해에 달려 있는 것 같다. 신중한 통계적 통제를 포함한 횡단연구와 종단연구의 결과를 통합해보면, 제3의 변수가 우연히 결혼과 행복 사이의 관계를 만들어낸다는 것은 거의 불가능한 것으로 보인다. 행복한 사람이 결혼할 확률이 높다는 것은 사실이지만 그것으로 결혼생활과 행복의 관계 전체를 설명할 수는 없다. 종단연구는 결혼생활이 행복 증가와 관련이 있음도 보여준다. 따라서 선택으로 결혼과 행복의 관계를 모두 설명할 수는 없다.

결혼이 실제로는 결혼식 2년 전에 시작된다는 Qari(2014)의 주장을 받아들이면, 개인이 결혼에 완전히 적응하지는 않는 것처럼 보인다. 대신 그들은 독신일 때와(결혼 5년 전) 비교하여 행복 수준이 의미 있게 증가되며 또 지속된다. 결과적으로 결혼은 행복을 가져온다는 강력한 주장이 가능하다.

적응 문제에 대한 잠재적 해결책

많은 학생들이 적응과 결혼에 관해 읽을 때 환상이 깨진다. 심지어 부분적인 적응조차도 우리가 결혼에 대해 가지고 있는 '영원한 행복'이라는 낭만적인 이상을 저해한다. 그러나 적응이 불가피한 것은 아니다. 저명한 심리학자인 Sonja Lyubomirsky는 웰빙을 광범위하게 연구했으며 적응 효과를 예방하거나 최소화하는 것에 대한 조언을 제공하는 유익하고 읽기 쉬운 두 권의 책을 냈는데, 읽어보기를 강력히 권한다(Lyubomirsky, 2008, 2013). Lyubomirsky(2008)는 자신과 동료들의 광범위한 연구를 바탕으로 우리가 관계를 의식적으로 아끼고 즐기며 늘 새롭게 유지할 수 있는 방법을 찾도록 조언한다. Sheldon과 Lyubomirsky(2012)는 삶의 변화에 대한 감사와 삶의 사건들에서 다양성을 추구하는 것을 강조하는 쾌락적응방지 모형(Hedonic Adaptation Prevention Model)을 제안했다. 이 모형은 대학생들이 현재 경험하고 있는 다양한 긍정적인 사건에 대한 쾌락적 적응에 저항할 수 있게 도와주었다(Sheldon & Lyubomirsky, 2012). Bao와 Lyubomirsky(2013)는 최근 이 모형을 로맨틱한 관계에 적용할 수 있도록 확장했다.

다른 연구집단의 최근 연구는 Lyubomirsky의 권고와 일치한다. Coulter와 Malouff(2013)는 신문, 라디오 및 소셜 미디어 등을 통해 101명의 호주인 커플을 모집했다. 부부 중 절반은 무작위로 부부가 같이할 수 있는 10가지 '흥미진진한' 활동을 쓰게 했다(다양한 영역에서 '모험적인', '성적인', '재미있는' 및 '자발적인' 활동 등을 예로 제시했다). 그런 다음 이 커플들이 4주간 매주 주당 90분간 이런 활동 중 하나에 참여하도록 했다. 나머지 부부들은 대기자 명단에 올리고 4주 후에 활동에 참여시키는 통제집단에 할당했다.

결과는 적응을 저지할 수 있다는 생각을 지지한다. 중재집단은 통제집단보다 더 큰 긍정적인 감정과 관계 만족을 경험했다. 또한 프로그램 완료 4주 후에도 이런 이득이 유지되었다. 흥미롭게도 흥분 수준이 개입과 관계 만족 증가 간의 관계를 매개했다. 다른 말로 표현하자면, 개입은 부부의 흥분감을 증가시키는 효과가 있고, 이런 흥분의 증가가 더 큰 관계만족의 직접적인 원인이다. Lyubomirsky의 제안처럼 부부는 결혼생활에 꼭 적응하게 되는 것은 아니다(Lyubomirsky, 2008; Sheldon & Lyubomirsky, 2012). 그러나 적응을 방지하는 데 필요한 흥분과 기타 정서적 특성을 구축하려면 의식적인 노력이 필요한 경우가 많다.

개인차

우울

결혼의 효과는 최소한 성격요인과 다른 개인적 차이에 부분적으로 의존하는 것으로 보인다. 당신은 당신이 아는 사람들 사이에서도 결혼이 행복을 포함하여 여러 가지로 서로 다르다는 것을 알았을 것이다. 예를 들어 우울 수준은 결혼생활의 행복과 아이러니한 관계가 있다. Frech와 Williams(2007)는 미국 성인을 대표하는 전국 규모의 종단 표본을 통해 결혼하기 전에 우울 징후를 보이는 사람들이 결혼 후 가장 큰 이득을 본다는 것을 발견했다.

이들 '우울한' 사람들은 반드시 임상적으로 우울한 것은 아니지만 일반 인구보다 더 많은 증상을 보였다(그들은 측정 척도에서 백분위 점수 80 또는 그 이상을 기록했다). Frech

와 Williams(2007)는 '우울한' 참가자들은 결혼에 내재한 동반자 관계에서 더 많은 혜택을 보기 때문에 결혼 효과가 더 크다고 주장했다. 그렇지만 우리의 목적에서 더 중요한 요점은 사람들이 각자의 개인적 특성에 따라 서로 다른 '결혼 혜택'을 경험한다는 것이다.

결혼의 질

Frech와 Williams(2007)의 연구에서 결혼의 질은 웰빙에 영향을 미치는 또 다른 중요한 요인이었다. 그들의 결과는 개인의 행복은 결혼생활의 질(부부의 질과 갈등으로 측정)에 영향을 받는다는 것을 보여준다. 당연히 갈등이 적고 양질의 결혼생활을 할 때 더 행복하다. 이런 결과는 이 연구에서 결혼 전의 우울증상 수준에 관계없이 동일했다.

　Frech와 Williams(2007)는 웰빙을 명시적으로 측정하지는 않았지만, 이론 및 방법론적 근거를 들어 우울 척도가 웰빙의 '부재'의 지표가 될 수 있음을 주장했다. 다시 말하면 중요한 것은 결혼의 행복 효과는 결혼의 질에도 달려 있다는 것이다. Frech와 Williams는 다음과 같이 결론지었다.

> 이러한 발견은 결혼이 누구에게나 항상 좋은 선택이라는 가정에 의문을 제기한다. 결혼의 강력한 평균적 혜택은 실제로는 다양한 개인, 대인관계, 그리고 구조적인 특성에 크게 의존한다.(2007, p. 149)

　결혼의 질의 중요성에 대한 이러한 결론은 다른 연구에 의해 지지되었다. Proulx, Helms 및 Buehler(2007)의 93개 연구에 대한 메타분석 결과는 결혼생활의 질은 웰빙 수준을 예측하는 것으로 나타났다. 또한 Bourassa, Sbarra 및 Whisman(2015)은 결혼의 질이 낮은 여성들은 이혼 후에 삶의 만족도가 더 높다는 것을 발견했다.

　다른 연구들은 결혼생활과 웰빙 사이에 다양한 궤적이 있고, 따라서 모든 결혼이 동일하지 않으며 결혼의 질이 중요하다는 생각을 뒷받침한다. 예를 들어 Dush, Taylor 및 Kroeger(2008)는 대규모 미국 성인 대표 종단 표본에서 세 가지 결혼 행복의 궤적을 발견했는데, 이는 모든 결혼이 같은 방식으로 경험되는 것은 아니라는 생각과 일치하는 것이다. 이 세 가지 부부 행복의 궤적은 전반적 웰빙과 관련이 있다. 특히 웰빙 척도(3점짜리 척도)에서 점수가 1점 증가할 때마다 높은 결혼 행복 궤적에 속할 확률은 247% 증가하며, 낮은 결혼 행복 궤적에 속할 확률은 77% 감소한다. 다른 식으로 표현하자면, Dush

등(2008)의 결과는 결혼 행복과 전반적 웰빙 사이의 연관성을 보여준다. 또한 결혼 행복도가 낮은 사람들의 전반적 웰빙은 시간에 따라 심하게 줄어드는 반면, 결혼 행복도가 높은 사람들은 감소하지 않거나 조금 감소한다.

최근 연구에 따르면 평탄한 결혼생활은 적어도 특정 인구집단에서 전반적인 웰빙의 증진과 관련이 있다. Carr, Freedman, Cornman 및 Schwarz(2014)는 미국에서 노년층(적어도 50세 이상인 배우자와 사는 60세 이상)의 표본을 조사했다. 이들은 결혼 만족도가 전반적 삶의 만족도와 강력한 상관이 있음을 발견했다.

Carr 등(2014)의 연구에서 4점짜리 결혼 만족도 척도에서 1점 증가하는 것은 0.45점의 삶의 만족도 증가와 관련이 있다. 그러나 장애를 완치한 것은 0.23점의 삶의 만족도와 관련이 있다(저자는 장애의 영향에 대한 자료도 수집했다). 결혼 행복은 삶의 만족에 비교적 큰 영향을 미친다. 또한 아내가 결혼생활에 만족하면 남편의 삶의 만족도는 증가하지만, 아내가 덜 만족스러울 때는 감소했다. 흥미롭게도 아내의 삶의 만족도는 남편의 결혼 만족도와 관련이 없었다.

행복한 결혼생활을 하는 사람들은 덜 행복한 결혼생활을 하는 사람보다 더 행복하다. 전자는 결혼생활을 더 행복하게 시작하고, 시간 경과에 따른 행복의 감소는 덜 만족스러운 결혼생활을 하는 사람에 비해 덜하다. 다시 말하지만 전체적인 결혼생활은 행복에 동일한 방식으로 영향을 미치는 것이 아니다. 행복한 결혼생활은 높은 수준의 행복과 관련이 있지만, 모든 결혼이 이런 관계를 보여주는 것은 아니다.

결혼은 필수인가? 동거 문제

관련된 재미있는 문제는 결혼하지 않고 동거하는 커플이 결혼하는 부부만큼 행복한가 하는 것이다. 사회과학 연구는 전통적으로 결혼의 가치를 지지했다(DePaulo & Morris, 2005, 2006; Musick & Bumpass, 2012). 그러나 최근의 연구결과에 따르면 동거는 미국의 나이든 성인들에게 부정적인 영향을 미치지 않을 수도 있다. 예를 들어 Musick와 Bumpass(2012)는 미국의 종단연구에서 50세 이상의 기혼자와 동거자가 비슷한 수준의 웰빙을 유지하고 있음을 발견했다. 또한 결혼 전 동거생활을 한 사람들이 그렇지 않은 사람들보다 덜 행복하지도 않았다.

동거 효과는 문화에 따라 다를 수도 있다. Soons, Liefbroer 및 Kalmijn(2009)은 네덜란드의 젊은 성인들에 대한 종단연구를 조사한 결과, 결혼한 사람들과 동거하는 사람들이 비슷하게 행복했고, 결혼 전 동거가 결혼 후 행복을 감소시키지 않는다는 것을 발견했다. 성별 규범과 기타 문화적 요소가 미국과 네덜란드의 결과차이를 설명할 수 있다. 예를 들어 Soons와 Kalmijn(2009)은 동거를 더 많이 받아들이는 국가에서는 결혼과 동거생활자 간의 행복의 차이가 더 작고 동거가 완전히 수용되는 국가에서는 거의 제로가 된다는 사실을 발견했다(Wiik, Keizer, & Lappegard, 2012). 성평등 주의를 추구하고 덜 종교적인 국가에서는 동거자와 기혼자의 행복도가 비슷하다는 유사한 결과를 얻은 연구도 있다(Lee & Ono, 2012; Stavrova, Fetchenhauer, & Schlösser, 2012).

또 다른 연구에 따르면 결혼한 사람과 동거하는 사람들이 한 사회에서 차지하는 비율이 중요하다. Wadsworth(2016)는 미국의 센서스 데이터를 조사한 결과, 독신인 사람이 자기 동료의 80%가 결혼한 경우와 20%만 결혼한 경우 삶의 만족도 점수가 거의 두 배 차이가 났다. 이것이 문화적 효과인지 또는 동조나 그 비슷한 보편적인 심리과정의 효과인지는 명확하지 않다. 다른 문화권에서 이러한 효과가 재현될지 궁금하다. 비슷하게 재현된다면(다른 문화에서도 비슷한 비율로 나타난다면), 그것은 동조나 사회적 비교와 비슷한 심리적 과정이 결혼생활의 행복 증진력에 영향을 미친다는 것을 시사하는 것이다.

모든 결과들이 삶의 만족도와 같은 심리적 웰빙(psychological well-being)을 이야기한다. 하지만 동거하는 사람은 결혼한 개인보다 사회적 웰빙(social well-being)이 낮을 수 있다. 사회적 웰빙은 사회적 적응(개인이 일관된 사회 구조에 통합되었다고 느끼는지, 그 사람이 사회에서 일할 수 있는지, 그리고 그 사회에 기여할 수 있는지 등)과 사회적 지지의 인식을 평가하는 것이다. 이게 말이 되는 것은 결혼이라는 것이 매우 강하게 유지되고 있는 사회문화적 제도이기 때문이다. 특히 미국의 동거 커플은 사회적으로 소외될 수 있으며, 이것이 왜 그들이 사회적으로 덜 통합되었다고 느끼는지를 설명할 수 있다(Shapiro & Keyes, 2008).

지속적인 성적 관계가 필수적일까?

행복한 싱글?

대중문화는 성적인 동반자 관계 없이는 진정한 행복이 가능하지 않다는 생각을 조장한다(DePaulo & Morris, 2005). 그러나 이것이 사실일까? DePaulo와 Morris(DePaulo, 2011; DePaulo & Morris, 2005, 2006)는 그렇게 생각하지 않는다.

대신 DePaulo(2011), 그리고 DePaulo와 Morris(2005)는 증거를 검토한 결과, 성적 파

트너십[1]이 없는 사람이라고 정의된 독신자는 결혼을 포함해서 지속적인 성적 관계를 가지고 있는 사람들만큼 행복할 수 있음을 발견했다. 어떻게 이럴 수 있을까? Baumeister와 Leary(1995)의 소속욕구 이론의 증거에 비추어볼 때 어떻게 전형적인 '외로운' 독신이 헌신적인 관계를 유지하는 사람들만큼 행복할 수 있을까?

DePaulo와 Morris(2005)는 소속욕구 이론과 일치하게도 독신들은 "…일반적으로 인간의 웰빙에 필수적인 지속적이고 긍정적이며 중요한 관계를 맺고 있다."고 주장한다. 나아가 그들은 친구들과 형제들이 독신자의 소속욕구를 충족시킬 것이라고 주장한다. 예를 들어 독신들은 형제나 조카들과 가까울 가능성이 크다는 증거를 개관하고, 특히 형제관계에서 많은 보상을 받는다는 것을 발견했다. 또 다른 개관연구에서 DePaulo(2011)는 독신인 사람들이 기혼자에 비해 관계유지를 위해 더 많이 노력한다는 것을 발견했다. 예를 들어 친구와 친척들을 자주 방문하고 더 많은 시간을 보내는 경향이 있다. DePaulo(2011)의 개관에 따르면 독신인 사람들도 결혼한 사람들만큼 다른 사람들에 대해 강한 애착을 느끼고 있다.

현대의 결혼

DePaulo와 Morris(2005)는 또한 현대의 결혼 개념은 상대가 놀이나 지적 자극과 같은 욕구나 성적·정서적 친밀감의 욕구를 포함하여 자신의 모든 감정적 욕구를 충족시킬 것이라는 비현실적인 기대를 가지고 있다고 비판한다. 그들은 결혼이 각자의 욕구를 충족시키는 방법의 선택을 과도하게 제한할 수 있기 때문에 웰빙을 저해할 수 있다고 주장한다. 길지만 DePaulo와 Morris(2005, pp. 76-77, 대괄호로 묶인 표현이 추가됨)의 이야기를 들어보자.

커플 숭배에서 [성적 동반자] 역할에는 성적인 놀이상대, 가장 친한 친구, 영혼의 짝이나 기타 많은 것이 포함된다. 과학적 이론이나 문화적 상상력 모두에서 현대의 커플은 궁극적인 만능의 해결책이다. 이는 마치 사진을 찍고, 전자 메일을 보내고, 메시지를 녹음하고, 팩스를 수신하고, 일반 전화로도 작동하는 전화기와 같은 것이다. 잘 작동하면 효율적이고 편리하지만, 고장 나면 주인은 갑자기 카메라도 이메일도 자동응답기도 팩스도 전화기도 없는 사람이 된다. 커플관계에서 한 사람은 각기 상대방의 예비요원이며 상대를 위해 모든 것을 제공해야 하는 한 사람이 다른 한 사람을 위한 백업이며, 독신이란 스스로에게 모든 것을 제공해야 하는 사람이라는 식으로 말할 수 있다. 커플은 만능 전화기가 두 개인 반면 독신자는 하나뿐이다. 하지만 이런 주장은 독신을 마치 고립되고 외로운 존재로 희화화하는 것과 마찬가지이다. 우리의 주장은 독신자나 커플 모두 한 명이 아니라 여러 명과 중요한 인간관계를 맺는 것이 유익하다는 것이다. 누구도 늘 곁에 있어주고 심리적으로 지지해줄 수 없으며, 모든 종류의 아이디어, 기술, 조언 등을 제공할 수 없다.

다른 이론가들은 결혼의 잠재적 제한 효과에 대한 DePaulo와 Morris(2005)의 비판을 지지했다. Finkel, Hui, Carswell 및 Larson(2014)의 '결혼의 질식'은 미국인들이 (장기적인 역사적 의미에서) 결혼을 매슬로의 자기실현이라는 더 높은 수준의 욕구충족을 위한 것으로 보는 경향이 심해지고 있다고 주장한다. 또한 결혼을 이러한 욕구충족 수단으로 활용하려는 모든 소망은 자연히 결혼생활에 더 많은 시간과 정서적 에너지를 투자할 것을 요구한다. 그러나 현대의 미국인들은 결혼생활에 대한 정서적 투자가 시간이 지남에 따라 감소했고, 그래서 결혼 만족도와 전반적인 웰빙 수준이 낮아졌다.

Finkel 등(2014)은 의도적으로 일종의 은유로 '질식'이라는 용어를 사용한다. 현대 미국에서 우리는 '매슬로 산'을 등반하면서 우리의 낭만적인 파트너에 크게 의존한다. 우리는 자신의 개인적 성장과 웰빙의 촉진을 돕는 것을 포함해서 여러 가지 것을 거의 전적으로 배우자에 의존한다. Finkel 등에 따르면 낭만적인 파트너가 이 역할을 할 수는 있지만 엄청난 정서적 투자가 필요하기 때문에 쉬운 일이 아니다. 그래서 DePaulo와 Morris (2005)는 우리가 이 하나의 관계에서 너무 많은 것을 요구하는 것은 아닌가? 독신은 다양한 욕구충족을 위해 한 관계에만 제한되지 않기 때문에 자기실현의 이점이 있을까? 하는 질문을 추가했을 것이다.

마지막으로 DePaulo와 Morris(2005)는 미국 문화가 독신을 낙인찍는 '결혼과 가족의 이데올로기'를 조장하기 때문에 독신을 행복하다고 생각하기 어렵다고 주장한다. 예를 들어 우리의 문화는 커플을 생활의 기본 또는 정상 상태로 보고 있으며, 독신은 뭔가 결여된 것으로 보고 있으며, 연구결과들은 독신에 대한 부정적인 고정관념이 있음을 보여준다(Morris, Sinclair, & DePaulo, 2007). 이러한 믿음은 불행한 결과를 초래할 수 있다. 남성과 여성 모두 독신이 되는 것을 더 두려워할수록 로맨틱한 파트너를 선택할 때 덜 까다롭다(Spielmann et al., 2013). 아마 이 발견은 커플됨을 통해서만 행복이 가능하다는 결혼과 가족의 이데올로기를 반영하는 것이다. DePaulo와 Morris(2005)는 결혼과 웰빙 사이의 연관성을 크게 과장하는 것으로 간주하는 "이 비즈니스의 대가들을 포함하여"(p. 65) 사회과학자들도 비판한다.

요약하면 결혼생활이 행복을 증가시키지만, 행복한 개인이 결혼할 확률이 높다는 것도 사실이다. 결혼의 효과를 결혼 몇 년 전부터 측정하기 시작하면 사람은 결혼과 관련된 행복 증가에 적응하지 않는 것 같다. 이런 발견은 결혼이 행복의 한 원인임을 강력히 시사한다.

그러나 결혼은 행복을 보장하는 마법이 아니다. 결혼생활의 질과 같은 개인적인 차이 또한 상당히 중요하다. 어떤 경우에는 동거하는 커플이 기혼자들만큼 행복할 수도 있다. 또 일부 비평가들은 우리가 결혼에 대해 갖는 기대와 실제로 결혼으로 그런 기대를 충족할 수 있을지에 대해 의문을 제기한다. 낭만적인 관계나 성적인 관계가 행복을 위해 필요한지에 대한 의문도 있다. 하지만 전형적인 보통 사람은 독신으로 사는 것보다는 결혼해서 사는 것이 더 행복하다는 점은 분명하다.

● ● ●
부모되기

관계 만족

부모가 되는 것과 낭만적 관계 만족 간의 관계는 전반적인 웰빙과는 별개의 문제다. 그래서 우리는 이 두 가지 결과 측정치를 별도로 검토한다. 문헌 개관은 부모가 되는 것이, 특히 자녀가 초기 유아기 동안은 관계 만족의 하락과 관련이 있음을 보여준다(Mitnick, Heyman, & Smith Slep, 2009; Twenge, Campbell, & Foster, 2003). 몇몇 연구자는 (Trillingsgaard, Baucom, & Heyman, 2014) 이 시기가 부부관계에서 매우 어려운 시기이며, 그래서 관계 만족도에 타격이 가해지는 것은 놀라운 일이 아니라는 점을 지적한다.

그러나 부모되기가 관계 만족도의 하락과 상관이 있다 해도, 그것이 이러한 감소를 유발하는지에 대해서는 혼란이 있다. 또한 부모 사이의 관계 만족도 감소의 양상에는 몇 가지 중요한 예외도 있다. 관계 만족도는 평균적으로 떨어지지만 모든 부모에게 꼭 같지는 않다. 부모되기와 관계 만족도의 관계를 조절하는 중요한 변수들이 있다. 이 문제들을 다음에서 살펴본다.

인과관계?

선택

인과관계의 문제는 까다롭다. 분명히 연구자들은 어떤 부부는 아이가 없는 조건에, 다른 부부는 있는 조건에 무작위로 배정할 수 없기 때문에 진정한 실험은 불가능하다. 한 가지 비인과적 설명은 아이가 태어나는 것에 따른 관계 만족도의 감소는 모두 정상적인 적응 효과일 수 있다는 것이다. 우리는 부부가 아이가 있거나 없거나 서로에게 '적응'해서 점차 부부관계에서 만족을 덜 느끼게 된다는 것을 이미 배웠다.

이러한 적응 효과가 나타나기 시작하는 시기에 거의 대부분의 부부가 첫 아이를 갖게 되는 것은 아닐까? 이런 우연은 아이들이 관계 만족도의 감소를 야기하는 것이 아님을 의미한다. 그보다 이러한 감소는 부부가 경험하는 정상적인 과정일 뿐이며, 대부분의 부부가 동시에 부모가 된다는 것은 그저 우연히 발생한 일일 뿐이다. 이런 가능성이 중요한 것은 자연적인 환경에서 하는 비실험적 연구에서 인과관계의 속성을 밝히는 것이 얼마나 어려운지를 보여주기 때문이다.

학자들이 이 문제를 해결한 한 가지 방법은 종단설계를 이용해서 장래 부모가 될 사람들과 그렇지 않을 사람들의 관계 만족도를 추적하는 것이다.[2] 일부 일치하지 않는 연구결과도 있지만, 부모되기는 일반적으로 정상적인 적응 효과를 넘어서는 관계 만족도의 감소를 야기한다. Mitnick 등(2009)의 메타분석 결과는 관계 만족도 감소에서 부모와 비부모 사이에 차이가 없는 것으로 나타났지만, 다른 메타분석은 차이가 있는 것으로 나타났다(Twenge et al., 2003).

감소의 기울기

또한 Mitnick 등(2009)이 논문 이후에 실시된 여러 경험적 연구에 따르면 부모되기는 관계 만족도를 낮추는 것으로(즉, 단순히 적응의 문제만은 아님) 나타났다. 예를 들어 Keizer와 Schenk(2012)와 Castellano, Velotti, Crowell 및 Zavattini(2014)는 장래 부모와 비부모 모두의 종단 표본을 추적하여 부부 사이의 상당한 관계 감소를 발견했다. 또한 Doss, Rhoades, Stanley 및 Markman(2009)은 부모되기가 관계 만족도의 감소를 가속화하는 것을 발견했다. 부모와 비부모 부부가 8년 동안 동일한 수준의 감소를 경험했지만, 그 감소는 부모인 부부에서는 갑자기 나타나고 비부모인 부부에서는 훨씬 점진적이었다. Lawrence, Rothman, Cobb, Rothman 및 Bradbury(2008)도 비슷한 결과를 얻었다.

관계 만족이 즉각적으로 감소한다는 사실은 매우 중요한 이슈이다. 첫째, 부부 간 관계 만족도의 전체적인 감소량은 부모나 비부모 모두 비슷한 수준이지만 아이가 있는 부부의 급격한 감소의 충격은 부모와 아이 모두의 웰빙에 중요한 영향을 미칠 수 있다. 둘째, Doss 등(2009)은 출산 후 부모의 만족도가 급격히 떨어지는 특징이 있기 때문에, 부모되기로 이행하는 것이 하나의 인과적 요인이며, 우연한 것이라 보기 어렵다고 결론지었다.

셋째, Mitnick 등(2009)은 부부 간의 이러한 급격한 감소를 간과한 것 같은데, 이는 그들이 검토한 대부분의 연구가 만족도를 충분히 여러 번 측정하지 못했고 관계 함수의 양상을 평가할 수 있는(급격한 대 점진적인) 적절한 통계 기법을 사용하지 않았기 때문이다. 이것이 부부 간 관계 만족도 감소가 모든 부부에게 영향을 주는 적응 효과에 불과하다는 Mitnick의 결론과 부모되기가 관계 만족도의 감소를 야기한다는 Doss 등(2009)의 결론의 차이를 설명할 수 있다.

증거는 혼합되어 있지만 부모 역할로의 전환이 관계기능을 감소시킨다는 주장을 지지한다. Doss 등(2009)이 발견한 관계 만족도의 급격한 감소는 특히 인과관계 문제를 걸러낸다는 면이나 이러한 감소의 과정을 이해한다는 측면에서 모두 중요하다. 적응 효과는 결국 아이가 생기든 안 생기든 같은 양의 관계 만족도 감소를 야기하는 것으로 보인다. 하지만 이런 적응 효과는 부모가 된 부부에서는 거의 즉각적으로 감소를 야기하는 반면에, 부모가 아닌 부부에서는 거의 8년이 걸릴 수 있다(Doss et al., 2009).

마지막으로 대부분의 연구자들은 이러한 관계 만족도의 변환이 통계적으로나 실제적으로 의미가 있을 정도로 충분히 크다고 기술하였다. 연구에 따르면 관계 만족도는 임신기나 유아기의 전반적인 삶의 만족도와 관련이 있다. 사실 이 기간의 관계 만족도가 삶의 만족도에 미치는 영향은 삶의 만족도가 관계 만족도에 미치는 영향에 비해 더 크다(Dyrdal, Røysamb, Nes, & Vittersø, 2011). 그러므로 부모되기가 유발한 관계 만족도의 감소는 부부의 전반적 웰빙에 영향을 미친다.

관련 변수

부모의 성별

부모의 관계 만족도 감소는 여러 요인에 달려 있다. 이런 조절요인은 너무 많아서 모두 분류하기는 어렵다. 사실 일부 저자(Holmes, Sasaki, & Hazen, 2013)는 부모되기에 따른 관계 만족도의 평균을 따지는 것에 회의적인데, 그 점수들의 변산성이 너무 크기 때문이다. 그래도 부모의 성별은 흥미로운 변수이다. 어머니와 아버지가 부모가 되는 경험에 같은 반응을 하는가?

Twenge 등(2003)의 메타분석 연구에 따르면, 첫 아이가 태어나면 남성과 여성 모두 관계 만족이 감소한다. 하지만 그 효과는 남성에 비해 여성, 특히 영유아가 있는 여성이 더 크다. 아울러 만족도에서 부모와 비부모 간 차이 크기는 유의미하다. 예를 들어 아이가 없는 여성의 62% 정도가 높은 관계 만족도를 보일 가능성이 있지만, 유아가 있는 여성에서는 그 수치가 38%에 불과하다.

Twenge 등(2003)은 어머니가 여전히 아이들을 돌보는 일에 대해 큰 책임을 지는 것을 감안할 때, 이러한 성별차이는 전통적인 자녀 양육 역할에 기인한다고 주장했다. 이 아이디어에 대한 도전이 있었지만(Keiser & Schenk, 2012), 최근의 연구는 성별 효과를 재현했다(Bower, Jia, Schoppe-Sullivan, Mangelsdorf & Brown, 2013; Castellano et al., 2014; Dew & Wilcox, 2011). 또한 Dew와 Wilcox(2011)는 가사노동 분담의 공평성 지각의 변화가 어머니의 관계 만족도 감소와 관련이 있음을 발견했다. 이 발견은 전통적인 성역할이 부모의 만족도에 영향을 미친다는 Twenge 등의 가정과 일치한다.

커플은 자연스럽게 감정적으로 연결되어 있다는 것을 보여주는 앞서의 토론을 상기해보자. 그러면 어머니와 아버지의 관계 만족도 수준이 어떻게 서로 다를 수 있는지 의문이 든다. 결국 어머니의 불만족이 아버지의 불만족의 원인이 아닐까? Holmes 등(2013)은 어머니와 아버지의 만족도가 이런 방식으로 동조화된다고 주장한다. 어머니나 아버지 한쪽이 덜 만족하면, 다른 쪽도 덜 만족할 것이다. 그러나 부모의 만족도가 균등하지 않을 때는 동조화가 되는 데에 시간지연이 있을 수 있다. 이런 설명은 어머니가 아이가 생긴 비교적 초기에만 아버지들보다 덜 만족한다는 것을 의미한다. 이러한 추론은 영유아 자녀가 있는 어머니들이 특히 불만족하다는 Twenge 등(2003)의 연구결과와 일치한다.

부모의 애착과 성격

애착유형은 또 다른 중요한 관련 변수이다. Bowlby(1969)는 양육자와의 초기 관계가 나중에 삶의 관계에 영향을 줄 수 있는 애착유형을 형성한다고 이론화했다. 최근 연구에 따르면 부모의 미숙하고 불안정한 애착은 관계 만족도의 더 큰 감소와 관련이 있으며(Castellano et al., 2014; Kohn et al., 2012), 특히 장래 아버지의 애착이 미숙한 경우에 더 그러하다(Bouchard, 2014; Don & Mickelson , 2014). 우울증(Bower et al., 2013;

Trillingsgaard et al., 2014), 특히 장래 아버지의 신경증(Bouchard & Poirier, 2011), 부정정서(Bower et al., 2013), 낮은 부모 효능감(Biehle & Mickelson, 2011), 그리고 결혼에 대한 덜 영적인 태도(Kusner, Mahoney, Pargament, & DeMaris, 2014) 등을 포함하는 다른 성격요인들도 관계 만족도의 더 많은 감소를 예언한다.

상황적 여건

상황 요인 또한 부모되기가 관계 만족에 미치는 영향을 조절한다. 혼전 동거한 사람(Kamp Dush, Rhoades, Sandberg-Thoma, & Schoppe-Sullivan, 2014; Mortensen, Torsheim, Melkevik, & Thuen, 2012), 이혼부모를 둔 여성(Doss et al., 2009), 쉽게 흥분하거나 상처받는 아이를 둔 부모(Holmes et al., 2013), 계획되지 않은 임신을 한 부모(Lawrence et al., 2008), 딸을 둔 부모(Doss et al., 2009)는 모두 그들이 부모가 되었을 때 관계 만족도가 더 크게 감소한다.

또한 사회경제적으로 상위 계층 부모와 최근 몇 년 동안 자녀를 가졌던 부모도 더 많은 관계 만족도 감소를 보인다(Twenge et al., 2003). 이러한 결과는 부유하고 교육 수준이 높은 부모들과 젊은 세대의 부모들 사이에 팽배한 높은 수준의 개인주의 때문인 것으로 보인다. 이 부모들은 어린아이들을 자신의 개인적인 자유를 방해하는 것으로 경험할 가능성이 크다(Twenge et al., 2003).

마지막으로 관계의 질도 중요한 조절요인이다. 출산 이전에 관계의 질이 낮으면 자녀가 태어난 후 만족도가 급격히 떨어질 것으로 예측된다. 출산 전의 관계 갈등은 출산 후의 갈등을 정적으로 예측하고(Doss et al., 2009), 배우자의 지원에 대한 긍정적 인식은 관계 만족도 감소를 줄여주었다(Don & Mickelson, 2014). 흥미롭게도 출산 전의 높은 관계 기능 수준(예 : 높은 수준의 관계 만족 및 헌신)은 또한 출산 후 관계 기능의 급격한 감소를 예측한다(Doss et al., 2009; Lawrence et al., 2008). 이러한 결과는 부부관계의 기능이 긍정적이든 부정적이든 극단적이었던 부부가 관계 만족도 감소에 특히 취약하다는 것을 시사한다(Doss et al., 2009).

왜 어떤 학자들은 부모되기가 관계 만족도에 미치는 영향의 **평균치**를 논의할 필요가 없다고 주장하는지 아는가? 분명히 부모되기의 영향을 전반적으로 논의하기 어렵게 만드는 요소가 너무 많다. 하지만 이 문제에 관해 생각해볼 수 있는 또 다른 방법은 관계 만족도를 하락시킬 수 있는 다양한 위험요인이 있다는 것이다. 또한 Trillingsgaard 등(2014)

은 이러한 위험요인이 상호작용하기보다는 가산적으로 작용한다는 사실을 발견했다. 이것이 의미하는 바는 우리가 가진 위험요인이 많을수록 관계의 질이 떨어질 확률이 높아진다는 것이다. 또한 요인들이 상호작용하지 않는 것 같기 때문에 요인들의 특정한 조합이 특별히 중요하지는 않다. 다시 말하면 위험요인의 양이 중요한 문제이다.

따라서 배우자와 좋지 않은 관계를 만들게 되는 여러 가지 경로가 있다. 그리고 이 경로들이 너무 많기 때문에 당신이나 내가 적어도 그중 몇 경로로 굴러떨어질 가능성이 비교적 높다. 따라서 전반적으로 아이가 있는 부부는 없는 부부에 비해 낭만적인 관계에 덜 만족한다.

이러한 결론은 반드시 누군가의 자녀 갖기를 의기소침하게 만드는 것은 아니다. 필자가 인용한 여러 논문의 저자들은 이 점을 명백하게 밝히며, 양육의 기쁨에 대해서도 이야기한다(부모가 되는 것, 나는 당연히 동의한다). 그러나 부모되기는 쉽지 않으며, 낭만적인 것으로 간주해서는 안 된다. 관계 만족도 감소를 낳는 위험요인들에 대해 미리 숙지하는 것이 최소한 이 문제의 일부를 피하는 데 도움이 된다.

마지막으로 이 글에서 몇 가지 빠진 것이 있다. 한 가지는 관계 만족도의 하락 시기에 대한 자료가 더 많이 필요하다. 정확히 아이들 삶의 어떤 단계에서 관계 만족의 감소가 나타나는가? 또한 대부분의 자료는 비교적 어린 자녀를 둔 부모를 검사한다. 자녀의 삶의 전체 과정에서 나타나는 부모의 관계 만족에 대해 더 많이 배울 필요가 있고 흥미로울 것이다. 또한 내가 검토한 자료의 대부분은 유럽과 미국에서 나온 것이다. 결국 더 다양한 표본과 문화에서 더 많은 자료를 얻을 필요가 있다.

• • •
웰빙

더 행복한 사람들이 부모가 될 가능성이 더 크다는 사실은 흥미로운 일이다(Cetre, Clark, & Senik, 2016; Kim & Hicks, 2016). 그러나 연구결과에 따르면 부모되기가 이런 행복의 일부를 감소시키거나(Hansen, 2012; Luhmann et al., 2012) 또는 아무런 변화를 가져오지 않는다(Stanca, 2012). 또한 이런 관계는 아버지도 무자녀인 남성보다 덜 행복해지기는 하지만 아버지보다는 어머니에게 더 부정적이다(Stanca, 2012). 또한 부모에게 유리한 쪽으로 쾌락적 적응이 일어난다는 증거가 없다. 부모의 행복도가 자녀를 갖기 이전의 더 긍정적인 수준으로 돌아가는 적응을 하는 것 같지 않다(Luhmann et al., 2012; Myrskylä

& Margolis, 2014 참조). 이런 결과들은 놀랍다. 부모가 되는 즐거움에 관한 문화적 신화 (Hansen, 2012)와, 부모가 되기 위해 들이는 엄청난 시간과 노력에도 불구하고 전형적인 부모가 기대할 수 있는 최선의 희망은 부모가 되는 것이 자신들의 전반적 행복을 너무 많이 감소시키지는 않기를 바라는 것이다.

이 결론은 Luhmann 등(2012)이 약 66,000명에 이르는 313개의 종단 표본을 메타분석한 연구와 전 세계 94개국의 표본 자료를 연구한 결과(Stanca, 2012)를 토대로 한 것이다. 그래서 전반적으로 부모되기는 더 낮은 행복감과 관련이 있다는 (또는 적어도 행복을 증가시키지 않는다는) 결론은 그 근거가 확실하다고 할 수 있다.

또한 적어도 한 연구(Stanca, 2012)는 부모되기가 단순히 낮은 웰빙의 예언변인만이 아니라 '원인'이기도 하다고 주장한다. 부모되기가 웰빙을 낮출 수 있는 여러 가지 원인이 있다. 여기에는 아동양육 비용(Beja, 2015; Myrskylä & Margolis, 2014; Pollmann-Schult, 2014; Stanca, 2012), 보육에 필요한 개인 희생(Beja, 2015; Pollmann-Schult, 2014), 부모되기가 관계 만족에 미치는 부정적인 영향(Beja, 2015) 등이 포함된다.

그리고 이 부모되기의 어두운 구름 이면에 숨겨진 밝은 면이 있다는 몇 가지 단서가 있다. 일부 연구에 따르면 부모되기와 행복 사이의 직접적인 관계는 긍정적이지만, 이런 효과는 부모되기가 관계의 긴장, 재정적 비용, 자녀양육에 필요한 노력과 희생 등 삶의 다른 측면에 영향을 미치는 방식에 의해 상쇄된다고 주장한다(Beja, 2015; Pollmann-Schult, 2014). 숨겨진 밝은 면은 사회가 부모를 더 잘 지원하고 그래서 부모의 웰빙을 향상시킬 수 있는 공공정책의 변화를 필요로 한다(Beja, 2015). 예를 들어 보육의 경제적 부담을 줄이려는 노력은 부모의 행복을 증가시킬 것이다. 부모 또한 이런 상쇄 압력을 유발할 가능성이 가장 작은 상황에서 자녀를 갖기로 결정할 수도 있다(Nelson, Kushlev, & Lyubomirsky, 2014).

또 다른 숨겨진 밝은 면은 비록 출산 후 빠르게 감소하긴 하지만 아이의 출산이 가까워질수록 부모의 행복이 증가한다는 것이다(Myrskylä & Margolis, 2014). 또한 부모되기와 행복의 부정적 관계는 대다수의 부모에게 적용되지만 모든 부모에게 적용되는 것은 아니다. 예를 들어 45세 미만의 부모는 자녀가 없는 동년배에 비해 행복하지 않지만, 45세에서 64세 사이의 사람들의 경우에는 부모되기와 행복의 관계가 없다. 흥미롭게도 65세 이상의 부모는 자녀가 없는 사람보다 행복하다. 미망인도 자녀가 있는 경우에 더 행복하다(Stanca, 2012; 비슷한 결과는 Myrskylä & Margolis, 2014; Pollmann-Schult, 2014 참조).

요약하면 자녀를 갖는 것은 대부분의 부모가 전반적인 행복을 늘리지 못하거나 감소시킨다. 그리고 부모되기와 관련된 행복 감소는 지속되는 것 같다. 부모는 부모가 되는 것에 즐겁게 적응하지 못한다. 그러나 이러한 부정적인 것에 숨겨진 중요한 긍정적인 점은, 이런 현상이 재정적 부담과 낭만적 관계에 대한 부담 같은 압도적인 요인들의 간접적 영향의 결과라는 점이다. 부모가 된다는 것 자체는 우리를 더욱 행복하게 만드는 것 같다. 마지막으로 이러한 효과를 모든 부모에게 일반화할 수는 없다. 가장 큰 예외는 아마도 자녀가 있는 노인은 자녀가 없는 동년배에 비해 행복하다는 것이다.

이러한 결과는 종종 놀라움과 회의감을 갖게 한다. 대부분의 사람들은 부모되기가 적어도 자신에게는 행복을 증가시킬 것이라고 기대하는 것 같다(Hansen, 2012; Powdthavee, 2009). 왜 이렇게 사람들이 생각하는 것과 경험적 현실 사이의 괴리가 있을까? 우리는 이 질문을 다음 절에서 다룬다.

● ● ●
좋지 않다는 증거가 있는데도 왜 부모가 되고 싶어 하는가

Hansen(2012)은 부모되기를 더 큰 행복과 잘못 연결짓는 민간 이론이 있다고 주장한다. 예를 들어 아이가 없는 성인은 슬프고 외로운 쾌락주의자로 간주된다. 아이들이 행복을 향상시킨다는 강한 문화적 신념도 있다. Hansen에 따르면 이러한 민간의 신념은 양육에 커다란 정서적 · 재정적 비용이 든다는 점, 자녀를 갖지 않는 것이 장점이 있다는 점, 부모가 아닌 사람들도 상황에 적응해서 다른 보람 있는 역할과 생활 경로를 찾는다는 점 등을 인식하지 못하기 때문에 지속된다. Hansen은 또한 부모되기가 우리를 행복으로 인도할 것으로 믿게 하는 인지적 편향이 있을 수 있다고 주장한다.

부모가 되어 보지 않은 사람들은 몇 달 동안 다음 날 아침 일찍 일하러 나가야 하는데, 잠도 못 자고 새벽 2시에 울고 있는 아기를 달래며 키우는 정서적 비용을 이해하기가 쉽지 않을 것이다. 또는 몇 주 또는 몇 달 동안 파트너와 단 몇 분간 오붓하게 둘만의 시간을 보낼 수 없는 비용도 마찬가지다. 부모가 되기 전까지는 아이 없는 친구들이 함께 영화를 보거나 저녁을 먹는 등의 즐거움을 누리는 것을 쉽게 잊을 수 있을 것이다. 아이가 없는 부부는 이러한 사실을 이해하기 쉽지 않을 것이다. 특히 문화적으로 부모되기를 가장 가치 있는 목표로 우선시하는 경우 이런 사실들을 아이 없는 부모들이 이해하기 어렵다.

이런 것들이 우리의 인지적 편견을 낳는다. Hansen(2012)은 문화가 우리 마음속에 부모되기의 가치를 깊게 심어 놓아서 우리는 그런 식으로 아무 생각 없이 반사적으로 움직인다고 주장한다. 더욱이 Hansen은 우리가 어떤 사건의 긍정적 측면만을 기억하게 만드는 주의 착각(Gilbert, 2006) 경향성을 지적한다. 그래서 우리가 부모가 되는 것을 고려할 때, 우리가 보았던 긍정적인 육아 사례만을 선택적으로 회상한다(예 : "내 친구는 아버지가 되어 아들과 정말 재미있게 야구를 한 것 같아."). 이러한 선택적인 회상은 문화가 이러한 긍정적인 추억을 강화하고 널리 알린다는 사실에 의해 촉진된다.

부모가 되고자 하는 욕망은 말할 것도 없이 진화론과 같은 문화적 이유 때문이기는 하지만 완전히 합리적인 것은 아니다. 하지만 대부분의 사람은 부모가 되기 때문에 부모를 행복하게 하는 데에 도움이 되는 조건을 생각하는 것이 중요하다. 이 문제를 다음 절에서 논의한다.

● ● ●
부모되기가 웰빙을 늘릴 수 있는 조건

부모되기에 관한 이런 사실을 인식하는 것이 중요하다. 나는 두 명의 자녀를 두고 있으며, 아내를 만난 것 빼고는 아버지가 되는 것이 아마도 지금까지 일어난 일 중에서 가장 좋은 일이라고 생각한다. 그러나 부모가 된다는 것은 쉬운 일이 아니며, 부부는 개인과 공동의 행복을 유지하거나 증가시키면서 부모 역할을 제대로 하는 방법에 대해 배울 수 있는 모든 것을 배우려고 노력해야 한다. Nelson 등(2014)은 행복한 육아를 예측하는 요인을 개략적으로 설명함으로써 훌륭한 서비스를 제공한다.

수면 부족, 재정적 비용, 파트너와의 관계에 녹이 스는 것, 자녀양육과 함께 필연적으로 발생하는 좌절감과 관련된 부정적인 감정 등은 부모의 행복을 감소시키는 길로 확인되었다. 그러나 자녀양육에서 비롯된 삶의 목적과 의미, 기본적인 인간 욕구충족(예 : 진화적인 번식 욕구), 긍정적인 감정, 그리고 사회적으로 큰 보상인 부모의 사회적 역할 등은 부모의 행복 증가를 예측한다. 부모의 웰빙을 예언하는 많은 인구통계(예 : 부모의 나이, 결혼 및 사회경제적 지위)와 심리적(예 : 사회적 지지 및 자녀의 기질) 특성도 있다(Nelson et al., 2014).

Nelson 등은 이런 연구결과들을 곧바로 반영하는 모형을 개발했다. 이들은 부모가 충분한 수면을 취할 수 있고, 배우자와 강력한 관계를 유지하며, 사회적 지지를 얻는 한 행복할 것이라고 예측했다. 실제로 Nelson 등은 대부분 미혼인 나의 학생들에게 내가 곧잘 보여주는 유용한 표를 구성했다(표 5.1 참조). 나는 학생들에게 어떤 부모가 가장 행복하고 또 가장 덜 행복한지를 표를 이용해서 찾아보라고 한다. 학생들은 또한 자신을 부모라 상상하고 표에 나와 있는 특성들에서 어디에 속하는지 살펴보게 하였다. 이 방법은 중요한 변수에 대해 생각해보는 좋은 방법이고 재미있는 연습이다.

Nelson 등(2014)에 의해 확립된 지식 기반에 더해 다른 연구가 추가되기 시작했다. Luthar와 Ciciolla(2015)는 2,000명 이상의 중상류층 어머니의 웰빙을 연구한 결과, 지지에 대한 인식이 중요한 예측요인임을 발견했다. 배우자와 친구들과 질 좋고 지지적인 관계를 유지하고 있다고 느낀 여성은 더 큰 행복을 보고했다. 이러한 결과는 자녀양육이 올바른 상황에서는 긍정적인 경험이 될 수 있다는 생각을 강화한다.

결론적으로 부모되기는 전반적인 웰빙을 감소시키는 경향이 있지만, 반드시 그런 것은 아니다. 표 5.1에 있는 물음표의 수효로 볼 수 있듯이 할 일이 많이 남아 있지만 궁극

표 5.1 부모 웰빙의 조절변수 개관

조절변수	부모 유형	웰빙과의 상관
부모의 인구통계적 특성		
부모의 나이	젊은	−
	중년의	0/+
	노년	0/+
부모의 성	남	+
	여	+/−
취업상태	취업	?
	미취업	?
	전업주부	+/−
사회경제적 지위	낮은 사회경제적 지위	?
	중간 사회경제적 지위	?
	높은 사회경제적 지위	−
결혼상태	미혼	−
	기혼	0/+

(계속)

표 5.1 부모 웰빙의 조절변수 개관 (계속)

조절변수	부모 유형	웰빙과의 상관
가족 구성	생물학적	+/−
	의붓	0/+/−
	입양	+/−
문화	비서구	?
	서구	+/−
부모의 심리적 특성		
사회적 지지	높은 지지	+
	낮은 지지	−
양육 유형	집중적인 양육 유형	+/−
부모의 애착유형	안정 애착	+
	불안정 애착	−
자녀의 인구통계적 특성		
자녀의 나이	영유아기	−
	아동기	?
	청소년기	?
	성인기	+/−
가족의 주거	별거	−
	동거	+/−
	빈둥지	−
자녀의 심리적 특성		
자녀의 문제	문제아 최소 1인	−
	문제아 없음	+
자녀의 기질	어려운 기질의 자녀	−
	쉬운 기질의 자녀	+

*주 : (+), 이집단에서 부모는 비부모보다 높은 행복 수준을 보고한다. (−), 이 집단에서 부모는 비부모보다 낮은 행복 수준을 보고한다. (0), 이 집단에서 부모는 비부모와 비슷한 수준의 행복을 보고한다. (+/−), 이 집단에서의 결과는 혼합되어 있다. (?), 이 집단에서의 결과는 별로 없거나 결정적이지 않다.

출처 : Nelson 등 (2014)

적으로 상당한 정확성을 가지고 부모의 행복을 예측(및 향상)할 수 있다는 희망이 있다.

• • •

요약

우리는 이 장에서 많은 부분을 다루었지만, 특히 중요하게 마음에 새겨야 할 것이 있다. 인간은 행복하게 지내기 위해 감정적으로 친밀한 사회적 관계가 필요하다. 이러한 욕구가 좌절될 때 우리는 불행할 뿐만 아니라 신체적 고통과 비슷한 고통을 받는다. 한 사회의 행복을 향상시키려는 진지한 시도는 이런 기본적인 인간적 욕구를 고려해야만 한다.

또 다른 유념해야 할 것은 결혼과 부모되기에 관한 것이다. 둘 다 우리 삶을 풍요롭게 하고 우리를 훨씬 행복하게 할 놀라운 잠재력을 가지고 있다. 그러나 이들 중 어느 것도 특히 부모되기는 우리의 행복 증진을 보장하지 않는다. 우리가 행복하기를 원한다면, 이러한 관계들을 낭만적으로만 여기지 않고, 어떤 조건에서 결혼과 부모되기가 삶에 기쁨과 의미를 가져다줄 수 있을지를 명확하게 살펴보는 것이 중요하다.

주

1. 명확히 말하면 여기서 파트너십이라는 용어는 중요하다. DePaulo와 Morris(2005)는 독신자들의 성행위의 양이 서로 다르다는 것을 인정하지만, 독신을 지속적이고 서로 합의된 성적인 관계의 부재로 정의한다.
2. 연구자가 '미래' 부모의 관계 만족도를 어떻게 추적하는지 궁금할 수 있다. 이것은 마술이 아니다. 연구자는 그저 큰 커플 표본을 수집하고 시간이 지남에 따라 추적한다. 이 커플 중 일부는 부모가 되고 다른 커플은 그렇지 않다.

참고문헌

Anderson, C., Kraus, M. W., Galinsky, A. D., & Keltner, D. (2012). The local-ladder effect: Social status and subjective well-being. *Psychological Science*, 23(7), 764–771.

Bao, K. J., & Lyubomirsky, S. (2013). Making it last: Combating hedonic adaptation in romantic relationships. *The Journal of Positive Psychology*, 8(3), 196–206.

Baumeister, R. F. (1991). *Meanings of life*. New York, NY: Guilford Press.

Baumeister, R. F., & DeWall, C. N. (2005). The inner dimension of social exclusion: Intelligent thought and self-regulation among rejected persons. In K. D. Williams, J. P. Forgas, & W. von Hippel (Eds.), *The social outcast: Ostracism, social exclusion, rejection, and bullying* (pp. 53–73). New York, NY: Psychology Press.

Baumeister, R. F., & Leary, M. R. (1995). The need to belong: Desire for interpersonal attachments as a fundamental human motivation. *Psychological Bulletin, 117*(3), 497–529.

Beja, E. L. (2015). Direct and indirect impacts of parenthood on happiness. *International Review of Economics, 62*(4), 307–318.

Bernstein, M. J., & Claypool, H. M. (2012). Not all social exclusions are created equal: Emotional distress following social exclusion is moderated by exclusion paradigm. *Social Influence, 7*(2), 113–130.

Biehle, S. N., & Mickelson, K. D. (2011). Preparing for parenthood: How feelings of responsibility and efficacy impact expectant parents. *Journal of Social and Personal Relationships, 28*(5), 668–683.

Bouchard, G. (2014). The quality of the parenting alliance during the transition to parenthood. *Canadian Journal of Behavioural Science/Revue Canadienne Des Sciences Du Comportement, 46*(1), 20–28.

Bouchard, G., & Poirier, L. (2011). Neuroticism and well-being among employed new parents: The role of the work–family conflict. *Personality and Individual Differences, 50*(5), 657–661.

Bourassa, K. J., Sbarra, D. A., & Whisman, M. A. (2015). Women in very low quality marriages gain life satisfaction following divorce. *Journal of Family Psychology, 29*(3), 490–499.

Bower, D., Jia, R., Schoppe-Sullivan, S., Mangelsdorf, S. C., & Brown, G. L. (2013). Trajectories of couple relationship satisfaction in families with infants: The roles of parent gender, personality, and depression in first-time and experienced parents. *Journal of Social and Personal Relationships, 30*(4), 389–409.

Bowlby, J. (1969). Disruption of affectional bonds and its effects on behavior. *Canada's Mental Health Supplement, 59*, 12.

Braithwaite, S., & Holt-Lunstad, J. (2017). Romantic relationships and mental health. *Current Opinion in Psychology, 13*, 120–125.

Carr, D., Freedman, V. A., Cornman, J. C., & Schwarz, N. (2014). Happy marriage, happy life? Marital quality and subjective well-being in later life. *Journal of Marriage and Family, 76*(5), 930–948.

Castellano, R., Velotti, P., Crowell, J. A., & Zavattini, G. C. (2014). The role of parents' attachment configurations at childbirth on marital satisfaction and conflict strategies. *Journal of Child and Family Studies, 23*(6), 1011–1026.

Cetre, S., Clark, A. E., & Senik, C. (2016). Happy people have children: Choice and self-selection into parenthood. *European Journal of Population, 32*(3), 445–473.

Coulter, K., & Malouff, J. M. (2013). Effects of an intervention designed to enhance romantic relationship excitement: A randomized-control trial. *Couple and Family Psychology: Research and Practice, 2*(1), 34–44.

Demir, M., Orthel, H., & Andelin, A. K. (2013). Friendship and happiness. In S. A. David, I. Boniwell, & A. Conley Ayers (Eds.), *The Oxford handbook of happiness* (pp. 860–870). New York, NY: Oxford University Press.

Demir, M., & Özdemir, M. (2010). Friendship, need satisfaction and happiness. *Journal of Happi-*

ness Studies, 11(2), 243–259.

DePaulo, B. (2011). Living single: Lightening up those dark, dopey myths. In W. R. Cupach & B. H. Spitzberg (Eds.), The dark side of close relationships II (pp. 409–439). New York, NY: Routledge/Taylor & Francis.

DePaulo, B. M., & Morris, W. L. (2005). Singles in society and in science. Psychological Inquiry, 16(2–3), 57–83.

DePaulo, B. M., & Morris, W. L. (2006). The unrecognized stereotyping and discrimination against singles. Current Directions in Psychological Science, 15(5), 251–254.

Dew, J., & Wilcox, W. B. (2011). If momma ain't happy: Explaining declines in marital satisfaction among new mothers. Journal of Marriage and Family, 73(1), 1–12.

DeWall, C. N., Baumeister, R. F., & Vohs, K. D. (2008). Satiated with belongingness? Effects of acceptance, rejection, and task framing on self-regulatory performance. Journal of Personality and Social Psychology, 95(6), 1367–1382.

DeWall, C. N., & Bushman, B. J. (2011). Social acceptance and rejection: The sweet and the bitter. Current Directions in Psychological Science, 20(4), 256–260.

DeWall, C. N., MacDonald, G., Webster, G. D., Masten, C. L., Baumeister, R. F., Powell, C., . . . Eisenberger, N. I. (2010). Acetaminophen reduces social pain: Behavioral and neural evidence. Psychological Science, 21(7), 931–937.

Diener, E., Suh, E. M., Lucas, R. E., & Smith, H. L. (1999). Subjective well-being: Three decades of progress. Psychological Bulletin, 125(2), 276–302.

Don, B. P., & Mickelson, K. D. (2014). Relationship satisfaction trajectories across the transition to parenthood among low-risk parents. Journal of Marriage and Family, 76(3), 677–692.

Doss, B. D., Rhoades, G. K., Stanley, S. M., & Markman, H. J. (2009). The effect of the transition to parenthood on relationship quality: An 8-year prospective study. Journal of Personality and Social Psychology, 96(3), 601–619.

Dush, C. M. K., Taylor, M. G., & Kroeger, R. A. (2008). Marital happiness and psychological well-being across the life course. Family Relations: An Interdisciplinary Journal of Applied Family Studies, 57(2), 211–226.

Dyrdal, G. M., Røysamb, E., Nes, R. B., & Vittersø, J. (2011). Can a happy relationship predict a happy life? A population-based study of maternal well-being during the life transition of pregnancy, infancy, and toddlerhood. Journal of Happiness Studies, 12(6), 947–962.

Eisenberger, N. I., Lieberman, M. D., & Williams, K. D. (2003). Does rejection hurt? An fMRI study of social exclusion. Science, 302(5643), 290–292.

Festinger, L. (1957). A theory of cognitive dissonance. Palo Alto, CA: Stanford University Press.

Finkel, E. J., Hui, C. M., Carswell, K. L., & Larson, G. M. (2014). The suffocation of marriage: Climbing Mount Maslow without enough oxygen. Psychological Inquiry, 25(1), 1–41.

Frech, A., & Williams, K. (2007). Depression and the psychological benefits of entering marriage. Journal of Health and Social Behavior, 48(2), 149–163.

Freud, S. (1962). Three essays on the theory of sexuality (James Strachey, Trans.). New York, NY: Basic Books.

Freud, S. (2002). *Civilization and its discontents.* London, UK: Penguin.

Frijters, P., Johnston, D. W., & Shields, M. A. (2011). Life satisfaction dynamics with quarterly life event data. *Scandinavian Journal of Economics, 113,* 190–211.

Gere, J., & MacDonald, G. (2010). An update of the empirical case for the need to belong. *The Journal of Individual Psychology, 66*(1), 93–115.

Gilbert, D. (2006). *Stumbling on happiness.* New York, NY: A. A. Knopf.

Hansen, T. (2012). Parenthood and happiness: A review of folk theories versus empirical evidence. *Social Indicators Research, 108*(1), 29–64.

Holmes, E. K., Sasaki, T., & Hazen, N. L. (2013). Smooth versus rocky transitions to parenthood: Family systems in developmental context. *Family Relations: An Interdisciplinary Journal of Applied Family Studies, 62*(5), 824–837.

Horn, E. E., Xu, Y., Beam, C. R., Turkheimer, E., & Emery, R. E. (2013). Accounting for the physical and mental health benefits of entry into marriage: A genetically informed study of selection and causation. *Journal of Family Psychology, 27*(1), 30–41.

Kamp Dush, C. M., Rhoades, G. K., Sandberg-Thoma, S., & Schoppe-Sullivan, S. (2014). Commitment across the transition to parenthood among married and cohabiting couples. *Couple and Family Psychology: Research and Practice, 3*(2), 126–136.

Keizer, R., & Schenk, N. (2012). Becoming a parent and relationship satisfaction: A longitudinal dyadic perspective. *Journal of Marriage and Family, 74*(4), 759–773.

Kim, J., & Hicks, J. A. (2016). Happiness begets children? Evidence for a bi-directional link between well-being and number of children. *Journal of Positive Psychology, 11*(1), 62–69.

Knowles, M. L. (2014). Social rejection increases perspective taking. *Journal of Experimental Social Psychology, 55,* 126–132.

Kohn, J. L., Rholes, W. S., Simpson, J. A., Martin, A. M., Tran, S., & Wilson, C. L. (2012). Changes in marital satisfaction across the transition to parenthood: The role of adult attachment orientations. *Personality and Social Psychology Bulletin, 38*(11), 1506–1522.

Kusner, K. G., Mahoney, A., Pargament, K. I., & DeMaris, A. (2014). Sanctification of marriage and spiritual intimacy predicting observed marital interactions across the transition to parenthood. *Journal of Family Psychology, 28*(5), 604–614.

Lakey, B. (2013). Perceived social support and happiness: The role of personality and relational processes. In S. A. David, I. Boniwell, & A. Conley Ayers (Eds.), *The Oxford handbook of happiness* (pp. 847–859). New York, NY: Oxford University Press.

Lavigne, G. L., Vallerand, R. J., & Crevier-Braud, L. (2011). The fundamental need to belong: On the distinction between growth and deficit-reduction orientations. *Personality and Social Psychology Bulletin, 37*(9), 1185–1201.

Lawrence, E., Rothman, A. D., Cobb, R. J., Rothman, M. T., & Bradbury, T. N. (2008). Marital satisfaction across the transition to parenthood. *Journal of Family Psychology, 22*(1), 41–50.

Leary, M. R., Kelly, K. M., Cottrell, C. A., & Schreindorfer, L. S. (2013). Construct validity of the need to belong scale: Mapping the nomological network. *Journal of Personality Assessment, 95*(6), 610–624.

Lee, K. S., & Ono, H. (2012). Marriage, cohabitation, and happiness: A cross-national analysis of 27 countries. *Journal of Marriage and Family, 74*(5), 953–972.

Lucas, R. E., & Clark, A. E. (2006). Do people really adapt to marriage? *Journal of Happiness Studies, 7*(4), 405–426.

Lucas, R. E., Clark, A. E., Georgellis, Y., & Diener, E. (2003). Reexamining adaptation and the set point model of happiness: Reactions to changes in marital status. *Journal of Personality and Social Psychology, 84*(3), 527–539.

Luhmann, M., Hofmann, W., Eid, M., & Lucas, R. E. (2012). Subjective well-being and adaptation to life events: A meta-analysis. *Journal of Personality and Social Psychology, 102*(3), 592–615.

Luthar, S. S., & Ciciolla, L. (2015). Who mothers mommy? Factors that contribute to mothers' well-being. *Developmental Psychology, 51*(12), 1812–1823.

Lyubomirsky, S. (2008). *The how of happiness: A new approach to getting the life you want.* New York, NY: Penguin Press.

Lyubomirsky, S. (2013). *The myths of happiness: What should make you happy, but doesn't, What shouldn't make you happy, but does.* New York, NY: Penguin Press.

MacDonald, G., & Leary, M. R. (2005). Why does social exclusion hurt? The relationship between social and physical pain. *Psychological Bulletin, 131*(2), 202–223.

Maner, J. K., DeWall, C. N., Baumeister, R. F., & Schaller, M. (2007). Does social exclusion motivate interpersonal reconnection? Resolving the "porcupine problem." *Journal of Personality and Social Psychology, 92*(1), 42–55.

Mehl, M. R., Vazire, S., Holleran, S. E., & Clark, C. S. (2010). Eavesdropping on happiness: Well-being is related to having less small talk and more substantive conversations. *Psychological Science, 21*(4), 539–541.

Mikulincer, M., & Shaver, P. R. (2013). Adult attachment and happiness: Individual differences in the experience and consequences of positive emotions. In S. A. David, I. Boniwell, & A. Conley Ayers (Eds.), *The Oxford handbook of happiness* (pp. 834–846). New York, NY: Oxford University Press.

Mitnick, D. M., Heyman, R. E., & Smith Slep, A. M. (2009). Changes in relationship satisfaction across the transition to parenthood: A meta-analysis. *Journal of Family Psychology, 23*(6), 848–852.

Morris, W. L., Sinclair, S., & DePaulo, B. M. (2007). No shelter for singles: The perceived legitimacy of marital status discrimination. *Group Processes and Intergroup Relations, 10*(4), 457–470.

Mortensen, Ø., Torsheim, T., Melkevik, O., & Thuen, F. (2012). Adding a baby to the equation. Married and cohabiting women's relationship satisfaction in the transition to parenthood. *Family Process, 51*(1), 122–139.

Musick, K., & Bumpass, L. (2012). Reexamining the case for marriage: Union formation and changes in well-being. *Journal of Marriage and Family, 74*(1), 1–18.

Myrskylä, M., & Margolis, R. (2014). Happiness: Before and after the kids. *Demography, 51*(5), 1843–1866.

Nadkarni, A., & Hofmann, S. G. (2012). Why do people use Facebook? *Personality and Individual*

Differences, 52(3), 243–249.

Nelson, S. K., Kushlev, K., & Lyubomirsky, S. (2014). The pains and pleasures of parenting: When, why, and how is parenthood associated with more or less well-being? *Psychological Bulletin, 140*(3), 846–895.

O'Connor, K. M., & Gladstone, E. (2015). How social exclusion distorts social network perceptions. *Social Networks, 40,* 123–128.

Pillow, D. R., Malone, G. P., & Hale, W. J. (2015). The need to belong and its association with fully satisfying relationships: A tale of two measures. *Personality and Individual Differences, 74,* 259–264.

Pollmann-Schult, M. (2014). Parenthood and life satisfaction: Why don't children make people happy? *Journal of Marriage and Family, 76*(2), 319–336.

Powdthavee, N. (2009). Think having children will make you happy? *The Psychologist, 22*(4), 308–310.

Proulx, C. M., Helms, H. M., & Buehler, C. (2007). Marital quality and personal well-being: A meta-analysis. *Journal of Marriage and Family, 69*(3), 576–593.

Qari, S. (2014). Marriage, adaptation and happiness: Are there long-lasting gains to marriage? *Journal of Behavioral and Experimental Economics, 50,* 29–39.

Richman, L., & Leary, M. R. (2009). Reactions to discrimination, stigmatization, ostracism, and other forms of interpersonal rejection: A multimotive model. *Psychological Review, 116*(2), 365–383.

Riva, P., Romero-Lauro, L. J., DeWall, C. N., & Bushman, B. J. (2012). Buffer the pain away: Stimulating the right ventrolateral prefrontal cortex reduces pain following social exclusion. *Psychological Science, 23*(12), 1473–1475.

Saphire-Bernstein, S., & Taylor, S. E. (2013). Close relationships and happiness. In S. A. David, I. Boniwell & A. Conley Ayers (Eds.), *The Oxford handbook of happiness* (pp. 821–833). New York, NY: Oxford University Press.

Shapiro, A., & Keyes, C. L. M. (2008). Marital status and social well-being: Are the married always better off? *Social Indicators Research, 88*(2), 329–346.

Sheldon, K. M., & Lyubomirsky, S. (2012). The challenge of staying happier: Testing the Hedonic Adaptation Prevention Model. *Personality and Social Psychology Bulletin, 38*(5), 670–680.

Soons, J. P. M., & Kalmijn, M. (2009). Is marriage more than cohabitation? Well-being differences in 30 European countries. *Journal of Marriage and Family, 71*(5), 1141–1157.

Soons, J. P. M., Liefbroer, A. C., & Kalmijn, M. (2009). The long-term consequences of relationship formation for subjective well-being. *Journal of Marriage and Family, 71*(5), 1254–1270.

Spielmann, S. S., MacDonald, G., Maxwell, J. A., Joel, S., Peragine, D., Muise, A., & Impett, E. A. (2013). Settling for less out of fear of being single. *Journal of Personality and Social Psychology, 105*(6), 1049–1073.

Stanca, L. (2012). Suffer the little children: Measuring the effects of parenthood on well-being worldwide. *Journal of Economic Behavior and Organization, 81*(3), 742–750.

Stavrova, O., Fetchenhauer, D., & Schlösser, T. (2012). Cohabitation, gender, and happiness: A cross-cultural study in thirty countries. *Journal of Cross-Cultural Psychology, 43*(7), 1063–1081.

Stutzer, A., & Frey, B. S. (2006). Does marriage make people happy, or do happy people get married? *The Journal of Socio-Economics, 35*(2), 326–347.

Tay, L., Tan, K., Diener, E., & Gonzalez, E. (2013). Social relations, health behaviors, and health outcomes: A survey and synthesis. *Applied Psychology: Health and Well-Being, 5*(1), 28–78.

Trillingsgaard, T., Baucom, K. J. W., & Heyman, R. E. (2014). Predictors of change in relationship satisfaction during the transition to parenthood. *Family Relations: An Interdisciplinary Journal of Applied Family Studies, 63*(5), 667–679.

Twenge, J. M., Baumeister, R. F., Tice, D. M., & Stucke, T. S. (2001). If you can't join them, beat them: Effects of social exclusion on aggressive behavior. *Journal of Personality and Social Psychology, 81*(6), 1058–1069.

Twenge, J. M., Campbell, W. K., & Foster, C. A. (2003). Parenthood and marital satisfaction: A meta-analytic review. *Journal of Marriage and Family, 65*(3), 574–583.

van Beest, I., Williams, K. D., & van Dijk, E. (2011). Cyberbomb: Effects of being ostracized from a death game. *Group Processes and Intergroup Relations, 14*(4), 581–596.

Vangelisti, A. L., Pennebaker, J. W., Brody, N., & Guinn, T. D. (2014). Reducing social pain: Sex differences in the impact of physical pain relievers. *Personal Relationships, 21*(2), 349–363.

Wadsworth, T. (2016). Marriage and subjective well-being: How and why context matters. *Social Indicators Research, 126*(3), 1025–1048.

Waytz, A., & Epley, N. (2012). Social connection enables dehumanization. *Journal of Experimental Social Psychology, 48*(1), 70–76.

Wiik, K. A., Keizer, R., & Lappegård, T. (2012). Relationship quality in marital and cohabiting unions across Europe. *Journal of Marriage and Family, 74*(3), 389–398.

Williams, K. D. (2007). Ostracism. *Annual Review of Psychology, 58*, 425–452.

Williams, K. D., & Carter-Sowell, A. (2009). Marginalization through social ostracism: Effects of being ignored and excluded. In F. Butera & J. M. Levine (Eds.), *Coping with minority status: Responses to exclusion and inclusion* (pp. 104–122). New York, NY: Cambridge University Press.

Wölfer, R., & Scheithauer, H. (2013). Ostracism in childhood and adolescence: Emotional, cognitive, and behavioral effects of social exclusion. *Social Influence, 8*(4), 217–236.

06

돈

돈으로 행복을 살 수 없다고 말하는 사람들은 어떻게 돈을 쓸지 모르는 사람들이다.

– 무명씨

"돈으로 행복을 살 수 없다." 음, 미국에 살고 계십니까?

– 코미디언 다니엘 토쉬

위 글은 재치 있는 문구이며 우리를 웃게 만든다. 직관적으로 더 많은 돈이 우리를 더 행복하게 한다는 것은 사실이어야 할 것 같다. 대부분의 사람들은 아마 "내게 조금 더 돈이 있다면, 인생에서 스트레스가 덜어지고, 나를 행복하게 만드는 일들을 더 많이 할 수 있을 텐데."라고 생각할 것이다.

자산이 행복을 증가시킨다는 가정은 자본주의 세상에서 대부분의 경제 사상과 사회정책의 기초를 이루고 있다. 국가가 부유해지면 시민과 사회 전체가 혜택을 받는다는 가정 위에 사회경제 정책이 세워진다. 그러나 사회가 더 부유해지면 더 행복해지는가? 만약에 그렇다면 이 관계는 강력하고 명료한 것일까? 부유한 개인이 가난한 개인보다 반드시 행복할까? 모든 사회에서 경제 성장이 행복을 증가시키는 효과적인 방법일까? 증거를 살펴보자.

이스털린 역설

돈이 행복을 증가시킨다는 가정에 대한 최초의 주요 경험적 도전은 지금은 유명한 논문 "경제 성장이 인간의 운명을 개선하는가?"(Easterlin, 1974)에서 제시되었다. 이스털린은 세 가지 중요한 모순 관계에 주목했다(표 6.1). 첫째, 소득과 부는 분명히 한 국가 내에서 높은 복지를 예측한다. 이는 미국과 다른 서구 문화(예 : 서독)를 포함한 여러 나라에서 사실이며, 비서구 문화(예 : 인도)에서도 사실이다. 이는 이스털린이 연구한 여러 시기 (1940년대 중반에서 1970년 사이)에서도 사실이었다. 이스털린은 또한 미국에서 매우 가난한 사람들보다 매우 부유한 사람들이 매우 만족함을 느낀다고 보고한다는 사실과 '매우 만족' 응답 비율이 소득이 증가함에 따라 꾸준히 증가한다는 사실에 주목하였다.

이스털린의 두 번째와 세 번째 발견에서 역설이 발생한다. 한 국가 내에서의 비교와는 반대로, 두 번째 발견은 **국가들** 사이에서는 자산이 행복의 강력한 예측인자가 아님을 보여준다. 부유한 국가들[1인당 국민총생산(GNP)으로 측정]에서 평균 만족도는 덜 부유한 국가들에서의 만족도보다 일관성 있게 높지 않았다. 더구나 이스털린은 국가의 부와 평균 행복 사이에 설령 어떤 관계가 있더라도, 그 관계는 국가 내의 소득과 행복 사이의 관계보다 훨씬 약했음에 주목했다.

마지막으로 이스털린의 세 번째 발견은 더 놀랍다. 그는 경제 성장이 장기적 행복을 가져오지 않는다고 결론 내렸다. 예를 들어 그는 미국이 1946년과 1970년 사이에 더 부유해졌지만 미국인들이 눈에 띄게 더 행복해지지는 않았음을 발견했다.

이스털린은 **절대적** 부가 아닌, **상대적** 부가 이들 결과를 설명해준다고 제안하였다. 그는

표 6.1 이스털린 역설	
발견 1	한 국가 내에서 소득은 더 큰 행복과 연관되어 있다.
발견 2	부유한 국가의 개인들이 가난한 국가의 개인들보다 반드시 행복한 것은 아니다.
발견 3	한 국가 내에서 경제 성장이 반드시 행복을 증가시키는 것은 아니다.
이유	이스털린은 이들 발견에 대한 두 가지 주요 이유를 제안하였다. ▶ 상대소득이 절대소득보다 더 강하게 행복에 영향을 미친다. ▶ 인간은 현재 상황에 적응한다. 따라서 소득이 제공한 행복 상승은 비교적 짧게 지속된다.

국가 경제의 성장(예 : 국부의 증가)이 더 큰 행복을 가져오지 않는 이유는 주변 사람들이 우리와 같은 속도로 부유해진다면 우리는 더 부유해진 것을 느끼기 어렵기 때문이라고 주장했다. 우리가 동료들보다 앞서 나간 것이 아니기 때문에, 우리는 더 부유하다고 느끼지 않는다고 이스털린은 주장했다. 그는 개인은 현재 상황에 적응하며, 따라서 시간이 지남에 따라 증가된 소득과 부의 혜택을 느끼기를 중단하게 된다고 가설을 세웠다.[1] 이스털린에 따르면 우리는 부의 치장과 장식에 익숙해지고, 그것들이 처음에 제공하던 행복을 더 이상 가져다주지 못하게 된다는 것이다.

이스털린은 사회가 부유해짐에 따라 부와 빈곤의 정의가 근본적으로 변화함을 지적하면서, 상대소득과 적응의 중요성을 주장했다. 당연히 많은 사회에서 부자라고 간주되려면 과거보다 더 많은 부가 있어야 한다. 마찬가지로 오늘날 빈곤의 정의는 과거의 사람들에게는 부유하게 보일 수 있다. 그는 인도와 미국에서 개인이 행복하기 위해 요구되는 최소한의 물질적 요건을 지적했다. 당신이 상상할 수 있듯이, 인도의 시민들은 비교적 가난하여 상대적으로 낮은 열망을 가지고 있었다. 그들은 깨끗한 수돗물, 전기 그리고 질병 없는 미래를 원했다. 그러나 미국인들은 새로운 자동차, 보트, 사립학교 같은 고가의 제품과 서비스를 추구하였다. 따라서 적응과 상대소득 가설과 일관되게 부유한 미국인들은 가난한 인도인들이라면 기뻐할 결과에 더 이상 만족하지 않았다.

이러한 결과는 확실히 역설적이다. 소득과 부는 한 국가 내에서는 행복과 연관이 있지만, 부유한 국가가 가난한 국가보다 더 행복한 것은 아니며, 한 국가가 더 부유해진다고 해서(적어도 미국과 같은 국가에서) 국가 내에서 행복이 더 증가하지는 않는다. 우리는 다음 절들에서 이들 관계와 그에 대한 잠재적 설명을 탐색한다. 그러나 먼저 이스털린 역설의 의미를 짧게 생각해보는 것이 중요하다.

가장 중요한 의미는 이스털린의 연구결과는 경제 성장이 행복을 증진한다는 가정에 의문을 제기한다는 것이다. 더 나아가 그의 결과는 경제학자들의 표준 모델의 중심 가정, 즉 부가 행복의 대리 측정치라는 가정에 도전한다. 경제학자들은 개인들이 추가적 부에 대해 합리적이고 행복-증진 선택을 할 것이라고 가정하였기 때문에 부와 행복을 동일시한다. 다음 절들에서 추가 자료와 이론을 탐색하면서 이런 의미를 마음에 두도록 하라. 이스털린이 옳은지 알아보자.

이스털린에 대한 도전

국가 내에서의 부의 효과에 관한 이스털린의 첫 번째 결론에 대해서는 일반적으로 동의가 이루어져 있다. 연구자들은 당신의 부유한 이웃이 당신보다 행복하다는 것을 일관적으로 발견하였다(Lucas & Schimmack, 2009). 그러나 일부 연구자들은 이스털린의 둘째와 셋째 결론에 도전장을 내밀었다. Sacks, Stevenson 및 Wolfers(2012), 그리고 Stevenson과 Wolfers(2008)는 부유한 국가의 국민들은 평균적으로 가난한 국가의 국민들보다 행복하다고 결론지었다. 유사하게 Diener, Tay 및 Oishi(2013), Sacks 등, 그리고 Stevenson과 Wolfers는 한 국가 내에서 경제 성장이 평균적 국민의 행복을 증진시킨다고 주장한다.

이들 도전자들은 신중하게 고려되어야 할 설득력 있는 주장을 한다. 우리는 다음 절들에서 이스털린의 주장과 후속 도전들을 각각 검토한다.

국가 내에서의 소득과 행복

소득-행복 관계의 크기

비록 소득이 국가 내에서의 행복을 예측하지만 국가 내 소득과 행복의 관계에 대한 논의는 그 관계의 크기에 집중된다. 이 관계가 의미를 가질 만큼 큰가? 소득이 증가하면 우리는 의미 있게 더 행복해지는가? 우리가 다다른 결론은 돈은 중요하지만 압도적으로 중요하지는 않다는 것이다. 돈 외의 다른 요인들이 그만큼 혹은 그 이상으로 행복에 중요하다. 더구나 대부분의 사람들에게 소득의 증가량(예 : 직장에서 연봉이 오르거나, 더 좋은 직업을 찾음으로써 얻는)은 그들의 행복에 의미 있고 장기적인 영향을 줄 가능성이 없다는 것이다. 그러나 이렇게 말한다고 해서 빈곤의 심리적 영향이 미미하다는 것은 아니다. 빈곤은 명백히 행복을 감소시킨다(Wood, Boyce, Moore, & Brown, 2012).

포만 가설   소득을 증가시키는 것은 대부분의 빈곤하지 않은 개인들의 행복을 증진하는 데 의심스러운 전략이다. 그 이유 중 하나는 소득이 행복에 주는 영향은 한계효용체감의 법칙을 따르기 때문이다(Diener, Ng, Harter, & Arora, 2010, p. 54). 한계효용체감이란 한 변인의 효과가 높은 수준으로 갈수록 약해지는 것을 나타내는 경제학 용어이다. 예를 들어 적당량의 피자는 아마도 꽤 맛있을 것이다. 그러나 피자를 한 트럭 먹고 나서는 그만큼 맛있지 않게 된다. 다시 말해 한 트럭보다는 적은 어떤 지점에서 우리는 피자에 충분히 만족하게 된다.

그 관계는 측정 유형에 따라 다르지만 비슷한 효과가 소득과 행복에서도 발생한다. 예를 들어 Kahneman과 Deaton(2010)은 연소득이 7만 5천 달러(2009년 달러 가치로)에 도달하면, 소득은 정서적 행복에 약하거나 영(0)에 가까운 영향을 줌을 발견하였다. 이 결과는 때때로 포만 가설(satiation hypothesis)이라고 불린다(Sacks et al., 2012). 따라서 긍정 정서를 증진시키기 위한 소득 기반 전략은 소득이 비교적 낮은 수준에서만 효과가 있다.

소득의 직접 비교 돈/행복 관계의 크기는 계속 뜨겁게 논쟁이 되고 있다. 그러나 행복의 차이는 매우 부유한 사람들과 매우 빈곤한 사람들을 비교할 때를 제외하고는 작은 것으로 보인다. 예를 들어 Angeles(2011)는 소득이 개인들의 행복 점수의 3.6% 차이만을 설명함을 발견했다. 그러나 Lucas와 Schimmack(2009)는 연구자들이 돈/행복 관계의 크기를 과소평가해 왔다고 결론지었다. 이들은 독일인의 대표 샘플을 검사하고, 20만 달러 이상에 해당하는 소득을 올린 개인들이 1만 달러 이하를 번 사람들보다 삶의 만족에서 0.88 표준편차만큼 높았음을 발견하였다. 더구나 20만 달러 이상 소득자들은 약 5만 5천 달러 소득자들의 중간에 있는 개인보다 삶의 만족에서 0.5~0.67 표준편차 높았다.

그러나 1년에 20만 달러 이상을 버는 사람이 1만 달러나 5만 5천 달러 이하 소득자보다 더 삶에 만족한다는 것이 놀라운 일인가? 더 중요한 것은 이러한 차이는 의미가 있는 것일까? Lucas와 Schimmack(2009)는 소득의 급증이 삶의 만족에 눈에 띄는 영향을 미친다는 것을 확인하였다. 부자가 빈곤자보다 삶에 더 만족한다. 그리고 이 발견에는 중요한 사회정책상의 시사점이 있다. 그러나 아마 더 의미 있는 질문은 우리가 자신의 복지 향상을 추구하는 개인들에게 해줄 수 있는 조언에 관한 것이다. 우리는 그들에게 더 많은 소득을 추구하도록 조언해야 하는가?

Lucas와 Schimmack(2009)가 그들의 자료로부터 생성한 그림 6.1에서 볼 수 있듯이, 소득의 여러 층을 오르는 것은 삶의 만족에 단지 작은 영향만을 미친다. 예를 들어 연소득 1만 달러를 추가하는 것은 대다수의 사람들에게는 드물게 일어나는 일인데, 초기 소득이 얼마든 삶의 만족도에 의미 있는 효과가 거의 없다. 심지어는 5~6만 달러 소득에서 8~9만 달러로 소득이 느는 경우도, 역시 대다수 개인들에게는 드물게 일어나는데, 삶의 만족이 0.2 표준편차 정도만 증가한다.

Kahneman과 Deaton(2010) 또한 소득과 삶의 평가 점수 사이에 비교적 강한 관계를 보고했다. 그러나 자료를 자세히 살펴보면 그 관계가 통계적으로 유의하지만, 높은 소득 수

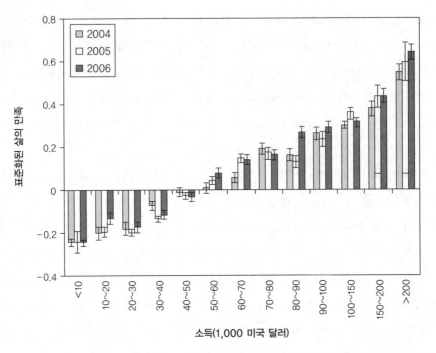

그림 6.1 독일 사회경제 패널 연구의 2004, 2005, 2006년 파형으로 나타난 여러 소득 집단들의 표준화된 삶의 만족 평균 점수(표준오차와 함께)

출처 : Lucas & Schimmack(2009)

준에서는 역시 작다는 것을 알 수 있는데, 이는 포만 가설과 일관된 결과이다. 연소득 12만 달러 이상의 개인들은 11점 삶 평가 척도에서 연소득 9~12만 달러 사이의 개인들보다 단지 0.23점만 높을 뿐이다. 마찬가지로 9~12만 달러 소득 집단도 삶 평가 척도에서 연소득 6~9만 달러 소득 집단보다 0.23점만 높다.

그림 6.2는 Kahneman과 Deaton(2010)의 일부 자료를 보여준다. '사다리' 선은 삶의 평가 측정치를 뜻하며, 다른 3개 선은 정서적 웰빙의 측면들을 나타낸다. '한계효용체감'의 증거에 주목하라. 모든 선은 낮은 소득 수준에서 경사가 훨씬 급하다. 다음 단락들에서 부의 국가별 차이를 비교하는데, 포만 효과를 좀 더 자세히 설명하겠지만, 명백히 소득의 웰빙에 대한 효과는 높은 소득 수준에서 더 약하다. 우리가 소득/웰빙 효과를 고려할 때마다 이 효과를 기억하는 것이 중요하다.

돈과 소득이 전혀 행복에 중요하지 않다고 말하려는 것이 아니다. 일부 연구는 돈 문제가 중요한 예측자임을 발견했다. 예를 들어 Ng와 Diener(2014)는 Gallup World Poll (GWP)에서 얻은 세계 인구의 약 95%의 대표 샘플에서 금전적 만족과 소득이 '삶 평

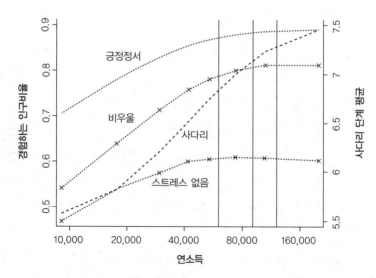

그림 6.2 가구 소득과 관련된 긍정정서, 우울정서, 스트레스 및 삶의 평가. 긍정정서는 행복, 미소, 즐거움을 보고 하는 인구비율의 평균이며, '비우울'은 걱정과 슬픔을 보고하는 인구비율을 1에서 뺀 수치이며, '스트레스 없음'은 하루 전날에 스트레스를 보고하지 않은 인구비율이다. 이 세 가지 쾌락 측정치는 왼쪽 눈금을 사용해 표시되어 있다. 사다리는 오른쪽 눈금에 표시된 0~10점 척도로 보고된 평균이다.

출처 : Kahneman & Deaton(2010)

가'(즉, 응답자들이 얼마나 그들이 삶을 긍정적으로 평가하는가)의 강력한 예측자임을 발견했다.

다른 예측자들과의 비교　행복을 설명하는 데 있어 돈의 역할은 과도하게 평가되어서는 안 되며, 다른 요인들과 비교되어야 한다. 예를 들어 Ng와 Diener(2014)는 웰빙에 대한 정책 결정을 할 때 재정적 및 비재정적 요소가 고려되어야 한다고 주장했다. 그들은 지구에서 가장 부유한 15개 국가와 가장 빈곤한 15개 국가에서 재정적 만족이 삶 평가를 실제 소득보다 2배 강하게 예측하였음을 발견하였다. 이러한 결과는 중요한데, 그 이유는 재정적 만족은 소득을 그대로 반영하는 것이 아니기 때문이다. 재정적 만족은 또한 상대소득과 적응 효과 같은 심리적 구성개념에 의해서도 영향을 받기 때문이다. 우리는 다른 사람보다 더 많이 돈을 벌 때, 그리고 현재의 소득 수준에 적응할 기회를 가지기 전에 재정적으로 만족할 가능성이 더 크다. 따라서 재정적 만족은 웰빙의 중요한 예측자이며, 단순하게 소득을 증가시킨다고 극대화될 수 없다. 이 결론은 (심리적 과정을 포함한 다른 요인들에 대한) 돈의 상대적 중요성을 고려할 필요가 있음을 강조한다.

돈/만족 관계의 강도에 관한 다른 흥미로운 시각이 있다. 예를 들어 중요한 사회관계를 잃게 되어 일어난 행복의 상실을 보상하는 데 얼마나 많은 돈이 필요할까? 이것은 계산 가능하다. 당신이 고등학교 수학시간에 배운 대로 연구자들은 함수의 기울기와 y절편 값을 찾음으로써 모든 x와 y 값 사이의 관계를 기술하는 수식을 찾을 수 있다. 그런 다음 연구자는 x(소득) 값을 대입하여 y(웰빙)를 추정할 수 있을 것이다. 이 절차를 반복하여 다른 큰 값의 x를 대입하여 얼마나 y(웰빙) 값이 증가하는지를 알 수 있다. 그럼 우리는 소득이 1만 달러 증가했을 때 웰빙이 1~7점 척도에서, 평균 1점 증가한다는 것을 알게 될 수도 있다. 비슷한 절차를 사용하여 사회관계의 감소가 웰빙을 같은 척도에서 2.5점을 감소시킴을 알 수 있다.

따라서 연구자들은 잃어버린 행복을 대체하기 위해 얼마나 많은 돈이 필요할지 추정할 수 있다. Powdthavee(2008)는 영국 가구의 전국 샘플에서 대부분의 날들에 더 이상 친구와 친척을 만날 수 없는 개인들은 이 상실을 보충하기 위해 나머지 생에서 매년 62,400 파운드를 필요로 할 것이라고 추정하였다. 이것은 1996년 영국 파운드이다! 유사하게 Blanchflower와 Oswald(2004)는 미국 가구의 대표 샘플에서 남편을 잃은 사람에게는 매년 10만 달러, 실업자에게는 매년 6만 달러, 흑인에게는 매년 3만 달러의 보상이 필요함을 발견했다.

물론 이 숫자들을 문자 그대로 받아들이라는 것이 아니다. 갑자기 남편을 잃고 슬퍼하는 내 아내가 두둑한 수표를 받고 나서 "제임스가 누구?"라고 말하는 일은 없기를 희망한다. 분명히 상실에 대한 심리적 반응을 돈으로 지울 수는 없다. 그러나 이들 수치는 행복에 영향을 주는 다양한 요인의 상대적 영향을 고려하는 흥미로운 방법을 제시한다. 이런 부정적인 경험을 상쇄하기 위해 그렇게 많은 돈이 필요하다는 것은 주목할 만한 일이다. 이 수치들은 금전 효과의 크기가 압도적이 아님을 시사한다.

요약하면 돈은 특히 같은 국가 내에서 개인을 비교할 때 웰빙을 예측한다. 그러나 우리는 이 효과의 강도를 과대평가하지 않도록 주의해야 한다. 소득을 극대화하는 것은 행복을 증가시키는 효율적인 방법이 아니다. 대부분의 개인들이 얻을 수 있는 소득 증가의 크기는 행복을 크게 증가시켜주지 못한다. 또한 다른 요인들이 돈만큼 중요하거나 혹은 돈보다 더 중요할 수 있다.

국가 사이에 존재하는 부의 차이

곡선의 모양

부유한 국가들이 빈곤한 국가들보다 더 행복한지에 대한 논쟁은 더 많은 연구를 촉발시
켰다. 예를 들어 Ingelhart와 Klingemann(2000)은 연구 대상이 부국과 빈국을 포함할 때
국부(GNP^2)와 국민의 행복 사이의 강한 관계를 발견했다. 그러나 그림 6.3이 보여주듯이
적어도 원자료에 관한 한 그 관계는 선형적이 아니다.

x축의 왼쪽에 있는 빈곤한 국가에서 부와 행복의 관계는 매우 경사가 가파름에 주목하
라. 그러나 x축의 가운데에서는 평평해진다. 실제 Ingelhart와 Klingemann은 1995년 미국
달러로 1인당 소득이 13,000달러에 이르면 국부와 행복 사이에 관계가 없음을 발견하였

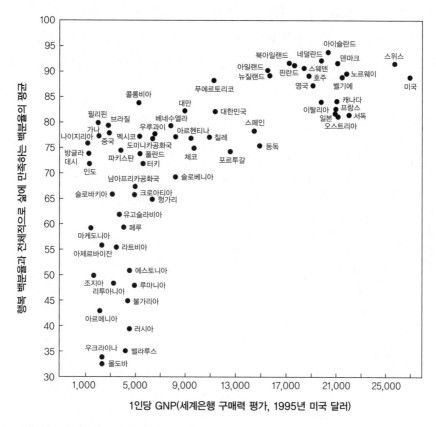

그림 6.3 경제 발전의 수준에 따른 주관적 웰빙

$r = 0.70$, $n = 65$, $p < .0000$.

출처 : Inglehart & Klingemann(2000), p. 168의 그림 7.2 ⓒ 2000 Massachusetts Institute of Technology, MIT 출판부의 허
락하에 사용함

다. 이를 한 발 물러서 보자. 세계은행에 따르면 미국의 1인당 소득은 1995년에 28,782달 러였다(http://data.worldbank.org/indicator/NY.GDP.PCAP.CD?locations=US). 따라서 국부는 미국의 현재 부유 수준보다 훨씬 낮은 나라들에서 개인의 웰빙에 점점 감소하는 영향을 주기 시작한다. 어떤 국가가 매우 부유하지 않아도 부의 증가는 행복에 단지 작은 영향을 미치기 시작한다.

이 결론은 욕구이론(Need Theory)과 일관된다. 욕구이론이란 돈은 개인과 국가가 기본 적인 욕구를 충족할 수 있을 정도로만 행복에 중요하다고 가정하는 이론인데(Howell & Howell, 2008), 이 시각은 매슬로의 욕구위계 이론과 일관된다(Diener et al., 2010). 따라 서 이 시각에 따르면 음식과 주거지 같이 기본적인 생존 요구가 만족되면, 부의 증가는 행 복의 증진에 도움이 안 되거나 미미한 도움이 될 뿐이다. 이 결론은 중요한 정책적 시사점 을 가지고 있다. 만약에 일정 수준을 넘어서는 부가 행복에 영향이 없거나 미미하다면, 어 떤 국가가 매우 부유해질 이유가 있을까? 우리는 제11장에서 이 문제를 논의한다.

그러나 이후의 연구자들은 국부가 행복에 대해 수확체감한다는 결론에 도전한다.

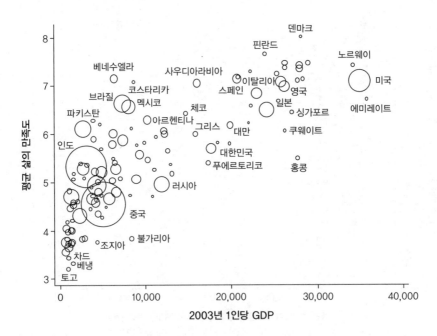

그림 6.4 여러 국가의 국부가 행복에 미치는 영향 그래프. 각 원은 국가를 나타내며, 지름은 인구에 비례함. 2003 년 GDP는 소비자 제품의 가격을 반영하도록 조정됨(구매력 평가).

GDP : 국내총생산

출처 : Deaton(2008). 저작권 미국경제학회. 허락하에 사용함. https://www.ncbi.nlm.nih.gov/pmc/articles/PMC2680297

Deaton(2008)은 얼핏 보기에 처음에는 Inglehart와 Klingemann의 결과와 비슷한 결과를 발견했다. 원자료를 포함하고 있는 그림 6.4를 보라. 얼핏 변곡점이 1만 달러 위의 소득에서 보이고, 곡선이 완만한 기울기와 평지를 보이기 시작한다. 이들 자료는 부의 효과가 높은 수준에서 줄어든다는 Inglehart와 Klingemann(2000)의 결론을 반복하는 것처럼 보인다. 그러나 Deaton(2008)은 x축의 원 GDP 자료를 로그 변환시켜 그림 6.5를 얻는다. 두 그림의 확연한 차이에 주목하라.

변환되지 않은 자료는 부와 웰빙(GDP) 사이에 비선형적인 관계를 나타내지만, 로그 변환된 자료는 변곡점 없는 선형적인 관계를 나타낸다. 이 패턴은 Deaton(2008)의 연구에 국한되지 않는다. Jorm과 Ryan(2014)은 문헌 고찰에서 거의 동일한 패턴을 관찰한다.

이러한 서로 다른 패턴들이 시사하는 바는 엄청나다. 그림 6.4는 부가 GDP의 꽤 낮은 수준에서 웰빙의 의미 있는 증가를 촉진시키지 않음을 나타낸다. 그림 6.5는 부의 효과가 높은 수준에서 감소하지 않음을 나타낸다. 부유한 국가들을 비교할 때조차 부는 웰빙을

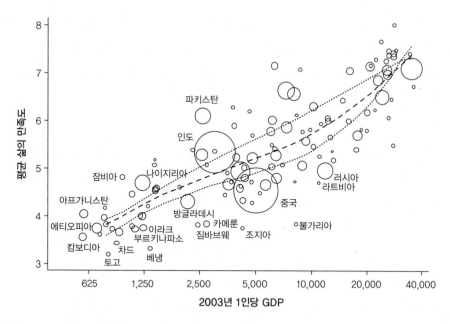

그림 6.5 GDP의 2배 증가가 삶의 만족의 꾸준한 증가와 연관됨을 보여주는 그래프. 각 원은 국가를 나타내며, 지름은 인구에 비례함. x축의 척도는 로그 변환됨. 중간 선은 1인당 GDP의 각 수준에 대해 평균 삶의 만족도를 보여주며, 바깥쪽 두 선은 15~25세(대부분 그림에서 위의 선), 60세 이상(대개 아래의 선)의 연령집단이다. 2003년 1인당 GDP는 2000년 달러 가치의 구매력으로 측정되었다.

GDP : 국내총생산

출처 : Deaton(2008). 저작권 미국경제학회. 허락하에 사용함. https://www.ncbi.nlm.nih.gov/pmc/articles/PMC2680297

계속하여 촉진한다. 실제 그림 6.5를 자세히 보면 기울기가 GDP의 높은 수준에서 더 가파른 것을 볼 수 있는데, 이는 부의 효과가 부유한 국가들을 비교할 때 더 강함을 나타낸다(Deaton, 2008). Sacks 등(2012)과 Stevenson과 Wolfers(2013)를 포함한 다른 연구자들도 유사한 결과를 발견했다. 따라서 이러한 자료가 갖는 정책적 시사점은 부의 웰빙에 대한 유익한 효과를 볼 때 국가가 계속해서 부를 증가시켜야 한다는 것이다.

해석

어떤 버전의 자료가 맞을까? 첫째, 자료 변환에 대해 필연적으로 부적절한 것은 없다. 변환에는 정당한 통계적 이유가 존재한다. 변환이 제멋대로의 자료를 통계학의 기본 가정에 더 가까운 분포로 바꾸어 주기 때문이다(Diener et al., 2013). 또한 변환은 종종 자료를 해석하는 데 도움을 준다(Diener et al., 2010).

중요한 것은 해석에 대한 두 번째 포인트이다. 로그 변환은 우리가 변곡점이 없음을 알게 하고, 부의 한계효용체감이 없음을 알게 한다. 구체적으로 행복은 한 국가가 다른 국가보다 2배 부유하면, 가난한 두 국가를 비교하든 혹은 부유한 두 국가를 비교하든, 부가 2배가 될 때마다 일정량만큼씩 증가한다. 이런 행복의 일정한 증가 때문에 부의 증가는 부유한 국가들을 비교할 때조차 행복을 증진시킨다. 이런 의미에서 Inglehart와 Klingemann(2000)은 틀렸고, 이스털린(1974)의 두 번째 포인트, 부국과 빈국의 웰빙에 의미 있는 차이가 없다는 포인트도 틀렸다.

그러나 앞 단락의 셋째 문장을 다시 읽어보라. 행복은 부가 2배로 증가할 때마다 일정량만큼씩 증가한다. Diener 등(2010, p. 60, 대괄호로 묶인 표현이 추가됨)은 이 주제에 대한 자료를 검토한 사람으로 이를 명료하게 설명한다.

…원자료의 절대소득[로그 변형되지 않은]의 차이는 부국에서보다 빈국에서 더 큰 효과를 만들어낸다. …1만 달러에서 2만 달러로의 증가가 8만 달러에서 9만 달러로의 증가보다 더 큰 영향을 미칠 것이다. 우리 측정치로 로그 소득을 사용하면 … 1만 달러에서 2만 달러로의 증가는 로그 척도에서 8만 달러에서 16만 달러로의 증가와 동등하다—양쪽 모두 소득이 2배가 된다. 이러한 시각에서 보면 소득은 심지어는 부유한 국가에서도 삶의 평가에 영향을 준다. 단, 눈에 띄는 변화를 만들어내기 위해 필요한 소득의 원자료 양은 훨씬 크다.

Sacks 등(2012)은 Diener 등(2010; Stevenson& Wolfers, 2013도 참조)이 그랬듯이 로그 변환된 자료를 해석하는 데 관해 동일한 중요한 조심성을 보여준다. Sacks 등(2012)은 다음과 같이 주장한다.

웰빙은 모든 소득 수준에서 소득과 함께 상승한다. 우리의 자료에서 포만은 발생하지 않는다. 그러나 물론 로그 관계는 소득의 1% 증가는 유사한 양만큼 측정된 웰빙을 증진시킴을 의미한다. 따라서 각 추가 달러는 이전 달러보다 웰빙을 적게 증진시킨다. 다시 말해 1천 달러에서 2천 달러로의 증가는 2천 달러에서 3천 달러로의 증가보다 2배만큼, 그리고 1만 달러에서 2만 달러로의 증가만큼 만족을 증가시킨다.(p. 1183)

마지막으로 Diener와 Tay(2015)는 세계 인구 98%의 대표 샘플에서 얻은 자료를 분석하면서, 소득이 웰빙을 긍정적으로 예측함을 발견하였다. 그들은 동일한 로그-선형 관계를 발견하지만, 그림 6.6의 캡션에서 적절한 해석을 잘 설명한다. 나는 그들의 그래프가 국가의 이름을 분명하게 나열하고 인구 크기를 나타내기 때문에 앞서 기술된 출판물들의

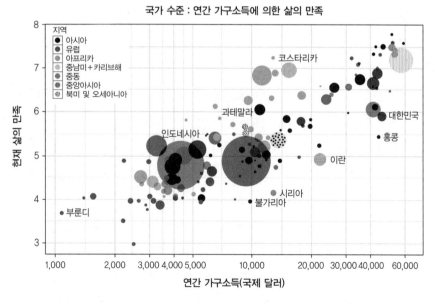

그림 6.6 연간 가구소득에 따른 국가들의 평균 삶의 만족의 단면적 연관. 원의 크기는 각 국가의 인구를 나타냄을 주목하라. 한계효용체감이 존재하지만, 즉 현재의 소득이 높을수록 삶의 만족도에 동일한 차이를 만들기 위해서 더 많은 돈이 필요하지만, 여기의 패턴은 선형적이다. 이유는 x축이 소득의 로그 척도를 나타내기 때문이다.
출처 : Diener & Tay(2015)

그래프와 함께 포함시킨다.

Deaton(2008)과 Sacks 등(2012)이 부유한 국가의 국민들이 빈곤한 국가의 국민들보다 더 만족한다고 결론지은 것은 옳다. 부유한 국가가 빈곤한 국가보다 행복하지 않다는 이스털린(1974)의 결론은 틀렸다. 그러나 높은 수준의 부가 체감하는 수확을 만들어낸다는 것도 역시 분명하다(Jorm & Ryan, 2014). Sacks 등이 말하듯이 로그 척도는 국가의 부가 2배가 될 때마다 웰빙이 동일하게 증진한다는 것을 뜻한다.

다른 자료는 국부의 증가가 일단 부의 역치를 넘어서면, 웰빙을 얼마나 조금 증가시키는지 보여준다. 예를 들어 1인당 GDP가 5,600달러 이하인 가난한 국가의 개인들은 1인당 GDP가 15,000달러 이상인 국가의 국민들보다 최상위 수준의 삶의 만족도를 보고할 가능성이 12% 낮다. 그러나 추가된 부의 효과는 부국에서는 감소한다는 포만 가설과 일관되게, 1인당 GDP가 17,000달러를 넘어서면 부의 증가는 최상위 수준의 삶의 만족도를 보고할 가능성을 2%보다 적게 증가시킨다(Proto & Rustichini, 2015).

따라서 전문적으로 말해 부의 웰빙에 대한 영향에는 수확체감이 존재하지 않는다. 그러나 실제적인 의미에서, 부의 훨씬 작은 절대 증가는 부유한 나라보다는 빈곤한 나라의 행복에 더 기여한다. 따라서 부의 증가는 부유한 나라에서는 행복에 상대적으로 작은 영향을 미칠 뿐이다.

욕구이론

부가 음식이나 주거지 같은 기본 생리적 욕구를 만족시켜주는 것을 돕기 때문에 중요하다는 욕구이론을 회상하라(Howell & Howell, 2008). 이 이론의 의미는 부가 부자보다는 가난한 사람들의 웰빙에 더 중요하다는 것이다. 이 가정은 작은 부의 절대량이 부자보다는 가난한 사람들의 웰빙에 더 큰 영향을 준다는 발견에 의해 적어도 부분적으로 지지된다.

일부 연구자들은 욕구이론을 더 구체적으로 조사했다. Howell과 Howell(2008)은 여러 발달 단계와 여러 국가 교육 수준을 가진 54개 국가에 대한 56개 연구를 메타분석하여 이 이론을 확인했다. 경제 개발 지위는 개발국보다는 개발도상국에서 더 강하게 웰빙과 연관이 있었다. 부와 웰빙의 연관은 가장 가난한 나라와 가장 교육 수준이 낮은 나라에서 더 강했다. 따라서 욕구이론 및 포만 가설 모두와 일관성 있게 부는 가장 가난하고 가장 교육 수준이 낮은 나라에서 가장 중요하다.

유사하게 Tay와 Diener(2011)는 세계 123개국의 샘플에서 심리적 욕구가 설명이 되고 난 후에, 소득이 웰빙에 유의한 예측력을 더해주지 않음을 발견하였다. 이러한 욕구는 기본적인 생존, 안전, 사회적 욕구, 존중, 숙달 및 자율성을 포함한다. 또한 이런 욕구를 충족하도록 도움을 주는 나라에 사는 사람들은 더 높은 수준의 웰빙을 누리고 있는데, 이는 심리적 욕구의 충족이 중요함을 시사한다.

이러한 결과들은 중요한데 그 이유는 이 결과들이 국가의 부와 행복에 대해 시사하는 바 때문이다. 이스털린이 국가 부의 차이가 웰빙을 예측하지 못한다고 주장한 것을 기억하라. 이스털린의 주장을 확장하면, 부의 증가는 부국보다는 빈국에서 행복에 더 영향을 미친다는 것이다. Howell과 Howell(2008) 그리고 Tay와 Diener(2011)의 결과도 이런 시각과 일관성이 있다.

관계의 크기

연구자들은 국가의 부를 웰빙의 다른 예측자들과 비교한 후, 다른 요인들도 매우 중요함을 발견했다. Helliwell(2003)은 건강상태, 실업상태, 결혼상태, 신에 대한 믿음들이 국민소득보다 삶의 만족을 더 잘 예측함을 발견했다. 또한 사회 소속감(social membership)이 높은 나라, 즉 부정행위에 싫은 내색을 하고 서로를 신뢰하며 신뢰롭고 잘 기능하는 정부를 둔 나라에 거주하는 것은 국민소득만큼이나 삶의 만족도를 잘 예측한다. 그리고 상대소득은 절대소득만큼이나 웰빙을 잘 예측한다.

유사하게 Fischer와 Boer(2011)도 전 세계에 분산된 63개국의 샘플에서 개인주의에 대한 사회의 지지가 국가의 부(GDP)를 통제한 후에도, 부정적인 웰빙(즉, 불안 혹은 스트레스)을 예측함을 발견했다. Tay와 Diener(2011)의 발견과 일관되게, 부는 개인주의에 대한 사회적 가치가 가지는 예측력에 추가로 예측력을 더하지 못한다. Fischer와 Boer(2011)는 부가 웰빙에 영향을 준다면, 그 이유는 아마도 웰빙의 직접적 원인이 되는 개인의 자유와 자율성(즉, 개인주의)을 증가시키기 때문일 것이라고 결론지었다.

이러한 결과가 함축하는 바는 중요하다. 부가 국가 행복의 한 예측자이지만, 적어도 그만큼 중요한 다른 예측자들이 존재한다. 국가의 행복을 증가하는 방법을 고려할 때에 이 점을 명심하는 것이 중요하다. 웰빙에 미치는 통화정책의 영향을 고려할 때는 신에 대한 믿음, 사회 소속감 및 신뢰 같은 비물질적 예측자들의 중요성을 주목할 필요가 있다.

웰빙 측정치의 종류

웰빙의 삶의 만족 측정치들에 초점을 맞추어서 논의를 해왔다. 그러나 다른 측정치들은 심지어 부와 훨씬 더 약한 관계를 보여준다. 예를 들어 부는 즐거움이나 걱정 같은 긍정적 및 부정적 감정과 단지 약한 관계만 있다(Diener et al., 2010; Howell & Howell, 2008; Ng & Diener, 2014). 긍정적 및 부정적 감정은 '사회심리적 번영'에 의해 더 강하게 예측된다(Diener et al., 2010, p. 59). 사회심리적 번영은 존중받는다는 느낌과 심리적 충족의 느낌을 포함한다. 다른 연구는 정서적 웰빙은 소득보다는 건강과 외로움 등의 요인에 의해 더 잘 예측되는 것을 발견했다(Kahneman & Deaton, 2010).

또한 일상 기분은 Ryan과 Deci(2000)의 자기결정 이론(Ng & Diener, 2014)과 일관되게, 심리적이고 비물질적인 욕구의 충족에 의해 더 잘 예측된다. Ng(2013)는 사회심리적 번영이 자기결정 이론이 지적한 유능감, 자율성, 관계성에 대한 사회심리적 욕구를 충족시킬 가능성이 더 크다고 주장한다. 이러한 기본 심리적 욕구의 충족은 앞에서 언급된 긍정정서 반응으로 이어질 가능성이 크다.

요약하면 소득/부와 웰빙 사이의 관계의 형태는, 특히 국가 간 비교에 관해 많은 논쟁을 유발했다. 로그 변환된 자료는 그 관계가 선형적임을 보여주었다. 소득 측정치의 어느 점에서 소득이 2배가 되는 것은 웰빙 증가와 관련이 있다(Sacks et al., 2012). 이러한 의미에서 소득이 웰빙과의 관련을 중단하는 '포만'점은 진정 존재하지 않는다.

그러나 웰빙을 증가시키는 데 필요한 소득의 절대량은 빈국에서보다 부국에서 훨씬 크다는 것을 기억하는 것이 중요하다. 이런 실용적인 이유에서 행복에 대한 국가 부의 영향은 체감한다. 국가의 부/웰빙 관계에서 실용적인 포만점이 존재한다는 주장이 설득력 있다.

부유한 국가에서 현저한 국부의 증가가 웰빙의 증진을 가져올 확률은 낮은 것으로 보인다(Proto & Rustichini, 2015). 또한 적어도 두 연구(Fischer & Boer, 2011; Tay & Diener, 2011)가 심리적 욕구의 충족과 개인주의의 경험이 웰빙에 너무도 중요해서 일단 이런 욕구들이 충족되면 돈이 행복에 기여하는 바는 중지됨을 발견했다. 또한 부가 삶의 만족도나 평가 같은 인지적 웰빙 측정치와 관련이 있지만 정서적 혹은 감정적 행복과는 없거나 약한 연관밖에 없다(Ng, 2013). 종합하면 이들 결과는 웰빙을 증진하기 위한 도구로서 국부가 갖는 중요성을 지나치게 강조하지 말라고 우리에게 주의를 주고 있다.

• • •
경제 성장과 행복

경제 성장이 행복을 증진하느냐는 질문은 우리가 어떤 사회를 주문할지에 관해 거대한 시사점을 갖고 있다. 이스털린(Easterlin, 1995; Easterlin, 2005; Easterlin, McVey, Switek, Sawangfa, & Zweig, 2010; Easterlin, Morgan, Switek, & Wang, 2012)은 경제 성장이, 적어도 장기적으로는 웰빙을 안정적으로 증진하지 않는다고 주장한다. 이스털린은 이런 관계를 발견했다고 주장하는 연구자들이 특히 다른 경제 규모의 여러 국가들을 비교하여 경제 성장의 효과를 평가하다가 중대한 오류를 범했다고 주장한다. 이스털린은 경제 성장의 효과를 측정할 수 있는 유일한 방법은 국가를 시간을 두고 추적하여 경제가 성장함에 따라 행복이 증가하는지 감소하는지를 보는 것이라고 주장한다. 그의 두 번째 반론은 개인이 시간이 지남에 따라 부의 증가에 적응하는 경향에 근거를 둔다. 이스털린은 경제 성장에 동반하는 단기적 웰빙 증진이 있을 수 있음을 인정한다. 그러나 그는 적응 효과가 10~12년 내에 행복 증진을 지워버림을 발견했다(Easterlin, 2013; Easterlin et al., 2010).

경제 성장이 웰빙을 예측함을 보여주는 연구

두 연구가 개별 국가를 시간이 지남에 따라 연구해야 한다는 이스털린(2013)의 방법론적 요구 사항을 충족하면서, 경제 성장이 웰빙을 증진하지 않는다는 이스털린(1974)의 주장을 반박하는 것으로 보인다. Sacks 등(2012)은 국가들을 상당한 기간 동안 조사하고 나서, 경제 성장이 웰빙의 증가와 관련있음을 발견했다. Sacks 등은 이스털린이 발견 못한 것을 그들이 발견하게 된 것은 그들이 조사한 국가들의 샘플이 컸고, 웰빙의 더 좋은 측정치들을 가지고 있었기 때문이라고 주장한다.

흥미롭게도 Sacks 등(2012)은 미국에서 이 관계를 발견하지 못했다. 미국은 지난 수십 년간 높은 경제 성장을 이루었으나 심리적 웰빙은 약간 감소한 것이다. 다소 궁금하게도 그들은 당시 세계에서 가장 큰 경제국가였던 미국을 "… 중요 예라기보다는 흥미로운 예외"라고 기술한다(Sacks et al., 2012, p. 1184). 그러나 Sacks 등(2012)이 사용한 자료와 동일한 자료 세트를 가지고 작업했고, 경제연구국립통계국(National Bureau of Economics Research)이 출판한 초기 작업 논문에서 Stevenson과 Wolfers(2008)는 미국에 대한 결과를 소득 불평등으로 설명하였다. 그들은 평균 미국인은 불평등 때문에 경제적 웰빙이 아주 미미하게 증가했을 뿐이라고 계산하였다. 그러고는 이 평균 미국인이 심리적 웰빙의 증가를 경험하지 못하는 것은 놀랄 일이 아니라고 결론 내렸다.

Diener 등(2013)도 경제 성장이 웰빙의 증가와 연관되어 있음을 135개 국가의 샘플에서 발견했다. 웰빙은 국가의 GDP 변화보다는 가구의 소득 변화와 더 밀접하게 연관되어 있다. 아마도 GDP는 어떤 국가의 평균인이 겪는 경제 경험을 밀접하게 반영하는 것이 아니기 때문일 것이다. 더구나 Diener 등(2013)은 로그 변환된 가구소득과 웰빙 사이에 선형 관계가 있음을 발견하였다. 이는 소득 성장의 효과가 부국과 빈국에서 (적어도 로그 단위로는) 동일함을 나타낸다. 가구소득이 단순히 웰빙과 연관되어 있다기보다는 미래의 웰빙의 원인이 된다는 증거(종단연구이기 때문에 얻을 수 있었음)가 있다.

이러한 결과는 경제 성장이 이스털린(1974)의 가설과는 반대로 웰빙을 증진시킬 수 있음을 보여준다. 그러나 미국에서의 예외는 호기심을 일으키며, 이 중요한 나라를 단순한 예외라고 무시해 버리기는 어렵다. 성장이 행복을 증진하기 위해 충족되어야 할 조건들에 주목할 필요가 있다. 예를 들어 Stevenson과 Wolfers(2008)가 미국에서 성장이 더 큰 행복으로 이어지지 않은 이유로 불평등을 든 것을 회상하라. 그리고 Diener 등(2013)은 GDP가 아닌 평균 가구소득의 증가가 웰빙을 예측함을 발견했다.

경제 성장 가설에 대한 우려

관계의 모양

Sacks 등(2012)과 Diener 등(2013)은 경제 성장이 웰빙의 증가를 예측한다는 설득력 있는 주장을 펼친다. 그러나 이 가설에도 여전히 우려가 존재한다. 하나는 관계의 모양이다. 이 연구자들은 계산 시에 로그 변환된 경제 성장을 사용했다. 따라서 비록 그 결과가 여러 개발 단계에 있는 여러 국가에 걸쳐 경제 성장과 웰빙 사이의 관계가 직선임을 보였다 해도, 우리들은 앞의 논의에서 부유한 국가들에서 행복의 증가를 촉진하려면 가난한 국가들보다 훨씬 더 큰 절대 성장량이 필요함을 알고 있다. 예를 들어 Beja(2014)는 경제적으로 개발된 유럽 국가들의 국민들에서 경제 성장과 웰빙 사이에 아주 약한 관계를 발견했다. 다른 저자들도 비슷한 결과를 보고하고 있다(Becchetti, Corrado, & Rossetti, 2011; Becchetti & Rossetti, 2009). 따라서 경제 성장은 부유한 나라보다는 빈곤한 나라에서 더 강한 행복 혜택을 갖는다(Jorm & Ryan, 2014).

경제 성장이 웰빙에 얼마나 강한 영향을 주는가

웰빙에 대한 경제 성장의 효과는 작다(Becchetti & Rossetti, 2009; Becchetti et al., 2011). 예를 들어 Beja(2014)는 이스털린과 동료들, Stevenson-Wolfers 그룹의 구성원 등을 포함한 연구자들이 일반적으로 경제 성장과 웰빙 사이에 유의하지만 작은 관계를 발견했음에 주목한다. 이런 초기 결과와 일관되게 Beja는 경제 성장이 긍정적이며 웰빙과 유의한 관계가 있음과 그 관계의 크기가 '매우 작음'을 지적한다(p. 229). Beja는 평균 행복이 4점 척도의 3.15에서 3.20으로 증가하기 위해서는 GDP가 20.5년 동안 꾸준히 매년 2% 성장을 하여야 할 것이라고 결론 내린다. 달리 표현하자면 웰빙이 0.05점 증가하려면 경제가 8.2년 동안 매년 5% 성장해야 할 것이다.

Beja(2014)의 연구는 단지 9개국에 국한되는데, 이들은 모두 유럽의 경제적으로 개발된 나라들이다. 그리고 경제 성장의 측정치로 1인당 GDP를 사용한다. Diener 등(2013)이 GDP도 여전히 유의한 예측자이지만, GDP보다는 가구소득의 변화가 웰빙의 변화를 더 밀접하게 추적하고 발견하였음을 기억하라. Diener 등(2013)은 경제 성장의 덜 민감한 측정치를 사용했기 때문에 Beja의 결과가 약하다고 주장할 수 있을 것이다.

그러나 Beja의 연구는 장기간(1973~2012)에 걸쳐 이 관계를 조사하고, 또 적응과 사회적 비교 효과를 통제한 긍정적인 특성을 가지고 있다. 경제 성장의 웰빙에 대한 효과가 시간이 지남에 따라 사라진다는 이스털린 등(2010)의 주장 때문에, 개인들이 그들의 새로운 삶의 기준에 적응하기 때문에, 그리고 개인들은 자신들과 상응하는 삶의 새로운 높은 기준을 가진 타인들과 비교하기 때문에 Beja 연구가 주목할 가치가 있음을 회상하라. 따라서 Beja의 연구결과를 무시하기는 어렵다.

Beja(2014)의 결론을 지지하는 다른 증거가 있다. 미국에서 행복은 경제 성장과 함께 상승하였지만, 이 상승은 이혼율의 변화에 의해, 그리고 건강의 행복에 대한 효과에 의해 상쇄되었다. 더구나 소득의 효과는 작다. 1972년부터 2006년까지 웰빙을 기록한 미국의 설문조사를 사용하여 Angeles(2011, p. 71)는 "1970년대에서 2000년대 초 사이에 미국에서 상승하는 평균 소득에 기인한 평균 행복의 변화 예측치는 1~10척도에서 단지 0.07임"을 발견하였다. 이 행복의 증가는 실제 평균 가구소득의 인플레이션 조정된 증가치 37%에 비하면 아주 작다.

중국 및 다른 '과도기' 나라들의 자료

중국 연구의 결과들은 인상적인 경제 성장에도 불구하고 웰빙이 증가하지 않았음을 보여주며 추가의 우려를 제시한다. 이스털린 등(2012)은 1990년에서 2010년까지 중국의 삶의 만족도에서 U-자형 패턴을 발견했다. 이 동안 1인당 GDP의 400% 상승에도 불구하고, 삶의 만족은 1990년에서 2005년까지 급락하였고, 그러고 나서 회복하기 시작했다. 그러나 삶의 만족도의 총변화는 0이거나 약간 마이너스였다. Tang(2014) 및 Li와 Raine(2014)도 유사한 패턴을 발견했다.

이스털린 등(2012)은 이 U-자형 패턴이 신흥경제의 전형적인 패턴임에 주목한다. GDP 성장의 거의 동일한 패턴과 그 결과로 나타나는 삶의 만족 수준들이 공산주의에서 자본주의로 전환하는 구소련과 동유럽의 국가에서 관찰되었다. Graham(2009, p. 146)은 라틴아메리카에서 발견되는 유사한 패턴을 "불행한 성장"이라고 불렀다. 동유럽과 중국에서 발견되는 이러한 패턴의 유사성은 경제 성장이 안정적으로 웰빙을 증진하지 않는다는 확신을 강화시켰다(Easterlin et al., 2012). 이 저자들은 중국의 경우에 특히 주목한다. 그 이유는 중국이 동유럽의 구 공산국가들이 경험한 파산-호경기의 주기가 아닌 GDP의 즉각적인 증가를 경험하였기 때문이다. GDP가 꾸준히 증가하였음에도 삶의 만족도가 중국에서 증가하지 않았음은 주목할 만하다(Easterlin et al., 2012).

따라서 중국에서 경제 성장이 웰빙 증가와 연관되지 않은 것으로 보인다. 지난 몇십 년간 중국이 경험한 성장의 양, 그리고 지금 세계 경제에서 차지하는 중심 위치를 감안할 때, 이 결과는 경제 성장이 웰빙에 단순 명쾌한 긍정적 효과를 주지 않음을 강력하게 시사한다. Easterlin 등(2012), Tang(2014), 그리고 Li와 Raine(2014)은 종종 경제 성장과 관련된 사회 혼란, 소득 불평등, 실업, 정치적 자유와 같은 요소들이 삶의 만족에 대한 혜택을 완화시킬 수 있음을 시사한다.

기타 요인

경제 성장의 영향을 다른 변인들의 영향과 비교하는 것은 유용하다. 이러한 비교는 별거, 사회적 접촉의 빈도, 상대소득과 같은 변인들과 비교했을 때 경제 성장의 효과가 특별한 것이 아니라는 것을 나타낸다(Becchetti & Rossetti, 2009). Becchetti 등(2011)은 영국의 대표 샘플에서 개인들이 연간소득의 성장을 경험한 후 삶의 만족도에 미미한 증가만 있었음을 발견하였다. 삶의 만족도가 미미한 증가를 하는 이유는 소득 성장의 긍정적 효과가 상대소득 지위 및 사회적 접촉의 변화 같은 사회심리적 요인에 의해 상쇄된다는 것이다.

다른 연구는 웰빙을 촉진하는 데 있어서 사회적 자본의 중요성을 확인한다. 사회적 자본이란 어떤 사람이 다른 사람과 연결하는 능력을 말한다. 이들 연구는 경제 성장이 행복에 대한 이 중요한 기여자를 훼손할 수 있음을 시사한다(Bartolini, 2007b). 예를 들어 Bartolini는 경제 성장이 사회적 관계보다는 시장 경제를 강조함으로써, 그리고 긴 노동 시간을 요구하거나 장려함으로써 사회적 관계를 방해하여 "관계적 빈곤"(Bartolini, 2007b, p. 351)을 만들 수 있다고 주장한다.[3] 유사하게 Layard(2005)는 경제 성장이 가족 관계 및 직장과 가정 사이의 시간과 에너지 할당에서 미묘한 균형을 깨뜨릴 수 있다고 주장한다. 가족관계는 우리의 삶에서 중요한 행복-증진 요인 중 하나이다. 그러나 경제 발전에 대한 지나친 강조 때문에 직장에서 너무 많은 시간을 보낸다면 행복으로 가는 길이 훼손된다.

사회적 자본도 경제 성장과는 독립적으로 웰빙에 기여한다. Abbott과 Wallace(2014)는 사회적 통합(예 : 결혼상의 지위와 부모, 자녀, 친구들과의 접촉)과 사회적 응집(예 : 일반적인 신뢰와 정부에 대한 신뢰)이 가구소득 및 유럽연합(EU)의 새로운 회원국에서 살면서 경제를 꾸려가는 능력 같은 경제적 측정치들을 통제한 후에도, 삶의 만족도를 예측함을 발견하였다. 이 국가들이 이 기간(2003~2007)에 경제 성장을 경험했기 때문에 이 결과는 매우 중요하다. 따라서 심지어 경제 성장 동안에도 사회적 요인들이 삶의 만족에 기여했다.

소득 불평등은 경제 성장이 웰빙을 증진할 수 있는 잠재력을 상쇄할 수 있다. Tang(2014)은 중국이 자유시장경제로 이동한 이래로 소득 불평등이 중국 삶의 만족도의 하락의 대부분을 설명한다고 결론지었다. 흥미롭게도 Tang은 중국인들이 소득 불평등에 익숙해졌기 때문에 불평등이 중국에서 시간이 지남에 따라 체감 효과를 보인 것을 발견했다. Diener 등(2013)은 앞에서 설명한 135개 나라의 연구를 수행한 연구자인데, 소득 증가가 균등하게 분배되어 평균적 개인이 증가된 번영을 경험하지 못한다면, 소득 증가는 웰빙을 증진하지 않을 것이라고 제안한다. 유사하게 Gruen과 Klasen(2013)은 부유한 국가에서 소득 불평등의 감소는 경제 성장의 증가보다 웰빙에 더 큰 영향을 줌을 발견했다. Jorm과 Ryan(2014) 그리고 Senik(2014)의 문헌 고찰 논문들과 Abbott과 Wallace(2014)의 경험 연구는 비슷한 결론에 도달한다. 또한 매우 빠른 경제 성장이, 특히 그것이 불평등을 만들어내면 낮은 웰빙과 연관된다(Graham, 2009).

상대소득에 주목할 필요가 있다. 개인들은 단지 자신의 절대 경제 위치에 기반하여 웰빙을 판단하는 것이 아니라, 다른 사람들에 비해 상대적으로 어떤 위치에 있는 가에 주로 기반하여 판단한다. 네 소득이 내 소득보다 더 빠르게 상승한다면, 내 소득이 상승하더라도 나는 가난하게 느낄 수 있다. 경제 성장의 혜택은 적어도 부분적으로 상대소득의 지각 (Becchetti & Pelloni, 2013)에 의해 상쇄될 수 있다.

또 다른 연구는 경제 성장을 포함한 돈의 효과는 완전히 심리적으로 중재된다는 사실을 분명히 한다. 다시 말해 돈은 자동적으로 웰빙을 증가시키지 않는다. 경제 성장과 기타 금전적 자극들은 행복에 직접적 영향을 주는 대신, 먼저 우리의 지각, 정서와 행동에 영향을 미친다. 그러고 나면 이러한 심리적 기반 과정들이 웰빙을 결정한다. 상대소득의 효과가 이런 순차적 영향들의 한 가지 예이다.

따라서 개인이 경제 성장에 대해 무엇을 지각하느냐가 중요하지 경제 성장 그 자체가 중요한 것이 아니다. Diener 등(2013)은 경제 성장이 개인이 자신의 미래에 대해 낙관하고, 현재의 재정상태에 만족할 때 웰빙을 증진하였음을 발견했다. 개인은 또한 추가 소득에 대한 자신의 열망을 누그러뜨려야 한다. 경제 성장은 필연적으로 낙관과 만족을 일으키지는 않으며, 종종 열망을 누그러뜨리는 데 실패한다.

> 우리의 연구결과는 상승하는 소득이 SWB(subjective well-being, 주관적 웰빙)에 영향을 미칠 가능성이 있으려면, 더 큰 낙관, 재정적 만족 및 가구의 물질적 번영으로 이어져야 한다. 이러한 요인들이 소득과는 반대 방향으로 움직일 경우 그들은 SWB에 대한 소득의 효과를 가릴 수 있다. 따라서 미래에 대한 낙관이 낮거나 소득에 대한 열망이 매우 빠르게 상승하는 경우 소득이 높은 SWB와 연관되지 않을 수 있다.(Diener et al., 2013, p. 275)

따라서 소득 성장이 웰빙을 증진할 수 있는 반면, 필연적으로 그런 것은 아니다. 실제 경제 성장과 심리적 웰빙 간의 관계는 매우 복잡하다. 경제 성장의 잠재적 행복 증진 효과에 필적할 수 있는 비경제적 요인들이 존재한다(Becchetti & Pelloni, 2013). 미국이 좋은 예일 것이다. 미국인들은 과거 수십 년 동안 강력한 경제 성장을 경험했지만, 행복은 거의 증가하지 않았다.

이 관계는 중간 이상 번영하는 국가들에게는 아마 작지만, 가난한 나라들에서는 꽤 강하다. 물론 중국의 경우를 보면 경제 성장이 가난한 국가에서도 필연적으로 웰빙을 증진하지는 않는다. 이 관계는 성장이 어떤 국가의 사회구조를 손상시키고 높은 수준의 경제 불평등을 만들 잠재 가능성에 의해 더 복잡해진다. 사회구조 손상과 경제 불평등은 웰빙을 감소시킨다. 유사하게 경제 성장은 먼저 미래에 대한 낙관을 생성하는 경우에만 더 큰 행복과 연관된다. 따라서 경제 성장이 웰빙을 위한 만병 통치약이 아님이 명백하다. 경제 성장이 잠재적으로 행복을 증진할 수 있지만, 웰빙을 감소시키는 불평등과 기타 사회적 붕괴를 일으키지 않고 성장이 일어날 수 있는지 여부는 두고 볼 일이다.

이스털린 역설에 대한 결론

이 장을 시작하게 만든 질문을 기억하라. 돈과 행복 사이의 관계는 강력하고 명백한가? 경제 성장이 모든 사회의 웰빙을 증가시킬 수 있는 효과적인 방법인가? 우리는 지금 일부 대답을 가지고 있다. 일반적으로 웰빙에 대한 돈의 효과는 강력하지 않으며, 명백하지도 않다. 대체로 이스털린(1974)이 옳았다.

이스털린(1974)의 첫 번째 포인트는 옳았다. 국가 내에서 소득은 (효과가 작지만) 웰빙을 예측한다. 그의 두 번째 포인트, 소득이 국가 사이의 웰빙을 예측하지 않는다는 포인트는 틀렸다. 그러나 부유한 나라들 사이에서 혹은 가난한 나라들 사이에서 그 효과는 작다. 그 효과는 가난한 나라가 부자 나라들에 비교될 때만 크다. 이들 두 포인트에 대한 결론은 이스털린(1974)이 관찰한 '역설'을 해결한다(소득이 국가 사이가 아니라 국가 내에서 웰빙을 예측한다). 소득은 국가 간, 국가 내 두 경우를 모두 예측하는 것 같다. 마지막으로 그의 세 번째 포인트, 경제 성장이 웰빙을 증진하지 않는다는 포인트는 전문적으로 말하자면 틀렸다. 그러나 경제 성장의 효과가 부국에 대해서는 작고, 모든 나라에 대해서는 복잡하다.

요약하자면 주거지와 음식, 그리고 교제에 대한 심리적 욕구, 자율성과 유능감이 일단 충족되면, 돈은 웰빙과 단지 약한 관계가 있을 뿐이다. 그 이유에는 몇 가지가 있는데, 상대소득의 중요성을 포함하며, 다음에서 논의된다.

• • •
상대소득과 사회적 비교

행복에 가장 중요한 것은 무엇일까? 우리가 가진 재산과 소득의 절대량? 또는 우리의 재산과 소득을 다른 사람들 것과 어떻게 비교하느냐? 이스털린(1974)은 상대소득의 효과가 그의 유명한 역설 발견의 뿌리에 있다고 추측한다. 상대소득이 꽤 중요하다는 그의 주장은 옳다. 사람들은 정기적으로 어떤 것이 '큰' 또는 '작은' 또는 '충분한'지를 다른 것들과 비교하여 판단을 한다. 예를 들어 우리는 동료보다 성관계를 덜한다고 생각하면 덜 행복하다(Wadsworth, 2014). 유사한 효과가 돈에서도 일어난다(Blanchflower & Oswald, 2004).

그러나 자료를 보기 전에 우리는 상대소득/행복 가설에 대한 두 가지 중요한 점을 고려할 필요가 있다. 첫째, 이 가설은 심리적 과정이 경제학자들이 고려하기를 꺼려왔던 방식으로 경제 행동에 영향을 준다고 제안한다(Layard, 2005). 전통적인 경제 이론은 인간이 '합리적 행위자'라고 주장한다(O'Boyle, 2005). 합리적 행위자로서 우리가 무엇을 구매할 수 있는지를 결정하는 것은 돈의 절대량이기 때문에, 우리는 돈을 이웃과 비교해서가 아니라 절대적 양으로 생각한다는 것이다.

둘째, 이 질문에 대한 대답은 심오한 정책적 시사점이 있다. 그 이유는 상대소득의 잠재적 중요성이, 적어도 부유한 국가에서 경제 성장의 행복-증진 능력에 의문을 제기하기 때문이다. 상대소득이 중요하다면 소득 분포의 가장 정점에 있는 몇 사람만이 성장에 의해 더 행복해질 것이다. 나머지 사람들의 행복은 상대 위치가 변하지 않기 때문에 변화가 없거나, 혹은 다른 사람들이 우리보다 앞서기 때문에 줄어들 것이다. 우리는 제11장에서 이들 두 점을 모두 고려한다.

상대소득 가설에 대한 도전

최근의 몇몇 연구는 광범위한 국제 데이터 세트에서 얻은 발견을 가지고 상대소득 가설에 도전했다. Diener 등(2013)은 상대적 소득이 135개 국가에 대한 자신들의 연구에서 절대 소득을 통제한 후에, 웰빙을 의미 있게 예측하지 않는다는 것을 발견했다. Sacks 등(2012)도 유사한 결론에 도달한다. 그러나 Diener 등(2013, p. 273)은 다소 제한된 결론을 제시한다. 그들은 "어떤 국가에서 타인과 비교한 상대적인 소득"이 삶의 평가에 영향을 준다는 증거는 없다고 결론짓지만, 소득에 대한 글로벌 표준이 웰빙에 영향을 주는 것이 가능하다고 생각한다. 구체적으로 세계 수준에 뒤처지는 소득의 증가는 여전히 낮은 웰빙의 결과일 수 있다.

상대소득 가설과 일관된 발견

다른 연구는 Diener 등(2013)과 Sacks 등(2012)보다 상대소득의 더 직접적인 측정치를 사용한다. 예를 들어 연구자들은 상대적 박탈감에 대한 지각을 측정하여, 참가자들에게 이웃과 자신을 비교하라고 요청했고, 참가자들이 자기보고한 소득을 참조집단과 비교하여 상대적인 순위를 매겼다. 이 같이 더 직접적인 측정치들은 일반적으로 상대소득 가설을 지지한다.

이 연구의 일부는 광범위한 국가 또는 국제 데이터 세트를 사용한다. 이 데이터 세트에서는 국가 수준의 참조집단이 상대소득을 정의한다. 다른 연구는 이웃 수준의 참조집단을 검토한다. 즉, 개인들이 근처에 사는 사람들과 어떻게 비교하는지의 측면에서 상대소득을 계산한다. 흥미롭게도 두 가지 유형의 참조집단에서 얻은 결과는 모두 상대소득 가설을 지지한다.

국가 수준 및 국제 수준 참조집단

몇몇 연구는 상대소득이 웰빙을 예측함을 보여준다. Blanchflower와 Oswald(2004)는 심지어 미국과 영국에서 큰 대표 샘플의 절대소득을 통제한 후에도, 이것이 사실임을 발견했다. 흥미롭게도 최고 소득자에 비교한 소득이 평균 소득자에 비교한 소득보다 더 예측을 잘하는 것으로 보인다. 유사하게 Brockmann, Delhey, Welzel 및 Yuan(2009)은 상대소득의 대리 측정치로 금전적 불만을 사용하였는데, 그 이유는 이것이 그들 데이터 세트에서 사용 가능한 최선의 측정치였고, 또 다른 저자들이 이것이 상대소득과 높은 상관이 있음을 발견했기 때문이다. 그들은 이 측정치가 중국이 자유시장경제로 이동한 이래로 중국의 웰빙이 왜 그렇게 급격히 떨어졌는지를 예측함을 발견했다. "사람들은 단순히 가난하기 때문이 아니라 다른 사람보다 가난하기 때문에 불만을 갖게 된다."(Brockmann et al., 2009, p. 396).

또 다른 연구는 상대소득의 중요성에 대한 우리의 확신을 더욱 강화한다. 영국의 대표 샘플을 사용하여 Boyce, Brown 및 Moore(2010)는 가구소득 순위가 절대소득보다, 심지어 중요 인구통계학적 변인들을 통제한 후에도 더 강력하게 삶의 만족도를 예측하고 있음을 보여주었다. 이러한 결과는 대만(Chang, 2013), 독일(D'Ambrosio & Frick, 2007), 중국(Mishra, Nielsen, & Smyth, 2014)의 샘플에서도 반복되었다

다른 연구들은 이러한 연구결과에 흥미로운 제한점을 추가했다. 상대소득은 부유한

나라보다 가난한 나라에서 더 중요하고(Gruen & Klasen, 2013), 또 독일의 비교적 가난한 개인들 사이에서 더 중요하다(Budria, 2013). 더구나 상대소득은 터키의 경제 성장 시기보다 경제 위기 시기에 더 중요하다. 그러나 상대소득이 두 시기 모두에서 웰빙을 예측한다(Caner, 2014).

이웃 수준 참조집단

이웃 수준 분석 연구들은 상대소득과 사회적 비교의 더 정확한 측정치들을 사용하는데, 이들 연구는 상대소득이 웰빙의 중요한 예측자임을 보여준다. Dittmann과 Goebel(2010)은 동독과 서독의 대표 샘플을 조사하고, 이웃보다 덜 부유한 개인들이 삶에 덜 만족함을 발견했다. 이것이 중간소득 개인들이 가난한 사람들과 살 때 더 행복하다는 것을 의미하는가? 답은 '아니요'이다. 그 이유는 개인들은 상대적 지위를 추구할 뿐만 아니라 자녀들을 위한 좋은 학교 같은 편의시설을 원하기 때문이다. 그러나 해외에 거주하는 미국인들이 가난한 나라 안의 부유한 지역에 사는 경우 더 행복하다는 것이 사실이고, 이는 상대소득 가설과 일관된다(Firebaugh & Schroeder, 2009).

다른 연구는 상대적으로 부유한 사람들도 매우 부유한 사람들 사이에서 사는 경우에 덜 행복함을 보여준다. 이 연구는 Dittmann과 Goebel(2010)이 한 것처럼 사회경제적 지위의 측면이 아닌 평균 소득의 측면에서 이웃을 검토한다. 예를 들어 Stutzer(2004)는 스위스 국민을 조사하고, 부유한 이웃과 사는 개인이 미래 소득에 대해 더 높은 열망을 가지고 있음을 발견했다. 이 열망은 낮은 삶의 만족과 안정적으로 연관되는 변인이다.

다른 연구는 명시적으로 이 효과의 사회적 비교 성격을 강조하고 있다. "부정적인 이웃"이라는 제목의 논문에서 Luttmer(2005)는 미국의 대표 샘플을 조사했다. 이전의 결과와 일관되게, Luttmer는 부자 동네에 거주하는 것은, 심지어 가구소득을 통제한 후에도 낮은 삶의 만족과 연관됨을 발견했다. 다시 한 번 심지어는 부자들도 부자들 사이에서 사는 경우 평균적으로 덜 행복하다. 그리고 부자 동네에 사는 것과 연관된 삶의 만족 감소는 한 달에 한 번 이상 이웃과 교류하는 사람들 사이에서 더욱 두드러졌다. 그러나 동네 외부에 살고 있는 친척들과의 교류는 부자 동네에 사는 것의 해로운 영향을 변화시키지 않았다.

여기에서 사회적 비교를 지지하는 증거의 강도에 주목하라. 우리는 자신을 이웃과 비교할 가능성이 크다. 부유한 이웃 사이에 살 때 우리는 덜 행복하며, 우리가 이들과 꽤 자주 교류할 때(따라서 더 많은 비교 기회를 갖게 될 때), 이 효과는 더욱 악화된다. 그러나 이 효과는 비교의 효과이지, 단지 교류의 효과는 아닌 것 같다. 그 이유는 자신들의 부자 동네 밖에서 부자가 될 가능성이 작은 사람들과 교류하는 것은, 어디에 사는가와 행복 사이의 관계를 변화시키지 않는다. Luttmer(2005)는 사회적 비교 효과의 중요성에 대해 노골적이며, 그의 논문 "부정적인 이웃"도 그렇다.

> 효과의 크기는 경제적으로 의미가 있다. 이웃의 소득 증가, 그리고 자신의 소득이 비슷한 크기로 감소하는 것은 웰빙에 거의 동일한 부정적인 효과를 내고 있다.(p. 990)

이 "부정적인 이웃" 효과는 중국의 가난한 농촌 샘플에서 반복 발견되었고, 연구결과의 비교문화적 일반성을 확장하였다. Knight와 Gunatilaka(2012)는 삶의 만족이 마을 평균 이하의 가구소득에 의해 부적(−)으로 예측됨을 발견했다. 그러나 삶의 만족은 마을 평균 이상의 현재의 소득과 정적(+)으로 관련되었다. 이들 결과는 현재 소득을 통계적으로 통제한 후에도 얻어졌다. 이는 효과가 단순히 소득이 높거나 낮아서 생긴 것이 아님을 나타낸다. 따라서 소득 효과는 대체로 상대적이다. 추가 연구는 이러한 연구결과의 비교문화 일반성을 더욱 확장한다. 마을 수준의 비교에 의해 측정된 상대소득은 동유럽의 가난한 나라에서 웰빙을 잘 예측한다(Cojocaru, 2016). 유사한 결과가 브라질(Gori-Maia, 2013), 방글라데시(Asadullah & Chaudhury, 2012), 그리고 영국(Distante, 2013)의 샘플에서 보고된다.

웰빙에 대한 상대소득의 영향에 관해 엇갈린 연구결과가 존재한다. Sacks 등(2012)과 Diener 등(2013)의 연구결과는 상대소득 가설과 상반된다. 그러나 두 연구 모두 개인의 소득을 어떤 기준에 대해 상대적으로 평가하지 않았다. 더 직접적으로 상대소득을 측정하는 연구들은 놀라운 비교문화적 일관성을 가지고 상대소득 가설을 지지한다. 따라서 상대소득이 행복에 영향을 미친다는 것을 받아들이는 것이 현명해 보인다.

경제 성장을 증가시켜 웰빙을 상승시키려는 시도는 상대소득 효과에 의해 상쇄될 것인데, 특히 중간 이상 번영하는 사회에서 그러하다. 소득의 균일 증가의 결과로 나타나는 행복의 잠재적 상승은 사회비교 효과에 의해 약화될 것이다. 아마도 이 사회비교 효과는 놀랄 일은 아니다. 진화심리학의 논의에서 인간은 서로 경쟁하도록 자연선택된 것 같다는 것을 기억하라. 그 결과 타인의 부를 늘 감시하고, '부의 경주'에서 경쟁하려 노력하고, 현재 상황에 쉽게 만족하지 않는 경향은 인간 본성의 일부인 것 같다.

쾌락의 트레드밀

경제 성장의 잠재적 영향과 관련한 또 다른 중요 요인은 환경에 적응하는 인간의 경향이다. 논의된 상대소득의 효과와 유사하게 우리는 자극을 분리하여 경험하지 않는다. 대신 우리는 그것을 이전의 경험과 비교한다. 이 사실은 물리적 자극과 사회적 자극 모두에서 잘 연구되어 있다. 예를 들어 차가운 물을 채운 양동이에 손을 집어넣었다가, 상온의 물 양동이에 손을 옮기면, 두 번째 양동이는 평소보다 따뜻하게 느껴질 것이다.

　이러한 적응의 효과를 Brickman과 Campbell은 "쾌락의 트레드밀" 혹은 "쾌락 적응"이라고 이름 붙였다(1971; Brickman, Coates, & Janoff-Bulman, 1978도 참조). 돈의 측면에서 보면, 이것은 우리가 이전에 꽤 만족스러웠던 소득의 수준에 익숙해질 수 있다는 것을 의미한다. 내가 대학원을 갓 졸업하고 조교수가 되었을 때 내가 버는 돈을 언제 다 쓸 수 있을지 궁금해하던 것을 나는 지금도 생생하게 기억한다. 대학원생 소득으로 수년을 살고 난 후, 조교수 급여는 왕자의 소득처럼 보였다. 그러나 슬프게도 나의 급여는 짧은 시간 내에 단지 부족하지 않은 정도가 되었다.

　개인이 소득 증가에 적응하는지 여부를 두고 의견 차이가 있지만, 연구의 대부분은 개인이 적응한다는 것을 나타낸다. 적응 가설의 잠재적 정책 시사점을 명심하라. 우리가 소득 상승에 적응한다면, 이는 경제 성장이 행복을 증진시켜줄 가능성에 대해 무엇을 시사하는가?

쾌락 적응 가설에 대한 도전

일부 증거는 개인들이 소득의 증가에 적응하지 않는다고 시사한다. 예를 들면 Sacks 등(2012), Diener 등(2013), 그리고 Stevenson과 Wolfers(2013)는 적응에 반대하는데, 그 이유로 로그 변환된 소득 자료들이 소득과 웰빙 사이에 선형관계를 보여주는 것을 든다. Stevenson과 Wolfers(2013)의 자료는 도움이 덜 되는데, 그 이유는 그 자료가 동일 개인들을 시간을 두고 관찰한 것이 아니고, 다른 수준의 소득을 가진 다른 사람들을 비교하기 때문이다. 당연히 적응이 발생하는지 확인하기 위해서는 시간이 지남에 따라 재산 증가 경험에 개인이 어떻게 반응하는지 볼 필요가 있다.

　그러나 Sacks 등(2012)과 Diener 등(2013)은 동일한 개인들에 대해 시간을 두고 비교를 한다. 중요한 점은 로그 변환된 소득에 대한 연구결과를 어떻게 해석하는지를 이해하는 것이다. 이제 독자들은 논의 요소들에 친숙할 것이다. 소득이 2배가 되면 웰빙에도 같은 변화가 일어났던 로그 변환/선형관계 결과를 회상하라. 이는 전문적으로는 쾌락 적응 가설에 어긋난다. 그러나 또한 행복에서 같은 증가를 달성하는 데 필요한 소득의 절대 수준이 가난한 개인보다 부유한 개인에게서 훨씬 더 크다는 것을 의미한다. 실용적인 측면에서 행복을 증가시키는 소득 증가의 능력은 어떤 점 이후 줄어든다는 것을 의미한다. 이는 쾌락 적응과 일관된다.

쾌락 적응의 확인

다른 증거는 적응 가설을 지지한다. Beja(2014)는 우리가 앞에서 고려했던 9개 서유럽 국가를 연구했는데, 약 4년 만에 GDP의 증가에 대해 완벽한 적응이 일어난다는 증거를 발견했다. 다른 연구자들은 소득 상승이 추가 소득에 대한 열망에 어떻게 영향을 주는지 구체적으로 연구하였다. Stutzer(2004)는 높은 가구소득이 있는 스위스 참가자들이 미래 소득에 대해 더 높은 열망을 가지고 있음을 발견하였다. 그리고 이 관계는 심지어 가구소득의 수준을 통제한 후에도 유지되었다. 따라서 쾌락 트레드밀 가설과 일관되게, 얼마나 버느냐에 상관없이 우리는 더 벌기를 원한다. Stutzer(2004)는 또한 더 벌고 싶은 열망은 낮은 삶의 만족도와 관련이 있음을 발견하였다.

따라서 우리는 더 많은 돈을 벌기 위해 트레드밀을 열심히 달리지만, 달리면 달릴수록(벌수록) 더 벌어야 한다고 생각한다. 그리고 더 벌어야 한다고 생각할수록 행복은 점점 멀어진다. 실제 Stutzer(2004)의 자료에 따르면, 소득의 1달러 증가는 필요하다고 생각되는 최소 소득의 40센트 증가로 이어진다. 우리가 상황이 개선되는 것에 적응한다는 단순한 이유 때문에, 우리는 소득증가에서 생기는 '행복의 효과'가 상당히 감소함을 경험한다(Layard, 2005).[4] 다시 한 번 소득과 웰빙의 관계는 간단하지 않다.

중국의 가난한 농촌 샘플을 사용한 연구는 부분적으로 Stutzer(2004)의 결과와 같은 결과를 발견했다. Knight와 Gunatilaka(2012)는 가구소득이 열망(즉, 지각된 최소 필요 소득)을 정적으로 예측함을 발견했다. 쾌락 적응 가설과 일관되게 참가자들은 더 벌수록, 기본 생활 욕구를 유지하기 위해 더욱더 벌어야 한다고 생각했다. 더구나 역시 적응 가설과 일관되게 열망은 삶의 만족을 부적으로 예측하였다. 그러나 이 샘플의 참가자들은 Stutzer(2004)의 스위스 참가자들만큼 강하게 고소득에 적응하지는 않았다. 아마도 Stutzer의 스위스 참가자보다는 한참 가난했기 때문일 것이다.

요약하면 증거는 적어도 실용적인 의미에서 쾌락 적응 이론을 지지한다. Sacks 등 (2012)과 Diener 등(2013)은 소득이 로그 변환되었을 때 소득과 웰빙의 경사가 선형임을 발견했다. 이러한 의미에서 소득이 추가 웰빙을 가져오지 못하는 포만점이 없다는 그들이 옳다. 그러나 웰빙의 일정 변화를 가져오는 데 필요한 소득 증가의 절대량은 가난한 사람들에게서보다 부자에게서 훨씬 크다. 따라서 실제적인 의미에서는 부유한 국가에서 포만점이 있는 것 같다.

쾌락 적응을 직접 지지하는 연구들도 있다. 이들 연구는 그들의 모델에 통계 용어를 포함하며, 구체적으로 적응을 검증하고, 소득이 열망에 어떻게 영향을 주는지를 조사하고, 이들 열망이 웰빙에 어떻게 영향을 주는지를 조사한다. 비록 적응 효과가 완전히 행복의 잠재적 증가를 상쇄하는지 여부는 분명하지 않지만, 적응이 발생하고 그 효과가 유의함에는 틀림이 없다.

• • •

소득과 부의 불평등

소득 불평등은 웰빙을 저하한다

경제 성장과 상대소득의 영향에 대한 논의를 하면서, 우리는 소득 불평등이 웰빙에 잠재적으로 중요한 영향을 준다는 것을 깨닫게 된다. 소득 불평등은 아마 경제 성장이, 예컨대 중국에서 행복 증진을 가져오지 않은 이유일 것이다.

사회적 지표

소득 불평등도 그 자체로 흥미로운 심리적 결과를 초래한다. 예를 들어 소득 불평등은 다수의 사회적 불행과 연관된다. 사회적 불행에는 미국[5]과 세계의 높은 수감률, 정신 질환, 영아 사망률, 비만 및 낮은 기대수명 등이 포함된다(Pickett & Wilkinson, 2007; Wilkinson & Pickett, 2009). 불평등은 또한 미국의 국가적 대표적 샘플에서 알코올 문제를 예측했고(Karriker-Jaffe, Roberts, & Bond, 2013), 세계 37개국의 연구에서 학교폭력을 예측하였다(Elgar, Craig, Boyce, Morgan, & Vella-Zarb, 2009). 또한 주 수준의 불평등은 미국에서 아동학대를 예측하고(Eckenrode, Smith, McCarthy, & Dineen, 2014), 국가 수준의 불평등은 유럽에서 아동 상해 사망률을 예측한다(Sengoelge, Hasselberg, Ormandy, & Laflamme, 2014).

부와 소득 불평등은 또한 국가의 사회구조의 붕괴와 연관되어 있다. 이러한 요인들은 매우 낮은 소득을 가진 개인들을 제외하면, 전 세계에서 민주주의에 대한 약한 지지를 예측한다. 불평등이 높은 경우 부유한 사람들은 가난한 사람들보다 민주주의를 덜 지지한다(Andersen, 2012). 소득 불평등은 또한 이탈리아에서 낮은 투표율을 예측하고(Andersen, 2012), 가난한 사람들 사이에서 시민참여와 사회참여를 감소시키며(Lancee & van de Werfhorst, 2012), "다른 사람들의 삶의 조건을 개선하기 위한 의지" 저하를 예측한다(Paskov & Dewilde, 2012).

영민한 독자들은 아마 자료가 상관관계 자료이므로 이런 관계가 인과관계인지 궁금할 것이다. 그러나 Wilkinson과 Pickett(2009)의 연구결과는 1인당 소득이 통제되었을 때에도 유효하며, 부유한 산업국가뿐만 아니라 빈곤국과 저개발국가에도 적용된다. 이 관계는 이민율, 인종적 다양성, 사회 서비스와 지출 수준을 고려할 때도 성립한다(Pickett & Wilkinson, 2007). 우리가 상관자료를 고려할 때 인과관계에 대해서 절대적으로 확신할 수는 없지만, 저자들은 소득 불평등이 사회적 기능장애의 원인이라고 강력하게 주장한다.

마지막으로 불평등의 부정적인 영향은 사소한 것이 아니다. 만약 영국에서 불평등을 절반으로 줄일 수 있다면, 살인율은 50% 감소하고, 정신질환은 2/3 감소하고, 수감률과 10대 청소년 출산율은 80% 감소하고, 신뢰 수준은 85% 증가할 것이라고 기대할 수 있다. 그뿐만 아니라 불평등 감소는 낮은 소득자의 웰빙을 가장 많이 향상시키겠지만, 언급된 사회문제들의 감소는 누구에게나 혜택을 주므로 부유한 개인들의 웰빙에도 긍정적인 영향을 미칠 것이다(Wilkinson & Pickett, 2009).

주관적 웰빙

다른 자료는 행복 측정치를 사용한 이들 불평등/웰빙 발견을 확장한다. 미국의 대표 샘플을 사용한 종단연구와 횡단연구(비종단적 연구) 모두 이 관계를 반복 확인하였다(Alesina, Di Tella, & MacCulloch, 2004; Oishi, Kesebir, & Diener, 2011). 이 관계는 비대표적인 미국 샘플에서도 반복되고 있다(Di Domenico & Fournier, 2014; Neville, 2012). 다른 연구들은 세계 인구의 대표적 샘플에서 소득 불평등과 웰빙의 부적 관계를 발견한다(Beja, 2014[6]; Delhey & Kohler, 2011; Diener & Tay, 2015; Oishi, Schimmack, & Diener, 2012[7]; Verme, 2011). 이 관계는 브라질에서(Filho, Kawachi, Wang, Viana, & Andrade, 2013), 유럽 전역에서(Alesina et al., 2004; Delhey & Dragolov, 2014) 발견된다.

마지막으로 Ferrer-i-Carbonell과 Ramos(2014)는 이 분야의 문헌들을 검토하고 소득 불평등은 적어도 서구 국가에서 낮은 웰빙과 연관된다고 결론지었다.

이들 발견은 크기가 크고 의미가 있다. Filho 등(2013)은 높은 불평등의 지역에 사는 브라질 사람들이 우울증을 보고할 가능성이 76% 높음을 발견했다. 또한 Alesina 등(2004)은 유럽에서 불평등의 10% 증가는 가장 높은 수준의 웰빙을 보고하는 개인들의 21% 감소와 연관되고, 가장 낮은 수준의 웰빙을 보고하는 사람들의 27% 증가와 연관됨을 발견하였다. 그들은 미국에서도 유사한 결과를 발견했다. 미국에서 불평등 10% 증가는 가장 높은 수준의 웰빙을 보고하는 개인들의 18.5% 감소와 연관되고, 가장 낮은 수준의 웰빙을 보고하는 사람들의 26% 증가와 연관되었다.

정치 이데올로기

또 다른 자료는 소득 불평등과 웰빙 사이의 관계가 정치적 유대 및 경제적 기회에 대한 지각에 관련한 개인차에 의해 제한된다. 구체적으로 사회가 경제적 발전을 위한 기회를 제공하고 있다고 믿는 사람들은 소득 불평등에 대해 더 큰 관용을 가지는 경향이 있다. 예를 들어 Napier와 Jost(2008)는 미국의 대표 샘플을 검사하고, 웰빙에 대한 불평등의 부정적인 영향이 정치 이데올로기에 달려 있음을 발견했다. 그림 6.7에서 볼 수 있듯이 정치적으로 보수적인 사람들의 행복은 불평등이 증가해도 유의한 감소는 보이지 않았다. 그러나 자유주의자들의 행복은 감소했다. 전반적으로 불평등과 행복 사이에 부적인 관계가 존재하지만, 그것은 단지 자유주의자들 사이에서만 유의하였다. 다른 연구자들도 유사한 결과를 발견했다(예 : Alesina et al., 2004; Bjornskov, Dreher, Fischer, Schnellenbach, & Gehring, 2013; Hajdu & Hajdu, 2014).

Napier와 Jost(2008)는 또한 보수주의자들은 불평등을 합리화하거나 정당화하기 때문에 자유주의자보다 더 행복함을 발견하였다. 이 발견으로 이들 연구자들은 보수주의자들은 불평등을 문제로 여기지 않기 때문에 소득 불평등에 민감하지 않다고 결론지었다. 유사하게 Davidai와 Gilovich(2015)는 미국의 보수주의자들이 개인이 근면과 헌신으로 소득 사다리를 위아래로 이동할 수 있는 사회적 이동성이 있다고 믿을 가능성이 더 큼을 발견했다.

다른 연구는 사회적 지각이 불평등에 대한 반응에서의 개인차를 만든다는 Napier와 Jost(2008)의 가설과 일관된다. 독일에서(Schneider, 2012), 세계의 산업화된 경제와 신흥

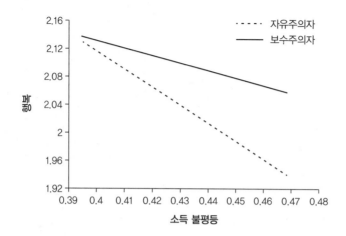

그림 6.7　1974~2004년(연구 3) 소득 불평등의 흔한 측정치인 지니 계수의 함수로 나타난 정치적 지향과 자기보고 행복의 관계

출처 : Napier & Jost(2008)

경제국가에서(Beja, 2014), 중국에서(Zhao, 2012), 그리고 유럽에서(Ravazzini & Chávez-Juárez, 2015; Bjornskov et al., 2013도 참조) 수행된 연구들이 그들의 기본 발견을 반복했다. 하나의 흥미로운 추가 발견은 Wang, Pan 및 Luo(2015)의 연구에서 나왔는데, 이들은 중국 전역에서 소득 불평등과 웰빙 사이에서 역 U-자형의 관계를 관찰하였다. 그림 6.8에서 보듯이, 행복은 불평등이 거의 혹은 전혀 없는 지역에서보다 중간 정도 수준의 불평등이 있는 지역에서 더 높았다. 지니 계수는 불평등의 표준 측정치이다. 그러나 불평등의 수준이 높은 지역은 중간 수준의 불평등이 있는 지역보다 덜 행복하였다. 따라서 역 U-자형 모양이 만들어졌다.

　Wang 등(2015)은 중간 수준의 불평등이 중국과 같은 신흥경제에서 희망의 신호라고 제안한다. 개인들은 다른 사람들이 잘사는 것을 보기 시작하기 때문에 불평등을 잘살 수 있다는 신호로 볼 수 있다. 그러나 높은 수준의 불평등은 번영에 도달하기 어렵다는 것을 신호할 수 있다. 우리의 목적을 위해 중요한 점은 이 설명이 불평등에 대한 개인의 지각이 중요한 것이라는 생각과 일관된다는 것이다. Zhoa(2012)의 결과와 유사하게 불평등이 사회의 상향 이동성 신호라고 생각한다면, 개인들은 불평등에 행복을 더 느낄 수 있다.

　이 연구는 소득이나 부의 불평등이 사회 조건에 대한 개인의 견해에 따라 다르게 웰빙에 영향을 줌을 보여준다. 불평등을 '좋은' 것이라고 보거나 혹은 그것을 사회의 상향 이동성과 경제적 기회라고 합리화하는 사람들에게는 불평등은 웰빙을 유의하게 낮추지 않

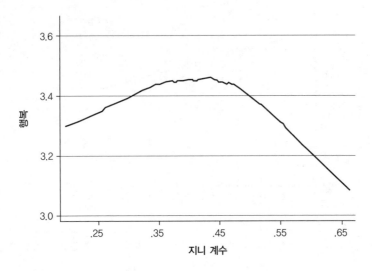

그림 6.8   지니 계수는 중국에서 소득 불균형과 행복 간의 반비례 관계를 보여준다.

출처 : Wang 등(2015)

는다. 개인들이 사회경제적 사다리를 오르고 있다고 혹은 내려가고 있다고 지각하는지의 여부가 불평등과 웰빙의 관계에 영향을 미친다.

불평등 효과에 이러한 제한점이 있다는 것이 우리를 놀라게 할 일은 아니다. 인간은 어떤 자극에도 균일하게 행동하지는 않는다. 대신 자극은 우리의 지각에 의해 필터링되고, 지각은 우리들의 경험과 가치에 의해 영향을 받는다.

불평등 가설에 대한 도전

불평등 가설에 도전하는 경험적 연구들이 존재한다. Zagorski, Evans, Kelley 및 Piotrowska (2014)는 유럽 28개국의 연구에서 부(GDP)를 통제한 후 소득 불평등과 웰빙 사이의 관계를 찾을 수 없었다. Zagorski 등은 높은 수준의 불평등을 보이는 국가들은 가난한 경향이 있다고 주장한다. 이 국가들은 낮은 불평등 때문이 아니라 빈곤 때문에 낮은 수준의 웰빙을 느낀다. 따라서 불평등은 그것이 낮은 국가경제 생산과 연관되어 있기 때문에 단지 우연히, 그리고 비인과관계적으로 웰빙과 관련이 있다. Berg와 Veenhoven(2010)은 세계의 119개국 연구에서 GDP를 통제한 후에, 불평등의 수준이 높은 나라는 낮은 나라보다 더 행복했다. Rözer와 Kraaykamp(2013)는 세계 85개국의 연구에서 비슷한 결과를 얻었다.

이전의 연구결과를 반복하지 못한 것을 심각하게 받아들여야 하지만, 이들 연구에서 어떤 결론을 도출해야 할지 알기 어렵다. 면밀히 조사할 때 Berg와 Veenhoven(2010) 및 Rözer와 Kraaykamp(2013)의 결과들은 이질적이며, 전에 논의되었듯이 여러 면에서 개인차에 대한 우리의 논의와 일치한다는 것이 분명하다. 예를 들어 Rözer와 Kraaykamp(2013)가 대체로 불평등과 웰빙 사이에 정적 상관관계를 발견했지만, 이 관계는 불평등에 대한 개인의 선호, 그리고 타인과 사회적 기관에 대한 신뢰에 따라 이 관계는 변한다. 구체적으로 개인차에 대한 이전 논의에서 보고된 결과들과 일관되게, 불평등은 부와 소득의 좀 더 평등한 분배를 선호하는 사람들 사이에서 웰빙과 부적으로 연관되어 있다. 우리는 또한 신뢰 수준이 높은 개인들은 공정성에 대한 기대도 높을 것이라고 예상할 수 있다.

Berg와 Veenhoven(2010)의 결과는 마찬가지로 이질적이다. 이 저자들은 불평등과 웰빙 사이에 대체로 정적인 상관관계를 발견했지만, 이 효과는 경제 발전의 수준에 따라 달라진다. 불평등은 서구 선진국들 사이에서는 웰빙과 부적으로, 아시아 · 라틴아메리카 · 동유럽에서는 정적으로 관련되어 있다. 아프리카에서는 관계가 없었다. 이러한 차이에 대한 이유는 명확하지 않다. 그러나 선진국 시민의 사이에서 평등에 대한 더 강한 선호를 반영할 수 있다.

우리는 불평등/웰빙 가설에 대해 이들 저자들이 제기한 비판을 심각하게 고려할 필요가 있지만, 기존 증거의 무게는 불평등이 개인차 특성에 따라 수많은 사람들의 웰빙을 낮춘다는 사실을 가리키는 것 같다. 미래의 연구가 어떻게 펼쳐질지 주시하자.

왜 불평등이 웰빙과 관련되는가

불평등은 아이들로 하여금 지위 차이를 더 잘 의식하게 하여 아이들 사이에서 사회적 비교를 촉진하는 것 같다. 아이들은 지위 차이를 의식하며, 어른들이 하는 방식과 유사하게 이러한 차이에 반응한다. 지위 차이는 폭력을 포함한 수행과 행동에서 변화를 유발한다. 예를 들어 청소년 및 성인의 살인율은 불평등과 상관관계가 있으며, "… 체면의 상실 그리고 무시하고 깔본다는 느낌에 대한 민감도"에 의해 가장 잘 설명된다(Pickett & Wilkinson, 2007, p. 1084). 만약 불평등이 사회적 비교 과정 때문에 부작용을 생산한다면 불평등, 체면상실과 무시받는 느낌 및 사회문제 사이의 삼각 연결은 우리가 예상한 것이다(Pickett & Wilkinson, 2007).

연구는 불평등이 사회적 비교를 조장함으로써 행복을 낮춘다는 가설에 대한 폭넓은 개념적 지지를 제공한다. 예를 들어 소득 불평등은 유럽(Olivera, 2014)에서 다른 사람에 대한 신뢰의 낮은 수준과 연관되어 있다. 또한 Oishi 등(2011)은 1972년과 2008년 사이에 미국의 대표적인 샘플을 조사하고, '일반 신뢰'와 '지각된 공정성'이 저소득 미국인에서의 소득 불평등과 행복의 관계를 완전히 중재하는 것으로 나타났다. 그러나 고소득자들에서는 그렇지 않았다. 구체적으로 소득 불평등은 낮은 수준의 신뢰와 지각된 공정성으로 이어지고, 이들은 다시 낮은 수준의 행복과 연관된다. 마지막으로 Neville(2012)은 기말 보고서를 거래하는 웹사이트에서 국가 수준의 인터넷 트래픽 자료를 조사하고, '일반 신뢰'("당신은 대부분의 사람들이 신뢰할 수 있다고 말할 수 있습니까?"라는 질문에 대한 답변이 나타내는)가 소득 불평등과 학문적 부정직 사이의 관계를 완전히 중재한다는 것을 보여주었다.

　소득 불평등은 나이, 성별, 그리고 문화적 가치를 통제한 후에도, '자기증대'와 정적으로 연관되어 있다. Loughnan 등(2011)은 5개 대륙의 15개국에서 1,625명의 개인을 조사하고, 불평등 사회의 사람들은 자신을 다른 사람보다 우수하다고 볼 가능성이 더 높음을 발견했다. 이 저자들은 직접 중재요인을 검증하지는 않았지만, 불평등이 더 큰 우월감을 조장하며, 이는 더 큰 자기증대로 이어진다는 가설을 세웠다.

　불평등은 정치적 신뢰와도 연관되어 있다. 이 연구는 웰빙을 명시적으로 평가하지 않지만, 불평등을 웰빙과 관련되었을 정치적 신뢰의 여러 측면과 연결한다. 예를 들어 소득 불평등은 GDP를 통제한 후에도, 라틴아메리카 국가의 정부, 사법부, 정치 정당 같은 정치기관들에 대한 더 낮은 신뢰와 연관되어 있다(Zmerli & Castillo, 2015). 또한 불평등은 동유럽에서 타인에 대한 낮은 신뢰와 정치적 무관심과 연결되어 있다(Loveless, 2013).

　이들 연구는 사회적 비교/지위 차별화가 불평등과 웰빙 사이의 관계를 중재한다는 가설과 개념적으로 일관된다. 불평등이 사회적 비교를 증가시키고 지위 차이를 더 인식하게 하기 때문에 불평등이 행복을 감소시킨다면 우리가 기대하는 것처럼, 이들 연구는 소득 불평등이 타인에 대한 신뢰를 낮추고 타인들이 공평하다는 지각을 훼손함을, 그리고 이들 요인들이 불평등과 행복, 학문적 부정직의 관계를 중재함을 보여준다.[8] 학문적 부정직은 사회적 지위의 차이가 현저하고 심각할 때 예상할 수 있는 행동이기 때문에 이 발견은 특히 흥미롭다. 또한 불평등은 개인의 우월감을 증가시키는데, 이는 아마도 사람들이 더 큰 경쟁압력을 느끼기 때문인데, 이것 역시 지위에 대한 관심이 매우 현저할 때 예상할 수 있는 것이다.

　일부 연구자들은 소득 불평등, 신뢰, 웰빙 사이의 인과적 연관에 의문을 던지지만 (Bergh & Bjørnskov, 2014), 대부분의 연구는 불평등과 웰빙 사이의 인과 경로를 지지한 다. 이들 연구는 별개의 연구팀, 별개의 방법론과 측정치에서 얻은 증거들을 제공하는데, 모두가 수렴하여 왜 소득 불평등이 나쁜 효과들과 연관되는지에 대해 통일된 설명을 지 지한다. 이들 자료는 불평등/행복 관계가 집단 수준(국가에서 행복의 평균 수준) 그리고 개인 수준(예 : 앞의 연구들의 개인 행복 측정치) 모두에서 성립함을 보여줌으로써 분석 의 수준을 넓혀 준다. 연구방법, 측정치 및 분석 수준이 수렴하는 것은 불평등이 사회적 비교를 촉진함으로써 행복을 감소시킨다는 우리의 신념을 증대시킨다.

　이런 종류의 변인들을 고려할 때 인과관계에 대해 확신을 한다는 것은 항상 어려운 일 이지만 소득 불평등이, 특히 상대적으로 부유한 서방국가들에서 낮은 웰빙과 연관된다 는 것은 분명하다. 불평등은 단지 낮은 개인적 웰빙하고만 연관된 것은 아니다. 불평등은 수감률, 유아 사망률, 그리고 정신질환율 같은 많은 사회문제를 예측한다. 불평등은 또한 낮은 신뢰, 낮은 투표 참여율, 시민참여의 결여와 같은 사회구조의 균열과 연관된다. 국 가의 부를 통제하고 수행된 다수의 종단연구들을 보면, 이 관계가 인과적인 것으로 보인 다. 그러나 불평등과 웰빙을 연결하는 경로가 완전히 명확하지는 않다. 불평등이 개인 간 의 경쟁을 조장하는 지위 차이를 만들고, 타인에 대한 신뢰, 민주주의에 대한 믿음, 국가 기관에 대한 신뢰를 잠식하기 때문에 불평등이 웰빙을 낮추는 것으로 보인다. 이 불평등 으로 인한 불신이 낮은 웰빙의 중심 원인으로 보인다.

　불평등/웰빙 관계에는 흥미로운 개인차가 있다. 놀랍게도 일부 가난한 나라에서 불평 등은 경제적 기회가 존재한다는 신호 역할을 할 수 있고, 따라서 개인의 웰빙을 상승시킬 수 있다. 경제 사다리를 올라갈 수 있다고 믿는 사람들은 종종 불평등에 기뻐한다. 불평 등은 정치적 보수주의자에 영향을 미칠 가능성이 작은데, 그 이유는 보수주의자들은 불 평등을 개인 선택의 문제로 또 기회에 대한 반응이라고 합리화할 수 있기 때문이다. 반면 에 정치적 자유주의자들은 불평등이 높을 때 덜 행복하다.

● ● ●

실업

기본 발견

실업은 낮은 웰빙과 일관성 있게 연관된다. 문헌 고찰 논문들은 실업이 자살률(Milner,

Spittal, Page, & LaMontagne, 2014; Uutela, 2010), 정신과 입원(Simone, Carolin, Max, & Reinhold, 2013), 약물 남용(Henkel, 2011), 전체 사망률(Roelfs, Shor, Davidson, & Schwartz, 2011; Roelfs, Shor, Blank, & Schwartz, 2015), 그리고 좋지 않은 정신건강과 낮은 주관적 웰빙(Clark, 2003; Eichhorn, 2014; Luhmann, Hofmann, Eid, & Lucas, 2012; Paul & Moser, 2009; Reneflot & Evensen, 2014)을 예측함을 보여준다. 유사하게 영국의 대표 샘플을 사용한 최근의 경험 연구에 의하면, 실업 중인 응답자들은 건강한 기간을 19% 적게 보고하였다(Cooper, McCausland, & Theodossiou, 2015).

　이 연관은 크고 의미가 있다. 실업률 1% 상승은 조현병 입원율 5% 상승과 대응하는 반면, 실업률 1% 감소는 조현병 입원율 2% 감소와 연관된다(Simone et al., 2013). 유사하게 실직 남성은 취업 남성보다 자살률이 51% 높다(Milner et al., 2014). 또한 실직자 중 2배 많은 비율(34%)의 실직자가 취업자(16%)에 비해 심리적 고통을 보고한다(Paul & Moser, 2009). 마지막으로 실직자의 전체 사망률은 취업자들보다 62% 높다(Roelfs et al., 2015).

인과관계?

여러분은 이 모든 연구가 상관관계 연구임을 알아챘을 것이다. 따라서 실업이 불행을 일으키는지 궁금해하는 것은 당연한 일이다. 예를 들어 성격특성은 개인으로 하여금 실직하게 만들고 또 불행하게 만드는가? 취업이 행복의 원인일까 혹은 행복이 취업의 원인일까?

　이들은 좋은 질문이다. 그러나 연구들을 주의 깊게 살펴보면 실업이 아마도 불행의 원인임을 알게 된다. 성격차이는 실업과 행복 사이의 부적인 관계를 설명할 수 없다. Schimmack, Schupp 및 Wagner(2008)는 빅 파이브 성격특성을 통제한 후에도, 실업은 행복과 부적으로 관계가 있음을 발견했다. 또한 공장이 폐쇄되면 개인은 성격과는 관계없이 실직을 하게 되는데, 공장 폐쇄 연구는 실업이 정신건강에 부적인 영향을 줌을 보여준다(Paul & Moser, 2009). 또한 종단연구(Lucas, Clark, Georgellis, & Diener, 2004)는 개인들이 실직 후 행복이 감소함을 보여준다. 이러한 결과는 실업이 불행의 원인임을 가리킨다.

　실업과 웰빙 사이에 '복용-반응' 관계가 존재한다는 연구결과도 인과관계를 시사한다. Paul과 Moser(2009)는 문헌을 검토하고 개인이 실직했을 때 행복이 감소하고, 새 일자리를 찾았을 때 상승한다고 결론을 내렸다. 제3변인이 고용과 행복 사이의 복용-반응 연결을 설명할 수 있을 것 같지는 않다. 실업과 자살의 연구는 비슷한 복용-반응 관계를 보여준다(Milner et al., 2014).

실업이 불행의 원인이라는 우리의 확신은 연령, 성별, 결혼상의 지위 같은 인구통계학적 요인들을 통제한 연구결과에 의해 더욱 강화된다(Blanchflower & Oswald, 2004). 단순한 소득상실은 실업의 부정적 효과를 설명하지 못하는 것으로 보인다. 실업은 소득을 통제한 후에도(Blanchflower & Oswald, 2004), 그리고 상대소득을 통제한 후에도(Helliwell, 2003), 웰빙을 낮춘다. 따라서 단순한 소득상실이 아닌 실업 자체에 대한 무엇이 웰빙 감소를 일으키는 것 같다.

상처

실업의 부정적인 효과는 개인이 재취업을 한 후에도 지속되는데, 이는 실업 경험의 의미를 보여준다. 우리는 실업의 경험에 완전히 적응하지는 못하는 것 같다. Daly와 Delaney(2013)는 이 효과를 심리적 상처(scarring)라고 불렀다. 상처 가설과 일관되게 Daly와 Delaney는 개인이 성인기 동안 실업으로 보낸 시간이, 아동기의 디스트레스 수준과 현재의 고용상태를 통제한 후에도, 50세 때의 웰빙을 예측한다는 것을 밝혀냈다. 따라서 긴 기간 실업을 경험한 개인은 이 경험 때문에 상처가 남는 것 같다. 유사하게 Strandh, Winefield, Nilsson 및 Hammarström(2014)은 청년 실업이 장기간 지속되는 부정적 심리적 결과를 만들어낸다는 것을 발견했다. Daly와 Delaney(2013)는 이 상처 효과가 생기는 이유는 실업이, 현재 직업이 있는 사람에게도 미래 고용에 대한 지속적인 불안을 생산하기 때문이라고 추측한다.

실업은 개인의 신뢰감에도 상처를 준다. Laurence(2015)는 33~50세 사이에 비자발적으로 직장을 잃은 사람들이 "대부분의 사람들은 신뢰받을 만하다."고 생각할 가능성이 4.5% 낮음을 발견했다(p. 50). 이 발견은 인구통계학적 변인들과 33세의 초기 신뢰 수준을 통제한 후에도 유의했다. 더구나 이 신뢰 감소는 최소 9년간 지속되었고, 비자발적으로 직장을 잃은 사람들에게만 일어났다. 예를 들어 회사가 문을 닫았기 때문에 일자리를 잃거나 해고된 사람들 사이에서 신뢰가 감소한다. 그러나 가족이나 건강상의 이유로 일자리를 떠났거나 휴직을 하기로 결정한 사람들 사이에서는 신뢰가 감소하지 않는다. 이러한 결과는 신뢰가 행복과 직접적으로 연결되기 때문에 흥미롭다(Helliwell, 2003). 신뢰는 또한 소득 불평등과의 연결을 통해 행복과 간접적으로도 연결된다(Loveless, 2013).

완화 요인

실업의 부정적인 효과의 심각성은 사회계층과 기타 인구통계학적 요인에 따라 변한다. 예를 들어 실업상태에 있는 최소 숙련 및 중간 숙련 미국인들은 고용된 비슷한 미국인 근로자들보다 전체 사망률이 약 2.5배 높았다. 그러나 실업상태의 고도 숙련 근로자들 사이에서는 전체 사망률의 증가가 없었다. 마찬가지로 서독에서 교육을 받은 실업상태의 독일 근로자들은 어떤 숙련 정도이든 사망률이 높지 않았다(McLeod, Lavis, MacNab, & Hertzman, 2012).

따라서 직업 숙련 수준은 미국에서는 실업에 대한 반응에 영향을 주지만, 독일에서는 그렇지 않다. 이런 문화적 차이를 어떻게 설명해야 할지 명확하지 않다. 실업 급여의 수준의 차이가 하나의 가능성이지만, 그 증거는 엇갈린다. 예를 들어 일부 연구는 실업 급여의 제공과 질이 실업에 대한 심리적 반응에 영향을 주지 않는다고 말한다(Eichhorn, 2014). 그러나 다른 연구는 미국의 여러 주에서 실업 급여의 수준이 자살률과 작지만 통계적으로 유의한 관계가 있다고 말한다(Cylus, Glymour, & Avendano, 2015). 또 다른 설명은 독일이 미국보다 재취업에 대한 더 많은 지원을 제공한다는 것이다. 이 설명은 왜 고도로 숙련된, 따라서 재취업이 쉬운 미국 근로자들의 사망 위험이 독일 근로자와 유사한지를 설명한다(McLeod et al., 2012).

또한 더 많은 교육을 받은 사람들이 실업에 의해 덜 부정적인 영향을 받는다(Galić, 2007; Mandemakers & Monden, 2013). 더 많은 교육을 받은 사람들이 재정 자원이 더 풍부하고 미래 고용 전망이 좋기 때문에 실업에 더 좋게 반응한다(Galić, 2007; Mandemakers & Monden, 2013). 다른 연구들은 남자(van der Meer, 2014)와 이전 직업에서 사회적 지지를 더 받은 사람들이(Backhans & Hemmingsson, 2012) 실업에 더 부정적 영향을 받음을 보여준다. 마지막으로 실업은 성공에 대한 개인적 책임을 강조하는 윤리를 가진 개인주의적 문화에서 심리적으로 더 해롭다(Mikucka, 2014).

실업의 영향이 여러 완화 요인에 따라 변한다는 사실은 실업의 심리학이 중요함을 나타낸다. 다른 장에서 보듯이 사건에 대한 개인의 지각과 해석이 반응에 영향을 미친다. 이는 정책 개입이 실업의 부정적인 심리적 영향을 줄이는 데 효과적일 수 있음을 시사한다. 우리는 다음 절에서 몇 가지 가능한 정책을 탐구한다.

사회규범

실업에 대한 우리의 반응은 실업상태인 다른 사람의 수에 의해서도 영향을 받는데, 이는 실업에 대한 우리의 반응이 갖는 심리적 성격을 보여준다. 우리와 비슷한 사람들이 역시 실업 중이라면 실업은 스트레스를 덜어준다(Clark, 2003; Flint, Bartley, Shelton, & Sacker, 2013). Clark(2003)는 실업률이 웰빙에 영향을 미치는 사회적 규범을 확립한다고 주장한다. 우리와 비슷한 많은 타인들이 실업자라면, 우리의 실업은 더 '규범적'이고, 따라서 스트레스를 덜 준다.

자료들을 보면 Clark(2003)의 가설과 일관된다. 예상대로 고용된 개인은 실업 중인 개인보다 웰빙이 높다. 그러나 지역 실업률을 분석해보면 지역의 실업률이 높을 때(약 15%)보다 낮을 때(약 5%) 웰빙의 차이가 유의하게 더 크다. 따라서 비교적 소수가 실업 중이라면 근로자들은 실업자보다 훨씬 더 행복하다. 그러나 실업률이 높을 경우 실업자와 취업자의 행복 차이는 훨씬 줄어든다. 일단 실업률이 24%에 도달하면, 실업자와 취업자 사이의 웰빙 차이는 없는 것으로 보인다. 따라서 사회규범 가설과 일관되게, 개인들은 동료가 실업 중이라면 그들의 실업상태에 스트레스를 덜 받는다(Clark, 2003).[9] 또한 이러한 관계는 남성과 여성 모두를 고려할 때 유의하지만 남성에게 훨씬 더 강하게 나타난다.

이들은 상관관계 자료이며 인과관계가 불확실하지만, 사회적 규범이 이 조리법의 유효 성분이라는 강한 주장이 존재한다. 이러한 결과는 소득, 건강, 인구통계학적 특성들을 통제한 후에도 성립한다. 영국에서는 실업 수당에 지역 차이가 없다(Clark, 2003). 이들 결과를 설명하는 데 있어, Clark(2003)의 사회규범 가설과 성공적으로 경쟁할 수 있는 대안을 상상하기 힘들다.

Clark(2003)의 자료는 실업자의 웰빙이 자신의 가정 내에 있는 다른 사람의 고용상태와 관련됨을 보여준다. 예를 들어 내가 실업 중이고 나의 파트너가 고용된 상태라면, 나의 웰빙이 최고 수준일 가능성은 31%이다. 그러나 나와 나의 파트너가 모두 실업 중이라면 그 확률은 40%로 상승한다. 유사하게 내가 실업자이고, 나의 가정 내 타인 중에 실업자가 없다면, 나의 웰빙이 최고 수준일 가능성은 36%이다. 그러나 나의 가정 내에서 다른 사람도 모두 실업자인 경우 그 확률은 46%이다.

실업의 사회규범이 우리의 웰빙에 대한 실업의 타격을 가볍게 해준다고 가정하지 않으면, 이들 자료는 이해가 되지 않는다. 결국 모두가 실업자인 가정은 내가 유일한 실업자인 가정보다 훨씬 더 고통을 겪어야 한다. 그럼에도 나의 가정 내 다른 사람들이 나처럼 실업 중이라면 나는 더 행복하다. Flint 등(2013)은 이들 결과를 반복 발견하였지만, 지역의 실업률과는 상관없이 실업자들이 고용된 사람들보다 웰빙이 낮음을 지적하였다. 따라서 실업이 사회적 규범일 때 우리는 실업에 의해 상처를 덜 받지만, 실업은 웰빙을 낮춘다.

• • •
요약

실업은 웰빙과 강하게 부적으로 연관되며, 그 관계는 인과적으로 보인다. 흥미롭게도 실업의 부정적인 효과는 다른 많은 사람들도 동시에 실업자라면 덜 심각하다. 또한 실업은 영구적인 정서적 상처를 남기는 것으로 보인다. 이러한 결과는 만약 사회가 국민의 행복을 증진하고자 한다면, 실업을 감소시키는 데에 심각한 정책적 배려를 하여야 함을 나타낸다.

이 장의 전체 메시지는 일단 개인이 기본적인 신체적 · 정서적 욕구를 충족하는 소득수준까지 오르면, 돈과 행복의 관계가 상대적으로 약하다는 것이다. 이 관계는 대단히 복잡하고 전혀 간단하지 않다. 다른 요인들도 있지만 쾌락 적응, 상대소득, 소득 불평등 및 개인차 변인들이 관계에 영향을 미친다. 그러나 부의 증가는 그것이 개인적 수준에서든 국가적 수준에서든, 이미 기본 욕구가 충족된 사람들의 행복을 증진시키는 데 효율적인 전략이 아니다. 대신 행복 증진에 더 유망한 경로를 제공하는 사회관계의 개선 같은 다양한 다른 요인들이 존재한다.

주

1. 이스털린(1974)은 이 포인트를 상대소득에 대한 그의 주장으로부터 명확하게 분리하지 않지만, 그는 이 주장을 한다.
2. 국민총생산[GNP, 때로는 국내총생산(GDP)으로 측정됨]은 그 나라의 모든 상품과 서비스의 합으로 나타나는 한 사회의 전체 부에 대한 추정치이다.
3. 그러나 부분적인 반박을 위해 Sarracino(2012)를 참조하라.
4. 소득의 증가는 우리의 웰빙을 높이기 위한 어떤 잠재력을 가지고 있음이 분명하다. 결국 우리의 최소 필요소득은 우리의 실제소득과 같은 비율로 증가하지 않는다. 그러나 소득의 잠재 효과의 40% 침식은 우리가 이 장의 앞에서 논의했던 효과 크기 질문에 답해준다. 또한 사회적 비교 과정

이 소득이 행복에 주는 긍정적인 기여를 잠식할 가능성이 있음을 기억하라.

5. 미국은 세계에서 더 불평등한 국가 중 하나이다. 소득자의 상위 10%가 2012년 미국의 모든 세전 소득의 50.4%를 차지했다. 미국의 임금소득자 하위 90%가 국가 전체 소득의 절반 이하를 번다. 그리고 같은 해, 미국 소득자의 상위 1%가 미국 전체 소득의 약 23%를 가져갔다(Saez, 2013).

6. Beja(2014)는 높은 수준의 불평등이 산업경제와 '신흥'경제 모두에서 낮은 주관적 웰빙과 관련이 있음을 발견했다. 그러나 낮은 수준의 불평등은 산업경제에서는 웰빙과 관련이 없지만, 신흥경제에서는 정적인 관련이 있다.

7. Oishi 등(2011)은 국부 또는 가구소득 같은 다른 요인을 통제하지 않고, 소득 불평등과 삶 평가 사이의 기본 상관관계만을 보고한다.

8. 그러나 이러한 연구결과에 대한 일부 예외를 보려면 Fairbrother과 Martin(2013)를 참조하라.

9. 당신은 지역 실업률이 높을 때 실업자와 취업자 사이의 작은 웰빙 차이에 대해 궁금해할 수 있다. 이 작은 차이가 실업자들이 이런 상황에서 덜 불행하게 되었기 때문일까? 혹은 취업자들이 동료 시민들이 실업자가 되는 것을 보고 더 불행해짐을 나타내는가? 정답은 지역의 실업률이 높을 때 실업자가 덜 불행해진다는 것이다. 지역 실업률이 웰빙과 관련이 없기 때문에 우리는 이 답을 알고 있다.

참고문헌

Abbott, P., & Wallace, C. (2014). Rising economic prosperity and social quality: The case of new member states of the European Union. *Social Indicators Research, 115*(1), 419–439.

Alesina, A., Di Tella, R., & MacCulloch, R. (2004). Inequality and happiness: Are Europeans and Americans different? *Journal of Public Economics, 88*(9–10), 2009–2042.

Andersen, R. (2012). Support for democracy in cross-national perspective: The detrimental effect of economic inequality. *Research in Social Stratification and Mobility, 30*, 389–402.

Angeles, L. (2011). A closer look at the Easterlin paradox. *Journal of Socio-Economics, 40*(1), 67–73.

Asadullah, M. N., & Chaudhury, N. (2012). Subjective well-being and relative poverty in rural Bangladesh. *Journal of Economic Psychology, 33*(5), 940–950.

Backhans, M. C., & Hemmingsson, T. (2012). Unemployment and mental health—who is (not) affected? *European Journal of Public Health, 22*(3), 429–433.

Bartolini, S. (2007a). Beyond accumulation and technical progress: Negative externalities as an engine of economic growth. In M. Basili, M. Franzini, & A. Vercelli (Eds.), *Environment, inequality and collective action* (pp. 51–70). New York, NY: Routledge.

Bartolini, S. (2007b). Why are people so unhappy? Why do they strive so hard for money? Competing explanations of the broken promises of economic growth. In L. Bruni & P. L. Porta (Eds.), *Handbook on the economics of happiness* (pp. 337–364). Northampton, MA: Edward Elgar.

Becchetti, L., Corrado, L., & Rossetti, F. (2011). The heterogeneous effects of income changes on happiness. *Social Indicators Research, 104*(3), 387–406.

Becchetti, L., & Pelloni, A. (2013). What are we learning from the life satisfaction literature? *International Review of Economics*, 60(2), 113–155.

Becchetti, L., & Rossetti, F. (2009). When money does not buy happiness: The case of "frustrated achievers." *The Journal of Socio-Economics*, 38(1), 159–167.

Beja, E. L., Jr. (2014). Subjective well-being analysis of income inequality: Evidence for the industrialized and emerging economies. *Applied Research in Quality of Life*, 9(2), 139–156.

Berg, M., & Veenhoven, R. (2010). Income inequality and happiness in 119 nations: In search for an optimum that does not appear to exist. In B. Greve (Ed.), *Happiness and social policy in Europe* (pp. 174–194). Cheltenham, UK: Edward Elgar.

Bergh, A., & Bjørnskov, C. (2014). Trust, welfare states and income equality: Sorting out the causality. *European Journal of Political Economy*, 35, 183–199.

Bjornskov, C., Dreher, A., Fischer, J. A. V., Schnellenbach, J., & Gehring, K. (2013). Inequality and happiness: When perceived social mobility and economic reality do not match. *Journal of Economic Behavior and Organization*, 91, 75–92.

Blanchflower, D. G., & Oswald, A. J. (2004). Well-being over time in Britain and the USA. *Journal of Public Economics*, 88 (7–8), 1359–1386.

Boyce, C. J., Brown, G. D. A., & Moore, S. C. (2010). Money and happiness: Rank of income, not income, affects life satisfaction. *Psychological Science*, 21(4), 471–475.

Brickman, P., & Campbell, D. T. (1971). Hedonic relativism and planning the good society. In M. H. Appley (Ed.), *Adaptation level theory: A symposium* (pp. 287–302). New York, NY: Academic Press.

Brickman, P., Coates, D., & Janoff-Bulman, R. (1978). Lottery winners and accident victims: Is happiness relative? *Journal of Personality and Social Psychology*, 36(8), 917–927.

Brockmann, H., Delhey, J., Welzel, C., & Yuan, H. (2009). The China puzzle: Falling happiness in a rising economy. *Journal of Happiness Studies*, 10(4), 387–405.

Budria, S. (2013). Are relative-income effects constant across the well-being distribution? *Journal of Happiness Studies*, 14(4), 1379–1408.

Caner, A. (2014). Happiness, comparison effects, and expectations in Turkey. *Journal of Happiness Studies*, 16(5), 1323–1345.

Chang, W. (2013). Climbing up the social ladders: Identity, relative income, and subjective well-being. *Social Indicators Research*, 113(1), 513–535.

Clark, A. E. (2003). Unemployment as a social norm: Psychological evidence from panel data. *Journal of Labor Economics*, 21(2), 323–351.

Cojocaru, A. (2016). Does relative deprivation matter in developing countries: Evidence from six transition economies. *Social Indicators Research*, 125(3), 735–756.

Cooper, D., McCausland, W. D., & Theodossiou, I. (2015). Is unemployment and low income harmful to health? Evidence from Britain. *Review of Social Economy*, 73(1), 34–60.

Cylus, J., Glymour, M. M., & Avendano, M. (2015). Health effects of unemployment benefit program generosity. *American Journal of Public Health*, 105(2), 317–323.

Daly, M., & Delaney, L. (2013). The scarring effect of unemployment throughout adulthood on psychological distress at age 50: Estimates controlling for early adulthood distress and childhood psychological factors. *Social Science and Medicine, 80*, 19–23.

D'Ambrosio, C., & Frick, J. R. (2007). Income satisfaction and relative deprivation: An empirical link. *Social Indicators Research, 81*(3), 497–519.

Davidai, S., & Gilovich, T. (2015). Building a more mobile America—one income quintile at a time. *Perspectives on Psychological Science, 10*(1), 60–71.

Deaton, A. (2008). Income, health, and well-being around the world: Evidence from the Gallup World Poll. *Journal of Economic Perspectives, 22*(2), 53–72.

Delhey, J., & Dragolov, G. (2014). Why inequality makes Europeans less happy: The role of distrust, status anxiety, and perceived conflict. *European Sociological Review, 30*(2), 151–165.

Delhey, J., & Kohler, U. (2011). Is happiness inequality immune to income inequality? New evidence through instrument-effect-corrected standard deviations. *Social Science Research, 40*(3), 742–756.

Di Domenico, S. I., & Fournier, M. A. (2014). Socioeconomic status, income inequality, and health complaints: A basic psychological needs perspective. *Social Indicators Research, 119*(3), 1679–1697.

Diener, E., Ng, W., Harter, J., & Arora, R. (2010). Wealth and happiness across the world: Material prosperity predicts life evaluation, whereas psychosocial prosperity predicts positive feeling. *Journal of Personality and Social Psychology, 99*(1), 52–61.

Diener, E., & Tay, L. (2015). Subjective well-being and human welfare around the world as reflected in the Gallup World Poll. *International Journal of Psychology, 50*(2), 135–149.

Diener, E., Tay, L., & Oishi, S. (2013). Rising income and the subjective well-being of nations. *Journal of Personality and Social Psychology, 104*(2), 267–276.

Distante, R. (2013). Subjective well-being, income and relative concerns in the UK. *Social Indicators Research, 113*(1), 81–105.

Dittmann, J., & Goebel, J. (2010). Your house, your car, your education: The socioeconomic situation of the neighborhood and its impact on life satisfaction in Germany. *Social Indicators Research, 96*(3), 497–513.

Easterlin, R. A. (1974). Does economic growth improve the human lot? In P. A. David & M. W. Reder (Eds.), *Nations and households in economic growth: Essays in honor of Moses Abramovitz* (pp. 89–126). New York, NY: Academic Press.

Easterlin, R. A. (1995). Will raising the incomes of all increase the happiness of all? *Journal of Economic Behavior and Organization, 27*(1), 35–47.

Easterlin, R. A. (2005). Feeding the illusion of growth and happiness: A reply to Hagerty and Veenhoven. *Social Indicators Research, 74*(3), 429–443.

Easterlin, R. A. (2013). Cross-sections are history. *Population and Development Review, 38*(Suppl. 1), 302–308.

Easterlin, R. A., McVey, L. A., Switek, M., Sawangfa, O., & Zweig, J. S. (2010). The happiness–income paradox revisited. *Proceedings of the National Academy of Sciences of the United States of America, 107*(52), 22463–22468.

Easterlin, R. A., Morgan, R., Switek, M., & Wang, F. (2012). China's life satisfaction, 1990–2010.

Proceedings of the National Academy of Sciences of the United States of America, 109(25), 9775–9780.

Eckenrode, J., Smith, E. G., McCarthy, M. E., & Dineen, M. (2014). Income inequality and child maltreatment in the United States. *Pediatrics, 133*(3), 454–461.

Eichhorn, J. (2014). The (non-)effect of unemployment benefits: Variations in the effect of unemployment on life-satisfaction between EU countries. *Social Indicators Research, 119*(1), 389–404.

Elgar, F. J., Craig, W., Boyce, W., Morgan, A., & Vella-Zarb, R. (2009). Income inequality and school bullying: Multilevel study of adolescents in 37 countries. *Journal of Adolescent Health, 45*(4), 351–359.

Fairbrother, M., & Martin, I. W. (2013). Does inequality erode social trust? Results from multilevel models of US states and counties. *Social Science Research, 42*(2), 347–360.

Ferrer-i-Carbonell, A., & Ramos, X. (2014). Inequality and happiness. *Journal of Economic Surveys, 28*(5), 1016–1027.

Filho, A. D. P. C., Kawachi, I., Wang, Y. P., Viana, M. C., & Andrade, L. H. S. G. (2013). Does income inequality get under the skin? A multilevel analysis of depression, anxiety and mental disorders in São Paulo, Brazil. *Journal of Epidemiology and Community Health, 67*(11), 966–972.

Firebaugh, G., & Schroeder, M. B. (2009). Does your neighbor's income affect your happiness? *American Journal of Sociology, 115*(3), 805–831.

Fischer, R., & Boer, D. (2011). What is more important for national well-being: Money or autonomy? A meta-analysis of well-being, burnout, and anxiety across 63 societies. *Journal of Personality and Social Psychology, 101*(1), 164–184.

Flint, E., Bartley, M., Shelton, N., & Sacker, A. (2013). Do labour market status transitions predict changes in psychological well-being? *Journal of Epidemiology and Community Health, 67*(9), 796–802.

Galić, Z. (2007). Psychological consequences of unemployment: The moderating role of education. *Review of Psychology, 14*(1), 25–34.

Gori-Maia, A. (2013). Relative income, inequality and subjective wellbeing: Evidence for Brazil. *Social Indicators Research, 113*(3), 1193–1204.

Graham, C. (2009). *Happiness around the world: The paradox of happy peasants and miserable millionaires.* New York, NY: Oxford University Press.

Gruen, C., & Klasen, S. (2013). Income, inequality, and subjective well-being: An international and intertemporal perspective using panel data. *Jahrbuch Fur Wirtschaftsgeschichte, 54*(1), 15–35.

Hajdu, T., & Hajdu, G. (2014). *Reduction of income inequality and subjective well-being in Europe* (Economics Discussion Papers No 2014–22). Kiel Institute for the World Economy. Retrieved from http://www.economics-ejournal.org/economics/discussionpapers/2014-22/file

Helliwell, J. (2003). How's life? Combining individual and national variables to explain subjective well-being. *Economic Modelling, 20*(2), 331–360.

Henkel, D. (2011). Unemployment and substance use: A review of the literature (1990–2010). *Current Drug Abuse Reviews, 4*(1), 4–27.

Howell, R. T., & Howell, C. J. (2008). The relation of economic status to subjective well-being in developing countries: A meta-analysis. *Psychological Bulletin, 134*(4), 536–560.

Inglehart, R., & Klingemann, H. D. (2000). Genes, culture, democracy, and happiness. In E. Diener & E. M. Suh (Eds.), *Culture and subjective well-being* (pp. 165–183). Cambridge, MA: MIT Press.

Jorm, A. F., & Ryan, S. M. (2014). Cross-national and historical differences in subjective well-being. *International Journal of Epidemiology, 43*(2), 330–340.

Kahneman, D., & Deaton, A. (2010). High income improves evaluation of life but not emotional well-being. *Proceedings of the National Academy of Sciences of the United States of America, 107*(38), 16489–16493.

Karriker-Jaffe, K., Roberts, S. C. M., & Bond, J. (2013). Income inequality, alcohol use, and alcohol-related problems. *American Journal of Public Health, 103*(4), 649–656.

Knight, J., & Gunatilaka, R. (2012). Income, aspirations and the hedonic treadmill in a poor society. *Journal of Economic Behavior and Organization, 82*(1), 67–81.

Lancee, B., & van de Werfhorst, H. G. (2012). Income inequality and participation: A comparison of 24 European countries. *Social Science Research, 41*(5), 1166–1178.

Laurence, J. (2015). (Dis)placing trust: The long-term effects of job displacement on generalised trust over the adult lifecourse. *Social Science Research, 50*, 46–59.

Layard, R. (2005). *Happiness: Lessons from a new science*. London, UK: Allen Lane.

Li, J., & Raine, J. W. (2014). The time trend of life satisfaction in China. *Social Indicators Research, 116*(2), 409–427.

Loughnan, S., Kuppens, P., Allik, J., Balazs, K., de Lemus, S., Dumont, K., . . . Haslam, N. (2011). Economic inequality is linked to biased self-perception. *Psychological Science, 22*(10), 1254–1258.

Loveless, M. (2013). The deterioration of democratic political culture: Consequences of the perception of inequality. *Social Justice Research, 26*(4), 471–491.

Lucas, R. E., & Schimmack, U. (2009). Income and well-being: How big is the gap between the rich and the poor? *Journal of Research in Personality, 43*(1), 75–78.

Lucas, R. E., Clark, A. E., Georgellis, Y., & Diener, E. (2004). Unemployment alters the set point for life satisfaction. *Psychological Science, 15*(1), 8–13.

Luhmann, M., Hofmann, W., Eid, M., & Lucas, R. E. (2012). Subjective well-being and adaptation to life events: A meta-analysis. *Journal of Personality and Social Psychology, 102*(3), 592–615.

Luttmer, E. F. P. (2005). Neighbors as negatives: Relative earnings and well-being. *Quarterly Journal of Economics, 120*(3), 963–1002.

Mandemakers, J. J., & Monden, C. W. S. (2013). Does the effect of job loss on psychological distress differ by educational level? *Work, Employment and Society, 27*(1), 73–93.

Maslow, A. H. (1943). A theory of human motivation. *Psychological Review, 50*(4), 370–396.

McLeod, C. B., Lavis, J. N., MacNab, Y. C., & Hertzman, C. (2012). Unemployment and mortality: A comparative study of Germany and the United States. *American Journal of Public Health, 102*(8), 1542–1550.

Mikucka, M. (2014). Does individualistic culture lower the well-being of the unemployed? Evidence from Europe. *Journal of Happiness Studies, 15*(3), 673–691.

Milner, A., Spittal, M. J., Page, A., & LaMontagne, A. D. (2014). The effect of leaving employment on mental health: Testing "adaptation" versus "sensitisation" in a cohort of working-age Australians. *Occupational and Environmental Medicine, 71*(3), 167–174.

Mishra, V., Nielsen, I., & Smyth, R. (2014). How does relative income and variations in short-run wellbeing affect wellbeing in the long run? Empirical evidence from China's Korean minority. *Social Indicators Research, 115*(1), 67–91.

Napier, J. L., & Jost, J. T. (2008). Why are conservatives happier than liberals? *Psychological Science, 19*(6), 565–572.

Neville, L. (2012). Do economic equality and generalized trust inhibit academic dishonesty? Evidence from state-level search-engine queries. *Psychological Science, 23*(4), 339–345.

Ng, W. (2013). The duality of wealth: Is material wealth good or bad for well-being? *Journal of Social Research and Policy, 4*(2), 7–19.

Ng, W., & Diener, E. (2014). What matters to the rich and the poor? Subjective well-being, financial satisfaction, and postmaterialist needs across the world. *Journal of Personality and Social Psychology, 107*(2), 326–338.

O'Boyle, E. J. (2005). Homo socio-economicus: Foundational to social economics and the social economy. *Review of Social Economy, 63*(3), 483–507.

Oishi, S., Kesebir, S., & Diener, E. (2011). Income inequality and happiness. *Psychological Science, 22*(9), 1095–1100.

Oishi, S., Schimmack, U., & Diener, E. (2012). Progressive taxation and the subjective well-being of nations. *Psychological Science, 23*(1), 86–92.

Olivera, J. (2014). Changes in inequality and generalized trust in Europe. *Social Indicators Research, 124*(1), 21–41.

Paskov, M., & Dewilde, C. (2012). Income inequality and solidarity in Europe. *Research in Social Stratification and Mobility, 30*, 415–432.

Paul, K. I., & Moser, K. (2009). Unemployment impairs mental health: Meta-analyses. *Journal of Vocational Behavior, 74*(3), 264–282.

Pickett, K. E., & Wilkinson, R. G. (2007). Child wellbeing and income inequality in rich societies: Ecological cross sectional study. *British Medical Journal, 335*(7629), 1080–1085.

Powdthavee, N. (2008). Putting a price tag on friends, relatives, and neighbours: Using surveys of life satisfaction to value social relationships. *The Journal of Socio-Economics, 37*(4), 1459–1480.

Proto, E., & Rustichini, A. (2015). Life satisfaction, income and personality. *Journal of Economic Psychology, 48*, 17–32.

Ravazzini, L., & Chávez-Juárez, F. (2015). Which inequality makes people dissatisfied with their lives? *Evidence of the link between life satisfaction and inequalities*. Retrieved from https://ssrn.com/abstract=2577694

Reneflot, A., & Evensen, M. (2014). Unemployment and psychological distress among young adults in the Nordic countries: A review of the literature. *International Journal of Social Welfare, 23*(1), 3–15.

Roelfs, D. J., Shor, E., Blank, A., & Schwartz, J. E. (2015). Misery loves company? A meta-regression examining aggregate unemployment rates and the unemployment-mortality association. *Annals of Epidemiology, 25*(5), 312–322.

Roelfs, D. J., Shor, E., Davidson, K. W., & Schwartz, J. E. (2011). Losing life and livelihood: A systematic review and meta-analysis of unemployment and all-cause mortality. *Social Science and Medicine, 72*(6), 840–854.

Rözer, J., & Kraaykamp, G. (2013). Income inequality and subjective well-being: A cross-national study on the conditional effects of individual and national characteristics. *Social Indicators Research, 113*(3), 1009–1023.

Ryan, R. M., & Deci, E. L. (2000). Self-determination theory and the facilitation of intrinsic motivation, social development, and well-being. *American Psychologist, 55*, 68–78.

Sacks, D. W., Stevenson, B., & Wolfers, J. (2012). The new stylized facts about income and subjective well-being. *Emotion, 12*(6), 1181–1187.

Saez, E. (2013). Striking it richer: The evolution of top incomes in the United States (Updated with 2012 preliminary estimates). Retrieved from http://eml.berkeley.edu//~saez/saez-UStopincomes-2012.pdf

Sarracino, F. (2012). Money, sociability and happiness: Are developed countries doomed to social erosion and unhappiness? Time-series analysis of social capital and subjective well-being in western Europe, Australia, Canada and Japan. *Social Indicators Research, 109*(2), 135–188.

Scervini, F., & Segatti, P. (2012). Education, inequality and electoral participation. *Research in Social Stratification and Mobility, 30*, 403–413.

Schimmack, U., Schupp, J., & Wagner, G. G. (2008). The influence of environment and personality on the affective and cognitive component of subjective well-being. *Social Indicators Research, 89*(1), 41–60.

Schneider, S. M. (2012). Income inequality and its consequences for life satisfaction: What role do social cognitions play? *Social Indicators Research, 106*(3), 419–438.

Sengoelge, M., Hasselberg, M., Ormandy, D., & Laflamme, L. (2014). Housing, income inequality and child injury mortality in Europe: A cross-sectional study. *Child: Care, Health and Development, 40*(2), 283–291.

Senik, C. (2014). The French unhappiness puzzle: The cultural dimension of happiness. *Journal of Economic Behavior and Organization, 106*, 379–401.

Simone, C., Carolin, L., Max, S., & Reinhold, K. (2013). Associations between community characteristics and psychiatric admissions in an urban area. *Social Psychiatry and Psychiatric Epidemiology, 48*(11), 1797–1808.

Stevenson, B., & Wolfers, J. (2008, Spring). *Economic growth and subjective well-being: Reassessing the Easterlin paradox* (Working Paper No. 14282). Cambridge, MA: National Bureau of Economic Research.

Stevenson, B., & Wolfers, J. (2013). Economic growth and subjective well-being: Reassessing the Easterlin paradox. In B. S. Frey & A. Stutzer (Eds.), *Recent developments in the economics of happiness* (pp. 133–219). Northampton, MA: Edward Elgar.

Strandh, M., Winefield, A., Nilsson, K., & Hammarström, A. (2014). Unemployment and mental health scarring during the life course. *European Journal of Public Health*, 24(3), 440–445.

Stutzer, A. (2004). The role of income aspirations in individual happiness. *Journal of Economic Behavior and Organization*, 54(1), 89–109.

Tang, Z. (2014). They are richer but are they happier? Subjective well-being of Chinese citizens across the reform era. *Social Indicators Research*, 117(1), 145–164.

Tay, L., & Diener, E. (2011). Needs and subjective well-being around the world. *Journal of Personality and Social Psychology*, 101(2), 354–365.

Uutela, A. (2010). Economic crisis and mental health. *Current Opinion in Psychiatry*, 23(2), 127–130.

van der Meer, P. H. (2014). Gender, unemployment and subjective well-being: Why being unemployed is worse for men than for women. *Social Indicators Research*, 115(1), 23–44.

Verme, P. (2011). Life satisfaction and income inequality. *Review of Income and Wealth*, 57(1), 111–127.

Wadsworth, T. (2014). Sex and the pursuit of happiness: How other people's sex lives are related to our sense of well-being. *Social Indicators Research*, 116(1), 115–135.

Wang, P., Pan, J., & Luo, Z. (2015). The impact of income inequality on individual happiness: Evidence from China. *Social Indicators Research*, 121(2), 413–435.

Wilkinson, R. G., & Pickett, K. E. (2009). Income inequality and social dysfunction. *Annual Review of Sociology*, 35, 493–511.

Wood, A. M., Boyce, C. J., Moore, S. C., & Brown, G. D. A. (2012). An evolutionary based social rank explanation of why low income predicts mental distress: A 17 year cohort study of 30,000 people. *Journal of Affective Disorders*, 136(3), 882–888.

Zagorski, K., Evans, M. D. R., Kelley, J., & Piotrowska, K. (2014). Does national income inequality affect individuals' quality of life in Europe? Inequality, happiness, finances, and health. *Social Indicators Research*, 117(3), 1089–1110.

Zhao, W. (2012). Economic inequality, status perceptions, and subjective well-being in China's transitional economy. *Research in Social Stratification and Mobility*, 30(4), 433–450.

Zmerli, S., & Castillo, J. C. (2015). Income inequality, distributive fairness and political trust in Latin America. *Social Science Research*, 52, 179–192.

07

물질주의

함께 있어라, 꽃을 배워라, 가볍게 가라.

– 게리 스나이더

여러분은 광고들을 관통하는 주제를 눈치챘는가? 즉, 무엇인가를 구입하는 것은 정서적 고통을 줄이고, 우리의 인간관계를 개선하고, 또는 우리에게 사랑과 행복을 가져다준다는 것 말이다. 광고 방송은 적절한 디지털 기기를 구입하면, 당신의 온 가족이 행복하게 각자의 기기를 사용하여 즐겁게 게임을 즐기고, 소통하고, 또는 동시에 다른 프로그램을 시청하게 해주고, 혹은 특정 브랜드의 승용차를 운전하면 행복해질 것이라고 제안한다. 광고는 소유가 당신의 성공을 나타낸다고, 혹은 우리가 적절한 소비 상품을 갖게 되면 사회적 지위가 높아질 것이라고 말한다.

이러한 광고들은 실제 물리적 상품을 판매하는 것이 아니다. 그들은 상품의 품질이나 기능에 대해 거의 또는 전혀 정보를 제공하지 않는다. 대신 그들은 상품이 우리의 충족되지 않은 정서적 욕구를 만족시킬 수 있다고 제안한다. 내가 이 차를 사면 가족들이 나를 사랑할 것이다. 이 구두를 사면 외로움의 고통이 덜어질 것이다. 정서적 욕구를 충족하기 위해 물질적 대상을 사용하는 시도를 **물질주의적 행동**(materialistic behaviors)이라고 부른다. 물질주의는 대인관계보다 물질적 상품을 더 가치 있게 여기는 것도 포함한다. 당신이 상상할 수 있듯이 물질주의적 전략은 잘 작동하지 않는다. 코미디언 조지 칼린이 언젠가 말했다. "소유물을 쌓아놓음으로써 행복해지려는 것은 당신 몸에다 샌드위치를 테이프로 붙여 놓음으로써 굶주림을 만족시키려는 것과 같다." 물질주의적 개인은 다른 사람과 진정으로 긴밀한 관계를 육성하는 사람들보다 덜 행복하다. 이 장에서 우리는 왜 수많은 사람들이 물질주의적인지를 알게 되고, 또 왜 물질주의가 행복과 부적(−)인 관계가 있는지를 탐색한다.

• • • 물질주의의 정의

경험연구 문헌들은 일반적으로 물질주의(materialism)를 "⋯지위를 나타내는 소유물이나 돈을 획득하는 것의 중요성에 관련한 가치, 목표와 관련 신념을 장기적으로 수용하는 데서 생기는 개인차"라고 정의한다(Dittmar, Bond, Hurst, & Kasser, 2014, p. 880). 다시 말해 물질주의는 일종의 성격특성 혹은 가치에 대한 진술이다. 물질주의적 개인은 그들의 사회적 지위를 보여주기 위해 물건을 취득하는 것이 중요하다고 느낀다. 여기서 당신이 영화 '스타트렉'의 페렝기족을 떠올린다면, 당신은 제대로 이해한 것이다.

물질주의는 다양한 방법으로 측정된다. 물질주의를 측정하는 대표적인 척도 항목은 다음을 포함한다. "나는 돈이 매우 중요하다고 생각한다.", "돈은 성공의 상징이다." 그리고 "나를 위해 물건을 살 수 있는 돈이 더 있다면 나는 더 행복할 것이다." 등이 포함된다(Dittmar et al., 2014, p. 881). 연구자들은 이런 가치 성향을 하위 범주로 세분하였다. 예를 들어 Richins와 Dawson(1992)은 '획득 중심성', '행복추구로서의 획득' 및 '소유로 정의되는 성공'을 측정하는 별도의 하위 척도들을 개발했다(p. 304). Richins와 Dawson에 의하면, 획득 중심성이란 물질적 소유에 대한 추구가 물질주의적 경향이 높은 개인의 삶을 지배하는 것을 의미한다.

물질주의를 측정하는 두 번째 접근법은 부와 물질적 대상을 획득하려는 개인의 목표를 강조한다(Dittmar et al., 2014). 이러한 물질주의적 목표는 종종 다른 비물질주의적인 목표들에 대해 상대적으로 측정된다. 비물질주의적 목표는 지역사회의 참여 혹은 대인관계에 대한 노력을 포함한다. 대표적인 척도 항목은 '⋯깊고 지속적인 관계'를 가지려는 목표에 비교된 '⋯다수의 값비싼 소유물'을 가지려는 목표를 포함한다(Dittmar et al., 2014, p. 881).

물질주의를 측정하려는 다양한 목표 접근법들은 내적 목표와 외적 목표를 구분한다. 내적 목표는 기본적인 심리적 욕구를 만족시키기 위해 노력하는 것이다. 또한 이러한 목표의 만족은 다른 사람의 승인에 의존하지 않는다는 의미에서 직접적으로 만족적이다. 내적 목표는 비물질주의적인 반면, 외적 목표는 직접적으로 만족적이지 않으며 기본 심리 욕구를 자동적으로 만족시키지 않는다. 대신 이러한 목표는 사회의 승인과 지위를 추구한다(Kasser & Ryan, 2001).

• • •
물질주의와 행복

기본 발견

과학 문헌은 물질주의가 웰빙과 부적으로 연관되어 있음을 명확하게 보여준다. Dittmar 등(2014)은 모든 관련 연구들(278개 독립 샘플을 가진 151개의 연구)의 결과를 통계적으로 결합하는 메타분석을 실시했다. 그들의 연구결과에 따르면 물질적 가치와 신념은 예측 강도순으로, 특히 충동구매를 강하게 예측하고, 이어서 알코올 소비와 흡연, 부정적인 자기 이미지 같은 위험한 행동들을 예측한다. 물질주의는 우울증, 낮은 수준의 삶의 만족, 부정정서, 불안, 신체적 건강문제들도 예측한다. 따라서 물질주의는 행복에 좁거나 구체적인 영향만을 주는 것이 아닌 것 같다. 물질주의적 가치를 가진 개인은 웰빙의 여러 차원에서 덜 행복하다.

메타분석 결과는 물질주의와 웰빙 사이의 부적(−)인 관계가 여러 참가자 특성 및 경제적·문화적 요인들에 걸쳐 상당히 안정적임을 보여주었다(Dittmar et al., 2014). 예를 들어 연구결과는 연구들의 출판 날짜와 관계없이 일관적이었다. 이는 결과가 시간이 지남에 따라 강해지거나 약해지지 않음을 나타낸다. 유사하게 연구결과는 참가자의 개인소득이나 가구소득, 인종, 또는 교육 수준에 따라 변하지 않았고, 샘플이 대학생이든 일반 성인이든 상관없이 일관적이었다. 마찬가지로 연구결과는 국가의 부(GDP 측정), 자유시장 경제(통제경제에 반대되는)의 존재, 그리고 물질주의의 문화적 가치와는 상관없이 비슷했다. 다시 강조하자면 물질주의적 개인들은 이들 요인들과는 관계없이 낮은 수준의 웰빙을 보여주었다(Dittmar et al., 2014).

물질주의와 웰빙의 관계는 다른 요인들에 따라 변화했다. 그러나 이러한 변화는 관계의 강도가 변한 것이지, 그 방향이 변한 것이 아님을 인식하는 것이 중요하다. 어떤 경우에도 물질주의가 웰빙의 증가를 예측하지는 않았다(Dittmar et al., 2014). 남성 참가자가 높은 비율인 샘플에서, 그리고 물질주의를 지지하는 것 같은 교육환경이나 직업환경에서 얻어진 샘플에서, 관계의 강도는 약했지만 여전히 부적(−)이었다. 예로 일부 논문 저자들(예 : Kasser & Ahuvia, 2002)은 그 환경이 물질주의를 지지할 것이라고 생각하여 특정적으로 비즈니스 전공 학생의 샘플을 구했다. 그러나 심지어 이러한 참가자들에 대한 연구에서도 물질주의는 항상 행복과 부적으로 관련되어 있었다(Dittmar et al., 2014).

연구의 예

물질주의, 활력, 그리고 자기 이미지

다음은 이러한 연구결과의 결을 보여주는 연구들의 몇 가지 예이다. Kasser와 Ryan(1993)은 물질주의적 열망(즉, 목표)은 넓은 범위의 웰빙 측정치와 부적으로 연관되어 있음을 발견했다. 대학생들이 이들 열망의 4개 범주에 대해 그들에게 개인적으로 얼마나 중요한지를 평정하였다. 자기수용("당신이 진정으로 누구인지 알게 되고 수용하게 될 것이다." 같은 진술에 대한 동의 정도를 평정하여), 유대("당신은 신뢰할 수 있는 좋은 친구를 사귀게 될 것이다." 같은), 공동체 느낌("당신은 세상을 더 나은 곳으로 만들기 위해 노력할 것이다."), 그리고 재정적 성공("당신은 재정적으로 성공할 것이다.")(Kasser & Ryan, 1993, p. 422).[1]

연구결과는 재정적 성공에 대한 물질주의적인 열망이 웰빙과 부적으로 관련되는 반면, 대개의 비물질주의적 열망은 웰빙과 정적으로 관련되어 있음을 나타낸다. 예를 들어 재정적 성공 목표의 달성에 더 중요성을 두는 참가자들은 자아실현과 활력이 낮았다. 그러나 자기수용 및 공동체 느낌에 대한 목표가 매우 중요하다고 생각하는 참가자들은 이들 성과 측정척도에서 높았다. 유대는 이들 성과 측정치들을 유의하게 예측하지 않았다. 이러한 결과는 불안과 우울이라는 추가 성과 측정척도를 포함한 두 개의 다른 연구에서 반복되었다.

물질주의적 가치는 부정적인 자기 이미지와도 연관된다. Frost, Kyrios, McCarthy 및 Matthews(2007)는 획득성(acquisitiveness, 예 : 소유는 성공을 정의한다) 척도를 사용하여 물질주의적 가치를 측정한다. 결과는 물질주의적 가치가 부정적인 자기 이미지 및 강박적(통제불가능하고 반복적인) 구매와 정적으로 관련이 있음을 보여준다. 그러나 물질주의는 공짜 소유물을 취득하는 것과는 연관되지 않는다. 이는 물질주의가 지위 향상 쪽으로 향한다는 전제와 일관되는데, 그 이유는 구매하여야 획득할 수 있는 소유물만이 다른 사람들로부터 부러움을 받을 것이기 때문이다.

물질주의, 외재적 동기, 그리고 웰빙

물질주의적 목표는 외적으로 동기화된 목표들이다(Kasser & Ryan, 1996). 비물질주의적인 내적 목표와는 달리 외적 목표들은 타인들의 승인을 얻는 것, 목적을 위한 수단을 얻는 것, 혹은 양자 모두를 지향한다(Kasser & Ryan, 1993). 예를 들어 어떤 사람은 의학에 대한 사랑 혹은 타인을 도우려는 소망 때문이 아니라 의학 학위가 사치스러운 라이프스타일을 뒷받침할 수 있기 때문에 의과대학에 가고자 할 수 있다.

연구는 외적 목표의 추구가 덜 만족스러움을 보여준다. Kasser와 Ryan(1996, p. 281)은 미국 북동부의 도시에 거주하는 성인들을 설득하여, 아래의 일곱 가지 다른 유형의 목표에 대한 개인적 중요성을 평가하도록 하였다.

- ▶ 자기수용
- ▶ 유대
- ▶ 공동체 느낌
- ▶ 신체적 건강('건강하고 질병에서 자유로운 느낌')
- ▶ 재정적 성공
- ▶ 사회적 인정('유명하고, 잘 알려지고, 칭송받는')
- ▶ 매력적인 외모('신체, 의류, 패션의 측면에서 매력적으로 보임')

참가자들은 각 목표를 나타내는 항목의 중요성을 평가하고, 이러한 평정값들을 이들 항목의 공통점을 찾는 통계 절차를 이용하여 분석하였다. 분석 결과 자기수용, 유대, 공동체 느낌, 신체적 건강이 공통 '요인'들을 형성하였는데, 이런 결과는 이러한 목표들이 모두 동일한 내적·비물질주의적 동기를 측정한다는 것을 시사한다. 재정적 성공, 사회적 인정, 그리고 매력적인 외모 등의 목표에서 나온 문항들은 외적·물질주의적 목표들을 평가하는, 두 번째 공통요인을 형성하였다(Kasser & Ryan, 1993).

예측과 일관되게 외적·물질주의적 목표에 강한 중요성을 두는 참가자들은 낮은 수준의 자아실현과 활력을 보고했다. 그들은 또한 두통과 현기증 같은 신체 증상을 더 많이 보고했다. 내적·비물질주의적 목표를 가진 사람들에 대한 결과는 극명한 역전을 보여준다. 이들 참가자는 높은 수준의 자아실현과 활력을 보고했고, 더 적은 신체 증상과 더 낮은 우울을 보고했다. 이러한 결과는 대학생 샘플을 사용한 두 번째 연구에서도 반복되었다(Kasser & Ryan, 1993).

이러한 결과가 중요한 이유는 이 결과들이 물질주의가 낮은 웰빙과 관련됨을 보여주는 Kasser와 Ryan(1993)의 이전 연구결과들을 반복해주기 때문만은 아니다. 물질주의적 목표의 본질적 성질은 그들이 외적이라는 것을 확인하기도 한다. 즉, 그들은 개인의 외부에 있는 힘에 의해서 통제되며, 내적 심리적 욕구보다는 다른 욕구의 명령을 만족시키는 것을 지향한다. 흥미롭게도 다른 연구들은 이들 외적 목표가 설령 달성되었다 하더라도 행복을 가져오지 않음을 보여준다(Kasser & Ryan, 2001). 따라서 외적·물질주의적 목표 추구와 연관된 불행은 그들이 달성하기 어렵기 때문이 아니다. 대신 이들 목표의 추구 자체가 불행을 낳는 것으로 보인다.

왜 물질주의가 웰빙에 영향을 주는가

Dittmar 등(2014)은 왜 물질주의가 웰빙을 낮추는가에 대한 몇 가지 가설을 찾아냈다. 부정적 자기평정 모델(Negative Self-Appraisal Model)은 소비자 마케팅 문헌에서 나왔는데, 광고와 소비자 문화가 의도적으로 부족의 느낌을 만들어낸다고 제안한다. 광고는 우리가 충분히 아름답지 못하고, 멋지지 못하다는 등을 시사하며, 그러나 우리가 올바른 제품을 구입하면 아름답고 멋져질 수 있다고 암시한다. 이들 메시지는 우리의 부족에 대한 해독제로서의 물질주의를 홍보하지만, 우리는 결코 이런 부정적 감정을 극복할 수 없다. 그 이유는 새로운 광고들이 항상 쏟아져 나와 우리가 부족한 다른 측면을 알려주기 때문이다. 그러므로 이러한 광고가 잉태시킨 물질주의는 부정적 자기평정으로 이어지며, 이는 다시 우리의 웰빙을 낮춘다(Dittmar et al., 2014).

자기결정 이론(Self-Determination Theory, SDT)(Ryan & Deci, 2000)은 또 다른 설명을 제공한다. 이 관점은 물질주의가 다른, 더 만족스러운 가치와 목표들과 병행 불가하다고 주장한다. 그 이유는 물질주의가 지위 추구 같은 외적 목표들에 초점을 맞추기 때문이다. 그 결과 물질주의적 개인들이 갖고 있는 유능감, 관계성, 자율성에 대한 기본 심리적 욕구가 만족되지 않는다. 연구는 이러한 기본적 심리적 욕구를 충족하지 못하는 것은 낮은 웰빙과 관련됨을 보여준다(Dittmar et al., 2014).

재정 만족 모델(Financial Satisfaction Model)은 물질주의자들이 자신들의 재정상태에 불만족할 것이라고 제안한다. 이 불만족은 타인과 사회적 비교를 한 결과로 나타난다. 특히 우리가 사는 세상의 현대 미디어 속에서, 우리는 항상 더 부유하고 더 성공적인 타인들을 알고 있다. 만약 물질주의가 중요한 가치라면, 풍요로운 물질적 삶을 누리는 다른 사람을 목격하는 것은 아마도 재정적 불만으로 이어질 것이다. 이 모델은 이 재정 불만이 전반적인 삶의 만족과 행복에 영향을 미친다고 제안한다(Dittmar et al., 2014).

심리적 불안정 모델(Psychological Insecurities Model)(Kasser, Ryan, Couchman, & Sheldon, 2004)은 물질주의의 이중 프로세스 모델을 제안한다. 구체적으로 광고를 포함한 물질주의의 문화 모델은 다른 충족되지 않은 정서적 욕구(예 : 어린 시절 동안 양육의 부족)와 함께 물질주의를 생산한다. 이 모델에 따르면 우리는 광고와 다른 문화적 메시지들로부터 지위와 안전을 신호하는 물질적 대상을 소유하면 정서적 불안정이 치유될 수 있다는 것을 배운다. 그러나 이 모방 전략은 성공하지 못한다. 그 이유는 물질적 대상을 추구하는 것은 자율성, 유능감 및 관계성 같은 기본 심리적 욕구를 훼손하여 우리의 웰빙을 낮추기 때문이다(Dittmar et al., 2014).

심리적 불안정 모델은 자기결정 이론(SDT) 그리고 부정적 자기평정 모델과 많이 겹친다. 불안정 모델은 기본 심리적 욕구를 충족시키는 것의 중요성을 강조하는데, 이는 SDT도 마찬가지이며 SDT도 물질주의가 부족의 느낌 발달과 관련된다는 이론을 전개하고, 이는 부정적 자기평정 모델도 마찬가지이다. 주요 차이점은 다른 두 모델과는 달리, 심리적 불안정 모델은 물질주의적인 가치와 행동을 불안정을 감소하기 위한 비효율적인 적응 전략으로 본다.

여러 모델에 대한 메타분석 검증

Dittmar 등(2014)은 메타분석을 통해 재정적 만족 모델과 자기결정 이론(SDT)을 검증하였다. 구체적으로 그들은 재정적 지위와 기본 심리적 욕구충족이 물질주의와 웰빙 사이의 관계를 매개하는지 여부를 검증했다. 그러나 그들은 다른 두 가지 시각은 검증할 수 없었다. 다른 두 모델을 검증하기 위한 물질주의와 정서적 불안정, 그리고 부정적 자기평정에 관한 자료가 충분하지 못했다.

Dittmar 등(2014)의 결과는 SDT 설명을 지지한다. 자율성, 관계성, 유능감 같은 기본 심리적 욕구를 만족시키는 것은 물질주의와 웰빙 사이의 관계를 부분적으로 매개한다.

다시 말해 이들 기본 욕구의 만족 수준의 변화는 부분적으로(그러나 완전히는 아닌), 물질주의와 웰빙의 관계를 설명한다. 재정 만족 모델에 대한 지지는 없었다.

여러분은 관계를 '부분적으로 매개한다'는 것이 무엇을 의미하는지 궁금할 것이다. 그것은 매개자가 예측자와 성과 변인 사이의 관계를, 전체는 아니지만 유의한 부분을 설명한다는 뜻이다. 이 경우 욕구만족이 물질주의와 웰빙의 관계를 단지 부분적으로만 설명한다.

물질주의와 웰빙 간 관계의 나머지는 무엇이 설명하는가? 다른 가능한 매개자를 충분히 탐구한 연구가 없었기 때문에 Dittmar 등(2014)은 이들 두 변인 사이의 나머지 관계를 매개하는 요인(들)을 찾을 수 없었다. 그러나 심리적 불안정과 부정적 자기평정 모델이 가능한 후보이다. Dittmar 등(2014)은 자신들이 발견한 SDT에 대한 지지와 기본 심리적 욕구충족의 중요성은 Kasser 등(2004)의 모델과 병립 불가능한 것은 아님에 주목한다. Kasser 등(2004)의 모델은 물질주의가 심리적 불안정 및 그로 인한 대처 시도와 연관이 있다고 제안한다.

다른 가능성 : 감사

물질주의자들은 자신들이 소유하고 있는 것들에 대해 감사한 마음이 없기 때문에 덜 행복할 수도 있다. Tsang, Carpenter, Roberts, Frisch 및 Carlisle(2014)은 미국에서 대학을 다니는 마케팅 전공 학생들의 샘플에서 이러한 가능성을 검증했다. 그들은 또한 물질주의에 의한 감사 결여가 욕구만족을 억제하고 그 결과 낮은 행복감을 이끄는지 여부를 고려했다. 따라서 Tsang 등(2014)의 모델은 SDT와 유사하다.

연구결과는 감사의 중요성을 보여준다. 그림 7.1에서 보듯, 물질주의와 삶의 만족 사이의 관계는 감사와 욕구만족에 의해서 '이중 매개'된다. 물질주의자들은 감사에서 낮고[이들 두 변수 사이의 계수가 부적(−)], 낮은 감사의 개인들은 욕구만족에서도 낮다[이들 두 변수 사이의 계수가 정적(+)]. 마지막으로 욕구만족이 낮은 사람들은 삶의 만족도 낮다[계수가 정적(+)]. 따라서 물질주의가 삶의 만족을 억제한다. 왜냐하면 물질주의가 감사를 억제하고, 이는 다시 낮은 수준의 욕구만족으로 이어지기 때문이다.

욕구만족을 포함하지 않는 매개경로가 존재한다는 것이 역시 흥미롭다. 물질주의는 낮은 수준의 감사와 연관되고, 그런 다음 감사는 삶의 만족과 직접 연결된다. 따라서 감사는 물질주의와 삶의 만족 사이의 직접 매개자이다. 흥미롭게도 물질주의와 욕구만족

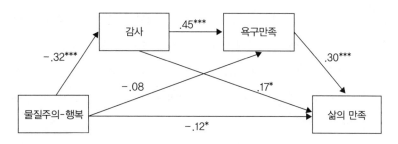

그림 7.1 물질주의와 삶의 만족 사이의 연결에 대한 중재 분석
* p<.05, *** p<.001.
출처 : Tsang 등(2014)

사이의 직접적인 관계는 존재하지 않는다(이 경로는 유의하지 않다). 따라서 욕구만족은 SDT가 제안하듯, 물질주의의 직접적인 결과가 아니다. 대신 물질주의는 먼저 감사를 감소시키고 나서만 욕구만족에 영향을 준다(Tsang et al., 2014).

감사와 욕구만족은 물질주의와 삶의 만족 간 관계의 약 50%를 설명한다. 이 관계의 나머지 절반을 무엇이 설명하는지는 불분명하다. 아무튼 자료는 물질주의자의 행복을 증가시킬 수 있는 개입을 제안한다. 예를 들어 감사 기반의 치료는 물질주의와 삶의 만족 사이의 부적 연결을 깰 수 있다(Tsang et al., 2014).

인과관계?

우리의 논의는 물질주의가 웰빙과 관련됨을 보여주고, 물질주의가 웰빙의 원인이라고 생각할 만한 명확한 이론적 이유가 있음을 보여준다. 그러나 우리가 검토한 연구의 대부분은 상관연구이므로, 이제 이 관계가 인과적인지 여부를 반드시 고려해야 한다. 이들 두 변인이 성격 같은 제3의 변인에 관계되어, 단지 우연히 동시적으로 연결되었을 가능성도 있다. 불행이 물질주의를 유발할 가능성도 있고, 이들 두 변인이 동시에 서로를 유발할 수도 있다. 우리는 다음 절에서 이 마지막 가능성이 옳음을 보게 될 것이다. 이 두 변인 사이에 서로를 유발하는 양방향 관계가 존재한다는 증거가 있다.

물질주의가 낮은 웰빙을 유발한다는 증거

물질주의와 웰빙 사이에 인과관계가 있는 것으로 보인다. 왜냐하면 연구자들이 이들 두 변인 사이에 우연적 관계를 만들어낼 수 있는 다수의 성격특성들을 통계적으로 통제해

왔기 때문이다. 예를 들어 앞에서 기술한 Frost 등(2007)의 연구에서 물질주의는 참가자의 우울 수준, 우유부단, 타인과 관계 맺기의 불확실성 등을 통계적으로 통제한 후에도 웰빙과 부적으로 상관되었다. 또한 Chan과 Joseph(2000)은 연령, 성별, 외향성, 신경증, 정신증, 긍정/부정 거짓 반응을 하려는 참가자들의 시도를 통제한 후에도 물질주의/웰빙의 부적 관계를 발견하였다.

그러나 이러한 통계적 통제가 인과관계의 존재를 보장하는 것은 아니다. 연구자들이 물질주의와 웰빙을 동시에 연결하는 추가요인을 아직 통제하지 못했을 수 있다. 또한 이 통계적 통제 기법들은 인과관계의 방향성을 나타내지 않는다.

일부 연구는 실험적으로 물질주의를 조작했다. Bauer, Wilkie, Kim 및 Bodenhausen (2012)은 무선적으로 참가자들을 소비주의적 단서(사치품 사진)나 통제 단서를 보도록 배정했고, 소비주의적 단서를 받은 참가자들이 더 물질주의적으로 반응하며 또 우울, 불안, 수치심을 더 보고함을 발견했다. 이런 결과는 나중에 Li, Lim, Tsai 및 O(2015)에 의해 반복검증되었다. 물질주의에 대한 실험 조작은 그것이 낮은 웰빙감의 원인이라는 우리의 확신을 크게 증가시킨다.

종단연구를 통해 물질주의의 변화가 웰빙의 변화와 연관되는지를 검토하는 것은 인과성을 확인하는 데도 도움이 된다. Hellevik(2003)은 노르웨이 사람들의 웰빙이, 1990년대에 국가적 물질주의 수준이 증가하면서 감소했음을 발견했다. 유사하게 Twenge 등(2010)은 미국에서 20세기 전반에 걸쳐 내재적보다는 외재적 목표 쪽으로 향하는 광범위한 문화적 변화를 확인했다. 이러한 변화는 국가의 경제적 조건을 통제한 후에도, 대학 및 고등학교 학생들 사이에서 국가 수준에서 정신병리 증상(예 : 반사회적 행동)의 증가와 연관이 있었다.

다른 연구는 개인 수준에서 물질주의의 변화를 조사했다. 4개의 연구에 걸쳐 Kasser 등(2014)은 개인들의 물질주의의 변화가 그들의 웰빙 변화와 연관되어 있음을 발견했다. 이들 중 한 연구는 성인들을 18세부터 30세까지 추적하였고, 다른 연구는 대학교 졸업후 2년간 추적하였고, 또 다른 연구는 2009년의 극심한 경기 침체 6개월간 아이슬란드 성인을 추적하였다. 세 연구 모두 시간이 지남에 따라 더 물질주의적이 된 개인들의 웰빙이 더 낮아진 반면, 물질주의의 감소를 보인 개인들은 그 반대 경향을 보였다.

네 번째 연구에는 청소년이 비물질주의적 메시지를 받았거나 혹은 통제집단에 배정되는 개입이 포함되었다. 연구 시작 시에 물질주의가 낮은 참가자들에서는 웰빙의 변화가 없을 것이 기대되었고, 그런 결과가 발견되었다. 그러나 예측과 일관되게, 연구 초기에 고도로 물질주의적이었던 개입집단 참가자들은 시간이 지남에 따라 덜 물질주의적이 되었고, 또한 자존감(self-esteem)의 증가를 경험했다. 초기에 물질주의가 높았던 통제집단 참가자들은 물질주의의 증가와 자존감의 감소를 경험하였는데, 이는 예측과 일관된 것이다(Kasser et al., 2014). 종합해보면 이 연구는 물질주의가 낮은 웰빙의 원인이라는 가설을 지지한다.

낮은 웰빙이 물질주의를 유발한다는 증거

낮은 웰빙이 물질주의의 원인이 된다는 증거도 존재한다. 이것은 이론적으로 일리가 있다. 그 이유는 Kasser 등(2004)이 물질주의는 심리적 불안정을 치유하기 위해 고안된 적응전략이라고 가설을 세웠기 때문이다. 이 절은 낮은 웰빙이 물질주의의 원인이 될 수 있음을 보여주는 연구결과의 일부를 기술한다.

Sheldon과 Kasser(2008)는 개인들에게 죽을 운명을 상기시키는 것이 존재적 불안전을 유발하고, 삶의 의미에 대한 불안을 유발한다는 이전의 연구결과(예 : Rosenblatt, Greenberg, Solomon, Pyszczynski, & Lyon, 1989)를 이용하였다. 정서적 불안정과 물질주의 사이의 연결 가설과 일관되게, Sheldon과 Kasser(2008)는 죽을 운명을 상기받은 참가자들이 통제집단 참가자들보다 더 강한 외적(즉, 물질주의적) 목표들을 표현함을 발견하였다. 또 다른 연구에서 이들 저자는 대인 위협(즉, 다른 사람으로부터 조건부 수용을 받음)이 유사한 효과를 만들어냄을 발견하였다.

다른 연구들은 심리적 불안정/위협과 물질주의 사이에 유사한 관계가 존재함을 보여주었다. Kasser, Ryan, Zax 및 Sameroff(1995)는 비양육적 어머니를 둔 18세 개인들이 물질주의적이지 않은 목표들보다 재정적 목표를 더 가치 있게 여김을 발견했다. 또한 Jiang, Zhang, Ke, Hawk 및 Qiu(2015)는 동료들에 의해 거부되는 것이 기억나도록 점화된 참가자들이 더 물질주의적임을 발견했다.

Gao, Wheeler 및 Shiv(2009)는 심리적 위협과 불안전을 물질주의의 분명한 행동 측정치들과 연결하였다. 이 저자들은 심지어 가벼운 위협을 받을 경우에도 자기 이미지에 대한 자신감이 일시적으로 감소한다는 흔들린 자아 모델(Model of the Shaken Self)을 개발했다. 이 자신감의 부족은 개인들이 자기 이미지를 재확립하는 특정 소비제품을 선택하게 하여 물질주의적으로 행동하게 이끌 수 있다. 이 가설과 일관되게 이 저자들은 자기 이미지가 위협받고 자기 이미지를 회복할 다른 방법이 주어지지 않은 참가자들이 그들의 자기 이미지 염려를 구체적으로 겨냥하는 소비제품을 선택하는 것을 발견했다. 예를 들어 지적이라는 자기 이미지를 위협받은 참가자들은 사탕봉지보다 (지능에 관련된다고 사전에 평정된) 만년필 '선물'을 선택하는 경향이 있었다.

마지막으로 경제적 위협도 더 높은 물질주의와 관련된다. Sheldon과 Kasser(2008)도 자신들의 미래 고용 전망이 암울하다고 생각하도록 무선적으로 배정된 참가자들이 우수한 고용 전망을 가지고 있다고 생각하도록 배정된 참가자들보다 더 물질주의에 빠져드는 것을 발견하였다. 유사하게 Zhang, Tian, Lei, Yu 및 Liu(2015)는 다른 사람들이 더 경제적 자원을 가지고 있다고 느끼도록 배정된 참가자들이 더 물질주의적이 되는 것을 발견했다.

이들 연구결과의 일관성에 주목하라. 정서적 불안정은 자신의 삶의 의미에 대한 불안, 어릴 적 제대로 양육되지 못한 느낌, 자기 정체성에 자신감을 느끼지 못함, 혹은 경제적 위협의 느낌 등을 포함하며, 모두 낮은 웰빙의 예이다. 또한 정서적 불안정의 이 모든 예와 낮은 웰빙은 물질주의적 행동의 증가를 일으키는 것으로 보인다.

물질주의와 웰빙 사이에는 서로 유발하고 영향을 주는 상호관계가 존재하는 것으로 보인다. 이러한 상호관계는 Kasser 등(2004)의 심리적 불안정 모델과 일관된 것으로 보인다. 구체적으로 문화 모델과 심리적 불안정(낮은 웰빙의 한 형태)이 물질주의적 대처 전략을 만들어내고, 이 전략이 다시 웰빙을 낮춘다. 그 결과 물질주의는 낮은 웰빙의 원인과 결과 모두가 될 수 있다.

요약하면 많은 경험연구 문헌들이 물질주의와 웰빙 사이의 관계를 탐사해왔다. 이들 문헌은 물질주의가 다양한 측정치에 걸쳐 웰빙과 연관되어 있음을 보여준다. 이 발견은 교육과 소득 수준, 인종, 문화 및 경제 조건들에 걸쳐 대단히 일관적이고 일반적이다. 물질주의와 낮은 웰빙 사이의 관계를 변경(즉, 관계를 조절하거나 혹은 더 강하거나 약하게 만드는)하는 일부 변인들이 존재하지만, 물질주의가 높은 웰빙과 연관된다는 증거는 없다.

물질주의와 웰빙 사이의 양방향 관계를 지지하는 증거가 존재하는데, 이 증거는 물질주의와 웰빙에 대한 Kasser 등(2004)의 심리적 불안정 모델과도 일관된다. 이 모델은 심리적 불안정이 물질주의의 문화 모델과 함께 물질주의적인 가치의 발달로 이어진다고 예측한다. 이들 가치는 다시 낮은 수준의 웰빙으로 이어진다.

그러나 Kasser 등(2004)의 심리적 불안정 모델 전체에 대한 적절한 검증이 존재하지 않는다. 이 분야의 현재 가장 확실한 문헌 고찰(Dittmar et al., 2014)은 물질주의/웰빙 관계에 대한 SDT 설명을 지지하며, Kasser 등(2004)의 심리적 불안정 모델을 검증하지는 못한다. 그러나 SDT 설명은 물질주의와 웰빙 사이의 관계를 단지 부분적으로만 설명한다. Kasser 등(2004)의 심리적 불안정 모델은 SDT와 병립 가능하며, 물질주의와 웰빙 사이의 관계를 완전히 설명하는 데 도움을 줄 수 있다. 마지막으로 감사가 이 두 변인 사이의 관계 일부를 설명하는 데 도움을 줄 수 있다는 증거도 존재한다.

● ● ●
물질주의와 기업의 가치관

경제 시스템의 중요성

우리는 물질주의가 어디에서 오는지 충분히 논의하지 않았다. 심리적 불안정 모델(Kasser et al., 2004)은 충족되지 않은 정서적 욕구 그리고 광고 같은 물질주의의 문화적 모델이 결합하여 물질주의적 개인을 만들어낸다고 예측한다. 그러나 이 모델은 어떻게 문화가 물질적 가치관으로 이어질 수 있는지 충분히 설명하지 않는다.

　그러나 Kasser, Cohn, Kanner 및 Ryan(2007)은 경제 시스템이 물질주의적 문화의 발달에 영향을 미칠 수 있음을 시사한다. 경제 시스템은 우리 삶의 많은 부분에 퍼져 있는 이데올로기 또는 신념의 집합이다. 이 신념의 집합은 광고의 적합성, 무엇이 합법적으로 구매와 판매가 가능한지, 어떻게 가격이 결정되는지, 어떻게 경제 자원이 분배될지, 사회에서 경쟁과 협력의 역할 등에 관한 것인데, 우리의 행동을 형성하고 사건에 대한 정서 반응을 결정하기도 한다. 따라서 Kasser 등(2007)은 현대 세계의 대부분을 지배하는 경제 시스템인 자본주의가 주는 심리학적 효과를 연구하는 데 심리학자들이 소홀히 한 것을 보고 의아하게 생각했다.

미국식 기업 자본주의

자본주의는 재산이 공동체적으로 공유되지 않고 개인적으로 소유되는 경제 조직의 한 형태이다. 이 경제 체계는 계층 기반의 사회 발전으로 이어진다. 이 사회에서는 자본가, 즉 재정적 자원을 소유한 개인이 기업에 투자하고, 이들 기업으로부터 일정량의 이윤을 획득한다. 반면에 근로자들은 이들 기업에 자신의 노동을 팔아 생계의 대부분을 획득한다(Kasser et al., 2007).

모든 경제 시스템 혹은 다른 이데올로기와 마찬가지로, 자본주의는 인간의 본성과 동기에 대한 기본 가정의 집합을 증진한다. 이 중 최고는 경쟁 및 개인의 자기이익 추구가 개인과 사회의 웰빙을 향상한다는 것이다. 자본주의 이론에 따르면 우리는 빵 굽는 사람은 자신의 빵을 판매하기 위해 서로 경쟁할 때 더 잘산다. 이 경쟁은 빵의 가격을 낮게 그리고 품질은 높게 유지되게 한다. 그 이유는 소비자들이 만약에 더 좋고 싼 대안이 존재한다면, 열악한 빵을 구입하지 않을 것이기 때문이다. 유사하게 근로자들이 자신들의 노동을 팔기 위해 서로 경쟁할 때 우리는 더 잘산다. 이런 경쟁이 임금을 제한하고(다른 근로자들이 낮은 임금을 위해 기꺼이 일할 수 있기 때문에), 따라서 빵 같은 필수 소비제품의 생산 가격을 낮춘다(Kasser et al., 2007).

Kasser 등(2007)도 자본주의가 다른 모든 경제 시스템과 마찬가지로 다양한 특징으로 이루어져 있다고 주장한다. 그들은 현대 자본주의의 가장 지배적인 변이(variant)라고 보기 때문에 그들이 미국식 기업 자본주의(American Corporate Capitalism, ACC)라고 부르는 것에 초점을 맞춘다. ACC는 여러 가지 구체적인 특징을 가지고 있다. 이들 중 하나는 대기업의 발전인데, 대기업은 상대적으로 적은 손에 엄청난 정치적 · 재정적 힘을 집중한다. 또 다른 특징은 지속적인 경제 성장을 중요한 국가의 우선순위로 보고 그에 바치는 정부와 업계의 헌신이다. 다른 이유 중 하나는 경제 성장이 필수적인데, 그 이유는 그것이 새로운 시장과 자본가를 위한 투자 기회를 생성하기 때문이다. 마지막으로 ACC는 소비자 제품의 광고를 촉진한다. 기업이 이윤을 낼 수 있게 제품에 대한 소비자의 수요를 창출하기 위해서는 광고가 필수적이다.

자본주의, 가치, 그리고 행복

현대 자본주의가 행복과 무슨 관련이 있을까? ACC는 돈과 가격 이상을 포함한다. 그것은 경쟁의 가치, 소비자 제품의 소비, 그리고 자기 이익의 추구를 포함하는 특정한 신념 세트를 조장한다. Kasser 등(2007)은 자본주의가 분명히 사회의 부를 증가시킴을 인정한다. 그러나 그들은 또한 자본주의의 이데올로기가 물질주의적이고 외적인 가치를 조장하기 때문에 행복을 방해한다고 주장한다. 또한 자기 이익과 경쟁은 행복을 증가시키는 다른 비물질주의적 가치들을 압도하거나 몰아낸다(Kasser et al., 2007).

인간의 가치관을 조사한 전 세계의 연구들은 핵심 가치 세트를 찾아냈고, 그들이 어떻게 서로 관련되어 있는지도 찾아냈다. 그림 7.2(Schwartz, 1992)에서 볼 수 있듯이, 이들

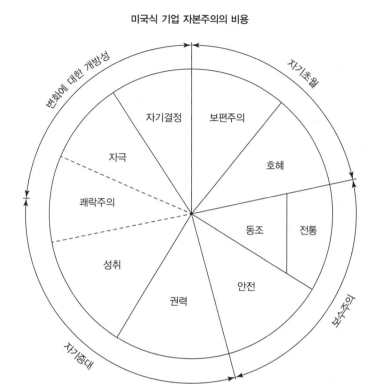

그림 7.2　가치의 순환도 모델
출처 : Schwartz(1992)

가치는 두 차원을 포함한다. 자기초월 대 자기증대 차원 그리고 변화에 대한 개방성 대 보수주의 차원. 이들은 순환도(circumplex)에서 '파이의 조각'으로 세분화된다. 예컨대 자기증대 대 자기초월 차원은 연속체의 자기증대 끝에 성취와 권력의 하위차원을, 자기초월 끝에는 호혜(예 : 타인을 보살핌)와 보편주의(예 : 관용, 사회정의에 대한 관심)의 하위차원을 포함한다(Schwartz, 1992).

　다양한 문화 간 데이터 세트를 사용한 여러 실험실의 결과는 우리가 이들 중 한 차원에서 양끝 모두의 가치를 보유할 가능성이 작음을 나타낸다(Kasser et al., 2007). 예를 들어 성취와 권력에 가치를 두는 개인들은 동시에 호혜와 보편주의에 가치를 둘 가능성이 작다. 이 발견은 Kasser 등(2007)에게 중요한 의미가 있다. 자기이익과 경쟁에 대한 ACC의 강조는 권력과 성취의 자기증대적 가치관의 발전으로, 그리고 보편주의와 호혜의 가치관의 약화로 이어진다.

Kasser 등(2007)은 ACC의 경쟁에 대한 강조, 그리고 그 결과로 나타나는 권력과 성취 가치의 발달이 행복을 저하한다고 주장한다. 그 이유는 이들 가치가 관계성 같은 기본 심리적 욕구를 훼손하기 때문이다. 예를 들어 자기이익과 경쟁에 대한 강조는 타인과의 공통 결속을 느끼기 어렵게 만들고, 따라서 공동체의 행복 유발 감정을 훼손시킨다. 이 개념과 일관되게 ACC의 물질적 가치관은 우호성, 친사회적 행동, 공감, 관대함 등의 축소와 연관된다.

ACC에 의해 훼손된 다른 중요한 욕구는 자기가치(self-worth)이다. 성공은 물질적 상품의 측면에서 좁게 정의되기 때문에 ACC의 가치는 우리의 자기가치를 낮춘다. 우리의 소유물은 우리가 이 물질주의적이고, 고도로 경쟁적이고, 자기이익 추구의 문화에서 얼마나 잘해왔는지를 신호한다. 그러나 ACC가 부의 거대한 불평등을 만들어내기 때문에 우리 대부분은 소유물에 대한 지위 경주에서 패하고, 따라서 자기가치에 상처를 입게 될 것이다(Kasser et al., 2007).

마지막으로 ACC는 자율성 또는 자기결정에 대한 우리의 욕구를 훼손할 수도 있다. Kasser 등(2007)의 이 주장은 대체로 SDT(Ryan & Deci, 2000)와 외적 목표의 추구가 비만족적이라는 예측에 기반을 두고 있다. 구체적으로 물질적 소유물의 획득에 대한 ACC의 강조와 성공에 대한 ACC의 좁은 정의는 우리로 하여금 사회적 비교의 게임에서 승리하려는 노력을 하도록 우리를 몰아간다. 따라서 ACC 아래서 우리의 주된 목표 중 하나는 타인에게 인상을 남기고 타인의 승인을 쟁취하는 것이다. 이런 외적 보상(즉, 승인)의 추구는 우리의 행복을 증진할 수 있는 개인적 관심과 가치에 기반한 내적 목표의 추구를 억제한다.

ACC와 초월적 가치의 억제

다른 이론가들도 심리적 가치에 대한 ACC의 효과에 의문을 제기한다. 예를 들어 George(2014)는 연구자들에게 ACC가 어떻게 동정심(compassion)을 낮추는지 탐사하라고 촉구하였다. 동정심은 비즈니스 조직에서 호혜와 보편주의의 자기초월적 가치와 밀접한 관련이 있다. 부의 불평등, 기업의 정리해고, 그리고 제3세계 국가 공장 근로자의 노동 조건을 언급하면서, George(2014)는 국제 비즈니스에 대한 ACC의 지배적인 통제가 현대 사회와 경제 문제에 인과적 역할을 하는지 질문을 던진다. 경제적 성과, 자기이득, 경쟁에 대한 ACC의 강조가 동정심을 훼손하기 때문에 이들 문제가 최소 부분적으로 발생하는가(George, 2014)?

다른 연구 결과는 ACC가 보편주의와 호혜의 자기초월적 가치를 훼손한다는 Kasser 등(2007)의 주장을 지지한다. Pulfrey와 Butera(2013)는 미국 자본주의와 연관된 자기확대적 가치가 부정행위와 관련되었는지를 검토했다. 이 연구는 중요한데, 그 이유는 부정행위가 사회정의와 평등을 방해할 수 있으므로 보편주의의 가치와 모순되기 때문이다. Kasser 등(2007)의 이론과 일관되게, Pulfrey와 Butera(2013)는 자기확대적 가치가 대학생들이 문제해결 시험에서 부정행위를 저지를지와 그들이 학업 부정행위 전반을 묵인할지를 예측함을 발견했다. 더구나 그들은 자기초월적 가치를 점화하면 이 관계가 제거됨을 발견했다. 구체적으로 그리고 그림 7.2에 제시된 가치의 순환도의 한쪽 면을 활성화하면 순환도의 다른 면이 비활성화된다는 생각과 일관되게, 자기확대적 가치는 참가자들이 자기초월적 가치를 상기하게 되면, 문제해결 시험에서 일어나는 부정행위를 더 이상 예측하지 못했다.

다른 연구는 경제 개념 단서를 제공하는 것이 초월가치를 억제할 수 있음을 보여준다. Molinsky, Grant 및 Margolis(2012)는 경제 사상 단서를 제공하는 것이 동정심과 공감을 낮춤을 발견했다. 흥미롭게도 그들의 한 연구에서 ACC의 가치를 명시적으로 점화하는 방식으로 경제학 단서를 제공했다. 경제 단서 집단 참가자들은 자기-본위적, 비용-이익 분석, 재정적으로 책임 있는, 수익성 있는 등의 단어를 사용하여 이야기를 썼고, 통제집단 참가자들은 중립적인 단어를 사용하여 이야기를 썼다. 경제 단서 집단 참가자들은 가상의 학생에게 장학금이 중단되었다고 알리는 편지를 쓸 때 동정심과 공감을 적게 보였다. 다른 연구는 개념적으로 이러한 결과를 반복했다(Guéguen & Jacob, 2013; Kouchaki, Smith-Crowe, Brief, & Sousa, 2013).

Molinsky 등(2012)의 결과는 중요한데, 그 이유는 동정심과 공감의 저하가 호혜와 보편주의의 가치가 약화되었음을 시사하기 때문이다. 또한 이 절에서 검토한 모든 연구들이 자기초월 가치가 ACC에 의해 약화됨을 보여준다. 이 약화는 경험적으로 낮은 웰빙과 연결된다(Kasser et al., 2007).

ACC와 행복

국가의 가치   연구는 ACC의 가치와 낮은 행복을 직접 연결한다. 예를 들어 Kasser(2011)는 돌봄과 협동 아닌 위계와 불평등한 부의 분배를 정당화하는(즉, 경쟁과 자기이익을 선호하는) 국가의 가치는 아동의 웰빙과 부적으로 관련됨을 발견했다.

유사하게 또 다른 연구는 미국이 20세기에 점점 더 물질주의적이 되자, 상당한 정신건강문제를 지닌 고등학생과 대학생들의 수가 상응하여 증가했음을 보여준다. Twenge 등(2010)은 20세기 중 여러 시점에서 수집된 미국 학생들의 131개 별개의 샘플을 포함하는 기록보관소의 자료를 검토했다. 이들 학생은 광범위하게 사용되며 타당도가 확인된 정신병리학의 측정치인 미네소타 다중성격검사(MMPI)를 완료하였다. 연구자들은 또한 학생들이 부자가 되는 것에 부여한 중요성을 평가함으로써 동 기간에 미국의 문화적 가치 변화를 추적하였다.

연구결과는 이 기간에 물질주의와 함께 정신병리가 증가했음을 보여준다. 1938~2007년 대학생들 사이에서 비현실적인 긍정적 자기평가, 과활동성, 낮은 자기통제가 6~8배 증가, 자기애와 반사회적 행동이 5~6배 증가, 고립감이 5~7배 증가, 우울증이 6배 증가했다. 불안과 강박증도 유의하게 증가하였다. 유사한 결과가 고등학생에게서도 발견되었다. 따라서 우리 문화가 돈과 개인의 성취에 대한 강조를 더 하고, 사회관계와 공동체를 덜 강조하면서, 심리적인 문제에 주목할 만한 증가가 있었다. 이들 저자는 심지어 이러한 수치가 실제 정신병리의 상승을 과소평가하고 있다고 제안했다. 왜냐하면 향정신성 약물의 도입으로 MMPI에 나타날 수 있는 많은 증상들이 감추어졌을 수 있다는 것이다(Twenge et al., 2010).

추가 분석은 몇 가지 잠재적으로 그럴듯한 대안적 설명을 배제한다. 예를 들어 정신병리의 변화는 국가 실업률을 따라가지 않았는데, 이는 경제적 변화가 이들 결과를 설명할 수 없음을 시사한다. 정신병리의 증가가 대학에 등록한 여성의 수가 증가했기 때문도 아닌데, 그 이유는 남성과 여성 모두에게서 정신병리가 증가했기 때문이다. 병리의 증가는 지리적으로 전국에 걸쳐 균일하게 퍼져 있었다. 마지막으로 연구결과가 시간이 흐름에 따른 대학생들의 특성 변화(물질주의 아닌)를 반영하는 것으로 보이지 않는다. 그 이유는 이 패턴이 고등학생들 사이에서도 반복되었기 때문이다. 따라서 전체 인구 중 대학생의 비율이 증가한 것이 이들 결과를 설명할 수 있을 가능성은 작다.

정치와 공공정책 가장 순수한 형태의 자본주의는 노동조합에 대한 적대감, 인간노동을 사고팔 수 있는 상품으로 취급하기, 비교적 정치적으로 보수주의적인 정부정책과 정당 등을 특징으로 한다. 불행하게도 이러한 특성은 웰빙과 부적으로 연관되어 있다.

Radcliff(2001)는 주로 북미와 유럽의 선진국에서 얻어진 삶의 만족 자료를 조사했다.[2] 결과는 더 사회주의적인 정부(ACC의 전형적인 자유시장 자본주의 정부보다 약한 형태)가 높은 삶의 만족 점수와 관련되고, 반면 보수주의적 정부는 낮은 삶의 만족 점수와 관련되는 것으로 밝혀졌다. 이러한 결과는 국가의 부, 실업률 및 교육 수준 같은 사회인구학적 변인들을 통제한 후에도 유의하였다. Alvarez-Diaz, Gonzalez 및 Radcliff(2010)에 의한 연구도 같은 결과를 발견했다.

Radcliff(2001)와 그의 동료들(Flavin & Radcliff, 2009; Pacek & Radcliff, 2008)의 연구 또한, 실업수당과 의료혜택 같은 강력한 사회복지 프로그램(자본주의 사회에서는 전형적이지 않은)과 가난한 가족들에 대한 직접 지원이 다수 요인을 통제한 후에도 높은 웰빙과 연관되는 것으로 나타났다. Radcliff와 그의 동료들은 사회복지 프로그램의 전체적 강도를 측정하기 위해 **탈상품화**(decommodification)(Esping-Andersen, 1990에서 차용)란 용어를 사용한다. 상품은 옥수수 1부셀, 철 1톤 같이 그들의 가치가 엄격하게 시장경제에 의해 정의될 뿐인데, 탈상품화는 개인이 단지 상품으로 취급되는 것에서 자유로운 정도를 반영한다.

복지의 보호가 충분히 강하여 개인들이 "직업, 소득 혹은 일반 복지를 잃을 위험 없이 자유롭게, 필요시 노동으로부터 선택으로 이탈"할 수 있다면, 개인들은 탈상품화되었다고 생각된다(Pacek & Radcliff, 2008, p. 183). 탈상품화된 개인들은 세 가지 중요한 영역에서 시장의 힘에 의존하지 않는다: 실업, 장애, 은퇴 지위. 개인들은 일자리를 잃거나, 장애자가 되거나, 혹은 고령으로 노동을 할 수 없을 경우 적절한 수준의 생활을 누릴 권리가 있다.

권리 있음(entitled)이 여기에서 핵심 단어이다. 탈상품화된 개인들은 이 생활 수준을 누릴 권리가 있고, 이는 개인들이 고용 소득이나 상당한 저축이 없더라도, 사회복지 시스템에 의해 제공된다. Radcliff와 그의 동료들(Flavin & Radcliff, 2009; Pacek & Radcliff, 2008; Radcliff, 2001)은 탈상품화가 높은 웰빙과 연관됨을 보여준다. 이들 결과는 가치가 시장의 힘에 의해 완전히 형성되는 ACC의 연관 특징들이 웰빙과 부적으로 관련된다는 가설을 강화한다.

노동조합도 더 큰 웰빙과 연관된다. Flavin, Pacek 및 Radcliff(2010)는 노동조합의 존재가 조합원과 비조합원 모두에게 삶의 만족의 증가와 연관됨을 발견했다. 노조 밀도와 삶의 만족 사이의 정적 관계는 가난한 사람들 사이에서 가장 강하다. 부자들 사이에서는 노조 밀도와 웰빙 사이에 약한 부적 관계가 있지만, 이 관계는 인구의 대부분에게 정적이다. 다시 말하지만 이들 결과는 다양한 요인을 통계적으로 통제한 후에도 성립한다. 이들 결과는 다시 ACC와 관련된 특성(즉, 강력한 노동조합의 결여)이 웰빙을 부적으로 예측함을 보여준다.

외적으로 지향된 소환경   ACC의 주요 특징 중 하나는 Kasser 등(2007)에 의하면, 외적 동기를 강조한다는 것이다. ACC하에서 우리는 재정적 성공과 다른 외부 보상을 추구하도록 이끌어진다. 그래서 외적 대 내적 동기를 강조하는 소환경에서 사는 개인들의 행복을 탐사함으로써 Kasser 등(2007)의 가설을 검증하는 것은 흥미롭다.

Sheldon과 Krieger(2014)는 개인의 출세보다 다른 사람들을 돕는 데 더 집중하는 '서비스' 변호사의 행복과 개인의 출세, 권력 및 명성에 상대적으로 많이 집중하는 '돈' 변호사의 행복을 비교한다. 서비스 변호사 직업은 관선 변호사, 가난한 사람들에 대한 법률 서비스, 지자체 변호사를 포함한다. 반면 돈 변호사 직업은 의료 과실 변호사, 기업 변호사, 세금 변호사를 포함한다. 이러한 직업의 특성 때문에 Sheldon과 Krieger(2014)는 돈 변호사와 서비스 변호사 직업은 각각 외적 그리고 내적으로 분류될 수 있다고 주장한다. 다시 말해 서비스 변호사와 돈 변호사는 다른 소환경에서 살고 있다. 돈 변호사의 소환경은 서비스 변호사의 그것보다 ACC를 닮았다.

연구결과는 ACC와 행복에 관한 Kasser 등(2007)의 이론에서 도출한 예측들과 일관된다. 서비스 변호사가 돈 변호사보다 더 행복하다. 서비스 변호사는 돈 변호사보다 낮은 수준의 부정정서와 음주 빈도 그리고 알코올 소비량을 보고한다. 서비스 변호사는 돈 변호사보다 더 큰 긍정정서, 삶의 만족, 전체적 웰빙을 보고한다. 더구나 이런 차이가 소득 차이, 변호사로 일한 햇수, 법대 졸업 시의 클래스 등위, 그리고 개인의 내적 가치와 외적 가치를 통제한 후에도 지속된다(Sheldon & Krieger, 2014).

다른 연구는 외적 지향 문화를 거부하기로 선택한 개인들을 검사함으로써 외적 지향 문화와 행복과의 연결을 보여준다. Kasser 등(2007)의 기대와 일관되게, 외적 지향 문화적 물질주의를 의식적으로 거부한 개인들은 그런 문화의 주류에 남아 있는 개인들보다 더 행복하다. Brown과 Kasser(2005)는 자발적 단순함의 라이프스타일에 헌신하는 미국인들을 '주류' 미국인들과 비교하였다. 두 집단은 연령, 성별, 인종의 측면에서 유사하였다. 그러나 자발적 단순생활자들은 돈을 적게 벌고 적게 쓰기로 의식적으로 결정함으로써

ACC의 물질주의적 문화를 분명하게 거부했다. 예상대로 자발적인 단순생활자들은 소득과 소비 수준이 교육으로만 예측한 수준보다 낮았음에도 더 큰 삶의 만족을 보고했다.

양육적 환경   양육적(nurturing) 환경이 웰빙을 증진한다는 증거도 있다. 이러한 환경은 자본주의적 가치와 거의 공통점이 없다. Biglan, Flay, Embry 및 Sandler(2012)는 문헌 고찰을 하고 양육적 환경은 (a) 유해한 환경의 영향을 최소화하고, (b) 친사회적 행동을 장려하며, (c) 부정적 행동의 기회를 제한하고, (d) 개인들로 하여금 자신의 가치를 항상 염두에 두게 한다고 결론 내렸다. 또한 Biglan 등(2012)은 이들 양육적 특성의 환경이 정서 및 행동장애를 최소화할 가능성이 가장 크다고 결론지었다.

양육적 환경의 네 가지 특성 모두가 ACC와 관련이 있지만, 처음 두 가지가 특히 중요하다. 첫째, 양육적 환경은 정서적 및 신체적 안전감을 제공하고, 자기존중, 관계성 및 공동체 같은 기본 심리적 욕구를 충족할 수 있는 기회를 제공함으로써 유해한 환경 경험을 제한한다. 그러나 경쟁과 자기확대에 대한 ACC의 초점은 공동체와 자기가치의 느낌을 침식할 수 있다. 둘째, 양육적 환경은 개인으로 하여금 타인의 욕구와 느낌을 고려하게 하고, 도움을 중요시하도록 촉구함으로써 친사회적 행동을 권장한다. 친사회적 행동을 권장하는 것은 경쟁과 자기확대의 ACC 만트라와는 명백하게 모순되는 것이다(Biglan et al., 2012).

셋째, 양육적 환경은 반사회적 행동에 대한 기회를 제한한다. 넷째, 양육적 환경은 환경으로부터의 경쟁 요구에도 불구하고, 개인이 자신들의 개인가치를 의식하는 심리적 유연성을 갖도록 허용한다(Biglan et al., 2012). 자기확대, 경쟁, 소비주의에 대한 ACC의 압도적인 강조는 반사회적 행동을 촉진하며, 비시장적인 가치를 선택하기 위한 유연성을 허용하지 않는 것으로 보인다. 따라서 양육적 환경이 더 큰 웰빙과 경험연구를 통해 연관되어 있음에도, ACC가 이런 환경의 발전을 억제한다고 생각할 좋은 이유가 있다.

Biglan(2015)은 최근 출판된 책에서 이러한 아이디어를 확장하여 더 명료하게 ACC와 연결시킨다. 그는 담배와 정크푸드의 기업광고가 궁극적으로는 웰빙을 낮추는 비양육적 환경을 만들어내는 방법을 설명한다. 예를 들어 그는 '유해 기업 마케팅 사례'라는 제목의 장을 포함하고, 양육은 어린이들을 기업 광고로부터 보호하는 것을 요구한다고 단언한다.

성공적인 양육은 평생 아이들의 건강과 웰빙에 손상을 줄 수 있는 모든 것으로부터 우리의 아이들을 보호하는 것을 포함한다. 가장 중요하지만 가장 통제하기 어려운 영향 중의 하나는 유해한 제품의 마케팅이다. 어린아이와 함께 슈퍼마켓에 들른 적이 있다면 당신은 아이가 계산대 앞의 사탕을 요구하다가 뜻대로 되지 않으면 화를 내었던 경험을 했을 것이다. 물론 가게들이 사탕을 거기에 놓은 이유는 어린아이들이 어떻게 반응하리라는 것을 알기 때문이며, 또 대부분의 부모가 아이의 떼쓰는 행동이 두려워 얼마나 거절하기를 주저하는지 알기 때문이다.(Biglan, 2015, p. 143)

Biglan(2015)은 또 미국의 빈곤과 불평등을 증가시킨 국가 경제정책, 그리고 이들 정책이 미국인의 웰빙에 가져온 결과들에 대해 논의한다. Biglan(2015, pp. 160, 164)의 말에 의하면, 빈곤과 불평등은 개인의, 특히 어린이의 웰빙을 '손상'시킨다. 다른 부정적인 결과도 있지만, 가난한 아이들은 낮은 품질의 양육을 받고 부정적으로 낙인이 찍힌다. 불평등은 다수의 사회문제를 증가시켜 웰빙을 손상시킨다. 이 사회문제에는 정신질환 비율의 증가와 낮은 수준의 사회적 신뢰가 포함된다.

이러한 문제들에 대해 ACC를 명시적으로 연루시킨 것은 아니지만, Biglan(2015)은 범인으로 기업친화적인 정책들을 지목한다. 이들은 부자에게 혜택을 주는 세법의 변화, 최저임금 수준의 정체, 기업에 약한 규제를 포함한다. 이러한 정책은 Kasser 등(2007)이 지적한 ACC 지배적 문화의 많은 특징을 반영한다. Biglan(2015)은 또한 1970년대 이래 자유시장 자본주의에 대한 대중의 여론에 긍정적으로 영향을 주려는 비즈니스 집단들의 노력을 추적한다. 이들 노력은 다수의 친비즈니스적 싱크탱크들을 출현시켰는데, 이들 구성원들은 미디어에 정기적으로 출연하여 여론과 공공정책에 영향을 주려고 시도한다. 이 연구는 다시 ACC가 완전히 우리의 문화를 침투했다는 Kasser 등(2007)의 주장과 일관된다.

요약하면 Kasser 등(2007)은 모든 경제 시스템이 그 시스템을 지지하는 가치 세트를 장려한다고 제안한다. 이 연구자들은 ACC와 연관된 가치에 대해 이론을 내놓는데, ACC가 세계에서 지배적인 경제 시스템이기 때문이다. 그리고 그들은 ACC의 가치가 자기초월보다는 자기확대를 강조한다고 결론 내린다. 더욱이 그들은 한 가치 세트를 활성화하는 것은 다른 대안가치를 비활성화하거나 약화시킨다는 증거를 인용한다. 이는 중요한데, 그 이유는 연구가 자기확대 가치는 낮은 웰빙과 연관되는 반면, 자기초월 가치는 더 큰 웰빙과 연관된다는 것을 보여주기 때문이다.

전체 경제 시스템이 어떻게 행복에 영향을 주는지에 대한 이론을 완전히 검증하기는 어렵지만, 기존의 자료는 Kasser 등(2007)의 이론과 일관된다. ACC가 자기초월 가치를 억제하고, 낮은 웰빙과 연관된다고 자료들은 보여준다. 이 웰빙 자료는 여러 분석 수준에서 나온 것이며, 모두 Kasser 등(2007)의 예측과 일관된다. 특히 여러 나라를 비교하는 사회 수준의 자료(Kasser, 2011) 및 미국 내 시간 추세를 검토한 자료(Twenge et al., 2010)는 외적 가치와 기업가치가 높거나 낮은 소환경에서 사는 개인들을 비교한 다른 자료와 일관된다(예 : 자발적 단순생활자에 대한 Brown과 Kasser의 2005년 연구, 서비스 변호사와 돈 변호사를 연구한 Sheldon과 Krieger의 2014년 연구).

● ● ●
물질주의, 소비 그리고 아동의 웰빙

소비자로서 아동

앞 절에서 검토된 자료는 소비자 문화, 이를 촉진하는 광고, 그리고 아동의 웰빙에 주는 이들의 영향을 신중하게 고려해야 할 필요성을 강조한다. 미국심리학회(APA)의 2004년 보고서는 기업들이 매년 120억 달러를 아동 대상 광고에 지출하고, 아동들이 매년 4만 개의 광고를 보고 있다고 추정한다(Wilcox et al., 2004). 또한 이 태스크포스는 여러 전문 서적이 아동들에게 마케팅하는 방법을 직접 가르쳐 주고 있다고 보고했다. 아이들이 무엇을 사고 왜 사는가: 아이들을 대상으로 한 마케팅의 심리학(Acuff & Reiher, 1997) 같은 제목을 자랑하며, 이들 책은 아동들을 구매자로 유혹하기 위해 정교한 심리학 이론을 이용한다. 명백히 소비자 문화는 아동들의 삶에 중요한 요소이다.

성인 참가자들 사이에서 보이는 물질주의와 웰빙 사이의 관계는 아동들에게도 확장된다. 예를 들어 Kasser(2005)는 일리노이 주의 농촌사회에서 사는 중고등학교 학생 샘플에서 물질주의와 웰빙 사이에 부적 상관관계를 발견했다. 물질주의는 이 샘플에서 낮은 행복, 낮은 수준의 자존감과 함께 높은 불안, 알코올 사용, 신체적 싸움과 연관된다.

미국심리학회(APA)의 태스크포스 보고서는 물질주의와 소비자 문화가 아동의 웰빙에 부정적인 영향을 줄 수 있음을 보여준다. 이 보고서는 문헌을 검토하고, 광고가 부모-아동의 갈등(아동이 광고에서 본 제품을 사달라고 부모에게 조르는 것 같은)을 증가시키고, 알코올 및 담배에 대해 더 우호적 태도를 조장하며, 비만의 증가, 물질주의적 가치를 더 수용하는 것과 관련이 있음을 발견했다(Wilcox et al., 2004).

예를 들어 Schor(2004)는 10~13세의 보스턴 아동들이 소비자 문화에 몰입하게 되면, 이 몰입이 우울, 불안, 낮은 자존감, 그리고 두통 같은 정신신체 증상과 연결된다는 것을 보여주었다. Easterbrook, Wright, Dittmar 및 Banerjee(2014)는 8~13세의 영국 학교 아동의 샘플을 가지고 Schor(2004)의 연구결과를 개념적으로 반복하였다. 또 다른 연구도 아동의 자존감이 소비자 문화에 의해 '상품화'되었음을 보여준다. Isaksen과 Roper(2012)는 영국 청소년의 샘플을 검사하고, 그들의 자존감이 옳은 소유물을 획득하는 것에 크게 달려 있음을 발견했다. 청소년들은 이들 소유물을 사회적 수용을 얻기 위해, 또 자존감을 지지하는 우정 확보를 위해 필요하다고 보았다. 따라서 자존감은 무엇을 소유하고 구입하느냐에 크게 의존한다는 의미에서 '상품화'되었다.

소비자 문화, 외재적 동기, 그리고 학습

연구는 또한 소비자 문화와 아동의 학습을 연결한다. Vansteenkiste, Simons, Lens, Soenens 및 Matos(2005)는 11~12세의 벨기에 아동들이 과제가 내재적으로 동기화될 때보다 외재적으로 동기화되어 제시될 때, 학습 과제에서 더 수행을 못하는 것을 발견했다. 보다 구체적으로 연구자들은 비만 아동들에게 건강한 식생활에 대한 정보를 읽게 하고, 샘플의 절반에게는 글의 지침에 따르는 것이 신체건강(내재적 동기)을 이루기 위해 중요하다고 말해주고, 나머지 절반에게는 지침에 따르는 것은 자신의 신체적 매력(외재적 동기)을 증가시킬 것이라고 말해주었다. 이러한 결과는 외모에 근거하여 타인의 승인을 얻으려고 고안된 외재적 동기는 물질주의와 소비자 문화의 주요 특징 중의 하나임을 나타낸다(Kasser et al., 2007).

연구는 학생들의 동기와 학교 성적을 검사함으로써 이들 결과를 확장했다. Ku, Dittmar 및 Banerjee(2014)는 영국과 홍콩 모두에서 학생들의 물질주의 수준이 영어와 수학의 기말시험 성적과 부적으로 관련됨을 발견했다. 더구나 물질주의와 성적 사이의 이 관계는 수행 목표와 숙달 목표에 의해 중재되었다. 낮은 물질주의자들은 가능한 한 교재의 많은 내용을 학습하기를 원하는 것 같은 숙달 목표에서 더 높았다. 그러나 높은 물질주의자들은 타인에게 자신들이 잘 할 수 있음을 보여주기를 원하는 것 같은 수행 목표에서 더 높았다. 이 목표는 다시 낮은 시험 점수와 관련이 있었다.

이들 결과는 연속 수행된 세 연구에서 반복되었다(Ku et al., 2014). 첫째 연구 후 1년 뒤에 학생들을 검사한 둘째 연구에서, 첫째 연구의 초기 물질주의 점수는 1년 후의 시험 점수와 부적 관련이 있었다. 셋째와 넷째 연구는 물질주의적 가치와 비물질주의적 가치를 실험적으로 조작하였다. 물질주의적으로 점화된 참가자들은 수행 목표를 지지할 가능성이 더 컸다. 수행 목표는 첫째 연구에서 더 낮은 시험 수행과 관련되었다(Ku et al., 2014). 마지막으로 Ku 등(2014)은 영국과 홍콩의 10대 청소년의 샘플에서 유사한 결과를 발견했다.

윤리

앞에서 언급된 것 같은 연구결과들은 APA 태스크포스로 하여금 광고업계에서 일하는 심리학자들을 직접적으로 선별하게 하였다. 태스크포스는 "점점 많은 수의 기업들이 아동에 대한 시장연구를 전공한 아동심리학자들에 의해 경영된다."고 지적하였다(Wilcox et al., 2004, p. 38). 보고서는 광고 서비스에서 심리학적 연구를 사용하는 심리학자들에게 윤리적 책임에 대해 신중하게 고려할 것을 제안했다(Wilcox et al., 2004).

특히 중요한 윤리적 문제는 어린 아동들이 미디어 메시지가 광고인지 아닌지를 인식할 수 있느냐에 관한 것이다. 태스크포스는 문헌을 검토하고, 4~5세보다 어린 아동들이 광고와 정규 프로그램 사이의 차이를 알아보는 데 문제가 있음을 발견했다. 그 외에도 7~8세 아동들은 광고자의 설득적 의도를 이해하는 데 어려움이 있었다. 설득적 의도를 이해한다는 것은 다음을 포함한다.

> … 광고자는 시청자의 관점과는 다른 관점을 가지고 있다는 인식, 그리고 광고자는 시청자가 그들의 제품을 사고 싶어 하도록 설득하려는 의도가 있다는 것, … 그런 설득적 의사소통은 편향되어 있다는 것, 편향된 메시지는 편향되지 않은 메시지와는 다르게 해석되어야 한다는 것.(Wilcox et al., 2004, p. 5)

이 태스크포스는 어린 아동에게 광고하는 것이 '불공정'하다고 반복해서 말한다. 그 이유는 아동 대상 광고가 그들에게 작용하는 영향을 충분히 이해할 정도로 인지적 발달이 되지 않은 개인들을 이용하기 때문이다(예 : Wilcox et al., 2004, pp. 7, 9-12, 17, 19-20 참조). 혹자는 현대 아동들이 광고의 공격 앞에서 무력하지 않다고 주장할 수도 있다. 이들 회의론자들은 아동들이 미디어 포화 시대에서 성장했기 때문에 광고를 알아보고 저항할 수 있을 정도로 충분히 똑똑하다고 주장할 수도 있다. 불행하게도 이것은 사실이 아니다.

장 피아제(1952) 같은 발달심리학자들은 아동들이 성인과 같은 지적 능력을 갖고 있지 않음을 보여주었다. 그들이 얼마나 상대적으로 똑똑하고, 지적이고, 성숙했는지와는 상관없이, 8세 미만의 어린이는 광고에 대해 비판적으로 그리고 합리적으로 생각하는 능력이 없다(Levin & Linn, 2004). 아동들의 인지적 취약성을 악용하는 것 외에도 광고자는 또한 아동들이 가지고 있는 통제와 독립에 대한 자연스러운 발달적 욕구를 이용한다. 예를 들어 에릭슨(1964)은 아동들이 자연스러운 심리사회적 단계를 거쳐 발전한다고 이론을 세웠다. 그 단계 중 하나는 부모로부터 독립적 정체성을 발달시키고 싶은 욕구와 관련된다. 광고자들은 이를 알아보고 이용하는 방식으로 제품을 마케팅한다.

Levin과 Linn(2004)은 크래프트 런처블(Kraft Lunchables)을 예로 들었는데, 이는 아동들이 점심시간에 자신들이 조합할 수 있는 가공 육류, 치즈, 크래커를 담은 쟁반들의 상품명이다. 연구자들은 많은 부모가 아이들이 런처블을 먹지 않기를 원하지만, 마케터들이 부모들의 희망을 좌절시키고 싶은 아이들의 독립에 대한 욕구에 직접 호소하고 있다고 주장한다. 마케팅에서 심리학 이론과 자료의 역할을 강조하면서, Levin과 Linn(2004)은 아동 마케팅 논문집 아이들이 무엇을 사고 왜 사는가는 어떻게 제품을 아동에게 판매할지에 대해 광고자들을 가르칠 때 피아제와 에릭슨의 저술들을 인용하고 있음에 주목한다.

따라서 많은 연구들의 결과는 소비자 문화와 물질주의적 문화가 웰빙과 부적으로 관련됨을 확인한다. 부정적인 결말은 알코올과 담배에 대한 더 우호적 태도, 더 낮은 자존감과 행복, 더 큰 불안, 학업 수행의 저하를 포함한다. 연구는 심지어 10대 청소년들의 자존감이 어떤 소비자 제품을 구입하느냐에 크게 의존한다는 의미에서 청소년들의 자존감이 상품화되었다는 것을 보여준다(Isaksen & Roper, 2012).

이러한 부정적인 결말은 중요한 윤리적 문제를 제기한다. 우리는 아동들에게 향한 광고를 제한해야 하는가? 광고자의 설득적 의도를 이해하기에는 너무 어린 아동들을 직접 겨냥한 제품 마케팅이 윤리적인가? 심리과학자들과 다른 전문가의 책임은 무엇인가? 그들이 광고산업에 참여하는 것에 윤리적 한계가 있는가?

이들은 그에 대한 대답이 가치 판단에 달려 있기 때문에 과학적으로 대답할 수 없는 어려운 질문이다. 과학은 우리에게 광고와 소비주의가 아동의 웰빙을 저하시킨다고 말해주지만, 과학은 이들 발견에 따라 행동해야 하는지에 대해서는 말해주지 않는다. 우리와 같은 민주주의에서 그 결정은 아마도 시민들의 몫이다.

● ● ●
돈을 지출하는 긍정적인 방법

우리는 소유의 맹목적인 추구가 우리의 행복을 감소시키는 것을 보았다. 하지만 우리의 행복을 증가시킬 수 있도록 돈을 지출하는 긍정적인 방법이 있는가? 대답은 '예'이다. Dunn, Gilbert 및 Wilson(2011)은 "돈이 당신을 행복하게 해주지 않는다면, 당신은 돈을 올바르게 쓰지 않고 있는 것이다."라는 도발적인 제목의 논문에서 몇 가지 조언을 제공한다.

그러나 이 주제에 대한 어떤 논의를 하려면, 우리는 Layard(2005)와 다른 연구자들이 만든 '빵 라인'(최저 생활 수준_역주) 구별의 중요성을 먼저 인정해야 한다. 돈이 부자보다는 가난한 사람들에게 웰빙을 더 잘 예측한다는 제6장에서 제시된 증거를 참조하라. 따라서 다음의 논의가 음식이나 주거지 등의 물질적 기본 필수품을 추구하는 가난한 사람들이 그들의 행복을 감소하고 있다는 것을 뜻하는 것은 아니다.

따라서 어떻게 우리 자신을 행복하게 만들기 위해 돈을 쓸 수 있는가? Dunn 등(2011)은 여덟 가지 제안을 한다. 우리는 여기에서 여섯 가지 제안을 논의하고, 이 장의 후반부에서 다른 두 제안(물질 제품이 아닌 경험을 구매하는 것과 기부하기)에 대해 자세한 논의를 한다. 우리는 또한 두 개의 다른 아이디어, 즉 검소의 잠재적 가치와 시간의 중요성에 대해서도 논의한다.

Dunn 등(2011)의 여섯 개의 제안은 새 차 또는 옷장 같은 물질 제품을 구입하는 데 특히 잘 적용될 수 있는 것으로 보인다. 이들 제안은 우리가 물질적 구매와 그들로부터 기대하는 행복에 대해 우리가 생각하는 방식을 변경하는 것을 포함한다. 다음 절에서 볼 수 있듯이 경험 구매(예 : 여행이나 놀이공원에 가기)는 이와 동일한 사고과정과 기대를 포함하는 것 같지 않다.

1. **덜 비싼 즐거움의 연속을 위해 구매 패턴을 바꿔라.** Dunn 등(2011)은 소수의 큰 쾌락에 많은 돈을 쓰는 것보다 여러 개의 작은 쾌락에 적은 돈을 쓰라고 제안한다. 이들은 이 전략이 우리가 구매에 적응하는 속도를 줄일 수 있다고 주장한다. 제6장에서 언급한 쾌락의 트레드밀을 기억하는가? 인간은 소득과 물질적 대상을 포함하여, 모든 종류의 자극에 익숙해지며 자극은 시간이 지남에 따라 쾌락을 감소시킨다. 그러나 우리는 예상 못했거나, 새롭거나, 불확실(설명하기 어려운)하거나, 계속 변하는

것들에는 빨리 적응하지 않는다. 이들 저자는 고가의 새로운 식탁을 예로 든다. 식탁은 시간이 지나도 동일하게 유지되며, 짧은 시간 후에는 더 이상 새롭지 않으며, 따라서 예상되는 자극이다. 그리하여 우리는 그것에 적응하고 구매에서 처음 얻었던 쾌락을 급속도로 잃게 된다. 그러나 작은 쾌락의 꾸준한 연속은 예상되지 않을 가능성이 크며, 변화할 것이고, … 따라서 전체적인 의미에서 적응에 보다 저항적이다.

2. **불필요한 보험을 피하라.** 또 다른 제안은 특히 고가의 소비자 제품에 대한 불필요한 보험을 구입하지 않도록 하라는 것이다. 이유는 우리가 이런 제품의 상실에 얼마나 빨리 적응하는지를 우리는 인식하지 못한다는 것이다. 우리가 쾌락에 적응하는 것과 같은 방식으로 우리는 상실에도 적응한다. 또한 많은 소비자 제품에 대한 보험은 과도하게 가격이 매겨져 있으므로, 우리의 행복을 극대화하기 위해 돈을 지출하는 좋은 방법이 아니다.

3. **소비를 늦춰라.** 우리는 또한 가능하다면 소비를 지연하기 위해 노력해야 한다. 이러한 실천은 우리를 빚더미에 빠지지 않게 할 뿐만 아니라 기대로 이어지기도 한다. 기대는 행복과 정적으로 관련된다. 제품을 구입하거나 소비하기를 기다리는 것은 더 나은 선택을 할 수 있게 이끌기도 한다. 우리가 즉각적 소비를 위해 제품을 선택할 때, 우리는 즉각적인 만족을 제공하지만 장기적으로는 건강에 해로운 것들을 선택하는 경향이 있다. 그러나 미래에 소비할 제품을 선택할 때, 우리는 더 건강한 선택을 하는 경향이 있다. 마지막으로 우리가 나중에 소비할 제품은 더 큰 불확실성을 포함할 수 있다. 불확실성은 적응 효과를 지연시킨다.

4. **신중하게 구매를 고려하라.** Dunn 등은 우리에게 물질적 구매를 매우 신중하게 생각하라고 권한다. 그들은 호숫가 별장 구매의 예를 든다. 이 구매를 고려할 때 우리는 자연스럽게 일몰, 즐거운 가족 모임, 그리고 보트와 낚시 등의 유쾌한 활동에 대해 생각하게 된다. 별장을 소유하는 것의 불쾌한 세부 내용은 우리에게 떠오르지 않을 수 있다. 예를 들어 별장 유지에 필요한 비용, 속 썩임, 노동 같은 것들 말이다. 우리는 별장에 갔다가 오는 잠재적 스트레스와 짜증 등에 대해서도 생각하지 않는다. 별장의 어떤 특징들은 틀림없이 우리에게 쾌락을 주지만, 다른 특징들은 우리의 행복을 저하할 가능성이 있다. 우리는 쾌락이 고통을 능가하는지 여부를 고려할 필요가 있다.

5. 비교 쇼핑의 함정을 피하라. 비교 쇼핑은 행복을 저해하는 또 다른 함정이 될 수 있다 (Dunn et al., 2011). 새로운 주택을 사려는 커플을 상상해보라. 선택 대안들을 비교하는 것은 그들이 크고 아름다운 집에 거주하는 데서 느낄 행복을 과대평가하게 할 수 있다. 그 결과 그들은 더 큰 집에 계약금을 내기 위해 재정적으로 무리수를 둘 수 있다.

6. 다른 사람들이 그 구매를 하며 느꼈을 행복을 생각해보라. 마지막으로 구매를 고려할 때, 우리는 이전에 같은 구매를 한 사람들이 얼마나 행복해했는지를 알아보아야 한다. 어쩌면 놀랍게도 그 제품 또는 경험에 대해 느낀 다른 사람들의 행복은 우리가 느낄 행복을 가장 잘 예측해준다. Dunn 등의 말을 빌리면, 구매는 "당신의 머리 대신 무리를 따라"할 때 행복을 가져다줄 가능성이 더 크다(2011, p. 123).

경험 구매 대 물질 구매

경험 구매가 우리를 더 행복하게 만든다는 증거

물질적 상품(예 : 비싼 선글라스)이 아닌 경험(예 : 해변으로 여행)을 구매하는 것은 우리를 더 행복하게 해줄 수 있다. 이를테면 van Boven과 Gilovich(2003)는 대학생들에게 최근 최소 100달러의 비용을 지불한 물질 구매나 경험 구매를 회상하라고 요청했다. 경험 구매를 회상한 학생들은 물질 구매를 회상한 학생들보다 그 구매가 더 큰 행복을 가져왔다고 기억하였다. 이 연구자들은 미국 성인의 대표 샘플에게 경험 구매와 물질 구매를 회상하라고 요청함으로써, 이 연구의 후속연구를 수행했다. 이전의 결과와 일관되게 참가자들은 경험 구매가 물질 구매보다 그들을 더 행복하게 만들었다고 보고했다.

Van Boven과 Gilovich(2003)는 경험 구매에 대해 생각한 참가자들이, 물질 구매에 대해 생각한 참가자들보다, 더 큰 현재의 행복과 긍정적 기분을 표현했음을 발견했다. 이 마지막 연구는 과거의 정서상태가 아닌 현재의 기분과 행복을 평가했기 때문에 중요하다. 이들 저자는 우리가 종종 과거 정서상태를 부정확하게 기억하고 있음에 주목했다. 후속연구가 이들 결과를 반복했다. 즉, 물질 구매가 더 자주 후회와 연관됨을 보여줌으로써 경험 구매가 물질 구매보다 더 큰 행복을 가져옴을 보여주었다(Gilovich, Kumar, & Jampol, 2015; van Boven, 2005).

경험 구매가 더 큰 행복을 가져오는 이유

연구자들은 재빨리 그들의 초점을 왜 경험 구매가 우리를 더 행복하게 만드는가라는 질문에 맞췄다. Gilovich 등(2015)은 세 가지 주 요인을 지적한다. (a) 경험은 사회적 관계를 촉진한다, (b) 우리는 경험을 다른 대안적 경험과 비교할 가능성이 작다, (c) 경험은 우리 정체성의 핵심이다. 최근 연구는 경험 구매를 기대하는 것이 더 큰 쾌락을 준다고 제안한다(Gilovich et al., 2015).

경험과 사회적 관계　제5장에서 우리는 다른 사람과의 긍정적인 관계가 행복에 중요하다는 것을 배웠다. Gilovich 등(2015)에 따르면 경험은 다른 사람들과 함께 '소비될' 가능성이 크기 때문에 물질적 소유물보다 더 큰 행복으로 이어진다고 주장한다. 예를 들어 콘서트나 휴가는 다른 사람들과 함께 가는 반면, 새 옷 같은 물질적 소유물은 사회적 상호작용을 촉진할 가능성이 크지 않다. 우리는 또한 같은 시간과 장소가 아닐지라도 비슷한 경험을 가진 다른 사람들과 더 연결된 느낌을 갖는다. 게다가 경험은 우리로 하여금 일반적으로 다른 사람들과 더 연결된 느낌을 느끼게 만들 수 있다.

　이런 생각은 경험적으로 지지를 받는다. 예를 들어 사회적 관계는 구매 유형과 행복 사이의 관계를 중재한다. 구체적으로 경험(물질의 반대) 구매는 강한 사회적 결합으로 이어지고, 이러한 강한 사회적 결합은 다시 더 큰 행복을 예측한다(Howell & Hill, 2009).

경험과 사회적 비교　제6장에서 논의된 것처럼 사회적 비교는 행복을 부식시킬 수 있다. 물질적 소유물에 비해 경험은 사회적 비교를 유발할 가능성이 작다는 증거가 있다. 우리는 우리의 경험을 다른 사람의 경험과 비교할 가능성이 작고, 우리가 가질 수 있었던 다른 대안적 경험과 비교할 가능성도 작다.

　연구는 경험 구매가 사회적 비교와 부적으로 연관되어 있음을 보여줌으로써 이 가설을 지지한다. 경험 참가자는 다른 사람의 인식에 대한 염려를 나타내는 문항을 강하게 지지할 가능성이 작다(예 : "나는 남들이 이 구매를 어떻게 지각할지 신경을 쓴다.")(Howell & Hill, 2009, pp. 513-514). 이같은 사회 비교의 감소는 더 큰 행복과 연관된다(Howell & Hill, 2009).

　다른 연구는 경험 구매가 더 적은 사회적 비교로 이어진다는 것을 더욱 직접적으로 보여준다. Carter와 Gilovich(2010)는 물질 구매를 상상한 참가자들이, 경험 구매를 상상한 참가자들보다 경쟁자가 같은 구매를 더 좋은 가격에 했다는 생각에 더 분개하는 것을 발견했다. 그들은 또한 실제로 물질적 보상(펜)을 받은 참가자들이 경험 보상(썬칩, 감자 칩의 한 종류_역주)을 받은 참가자들보다 더 바람직한 보상을 받을 수도 있었던 것을 알게 되었을 때 더 영향을 받았음을 발견했다.

경험과 사회적 정체성   우리의 경험은 우리가 누구인지를 정의하는 데 도움이 된다. 자기-정의의 중요한 요소로서 경험은 우리에게 정서적 위안을 가져다주기도 하고, 또한 다른 사람에게 우리의 정체성을 표현하는 것에 도움을 주기도 한다. 또한 경험은 물질적 소유물보다 이러한 기능을 훨씬 잘 수행할 수 있다. 결국 우리의 소유물은 경험과는 달리 항상 우리 자신으로부터 분리되어 있다. 어떤 의미에서 우리는 우리 경험의 집합체이다 (Gilovich et al., 2015).

연구는 참가자들이 물질 구매보다는 경험 구매를 자신들의 정체성에 대한 더 중심적 표현이라고 생각한다는 것을 보여줌으로써 이들 가설을 지지한다(Carter & Gilovich, 2010). Gilovich 등(2015)은 우리가 자아에 중심적인 것들을 당연히 긍정적으로 평가한다고 주장한다. 더 나아가 자신에 대한 중심적 표현은 우리에게 즐거움을 가져다준다. 이 논리는 개인이 물질 구매보다 경험 구매에서 더 만족감을 표현한다는 것을 보여주는 연구들에 의해 지지를 받는다(Carter & Gilovich, 2010).

기대   Gilovich 등(2015)은 기대가 물질 구매와 경험 구매 사이의 행복 차이를 설명할 것이라는 점에 주목한다. Kumar, Killingsworth 및 Gilovich(2014)는 기대되는 경험 구매를 하기 위해 기다리는 참가자들이 물질 구매를 하기 위해 기다리는 참가자들보다 더 행복했고, 또한 어떤 구매도 기대하지 않는 참가자들보다 더 행복했음을 발견했다. 따라서 경험 구매는 우리가 경험을 획득하기 전에 우리를 행복하게 하는 반면, 물질 구매는 그렇지 않다.

일부 추가 발견

셔츠 대신에 기타 같은 경험 제품을 구매하는 것은 물질 제품을 구매하는 것보다 전형적으로 더 큰 행복을 가져온다. 이는 흥미로운 사실인데, 그 이유는 우리는 보통 제품을 물질주의적이라고 생각하지만 그것이 항상 그런 것은 아니기 때문이다. 경험 제품이 더 큰 행복을 가져오는 이유는, 경험 구매 대 물질 구매에 관해 Gilovich 등(2015)이 찾아낸 이유들과 유사하다. 경험 제품들은 정체성, 유능감, 사회적 관계성 같은 기본 욕구를 만족시킬 가능성이 크다(Guevarra & Howell, 2015).

이러한 효과에 대해 몇 가지 중요한 중재요인들도 있다. 중재변인은 다른 두 변인 사이의 관계를 변화시키는 변인이라는 것을 기억하라. 일부 연구(Guevarra & Howell, 2015; Nicolao, Irwin, & Goodman, 2009)는 경험 구매가 긍정적이고 즐겁다고 지각될 때만 더 큰 행복과 연관된다고 제안한다. 경험은 물질주의적 구매보다 더 큰 행복을 가져오기 전에 즐거운 것으로 느껴져야 한다.

또한 성격이 이러한 효과를 중재한다는 일부 증거가 존재한다. Nicolao 등(2009)은 강한 물질주의적 가치를 가진 개인들은 구매 유형에 영향을 받지 않는다는 것을 발견했다. 대신 물질주의자들은 좋았던 물질 구매와 경험 구매에 대해 똑같이 행복했고, 나빴던 물질 구매와 경험 구매에 대해 둘 다 똑같이 불행했다.

또한 Zhang, Howell, Caprariello 및 Guevarra(2014)는 행복하고 사교적인 개인들이 경험 구매에서 더 혜택을 누릴 가능성이 크다는 증거를 발견했다.

마지막으로 환상적이고 비상한, 엄청난 경험을 풍부하게 갖고 있는 것은 보다 일상적인 경험을 음미하고 즐길 수 있는 능력을 감소시킬 수 있다. 예컨대 Quoidbach, Dunn, Hansenne 및 Bustin(2015)은 어떤 사람이 방문한 나라의 수가, 그가 선택한 평범하지만 쾌적한 나라의 방문을 즐기는 것에 대한 기대와 부적으로 연관되어 있음을 발견했다. 또한 방문한 나라의 수는 심지어 대단한 여행지 즐기기와도 부적으로 연관된다. 따라서 우리 중 여행을 가장 많이 한 사람은, 즉 여행 경험이 가장 많은 사람은 미래의 여행, 특히 쾌적하거나 일상적인 장소로의 여행을 즐기는 능력이 더 적은 것으로 보인다.

이들 연구는 주목할 만한데, 그 이유는 쾌락의 트레드밀(Brickman & Campbell, 1971)이 소유물뿐만 아니라 경험에도 적용될 수 있기 때문이다. 우리는 경험에 적응한다. 마치 소유물에 적응하듯이 말이다. 그래서 예전의 경험은 미래의 경험을 즐기는 우리 능력에 영향을 준다. 경험은 예전 경험의 풍부함의 수준과는 상관없이 우리 모두에게 긍정적인 순익이다. 그러나 우리의 예전 역사의 효과를 인식하는 것과, 그리고 아마도 우리의 모든 경험을 충분히 즐기는 방법을 모색하는 것이 중요하다.

요약하면 우리는 물질 제품보다는 경험을 추구하고 기대할 때 더 행복하다. 경험 구매는 사회적 관계와 사회적 정체성을 확립하려는 우리의 욕구를 만족시킬 가능성이 더 크다. 우리는 또한 경험 구매에 대해 해로운 사회 비교를 할 가능성이 작다. 이들 요인은 왜 경험 추구가 행복으로 이어질 가능성이 큰지를 설명한다.

자신보다는 타인의 혜택을 위해 지출하라

다른 사람을 위해 돈을 지출하는 것은 우리의 행복을 증가시킬 수 있다(Dunn, Aknin, & Norton, 2014). 연구자들은 친사회적인 지출, 즉 자선기부 및 타인을 위한 선물에 쓰인 돈의 합이 미국 성인의 대표 샘플 사이에서 웰빙을 정적으로 예측한다는 것을 발견했다 (Dunn, Aknin, & Norton, 2008). 이러한 결과는 소득을 통제한 후에도 유의했다. 이는 친사회적 지출을 하는 사람들이 단지 부자이기 때문에 행복할 것이라는 가능성을 약화시킨다. 또한 친사회적 지출과 웰빙의 관계는 소득과 웰빙의 관계와 거의 동일하였다. 다시 말해 소득의 크기가 행복에 영향을 주는 만큼 친사회적 지출이 행복에 영향을 준다. 끝으로 참가자들이 자신을 위한 계산서와 선물에 지출한 양은 행복과 관련이 없었다.

이러한 결과는 전 세계 사람들에게 일반화될 수 있는 것으로 보인다. 친사회적 지출은 오스트레일리아 북동쪽 남태평양의 작은 섬인 타나 아일랜드(Aknin, Broesch, Hamlin, & van de Vondervoort, 2015), 인도(Aknin, Barrington-Leigh, et al., 2013), 우간다와 남아프리카공화국(Aknin, Barrington-Leigh, et al., 2013), 미국(Dunn et al., 2008), 그리고 캐나다(Aknin, Dunn, & Norton, 2012)의 샘플들에서 정적으로 웰빙을 예측했다. 또 다른 연구는 10개국(미국, 인도, 터키 및 유럽 7개국)의 작은 샘플을 사용하여 이런 관계를 발견했다(Surana & Lomas, 2014). 그러나 가장 인상적인 것은 Aknin과 Barrington-Leigh 등 (2013)이 발견한 것으로, 136개국의 참가자를 포함한 세계 인구의 95%에 대한 대표 샘플에서 친사회적 지출이 웰빙을 예측했다. 그들의 결과는 136개국 중 120에서, 친사회적 지출과 행복 사이에 정적 관계가 있음을 보여주며, 이 관계는 120개국의 59%에서 통계적으로 유의했다.

그뿐만 아니라 Aknin과 Barrington-Leigh 등(2013)이 작은 샘플 크기를 고려하기 위해 통계적 수정을 가했을 때, 120개국의 87%에서 친사회적 지출/웰빙 관계가 유의함을 발견했다. 이 관계는 국가 또는 개인의 자산의 함수인 것 같지 않고, 세계의 특정 지역에 집중되지 않은 것 같고, 또한 문화·정치적 자유의 수준 혹은 국가 정부의 질에도 의존하지 않았다. 마지막으로 관계의 크기가 의미 있었다. 자선기부와 행복의 관계는 가구소득을 2배로 늘리는 것과 연관된 행복과 대체로 동등했다.

인과관계에 대한 증거

당신은 친사회적 지출이 행복의 원인인지, 또는 단지 동시발생적 관계인지 궁금할 것이다. 어쨌든 지금까지 설명한 연구는 상관관계 연구이며, 돈을 주는 사람이 행복한 것으로 나타났다는 것만을 나타낼 뿐이다. 이 관계에 대해 다른 설명이 존재할 수 있을까? 예를 들어 어쩌면 인과관계의 방향이 거꾸로여서, 행복함이 사람들로 하여금 돈을 주게 하는 원인일지 모른다.

기분이 좋은 사람들은 더 자선적이다(Cialdini, Schaller, Houlihan, Arps, Fultz, & Beaman, 1987), 따라서 행복한 사람들은 아마도 자선적일 가능성이 크다. 그러나 인과 흐름이 자선에서 행복으로 간다고 생각하는 이유도 있다. 이 증거의 일부는 앞서 언급한 통계적 통제에서 나온다(Aknin, Barrington-Leigh, et al., 2013). 여러 실험연구는 친사회적 지출이 행복을 증가시킬 수 있음을 보여준다(Aknin, Dunn, Whillans, Grant, & Norton, 2013; Dunn et al., 2008). 이들 연구는 전형적으로 일부 참가자들에게 연구 참가 대가로 받은 보상의 일부를 자선단체에 기부할 기회를 준다. 결과는 무작위로 자선기부를 할 기회를 받은 참가자들이 더 행복함을 보여준다.

왜 친사회적 지출은 행복을 증가시키는가

문헌 고찰에서 Dunn 등(2014)은 친사회적 지출이 SDT가 제시한 선천적 심리적 욕구를 만족시킬 때, 그것이 더 큰 웰빙으로 이어진다고 주장했다(Ryan & Deci, 2000). 관계성(다른 사람과의 연결), 유능감(숙달), 자율성(자유 선택과 자기결정). 이 가설과 일관되게 Hill과 Howell(2014)은 심리적 욕구충족(관계성, 유능감, 자율성의 평균으로 측정)이 친사회적 지출과 웰빙의 관계를 매개한다고 발견했다. 다시 말해 친사회적 지출은 이것이 먼저 기본 심리적 욕구를 만족시키고, 이 만족이 다시 행복을 증가시키기 때문에 더 큰 행복으로 이어진다.

자기초월 가치를 가진 개인들은 친사회적 지출에서 행복을 얻을 가능성이 더 크다(Hill & Howell, 2014). 앞의 논의에서 자기초월 가치는 타인에 대한 배려와 다른 견해에 대한 관용을 포함한다는 것을 기억하라. Hill과 Howell은 참가자들에게 매달 청구서에, 자신을 위한 선물에, 타인을 위한 선물에, 그리고 자선기부에 얼마나 지출하는지를 회상하라고 요청했다. 그들은 친사회적 지출이, 높은 자기초월 개인에게만 웰빙을 증진시킨다는 것을 발견했다. 따라서 친사회적 지출은 개인들이 타인에 대한 배려와 관용을 가치 있게 여기는 경우에 행복과 관련된 것으로 보인다.

요약하면 타인에게 지출하는 것은 우리의 행복을 증가시킨다. 이 관계가 양방향적이고 인과적이라는 좋은 증거가 있다. 타인에게 지출하는 것은 우리의 행복이 증가하는 원인이고, 행복한 것은 우리가 타인에게 지출하는 것의 원인이다. 타인에게 지출하는 것은 유능감, 자율성 및 관계성에 대한 기본 심리적 욕구를 충족하는 데 도움이 되기 때문에, 그리고 자기초월 가치와 일관되기 때문에 우리를 행복하게 만든다.

• • •
검소

행복을 높이기 위해 돈을 지출하는 방법으로 절약을 말한다는 것이 이상하게 보일지 모른다. 결국 검소는 우리가 지출을 제한하고 신중하고 현명하게 돈을 관리하는 것을 의미한다. 그러나 검소는 새 구매를 하기 전에 빚을 갚으려 지출하는 것(Chancellor & Lyubomirsky, 2011)과 저축 통장에 이체를 하는 것(Kasser, 2011)도 포함할 수 있다. 이 절에서 우리는 검소한 지출의 다른 예들과 그들이 어떻게 행복을 향상할 수 있는지를 논의한다.

Chancellor와 Lyubomirsky(2011, 2014)는 검소한 지출이 행복을 향상시킬 수 있는 여러 방법을 목록으로 만들었다. 가령 우리는 좋은 일을 경험함으로써보다 나쁜 일이 일어나는 것을 방지함으로써 더 큰 행복을 얻는다. Chancellor와 Lyubomirsky(2014)의 말을 빌리면 "나쁜 것이 좋은 것보다 강하다."(p. 21) 따라서 우리는 "스릴을 추구하기 전에 병을 치료"해야 한다(p. 20). 사실 Chancellor와 Lyubomirsky(2014)가 고찰한 연구에 따르면, 부정적 사건이 더 주의를 끌기 때문에 긍정적 사건보다 행복에 3~5배 더 영향을 준다. 우리는 또한 부정적 사건보다 긍정적 사건에 더 빨리 적응한다. 따라서 값비싼 즐거움을 구매하기 전에 두 번 생각한다는 의미의 검소는 우리의 행복을 증가시킬 수 있다(Chancellor & Lyubomirsky, 2014). 쾌락에 무차별적으로 지출하는 대신, 먼저 삶에서 부정적 요소들을 제거하는 데에 집중해야 한다. 중간 가격이지만 따뜻한 겨울 코트는 더 비싸고 더 자주 노출된 브랜드의 따뜻하지 않은 코트보다 우리에게 더 큰 행복을 가져다줄 가능성이 크다.

마찬가지로 우리는 욕망(wants)과 욕구(needs)를 주의 깊게 구별해야 한다(Chancellor & Lyubomirsky, 2014). 우리의 진정한 욕구는 매우 기본적이며, 일반적으로 우리들 대부분은 이들 욕구를 충족하는 데 많은 비용이 필요치 않다. 우리는 신체적 안전감과 함께 기본적 생계와 주거지가 필요하다. 심리적으로 우리는 유능감, 우리 삶에 대한 통제감, 타인과의 연결된 느낌이 필요하다(Chancellor & Lyubomirsky, 2014). 사치품보다는 필수품 쪽으로 우리의 지출을 지향하는 것은 돈을 절약해줄 뿐만 아니라 우리를 더 행복하게 한다. 직장에 출퇴근(우리의 생계 욕구를 충족하게 해줌)하고 친구들을 방문(사회적 연결 욕구를 만족시켜줌)하기 위한 기본적인 자동차가 있으면, 사치스러운 추가 사양들은 우리 행복에 최소로만 기여한다(Chancellor & Lyubomirsky, 2014).

검소 전략

검소와 빚

빚을 피하면 우리는 더 행복하다. Chancellor와 Lyubomirsky(2014)의 고찰 논문은 빚의 심리적 비용은 불안, 가족 갈등, 빚을 갚을 능력 부재의 부정적 결과(집의 차압), 일반 행복의 측면 등으로 측정되는데, 고가의 물건을 획득하는 것의 행복 혜택보다 훨씬 크다. 이들 저자는 대출의 비용이 대출의 이익보다 적을 때 부채가 일리가 있음을 인정한다. 대학등록금을 위해 돈을 빌리는 것은 대출의 비용이 교육에서 생기는 평생 소득 증가보다 작기 때문에 좋은 투자라고 기대한다. 그래도 이런 유형의 장기 부채는 개인의 삶에서 비교적 드문 일이고, 그리고 빚을 피하는 검소한 사람은 행복할 가능성이 크다(Chancellor & Lyubomirsky, 2014).

검소한 쇼핑 습관

검소한 쇼핑 습관도 우리를 행복하게 만들 수 있다. Chancellor와 Lyubomirsky(2014)는 그들의 고찰 논문에서 쿠폰 수집자와 바겐세일 사냥꾼이 구매 시 돈을 절약하는 데서 스릴을 경험할 수 있음을 발견했다. 검소한 구매자들은 구매 충동에 굴복하는 대신 구매를 지연하기도 한다. 이런 자제는 구매가 정말로 좋은 거래인지, 그들이 진정으로 원하는 것인지를 생각하게 하고, 또 기대의 즐거움을 준다.

다른 검소-기반 전략

Chancellor와 Lyubomirsky(2014)는 여러 가지 검소-기반 행복증진 전략을 찾아내었다. 예를 들어 휴가 별장을 임대하는 것이 거의 사용하지 않는 별장을 소유하는 것보다 저렴하다. 우리는 또한 이미 가지고 있는 물질적 소유물에 대해 감사를 느끼고, 그들의 진가를 음미하는 데 초점을 맞춤으로써 절약을 실천하고 행복을 증가시킬 수 있다(Chancellor & Lyubomirsky, 2014). 감사는 우리의 행복을 증가시키고(Lyubomirsky, Dickerhoof, Boehm, & Sheldon, 2011), 이 경우 더 사고 싶은 욕구를 줄일 수 있다. 마지막으로 우리가 재량 지출을 진정으로 즐기는 것들에 집중하고, 타인에게 과시할 목적의 물건들을 멀리한다면, 우리는 더 행복할 것이다(Chancellor & Lyubomirsky, 2011, 2014). 직접적으로 그리고 개인적으로 의미 있는 내적 목표의 충족에 도움이 되는 친구 만나기, 취미 추구 및 다른 진지한 관심사에 지출함으로써 우리는 돈을 절약하고 우리 자신을 행복하게 만들 수 있다.

검소에 대한 일반(잠정적) 이론

검소에 대한 문헌은 다소 혼란스럽다. Kasser(2011)는 문헌 고찰에서 검소와 행복의 관계에 관해 엇갈린 결과를 발견했다. 검소는 종종 더 큰 행복과 연관된다. 예를 들어 절약의 측정치들은 웰빙을 예측한다. 다른 연구들은 보다 단순하고, 스트레스가 적고, 덜 소비적인 삶을 살기 위해 의도적으로 낮은 임금의 직업을 선택하는 자발적 단순함 추구자들이, 더 주류이며 덜 검소한 사람들보다 더 행복함을 보여준다(Kasser, 2011). 그러나 연구는 또한 검소가 행복을 낮출 수 있음을 보여준다. 저축에 집착하거나 지출하기를 극도로 꺼리는 사람들이 덜 행복한 경향이 있다(Kasser, 2011).

Kasser(2011)는 검소가 안전, 유능감, 관계성, 자율성에 대한 기본 심리적 요구를 충족하는 데 도움이 될 때, 검소가 행복을 증가시킬 수 있다고 주장함으로써 검소와 행복에 관한 잠정적인 이론을 제안했다. 그의 이론은 완전히 검증되지 않았지만 엇갈린 발견을 이해하는 데 도움이 되는 것으로 보인다.

예를 들어 신체적으로나 심리적으로 불안전하다고 느낄 경우, 우리는 검소에 의지하기도 한다. 이 경우 검소는 충족되지 않은 욕구에 대한 반응이다. 검소한 개인은 주류인 물질주의적 문화에서 분리되었다고 느낄 수 있고, 따라서 긴밀한 관계를 맺고 유지하는 데 어려움을 겪을 수 있다. 이 경우 검소는 우리를 웰빙에서 멀어지게 할 수 있다. 두 경우 모두 검소한 개인들이 덜 행복하다고 느낄 가능성이 크다(Kasser, 2011).

그러나 검소는 사람에게 유능감과 자기결정을 느끼게 할 수도 있다. 싼 물건을 발견하고, 검소한 DIY 기술을 개발하고, 돈 관리 기술을 성공적으로 실천하는 것은 매우 보람이 있을 수 있다. 이들은 자율성과 유능감에 대한 욕구를 만족함으로써 웰빙을 증가시킬 수 있다(Kasser, 2011). 검소는 또 관계를 돈독하게 함으로써 웰빙을 증가시킬 수 있다. 구체적으로 검소한 개인들은 자발적으로 높은 스트레스, 높은 시간-압박 직업을 떠났기 때문에 관계에 투자할 시간과 에너지를 더 많이 가지고 있다(Kasser, 2011). 결론적으로 검소는 그것이 우리의 기본적인 욕구와 어떻게 관련되느냐에 따라 웰빙을 증가시키거나 감소시킬 수 있다.

요약하면 검소가 행복을 증가시키는 몇 가지 이유가 있다. 가장 강력한 이유 중 하나는 검소함은 종종 나쁜 결과로부터 우리를 보호할 수 있다는 것이다. 나쁜 일이 우리의 삶에서 미칠 수 있는 힘에 대해 기억해두는 것이 중요하다(Chancellor & Lyubomirsky, 2014). 검소는 또 우리에게 유능감을 부여하기도 한다. 그 이유는 좋은 세일품목을 찾는 등의 기술을 필요로 하기 때문이다. 추가로 자발적 단순생활자들의 검소한 습관은 물질주의를 줄일 수 있기 때문에 행복을 불러올 수 있다. 그러나 살아남기 위해 억지로 검소해진 몹시 가난한 개인에게는 행복을 가져다줄 가능성이 작다. 핵심은 검소가 기본 심리적 욕구를 충족하기 위한 수단이냐의 여부이다. 유능감, 관계성, 자율성의 느낌을 증가시키는 검소는 우리의 행복을 증가시킬 가능성이 매우 큰 것 같다.

• • •
시간

시간 풍요

우리는 또한 우리 자신에게 더 많은 시간을 구입해줌으로써 행복을 증가시킬 수 있다. 이는 시간 풍요, 즉 풍부한 시간을 가지고 있다는 느낌이 행복과 연관되기 때문이다. Kasser와 Sheldon(2009)은 시간 풍요가 직업과 가족 만족과 함께 삶의 만족을 예측한다는 것을 발견했다. 또한 시간 풍요와 웰빙 사이의 관계는 부분적으로 마음챙김에 의해, 그리고 유능감, 자율성 및 관계성에 대한 기본 심리적 욕구의 만족에 의해 매개된다. 따라서 시간 풍요는 기본 심리적 욕구의 충족을 돕기 때문에 우리를 더 행복하게 한다.

그들은 또한 물질 풍요와 시간 풍요 모두 웰빙과 관련되지만, 그 관계의 모양이 시간 풍요에 대해서는 선형적인 반면, 물질 풍요에 대해서는 곡선형임을 발견했다. 시간 풍요와 웰빙 사이의 선형 관계가 뜻하는 바는, 높은 수준의 시간 풍요를 가지고 있는 개인들 사이에서도 시간 풍요가 높은 웰빙을 계속적으로 예측한다는 것이다. 시간에는 한계효용체감이 존재하지 않는다. 시간이 많을수록 모든 수준에서 웰빙이 더 높음을 의미한다. 그러나 물질 풍요의 긍정적 효과는 높은 풍요 수준에서 점차 줄어든다. 물질 풍요는 일단 어떤 수준에 도달하면, 더 큰 웰빙을 예측하기를 멈춘다(Kasser & Sheldon, 2009).

이들 결과는 미국 성인의 국가적 대표 샘플, 미국 성인의 두 비대표적 간편 샘플 및 대학생 샘플을 포함하는 4개의 별도 연구에서 얻어졌다. 이 결과들은 물질 풍요와 감각 추구의 성격특성, 바쁨을 유지하려는 욕구, 그리고 성취 욕구를 통제한 후에도 성립했다. 따라서 시간 풍요의 느낌과 행복 사이의 관계는, 시간이 많은 사람들이 더 부자이거나 성취가 높다는 것을 의미하지 않는다(Kasser & Sheldon, 2009).

다른 연구도 유사한 결과를 내놓고 있다. Howell과 Buro(2015)는 캐나다의 대학생 샘플에서 시간 풍요가 물질 풍요를 통제한 후에도 번영(예 : "나는 목적이 있고 의미가 있는 삶을 살고 있다.")(p. 907)과 긍정정서 및 부정정서를 예측함을 발견했다. 유사하게 Manolis와 Roberts(2012)는 시간이 풍요로운 미국 고등학생들이 더 바쁜 동급생들보다 더 높은 웰빙을 누리고 있음을 발견했다.

Manolis와 Roberts(2012)도 중간 수준의 시간 풍요가 웰빙에 대한 물질주의의 부정적 효과를 둔화시키는 것으로 보임을 발견했다. 이 연구에서 중간 수준의 시간 풍요를 누리는 고도로 물질주의적인 10대들은 다른 물질주의적 10대보다 덜 불행했다. Manolis와 Roberts는 이것이 중간 수준의 시간 풍요가 물질주의적 욕망을 완화시키기 때문이라고 제안했다. 흥미롭게도 시간 풍요의 이런 완충 효과는 중간 수준의 시간 풍요 참가자들에게만 일어났다. 높은 물질주의/높은 시간 풍요 10대는 비교적 낮은 웰빙을 보고했다.

직장에서의 시간 부족은 낮은 웰빙과도 연관된다(Guillen-Royo, 2010; Promislo, Deckop, Giacalone, & Jurkiewicz, 2010). 다른 연구는 일주일에 40시간 이상 일하는 사람들의 삶의 만족이 특히 급하게 감소함을 보여준다(Brown & Kasser, 2005). 이들 결과는 몇몇 이론가들(Coote, Franklin, & Simms, 2010; Reisch, 2001; Schor, 2010)로 하여금 근무시간을 줄이는 것이 웰빙을 증가시킬 수 있다고 제안하게 하였다. 새로 찾은 시간은 더 강한 사회적 관계를 구축하고 레저 활동이나 내적으로 동기화된 취미를 추구하기 위해 사용될 수 있다. 이들 활동은 행복을 상당히 증가시킬 가능성이 크다. 이런 비업무 활동은 긴 시간 노동으로 얻는 금전적 보상보다도 우리의 행복에 혜택을 가져올 가능성이 더 높다(Coote et al., 2010; Reisch, 2001; Schor, 2010).

시사점

이 연구는 시간이 소중하다는 것을 보여준다. 사실 단지 시간에 대해 생각하는 것도 우리의 행복에 영향을 미친다. Mogilner(2010)는 실험 참가자에게 단지 시간에 대해 상기시켜주는 것만으로도 참가자들이 사교에 더 많은 시간을 쓰게 하고, 일에는 덜 쓰게 함을 발견했다. 반면에 돈에 대한 상기는 사교의 감소와 일의 증가로 이어졌다. 이들 결과는 중요한데, 사회적 관계 및 다른 내적 추구가 일보다 더 큰 행복을 가져오기 때문이다.

시간을 취미 같은 내적 관심사를 추구하는 데에 관계성, 유능감, 자율성에 대한 기본 심리적 욕구를 충족하는 데에 사용하는 것은 행복을 증가시키는 경향이 있다. 그러나 시간을 순전히 금전적, 물질주의적, 외적(예 : 이웃과 경쟁하기) 목표를 좇기 위해 사용하는 것은 우리가 매우 가난하지 않다면 행복을 손상시킨다. Mogilner(2010)는 미국 사회가 특히 시간보다는 돈에 대한 생각을 자극할 가능성이 크고, 이는 우리의 행복에 영향을 줄 수 있다고 제안한다.

시간이 많다는 느낌은 행복과 연결되는데, 이 관계는 시간 여유가 우리로 하여금 깊이 생각하게 하고 또 더 깨어 있게 하기 때문이라고 자료는 보여준다. 그러나 우리 대부분은 시간이 부족하다. 시간을 요구하는 업무가 많은 사람들에게 특히 파괴적인 것 같다. 아마도 업무로부터 우리에게로 양질의 시간을 더 많이 가져오는 공공정책 변화에 대해 생각할 때가 된 것 같다.

● ● ●

요약

물질주의적 행동과 가치는 우리의 행복을 감소시킨다. 아마도 그것들이 자율성, 유능감 및 관계성에 대한 중요하고 기본적인 심리적 욕구를 충족시키기 더 어렵게 만들기 때문인 듯하다. 불행하게도 소비주의 문화는 물질주의를 촉진하며, 또한 올바른 소비자 제품을 구입하는 것이 심리적 불안정을 치유할 수 있다고 여기게 만드는 것으로 보인다. 자본주의 경제 문화는 자기확대 같은 외적 가치를 부추기고, 자기초월 같이 행복을 만들어내는 내적 가치를 꺼뜨림으로써 물질주의를 촉진한다.

심리학자들은 광고산업으로부터 지원을 받거나 광고산업 내 일자리를 제안받을 때, 윤리적 딜레마에 직면한다. 이 일자리와 지원이 돈벌이는 되겠지만, APA는 심리학자들에게 광고산업에서 일할 때, 특히 아동을 대상으로 광고를 할 때 윤리적 책임을 신중하게 고려하기를 촉구하고 있다.

흥미롭게도 행복 증가와 연관된 돈을 지출하는 긍정적인 방법들이 많이 있다. 예를 들어 우리는 타인을 위해 돈을 쓸 수 있고, 또는 제품이 아닌 경험을 구매할 수 있다. 이들 방법은 주로 소비자 문화를 비켜 지나가고, 우리를 물질주의로 인도하지 않는다. 또한 내적 가치와 친사회적 행동을 촉진하는 양육적인 환경을 추구함으로써 물질주의적 문화를 비켜갈 수도 있다. 검소한 행동과 시간 구매는 웰빙 증가와도 관련이 있다.

주

1. 재정적 성공은 물질주의적 열망이고, 다른 셋은 비물질주의적이다.
2. 이들 국가는 오스트리아, 벨기에, 캐나다, 덴마크, 핀란드, 프랑스, 독일, 영국, 아일랜드, 이탈리아, 일본, 네덜란드, 노르웨이, 스웨덴, 미국이다.

참고 문헌

Acuff, D. S., & Reiher, R. H. (1997). *What kids buy and why: The psychology of marketing to kids.* New York, NY: Free Press.

Aknin, L. B., Barrington-Leigh, C., Dunn, E. W., Helliwell, J. F., Burns, J., Biswas-Diener, R., . . . Norton, M. I. (2013). Prosocial spending and well-being: Cross-cultural evidence for a psychological universal. *Journal of Personality and Social Psychology, 104*(4), 635–652.

Aknin, L. B., Broesch, T., Hamlin, J. K., & van de Vondervoort, J. W. (2015). Prosocial behavior leads to happiness in a small-scale rural society. *Journal of Experimental Psychology: General, 144*(4), 788–795.

Aknin, L. B., Dunn, E. W., & Norton, M. I. (2012). Happiness runs in a circular motion: Evidence for a positive feedback loop between prosocial spending and happiness. *Journal of Happiness Studies, 13*(2), 347–355.

Aknin, L. B., Dunn, E. W., Whillans, A. V., Grant, A. M., & Norton, M. I. (2013). Making a difference matters: Impact unlocks the emotional benefits of prosocial spending. *Journal of Economic Behavior and Organization, 88*, 90–95.

Alvarez-Diaz, A., Gonzalez, L., & Radcliff, B. (2010). The politics of happiness: On the political determinants of quality of life in the American states. *Journal of Politics, 72*(3), 894–905.

Bauer, M. A., Wilkie, J. E. B., Kim, J. K., & Bodenhausen, G. V. (2012). Cuing consumerism: Situational materialism undermines personal and social well-being. *Psychological Science, 23*(5), 517–523.

Biglan, A. (2015). *The nurture effect: How the science of human behavior can improve our lives and our world.* Oakland, CA: New Harbinger.

Biglan, A., Flay, B. R., Embry, D. D., & Sandler, I. N. (2012). The critical role of nurturing environments for promoting human well-being. *American Psychologist, 67*(4), 257–271.

Brickman, P., & Campbell, D. T. (1971). Hedonic relativism and planning the good society. In M. H. Appley (Ed.), *Adaptation level theory: A symposium* (pp. 287–302). New York, NY: Academic Press.

Brown, K. W., & Kasser, T. (2005). Are psychological and ecological well-being compatible? The role of values, mindfulness, and lifestyle. *Social Indicators Research, 74*(2), 349–368.

Carter, T. J., & Gilovich, T. (2010). The relative relativity of material and experiential purchases. *Journal of Personality and Social Psychology, 98*(1), 146–159.

Chan, R., & Joseph, S. (2000). Dimensions of personality, domains of aspiration, and subjective well-being. *Personality and Individual Differences, 28*(2), 347–354.

Chancellor, J., & Lyubomirsky, S. (2011). Happiness and thrift: When (spending) less is (hedonically) more. *Journal of Consumer Psychology, 21*(2), 131–138.

Chancellor, J., & Lyubomirsky, S. (2014). Money for happiness: The hedonic benefits of thrift. In M. Tatzel (Ed.), *Consumption and well-being in the material world* (pp. 13–47). New York, NY: Springer Science + Business Media.

Cialdini, R. B., Schaller, M., Houlihan, D., Arps, K., Fultz, J., & Beaman, A. L. (1987). Empathy-based helping: Is it selflessly or selfishly motivated? *Journal of Personality and Social Psychology, 52*(4), 749–758.

Coote, A., Franklin, J., & Simms, A. (2010). *21 hours: Why a shorter working week can help us all to flourish in the 21st century.* London, UK: New Economics Foundation. Retrieved from https://b.3cdn.net/nefoundation/f49406d81b9ed9c977_p1m6ibgje.pdf

Dittmar, H., Bond, R., Hurst, M., & Kasser, T. (2014). The relationship between materialism and personal well-being: A meta-analysis. *Journal of Personality and Social Psychology, 107*(5), 879–924.

Dunn, E. W., Aknin, L. B., & Norton, M. I. (2008). Spending money on others promotes happiness. *Science, 319*(5870), 1687–1688.

Dunn, E. W., Aknin, L. B., & Norton, M. I. (2014). Prosocial spending and happiness: Using money to benefit others pays off. *Current Directions in Psychological Science, 23*(1), 41–47.

Dunn, E. W., Gilbert, D. T., & Wilson, T. D. (2011). If money doesn't make you happy, then you probably aren't spending it right. *Journal of Consumer Psychology, 21*(2), 115–125.

Easterbrook, M. J., Wright, M. L., Dittmar, H., & Banerjee, R. (2014). Consumer culture ideals, extrinsic motivations, and well-being in children. *European Journal of Social Psychology, 44*(4), 349–359.

Erikson, E. H. (1964). *Childhood and society.* New York, NY: W. W. Norton.

Esping-Andersen, G. (1990). *The three worlds of welfare capitalism.* Princeton, NJ: Princeton University Press.

Flavin, P., Pacek, A. C., & Radcliff, B. (2010). Labor unions and life satisfaction: Evidence from new data. *Social Indicators Research, 98*(3), 435–449.

Flavin, P., & Radcliff, B. (2009). Public policies and suicide rates in the American states. *Social Indicators Research, 90*(2), 195–209.

Frost, R. O., Kyrios, M., McCarthy, K. D., & Matthews, Y. (2007). Self-ambivalence and attachment to possessions. *Journal of Cognitive Psychotherapy, 21*(3), 232–242.

Gao, L., Wheeler, S. C., & Shiv, B. (2009). The "shaken self": Product choices as a means of restoring self-view confidence. *Journal of Consumer Research, 36*(1), 29–38.

George, J. M. (2014). Compassion and capitalism: Implications for organizational studies. *Journal of Management, 40*(1), 5–15.

Gilovich, T., Kumar, A., & Jampol, L. (2015). A wonderful life: Experiential consumption and the pursuit of happiness. *Journal of Consumer Psychology, 25*(1), 152–165.

Guéguen, N., & Jacob, C. (2013). Behavioral consequences of money: When the automated teller machine reduces helping behavior. *Journal of Socio-Economics, 47*, 103–104.

Guevarra, D. A., & Howell, R. T. (2015). To have in order to do: Exploring the effects of consuming experiential products on well-being. *Journal of Consumer Psychology, 25*(1), 28–41.

Guillen-Royo, M. (2010). Realising the "wellbeing dividend": An exploratory study using the human scale development approach. *Ecological Economics, 70*(2), 384–393.

Hellevik, O. (2003). Economy, values and happiness in Norway. *Journal of Happiness Studies, 4*(3), 243–283.

Hill, G., & Howell, R. T. (2014). Moderators and mediators of pro-social spending and well-being: The influence of values and psychological need satisfaction. *Personality and Individual Differences, 69*, 69–74.

Howell, A. J., & Buro, K. (2015). Measuring and predicting student well-being: Further evidence in support of the flourishing scale and the scale of positive and negative experiences. *Social Indicators Research, 121*(3), 903–915.

Howell, R. T., & Hill, G. (2009). The mediators of experiential purchases: Determining the impact of psychological needs satisfaction and social comparison. *The Journal of Positive Psychology, 4*(6), 511–522.

Isaksen, K. J., & Roper, S. (2012). The commodification of self-esteem: Branding and British teenagers. *Psychology and Marketing, 29*(3), 117–135.

Jiang, J., Zhang, Y., Ke, Y., Hawk, S. T., & Qiu, H. (2015). Can't buy me friendship? Peer rejection and adolescent materialism: Implicit self-esteem as a mediator. *Journal of Experimental Social Psychology, 58*, 48–55.

Kasser, T. (2005). Frugality, generosity, and materialism in children and adolescents. In K. A. Moore & L. H. Lippman (Eds.), *What do children need to flourish: Conceptualizing and measuring indicators of positive development* (pp. 357–373). New York, NY: Springer Science + Business Media.

Kasser, T. (2011). Cultural values and the well-being of future generations: A cross-national study. *Journal of Cross-Cultural Psychology, 42*(2), 206–215.

Kasser, T., & Ahuvia, A. (2002). Materialistic values and well-being in business students. *European Journal of Social Psychology, 32*(1), 137–146.

Kasser, T., Cohn, S., Kanner, A. D., & Ryan, R. M. (2007). Some costs of American corporate capitalism: A psychological exploration of value and goal conflicts. *Psychological Inquiry, 18*(1), 1–22.

Kasser, T., Rosenblum, K. L., Sameroff, A. J., Deci, E. L., Niemiec, C. P., Ryan, R. M., . . . Hawks, S. (2014). Changes in materialism, changes in psychological well-being: Evidence from three longitudinal studies and an intervention experiment. *Motivation and Emotion*, 38(1), 1–22.

Kasser, T., & Ryan, R. M. (1993). A dark side of the American dream: Correlates of financial success as a central life aspiration. *Journal of Personality and Social Psychology*, 65(2), 410–422.

Kasser, T., & Ryan, R. M. (1996). Further examining the American dream: Differential correlates of intrinsic and extrinsic goals. *Personality and Social Psychology Bulletin*, 22, 280–287.

Kasser, T., & Ryan, R. M. (2001). Be careful what you wish for: Optimal functioning and the relative attainment of intrinsic and extrinsic goals. In P. Schmuck & K. M. Sheldon (Eds.), *Life goals and well-being: Towards a positive psychology of human striving* (pp. 116–131). Ashland, OH: Hogrefe & Huber.

Kasser, T., Ryan, R. M., Couchman, C. E., & Sheldon, K. M. (2004). Materialistic values: Their causes and consequences. In T. Kasser & A. D. Kanner (Eds.), *Psychology and consumer culture: The struggle for a good life in a materialistic world* (pp. 11–28). Washington, DC: American Psychological Association.

Kasser, T., Ryan, R. M., Zax, M., & Sameroff, A. J. (1995). The relations of maternal and social environments to late adolescents' materialistic and prosocial values. *Developmental Psychology*, 31(6), 907–914.

Kasser, T., & Sheldon, K. M. (2009). Time affluence as a path toward personal happiness and ethical business practice: Empirical evidence from four studies. *Journal of Business Ethics*, 84, 243–255.

Kouchaki, M., Smith-Crowe, K., Brief, A. P., & Sousa, C. (2013). Seeing green: Mere exposure to money triggers a business decision frame and unethical outcomes. *Organizational Behavior and Human Decision Processes*, 121(1), 53–61.

Ku, L., Dittmar, H., & Banerjee, R. (2014). To have or to learn? The effects of materialism on British and Chinese children's learning. *Journal of Personality and Social Psychology*, 106(5), 803–821.

Kumar, A., Killingsworth, M. A., & Gilovich, T. (2014). Waiting for merlot: Anticipatory consumption of experiential and material purchases. *Psychological Science*, 25(10), 1924–1931.

Layard, R. (2005). *Happiness: Lessons from a new science*. London, UK: Allen Lane.

Levin, D. E., & Linn, S. (2004). The commercialization of childhood: Understanding the problem and finding solutions. In T. Kasser & A. D. Kanner (Eds.), *Psychology and consumer culture: The struggle for a good life in a materialistic world* (pp. 213–232). Washington, DC: American Psychological Association.

Li, N. P., Lim, A. J. Y., Tsai, M.-H., & O, J. (2015). Too materialistic to get married and have children? *PLOS ONE*, 10(5). doi:10.1371/journal.pone.0126543

Lyubomirsky, S., Dickerhoof, R., Boehm, J. K., & Sheldon, K. M. (2011). Becoming happier takes both a will and a proper way: An experimental longitudinal intervention to boost well-being. *Emotion*, 11(2), 391–402.

Manolis, C., & Roberts, J. A. (2012). Subjective well-being among adolescent consumers: The effects of materialism, compulsive buying, and time affluence. *Applied Research in Quality of Life*, 7(2), 117–135.

Mogilner, C. (2010). The pursuit of happiness: Time, money, and social connection. *Psychological Science*, 21(9), 1348–1354.

Molinsky, A. L., Grant, A. M., & Margolis, J. D. (2012). The bedside manner of homo economicus: How and why priming an economic schema reduces compassion. *Organizational Behavior and Human Decision Processes*, 119(1), 27–37.

Nicolao, L., Irwin, J. R., & Goodman, J. K. (2009). Happiness for sale: Do experiential purchases make consumers happier than material purchases? *Journal of Consumer Research*, 36(2), 188–198.

Pacek, A. C., & Radcliff, B. (2008). Welfare policy and subjective well-being across nations: An individual-level assessment. *Social Indicators Research*, 89(1), 179–191.

Piaget, J. (1952). *The origins of intelligence in children*. New York, NY: International Universities Press.

Promislo, M. D., Deckop, J. R., Giacalone, R. A., & Jurkiewicz, C. L. (2010). Valuing money more than people: The effects of materialism on work–family conflict. *Journal of Occupational and Organizational Psychology*, 83(4), 935–953.

Pulfrey, C., & Butera, F. (2013). Why neoliberal values of self-enhancement lead to cheating in higher education: A motivational account. *Psychological Science*, 24(11), 2153–2162.

Quoidbach, J., Dunn, E. W., Hansenne, M., & Bustin, G. (2015). The price of abundance: How a wealth of experiences impoverishes savoring. *Personality and Social Psychology Bulletin*, 41(3), 393–404.

Radcliff, B. (2001). Politics, markets, and life satisfaction: The political economy of human happiness. *American Political Science Review*, 95(4), 939–952.

Reisch, L. A. (2001). Time and wealth: The role of time and temporalities for sustainable patterns of consumption. *Time and Society*, 10(2–3), 367–385.

Richins, M. L., & Dawson, S. (1992). A consumer values orientation for materialism and its measurement: Scale development and validation. *Journal of Consumer Research*, 19(3), 303–316.

Rosenblatt, A., Greenberg, J., Solomon, S., Pyszczynski, T., & Lyon, D. (1989). Evidence for terror management theory: I. The effects of mortality salience on reactions to those who violate or uphold cultural values. *Journal of Personality and Social Psychology*, 57(4), 681–690.

Ryan, R. M., & Deci, E. L. (2000). Self-determination theory and the facilitation of intrinsic motivation, social development, and well-being. *American Psychologist*, 55, 68–78.

Schor, J. (2004). *Born to buy: The commercialized child and the new consumer culture*. New York, NY: Scribner.

Schor, J. (2010). *Plentitude: The new economics of true wealth*. New York, NY: Penguin Press.

Schwartz, S. H. (1992). Universals in the content and structure of values: Theoretical advances and empirical tests in 20 countries. *Advances in Experimental Social Psychology*, 25, 1–65.

Sheldon, K. M., & Kasser, T. (2008). Psychological threat and extrinsic goal striving. *Motivation and Emotion*, 32(1), 37–45.

Sheldon, K. M., & Krieger, L. S. (2014). Service job lawyers are happier than money job lawyers, despite their lower income. *The Journal of Positive Psychology, 9*(3), 219–226.

Surana, P. K., & Lomas, T. (2014). The power of charity: Does giving away money improve the wellbeing of the donor? *Indian Journal of Positive Psychology, 5*(3), 223–230.

Tsang, J., Carpenter, T. P., Roberts, J. A., Frisch, M. B., & Carlisle, R. D. (2014). Why are materialists less happy? The role of gratitude and need satisfaction in the relationship between materialism and life satisfaction. *Personality and Individual Differences, 64,* 62–66.

Twenge, J. M., Gentile, B., DeWall, C. N., Ma, D., Lacefield, K., & Schurtz, D. R. (2010). Birth cohort increases in psychopathology among young Americans, 1938–2007: A cross-temporal meta-analysis of the MMPI. *Clinical Psychology Review, 30*(2), 145–154.

Van Boven, L. (2005). Experientialism, materialism, and the pursuit of happiness. *Review of General Psychology, 9*(2), 132–142.

Van Boven, L., & Gilovich, T. (2003). To do or to have? That is the question. *Journal of Personality and Social Psychology, 85*(6), 1193–1202.

Vansteenkiste, M., Simons, J., Lens, W., Soenens, B., & Matos, L. (2005). Examining the motivational impact of intrinsic versus extrinsic goal framing and autonomy-supportive versus internally controlling communication style on early adolescents' academic achievement. *Child Development, 76*(2), 483–501.

Wilcox, B., Kunkel, D., Cantor, J., Dowrick, P., Linn, S., & Palmer, E. (2004). Report of the APA Task Force on *advertising and children*. Retrieved from http://www.apa.org/pi/families/resources/advertising-children.pdf

Zhang, H., Tian, Y., Lei, B., Yu, S., & Liu, M. (2015). Personal relative deprivation boosts materialism. *Basic and Applied Social Psychology, 37*(5), 247–259.

Zhang, J. W., Howell, R. T., Caprariello, P. A., & Guevarra, D. A. (2014). Damned if they do, damned if they don't: Material buyers are not happier from material or experiential consumption. *Journal of Research in Personality, 50,* 71–83.

08

일

나는 온 가슴과 영혼을 바쳐 일했고, 그러다가 마음을 잃고 말았다.

– 빈센트 반 고흐

행복과 경력 성공

행복이 직장에서 성공하도록 할 수 있을까

행복한 사람들이 직장에서 더 성공적일까? 그런 사람들이 생산성이 높고 더 빨리 더 높이 승진할까? 아니면 오히려 행복은 동기를 저해하고 우리를 너무 쉽게 만족하게 만들지 않을까? 이 절에서는 이러한 중요한 질문을 검토한다. 그래도 첫째로 제4장에서 논의한 것처럼, 행복은 일반적으로 우리에게 유익하다는 것을 기억하자. 행복한 일꾼이 더 좋은 일꾼이 되는 경향이 있다는 것을 알 수 있다.

증거에 대한 개관

이 주제에 관해 우리가 알고 있는 대부분은 Lyubomirsky, King 및 Diener(2005)의 메타분석 연구에서 나온 것이다. 이들은 다양한 영역에서 행복과 성공은 양방향으로 관련되어 있다고 제안했다. 즉, 행복은 성공을 가져오고 성공은 행복을 가져온다. 또한 그들은 행복이 성공의 원인이 된다고 가정했는데, 그 이유는 행복이 성공에 도움이 되는 생각과 감정, 행동을 만들어내기 때문이다. 다시 말해 행복과 관련된 생각, 감정, 행동은 행복과 성공의 관계를 매개한다.

Lyubomirsky 등(2005)은 Fredrickson(2001)의 확장확립 이론(Broaden and Build Theory, BBT)을 토대로 행복이 긍정적인 감정 중에서도 자신감, 낙천주의, 긍정적인 감정을 만들어낸다고 가정했다. 이러한 감정은 개인이 목표에 접근하고 성취하기 위해 적극적으로 노력하도록 부추길 것으로 기대할 수 있다. 행복은 또한 창조성과 적절한 갈등해결 전략과 같은 긍정적인 행동을 촉진할 것으로 기대할 수 있고, 이는 또한 성공 가능성을 증가시킨다. 게다가 Fredrickson(2001) 모형이 주장하듯이 행복한 사람의 과거의 긍정적 기분 경험은 이런 긍정정서에 자연히 따라오게 마련인 많은 중요한 기술습득을 가능하게 할 것이다. 그러므로 그들은 과제를 완수하는 데 필요한 기술을 가지고 있을 것이다 (Lyubomirsky et al., 2005).

Lyubomirsky 등(2005)은 긍정적 감정(정서)을 행복의 기본 정의로 사용했다. 하지만 웰빙-성공 문헌에서 사용한 유일한 척도가 삶의 만족도 척도인 경우에는 그것을 사용했다. 삶의 만족도는 정서적 평가보다는 행복의 인지적 평가와 더 많은 관련이 있지만, Lyubomirsky 등은 삶의 만족도와 긍정정서 간에 중간 정도 크기의 상관관계가 있으므로 삶의 만족도는 긍정정서의 좋은 대안 측정치가 될 수 있다고 주장한다.

그들의 문헌 개관 결과는 행복한 사람이 성공적인 직장인임을 보여주었다. 예를 들어 행복한 사람은 대학 졸업장을 받고 취업 면접을 볼 기회가 더 많을 수 있다. 또한 직장에서 생산성이 높고 감독자로부터 더 나은 직무 평가를 받으며 관리자로서 더 잘 수행한다. 행복한 직장인은 더 나은 조직 시민이다. 그들은 동료를 도우며 자기 업무의 최소 요구사항 이상의 것을 할 가능성이 더 크다. 또한 작업장에 우호적인 분위기를 만들어내며, 갈등을 더 잘 해결한다.

마지막으로 행복한 사람은 더 창조적인 경우가 많다. 그러나 연구결과는 행복한 사람이 복잡한 정신적 업무를 더 잘 수행하는지 여부에 관해 엇갈린다. 이런 과제의 경우 행복한 사람은 불행한 사람에 비해 수행이 더 좋거나, 나쁘거나, 별 차이가 없는 것으로 나타났다. Lyubomirsky 등은 이렇게 상충되는 결과의 원인은 행복한 사람은 문제를 해결하기 위해 휴리스틱(간편법)이나 인지적 지름길을 더 많이 활용하기 때문이라고 주장한다. 예를 들어 이들은 각각의 문제를 주의 깊게 분석하여 최상의 접근법을 찾기보다는 과거에 효과적이었던 공식이나 방법에 의존한다. 이렇게 접근하는 분명한 이유는 행복한 사람들이 더 낙관적이며 자신이 문제를 아주 신속하게 해결할 수 있다고 확신하기 때문이다.

그 결과 Lyubomirsky 등에 따르면 휴리스틱이나 인지적 지름길이 잘 적용되고 있을 때, 행복한 사람들은 복잡한 정신적 문제를 푸는 데 유능하다. 또한 신중한 사고가 필요하다는 신호가 있을 때 역시 행복한 사람들은 복잡한 문제해결을 잘한다. 이 경우 행복한 사람은 단순한 휴리스틱에 기반한 자동적 반응을 피할 가능성이 있다. 그러나 그런 단서가 없는 경우나 아니면 비일상적이거나 새로운 접근법이 필요한 경우에는 행복한 사람의 수행이 더 낮을 수 있다. Lyubomirsky 등의 증거에 대한 검토는 이러한 각 주장을 뒷받침한다.

더 큰 모형에 대한 지지증거도 있다. Lyubomirsky 등이 행복은 낙천주의와 여타 긍정적 감정과 행동을 일으켜서 직업을 포함한 많은 영역에서 성공을 가져온다고 주장했음을 기억하자. Lyubomirsky 등(2005)의 문헌 개관은 이 가설과 일관되게 행복이 직장 내의 성공을 이끌어낼 일련의 감정과 행동을 활성화시킨다는 것을 보여주었다. 그중에는 긍정적인 자기 인식과 같은 정서가 있다. 또한 이 개관은 행복한 사람이 더 협조적이고, 호감을 사며, 창조적이고 문제해결을 더 잘한다는 것을 보여준다. 이러한 모든 기능은 직장에서 성공할 가능성을 더 높일 것이다.

마지막으로 이 개관은 행복이 직장인의 성공의 원인임을 보여주었다. 실험결과에 따르면, 행복의 조작은 매개변수로 상정한 것의 원인이다. 즉, 긍정정서를 경험하는 집단에 무작위로 배정된 참가자는 대조집단의 참가자에 비해 창의적이고 갈등을 더 잘 해결한다. 또한 시간을 두고 추적한 종단연구에서 과거의 행복이 이후의 업무 성공과 관련되어 있음을 관찰했다. 즉, 성공을 측정하기 이전의 행복이 성공을 예언한다. 행복을 성공 이전에 측정했기 때문에, 이 연구들은 행복이 단순히 결과가 아니라 성공의 원인이라는 확신을 갖게 한다.

후속 개관연구도 비슷한 결론을 이끌어냈다. Boehm과 Lyubomirsky(2008)는 행복이 일반적인 삶의 성공이 아니라 경력의 성공을 증가시킬 수 있는지에 초점을 맞춘 문헌 개관을 하였다. Lyubomirsky 등(2005)의 개관에서 Boehm과 Lyubomirsky는 이 주제에 관한 실험연구와 상관연구 그리고 종단연구를 검토했다. 그들은 행복이 직업 성공의 원인일 가능성이 크며 행복한 직장인은 생산성이 높고, 동료들을 더 많이 돕고 협조적이며, 결근이 적다는 결론을 내렸다.

몇 개의 메타연구를 포함하는 이후의 연구들(De Neve, Diener, Tay, & Xuereb, 2013; Diener, Oishi, & Lucas, 2015; Erdogan, Bauer, Truxillo, & Mansfield, 2012; Fisher, 2010; Reichard, Avey, Lopez, & Dollwet, 2013; Shockley, Ispas, Rossi, & Levine, 2012)은 이러한 결론을 재확인할 뿐 아니라 다른 중요한 정보를 추가했다. 예를 들어 한 작업 단위 내에서 직장인의 긍정적인 기분의 평균값은 그 조직의 긍정적인 결과를 예측한다(Fisher, 2010). 따라서 긍정적인 기분은 개별 근로자의 성과를 예측할 뿐만 아니라, 또한 조직 수준에서 성과를 예측한다. 긍정적인 기분이 중요한 업무 수행 변인들의 원인이 될 수 있다는 증거도 있다(Fisher, 2010).

또한 개인의 일상적인 긍정적 기분의 변화는 창의성과 업무현장 시민행동의 증가를 예측한다(Fisher, 2010). 이것은 이미 행복한 직장인이 더 좋은 직장인이라는 것만이 아니라, 모든 직장인은 더 좋은 기분일 때 더 좋은 직장인이 된다는 것을 의미한다. 따라서 조직이 행복을 향상시키려는 시도는 이득이 될 수 있다. 일부 문헌 개관의 저자(예 : Fisher, 2010)는 긍정적인 기분 효과의 크기가 종종 그저 그런 정도라고 결론을 냈지만, 다른 학자들은 회사에 경제적으로 의미가 있을 만큼 충분히 크다는 결론을 내렸다. 예를 들어 De Neve 등(2013)은 긍정적인 기분이 회사의 재정적 성공에 큰 영향을 미칠 수 있다고 결론지었고, Shockley 등(2012)은 기업들이 근로자의 행복을 향상시킬 수 있는 방법을 모색할 것을 제안했다. 결론적으로 연구결과는 긍정적인 기분이 개별 근로자와 그들이 일하는 기업 모두에 이익이라는 것을 명확하게 보여준다.

행복이 성공으로 이어지는 이유는 무엇일까

행복이 성공으로 이어진다는 것을 알았으니 다음 질문은 그 이유일 것이다. Haase, Poulin 및 Heckhausen(2012)은 여러 가지 가능성이 있는 해답을 제시했는데, 이들 모두 그 관계에서 어떤 역할을 할 수 있다. 긍정정서는 우리 삶의 의미감을 강화시킬 수 있다. 삶의 의미감은 더 나은 대처 기술(King, Hicks, Krull, & Del Gaiso, 2006)과 관련되어 있기 때문에 성공을 불러올 수 있다. 긍정정서는 우리가 미래에 더 초점을 맞출 수 있게 하는데(Foo, Uy, & Baron, 2009) 성공이라는 긍정적 결과로 이어질 수 있다.

긍정정서가 성공을 촉진하는 몇 가지 추가적인 이유가 있다(Haase et al., 2012). 이 절의 시작 부분에서 Fredrickson(2001)의 확장확립 이론(BBT)에 대해 논의한 바 있다. 삶의 만족과 긍정정서는 무엇보다도 사람이 새로운 정보와 경험에 더 창의적이고 개방적이 되도록 사고를 넓혀주기 때문에 성공을 촉진할 수 있다. 또한 사람들이 개인적 자원을 확립하고 나중에 쓸 수 있는 새로운 기술을 개발하는 데에 도움이 된다. 이러한 모든 영향은 행복한 사람이 더 성공적이게 하는 결과를 낳을 것이다.

또 다른 가능성은 행복이 우리를 더 동기화한다는 것이다. Haase 등(2012)은 긍정정서가 목표에 도달하기 위한 시간과 노력을 기울이려는 의지를 높여주고 우리와 목표 사이에 존재하는 장해물을 더 굳건하게 극복하도록 한다는 가설을 세웠다. Haase 등(2012)은 기분정보 이론(Mood as Information Theory)(Schwarz & Clore, 1983)을 토대로 우리가 현재의 기분을 미래의 성공 가능성의 지표로 활용한다는 가설을 세웠다. 이 이론에 따르면 긍정적 기분은 결과를 통제할 수 있다고 생각하게 하며, 이로 인해 우리는 목표를 달성하려는 더 많은 동기를 갖게 된다. 이 또한 행복한 사람이 더 성공적이게 할 수 있다.

마지막 가능성은 긍정적인 기분은 사람이 통제적이고 긍정적이며 적응적인 행동을 선택하는 데에 도움이 되며, 이러한 자기통제력의 향상 또한 긍정정서가 성공과 연결되는 이유일 수 있다(Haase et al., 2012). 장기적인 목표 달성을 위해 행동을 수정하는 능력으로 정의되는 '자기통제'는 인생의 성공에 중요한 요소이다(Baumeister, Vohs, & Tice, 2007). 예를 들어 우리가 바로 눈앞에 있는 과자에 저항할 수 있는 자제력이 있다면 우리는 장기적인 체중목표에 더 잘 도달할 수 있다. 마찬가지로 산만해지는 것에 저항하는 자제력을 지닌 사람은 직업적 성공을 거둘 가능성이 더 클 것이다.

경력 성공은 행복으로 이어질까

행복한 근로자는 또한 성공적인 근로자가 될 가능성이 있다. 행복은 우리의 동기를 훔치지 않으며 우리의 직업윤리를 도덕적으로 타락시키지도 않는다. 그러나 이 관계를 뒤집어보면 어떨까? 행복한 직원이 더 낫고 효율적이라면, 반대로 경력 성공이 더 큰 행복으로 이어진다는 것도 사실일까? 우리가 일에 헌신하는 시간과 노력을 감안하면, 직장 내의 성공이 행복을 증가시킬 수 있는지를 아는 것은 중요하다.

이 질문에 대한 연구는 거의 이루어지지 않았고, 급여 및 소득과 웰빙 사이의 관계를 조사한 연구만 많다는 것은 놀랍다. 제6장에서 논의했듯이 이 관계는 긍정적이지만 그리 크지 않다(Abele-Brehm, 2014).

급여와 소득 외에 경력 성공은 여러 면에서 행복에 기여할 수 있다. 분명히 개인은 성공에 대해 자랑스러워할 수 있으며 성공한 사람으로 명성을 얻는 것도 도움이 될 수 있다

(Abele-Brehm, 2014). 경력 성공은 자기결정 이론(SDT)(Ryan & Deci, 2000)에서 말하는 기본적인 심리적 욕구 중 두 가지인 자율성 및 유능감(Abele, Hagmaier, & Spurk, 2016)의 욕구를 충족시키는 데 도움이 될 수 있다. 성공한 사람들은 자기 스스로 결정하고 자기 삶의 의사결정을 통제한다고 느끼기 때문에 유능감과 자율감을 느낄 것이다. 그러나 업무 성공에는 막대한 시간과 에너지 투자가 필요할 수 있어서 가족 및 기타 관계에 대한 관심을 앗아갈 수 있다. 만일 그렇다면 경력 성공은 행복을 감소시킬 것이라 기대할 수 있다(Abele et al., 2016).

이 주제에 관한 제한된 자료는 경력 성공이 이전에 설명한 방식으로 행복을 늘리기도 하고 줄일 수도 있음을 보여준다. 예로 일부 연구는 직업 성공과 웰빙 사이에 상당한 크기의 긍정적 관계가 있음을 보여준다. Leung, Cheung 및 Liu(2011)는 경력 성공이 홍콩의 전문직 종사자들 사이의 높은 심리적 및 신체적 웰빙과 관련이 있음을 발견했다. 이러한 결과는 연령, 성별, 급여, 가족 응집력 및 자존감을 통제한 후에도 유의하였다. 그러나 이러한 주제들에서 사회적 연결성은 신체적 웰빙과 유사한 크기의 상관관계가 있으며, 경력 성공보다 심리적 웰빙과 더 강력한 상관이 있었다는 것을 아는 것도 중요하다.

다른 연구결과에 따르면 경력 성공은 웰빙에 부정적인 영향을 줄 수도 있다. 예를 들어 일에 몰두하는 시간의 양과 임무완수에 필요한 시간이 충분하지 않다고 느끼는 정도는 일-가정 갈등의 매개를 통해 스트레스와 정적 상관이 있다(Parasuraman, Purohit, Godshalk, & Beutell, 1996). 이러한 결과는 경력 성공이 많은 시간적 몰두를 필요로 한다는 점에서 개인 및 가족 웰빙의 저하와 관련될 수 있음을 시사한다.

마지막으로 웰빙에 대한 경력 성공의 결과가 엇갈린다는 것은 Abele 등(2016)의 전문직 종사자의 연구결과에서도 분명하다. 그림 8.1에서 볼 수 있듯이 경력 성공은 연구 참가자의 삶의 만족도에 긍정적 영향과 부정적 영향을 모두 미쳤다. 소득 및 업무 책임의 조합으로 평가한 경력 성공(예 : 참가자가 업무를 위임할 수 있는지 여부, 참가자가 프로젝트의 책임을 맡고 있는지 여부)은 삶의 만족과 직접적이고 부정적인 상관이 있다.

또한 이 그림에서 경력 성공은 자기참조 및 타인참조 성공평가의 매개를 통해 삶의 만족과 긍정적으로 관련된다는 것을 알 수 있다. 자기참조 성공평가는 경력 성공에 대한 참가자 자신의 인식을 측정한 것이고, 타인참조 성공평가는 참가자 자신의 경력 성공을 비슷한 자격의 타인(예 : 다른 대학 졸업자)과 비교했을 때의 인식을 측정한 것이다. 주당 근무시간이 경력 성공에 기여했으며, 간접적으로 삶의 만족에도 기여했다는 사실도 흥

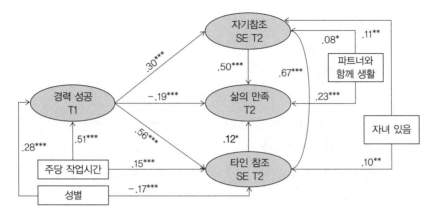

그림 8.1   경력 성공과 삶의 만족 간 관계에 대한 첫 매개 모형. 유의미하지 않은 통제변인들의 효과는 표시하지 않았다.

SE : 성공평가, n = 900

*p < .05, **p < .01, ***p < .001

출처 : Abele 등(2016)

미룹다. 주당 근무시간은 타인참조 성공평가를 통해 삶의 만족도와 다소 약한 정적 상관이 있었지만 경력 성공을 통한 인생의 만족도와는 더 강력하고 부정적인 상관이 있었다 (Abele et al., 2015).

결론적으로 Abele 등(2016)은 직접경로와 두 가지 매개경로의 효과를 모두 결합하면, 전반적으로 삶의 만족과 관련되어 있지만 긍정적이지만 약하게 나타났다. 따라서 경력에 성공적인 사람은 덜 성공적인 사람에 비해 삶의 만족도가 약간 더 나은 정도에 불과하다. 앞에서 설명한 다른 연구도 결론이 비슷했다. 그래서 여기에서 얻을 수 있는 것은 경력 성공을 위해 분투하는 것이 우리의 삶의 만족도를 높이는 데 별 효과가 없는 방법인 것 같다는 점이다. 특정 수준의 경력 성공을 위해 노력해야 할 다른 이유가 있을 수 있지만, 만족스러운 사회적 관계를 추구하는 등의 다른 목표에 집중하는 것이 우리 삶의 만족도를 극대화할 가능성이 훨씬 크다.

요약하면 행복은 경력 성공과 관련이 있을 뿐 아니라 경력 성공의 원인이기도 한 것 같다. 행복한 근로자들은 일반적으로 더 창의적이고 생산적이며 협조적이다. 연구결과에 따르면 근로자의 행복을 증가시키기 위한 조직의 노력이 회사 전반의 생산성을 향상시킬 수 있음을 보여준다. 행복은 몇 가지 이유로 근로자 성공에 긍정적인 영향을 미친다. Fredrickson(2001)의 BBT와 마찬가지로 행복은 개인이 새로운 정보와 아이디어에 더욱 개방적이게 하는 사고와 정서를 만들어내며, 낙관주의와 자신감의 형태로 에너지를 제공하며, 새로운 기술개발에 도움이 된다. 행복은 또한 삶의 의미를 향상시키고, 동기를 부여하며, 자제력을 증가시키기 때문에 근로자에게 도움이 된다.

또한 일의 성공이 행복을 가져온다는 것도 사실이며, 그래서 관계는 양방향이다. 성공적인 과업수행은 우리의 행복에 기여한다. 하지만 경력 성공이 행복에 미치는 영향은 작은 것으로 보인다. 유능감, 자율성 및 사회적 존중감과 함께 경력 성공에 따라오는 급여의 상승은 행복에 긍정적 영향을 미친다. 그러나 이러한 효과는 종종 경력 성공에 필요한 근무 시간 증가와 개인 및 가족 시간의 상실로 인해 크게 상쇄되는 것으로 보인다.

● ● ●
일은 어떻게, 왜 행복에 영향을 줄까

일은 대부분의 사람들의 삶에서 매우 중요한 부분인데, 청구서를 지불할 돈을 버는 방법이기 때문만은 아니다. 청구서를 지불하는 능력은 분명히 행복에 영향을 미치지만, 일은 다른 방식으로 우리의 웰빙에 영향을 미친다. Caza와 Wrzesniewski(2013)는 우리가 직장에서 보내는 엄청난 시간을 포함해서 일이 우리 웰빙에 영향을 미치는 방식을 분류한다. Caza와 Wrzesniewski는 성인이 깨어 있는 삶의 1/3을 직장에서 보낸다는 증거를 인용한다. 또한 현대의 통신기술은 우리 대부분에게 가정과 직장의 경계를 흐리게 하여 삶에서 일의 존재를 더욱 증가시킨다. 그러므로 그런 지배적인 힘이 우리의 웰빙에 강한 영향을 미칠 것으로 기대할 수밖에 없다.

우리 중 많은 사람들은 성인으로서 첫 직장을 갖기 전에 엄청난 시간과 노력을 들여 직업을 위해 준비하고 훈련하며, 나아가 직업의 중요성과 그것이 행복에 영향을 줄 수 있는 능력을 강조한다. 우리가 궁극적인 직업생활을 위해 훈련하고 실제로 일하는 시간을 감안할 때, 직업이 많은 사람들의 정체감을 규정한다는 것은 놀라운 일이 아니다. 자기 정체성은 일이 우리의 행복에 영향을 미칠 수 있는 또 다른 통로이다(Caza & Wrzesniewski, 2013).

일은 또한 사회적 관계 형성의 한 방법이며 행복의 중요한 원천이며, 기타 다른 심리적 욕구를 충족시키는 방법이다. 일은 또한 성취와 의미, 인생의 목적에 대한 욕구를 충족시키는 데 도움이 될 수 있다. 그러므로 일이 여러 면에서 우리의 행복에 영향을 미칠 수 있다는 것은 명백하다. 우리는 Caza와 Wrzesniewski(2013)가 분류한 범주인 '계약으로서 일', '일 자체' 및 '일의 맥락'을 이용해서 이들 중 몇 가지를 논의한다.

일에서 행복으로 가는 일반적 경로

계약으로서 일

일은 근로자와 경영진 간의 계약이며 작업장의 공정성에 대한 근로자의 인식은 근로자의 웰빙에 영향을 미친다. 계약의 중요한 부분은 임금과 급여이다. 우리가 직장에서 버는 돈은 우리의 중요한 물질적 필요를 충족시킬 수 있기 때문에 행복에 영향을 줄 수 있다. 그러나 제6장에서 보았듯이 소득과 웰빙 사이의 직접적인 관계는 다소 약하다. 하지만 돈은 중요한 상징적 힘을 가지고 있는데(Zhou, Vohs, & Baumeister, 2009), 임금과 급여의 공정성에 대한 인식이 행복에 영향을 미치는 방식에 그 힘이 반영된다(Caza & Wrzesniewski, 2013). 이러한 인식은 근로자가 비금전적인 방식으로 자신의 기여를 공정하게 제대로 인정받고 있는가 하는 인식과 함께 분배적 정의(distributive justice)라 알려져 있다(Colquitt, 2001).

그러나 공정성에는 다른 요소도 있다. 절차적 정의(procedural justice)는 피고용자가 고마워하는 느낌을 받는지, 자신들의 요구와 의견을 조직이 고려하는지 등의 좀 더 일반적인 느낌을 말한다. 관계적 정의(interpersonnal justice)는 근로자가 정중하게 대우받는다고 느끼는지 여부를 반영한다. 마지막으로 정보적 정의(informational justice)는 근로자가 조직의 정책과 전략에 대해 충분한 정보를 받고 있다고 느끼는 정도이다(Colquitt, 2001). 이러한 정의에 대한 인식은 모두 피고용자의 웰빙과 관련이 있다(Herr et al., 2015; Ndjaboué, Brisson, & Vézina, 2012; Robbins, Ford, & Tetrick, 2012; Ybema & van den Bos, 2010).

일 자체

직무 만족 경로   우리가 수행하는 실제 작업은 여러 경로를 통해 웰빙에 영향을 미친다. 한 가지 경로는 직무와 경력 만족을 포함한다(Caza & Wrzesniewski, 2013). 직무 만족은 사회적 관계와 같은 작업 외적 요소처럼 삶의 만족도에 강력한 예언력이 없다. 하지만 직무 만족은 전반적인 삶의 만족에 긍정적 영향을 미치고, 성격과 작업 외적 경험을 통제한 후에도 삶의 만족에 유의한 예측력이 있다(Abele-Brehm, 2014).

직무와 경력 만족도를 예측하는 요인은 무엇일까? **자율성**(즉, 작업 완료의 방법과 시기를 결정할 수 있는 기회), **기술 다양성**(일정한 범위의 기술 사용), **과제 정체성**(완제품의 하위 구성 요소에만 국한되지 않음) 및 **과제 중요성**[1](다른 사람들에게 도움이 되는 일)은 직무 만족도 증가와 관련이 있다(Grant, Christianson, & Price, 2007). 이러한 직무 특성에 대한 만족도는 삶의 만족도를 높이는데도 기여한다(Caza & Wrzesniewski, 2013).

그러나 작업 특성은 때로는 다른 측면을 훼손하는 동시에 직무 만족 및 전반적인 웰빙의 일부 측면을 증가시킬 수 있다. 예를 들어 근로자에게 많은 책임(예 : 자율성 및 기술 다양성)을 제공하는 직무는 직무 만족 및 심리적 안녕감을 증가시킬 수 있지만 스트레스를 증가시켜 신체건강에 해로울 수 있다. 따라서 우리가 하는 실제 직무의 본질과 웰빙 사이의 관계는 때로 복잡하다는 것을 알 수 있다(Grant et al., 2007). 복잡성의 다른 예가 있다. 예를 들어 일의 많은 특징은 웰빙과 역'U'자 또는 고원 모양의 관계를 보여주며, 이는 직무 자율성, 기술 다양성 등이 적절한 수준에 도달할 때까지만 웰빙이 증가한다는 것을 나타낸다. 일단 이러한 직무 특성 수준이 적정 수준을 초과하면 행복은 더 이상 증가하지 않거나 감소하기 시작한다(Warr, 2013).

이렇게 관계가 선형이 아닌 몇 가지 이유가 있다. 하나는 적절한 수준의 통제 및 기타 유사한 직무 특성은 기회로 보일 수도 있지만, 너무 높은 수준은 요구 사항처럼 보일 수 있다는 것이다. 피고용자는 자신의 직무에 대한 적절한 통제력을 갖는 것을 좋아할 수 있지만, 이를 넘어서는 완전한 통제는 과도한 책임감과 스트레스를 낳을 수도 있다(Warr, 2013).

의미 경로   일을 행복과 연결시키는 또 다른 경로는 의미이다(Caza & Wrzesniewski, 2013; Searle & Parker, 2013). May, Gilson 및 Harter(2004)는 과제 정체성, 기술 다양성, 과제 중요성, 자율성 및 피드백에 대한 측정치가 심리적 의미감(예 : "내 직무활동은 내게 개인적으로 의미가 있다.")(p. 36)을 예언하는 것을 보여주었고, 이는 일반적 웰빙과 관련이 있다(Caza & Wrzesniewski, 2013). 다른 연구는 일의 의미감을 직접적으로 웰빙과 관련지었다. Steger, Dik 및 Duffy(2012)는 '긍정적 의미'(예 : "나는 내 작품이 내 인생의 의미에 어떻게 기여하는지 이해한다."), '일을 통한 의미'(예 : 나는 내 일이 나의 개인적인 성장에 기여한다고 생각한다.") 그리고 '더 훌륭한 동기'("나는 내 일이 세상에 긍정적 변화를 만든다는 것을 안다.")가 서로 다른 직종의 대학 근무자 표본에서 삶의 만족도를 예언하는 것을 발견했다(p. 330). 이러한 결과는 직무 만족 및 기타 일 관련 만족 변수를 통제한 후에도 유의했다.

구조화된 시간 경로 마지막 경로는 일이 우리의 시간을 구조화하고 일상생활의 리듬을 만들어 우리에게 통제감을 줄 수 있다는 것이다(Caza & Wrzesniewski, 2013). Jahoda (1981)는 소득은 개인이 일하는 분명한 동기를 제공하지만, 소득 이외의 잠재적이거나 숨겨진 동기도 있음을 제안했다. 우리가 직장에서 얻을 수 있는 특권과 자기 정체성과 함께 이러한 잠재적 동기에는 오늘날 우리 직장에서 일하는 시간구조가 포함된다.

예를 들어 Jahoda는 실업자, 그리고 은퇴자의 경우 행복이 줄어드는데, 그 이유는 일상에서 목적적이고 예측 가능한 일정을 잃기 때문이라고 주장했다. 결과적으로 이런 사람들은 자신의 여가시간을 즐기지 못한다. 연구결과는 시간구조의 중요성에 관한 Jahoda의 가설을 뒷받침한다. McKee-Ryan, Song, Wanberg 및 Kinicki(2005)의 메타분석 결과에 따르면, 시간구조와 목적이 있는 일상이 있다고 보고한 실직자는 일상에서 별 목적이 없고 시간구조도 없는 실직자에 비해 정신적으로 더 건강하다.

일의 맥락

일을 하는 물리적·사회적 환경 또한 행복에 영향을 준다. 확실히 안전하고 쾌적한 물리적 노동 환경은 웰빙을 위해 필수적이다(Caza & Wrzesniewski, 2013). 그러나 사회적 환경도 중요하다. 사회적 지지를 주고받고 다른 사람들과 의미 있는 관계를 형성할 수 있는 기회는 피고용자의 웰빙을 향상시킬 수 있다(Caza & Wrzesniewski, 2013).

이 절에서는 사회 환경이 근로자의 웰빙에 어떻게 영향을 미치는지에 초점을 맞춘다. **사회적 지지**(social support)라고 부르는 실제적이고 감정적인 지원의 양은 작업 환경의 중요한 측면이다. 예를 들어 직장 내의 사회적 지지는 적은 수면장애와 관련이 있다 (Nordin, Westerholm, Alfredsson, & Åkerstedt, 2012; Sinokki et al., 2010). 또한 직장 내의 사회적 지지는 직무만족과 전반적인 웰빙을 높이고 직장과 가족 역할 간의 갈등을 낮출 것이라 예측한다. Michel, Mitchelson, Kotrba, LeBreton 및 Baltes(2009)의 메타분석 개관은 일 관련 사회적 지지가 가정 만족과 정적인 상관이 있고, 삶의 만족과 직무 만족과는 더 강력한 상관이 있음을 발견했다. 상사와 직장 동료 모두의 사회적 지지도 더 큰 웰빙과 관련이 있다.

Michel 등(2009)의 개관 이후에 나온 자료들도 유사한 결론을 도출했다. Blackmore 등 (2007)은 37,000명에 달하는 캐나다 근로자의 표본 연구에서 직장 내의 사회적 지지 부족은 우울증 위험의 증가를 예언한다는 것을 발견했다. 이 표본은 군대 경험이나 인디언 보호구역에 살지 않는 캐나다인을 대표하는 것이었다.

결과는 사회적 지지의 중요성을 보여주었다. 직장 내 낮은 사회적 지지를 보고한 캐나다 남성은 직장 내 사회적 지지 수준이 높은 동료보다 지난 12개월 동안 주요우울삽화를 2.7배나 높게 경험했다. 유사하게 직장에서 낮은 수준의 사회적 지지를 받는 캐나다 여성들은 높은 수준의 사회적 지지를 경험한 동료들에 비해 지난 12개월 동안 주요우울증을 경험한 비율이 2.4배 높았다(Blackmore et al., 2007). Stansfeld, Shipley, Head, Fuhrer 및 Kivimaki(2013)는 영국의 5,000명 이상의 공무원 표본에서 유사한 결과를 보고했다. 두 연구 모두 사회인구학, 건강 및 기타 변수를 통제했다.

지금까지 보고된 자료는 주로 중산층 근로자를 대표한다. 다른 자료들은 사회적 지지가 가난한 사람들에게 그다지 중요하지 않다는 것을 암시한다. Simmons와 Swanberg(2009)는 직장 내 사회적 지지와 미국 '빈곤 노동자'(즉, 일은 했지만 연방 최저임금의 2.5배 이하를 번 사람들)의 우울증상 사이에는 아무런 관련이 없음을 발견했다. 그러나 사회적 지지는 고소득자들 사이에서는 낮은 우울증상과 관련이 있다. 마찬가지로 Griggs, Casper 및 Eby(2013)는 미국 남동부의 저임금 근로자를 조사한 결과, 동료의 사회적 지지는 일-가정 갈등(일이 가정생활을 방해하는 정도의 일반적인 측정치)과 관련이 없는 것으로 나타났다. 그러나 직장 감독자의 사회적 지지는 낮은 일-가정 갈등과 관계가 있었다.

개인차, 일, 행복

직업, 경력 또는 소명으로서 일

성격, 사회계층, 인구통계적 특성과 같은 안정적인 개인적 특성 또한 일과 행복의 관계를 예측한다(Caza & Wrzesniewski, 2013). 중요한 성격요인 중 하나는 개인이 자신의 업무에 대해 어떻게 생각하는가이다. 자신의 일을 하나의 **직업**으로 여기는 사람들은 그것을 청구서를 지불하고 가족을 부양하는 방법으로 간주한다. 직업을 경력으로 생각하는 근로자는 재정적 보상만을 추구하는 것이 아니라 경력 승진에 따르는 사회적 권력과 특권을 추구한다(Caza & Wrzesniewski, 2013).

마지막으로 그들의 일을 소명(calling)으로 보는 사람들이 있다. 이런 사람은 일을 한 인간으로서 자신의 일부로 간주하며, 자기 정체성의 중요한 부분으로 간주한다. 그들은 자신의 일을 지극히 중요하게 생각하며, 거기에서 개인적 성취와 의미를 발견하며,

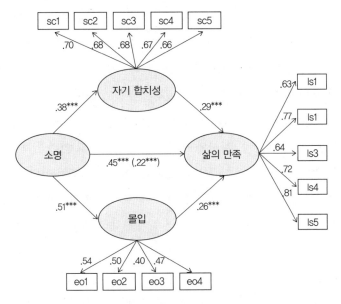

그림 8.2 소명의식이 삶의 만족에 미치는 직간접 효과를 검토하는 구조방정식 모형

출처 : Hagmaier & Abele(2015)

자신의 일이 세상을 더 좋게 만들 수 있다고 생각한다. 아마 당신이 짐작했듯이, 자신의 일을 소명이라고 생각하는 사람들은 다른 근로자들보다 일반적으로 행복하다(Caza & Wrzesniewsk, 2013). 예를 들어 Hagmaier와 Abele(2015)은 2개의 전문직 독일 성인 표본을 통해 소명이 높은 삶의 만족도와 관련이 있음을 발견했다. 그림 8.2에서 볼 수 있듯이 이 관계는 직접관계와 매개관계가 모두 포함된다. 매개경로는 소명으로 일하는 것이 자기 합치성(즉, 실제 자기와 이상적 자기가 밀접하게 관련되어 있다는 느낌)과 몰입(즉, 일상 업무에 도전적으로 빠져드는 느낌)을 증가시켜서 삶의 만족도를 증가시킨다는 것을 나타낸다.

직업적 소명이 더 큰 행복과 관련이 있지만, 응답받지 못한 소명은 더 낮은 행복을 예측한다. Gazica와 Spector(2015)는 미국의 공립대학에 현재 고용된 교수들의 표본을 조사한 결과, 전문가로서 소명을 가진 사람들은 그렇지 못한 교수들에 비해 웰빙이 더 높다는 것을 발견했다. 그러나 응답받지 못한 소명을 가진 교수(즉, 소명을 느꼈지만 현재의 직업에서는 소명을 느끼지 못한)는 전문가로서 소명이 전혀 없는 교수들에 비해서도 삶의 만족도가 훨씬 낮았다.

그러나 직업적 소명의식 수준이 높다는 것은 직무소진이나 기타 다른 스트레스 요인과도 관련이 있다(Caza & Wrzesniewski, 2013). 예를 들어 Bunderson과 Thompson(2009)은 미국과 캐나다의 동물원 직원을 대상으로 직무소명을 조사했다. 사육사들은 자기 직업에 대한 강한 소명감을 느꼈지만(평균 소명 점수는 7점 척도에서 6점이었다), 다른 사람에 비해 강한 소명을 경험한 일부 직원들에서는 평균과 상당한 격차가 있었다. 결과는 다른 연구에서 입증된 것과 마찬가지로 소명이 행복을 높이는 효과를 보였다. 예를 들어 소명 점수가 가장 높은 사람들은 자신의 작업이 가장 중요하고 의미 있다고 답했다. 하지만 소명은 일을 위해 자신의 자유시간(무급으로)과 금전 및 신체적 안락을 기꺼이 희생하는 것과도 관련이 있었다. 그래서 소명감을 가진 근로자는 관리자에게 더 쉽게 착취당했다. 또한 소명 점수가 높은 사람들은 관리자의 동기에 대해 의심이 더 컸다.

5요인 성격검사

학자들은 5요인(빅 파이브) 성격검사(친화성, 경험 개방성, 신경증, 외향성, 성실성)가 근로자의 웰빙을 어떻게 예측하는지 연구했다. 예를 들어 Grant와 Langan-Fox(2007)는 호주의 백화점 관리자 표본에서 신경증이 더 많은 건강문제를 예언함을 발견했다. 이 관계는 직간접적이었다. 간접적인 매개경로는 피고용자의 상이한 역할이 서로 충돌하는 정도의 측정치인 직무 역할갈등을 통하는 경로였다. 따라서 신경증인 사람은 자신의 다양한 직무 역할(예 : 관리자, 동료 및 부하 직원)을 갈등적인 것으로 볼 가능성이 높고, 이런 갈등은 건강문제와 관련이 있다.

다른 연구에 따르면 근로자의 직무 스트레스에 대한 반응은 성실성 수준에 달려 있다. Lin, Ma, Wang 및 Wang(2015)은 중국 전문직 종사자 표본에서 높은 성실성은 직무 스트레스가 낮은 경우에만 웰빙을 향상시킨다는 것을 발견했다. 그림 8.3에서 볼 수 있듯이, 직무 스트레스가 높은 경우에는 성실성 수준에 관계없이 모두 비슷한 수준의(낮은) 웰빙을 보였다. x축 변인인 도전 스트레스원은 직무의 책임성(예 : 완료해야 할 프로젝트의 수)에 의해 야기된 스트레스를 나타낸다. 방해 스트레스원, 즉 사내 역학관계 같은 직장 방해요소로 인한 스트레스에 대해서도 유사한 패턴이 나타났다.

Lin 등(2015, p. 105)은(전체적으로 성실성이 높은 근로자가 웰빙이 더 높기는 하지만) 성실한 근로자의 웰빙이 스트레스 수준에 따라 매우 크게 달라지기 때문에 성실성은 어두운 면을 지닌 양날의 칼이라 주장한다. 그러므로 성실성은 다른 학자들이 제안한 것처럼 항상 근로자를 돕는 자원은 아니다. 그보다 성실한 근로자들은 자신의 직무를 매우 중

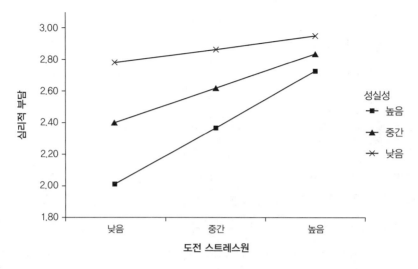

그림 8.3 근로자의 심리적 부담에 대한 도전 스트레스원과 성실성 간 상호작용
출처 : Lin 등(2015)

요하게 여기기 때문에 자신의 수행 능력을 저해하는 작업장 스트레스가 있으면 상당한 고통을 겪는다(Lin et al., 2015).

다른 연구에 따르면 5요인 성격검사의 특정 요인보다는 일반적으로 긍정적인 성격 특성이 근로자의 웰빙에 중요하다고 주장한다. Braunstein-Bercovitz, Frish-Burstein 및 Benjamin(2012)은 5요인 중 신경증은 낮고 나머지 네 가지 차원에서는 높은 이스라엘 여성 근로자가 가장 행복하다는 것을 발견했다. Rogers, Creed 및 Searle(2012)도 전문직과 비슷한 교과과정을 따르는 의과 대학생 표본에서 이와 비슷한 결과를 발견했다.

따라서 우리는 일이 공정성(계약으로서의 일)에 대한 인식, 일 자체 및 우리가 일하는 사회적 맥락을 포함한 여러 경로를 통해 행복에 영향을 미친다는 것을 알 수 있다. 직장 내의 공정성에 대한 인식은 자신이 존중과 공정한 보상을 받는가에 대한 인식을 포함하며, 정서적 및 신체적 건강에 영향을 미친다. 자유로운 의사결정과 기술 활용, 의미 있는 과업 수행이 가능한 일은 당연히 이들 변수의 적정 수준이 가장 바람직한 것이기는 하지만 행복을 촉진할 가능성이 가장 큰 변수들이다.

성격과 사회계층 및 인구학적 변수는 일과 행복의 관계에 영향을 미친다. 아마도 이러한 요소 중 가장 흥미로운 것 중 하나는 사람이 어느 정도나 자신의 일을 하나의 직무나 경력이 아니라 일종의 소명 또는 자기 정체성의 확장으로 보느냐이다. 이런 사람은 자신의 일에서 중요한 의미와 목적감을 얻는다. 일에서 소명감을 느끼면, 우리가 일 때문에 너무 많은 것을 희생하지만 않으면 행복을 증가시킬 수 있다. 연구는 또한 행복, 일, 그리고 5요인 성격특성과 일반적인 긍정적 성격 간에 관계가 있음을 보여준다.

● ● ●
일-가정 갈등

일은 우리 삶의 중요한 부분이다. 그러나 우리 삶의 다른 측면들, 특히 우리 대부분에게 가정생활도 마찬가지로 중요하다. 불행히도 일은 상당한 시간과 에너지를 필요로 하며 종종 가족과 함께할 시간과 에너지를 앗아간다. 일 또한 스트레스일 수 있고, 그래서 우리는 때때로 집에 가져온 일로 하루를 마감한다. 이는 가정생활에 대한 만족도와 웰빙을 손상시킬 수 있다.

일로 인한 피로와 부정적 감정이 가정으로 전이되는 것을 일-가정 간섭(work interference with family, WIF)이라고 한다. WIF는 일의 역할과 기대가 가정 내의 그것과 충돌할 때 높다(Amstad, Meier, Fasel, Elfering, & Semmer, 2011). 이러한 갈등은 일의 기대가 시간과 에너지, 심리적 자원을 가정에서 뺏어오기 때문에 발생할 수 있다. 아래의 WIF(Goh, Ilies, & Wilson, 2015, p. 68) 측정은 여기서 논의하는 연구에 사용된 대표적인 것들이다.

▶ "일 때문에 가족이나 친구들과 함께 보내고 싶은 시간을 빼앗겼다."
▶ "내 직무의 요구로 오늘 집에서 편안하게 지내기가 어려워졌다."
▶ "일을 마치면 너무 피곤해서 내가 하고 싶었던 것을 할 수 없었다."

왜 WIF를 연구할까? 그것이 웰빙과 확실히 관계가 있다는 증거들이 있다. 아울러 WIF는 성장하고 있는 것 같다. Williams, Berdahl 및 Vandello(2016)는 WIF가 사상 최고치에 이르렀다고 보고한다. 다른 학자들은 일하는 시간이 증가하고 맞벌이 커플이 더 많아져서 직업과 가정 사이의 줄타기가 더 어려워졌다는 증거를 제시한다(Beauregard, 2011; Matias & Fontaine, 2015). 따라서 WIF는 근로자의 웰빙에 대한 강력한 위협인 것 같으며, 면밀히 연구해야 할 가치가 있다.

WIF와 웰빙

메타분석 결과는 WIF가 웰빙을 해친다는 의심이 옳다는 것을 확인시켜준다. 예를 들어 Amstad 등(2011; Byron, 2005도 참조)은 동료심사를 거친 WIF 관련 261건의 연구를 개관한 결과 WIF가 웰빙의 다양한 측정치와 일관되게 부적 상관이 있음을 발견했다. WIF는 일 관련 스트레스 및 탈진/소진과 같은, 일 관련 웰빙 측정치와 가장 강력한 상관이 있었다. 그러나 WIF는 또한 가족 스트레스, 낮은 삶의 만족도, 건강문제와도 상관이 있으며 우울과도 정적 상관이 있었다. 따라서 직무의 피로감과 부정정서가 가정으로 전이되는 경우 웰빙은 심각하게 손상된다.

　이러한 효과의 방향에 대해 궁금할 것이다. WIF와 웰빙은 결국 상관관계 변수이므로 웰빙이 WIF의 원인인지 결과인지는 분명하지 않다. 다행스럽게도 여러 종단연구가 이들 변수들의 관계를 장기간에 걸쳐 반복해서 검토함으로써, 연구 시작 시점의 WIF(또는 웰빙) 수준이, 끝나는 시점의 웰빙(또는 WIF)을 예측할 수 있는지 분석함으로써 어떤 변수가 원인이고 어떤 변수가 결과인지를 밝혔다.

　결과는 인과관계 흐름이 양방향임을 보여준다(Nohe, Meier, Sonntag, & Michel, 2015). 따라서 일이 가정생활에 지장을 주면(예 : 피곤하고 스트레스를 받기 때문에), 그에 따라 웰빙의 손상이 일어난다. 동시에 애초의 낮은 웰빙은 일이 가정생활을 방해하는 효과를 더 크게 만든다.

WIF의 원인

WIF를 예측하는 요인은 다양하다. 178개의 연구에 대한 Michel, Kotrba, Mitchelson Clark 및 Baltes(2011)의 메타분석에 따르면 근로자의 스트레스 요인(직무 스트레스 요인, 직무 모호성 또는 갈등 등) 및 필요한 노동시간은 WIF와 비교적 강력하고 긍정적인 관계가 있는 것으로 나타났다. 일에 관한 사회적 지지도는 WIF와 약하고 부정적인 관계가 일관성 있게 나타난다. 흥미롭게도 가정생활의 일부 특징(예 : 가정 스트레스 및 가정 분위기)도 WIF를 예측한다. 또한 신경증과 부정적 기분 같은 개인차 요인도 WIF에 예언력이 있다. 마지막으로 직무 특성(예 : 급여)과 WIF의 관계는 약하고 일관성이 없다.

　연구결과에는 몇 가지 흥미로운 왜곡이 있다. 사회적 지지와 근무 일정 유연성 모두 결혼했거나 아이가 있는 근로자의 경우가 그렇지 않은 근로자의 경우에 비해 낮은 수준의 WIF를 예측할 수 있다. 마찬가지로 가정 친화적 조직 정책과 WIF 간의(부정적인) 관계는 부모인 근로자의 경우에 가장 강력하다. 또한 직무 스트레스와 WIF 사이의 관계는 부모인 경우보다 아이가 없는 경우에 더 상관이 높고, 기혼보다는 비혼인 근로자의 경우 WIF와 더 강력한(정적인) 관계가 있다(Michel et al., 2011).

왜 직무 스트레스와 근무시간의 증가가 아이가 있거나 결혼한 근로자에 비해 아이가 없거나 비혼인 근로자에서 WIF를 더 높일까? Michel 등은 이런 결과가 여러 가지 사회적 역할을 하는 것의 중요성을 반영한다고 주장했다. 이들은 자기 복잡성 이론(Self-Complexity Theory)(Linville, 1985)을 인용하면서, 사회적 다중역할(예 : 배우자, 부모 및 근로자)을 하는 사람은 자신의 삶의 한 특정 영역에서 경험하는 스트레스의 위협을 덜 느낄 수 있다고 주장한다. 다중역할을 하는 사람은 다중-'자기'인 사람이 될 가능성이 크다. 따라서 한 범주의 자기(예 : 근로자로서 자기)의 문제가 그 사람의 전반적인 자기평가를 위협할 가능성이 작다. 그래서 부모이면서 근로자인 다중역할을 하는 것이 어느 한 영역의 위협에 의한 전반적인 자기평가를 보호하거나 완충해줄 수 있기 때문에 직무 스트레스가 WIF를 그리 크게 증가시키지 않는다. 이것은 나중에 여성의 직장 안팎의 웰빙을 논의할 때 다시 살펴볼 중요한 가설이다.

Ilies, Huth, Ryan 및 Dimotakis(2015)의 최근 연구에 따르면 중서부의 3개 학교에 근무하는 전문 교육직, 관리직 및 보조원의 표본에서 정서적 피로는 WIF를 촉진하는 중요한 매개변수이다. 그림 8.4에서 알 수 있듯이 직업적 요구와 스트레스(정서적 스트레스)는 모두 정서적 피로의 매개를 통해 WIF를 예측했다. 흥미롭게도 인지기능이나 신체적 피로는 매개변수로 작용하지 않았다.[2]

이런 결과와 일치하는 연구가 있다. 예를 들어 그리스의 의사 표본에서는 인구통계 변수, 근무시간 및 직무 요구를 통제한 후에도 정서적 소진이 WIF와 상관이 있었다(Montgomery, Panagopolou, & Benos, 2006). 또한 정서노동에 대한 연구는 일하는 동안 근로자가 특정 감정을 표현해야 하는 직무 요구의 영향을 조사했다. 예를 들어 서비스 종사자는 종종 개인적인 기분에 관계없이 직장에서 웃으라는 요구를 받는다. 근로자가 조직이 원하는 바대로 감정을 가장하는 표면행동을 필요로 하는 직업은 WIF의 수준이 높고 웰빙 수준이 낮다(Cheung & Tang, 2009; Montgomery, Panagopolou, de Wildt, & Meenks, 2006). 이러한 결과는 일에서 웃음을 가장하는 것이 정서를 메마르게 한다고 가정하면, 정서적 소진은 WIF의 중요한 예측인자라는 생각과 일치한다.

이러한 발견은 중요한 의미를 갖는다. 하루 종일 무거운 물건을 들어서 등이 아픈 것

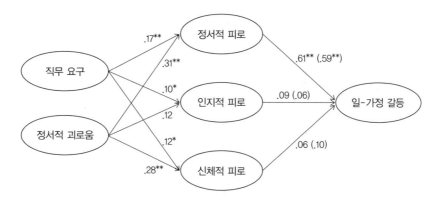

그림 8.4   위계적 선형 모델(HLM)로부터 얻은 매개변수 추정치. 매개변수 추정치는 다중 HLM 분석으로 산출되었다. 모든 회귀계수는 표준화되었다. ( )안의 계수는 배우자가 보고한 일-가정 갈등을 나타낸다.
*p < .05, **p < .01
출처 : Ilies 등(2015)

이나 무거운 생각을 하느라 머리가 아픈 것은 가정생활에 지장을 초래할 수 있다. 그러나 감정적으로 소진되어 집으로 돌아오는 것은 또 다른 문제인데, 결혼생활 초기에 유치원에서 일했던 시절에 관해 얘기했던 내 동료의 이야기가 생각난다. 생래적으로 물리적인 공간의 경계를 무시하고, 끊임없는 정서적 관심을 필요로 하는 4살짜리 아이들과 긴 하루를 보내고 나서 집에 돌아오면, 그는 아내에게 어떠한 조그마한 간섭도 받고 싶지 않다고 말했다고 한다. 일이 가정생활을 방해하는 훌륭한 사례이다!

WIF가 웰빙과 어떻게 관련되는가

WIF, 성별 및 소진

순전한 소진은 WIF(일-가정 간섭)가 웰빙을 감소시키는 이유 중 일부이다. Demerouti, Bakker 및 Schaufeli(2005)는 네덜란드의 맞벌이 부모의 표본을 사용하여 그림 8.5의 모형을 확인했다. 보다시피 소진은 남녀 모두에서 WIF와 삶의 만족도 사이의 관계를 매개한다. 두 성별 모두에서[3] WIF는 더 많은 소진과 관련이 있으며, 소진은 낮은 삶의 만족도와 관계가 있다. 따라서 WIF는 소진을 야기해서 웰빙을 저하시키는 것 같다.

　　그러나 당신은 아마도 이러한 결과가 성별에 따라 흥미로운 방식으로 달라진다는 것을 알아챘을 것이다. 예를 들어 여성의 소진은 남성의 소진을 예측하지만 그 반대는 아닌 것 같다. 또한 남성의 삶의 만족도는 여성의 삶의 만족도를 예측하지만, 이번에도 그 반

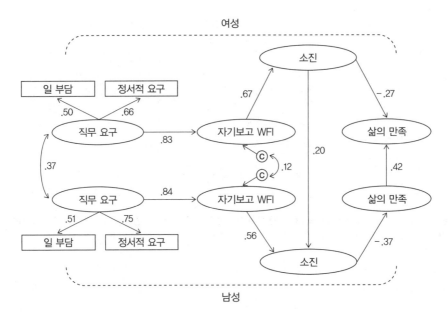

그림 8.5 자기보고 WFI(Work-Family Interference)에 대한 유출과 교차 모형의 표준 솔루션(최대 확률 추정치), n = 191쌍

출처 : Demeroui 등(2005)

대는 아닌 것 같다(Demerouti et al., 2005). 따라서 소진과 삶의 만족의 관계는 한 성별에서 다른 성별로 교차되지만 꼭 대칭으로 그렇게 되지는 않는다.

이런 성차를 무엇으로 설명할 수 있을까? 첫째, 여성의 소진에서 남성의 소진으로 가는 경로가 약했기 때문에 이 결과를 해석하는 데 주의해야 한다(Demerouti et al., 2005). 그러나 Demerouti 등(2005)은 삶의 만족도와 소진의 교차 관계가 성(gender) 사회화 과정에 근거한다고 가정했다. 여성은 집 밖에서 일하는가와 상관없이, 여전히 남성에 비해 가사노동과 보육에서 더 큰 비중을 맡아야 한다는 기대를 받는다. 일하는 아내가 소진되면, 이런 가사노동의 많은 부분이 남편으로 옮겨져 남편의 소진을 증가시킬 수 있다. 마찬가지로 여성은 주변 사람의 웰빙에 기반해서 자신의 웰빙을 평가하도록 사회화되었을 수도 있다. 그러나 남성들은 자신의 웰빙을 더 개인주의적으로 평가하도록 사회화되었을 수 있다. 그래서 남편의 웰빙은 아내의 웰빙을 예언할 수 있지만, 이런 인과관계의 화살표는 반대로는 향하지 않을 수 있다.

근무시간 활용

WIF는 우리의 업무시간 활용의 효율성을 감소시키기 때문에 웰빙을 감소시킬 수도 있다 (Dahm, Glomb, Manchester, & Leroy, 2015). 이 가설의 논리는 다음과 같다. WIF는 정서적으로, 심지어는 신체적으로 약화시키며 심지어는 탈진하게 한다. 이러한 인지, 감정 및 신체적 자원의 손실은 근로자의 자기조절력을 감소시킬 가능성이 있다(Baumeister & Vohs, 2007). 즉, WIF로 소진된 근로자들은 충동을 통제하고, 만족을 늦추고, 복잡한 정신적 과제에 집중하기 어려울 수 있다(Dahm et al., 2015).

결과적으로 WIF에 의해 유발된 스트레스 상태에서 허우적거리느라 감정적으로 소진된 근로자는 충동조절, 주의집중, 또는 경력에 필수적인 장기 과제들을 완성하기 위해 만족을 지연시키는 능력이 충분하지 않을 수 있다. 주의집중과 충동조절의 중요성은 분명하지만 만족 지연의 역할도 중요하다는 것을 인식해야 한다. 정의에 따르면 장기 과제란 업무 완수에 따르는 성취감, 보상 및 만족감이 먼 미래에 발생한다는 것을 의미한다.

따라서 WIF로 소진된 근로자는 작고 단기적인 과제에만 집중할 수가 있다. 이러한 유형의 과제는 주의집중의 자원을 덜 요구하기 때문에 매우 매력적으로 보일 수 있다. 또한 더 신속하게 끝낼 수 있기 때문에 즉각적인 만족이라는 보상이 확실하며, 이러한 즉각적인 성취감이 WIF로 인한 스트레스를 완화할 수 있다. 문제는 복잡한 장기 프로젝트가 근로자의 장기적인 경력 성공과 이로 인한 장기적 웰빙에 매우 중요한 것 같다는 점이다.

Dahm 등(2015)은 미국 대학 교수 표본을 사용하여 이 가설을 검증했다. 이들 교수들은 강의와 연구, 위원회 활동에 시간을 쪼개 써야 하지만, 장기적인 경력 성공은 주로 연구 생산성에 달려 있었다. 사전 조사는 연구 활동을 자기조절이 가장 필요한 것으로 보고 있는 것으로 나타났다. 연구 과제는 가장 복잡하면서 그 특성상 가장 장기적인 것이고, 그래서 더 많은 만족 지연이 필요하다.

교수들에게 교육과 연구, 위원회 활동에 얼마나 많은 시간을 할애하는지, 그리고 이런 활동에 할애하고 싶은 이상적인 시간은 각기 얼마인지를 물었다. 연구에 들인 실제 시간과 이상 시간의 차이를 계산해서, 교수가 자기조절이 덜 필요한 과제를 하느라 연구 과제를 회피한 정도를 반영하는 것으로 삼았다. 가설과 일관되게, 이상적/실제 연구 시간의 차이는 WIF와 웰빙 사이의 관계를 부분적으로 매개했다. 특히 WIF가 높은 교수들은 자신이 이상적으로 바라는 것보다 더 적은 시간을 연구 수행에 썼다. 그리고 이러한 불일치는 낮은 웰빙과 관련이 있었다. 따라서 연구결과는 사람이 WIF를 경험할 때는 복잡하고 장기적인 업무를 피하며, 이러한 회피가 낮은 웰빙과 관련이 있다는 명제를 지지하는 증거였다(Dahm et al., 2015).

흥미롭게도 WIF와 이상적/실제 연구 시간의 상관은 남성 교수보다는 여성 교수에서 더 강력했다. Dahm 등(2015)은 WIF가 남성보다 여성을 더 많이 소진시키기 때문에 그럴 것이라 가정한다. 일이 가정을 방해해서는 안 된다는 사회적 역할 규범은 남성보다는 여성에게 더 강하게 적용되는 것 같다. 저자들은 또한 WIF가 높은 여성들은 정서적인 자원을 특히 잘 보충할 수 있는 위원회 활동을 연구 활동에 대한 대안으로 추구할 수 있다고 주장한다. 위원회 활동은 흔히 "기관에 대한 서비스"라고 불리는데, 이는 여성이 특히 잘 사회화되어 있는 역할이다.

가사노동

앞의 논의는 WIF가 근로자를 소진시킨다는 것을 보여준다. 결과적으로 앞서 논의한 자료와 일관되게 우리가 일을 경험하는 방식은 가정생활에 영향을 미친다. 일은 단순히 직장에서뿐만 아니라 집에서도 우리의 행복에 영향을 미친다. 일이 가정 내의 행복에 영향을 미치는 한 가지 경로는 WIF 소진은 종종 가사노동의 분할방식에 의해 증폭된다는 것이다. 집에 돌아왔을 때 아무리 힘이 없어도 집안 청소나 식사 준비와 같은 잡일은 누군가 끝내야 하며, 누군가 아이들에게 주의를 기울여 돌보아야 한다. 그래서 부부는 이런 작업을 어떻게 분담할지 결정해야 한다. 연구결과는 이런 의사결정이 결혼 만족도와 일반적인 웰빙을 예언함을 보여준다.

예를 들어 네덜란드의 성인 표본의 자료에 따르면, 응답자의 정신건강은 파트너가 자녀를 돌보고 가사노동을 하는 데 들이는 시간이 증가함에 따라 더 좋은 것으로 나타났다(Oomens, Geurts, & Scheepers, 2007). 이러한 결과는 가정 및 직장 특성을 통제한 후에도 유의미했으며, 가사 및 보육의 분할이 웰빙에 얼마나 중요한지를 보여준다.

다른 연구에 따르면 가사노동 분담은 결혼 만족도를 예측한다. Frisco와 Williams(2003)가 미국 성인의 대표 표본을 조사한 결과, 자신에게 분담된 가사노동보다 더 많은 것을 한다고 생각하는 사람들은 결혼생활에 만족감을 덜 느끼는 것으로 나타났다. 이런 관계는 남편과 아내 모두에게 유의미한 것으로 나타났지만, 아내 쪽에서 더 강력했다. 이는 아마도 선진국에서조차 여성이 가사노동의 대부분을 계속 수행하고 있기 때문일 것이며, 이런 성차는 여성이 유급 근로자가 되어도 마찬가지였다(Treas & Lui, 2013).

Frisco와 Williams(2003)는 또한 자신이 공평한 분담에 비해 더 많이 했다고 생각하는 아내는 가사노동이 상당히 공평하게 분배된 것으로 느끼는 아내에 비해 이혼 가능성이 2배 이상 높다는 것을 발견했다. 자신이 공정한 분담량보다 더 많은 가사노동을 한다는 남편의 느낌은 이혼 확률과 무관하다. 이러한 모든 발견은 인구통계와 가정 및 업무 특성을 통제한 후에도 유지되었다(Frisco & Williams, 2003).

다른 여러 연구에서도 유사한 결론에 도달했다(Claffey & Mickelson, 2009; Kamp Dush & Taylor, 2012; Mikula, Riederer, & Bodi, 2012). 따라서 가사노동의 불공정한 분담이 결혼 행복도를 저하시킨다는 증거가 많은 셈이다. 가사노동의 공평한 분배가 더 큰 행복과 관련된다는 증거 또한 있다. 구체적으로는 "집안일과 유급 노동에 더 많은 시간을 보내는 아내와 남편이 더 자주 성관계를 한다."(Gager & Yabiku, 2010, p. 135).

국가정책과 문화의 중요성

연구의 대부분은 개인 및 조직 수준에서 WIF의 원인에 초점을 맞추고 있다. 예를 들어 앞서 설명한 Michel 등(2011)의 메타분석은 스트레스, 성격, 가정 및 업무 특성을 WIF의 예측요인으로 밝혀냈다. 다른 연구들(Ilies et al., 2015)은 개인의 정서적 피로가 WIF를 예측한다는 것을 보여주었다. 우리는 또한 연구들이 WIF를 소진(Demerouti et al., 2005), 근무시간 활용(Dahm et al., 2015), 다양한 가족요인(Bakker, Demerouti, & Burke, 2009)과 같은 개인적 요인을 통해 웰빙과 연결시키고 있다는 것을 살펴보았다.

이 전통에 따라 WIF를 줄이고 웰빙을 향상시킬 수 있는 잠재적 방법을 모색하는 연구의 대부분은 개인적 요인이나 국지적 작업환경에 초점을 맞추고 있다. 예를 들어 Versey(2015, pp. 1673, 1674)는 긍정적 재평가(예 : "나쁜 상황에 직면했을 때 다른 방식으로 보는 것이 도움이 된다.")와 포부 저하(예 : "나는 기대가 충족되지 않을 때 기대치를 낮춘다.")가 근로자를 WIF의 부정적인 결과로부터 보호할 수 있는지 연구했다. 결과는 재평가가 WIF에 맞서 웰빙을 일부 보호하는 것으로 나타났다. 마찬가지로 Matias와 Fontaine(2015)는 근로자의 계획수립과 관리기술이 WIF로부터 웰빙을 보호한다는 사실을 발견했다. 웰빙과 WIF의 부정적 관계를 다룬 비교적 국지적인 접근의 마지막 예로 Kossek, Pichler, Bodner 및 Hammer(2011)의 메타분석에 따르면 가정생활에 대한 감독자와 조직(즉, 회사)의 지원에 대한 근로자의 인상은 웰빙을 예언한다.

하지만 다른 연구들은 구조적 요소가 어떻게 WIF와 웰빙을 예측하는지를 연구한다.

구체적으로 학자들은 일에 관한 국가적 문화규범(Williams et al., 2016)과 육아휴직에 관한 법률(Allen et al., 2014)과 같은 국가정책이 WIF 및 웰빙과 어떻게 관련되어 있는지 연구했다. Williams 등(2016)은 *Annual Review of Psychology*에 실은 논문을 통해 이러한 구조적 문제에 대한 연구의 초점이 부족하다는 사실에 주목하고, 이러한 문제에 더 많은 주의를 촉구했다.

국가정책

병가와 가족 휴가에 대한 국가정책은 WIF에 중요한 영향을 미칠 수 있는 구조 변수의 예이다. 예를 들어 어떤 국가는 고용주가 근로자에게 출산과 육아 휴가를 제공하게 하는 노동정책이 있고 다른 국가에서는 그러한 정책이 없다. 또한 최소한의 유급 휴가를 제공하는 정책을 시행하고 있는 국가도 있다. 이런 국가에서는 WIF가 문제가 덜 될 것인가?

Allen 등(2014)은 일부 국가적 노동정책이 WIF와 관련이 있음을 발견했다. 그러나 이런 국가정책의 효과는 지역의 조직 문화와 정책에 따라 크게 다르다는 것을 알 수 있다. 그들은 산업화된 여러 나라의 근로자 표본을 통해 이 문제를 살펴보았다. 참가자는 모두 관리직이고 기혼에 어린 자녀가 있는 사람들이었다.

구체적으로 말하자면 국가적인 강력한 유급 휴가 정책이 있는 나라의 근로자들은 직장이 가족문제를 지원해주지 않는다고 느껴도 WIF가 적다(일과 관련 없는 문제는 직장 밖에 두는 것이 상책이다)(Allen et al., 2014, p. 12). 그러나 직장이 가족문제를 지원한다고 지각한 근로자에게는 국가적 육아 휴직정책이 WIF와 관련이 없었다. 그 패턴은 국가적 병가정책과 관련해서는 역전되었다. 근로자가 직장이 가족문제를 지원하지 않는다고 느낀다면 국가적 병가정책은 WIF와 관련이 없었다. 그러나 직장이 가족문제를 지원한다고 지각한 경우에는 국가적 병가정책이 더 낮은 WIF를 예측했다(Allen et al., 2014).

가장 중요한 점은 국가적 가족 휴가정책이 WIF와 독립적으로 관련되지 않는다는 것이다. 대신 그 효과는 현지 작업장 조직의 정책과 문화에 의해 조절되었다(다른 말로 하면 의존적이었다). 예컨대 국가적 육아 휴직정책은 자기 회사가 가족문제를 지지하지 않는 근로자인 경우에만 WIF를 감소시켰고, 국가적 병가정책은 자기 회사가 가족문제를 지지하는 근로자의 경우에만 WIF를 감소시켰다. 이러한 결과 때문에 Allen 등(2014)은 국가적 휴직정책이 WIF와 관련하여 만병통치일 수 없다고 결론을 내렸다. 분명히 현지 회사의 정책과 문화도 중요하다.

문화적 규범

Williams 등(2016)은 미국에서 사무 전문직 종사자에 대한 문화적 규범은 자신의 일에 헌신한다는 측면에서 '좋은 사람', '좋은 남성', '좋은 여성'을 정의한다고 주장한다. 그 결과 헌신 도식(work devotion schema)이 생겨난다. '좋은', 심지어는 '도덕적인' 사람이라는 문화적 정의란 일이 삶에서 가장 중심이 되고, 그에 대한 헌신을 요구한다는 생각이다. 가정사가 일에 대한 집중을 방해해서는 안 된다고 생각한다. 결과적으로 가정과 일의 경계가 매우 불분명해지기 때문에 WIF가 급증한다. 이 과정에서 근로자의 개인적 정체성은 일에 의해 정의되게 된다. 우리가 앞으로 보게 될 것처럼, 일에 헌신하는 존재라는 정체성은 WIF와 관련된 웰빙 문제의 해결을 어렵게 만든다(Williams et al., 2016).

일 헌신 도식은 전문 사무직 남성에게 가장 직접적으로 적용된다. 여기에는 몇 가지 이유가 있다(Williams et al., 2016). 첫째, 이 사람들에게 일에 대한 헌신은 도덕적 순수성을 반영하는 것일 수 있다. 이 사회계층의 남성에게 문화적 규범은 '좋은' 남성이란 극도로 열심히 일하고 생산적이며 경제적으로 성공한 사람이라고 규정한다. 둘째, 일에 대한 헌신은 또한 전문직 남성이 엘리트 사회계층임을 나타낸다. 블루칼라 남성은 자신의 가족에 대해 '좋은 부양자'로 간주되기를 원하며, 자신이 자신의 일로 정의되는 것에 저항하며 일과 가정 간에 엄격한 경계를 유지하려는 경향이 있다. 따라서 일에 대한 헌신은 블루칼라 남성과 전문직 남성을 구분하는 무엇이며, 하나의 사회계층의 지표 역할을 한다.

마지막으로 일 헌신 도식이 전문직 남성에게 특히 잘 적용되는 이유는 그것이 이들 사회계층의 남성성과 밀접하게 연결되어 있기 때문이다. 예를 들어 Williams 등(2016)은 남성 엔지니어와 외과의사에 대한 연구를 개관하여, 이들이 자신의 긴 근무시간을 '철인'이라는 지위의 증거이자 남성적 노동문화에서 자신의 지위에 대한 징표로 생각한다는 것을 보여주었다. 또한 Williams 등(2016)은 직장에서 일하는 동안 가족 휴가 프로그램의 이득을 취하거나 가족 돌봄의 책임을 언급한 남성들은 유약하다는 낙인이 찍히는 어려움을 겪는다는 증거를 인용했다. 그들은 일에 덜 몰두하는 것으로 여겨지기 때문에 남성성을 의심받는다. 그래서 직장 내의 인간관계가 상실되고 회사로부터 경력에 불이익을 받았다.

이런 문화적 규범을 숭배하는 논리는 전문직 여성에게도 적용되지만 훨씬 더 복잡하다. 전문직 여성은 전문직 남성과 마찬가지로 가사보다는 근무에 우선순위를 두는 '일 헌신'의 압력에 직면한다. 하지만 문화적 영향력은 여성에게 헌신적인 어머니이자 아내가 되라는 요구도 강요하는 어려운 밀고 당기는 역동에 갇히게 한다. 이러한 상황은 아이가 있는 여성과 없는 여성 전문직 간의 갈등에 의해 더 복잡해진다. 두 집단 모두 상대방이 중요한 사회규범을 위반했다고 느낄 수 있다. 일하는 엄마들은 자녀 돌봄의 중요성을 주장하고 무자녀 여성들은 일 전념의 중요성을 주장할 수 있다. 중요한 것은 전문직 여성이 어느 편에서든 간에 근무 헌신 규범이 잠재적으로 WIF를 야기한다는 것이다(Williams et al., 2016).

규범, 정체성 및 시사점

Williams 등(2016)은 일에 대한 헌신을 조장하는 이러한 문화적 규범이 과잉근무의 양상을 개인 정체성의 핵심으로 굳히는 역할을 한다고 주장한다. 저자들은 또한 하나의 정체성으로서 과잉근무는 WIF를 줄이기 어렵게 한다고 주장한다. 정체성은 심리적으로 위안이 되며, 일단 확립되면 바꾸기 어렵다. 또한 정의상 우리의 정체성에 대한 도전은 우리 자신에게 직접적인 위협으로 보인다. 그러므로 자신을 사무실에서 대단히 장시간 근무하는 헌신적인 사람이라고 생각하면 WIF를 줄이려는 개혁(예 : 근무시간 단축 또는 유연근무제 도입)에 부정적으로 반응할 가능성이 크다.

그 결과 Williams 등(2016)은 많은 전문직 종사자들이 WIF가 웰빙을 낮춘다는 증거자료가 확실해도 WIF를 줄이려는 노력에 저항할 가능성이 크다고 주장한다. 이러한 근로자의 개인적 정체성은 오직 일에 대한 헌신이라는 것으로 너무나 버겁게 정의되어 있기 때문에 근무시간을 줄이고 가족의 시간을 우선해야 한다는 제안을 용인하기 어렵게 된다. 마찬가지로 조직의 리더들도 WIF를 줄이려는 노력에 저항한다. 예를 들어 WIF를 다루려 했던 장기간의 자료가 있는 '기업 사례'가 있는데, 이 사례는 기업들이 근로자가 더욱 균형 잡힌 삶을 살 수 있게 도와줌으로써 비용을 절감할 수 있다는 것을 보여준다. 하지만 기업들은 설득되지 않는다. 이런 현상에 관해 Williams 등(2016)은 회사 또한 일에 대한 헌신을 둘러싼 사회적 규범과 심리적 정체성의 압박에 사로잡혀 있기 때문이라고 가정했다.

무엇을 할 수 있을까? Williams 등(2016)은 노동문화를 겨냥한 구조적 변화가 필요하다고 제안한다. 이 저자들은 가정보다 일을 우선시하는 측면에서 일에 대한 헌신을 요구하고 도덕적 순수성과 남성성, 사회적 지위를 정의하는 문화적 규범을 다루지 않으면 WIF를 적절하게 해결할 수 없다고 본다. 문화와 같은 구조적 문제는 일반적으로 사회학자의 영역이지만, 심리학자가 중요한 기여를 할 수 있는 충분한 기회가 있다.

그러나 Williams 등(2016)에 따르면, 이러한 기여는 낙관주의나 자기효능감과 같은 엄격한 개인차 변수에 대한 연구에서 나올 수 없다. Williams 등(2016)은 덜 낙천적인 근로자가 직장 압력으로 고통받을 가능성이 더 높다는 식으로 이러한 성격 변수가 WIF를 예측한다는 것을 인정한다. 하지만 심리적으로 건강한 근로자조차도 오랜 시간 근무하는 일 헌신 도식 문화에서는 부적응자가 될 가능성이 크다고 주장한다. 대신 Williams 등(2016)은 심리학자들이 근로자의 정체성 문제를 다루어야 한다고 주장한다. 정체성은 심리적인 문제이며 사회적 규범과 개인행동 사이의 중요한 연결 고리이다. 이 저자들에 따르면, 헌신적 정체성을 형성하는 것을 피하는 근로자가 더 큰 행복을 누릴 수 있는 것 같다.

여성, 일, 행복

일과 가정의 갈등에 대한 이 절을 자녀가 있는 여성의 일과 행복에 관한 논의로 끝내는 것이 적절해 보인다. 자녀가 있는 여성은 집 밖에서 일하면 더 행복할까? 이 질문은 일과 가정의 갈등을 이해하는 데에 결정적인 것 같다. 여전히 여성은 남성보다 가정에서 더 많은 시간을 헌신하고 있다(Treas & Lui, 2013). 이러한 불균형은 맞벌이 부부에서도 지속되며 아이가 생기면 더 커진다(Yavorsky, Dush, & Schoppe-Sullivan, 2015).

이런 가사노동량의 성별 불균형은 여성이 일하고 있는 가정에서는 일-가정 갈등이 매우 심하다는 것을 시사한다. 결과적으로 우리는 이런 여성들이 행복하지 않을 것으로 예측할 수 있다. 사실 역할긴장 가설(role strain hypothesis)(Goode, 1960)은 바로 그것을 예측한다. 이 개념은 다중역할은 서로 충돌하는 경우가 많다는 것이다. 예를 들어 부모, 배우자 및 근로자로서 우리의 역할은 우리를 전혀 다른 방향으로 이끈다. 즉, 우리는 늦게까지 일해야 할 필요성을 느낄 수 있지만 동시에 자녀의 학예회에도 참가하고 싶고, 배우자와 함께 저녁도 먹고 싶을 수 있다.

역할긴장 이론에 따르면, 이러한 상충되는 역할의 수행에 따르는 긴장이 스트레스를 유발한다. 이는 현대의 생활을 대충만 살펴보아도 쉽게 알 수 있는 진정한 사실이다. 직장, 가족, 개인적인 흥미와 취미 등등의 요구 사항 사이에서 줄타기를 하는 것은 스트레스가 엄청난 일이며, 이러한 스트레스는 우리의 행복에 영향을 미친다. 이 이론은 또한 어느 정도의 역할긴장은 현대 생활의 필연적인 부분이라고 예측한다. 그러나 분명한 함의는 개인이 충족시키고자 하는 갈등적 역할의 수를 줄일 수 있다면 더 행복하리라는 것이다. 이것은 집 밖에서 일하는 어머니들이 종종 갈등적 역할 때문에 덜 행복할 수밖에 없다는 것을 시사한다.

그러나 **역할누적 이론**(Role Accumulation Theory)(Sieber, 1974)은 다중역할은 비록 서로 갈등적이어서 일부 스트레스를 유발하는 경우가 있지만, 전반적으로는 웰빙을 높인다고 예측한다. 이 가설에서 중요한 아이디어는 배우자, 근로자, 부모, 자원 봉사자 다중역할이 역할갈등으로 인한 스트레스보다 더 중요한 혜택을 제공한다는 것이다. 이러한 이점에는 어느 한 역할의 실패로 인한 심리적 결과에 대한 완충 장치가 포함된다.

예를 들어 어머니이자 근로자인 여성의 경우 직장에서의 좌절은 그냥 근로자일 때와 달리 심리적으로 고통스럽지 않을 수 있다. 그녀의 정체성은 하나 이상의 차원을 포함하기 때문에, 삶의 한 측면에서 일이 잘 안 될 때 다른 차원으로 '넘어갈' 수 있다. 이런 과정은 또한 개인의 사회적 지위를 보호하는 데 도움이 될 수 있다. 만일 그가 여러 사회적 역할을 하고 있어서 다른 역할에서 역량을 발휘한다면, 한 가지 역할의 좌절이 자신의 사회적 지위를 손상시키지 않을 수도 있다(Sieber, 1974).

여러 역할을 담당하는 또 다른 잠재적 이점은 우리를 더 많은 사람들과 연결시킨다는 것이다. 예컨대 엄마이자 근로자인 여성은 직장과 유치원 모두에서 사람들과 교류할 수 있다. 이런 연결은 추가적인 우정과 사회적 지지의 원천, 그리고 사업과 사회적 기회를 포함하는 가시적이고 정서적인 이득을 제공한다(Sieber, 1974).

마지막으로, 다중역할은 오직 한 가지 역할만 하는 사람들이 찾아보기 어려운 정신적이고 정서적인 자극에 도움이 되는 흥분과 '속도 변화'의 기회를 제공할 수 있다. 새로운 사람들을 만나고 새로운 것을 보고 배우는 다중역할이 제공하는 추가적 기회는 큰 가치가 있다. 또한 이러한 기회는 여러 역할에 전이될 수 있는 새로운 기술을 구축하는 데에도 도움이 될 수 있다. 결과적으로 우리는 다양한 역할에서 하는 활동이 또 다른 역할에서 우리의 성과에 도움이 되는 시너지 효과를 개발할 수 있다(Sieber, 1974).

나는 이 문제가 깊이 뿌리박힌 가치를 건드리는 감정적인 쟁점에 관한 것이기 때문에 조심스럽게 논의를 진행했다. 그래서 단순히 자료만으로 여성이 가정 밖에서 일을 하거나 하지 말아야 한다고 이해해서는 안 된다는 사실을 강조하는 것이 중요하다. 이것은 여성 각자의 선택에 맡기는 것이 최선이다. 그러나 우리는 여전히 서로 다른 선택을 하는 여성의 행복에 관한 자료를 검토해볼 수 있다.

데이터 : 정신건강과 신체건강

그래서 연구자료는 무엇을 이야기하는가? 우리는 먼저 행복에 대한 결과를 살펴보고 나서 나중에 건강에 관한 결과를 논의할 것이다. 최소한 행복에 관해서는 사랑하는 상대가 있고 밖에서 유급으로 일하는 엄마들은 사랑하는 상대가 있고 집에만 있는 엄마들과 비슷하게 행복하거나 조금 더 행복하다(Barnett, 2004; Castro & Gordon, 2012; Klumb & Lampert, 2004; Plaisier, de Bruijn, et al., 2008; Roos, Burström, Saastamoinen, & Lahelma, 2005). 많은 것은 그들이 하는 일의 질에 달려 있다(Plaisier, Beekman, et al., 2008). 예를 들어 자신의 기술을 활용할 수 없는 저급의 직무를 하는 엄마들은 유급직의 추가적 역할에서 별 이득을 얻지 못한다(Oomens et al., 2007). 이러한 발견은 적어도 역할긴장 가설을 최소한 부분적으로 지지하는 것이다. 저급의 역할을 추가하는 것은 여성의 스트레스를 가중시키고 행복을 증진시키지 못하는 것으로 보인다(Oomens et al., 2007).

그러나 자신의 기술을 사용할 수 있는 그런 양질의 일은 엄마의 행복을 전업엄마에 비해 더 높일 수 있다(Barnett, 2004; Castro & Gordon, 2012; Oomens et al., 2007). 이것은 역할누적 가설에 대한 부분적 지지를 제공하는 것 같기는 하지만(비록 모든 새로운 역할이 행복을 증진시키지는 않지만 양질의 역할은 그럴 수 있는 경우가 많다), 이런 지지는 약하다. 첫째, 여러 학자는 여성의 역할의 수는 중요한 문제가 아니고, 그보다는 역할의 질이 문제라고 결론짓는다(Barnett, 2004; Gervais & Millear, 2014; Plaisier, Beekman, et al., 2008; Scalea et al., 2012; Sumra & Schillaci, 2015). 역할누적 가설의 엄격한 해석과는 반대로, 취업을 하고 그래서 하나의 추가적 역할을 얻는 것이 자동적으로 행복을 증가시키지 않는다.

둘째, 사랑하는 상대, 엄마, 근로자가 되는 것의 조합이 더 큰 행복을 예측하는 경우가 거의 없다(Klumb & Lampert, 2004; Oomens et al., 2007; Plaisier, Beekman, et al., 2008; Plaisier, de Bruijn, et al., 2008). 대신 일 그 자체는 여성이 어떤 다른 역할을 담당하느냐에 관계없이 행복에 단일한 긍정적 효과가 있다. (양질의) 일은 그가 어머니이든 사랑하는 상대이든 간에 관계없이 유익하다. 이런 발견은 역할누적 가설에 대한 약한 지지일 뿐이다. 이는 그 가설이 행복을 증진하는 것은 어떤 특정 역할 하나가 아니라 여러 역할의 조합이라고 예언하기 때문이다.

지금까지 우리는 취업한 엄마들의 행복에 관해서만 논의했다. 흥미롭게도 상당수의 증거는 취업한 엄마가 전업주부에 비해 더 건강하다는 것을 보여준다(Janzen &

Muhajarine, 2003; Lahelma, Arber, Kivelä, & Roos, 2002; McMunn, Bartley, & Kuh, 2006; Wahrendorf, 2015). 예를 들어 McMunn 등(2006)은 54세의 전업주부(가사일만 하는 엄마)는 엄마와 배우자, 근로자의 다중역할을 하는 같은 나이의 여성에 비해 건강이 좋지 않다고 보고하는 비율이 88% 더 높다는 것을 발견했다. 이 결과는 영국 여성에 대한 종단연구의 결과이며 직무의 질, 가족 및 직장 스트레스, 사회계층을 통제한 후에도 유의미하다. 표 8.1은 이들의 연구결과에 관해 또 다른 흥미로운 관점을 제공한다.

일부 연구자들은 취업의 질이 여성의 건강에 문제가 된다고 결론을 내렸고, 그래서 역할긴장 가설에 대한 부분적 지지를 발견했다(예 : Castro & Gordon, 2012; Janssen et al., 2012). 그러나 McMunn 등(2006)은 일하는 여성이 더 건강하다는 자신들의 결과를 역할누적 이론(그들은 이를 역할 향상이라 말한다)을 지지하는 것으로 해석한다. 그들의 관점에서는 집 밖의 유급노동을 포함하는 다중역할은 여성의 주체성과 자유로운 활동력을 증가시켜서 건강을 증진시킨다는 것이다. McMunn 등(2006)은 주체적 존재감은 심리적 건강과 신체적 건강 모두에 영향을 미치는 기본적인 인간 욕구라고 주장한다. 캐나다 여성 표본에서 여성의 다중역할과 건강 사이의 연관성을 발견한 Janzen과 Muhajarine(2003)도 마찬가지로 자신의 결과를 역할누적 이론으로 해석했다.

결론적으로 집 밖에서 일하는 어머니는 집에만 있는 어머니에 비해 일반적으로 덜 행복하지 않으며 오히려 더 행복할 수 있다. 그들이 하는 일의 질은 행복을 결정하는 중요한 요소이다. 자신의 기술을 사용할 수 있는 양질의 직업을 가진 엄마들은 특히 더 행복한 이득을 누릴 가능성이 크다. 또한 일하는 엄마가 전업주부에 비해 일반적으로 더 건강한 것 같다.

이러한 결과는 종종 앞서 설명한 두 개의 이론적 관점에 대해 상반된 지지를 제공한다. 직무의 질이 중요하다는 사실은 역할긴장 가설에 대한 중요한 부분적 지지를 제공한다. 그러나 일하는 엄마와 건강에 대한 연구는 역할누적 가설에 대한 지지를 제공한다. 하지만 다중역할 가설에 대한 이런 검토는 일하는 엄마와 전업주부에 관한 연구에 제한되어서, 어느 한 이론의 전반적인 타당성에 대한 언급으로 받아들여서는 안 된다.

일은 가정생활을 방해할 수 있으며 이로 인해 행복이 줄어들 수 있다. 연구에 따르면 WIF가 증가하고 있다. 스트레스가 많은 까다로운 작업은 WIF를 증가시킬 수 있다. 정서적 피로는 WIF의 주요 원인이며, 삶의 만족에 대한 WIF의 영향을 상당 부분 설명한다. WIF는 또한 사랑하는 상대방 간의 가사노동 분배를 통해 웰빙에도 영향을 미친다. 최근

자기보고 건강	n	다중역할 (%)	전업주부 (%)	편모 (%)	무자녀 (%)	자녀가 있는 재혼 여성(%)	자녀가 있는 비상근 기혼 여성(%)
아주 좋음	125	13.0	2.6	11.4	11.3	7.9	11.2
좋음	665	60.5	55.6	52.2	52.5	58.9	53.6
보통	322	23.0	33.3	32.1	28.4	27.2	31.2
나쁨	59	3.5	8.5	4.3	7.8	6.0	4.0
총계	1,171	100	100	100	100	100	100

표 8.1 NSHD 1946년생 여성 집단(54세)에서 역할 이력과 자기보고 건강 간 관계

NSHD : 국립보건발달연구

몇 년 동안 스트레스가 증가했기 때문에, 가사와 양육의 분배는 이혼 확률을 포함하여 여러 가지 웰빙 척도를 예언한다. 흥미롭게도 가정의 역학관계가 이러한 관계를 바꿀 수 있다. 예를 들어 상대방의 감사와 존중을 받는다는 느낌이 가사 분배의 불공평을 덜 느끼게 할 수 있다.

WIF의 부정적 영향 감소에 관한 많은 연구는 사람들이 자신의 상황을 재평가하는 방법에 중점을 두었다. 따라서 개인의 책임감을 강조하는 것은 WIF에 대한 반응을 바꾸어 줌으로써 더 행복하게 만든다. 하지만 이러한 연구 중 일부는 가사 휴가와 같은 국가적 정책의 효과와 그런 정책이 어떻게 WIF와 그에 따른 부정적인 결과를 줄일 수 있는지를 검증했다. 이 연구들 일부는 유망한 결과를 보여주었지만, 국가적 정책의 효과는 개별 작업장의 문화에 크게 의존한다. '좋은 사람', '좋은 근로자'를 정의하는 문화적 규범도 중요하다. 특히 전문직에서 과잉 강조되는 '일 헌신 도식'이 있는 한 WIF를 줄이는 것은 어려울 것이다.

마지막으로 일하는 엄마의 행복은 중요하고 논쟁의 여지가 있는 문제이다. 밖에서 유급직에 취업한 어머니들은 전업주부만큼 또는 그 이상으로 행복하다. 일하는 엄마가 더 건강하다는 증거가 있다. 그러나 어머니의 유급 직무의 질은 매우 중요하다. 집 밖에서 일하는 것이 웰빙에 주는 이득은 엄마들이 자신의 기술을 활용할 수 있고, 그래서 자신의 노동생활에 어느 정도 통제력을 줄 수 있는 양질의 일과 관련이 있다.

• • •
요약

적절한 상황에서 일하면 행복을 누릴 수 있다. 행복한 사람이 더 낫고 일반적으로 더 성공적인 근로자라는 것 또한 사실이다. 그러나 경력 성공은 행복을 향상시키는 방법으로는 비효율적이다. 그것이 행복에 미치는 영향은 매우 작다. 따라서 우리가 일 자체에서 의미와 기쁨, 행복을 발견하면 멋진 일이겠지만, 이는 주로 내적인 흥미가 있는 일일 때에만 가능한 것 같다. 성공적인 경력 그 자체를 추구하는 것(일에 대한 내적 흥미의 부재)은 우리의 행복을 현저하게 향상시킬 가능성이 별로 없는 것 같다.

일 자체의 특성과 직장의 사회적 환경을 포함한 직무의 여러 가지 특징은 우리의 행복을 증진할 수 있다. 그러나 일이 우리의 가정생활을 방해하고, 그래서 행복을 갉아먹는 엄청난 힘을 가지고 있다는 것을 인식하는 것도 중요하다. 이러한 가능성으로부터 자신을 보호할 수 있는 방법을 찾는 것이 긍정적인 일-행복 관계의 필수 요소이다.

주

1. 고딕체로 된 용어의 정의는 Grant 등(2007)
2. 그림 8.4에서 직무 요구나 정서적 괴로움에서 WIF에 이르는 모든 경로가 유의미하지 않은 것이 아님에(별표로 표시) 유의할 것
3. 그림 8.5에서 여성 표본의 결과는 상단에 남성 표본의 결과는 하단에 있음

참고문헌

Abele, A. E., Hagmaier, T., & Spurk, D. (2016). Does career success make you happy? The mediating role of multiple subjective success evaluations. *Journal of Happiness Studies, 17*(4), 1615–1633.

Abele-Brehm, A. (2014). The influence of career success on subjective well-being. In A. C. Keller, R. Samuel, M. M. Bergman, & N. K. Semmer (Eds.), *Psychological, educational, and sociological perspectives on success and well-being in career development* (pp. 7–18). New York, NY: Springer Science + Business Media.

Allen, T. D., Lapierre, L. M., Spector, P. E., Poelmans, S. A. Y., O'Driscoll, M., Sanchez, J. I., . . . Woo, J. (2014). The link between national paid leave policy and work–family conflict among married working parents. *Applied Psychology: An International Review, 63*(1), 5–28.

Amstad, F. T., Meier, L. L., Fasel, U., Elfering, A., & Semmer, N. K. (2011). A meta-analysis of work–family conflict and various outcomes with a special emphasis on cross-domain versus matching-domain relations. *Journal of Occupational Health Psychology, 16*(2), 151–169.

Bakker, A. B., Demerouti, E., & Burke, R. (2009). Workaholism and relationship quality: A spill-over-crossover perspective. *Journal of Occupational Health Psychology, 14*(1), 23–33.

Barnett, R. C. (2004). Women and multiple roles: Myths and reality. *Harvard Review of Psychiatry, 12*, 158–164.

Baumeister, R. F., & Vohs, K. D. (2007). Self-regulation, ego depletion, and motivation. *Social and Personality Psychology Compass, 1*(1), 115–128.

Baumeister, R. F., Vohs, K. D., & Tice, D. M. (2007). The strength model of self-control. *Current Directions in Psychological Science, 16*(6), 351–355.

Beauregard, T. A. (2011). Direct and indirect links between organizational work–home culture and employee well-being. *British Journal of Management, 22*(2), 218–237.

Blackmore, E. R., Stansfeld, S. A., Weller, I., Munce, S., Zagorski, B. M., & Stewart, D. E. (2007). Major depressive episodes and work stress: Results from a national population survey. *American Journal of Public Health, 97*(11), 2088–2093.

Boehm, J. K., & Lyubomirsky, S. (2008). Does happiness promote career success? *Journal of Career Assessment, 16*(1), 101–116.

Braunstein-Bercovitz, H., Frish-Burstein, S., & Benjamin, B. A. (2012). The role of personal resources in work–family conflict: Implications for young mothers' well-being. *Journal of Vocational Behavior, 80*(2), 317–325.

Bunderson, J. S., & Thompson, J. A. (2009). The call of the wild: Zookeepers, callings, and the double-edged sword of deeply meaningful work. *Administrative Science Quarterly, 54*(1), 32–57.

Byron, K. (2005). A meta-analytic review of work–family conflict and its antecedents. *Journal of Vocational Behavior, 67*(2), 169–198.

Castro, Y., & Gordon, K. H. (2012). A review of recent research on multiple roles and women's mental health. In P. K. Lundberg-Love, K. L. Nadal, & M. A. Paludi (Eds.), *Women and mental disorders* (pp. 37–54). Santa Barbara, CA: Praeger/ABC-CLIO.

Caza, B. B., & Wrzesniewski, A. (2013). How work shapes well-being. In S. A. David, I. Boniwell, & A. Conley Ayers (Eds.), *The Oxford handbook of happiness* (pp. 693–710). New York, NY: Oxford University Press.

Cheung, F. Y., & Tang, C. S. (2009). The influence of emotional intelligence and affectivity on emotional labor strategies at work. *Journal of Individual Differences, 30*(2), 75–86.

Claffey, S. T., & Mickelson, K. D. (2009). Division of household labor and distress: The role of perceived fairness for employed mothers. *Sex Roles, 60*(11–12), 819–831.

Colquitt, J. A. (2001). On the dimensionality of organizational justice: A construct validation of a measure. *Journal of Applied Psychology, 86*(3), 386–400.

Dahm, P. C., Glomb, T. M., Manchester, C. F., & Leroy, S. (2015). Work–family conflict and self-discrepant time allocation at work. *Journal of Applied Psychology, 100*(3), 767.

Demerouti, E., Bakker, A. B., & Schaufeli, W. B. (2005). Spillover and crossover of exhaustion and life satisfaction among dual-earner parents. *Journal of Vocational Behavior, 67*(2), 266–289.

De Neve, J.-E., Diener, E., Tay, L., & Xuereb, C. (2013). The objective benefits of subjective well-being. In J. Helliwell, R. Layard, & J. Sachs (Eds.), *World Happiness Report 2013*. New York, NY: UN Sustainable Development Solutions Network. Retrieved from https://ssrn.com/abstract=2306651

Diener, E., Oishi, S., & Lucas, R. E. (2015). National accounts of subjective well-being. *American Psychologist, 70*(3), 234–242.

Erdogan, B., Bauer, T. N., Truxillo, D. M., & Mansfield, L. R. (2012). Whistle while you work: A review of the life satisfaction literature. *Journal of Management, 38*(4), 1038–1083.

Fisher, C. D. (2010). Happiness at work. *International Journal of Management Reviews, 12*(4), 384–412.

Foo, M., Uy, M. A., & Baron, R. A. (2009). How do feelings influence effort? An empirical study of entrepreneurs' affect and venture effort. *Journal of Applied Psychology, 94*(4), 1086–1094.

Fredrickson, B. L. (2001). The role of positive emotions in positive psychology: The broaden-and-build theory of positive emotions. *American Psychologist, 56*(3), 218–226.

Frisco, M. L., & Williams, K. (2003). Perceived housework equity, marital happiness, and divorce in dual-earner households. *Journal of Family Issues, 24*(1), 51–73.

Gager, C. T., & Yabiku, S. T. (2010). Who has the time? The relationship between household labor time and sexual frequency. *Journal of Family Issues, 31*(2), 135–163.

Gazica, M. W., & Spector, P. E. (2015). A comparison of individuals with unanswered callings to those with no calling at all. *Journal of Vocational Behavior, 91*, 1–10.

Gervais, R. L., & Millear, P. (2014). The well-being of women at work: The importance of resources across the life course. *Journal of Organizational Change Management, 27*(4), 598–612.

Goh, Z., Ilies, R., & Wilson, K. S. (2015). Supportive supervisors improve employees' daily lives: The role supervisors play in the impact of daily workload on life satisfaction via work–family conflict. *Journal of Vocational Behavior, 89*, 65–73.

Goode, W. J. (1960). A theory of role strain. *American Sociological Review, 25*, 483–496.

Grant, A. M., Christianson, M. K., & Price, R. H. (2007). Happiness, health, or relationships? Managerial practices and employee well-being tradeoffs. *The Academy of Management Perspectives, 21*(3), 51–63.

Grant, S., & Langan-Fox, J. (2007). Personality and the occupational stressor-strain relationship: The role of the Big Five. *Journal of Occupational Health Psychology, 12*(1), 20–33.

Griggs, T. L., Casper, W. J., & Eby, L. T. (2013). Work, family and community support as predictors of work–family conflict: A study of low-income workers. *Journal of Vocational Behavior, 82*(1), 59–68.

Haase, C. M., Poulin, M. J., & Heckhausen, J. (2012). Happiness as a motivator: Positive affect predicts primary control striving for career and educational goals. *Personality and Social Psychology Bulletin, 38*(8), 1093–1104.

Hagmaier, T., & Abele, A. E. (2015). When reality meets ideal: Investigating the relation between calling and life satisfaction. *Journal of Career Assessment, 23*(3), 367–382.

Herr, R. M., Loerbroks, A., van Vianen, A. E. M., Hoffmann, K., Fischer, J. E., & Bosch, J. A. (2015). Injustice at work and leukocyte glucocorticoid sensitivity: Findings from a cross-sectional study. *Psychosomatic Medicine, 77*(5), 527–538.

Ilies, R., Huth, M., Ryan, A. M., & Dimotakis, N. (2015). Explaining the links between workload, distress, and work–family conflict among school employees: Physical, cognitive, and emotional fatigue. *Journal of Educational Psychology, 107*(4), 1136–1149.

Jahoda, M. (1981). Work, employment, and unemployment: Values, theories, and approaches in social research. *American Psychologist, 36*(2), 184–191.

Janssen, I., Powell, L. H., Jasielec, M. S., Matthews, K. A., Hollenberg, S. M., Sutton-Tyrrell, K., & Everson-Rose, S. (2012). Progression of coronary artery calcification in Black and White women: Do the stresses and rewards of multiple roles matter? *Annals of Behavioral Medicine, 43*(1), 39–49.

Janzen, B. L., & Muhajarine, N. (2003). Social role occupancy, gender, income adequacy, life stage and health: A longitudinal study of employed Canadian men and women. *Social Science and Medicine, 57*(8), 1491–1503.

Kamp Dush, C. M., & Taylor, M. G. (2012). Trajectories of marital conflict across the life course: Predictors and interactions with marital happiness trajectories. *Journal of Family Issues, 33*(3), 341–368.

King, L. A., Hicks, J. A., Krull, J. L., & Del Gaiso, A. K. (2006). Positive affect and the experience of meaning in life. *Journal of Personality and Social Psychology, 90*(1), 179–196.

Klumb, P. L., & Lampert, T. (2004). Women, work, and well-being 1950–2000: A review and methodological critique. *Social Science and Medicine, 58*(6), 1007–1024.

Kossek, E. E., Pichler, S., Bodner, T., & Hammer, L. B. (2011). Workplace social support and work–family conflict: A meta-analysis clarifying the influence of general and work–family-specific supervisor and organizational support. *Personnel Psychology, 64*(2), 289–313.

Lahelma, E., Arber, S., Kivelä, K., & Roos, E. (2002). Multiple roles and health among British and Finnish women: The influence of socioeconomic circumstances. *Social Science and Medicine, 54*(5), 727–740.

Leung, A. S. M., Cheung, Y. H., & Liu, X. (2011). The relations between life domain satisfaction and subjective well-being. *Journal of Managerial Psychology, 26*(2), 155–169.

Lin, W., Ma, J., Wang, L., & Wang, M. (2015). A double-edged sword: The moderating role of conscientiousness in the relationships between work stressors, psychological strain, and job performance. *Journal of Organizational Behavior, 36*(1), 94–111.

Linville, P. W. (1985). Self-complexity and affective extremity: Don't put all of your eggs in one cognitive basket. *Social Cognition, 3*(1), 94–120.

Lyubomirsky, S., King, L., & Diener, E. (2005). The benefits of frequent positive affect: Does happiness lead to success? *Psychological Bulletin, 131*(6), 803–855.

Matias, M., & Fontaine, A. M. (2015). Coping with work and family: How do dual-earners interact? *Scandinavian Journal of Psychology, 56*(2), 212–222.

May, D. R., Gilson, R. L., & Harter, L. M. (2004). The psychological conditions of meaningfulness, safety and availability and the engagement of the human spirit at work. *Journal of Occupational and Organizational Psychology, 77*(1), 11–37.

McKee-Ryan, F. M., Song, Z., Wanberg, C. R., & Kinicki, A. J. (2005). Psychological and physical well-being during unemployment: A meta-analytic study. *Journal of Applied Psychology, 90*(1), 53–76.

McMunn, A., Bartley, M., & Kuh, D. (2006). Women's health in mid-life: Life course social roles and agency as quality. *Social Science and Medicine, 63*(6), 1561–1572.

Michel, J. S., Kotrba, L. M., Mitchelson, J. K., Clark, M. A., & Baltes, B. B. (2011). Antecedents of work–family conflict: A meta-analytic review. *Journal of Organizational Behavior, 32*(5), 689–725.

Michel, J. S., Mitchelson, J. K., Kotrba, L. M., LeBreton, J. M., & Baltes, B. B. (2009). A comparative test of work–family conflict models and critical examination of work–family linkages. *Journal of Vocational Behavior, 74*(2), 199–218.

Mikula, G., Riederer, B., & Bodi, O. (2012). Perceived justice in the division of domestic labor: Actor and partner effects. *Personal Relationships, 19*(4), 680–695.

Montgomery, A. J., Panagopolou, E., & Benos, A. (2006). Work–family interference as a mediator between job demands and job burnout among doctors. *Stress and Health, 22*(3), 203–212.

Montgomery, A. J., Panagopolou, E., de Wildt, M., & Meenks, E. (2006). Work–family interference, emotional labor and burnout. *Journal of Managerial Psychology, 21*(1), 36–51.

Ndjaboué, R., Brisson, C., & Vézina, M. (2012). Organisational justice and mental health: A systematic review of prospective studies. *Occupational and Environmental Medicine, 69*(10), 694–700.

Nohe, C., Meier, L. L., Sonntag, K., & Michel, A. (2015). The chicken or the egg? A meta-analysis of panel studies of the relationship between work–family conflict and strain. *Journal of Applied Psychology, 100*(2), 522–536.

Nordin, M., Westerholm, P., Alfredsson, L., & Åkerstedt, T. (2012). Social support and sleep: Longitudinal relationships from the WOLF study. *Psychology, 3*(12A), 1223–1230.

Oomens, S., Geurts, S., & Scheepers, P. (2007). Combining work and family in the Netherlands: Blessing or burden for one's mental health? *International Journal of Law and Psychiatry, 30*(4–5), 369–384.

Parasuraman, S., Purohit, Y. S., Godshalk, V. M., & Beutell, N. J. (1996). Work and family variables, entrepreneurial career success and psychological well-being. *Journal of Vocational Behavior, 48*(3), 275–300.

Plaisier, I., Beekman, A. T. F., de Bruijn, J. G. M., de Graaf, R., ten Have, M., Smit, J. H., . . . Penninx, B. W. J. H. (2008). The effect of social roles on mental health: A matter of quantity or quality? *Journal of Affective Disorders, 111*(2–3), 261–270.

Plaisier, I., de Bruijn, J. G. M., Smit, J. H., de Graaf, R., ten Have, M., Beekman, A. T. F., . . . Penninx, B. W. J. H. (2008). Work and family roles and the association with depressive and anxiety disorders: Differences between men and women. *Journal of Affective Disorders, 105*(1–3), 63–72.

Reichard, R. J., Avey, J. B., Lopez, S., & Dollwet, M. (2013). Having the will and finding the way: A review and meta-analysis of hope at work. *The Journal of Positive Psychology, 8*(4), 292–304.

Robbins, J. M., Ford, M. T., & Tetrick, L. E. (2012). Perceived unfairness and employee health: A meta-analytic integration. *Journal of Applied Psychology, 97*(2), 235–272.

Rogers, M. E., Creed, P. A., & Searle, J. (2012). Person and environmental factors associated with well-being in medical students. *Personality and Individual Differences, 52*(4), 472–477.

Roos, E., Burström, B., Saastamoinen, P., & Lahelma, E. (2005). A comparative study of the patterning of women's health by family status and employment status in Finland and Sweden. *Social Science and Medicine, 60*(11), 2443–2451.

Ryan, R. M., & Deci, E. L. (2000). Self-determination theory and the facilitation of intrinsic motivation, social development, and well-being. *American Psychologist, 55*, 68–78.

Scalea, T. L., Matthews, K. A., Avis, N. E., Thurston, R. C., Brown, C., Harlow, S., & Bromberger, J. T. (2012). Role stress, role reward, and mental health in a multiethnic sample of midlife women: Results from the study of women's health across the nation (SWAN). *Journal of Women's Health, 21*(5), 481–489.

Schwarz, N., & Clore, G. L. (1983). Mood, misattribution, and judgments of well-being: Informative and directive functions of affective states. *Journal of Personality and Social Psychology, 45*(3), 513–523.

Searle, B. J., & Parker, S. K. (2013). Work design and happiness: An active, reciprocal perspective. In S. A. David, I. Boniwell, & A. Conley Ayers (Eds.), *The Oxford handbook of happiness* (pp. 711–732). New York, NY: Oxford University Press.

Shockley, K. M., Ispas, D., Rossi, M. E., & Levine, E. L. (2012). A meta-analytic investigation of the relationship between state affect, discrete emotions, and job performance. *Human Performance, 25*(5), 377–411.

Sieber, S. D. (1974). Toward a theory of role accumulation. *American Sociological Review, 39*(4), 567–578.

Simmons, L. A., & Swanberg, J. E. (2009). Psychosocial work environment and depressive symptoms among US workers: Comparing working poor and working non-poor. *Social Psychiatry and Psychiatric Epidemiology, 44*(8), 628–635.

Sinokki, M., Ahola, K., Hinkka, K., Sallinen, M., Härmä, M., Puukka, P., . . . Virtanen, M. (2010). The association of social support at work and in private life with sleeping problems in the Finnish health 2000 study. *Journal of Occupational and Environmental Medicine, 52*(1), 54–61.

Stansfeld, S. A., Shipley, M. J., Head, J., Fuhrer, R., & Kivimaki, M. (2013). Work characteristics and personal social support as determinants of subjective well-being. *PLOS ONE, 8*(11). doi:10.1371/journal.pone.0081115

Steger, M. F., Dik, B. J., & Duffy, R. D. (2012). Measuring meaningful work: The work and meaning inventory (WAMI). *Journal of Career Assessment, 20*(3), 322–337.

Sumra, M. K., & Schillaci, M. A. (2015). Stress and the multiple-role woman: Taking a closer look at the "superwoman." *PLOS ONE, 10*(3). doi:10.1371/journal.pone.0120952

Treas, J., & Lui, J. (2013). Studying housework across nations. *Journal of Family Theory and Review, 5*(2), 135–149.

Versey, H. S. (2015). Managing work and family: Do control strategies help? *Developmental Psychology, 51*(11), 1672–1681.

Wahrendorf, M. (2015). Previous employment histories and quality of life in older ages: Sequence analyses using SHARELIFE. *Ageing and Society*, 35(9), 1928–1959.

Warr, P. (2013). Jobs and job-holders: Two sources of happiness and unhappiness. In S. A. David, I. Boniwell, & A. Conley Ayers (Eds.), *The Oxford handbook of happiness* (pp. 733–750). New York, NY: Oxford University Press.

Williams, J. C., Berdahl, J. L., & Vandello, J. A. (2016). Beyond work–life "integration." *Annual Review of Psychology*, 67, 515–539.

Yavorsky, J. E., Dush, C. M. K., & Schoppe-Sullivan, S. J. (2015). The production of inequality: The gender division of labor across the transition to parenthood. *Journal of Marriage and Family*, 77(3), 662–679.

Ybema, J. F., & van den Bos, K. (2010). Effects of organizational justice on depressive symptoms and sickness absence: A longitudinal perspective. *Social Science and Medicine*, 70(10), 1609–1617.

Zhou, X., Vohs, K. D., & Baumeister, R. F. (2009). The symbolic power of money: Reminders of money alter social distress and physical pain. *Psychological Science*, 20(6), 700–706.

09

종교

인생의 답을 얻기 위한 갈증에서 벗어나려고 노력하면 노력할수록 그 강도는 점점 더 강해진다. 우리는 이러한 영적 굶주림을 피할 수 없다.

– 작가 미상

인 간은 많은 정서적 욕구를 가지고 있지만, 특히 의미를 찾고 사회적 관계망을 구축하려는 욕구가 강하다. 저명한 심리학 이론들은 이러한 의미추구(예 : Baumeister, 1991; Lawford & Ramey, 2015; Rosenblatt, Greenberg, Solomon, Pyszczynski, & Lyon, 1989; Snyder, 2002)와 사회적 관계(Baumeister & Leary, 1995)의 욕구들을 강조하고 있다. 따라서 종교가 이러한 욕구들을 충족시켜주는 통로를 제공해주기 때문에 심리학적으로 매우 중요하다고 말하는 것은 타당하다. 분명히 종교는 개인들을 하나의 신앙 공동체로 묶어주고, 인간 존재에 의미와 목적을 부여하는 역할을 한다고 할 수 있다.

실제로 많은 신앙인들은 종교가 없는 사람들보다 행복하다. 신앙심이 행복에 중요한 역할을 한다는 것은 자명하다. 그러나 행복감을 고양시키는 데 있어서 종교가 하는 역할은 그리 단순하지 않다(Pargament, 2002; Thoresen & Harris, 2002). 이 관계는 문화적 가치, 종교적 헌신의 수준, 종교적 활동의 유형 그리고 개인이 경제적 및 문화적 요인에 의해 스트레스를 받는지의 여부에 따라 달라진다(Pargament, 2002).

이 장에서 우리는 무신론자의 행복에 대해 몇 가지 흥미로운 발견들을 살펴볼 것이다. 신앙심이 행복에 영향을 미친다는 가정하에 우리는 무신론자가 자신들의 삶에 의미를 덜 부여하기 때문에 상대적으로 덜 행복할지도 모른다고 생각할 수 있다. 하지만 무신론자들의 행복이 종교인의 것과 별반 다르지 않다는 사실이 밝혀졌다. 개인이 어느 정도의 확신을 가지고 신앙 혹은 무신론을 채택했는지 또한 중요한 예언인자가 되며, 이러한 외현적인 모순(일부 다른 변인들과의 관계에서)을 설명하는 데 도움을 줄 것이다.

우리는 또한 '종교-행복의 관계'가 직접적인 관련성은 없다 할지라도, 여러 심리학적인 변인들에 의해 매개된다는 사실을 알게 된다(Powell, Shahabi, & Thoresen, 2003). 매개된 관계란 어떤 예언변인과 결과 사이에 둘 간의 관계를 설명하는 중간변인이 있다는 것이다. 행복감을 고양시키는 것은 종교 그 자체가 아니다. 하지만 종교적 신앙심은 우리의 행복감에 영향을 주는 심리적인 상태를 이끌어낼 수 있다.

• • •
종교와 웰빙

심리적 · 신체적 웰빙

종교는 행복과 긍정적인 관계에 있다. Myers(2008, p. 324)는 문헌 리뷰를 한 후 다음과 같은 결론을 내렸다. "여러 연구 조사를 거친 결과 활동적으로 종교생활을 하는 사람들은 종교생활을 하지 않는 사람들보다 행복감을 훨씬 더 많이 느끼고, 삶에 대한 만족도도 더 높았다." 문헌 연구결과 영성적으로 헌신하는 것(spiritual commitment), 신과 가까이 있다고 느끼는 것, 종교 활동에 참여하는 것들은 모두 심리적 웰빙 및 신체적 건강에 밀접한 영향을 미친다는 사실을 보여주었다.

후속연구들은 Myers(2008)의 위와 같은 결론을 재확인해주었다. 예를 들어 미국 노년층을 대상으로 연구한 결과 종교가 심리적 웰빙을 잘 예측해주었으며(Willmoth, Adams-Price, Turner, Blaney, & Downey, 2014), 젊은층 및 중장년층을 대상으로 한 연구에서도 종교가 웰빙과 관련이 높았다(Berthold & Ruch, 2014; Byron & Miller-Perin, 2009; Willmoth et al, 2014). 다른 문헌 리뷰도 비슷한 결론을 내렸다(Koole, McCullough, Kuhl, & Roelofsma, 2010; Larson & Larson, 2003; Sybold & Hill, 2001; Tay, Li, Myers, & Diener, 2014; Vishkin, Bigman, & Tamir, 2014).

종교적 신념(religious belief)은 신체건강과 정적인 상관을 갖는다(Headey, Hoehne, &

Wagner, 2014; Krause, 2010; Seybold & Hill, 2001). 또한 종교적, 영성 생활을 하는 사람들이 덜 종교적인 사람보다 더 오래 산다(Headey et al, 2014; Powell et al., 2003). 이때 교회에 출석하는 정도가 특히 중요한 예측변인이 된다(Masters & Hooker, 2013). 이들 상관관계는 아주 강력하다. Headey(2014)는 52세 이상의 중년남성들을 대상으로 한 연구에서, 교회에 정기적으로 다니는 남성이 한 번 또는 거의 참석하지 않은 남성들에 비해 8년 이내에 사망할 확률이 38% 정도 낮았다고 하였다. 이 장의 뒷부분에서 종교-건강의 관계와 관련한 복잡성에 대해 살펴볼 것이다(Thoresen & Harris, 2002). 예컨대 종교적인 문화권에 사는 신앙인들이 그렇지 않은 문화권에 사는 신앙인보다 이들 종교-건강 관계가 더 강력하다(Stavrova, 2015). 그러나 종교는 건강 전반에 유익함을 제공한다(Headey et al, 2014).

종교가 스트레스를 경험하는 사람들의 웰빙을 보호하는 역할을 하는 것 같다(Pargament, 2002). Schreiber와 Brockopp(2012)은 문헌 리뷰를 통해 종교적 신념이 유방암 진단을 받은 여성들의 웰빙을 유지하거나 증진시키는 데 도움이 될 수 있다는 점을 발견했다. 다른 문헌 검토에서도 Hollywell과 Walker(2009)는 기도생활이 입원 동안 느낄 수 있는 우울과 불안을 낮춰주는 경향이 있다는 점을 발견했다. 비슷한 예로 Eytan(2011)은 종교적 신념이 교도소 재소자들의 사이에서 일어날 수 있는, 병적이고 심한 우울증 발병률을 낮춰주는 역할을 한다고 하였다. 또 다른 문헌 검토에서도 종교적 신앙심이 우울증 및 물질 남용을 포함한 정신질환을 겪는 사람들을 도울 수 있다는 사실을 발견했다(Larson & Larson, 2003).

또한 종교적 믿음이 실직의 영향으로 웰빙을 파괴할 수 있는 상황을 부분적으로 보호할 수 있다. Lechner와 Leopold(2015)는 1990년에서 2012년까지 독일 성인 실직자 5,446명을 대상으로 행복에 관한 연구를 하였다. 그림 9.1에서 볼 수 있듯이, 실직은 웰빙에 부정적인 영향을 주지만, 정규적으로 교회에 참석하는 행동은 실직으로 인한 충격을 완화시켜주었다. 매주 종교 활동에 참여한 사람들(그림에서 실선으로 표시됨)은 실직의 충격으로부터 적응해 가고 있다는 증거를 보여주는 유일한 응답자들이었다. 이러한 결과는 사회인구학적 특성을 통제한 후에도 유의미하였다.

스트레스 상황에서 종교의 이득에 관한 결론이 Diener, Tay 및 Myers(2011)에 의해, 여러 경제 조건을 가진 국가들 간 연구를 통해 지지되었다. 이들은 두 가지 별도의 연구를 실시했는데, 그중 하나는 35만 명이 넘는 미국 성인을 대상으로 했다. 또 다른 표집

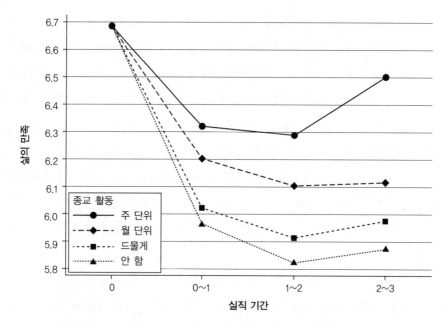

그림 9.1 서로 다른 종교 활동 참가율로 본 실직자의 실직 기간에 따른 삶의 만족 변화

주 : 독일 사회경제 패널 연구 1990~2012, 발표 2013, n=5,446명, n=13,979사례(개인/연수). y축은 삶의 만족 점수(0=매우 불만족, 10=매우 만족)

출처 : Lechner & Leopold(2015)

은 153개국의 427,540명을 대상으로 하였는데, 이는 전 세계 인구의 79%를 대표하는 표집이었다(중국의 경우 종교에 관한 질문을 하기 어려웠기 때문에 표본 조사를 하지 않았다). 이 두 연구에서 Diener 등(2011)은 안전, 안심, 생활유지의 기본 욕구가 해결되었는지 여부를 포함하여, 어려운 생활환경에 대한 참가자들의 경험을 평가하였다. 그들은 참가자들의 생활의 기대, 교육 수준들을 국가적으로 평가하였다.

연구결과에 따르면 종교적 신앙심이 웰빙을 증진시키는 능력은 국가의 생활 수준에 따라 달라진다(Diener, 2011). 열악한 생활환경의 하위 25%에 속하는 나라의 경우, 종교적 삶을 영위하는 신앙인은 종교가 없는 사람들보다 웰빙 수준이 훨씬 높다. 가난하고 불안정한 국가의 경우, 종교생활을 하는 사람들은 그렇지 않은 사람들보다 삶을 더 긍정적으로 평가하고 긍정정서는 더 강하게, 부정정서는 더 약하게 느끼는 것으로 나타났다. 가장 열악한 나라의 국민들은 경제적으로 부유하고 안정감을 유지하는 상위 25% 나라의 국민들보다 더 종교적이었다(Diener et al., 2011). 반면, 선진국의 경우 종교적 신앙심이 웰빙에 거의 혹은 전혀 영향이 없는 것으로 나타났다. 이러한 발견은 종교생활이 스트레스를 받는 사람들에게 더 긍정적인 도움이 된다는 사실을 뒷받침하는 것이다. Paul(2012)에 의한 문헌 리뷰와 다른 경험적인 연구(Delamontagne, 2010; Paul, 2009)도 비슷한 결론에 도달했다.

인과관계?

종교적 믿음이 웰빙의 원인일 수 있다는 생각에는 일리가 있다. 이 가능성에 관해 벌써 궁금하겠지만, 연구자가 어떤 참가자는 종교적 신앙심을 갖는 집단으로, 다른 참가자는 신앙심이 없는 집단으로 무선할당할 수가 없다. 따라서 이 연구는 상관연구다.

연구에서의 이러한 한계는 종교적 신앙심이 웰빙을 가져온다는 가설에 여러 대안적 설명들이 있다는 것을 의미한다. 예를 들어 양심이나 동조와 같은 성격특성이 종교적 신념과 웰빙 둘 다를 야기한다고 할 수 있을까? 이 연구결과에 대해 인과관계라고 설명하기보다는 동시적 관계가 있다고만 할 수 있는 것인가? 종교적 신앙심과 웰빙 간에 인과관계가 있다는 것을 확신하기 위해서는 연구자들이 여러 가외변인을 통계적으로 통제하는 것이 필요하다.

이에 관한 몇 가지 예를 들 수 있다. Edara(2013)는 미국 성인을 대상으로 영성이 높은 삶의 만족도와 긍정정서 모두와 관련성이 있음을 보여주었다. 이 관계는 외향성, 순응성, 도덕성과 같은 성격적 특징과 개인주의나 집단주의 같은 문화적 가치를 통계적으로 통제한 후에도 유의미하였다. 이러한 통계적 통제의 결과는 영성과 높은 행복감 사이의 관련성이 성격이나 가치와 우연히 일치하는 것 같지는 않다는 사실을 시사한다.

위와 비슷한 통계적 통제기법을 사용한 다른 연구에서 종교 및 영성이 더 높은 수준의 웰빙을 가져다줄 수 있다는 생각을 확증해주고 있다. 예를 들어 Mochon, Norton 및 Ariely(2011)는 미국의 50개 주에서 6,000명 이상의 참가자를 대상으로 한 연구에서 종교적 신앙심과 웰빙이 유의미한 관계가 있다는 연구결과를 얻었는데, 이는 교육 수준, 나이, 성별, 결혼 여부, 인종, 정치적 성향, 종교 교단 등을 통계적으로 통제한 후에도 유의했다.

또한 Diener 등(2011)의 국가 간 연구(앞서 설명함)를 상기해보자. 가난하고 정치적으로 불안정한 나라의 경우 개인의 신앙심이 웰빙에 긍정적으로 영향을 주었고, 이것은 여러 가지 부정적 생활환경을 통제한 후에도 유의미하였다. 이 요인들은 종교가 웰빙을 가져다준다는 가설에 대한 잠재적 대안이 될 수 있기 때문에 중요하다. 교육 수준을 통제한 점이 특히 주목할 만하다. 높은 (혹은 낮은) 교육 수준이 신앙심과 행복감 둘 다를 가져다줄 수 있을까?

다시 한 번 종교적 신앙심이 웰빙과 높은 상관이 있고, 그럴듯한 대안적 설명들을 통제한 후에도 유의미하다는 사실은 신앙심이 웰빙을 가져다줄 수 있다는 우리의 확신을 뒷받침해준다. 그러나 이 분야의 연구들은 상관연구라는 것 또한 기억해야 한다.

이러한 연구들은 종교적 신앙심이 웰빙과 연결되어 있음을 분명히 하고 있다. 이러한 관계가 인과적인가 하는 점에는 의문의 여지가 있다. 그러나 이 연구는 종교적 신앙심과 웰빙 간에 긍정적인 관계가 있다는 것은 사실이지만, 이 관계가 간단하지 않다는 점 또한 보여준다.

다음 장에서 우리는 종교가 왜 웰빙과 관련이 있고, 여기에 여러 가지 복잡한 변인이 어떻게 매개되고 있는지에 대해서 살펴볼 것이다. 종교와 영성은 문화적 요소나 특정 종교적 신념의 양상에 따라 다르게 영향을 미친다는 사실도 알게 될 것이다. 우리는 다음 장에서 이러한 복잡한 문제들에 대해서 살펴볼 것이다.

• • •
복잡성 : 종교가 항상 더 큰 웰빙을 예언하지는 않는다

종교생활과 웰빙은 일반적으로 서로 긍정적인 관계에 있지만 그 관계는 매우 복잡하다. 어떤 형태의 종교적 신앙생활은 오히려 웰빙을 감소시키는 것 같다. Pargament(2002, p. 168), Weber와 Pargament(2014)는 종교적 신념과 신앙생활이 웰빙을 도울 수 있는지에 관한 질문은 이 주제를 너무 단순화하는 경향이 있다고 지적하였다.

> … 종교는 심리학자들이 상상하는 것보다 훨씬 다양하고 복잡한 과정이다. 종교는 잠재적으로 도움이 되기도 하고, 해가 되기도 한다. 종교의 일반적인 효과에 대한 질문은 다음과 같이 좀 더 세부적이고, 적절한 질문으로 바꾸는 것이 좋다. 즉, 어떤 특정 사회에서 어떤 특정 상황에 있는, 어떤 특정한 사람이 가지고 있는, 특정 형태의 종교적 표현이나 생활이 도움이 되는 것인가, 해로운 것인가…?

Pargament(2002)는 많은 심리학적인 질문에 다음과 같은 좌절스럽지만, 일반적인 답을 내놓고 있다. "상황에 따라 다르다."(p. 169) 이에 대한 해답은 그 사람들이 속한 사회적 맥락, 그 개인이 고민하고 있는 종교적인 질문들, 그들이 신에 대해서 갖고 있는 신앙의 특성, 종교적 신념이 개인의 삶에 충분히 통합되어 있는가의 정도 등을 포함한 여러 가지 요소에 따라서 달라진다고 할 수 있다.

믿음의 양상

원리주의

종교적 원리주의(religious fundamentalism)란 종교 문서의 문자적 해석에 따르면, (신앙적) 신념(belief)으로 정의되며, 일상 행동에 대한 엄격한 규칙을 수용하며(Sethi & Seligman, 1993), 유일한 '참된 신(true God)'이 있다고 믿는다(Altermeyer & Hunsberger, 2004). 종교적 원리주의는 때로 편견, 사회적 불안, 정신병리를 포함하는 부정적인 결과와 관련이 있기도 하며(Carlucci, Tommashi, Balsamo, Furnham, & Saggino, 2015; Pargament, 2002), 다른 한편 큰 웰빙을 예측하기도 한다.

예컨대 이탈리아 가톨릭대학교 학생들을 대상으로 한 연구에서 원리주의가 삶의 만족도를 더 증진시킨다고 하였다(Carlucci et al., 2015). 또 다른 연구에서(Sethi & Seligman, 1993)는 종교적 원리주의가 행복과 관련 있는 성격특성인 낙관성과 연결된다고 하였다(Lyubomirsky, 2008). 더욱이 Green과 Elliott(2010)는 미국 성인집단을 대상으로 한 연구에서 종교적 원리주의가 더 큰 행복을 예측한다고 하였다. 이 결과는 인구통계학적 변인과 생활환경 요인들을 통계적으로 통제한 후에도 유의미하였다. 마지막으로 Hackey와 Sanders(2003)가 실시한 메타분석에서 원리주의가 높은 삶의 만족도와 자기실현을 잘 예측하는 것으로 나타났다.

종교적 원리주의가 왜 웰빙감의 증가와 관련이 있을까? 아마도 종교적 원리주의가 삶에 대한 의미나 목적을 유지하는 데 도움을 주기 때문일 수 있다(Kinnvall, 2004). Pargament(2002)는 원리주의가 공동체 의식, 삶의 의미와 목적 및 삶에 대한 희망 등을 제공하고, 이들 모두는 심리적으로 만족감을 주는 것들이라고 주장했다. 이들 요소들은 다음과 같은 명확한 심리적 이점을 제공한다.

> … 개인으로 하여금 무엇이 옳고 그른가에 대한 분명한 명제를 제공해주고, 삶의 규칙을 명확하게 해주며, 확실한 정체감을 제공해준다. 가장 중요한 것은 자신이 믿고 있는 종교적 신앙심이 신에 의해서 인정받고, 지지를 얻고 있다는 점이다.(p. 172)

신이 가혹하고 처벌적이라고 믿는 경우

신은 처벌적이거나, 신께서 우리를 버렸다고 믿는 것은 낮은 수준의 웰빙 상태와 관련 있을 수 있다(Weber & Pargament, 2014). Silton, Flannelly, Galek 및 Ellison(2014)은 미국 성인 1,426명을 대상으로 한 연구에서 신이 처벌하고 분노하신다고 믿는 경우 사회적 불안, 편집증, 강박관념, 강박증과 관련이 있게 된다고 하였다. 이러한 결과는 인구통계학적 특성, 신앙심, 참가자가 신의 존재를 믿는가의 여부 등을 통계적으로 통제한 후에도 유의미한 것으로 나타났다. 한편 신이 자비로운 분이라고 믿는 경우 이 모든 변인이 낮은 수준에서 관련이 있는 것으로 나타났다.

다른 연구에서도 비슷한 결과가 나왔는데, 네덜란드에서 한 연구에 따르면 신이 처벌적이라고 믿는 경우 더 높은 죄책감과 관련이 있었다(Braam et al., 2008). 신이 처벌적이라고 믿으면, 적대적인 대인관계 양상과 관련되고, 이것은 다시 낮은 건강 수준과 낮은 정서적 웰빙을 예언한다고 하였다(Jordan, Masters, Hooker, Ruiz, & Smith, 2014). 사립 가톨릭대학교 학생을 대상으로 한 연구에서 신이 자신들을 버렸다고 걱정하는 경우, 정서적 고통과 인터넷 중독 등과 관련이 있었다(Knabb & Pelletier, 2014). 이란 대학생을 대상으로 한 연구에서, 신이 도전적이라고 느끼는 경우(예 : "신은 나에게 어려운 것을 하라고 요구한 적이 없다."와 같은 문항의 역채점)(Lawrence, 1997, p. 226), 우울과 불안 수준이 높은 것과 상관이 있었다(Koosar & Bonab, 2011). 마지막으로 신이 자신들을 버린 것은 아닌지 의심하는 참가자들의 경우, 자신들의 삶에 처한 문제들을 해결하려고 할 때 더 우울한 경향을 보였다(Bram et al., 2008). 일부 연구들이 서로 상충되는 결과를 보여주기도 하지만(Krause, Emmons, & Ironson, 2014), 전반적으로 신을 적대적이거나 처벌하는 존재로 인식하는 경우 웰빙과 부정적으로 연관되고 있음을 시사하고 있다.

본질적이고 통합된 종교적 독실함

진심으로 깊게 느끼는 독실한 신념이야말로 웰빙을 가장 잘 예측해주는 변인이 된다. Pargament(2002, p. 168)는 문헌 리뷰를 통해 다음과 같이 말하고 있다.

웰빙은 신과의 안정적인 관계에 기반을 둔 본질적으로 잘 동기화되고 내면화된 신앙심과는 정적인 관계가 있고, 신 및 세상과 빈약한 관계를 맺으면서 반성 없이 강요된 신앙심과는 부적으로 연결되어 있다.

본질적으로 독실한 신앙을 가진 사람들은 자신의 종교를 사회적 인정을 받는 것과 같은 외적 보상을 얻기 위해 사용하는 것이 아니라, 그저 종교 안에서(신앙생활을 하며) 살고 있는 사람들이다(Allport & Rose, 1967). 본질적으로 독실한 사람들은 자신의 신앙심에 진지하게 헌신하는 것, 그 자체에 동기부여를 한다.

마찬가지로 자신의 종교를 내면화하는 사람들은 사회나 외부 압력에 강요된 것이 아니라 종교를 자유롭게 선택한다(Ryan, Rigby, & King, 1993). 종교적 신념을 내면화하는 데에는 몇 가지 하위 차원이 있다. 이들 중 하나는 종교적 신념이 자신이 속한 사회나 문화적 맥락 속에 얼마나 잘 통합되어 있느냐의 정도이다. 문화적으로 지지를 받는 종교적 신념은 웰빙으로 더 잘 연결된다. 종교적 신념은 개인의 문제해결을 위한 전략과 적절하게 통합될 수 있어야 한다. 예컨대 어떤 신앙인이 병원에서 의료적 치료를 받는 대신에 기도만 한다면 웰빙은 고통을 겪게 될 가능성이 크다. 또한 종교적 신념은 그 개인이 일관성과 응집력을 갖기 위해서는 다른 가치관과도 잘 통합되어 있어야 한다(Pargament, 2002).

종교적 신념의 본질은 매우 중요하다. 단순히 종교적인 행동을 한다고 해서 그것이 웰빙을 증진시켜주는 것 같지는 않다. 종교적 신념은 진지하고, 깊게 느끼고, 본질적이고, 잘 통합되어 있어야 한다.

영적 갈등

영적 갈등의 부정적인 결과   Pargament와 그의 동료들(예 : Abu-Raiya, Pargament, & Krause, 2016; Pargament, Murray-Swank, Magyar, & Ano, 2005)은 영적 갈등과 관련하여 이전의 많은 연구들을 통합한 후, 이들이 웰빙과 어떤 관련이 있는지를 연구했다. 이 연구자들은 **영적 갈등**(spiritual struggle)을 "영성이라는 주제와 관련하여 긴장과 갈등을 겪는 것"으로 정의하였다. 이러한 갈등은 신자들 사이에서 비교적 일반적이어서 연구 대상자 중 3분의 2가 영적 갈등을 경험하고 있다고 한다(Desai & Parmamen, 2015).

영적 갈등은 개인과 그 자신, 개인과 다른 사람들, 개인과 신(god) 간의 긴장상태를 포함한다(Abu-Raiya et al., 2016). 신에게 처벌을 받거나 버려진 느낌은 신적 갈등(devine struggle)이라고 명명하였다(Fitchett, Winter-Pfändler, & Pargament, 2014). 이 밖에도 연구자들은 여러 가지 다른 갈등 유형들을 정의하였는데, 악마적인 요인(악마가 어떤 문제를 일으킬까 봐 염려하는 것), 대인관계 요인(자신의 신앙이 다른 사람에게 인정받지 못할까 봐 염려하는 것), 도덕적 요인(자신의 행동이 죄가 되는 것은 아닌가에 대한 염려), 궁극적인 의미 요소(삶에 의미가 없는 게 아닌가에 대한 불안)(Abu-Raiya, Pargament, Krause, & Ironson, 2015), 그리고 정신내적 갈등(자신의 영적 신념에 대한 의심)(Faigin, Pargament, Abu-Raiya, 2014) 등이 있다. 이 측정치들은 참가자들에게 자신들이 경험한 문제나 사건들을 생각하게 해서 측정했다. 그런 다음 참가자들은 자신의 반응들이 영적 갈등을 반영하는 정도를 평가하였다(예 : 그들은 신이 자신들을 벌을 주고 있다고 생각했는가)(Faigin et al., 2014).

Faigin 등(2014)에 의하면 신성, 대인관계, 정신내적 갈등 요인들이 도박, 거식, 약물, 성, 쇼핑 등을 포함한 중독행동들을 잘 예언해주고 있다고 하였다. 이 연구는 미국 대학생 집단을 대상으로 종단적으로 시행되었고, 약 5주간의 행적들을 추적한 자료이다. 연구 결과는 참가자들의 신경증, 스트레스, 종교적 행동, 신념, 그리고 연구 초기에 보인 습관적 중독성 등을 모두 포함한 통계적 통제를 한 후에도 유의미한 것으로 나타났다. 따라서 이 연구는 영적 갈등이 중독행동을 유발하는 요인이 될 수 있다는 점을 시사한다.

이러한 결과를 재확인하고 확장한 다른 연구도 있다. Fichett 등(2014)은 신적 갈등을 경험하는 스위스 성인 입원환자들에서도 비슷한 결과를 발견했다. 아울러 Abu-Raiya 등(2015)은 신의 존재를 믿는다고 한 2,208명의 미국 성인을 대상으로 한 연구에서, 신성(devine), 악마적(demonic), 대인관계(interpersonal), 도덕적(moral), 그리고 궁극적 의미추구(ultimate meaning)의 영적 갈등의 하위요인들 모두가 높은 수준의 우울증과 불안을 예측함을 발견하였다. 대인관계적 요인을 제외한 모든 영적 갈등의 하위요인들이 낮은 삶의 만족 및 행복감과 관련이 있었다. 이 결과는 종교적 헌신, 신경증적 요인, 사회적 고립, 민족성 그리고 기타 통계학적 변인들을 통계적으로 통제한 후에도 유의미한 것으로 나타났다. 이러한 결과는 신자들의 영적 갈등이 낮은 웰빙을 야기한다는 사실을 다시 한번 강조하고 있다.

이러한 결과가 단순히 자신의 신앙심을 잃고(lost) 갈등하는 신자들이 문제에 빠지기 쉽다는 사실을 보여주는 것이 아닌가라고 생각할지도 모른다. 이것은 그리 놀랄 만한 것도, 흥미로운 사실도 아니다. 왜냐하면 앞에서도 언급한 바 있듯이, 종교적 신앙심이 더 큰 웰빙과 관련이 있기 때문이다. 그러나 이 연구에서 영적으로 갈등을 겪고 있는 참가자들이 자신들의 신앙심을 잃은 것 같지는 않다(Abu-Raiya et al., 2016). 연구 참가자들은 상당히 종교적이고 영적이었으며, 약 10% 정도만 선호하는 종교가 없다고 하였다. 더욱이 연구결과가 종교적 헌신이라는 변인을 통제한 후에도 유의미했다는 점을 기억하자. 대신 이들은 단순히 갈등하고 있는 신자들이었다. 여기서 암시하는 바는 이 결과들이 신앙을 잃는 것에 대한 것이 아니라는 것이다. 그보다는 종교적이면서 영적 갈등을 경험하는 것의 조합이 낮은 웰빙과 관련이 있었다.

최근 문헌 리뷰들은 영적 갈등의 중요성을 보여준다. Exline과 Rose(2013)는 자신들의 리뷰에서 영적 갈등이 정서적 웰빙과 신체적 건강에 부정적으로 관련이 있다고 결론지었다. 더욱이 종단연구에 따르면 만성적이고 재발하는 특성이 있는 영적 갈등이 가장 중요하다. 일시적인 갈등은 이러한 부정적 영향이 없었다. 매개변인들이 밝혀지고 있고, 이들 중의 하나가 사회적 지지이다. 영적 갈등은 웰빙을 감소시키는 것 같은데, 그 이유는 개인으로 하여금 신뢰할 만한 사회적 지지 네트워크를 만들어내는 것을 어렵게 하기 때문이다.

종단연구는 영적 갈등을 원인으로 낮은 웰빙을 결과로 지적하고 있다. 하지만 실험적 연구가 부족한 관계로 인과관계의 방향은 다소 불명확하다. 영적 갈등과 웰빙 간에 양방향으로의 인과관계가 있을 가능성도 있다(Exline & Rose, 2013).

영적 갈등으로부터 보호로서의 종교적 대처   신앙의 측면이 영적 갈등으로 인한 부정적인 영향을 완충시킬 수 있다는 연구가 있다. Desai와 Pargament(2015)는 어느 정도의 영적 갈등을 경험하고 있는 대학생들의 웰빙과 영적 성장을 평가했다. 그 결과 종교적 대처의 긍정적 측면(예: 신이 자비롭다고 생각하는 것)은, 더 큰 웰빙 및 영적 성장과 연결되었고, 인구통계학적 변인들을 통제한 후에도 유의미하였다. Desai와 Pargament는 개인의 종교적 성향을 강화시키는 시스템이 있다고 언급하고 있다. Pargament(1997)는 종교적 활동에 관한 경험 및 자원들은 스트레스에 대처하는 것으로 사용할 수 있으며, 이는 보다 높은 수준의 웰빙과 관련이 있다고 하였다. 따라서 긍정적인 종교 대처기술은 지지 시스템을 구축하는 데 도움을 주며, 이는 스트레스가 많은 사건들로부터 받게 되는 부정적인 영향을 완충시키는 역할을 한다.

다른 연구에서는 이러한 문제를 훨씬 더 구체적으로 연구하였다. Abu-Raiya(2016)는 연구 참가자의 종교적 갈등의 정도와 종교적 헌신을 포함한 몇 가지 다른 변수를 평가하였다. 여기에는 **종교적 헌신**(religious commitment), 즉 자신의 영적인 삶이 자신의 삶을 인도하고 있다고 느끼는 정도, **종교적 희망**(religious hope), 즉 영적 신념이 자신의 미래를 낙관적으로 만드는 정도, 삶의 성화 수준(life sanctification), 즉 자신들의 일부를 신성하게 느끼는 정도 등을 포함한다. 참가자들은 또한 그들의 종교적 지지(religious support) 수준, 즉 스스로 다루기 힘든 스트레스 사건이나 경험을 다루기 위해서 신의 지지를 받는다고 느끼는 정도 또한 평가하였다. 참가자는 2,140명의 미국 성인으로서, 적어도 이전에 1년 혹은 1년 반 정도 심각한 부정적 사건을 경험한 사람들을 대상으로 하였다.

연구결과 종교적 소망과 삶의 성화는 종교적 갈등으로 인한 우울의 부정적인 영향을 중재하거나 완충한다는 사실을 암시했다(Abu-Raiya et al., 2016). 게다가 4개의 잠재적인 중재변인(예 : 종교적 헌신, 희망, 지지, 삶의 성화)은 웰빙에 대한 종교적 갈등의 영향을 완충한다. 그림 9.2와 그림 9.3은 이러한 결과를 설명하고 있으며, 영적 갈등의 영향을 완충함으로써 의미하는 것들을 좀 더 자세히 설명하고 있다.

예를 들어 그림 9.2는 개인이 영적 갈등을 좀 더 많이 경험함에 따라 우울이 증가한다는 것을 보여준다. 그러나 삶의 성화가 높은 집단에는 이러한 증가율이 유의미하게 낮았다. 따라서 자신의 일부가 신성하다는 느낌은 영적 갈등의 부정적 효과를 일부 보호하는 역할을 한다. 이러한 완충효과는 그림 9.3에 좀 더 명확하게 제시되어 있는데, 이 그래프는 행복 수준을 나타낸다. 종교적 희망이 높은 참가자들은 낮거나 평균인 사람들이 보이는 영적 갈등에 부정적인 효과를 나타내지 않는다.

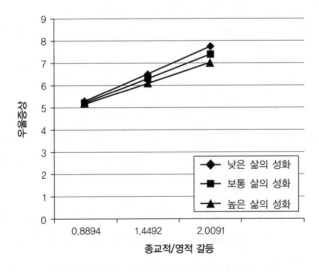

그림 9.2 삶의 성화 수준별 종교적/영적 갈등에 따른 우울증상의 단순 기울기

출처 : Abu-Raiya(2015)

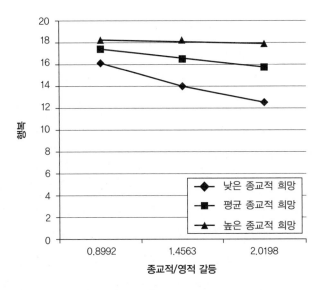

그림 9.3 종교적 희망 수준별 종교적/영적 갈등에 따른 행복의 단순 기울기

출처 : Abu-Raiya 등(2016)

Abu-Raiya 등은 자신들이 발견한 결과의 중요성에 대해 언급하였다. 종교적 신념은 믿음과 영성에 대한 갈등들을 포함한 많은 부정적인 삶의 사건의 영향들로부터 오는 감정 반응들을 약화시킬 수 있다는 것이다. 이 결과는 신앙과 웰빙 사이의 복잡한 관계를 더 잘 보여준다(Paragment, 2002). 즉, 개인이 자신의 신념체계와 갈등할 때 신앙심은 웰빙을 감소시킬 수 있다. 그러나 이들의 신념체계(예 : 종교적 헌신)는 영적 갈등으로부터 보호기능을 제공할 수 있다. Abu-Raiya 등은 종교와 웰빙에 대한 복잡한 특성을 강조하면서 다음과 같이 말하고 있다.

… 잘 발달되고, 통합된 종교 지향 시스템(즉, 강한 종교적 헌신)을 갖추게 되면, 그 사람은 고통과 웰빙과 관련하여, 종교적/영적(r/s) 갈등의 부정적인 면들을 효과적으로 다룰 수 있도록 준비된다. 역설적으로 종교는 어떤 문제를 야기하기도 하고 해결을 제시하기도 한다.(p. 1272)

신앙의 보호적인 면 우리는 신앙이 영적 갈등으로부터 보호하는 역할을 한다는 사실에 주목해왔다. 이처럼 신앙이 무언가로부터 보호를 해준다는 점에서 긍정적인 대처 전략을 제공하고 있다. 예컨대 Abu-Raiya(2016)의 연구에 의하면 종교적 희망, 성화, 지지 및 헌신을 느낀 참가자들이 더 좋은 결과를 보여주었다.

Pargament, Falb, Ano 및 Wachholtz(2013)는 문헌 리뷰를 통해 이러한 결과를 확인하고 있다. 즉, 영적 지지를 구하는 것과 같은 긍정적인 종교 대처법이 도움이 된다. 한편 신의 능력을 의심하는 것과 같은 부정적인 종교 대처법은 영적 갈등과 낮은 웰빙을 지속하게 할 뿐이다. 이러한 결과는 인구통계학적 변인들을 통제하고 비종교적인 대처법을 시행한 후에도 여전히 중요한 의미를 갖는다.

영적 갈등을 겪는 사람들이 다시 신앙심을 회복하게 되면, 높은 웰빙상태를 유지하게 된다(Pargament et al., 2013). 웰빙을 높이는 핵심은 영적 갈등을 멈추고, 자신의 신앙심(신념)에 대한 일련의 확신을 갖는 것이다(Weber, Pargament, Kunilk, Lomax, & Stanley, 2012). 대개의 경우 이 접근이 의미하는 바는 긍정적 종교 대처 전략을 사용하는 것이다. 그러나 신앙심을 버리는 대안적인 전략에 의해서도 확신을 증가시킬 수 있음을 무신론에 관해 논의할 때 살펴보겠다.

문화

중요한 문화적 요소

종교적 생활과 웰빙의 관계는 주변 문화 환경에 따라 달라진다. 종교가 그 문화에서 일반적이고 규범적이라면, 그리고 종교에 대한 문화적 적대감이 없다면, 종교는 웰빙과 긍정적인 관계에 있다.

종교에 대한 사회적 적대감과 종교사회학   Lun과 Bond(2013)는 세계 여러 나라에서 종교에 대한 사회적 적대감과 종교적 사회화에 대한 지지의 문화적 요인을 조사했다. 사회적 적대감은 종교생활을 향한 폭력이나 협박을 기록한 여러 인권단체의 보고서를 토대로 측정되었다. 사회적 적대감 지수(SHI)에 의해 평가된 이 측정치가 반드시 종교에 대한 정부의 적대감만을 반영한다고 볼 수 없다. 한 국가 내의 다수와 소수 종교 간의 적대감 또한 반영한다. 종교적 사회화에 대한 지지는 어려서부터 신앙심을 가르치는 것이 중요하다는 시민들의 신념을 반영한다. 신앙심(religiosity)은 종교를 실천하는 정도 혹은 종교적 권위를 믿는 정도로 측정하였다.

Lun과 Bond는 42개국에서 약 5만 명의 참가자를 대상으로 조사하였다. 그 결과 신앙심과 웰빙 간의 관계가 문화적 요인에 의해 영향을 받는다는 사실을 보여주었다.[1] 그 결

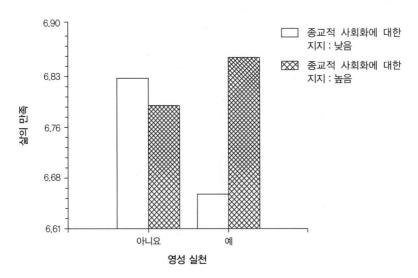

그림 9.4 삶의 만족 예측에 있어서 영성 실천과 종교적 사회화에 대한 문화적 지지 간의 상호작용

출처 : Lun & Bond(2013)

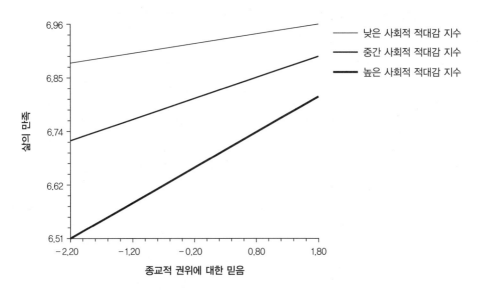

그림 9.5 삶의 만족 예측에 있어서 종교적 권위에 대한 믿음과 사회적 적대감 간의 상호작용

출처 : Lun & Bond(2013)

과가 그림 9.4에서부터 9.7에 걸쳐 삶의 만족(life satisfaction)과 행복에 관한 그래프로 제시되어 있다. 웰빙과 신앙심 사이의 관계는 종교에 대한 문화적 태도(즉, 종교적 사회화 또는 종교에 대한 사회적 적대감)에 의해 영향을 받는다.

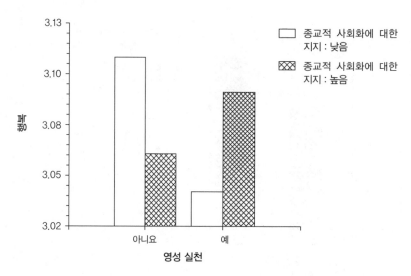

그림 9.6 행복 예측에 있어서 영성 실천과 종교적 사회화에 대한 문화적 지지 간 상호작용

출처 : Lun & Bond(2013)

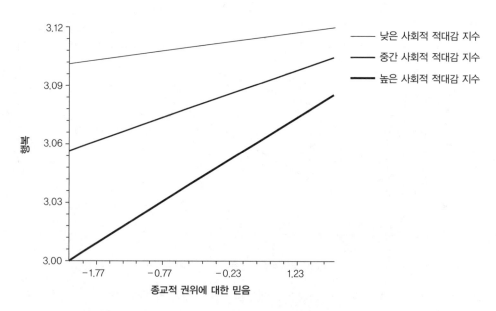

그림 9.7 행복 예측에 있어서 종교적 권위에 대한 믿음과 사회적 적대감 간의 상호작용

출처 : Lun & Bond(2013)

예를 들어 종교적 사회화에 대한 지지도가 낮은 문화권(즉, 아이들에게 신앙심을 가르치는 데 가치를 두지 않는 문화권)에서 영성 실천(spiritual practice)(즉, 종교생활을 하는 것)은 낮은 웰빙과 관련이 있다. '영성 실천/행복' 관계와 관련하여, 그림 9.6의 두 개의

흰색 막대가 이들 간의 관계를 보여주고 있다. 종교적 사회화가 지지되지 않는 문화 속에서 종교생활을 하는 사람들이, 종교생활을 하지 않는 사람들보다 더 행복지수가 낮을 수 있다. 다시 말해 종교생활과 웰빙 간의 관계는 종교가 그 문화에서 수용되는지 여부에 따라 달라진다. 따라서 종교가 항상 웰빙과 정적인 관계에 있는 것은 아니다.

종교적 권위에 대한 믿음과 관련된 결과(그림 9.5와 9.7) 또한 흥미롭다. 사회적 적대감 지수(SHI) 점수가 특정 종교에 대한 정부와 타종교로부터의 적대감을 반영한다는 사실을 상기해보자. 종교에 대한 사회적 적대감이 낮은 문화권에서 사람들은 더 행복감을 느끼고 삶의 만족도가 더 높다. 또한 종교적 권위에 대한 믿음으로 측정된 신앙심 또한 행복 및 삶의 만족도와 관계가 깊다. 그러나 종교적 권위에 대한 신념은 만일 그 문화가 종교에 대한 적대감이 중앙치 이하라면 웰빙에 그다지 중요하지 않다.

좀 더 구체적으로 보면 그림 9.7에서 낮은 SHI와 중간 SHI를 나타내는 선의 기울기가 상대적으로 평평한데, 이것은 종교적 권위에 대한 믿음이 그 문화적 조건에서 별 문제가 되지 않는다는 것을 시사한다. 그러나 사회적 적대감이 높은 문화에서는, 즉 높은 SHI 선의 가파른 기울기에서 알 수 있듯이 종교적 권위에 대한 믿음이 중요한 의미를 갖게 된다. 이러한 결과들은 종교와 웰빙의 관계가 문화적 가치에 달려 있다는 것을 다시 한 번 보여준다.

문화적 규범으로서의 종교   다른 연구에서 Lun과 Bond의 연구결과를 증명하는 한편, 이를 확장하여 종교에 대한 문화적 태도의 다른 척도들을 사용하였다. Diener 등(2011)은 여러 국가를 대상으로 연구하여, 이들을 종교가 일상생활의 중요한 부분을 차지하고 있다고 믿는 사람들의 비율에 따라 (나라를) 분류하였다. 이러한 믿음을 가진 사람들이 많은 국가는 종교를 선호하는 문화적 규범을 가지고 있는 것으로 보인다.

Diener 등은 이러한 문화적 신앙심 척도가 종교생활과 웰빙 간의 관계에 어떻게 영향을 미치는지를 조사했다. Lun과 Bond(2013)의 연구결과와 마찬가지로 Diener 등의 연구에서도, 종교와 웰빙 간의 관계가 문화적 요소에 달려 있다는 결론을 얻었다. 그림 9.8이 이 연구결과를 보여준다. 첫째, 먼저 가장 종교적인 상위 25% 국가에 살고 있는 개인의 경우를 샘플 기록한다(왼쪽의 막대그래프 2개). 이전 연구결과와 마찬가지로 종교적인 국가에 살고 있는 종교인의 경우, 삶에 대한 평가나 긍정정서가 높은 수준을 보였고, 부정정서는 비종교인보다 낮았다.

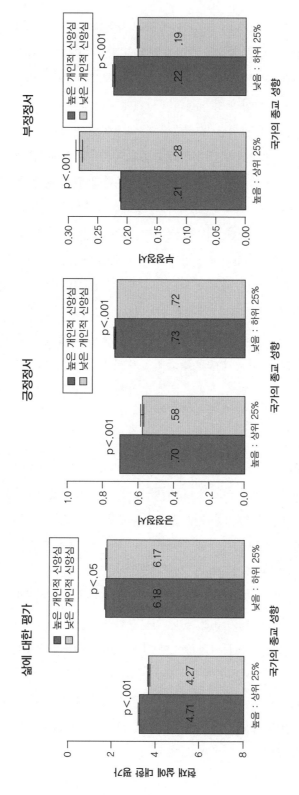

그림 9.8 신앙심과 주관적 웰빙의 관계에 대한 개인-환경 적합성. 종교가 중요하다고 생각하고 지난주에 종교 모임에 참여했던 사람은 높은 개인적 신앙심 조건으로 분류했다. 반대로 종교가 중요하지 않다고 생각하고 지난주에 종교 모임에 참여하지 않았던 사람은 낮은 개인적 신앙심 조건으로 분류했다.

출처 : Diener 등(2011)

종교적이지 않은 국가의 경우(오른쪽의 막대그래프 2개)를 살펴보면, 종교인과 비종교인 간에 웰빙 차이가 별로 없다. 실제로 종교인과 비종교인의 삶에 대한 평가와 긍정정서가 거의 동일하게 나타났다. 하지만 부정정서에 있어서는 의미 있는 차이가 있었다. 이 결과는 종교적인 문화권에서 종교생활은 특히 유익할 수 있지만, 종교 성향이 낮은 문화권에서 신앙의 유익은 줄어들 수 있다는 사실을 시사한다.

다른 연구에 따르면 종교를 선호하는 문화적 규범은 개인의 신앙심과 건강 간의 관계에 영향을 미친다고 한다. Stavrova(2015)는 전 세계 59개국과 미국 전역에 걸쳐 종교 성향이 있는 문화적 규범을 측정하였다. 다른 연구결과와 마찬가지로 종교 성향이 있는 나라들과 미국 표본에서 개인의 신앙심과 건강 간에 긍정적인 관계가 있었다. 그림 9.9와 9.10에서 그 결과를 설명하고 있다.

이 그림은 특이한 방식으로 구조화되어 있다. x축은 간단하다. 한 국가 또는 미국의 한

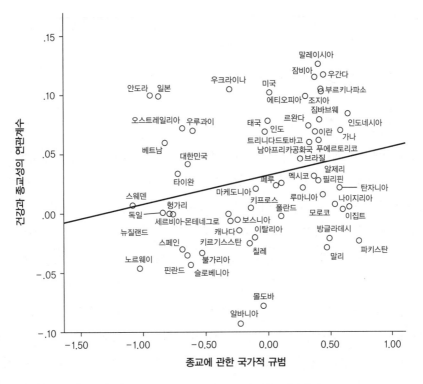

그림 9.9 종교에 관한 국가적 규범의 함수로서 자기평가 건강에 대한 종교성의 효과

$r=.24$, $n=59$, $p=.067$. 계수들(β)은 국가별 범용 최소제곱법(OLS) 회귀를 통해 얻었고, 이 모형들은 개인 수준의 모든 통제변인을 포함했다.

출처 : Stavrova(2015)

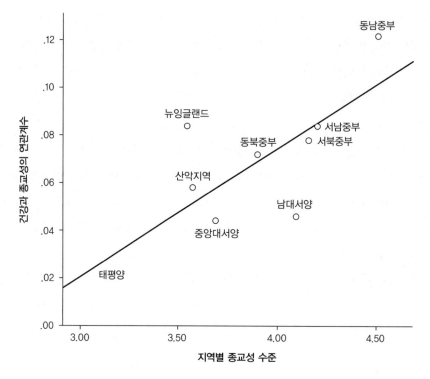

그림 9.10   종교성 수준의 평균에서 지역별 편차의 함수로서 건강에 대한 종교성의 효과

r = .76, *n* = 9

출처 : Stavrova(2015)

지역에서 종교를 선호하는 문화적 규범의 정도를 나타낸다. *y*축은 개인의 종교성과 건강의 함수의 크기를 나타낸다.[2] 더 높은 점수는 더 강한 관계를 나타낸다. 그림 9.9와 9.10은 개인의 신앙심과 건강 간의 관계의 강도가 종교 성향이 강한 문화권(*x*축에서 가장 오른쪽에 있는 집단)에서 가장 강하다(*y*축에서 가장 높은 값을 가짐)는 것을 보여준다.

개인의 신앙심과 건강 사이의 관련성은 종교 성향이 약한 문화권에서는 거의 제로(0)에 가깝다. 마지막으로 건강은 국가 간 표본에서는 자기보고로, 미국 내 샘플에서는 사망통계치를 토대로 정의하였다. 미국 데이터의 경우 많은 수의 표본들을 오랫동안 반복적으로 표집하였기 때문에, 이를 토대로 Stavrova는 개인의 신앙심과 종교에 관한 문화적 규범이 사망률과 어떻게 관련이 있는지를 연구할 수 있었다. 이들 요인이 개인이 자신의 건강에 대해 보고한 것을 예측할 뿐만 아니라 사망률도 예측한다는 것은 주목할 만하다. 정확히 말하면 미국 내에서 신앙을 가진 사람이 종교를 선호하는 지역에서 거주하는 경우 더 오래 산다.

사회적 역기능

마지막으로 Diener(2011) 연구로 다시 되돌아가서, 이들이 대규모 국가 간 연구였다는 점을 상기해보자. 가난하고, 가장 불안정한 나라에 사는 사람들의 경우, 신앙심이 웰빙과 높은 상관을 보인다는 사실은 스트레스가 많은 환경에서 종교가 웰빙에 도움을 준다는 사실을 시사한다.

이제 종교적 효과가 어떤 문화(혹은 국가) 내에서 사회적 역기능 수준에 따라 변할 수 있는지에 대해서 생각해보자. 그림 9.11에서 볼 수 있듯이, Diener 등의 결과 역시 종교가 웰빙에 주는 이익은 가난하고 불안정한 나라(오른쪽의 막대그래프 2개)에 거의 한정된다는 것을 보여준다. 비록 부유하고 안정된 상위 25% 수준에 있는 나라에 살고 있는 종교인은 긍정정서를 더 가지고 있는 것으로 보고되고 있지만, 더 많은 부정정서와 낮은 수준의 삶의 평가(왼쪽의 막대그래프 2개)도 보고한다.

이 결과는 다시 행복감에 있어서 종교의 유익함이 문화적 맥락에 달려 있음을 보여준다. Diener 등(2011)은 이러한 패턴이 왜 경제적 선진국에 사는 대부분의 사람들이 공식적인 종교를 버리게 되는지를 설명할 수도 있다고 추측한다. 즉, 발전되고 안정된 지역에 사는 사람들은 자신들의 웰빙을 증진시키기 위해서 종교에 그토록 매달릴 필요가 없다는 것이다.

종교에 관한 이러한 의견들은 다른 연구들, 즉 후진국에 사는 사람들이 더 종교적이 된다는 연구들에 의해 뒷받침된다. 예를 들어 Barber(2013)는 114개국 국가 간 연구를 통해서 같은 연구결과를 보고하였으며, 미국의 여러 주를 조사함으로써 이 결과를 확증하였다(Barber, 2015).

후속연구에서도 경제 수준 정도가 신앙심 수준과 웰빙 모두에 영향을 미친다는 사실을 다시 한 번 확인해주고 있다. Oishi와 Diener(2014)는 100개국 이상의 자료를 분석한 결과, 종교적 신앙심이 국가의 부와 자살률 간의 관계를 매개한다고 하였다. 구체적으로 가난한 나라는 더 종교적이었고 종교 수준이 높을수록 자살률이 낮으며, 경제 수준, 신앙심, 웰빙이 서로 상호작용하고 있음을 다시 한 번 보여주었다.

왜 문화가 중요한가

신앙인은 해당 종교 문화 안에서 존중과 지지를 받으며 살아갈 때 높은 웰빙을 느낀다(Diener et al., 2011; Stavrova et al., 2013). Diener 등은 사회적 지지에 대한 개인의 자각

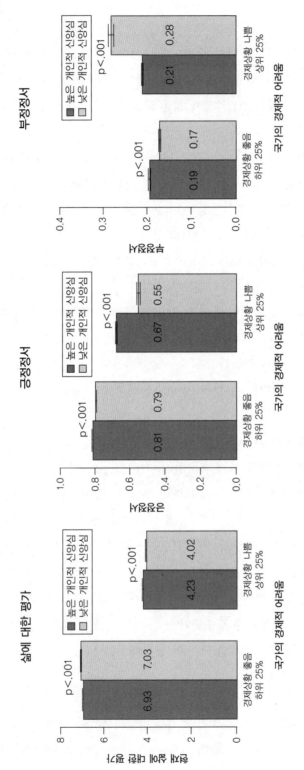

그림 9.11 경제상황이 다른 국가들에서의 신앙심과 주관적 웰빙. 종교가 중요하다고 생각하고 지난주에 종교 모임에 참여했던 사람은 높은 개인적 신앙심 조건으로 분류했다. 반대로 종교가 중요하지 않다고 생각하고 지난주에 종교 모임에 참여하지 않았던 사람은 낮은 개인적 신앙심 조건으로 분류했다.

주 : 오른 막대그래프는 표준 오류를 나타낸다.

출처 : Diener 등(2011)

(예 : 필요할 때 가족이나 친구들이 도움을 주는가에 대한 여부), 존중받는다는 느낌, 삶의 목적과 의미추구가 개인의 종교적 신앙심과 웰빙 간의 관계를 매개한다는 연구결과를 발표하였다. 따라서 종교는 사회적 지지 및 존중과 연결될 때 웰빙을 강화할 수 있는데, 여기에는 문화가 광범위하게 영향을 미친다.

다른 연구들에서도 유사한 결과를 볼 수 있다. Stavrova 등(2013)은 개인의 종교적 신앙심과 문화적 종교성의 결합이 웰빙을 예측할 수 있다는 점을 발견하였다. 마찬가지로 다른 연구에서도 신앙인은 해당 종교의 문화 안에서 거주할 때 가장 행복하다는 것이 확인되었다. 게다가 사회적 인정(존중감, 공정한 대우, 적절한 인정)은 종교적 신앙심과 웰빙을 부분 매개한다.

종교적 개인이 종교적 문화 안에서 거주하는 것은 더 큰 사회적 인정과 연관되어 있는데, 이러한 점이 개인의 신앙심과 웰빙 간의 관계를 부분적으로 설명해준다(Stavrova et al., 2013). 이러한 매개 패턴을 짚어보는 이유는 Diener 등의 결과와 다소간 다른 점이 있기 때문이다. Diener 등은 개인의 종교적 신앙심만을 예언변인으로 간주한 반면, Stavrova 등은 개인의 종교적 신앙심과 문화적 종교성을 함께 예언변인으로 고려하였다. Stavrova 등의 연구결과는 다음 핵심 질문에 직접 관련이 있다는 점에서 특별히 중요하다. 종교적 문화는 왜 종교인의 행복에 영향을 미치는가? 그 대답은 종교적 문화가 신앙인에게 더 많은 존중과 사회적 인정을 주는 부분이 있기 때문이다.

다만 종교가 웰빙에 미치는 효과에 국부(國富)와 국가적 안정이 어떻게 영향을 미치는지를 고려하는 것 역시 중요하다. 종교적 활동은 사회적 지지, 존중감과 의미추구와 강하게 연관되어 있으며, 이는 다시 큰 웰빙과 연관이 있다(Diener et al., 2011). 그러나 부유하고 안전한 나라에 거주하는 사람들은 사회적 지지와 존중을 얻을 수 있는 다른 비종교적인 방법을 가지고 있다. 따라서 상대적으로 부유하고 안전한 나라에 사는 사람들은 종교적 성향과 상관없이 대부분 상대적으로 더 행복하다.

그러나 빈곤하고 불안전한 나라에 사는 사람들에게 종교는 중요한 혜택을 준다. 종교를 통해 얻게 되는 존중과 의미추구, 사회적 지지는 다른 데서는 얻을 수 없는 것으로, 웰빙에 전적으로 중요하고 긍정적인 영향을 준다. 따라서 종교는 어렵고 도전적인 환경에 사는 사람들에게 특별한 중요성을 갖는다(Diener et al, 2011).

특히 삶의 의미는 빈곤한 나라에서 종교가 웰빙을 촉진하는 데 중요한 역할을 한다. Oishi와 Diener(2014)가 진행한 부(wealth)와 종교, 웰빙에 관한 교차문화 연구결과를 다시 상기해보자. 빈곤한 나라일수록 사회적 지지나 존중보다는 삶의 의미가 더욱 강력하게 종교와 웰빙 간의 관계를 설명할 수 있었다. 이들에 따르면 "… 종교적 신앙심과 삶의 의미가 연결되는 핵심 이유는 종교가 일상의 경험을 일관되고 온전하게 인생 전반의 구조와 이어주는 시스템을 제공하기 때문이다."(Oishi & Diener, 2014, p. 428). 그들은 또한 어려운 상황에서 종교가 개인의 의미를 찾도록 도와준다고 주장한다.

무신론과 행복

무신론자는 일반적으로 종교인만큼 행복하다

이제껏 논의한 바에 따르면 무신론자는 행복하지 않을 것 같지만 일반적으로 그렇지 않은 것 같다. 최근 여러 문헌에서 무신론자와 종교인의 행복감은 대략 동등하다고 결론짓고 있다(Brewster, Robinson, Sandil, Esposito, & Geiger, 2014; Streib & Klein, 2013; Weber et al., 2012). Weber 등은 종교인과 비종교인을 비교한 10개의 논문을 고찰한 바 있다. 이 중 7개의 논문에서 비종교인들의 심리적 스트레스는 종교인들과 대략 동등하거나 더 낮은 수준인 것으로 나타났다. 단 2개의 논문만이 일관되게 비종교인이 더 많은 스트레스를 받고 있다는 결과를 보였는데, 이 논문은 웰빙보다는 정신적 스트레스를 평가하고 있는 논문이다. 이 두 개의 연구에 따르면 비종교인이 종교인에 비해 신을 향한 분노를 갖고 있으며, 신을 용서하는 데 더 많은 어려움을 보이는 것으로 나타났다. (비종교인 중 많은 사람들이 이전에는 종교가 있었으나 믿음을 잃은 사람들이었다.)

이러한 점에서 무신론자와 종교인 간 웰빙의 전반적인 차이는 없는 것으로 볼 수 있다. 그러나 이 분야의 연구는 이제 막 시작하여 추가적인 연구가 더 필요하다(Brewster et al., 2014). 또한 무신론자가 종교인만큼 행복하다는 결론에 대한 흥미로운 예외사항이 있는데, 무신론자는 차별과 사회적 거부를 경험할 때 종교인보다 더 낮은 웰빙을 느낀다는 것이다.

무신론자의 행복을 어렵게 하는 것들

상기한 고찰 논문 이후에 출간된 특별히 흥미로운 연구가 있다. 최신 연구방법론을 사용한 이 연구에서는 무신론자가 신자보다 덜 행복하다는 증거를 찾을 수 있었다. 비록 이 결과가 선행 고찰 연구결과를 뒤집을 만큼 강력한 것은 아니지만 고려해볼 만한 가치가 있을 것이다. Ritter, Preston 및 Hernandez(2014)는 무신론자(예 : Richard Dawkins)와 크리스천 리더(예 : 교황 베네딕트)의 트위터를 팔로우하는 수천 명을 대상으로 연구를 진행했다. 팔로어들은 팔로잉하는 사람의 신념을 공유하는 것으로 가정하였다. 팔로어들이 긍정적이거나 부정적인 감정, 혹은 삶의 이벤트를 암시하는 메시지에 사용하는 단어의 빈도를 조사하였다.

결과는 무신론자의 트윗은 불행감과 더 많은 관련이 있는 단어를 포함한다는 것이었다. 따라서 무신론자가 크리스천보다 덜 행복하다고 제안하였다. 이 연구방법에 대해 어떻게 생각하는가? 무신론자와 종교인이 트윗한 메시지 내용만으로 행복감을 측정했다는 것은 확실히 그들의 행동이 연구의 결론에 의도적으로 영향 미칠 가능성을 제거하는 이득이 있다.

트위터 메시지의 내용이 개인의 전반적인 행복감을 반영할 것인가? 추후 논의하겠지만 무신론자들은 차별을 받는다. 아마도 전반적인 행복감보다는 이러한 차별이 대중을 향한 트윗 단어에 영향을 미칠 것이다. 정답은 알 수 없지만 이 논문은 흥미로운 시작점이며 후속연구가 중요할 것이다.

무신론자를 향한 차별   무신론자는 차별과 사회적 거부의 대상이 될 때 종교인보다 덜 행복하다. 특히 종교적 국가에서 무신론자가 차별을 받는다는 점은 분명하다(Stavrova et al., 2013). 예를 들어 Gervais, Shariff 및 Norenzayan(2011)은 무신론자가 신뢰받지 못한다는 점을 밝혔으며, Gervais(2014)는 대중이 무신론자를 부도덕하게 본다는 점을 밝혔다. 5개의 개별 연구에서 근친상간과 같은 부도덕한 가해자가 무신론자일지 아니면 어떤 문화적 혹은 종교적 집단의 일원일지 예상해보라는 질문에 대해 응답자들은 일관되게 무신론자일 가능성이 높다고 생각했다(Gervais et al., 2014).

문헌 고찰을 통해서도 무신론자가 부정적으로 인식된다는 것, 혹은 사회적으로 거부당한다는 것을 알 수 있다. Weber 등(2012)은 무신론자가 관용을 베푼다거나 하는 친사회적 행동을 한 이후에도 부정적으로 평가받은 경험적 사례를 들었다. 또한 자신의 자녀들을 무신론자와 결혼하게 허락하지 않을 것이라는 설문 결과도 함께 인용하여 무신론자가 신뢰받지 못한다는 결론을 내렸다.

무신론자를 향한 차별이 행복감을 낮춘다   무신론자가 신뢰받지 못하고 사회적 거부를 받는다는 Weber 등(2012)의 연구결과에 대해서는 이미 논의한 바 있다. 이에 Weber 등은 차별이 다른 사회적 집단의 웰빙을 떨어뜨리는 것과 마찬가지로, 반무신론자 차별 역시 정신적 스트레스의 중대한 원천이라는 이론을 세웠다. 특히 무신론자는 사회적 배제와 불평등에 맞서야 하고, 타인의 부정적 인식을 내재화하지 않도록 애써야 한다.

사회적 거부 및 차별을 무신론자의 (불)행과 구체적으로 연관지은 연구가 있다. Kugelmass와 Garcia(2015)는 가족, 사회, 인구학적 요인을 통제한 이후에도 비종교인 청소년은 청소년 종교인에 비해 거의 2배 가까이 정신적 장애(기분장애, 불안장애, 물질남용, 행동장애)를 경험한다는 것을 밝혀냈다. 그러나 비종교인 청소년이 겪는 이러한 정신장애는 부모의 종교적 신념에 달려 있다.

구체적으로 종교인 부모를 둔 비종교인 청소년은 청소년 종교인에 비해 136% 더 많은 정신장애를 경험한다. 그러나 비종교인 부모를 둔 비종교인 청소년은 청소년 종교인들과 별 다를 것이 없었다. 비종교적 가정에서 자란 이들과 비교했을 때, 종교적 가정의 비종교인 젊은이들은 확실히 거절감과 배척감을 느낀다고 가정할 수 있을까? 만약 그렇다면 이 결과는 무신론자의 낮은 웰빙이 사회적으로 배제되고 차별받는 것에 주로 기인한다는 견해와 일치한다.

일부 연구(예 : Diener et al., 2011 ; Stavrova et al., 2013)는 특히 고도로 종교적인 문화에 사는 경우에 비종교적인 사람이 덜 존중받는다는 것, 그리고 이러한 존중의 부족은 낮은 수준의 웰빙과 연관된다는 점을 보여준다. 구체적으로 무신론자와 종교인을 비교한 것은 아니라 할지라도(종교적 독실함을 높음부터 낮음까지 척도 구분하여 평가함), 이 결과는 차별이 비종교인들을 덜 행복하게 한다는 개념과 일치한다.

무신론자와 종교인을 특정하여 구분한 다른 연구에서도 유사한 결과가 나왔다. Ritter 등(2014)의 연구를 다시 짚어보자면, 무신론자는 불행과 관련된 단어를 크리스천보다 더 많이 트윗한다. 이 연구에서의 또 다른 발견은 '사회적 연결'과 함께 '분석적 사고'가 신앙과 행복의 관계를 매개한다는 점이다. 이는 크리스천이 사회적 연결(예 : 친구 또는 급우)을 암시하는 단어를 더 많이 트윗하고, 이러한 점은 더 많은 행복감을 암시하는 단어를 트윗할 것이라는 점을 예측하게 한다. 매개 관계란 것이 그렇듯 사회적 연결을 암시하는 트윗은 왜 크리스천이 행복감을 암시하는 단어를 더 많이 트윗하고 무신론자는 적게 트윗하는가를 설명해주는 요인이다. 이 결과는 무신론자가 사회적으로 존중받지 못할 때 덜 행복하다는 가설과 일치한다.

무신론자가 차별을 인식하는 것이 웰빙과 어떤 관련을 갖는지 직접적으로 연구한 결

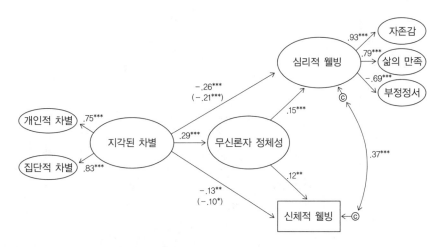

그림 9.12 차별-정체성 과정에 대한 구조적 모형

이 그림은 표준화된 회귀계수를 보여준다. 웰빙에 미치는 지각된 차별의 전체 효과는 괄호 안에 제시되었다. n=960

*p < .05, **p < .01, ***p < .001

출처 : Doane & Elliott(2015)

과가 있다. Doane과 Elliott(2015)는 국제 무신론자 기구의 웹사이트를 통해 960명의 무신론자 표본을 모았다. 예측한 바대로 그림 9.12와 같이 인지된 차별은 웰빙에 부적 영향을 미친다. 흥미롭게도 차별을 인식함으로써 무신론자의 정체성은 더욱 공고화되는데 (예 : 무신론자 정체성에 더욱 헌신해야겠다고 느끼는 것), 이렇게 공고화된 정체성은 웰빙에 정적 영향을 미친다.

따라서 차별은 웰빙을 높이기도 하고 낮추기도 하는데, 두 경로는 그림 9.12를 통해 볼 수 있다. 인지된 차별은 직접경로를 통해 웰빙을 감소시키지만, 무신론자 정체성 요인을 통한 간접경로를 통해서는 웰빙을 증가시킨다.[3] 그러나 인지된 차별에서 웰빙으로 이어지는 직접경로가 강해질수록, 웰빙에 전반적인 부적 영향을 미치게 된다. 따라서 차별과 사회적 수용의 부족이 무신론자가 종교인보다 낮은 웰빙을 느끼는 이유를 어느 정도 설명해줄 수 있을 것이다.

무신론자와 종교인에게 미치는 영향

신념의 중요성 여기 한 가지 역설이 있다. 이제까지 우리는 종교적 신념이 높은 수준의 웰빙과 전반적인 관련이 있다는 증거를 살펴보았다. 그러나 무신론자도 최소한 박해받지 않을 때는 종교인과 비교해보았을 때 웰빙 수준에 차이가 없다는 점 또한 볼 수 있었다.

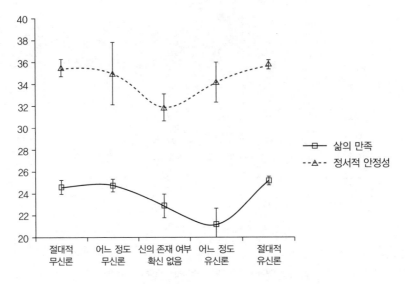

그림 9.13 신념의 확실성의 함수로서 삶의 만족과 정서적 안정성

출처 : Galen & Kloet(2011)

이러한 모순을 어떻게 설명할 것인가?

그 실마리는 신념의 확실성에 있다. Weber 등(2012)은 신념의 확실성이 종교인과 무신론자 모두에게 확실한 예언변인임을 언급하였다. 신앙인이라 하더라도 자신의 믿음에 낮은 확신을 갖는 사람은 확고한 비종교인에 비해 덜 행복할 수 있다. 그러나 자신의 영적 지위에 대해 강력히 확신하는 크리스천과 무신론자는 비슷한 수준의 웰빙을 누린다.

예를 들어 Galen과 Kloet(2011)은 신념의 확실성과 웰빙 사이에 U-자형 곡선의 관련이 있음을 발견하였다. 그림 9.13은 대상자의 삶의 만족과 정서적 안정, 두 가지 항목을 측정한 그래프이다. 정서적 안정은 "나는 거의 늘 편안하다."와 같은 질문을 통해 측정하며, 높은 점수일수록 높은 웰빙 수준을 나타낸다(Galen & Kloet, 2011, p. 677). 응답자들이 자신의 신념에 확신이 있는 한, 신앙 여부와 상관없이 대략 동등한 수준의 웰빙을 누리는 것으로 나타났다. 그러나 확신이 없는 응답자들, 즉 x축의 중간에 위치한 사람들은 확고한 종교인이나 무신론자에 비해 낮은 웰빙을 보고하였다.

Galen과 Kloet은 응답자 표본을 미국 중서부의 주류 교회 두 곳의 이메일 주소록과 과학 및 논리와 관련된 주제를 연구하는 비종교 연구센터 지부의 이메일 주소록을 통해 수집하였다. 결과는 인구통계 변수와 인지된 사회적 지지를 통제한 후에도 유의미하였다. 전체 응답자 중 49%가 신의 존재를 절대적으로 확신한다는 점에서 표본이 종교인 쪽으로 편향된 점은 있다. 그러나 Galen과 Kloet은 다른 방향으로 편향된 표본(40%의 응답자가 신이 존재하지 않는다는 것을 절대적으로 확신했다)을 모집한 두 번째 연구를 통해서도 비슷한 패턴을 발견했다. Streib와 Klein(2013)은 고찰 연구를 통해 신념의 확실성과 웰빙 사이의 U-자형 관계에 대한 유사한 결론에 도달하였다.

영적 갈등의 중요성 종교인과 비종교인이 비슷한 수준의 웰빙을 누리는 또 다른 이유는 양측 모두 웰빙에 영향을 미치는 영적 갈등을 겪는다는 점이다. 예를 들어 독실한 종교인과 비종교인 모두 자신과 다른 수준의 영적 신념을 가진 타인과 어떻게든 관계를 맺어야 한다는 점은 불가피하다. 양측 모두 삶의 목적과 의미를 찾기 위해 투쟁해야만 한다. 종교적 신념이 어떠하든 모든 사람이 이러한 투쟁을 겪어야 하는 것을 강조하는 것은 중요한 일이다(Weber et al., 2012). 그러므로 이들 모두 비슷한 수준의 행복감을 경험하는 것은 놀라운 일이 아니다.

이 사실은 다시금 확신의 중요성에 대해 주목하게 해준다. 일부 신앙인과 종교가 없는 사람은 자신의 믿음과 갈등을 느끼며 삶의 의미를 완전히 확신하지 못한다. 그러나 자신의 믿음에 확신을 찾으면 우리는 더 행복해질 수 있다.

종교와 웰빙이 전반적으로 정적 관련이 있다 하더라도 복잡하다는 점은 확실하다. 특정 종교체계의 특징은 굉장히 중요한데, 그 중요한 방식 역시 복잡하다. 예를 들자면 근본주의자들은 일반적으로 행복한 반면, 엄격하고 처벌하는 신을 믿는 사람들은 그렇지 않다는 점이다. 또 다른 예로 박해받지 않는 무신론자는 종교인만큼 행복하다는 점이다. 종교에 대한 문화적 태도는 더욱 복잡한데, 영적 갈등은 또 다른 차원의 복잡성을 더한다. 연구에 따르면 개인이 자신의 영성과 갈등할 때, 종교는 웰빙을 낮출 수 있고, 영적 갈등에 직면하더라도, 긍정적인 종교적 전략으로 대처한다면 웰빙은 증가할 수 있다.

이러한 발견은 Pargament(2002)가 진술한 바, 종교가 행복에 좋은 것인지 나쁜 것인지 단순하게 묻지 말아야 한다는 점을 뒷받침해준다. 대신 종교가 행복에 좋을 수도, 나쁠 수도 있다는 점을 인정해야 한다. 중요한 것은 특정 형태의 종교가 특정 환경에서 특정한 개인에게 도움을 줄 수 있는가 하는 것이다.

• • •
왜 종교가 웰빙을 예견할 수 있을까

삶의 의미와 목적

종교는 삶의 의미와 목적에 대한 감각을 일깨워 웰빙을 증가시킬 수 있고, 이로 인해 더 많은 행복감을 느낄 수 있게 한다. 다시 말해 삶의 의미와 목적은 종교적 신념과 웰빙 간의 관계를 매개한다. 이 절에서는 종교가 의미 추구를 도울 수 있는지에 대해 이론적으로 논의하고자 한다. 다음 절에서는 종교적 믿음과 의미추구, 웰빙 간의 관계에 대한 자료를 살펴보고자 한다.

이 장의 시작에서 언급한 바와 같이 삶의 의미와 목적에 대한 탐구는 강력한 동기적 힘이다(예 : Baumeister, 1991; Rosenblatt et al., 1989). 여러 사회과학자들이 이러한 점을 인식하고 삶의 의미를 추구하는 것이 어떻게 종교와 웰빙 간의 관계를 설명할 수 있는지에 관한 이론들을 구성했다. Park, Edmondson 및 Hale-Smith(2013)는 인간에게는 '기능적 의미체계(functional meaning systems)(p. 157)'에 대한 요구가 있다고 제안하며, 이 연구의 많은 부분을 통합했다.

> … 기능적 의미체계란 자극에 주의를 줘서 지각하고, 행동을 조직화하고, 자신과 타인, 그리고 대인관계를 개념화하고, 과거를 기억하고, 미래를 예측하는 필터로서 작용한다.(p. 158)

따라서 삶의 의미를 조성하고 이해하는 것은 인간심리의 중요한 기능이다. 의미체계(meaning systems)는 사건을 이해하고 자신과 타인의 행동을 이해하는 방식에 영향을 미친다. 과거를 이해하게 하고, 미래를 더욱 예측 가능하고 이해 가능하게 해준다.

의미체계는 또한 인류를 괴롭히는 의미에 대한 개개의 위협 모두를 관리하는 데 도움을 준다. 이러한 위협에는 사후 세계에 대한 궁금증, 인간 경험의 불확실성(즉, 미래 예측, 현재 이해의 어려움), 성가신 합목적성의 느낌, 인간 존재의 다양한 모순이 있다. 이러한 기능을 모두 충족시킴으로써 의미체계는 자기(self)와 정체성의 안정된 감각을 확립하는 데 도움을 준다(Park et al., 2013). 비록 Park 등(2013)이 명시적으로 진술하진 않았지만, 의미체계 가설의 분명한 의미는 삶의 목적의식을 확립하게 도와주는 기능적 의미체계가 더 나은 웰빙과 연결될 것이라는 점이다.

그러나 Park 등의 논문에서 가장 중요한 점은 종교가 개인 삶의 의미를 충족시키는 데 고유하고 효과적이라는 점을 구체적으로 논의한 것이다. 그들은 문화를 초월한 종교가 얼마나 보편적인지, 얼마나 많은 개인이 종교 활동을 수행하는지, 나아가 이러한 개인과 문화가 종교를 의미체계의 가장 중요한 부분으로 간주한다는 점을 지적하여 논거로 삼았다.

Park 등은 또한 종교적 의미체계가 실존적 의문을 다루는 데 있어 과학이나 기술적 체계와 같은 대안적 의미체계보다 훨씬 효과적이라고 주장하였다. 실존적 의문은 존재의 본질에 대한 질문으로 발전한다. "우리는 왜 존재하는가?", "우리는 죽은 후 어떻게 되는가?" 이러한 질문은 과학으로는 답할 수 없다. 우리가 어떻게 우리 존재 이유에 대한 데이터를 모을 수 있겠는가?

따라서 초자연적 현상과 신을 향해 호소하는 것은 이러한 실존적 질문에 만족할 만한 응답을 줄 수 있을 것이다. Park 등은 신의 초자연적 힘에 대한 믿음이 위안이 된다는 연구를 언급하였다. 그들은 또한 그러한 신념이 반증에 광범위한 면역력이 있다는 것이 장점이라고 주장하였다. 이로 인해 종교적 의미체계는 특별한 위안이 될 수 있다. 왜냐하면 신앙인의 신념체계는 주관적인 경험과 기타 관측 불가능한 바에 기반하기 때문에 타인에 의해 무효화되지 않을 것이라고 확신할 수 있기 때문이다.

종교는 또한 불확실성을 감소시키는 일관성과 통제감을 제공할 수 있다. 초자연적인 힘에 대한 믿음으로 사건(events)을 설명할 수 있게 되어 세상을 이해하기 쉬워지는 것이다. 독실한 사람들은 어떤 사건에 대해 신에 의한 것이라고, 신의 뜻의 일부라고 이해한다. 또한 이러한 신념은 신의 뜻을 따름으로써, 혹은 특별한 도움을 호소함으로써 사건에 영향을 줄 수 있는 기회를 열어주는 것이다. 이 모든 요소는 삶의 의미와 목적을 개발하는 데 도움을 줄 수 있다.

마지막으로 종교는 고통의 시기에 매우 유익할 수 있다. 새로운 삶의 의미를 제공하고 기존의 의미를 지켜준다. Park 등은 스트레스를 받는 동안 종교적 신앙이 위안이 되었다는 데이터를 언급하면서, 독실한 사람들이 어려움을 겪을 때는 신이 그들을 보호해준다는 점, 이러한 시련이 신의 행위임을 이해해야 한다고 확신시켜주어야 한다는 점을 인용하였다.

경험적 증거

여러 연구(특히 Cranney, 2013; Stroope, Draper, & Whitehead, 2013; van Tongeren,

Hook, & Davis, 2013)를 통해 적어도 일부 종교의 형태는 인생의 목적과 연관된다는 점이 밝혀졌다. 또 다른 연구들(Diener, Fujita, Tay, & Biswas-Diener, 2012; Garcia-Alandete, 2015; Sumner, Burrow, & Hill, 2015)에서는 의미추구와 목적의식이 웰빙을 예측하였다. 이 연구들이 의미추구와 목적의식이 종교와 웰빙의 관계를 매개한다는 아이디어는 일관되게 제시하고 있으나, 전체 모델을 테스트한 연구는 없다.

다만 대학생을 대상으로 한 3건의 연구, 즉 미국에서 진행된 2건의 연구(Byron & Miller-Perrin, 2009; Kashdan & Nezlek, 2012)와 호주의 연구(Sillick & Cathcart, 2014)에서는 종교의 특정 형태가 삶의 목적에 영향을 미치며, 이러한 점이 웰빙을 예측할 수 있게 한다는 아이디어를 확인할 수 있었다. 미국에서 19~62세의 성인 표본을 대상으로 개인의 종교적 신앙심을 종교적 대처 전략으로 측정한 연구(Krok, 2015)에서도 유사한 결과를 얻을 수 있었다.

Kashdan과 Nezlek(2012)의 연구는 종단연구라는 점에서 자세히 살펴볼 만하다. 87명의 미국 대학생에게 2주간 매일 영적 수준, 삶의 의미, 긍정정서와 자존감에 대해 보고하도록 했다. 종적연구라는 특성상 영성은 삶의 의미와 웰빙의 원인이지, +영향을 받는 요인이 아니라는 점을 더욱 자신 있게 주장할 수 있다.

그러나 삶의 목적이나 의미가 종교적 신앙심과 웰빙 사이의 관계를 매개한다는 가장 강력한 증거는 앞서 언급한 Diener 등(2011)의 연구에 있다. 이 연구는 전 세계 사람들의 79%를 대표하는 153개국의 표본을 조사한 대규모 연구이다. 부유한 나라와 빈곤한 나라 모두에서 삶의 만족도와 긍정 및 부정정서로 웰빙을 측정하는 모델을 지지하는 결과를 얻었다. 또한 삶의 의미와 목적이 다른 두 잠재적 매개요인(사회적 지지와 사회적 존중)보다 더 강하게 종교와 웰빙 간의 관계를 매개한다는 점이 나타났다. 그러나 이때 웰빙은 삶의 만족도로서 측정한 웰빙으로, 긍정 및 부정정서로서 측정한 웰빙에는 사회적 지지와 사회적 존중이 의미추구보다 더욱 강한 매개요인이 된다(Diener et al., 2011).

이러한 결과는 이후 자살률을 조사한 다문화 연구에 의해 개념적으로 재확인된다. Oishi와 Diener(2014)는 전 세계 100여 개국에서 종교적 신앙심, 삶의 의미 및 국가 자살률을 조사하였다. 이 연구에서는 웰빙을 국가 자살률로 측정하였으며, 결과는 다시 한 번 삶의 의미가 종교적 신앙심과 웰빙 사이의 관계를 매개한다는 것을 보여준다. 따라서 대학생 표본과 국제 조사 연구의 데이터는 종교가 웰빙을 증가시킨다는 모델과 일치한다. 종교는 먼저 삶의 의미와(혹은) 목적의식을 증가시키고, 이는 웰빙과 직접적인 관련이 있다.

사회적 관계

사회적 관계(social relationships)는 종교가 웰빙을 향상시키는 또 다른 잠재적 이유를 설명할 수 있다. 많은 사람들이 교회의 만찬, 모임, 아이스크림 사교가 친숙할 것이고, 교회나 종교적 '공동체'에 대한 이야기들을 잘 알고 있다. 이처럼 생생하고 활발한 사회적 공동체는 웰빙을 활성화하는데, 이는 공동체가 사회적 지지를 제공해주거나 매우 중요한 사회적 관계를 맺는 방법을 알려주기 때문이다.

사회와 집단행동이 대부분의 종교에서 매우 중요한 부분이며(Graham & Haidt, 2010) 사회적 관계가 웰빙의 중대한 결정요인이라는 점을 감안할 때(Baumeister & Leary, 1995), 종교의 매개 모델은 매우 설득력 있다.

데이터를 살펴보기 전에 사회 및 집단행동이 종교에 필수적이라는 주장을 설명하는 것이 중요하다. Graham과 Haidt(2010)는 문헌 고찰을 통해 노래, 춤, 기도와 같은 집단행동이 집단 구성원 사이의 호감, 신뢰 및 협력을 증가시킨다는 것을 발견했다. 또한 이러한 유형의 집단행동은 일반적인 종교 관행이며, 동료 종교인들과 종교 전체에 대한 헌신을 구축하는 데 사용된다. 실제로 Graham과 Haidt는 신념보다 종교 활동의 사회적 측면이 웰빙을 예측하는 데 더욱 중요하다는 결론을 내렸다. 구체적으로 개인이 단체 예배에 소비하는 시간, 봉사 활동에 참여한 횟수, 종교적 사회 공동체에 편입되는 정도 등은 종교적 신념보다 웰빙을 더 잘 예측한다.

비슷한 논의가 사회적 정체성 이론(Social Identity Theory)(Tajfel & Turner, 1986)에서도 제기되었다. 이 이론에서 개인은 자신을 집단 구성원이라는 관점으로 생각한다. 이것이 중요한 이유는 집단이 사회적 존중을 받을 때 개인 역시 이로써 자존감을 향상시킬 수 있기 때문이다. Ysseldyk, Matheson 및 Anisman(2010)은 종교단체의 정체성이 이러한 관점에서 특히 매력적이라고 주장한다. 첫째, 종교단체 회원은 다른 사회집단과 비슷한 방식으로 사회적 지지, 존중 및 지위를 받지만, 궁극적 진리(신앙의 본질상 입증할 수 없는)에 대한 배타적 지식도 얻게 된다. 따라서 실존적 불안과 불확실성에 대해 보호를 받을 수 있게 되는 것이다. 이는 또한 신에게 구함으로써 사건을 통제할 수 있을 것이라고 인지된 능력까지 얻게 되는 것이다. 이러한 확실성과 통제감은 자존감과 웰빙의 다른 측면에 명백한 유익함을 준다.

사회적 지지는 다른 집단의 일원이 되어서도 얻을 수 있다. 그러나 종교단체의 구성원이 됨으로써 얻게 되는 자존감 향상은 특별히 강하다. 종교적 신앙에 의한 확실성, 통제감 및 종교적 신념에 의한 믿음 때문이다(Ysseldyk et al., 2010).

사회적 관계가 종교와 웰빙 사이의 매개 역할을 한다는 증거

사회적 관계가 종교와 웰빙 사이의 관계를 매개할 수 있다는 것을 보여주는 증거는 다음과 같다. 첫째, 노인을 위한 교회의 사회적 지원은 종교 활동에 참여하는 기독교인이나 믿음을 잃은 기독교인이나, 혹은 아무런 믿음이 없는 사람에게도 제공된다. 종교가 사회적 지지를 제공함으로써 웰빙을 증진시킨다는 가설과 일관되게, 교인들의 지지를 기대한 응답자는 시간이 지남에 따라 가장 긍정적인 건강 변화를 보고했다. 이 결과는 사회인구학적 변수와 교회 출석, 개인 기도 횟수, 연구 초기에 자기평가된 건강을 통제한 후에도 유의미했다. 또한 제공된 지원의 양, 실제로 교인들이 제공한 지원을 통제한 후에도 유의미했다(Krause, 2006).

　이 결과는 사회적 지지의 힘을 짚어냈다는 점에서 주목할 만한 가치가 있다. 중요한 것은 참가자가 실제로 얼마나 많은 도움을 받고 있는지 고려하는 것이 아니라, 다른 교인들이 그들을 지지해줄 것이라고 생각하는 정도이다. 따라서 사회적 지지에 대한 인식이 특히 중요하다. 심지어 기도나 교회 참석과 같은 요인을 통제한 이후에도 사회적 지지를 기대하는 것이 건강과 관련이 있다는 점 역시 중요하다. 이 결과는 종교적 믿음이나 실천보다 사회적 지지가 종교와 웰빙 관계의 가장 중요한 구성 요소라는 Graham과 Haidt의 주장을 확인해주기 때문이다.

종교와 사회적 관계　크리스천 팔로어들이 무신론자 팔로어보다 사회적 관계를 암시하는 단어를 트윗할 가능성이 더 크다는 Ritter 등(2014)의 연구를 상기해보자. 사회적 연결을 암시하는 트윗은 종교적 신앙심과 웰빙을 매개한다. 마찬가지로 Diener 등(2011)은 사회적 지지가 삶의 의미보다는 약한 매개요인이었다 할지라도, 그 매개관계를 확인한 대규모 다국적 연구를 수행하였다. 다른 소규모 연구(Salsman, Brown, Brechting, & Carlson, 2005)도 이 매개 모델을 지지한다.

　다른 연구들도 있다. Hopkins 등(2016)은 종교적 헌신을 위해 인도 북부의 연례 종교 축제에 참석한 416명의 힌두 순례자를 연구하였다. 순례자들은 갠지스 강에서 목욕 의식을 하고, 종교적인 모임에 참석하고 기도하면서, 평범한 보살핌과 쾌락을 거부하는 단순한 삶을 살아가고 있었다. Hopkins 등은 공유된 정체성[즉, 다른 순례자들과 함께하는

'우리(we-ness)'의 느낌]이 종교적 신앙심과 축제에서의 긍정적 경험을 부분 매개한다는 점을 발견했다. 부분 매개는 매개요인을 통한 관계의 일부를 의미하지만 예언변수와 결과변수(이 경우 각각 종교적 신앙심과 긍정적 경험) 사이에는 직접적인 관계가 있다는 점을 기억해야 할 것이다. 이 결과 역시 종교가 사회적 관계를 강화함으로써 웰빙을 증가시킨다는 가설과 일치한다.

그러나 사회적 지지가 모든 신앙인의 종교적 신앙심과 웰빙의 관계를 매개하지는 않을 수도 있다. Pirutinsky 등(2011)은 이 매개 모델을 정통파와 비정통파 유대인을 대상으로 테스트하였다. 비정통파 유대인 표본에서는 이전의 연구결과와 패턴이 반복되었다. 명확한 설명을 위해 결과를 단순화한 감은 있지만, 비정통파 유대인 응답자들에게 있어서는 사회적 지지가 종교적 근본주의와 우울증을 매개하는 것으로 나타났다. (종교적으로 주입된 사회적 지지가 낮은 수준의 우울을 예측하였다.)

그러나 정통파 유대인 응답자에게는 그렇지 않았다. 이들에게는 종교적 신앙심은 사회적 지지와 연관이 있지 않았다. 사회적 지지가 더 낮은 수준의 우울을 예측한다 하더라도 종교적 신앙심과 우울의 관계를 매개하지는 않았다.

Pirutinsky 등은 이 결과에 대해 정통파 유대인이 종교적 정신상태에 강하게 집중한다는 점을 들어 설명하였다. 반드시 따라야 할 엄격한 규율과 신념이 대인관계보다 더욱 강하게 강조되는 것이었다. 반면, 비정통파 유대인들은 더 많은 종교 공동체에 참여했다. 사회적 참여가 특정한 종교적 상태보다 더 강조되었다. 이러한 점을 감안하면 비정통파 유대인에 비해 정통파 유대인들은 사회적 지지와 종교 활동을 강하게 연결하지는 않는 것으로 보인다.

다시 한 번 강조하지만 추가적인 연구가 필요하다. 그러나 이것은 분명히 흥미로운 이슈이며, 종교를 불문하고 사회적 관계가 종교와 웰빙 관계의 필수적인 요소라는 Graham과 Haidt의 가설에 의문을 제기할 만한 것이다. 만약 정통파 유대인을 대상으로 한 Pirutinsky 등의 연구결과가 다른 종교에서도 되풀이된다면 Graham과 Haidt의 가설은 최소한 부분적으로 틀린 것이고, 특정 종교의 본질에 대해서 재고되어야 할 것이다.

기타 잠재적 매개요인

심리적 애착

심리적 애착(Bowlby, 1988) 또한 종교와 웰빙 사이의 관계를 매개할 수 있다. 애착이론

(attachment theory)은 아이들이 일찍부터 주 양육자와 안전하고 정서적인 관계를 형성해야 한다는 것이다. 또한 개인이 안전하고 심리적으로 활발하기 위해서는 이 유대가 지속되어야 한다.

안정 애착의 몇 가지 특징이 특히 중요하다. 첫째, 안정 애착은 스트레스를 받을 때 안정감을 느끼도록 해준다. 둘째, 안정 애착은 어린아이가 탐험할 수 있는 안전한 환경을 제공하고 중요한 삶의 기술을 익힐 수 있도록 해준다. 셋째, 애착의 상실 또는 애착 대상과의 분리는 스트레스와 불안감을 유발한다. 따라서 안정 애착은 웰빙을 위해 중요하다(Bowlby, 1988).

종교는 신에 대한 심리적 애착의 형태를 통해 웰빙을 증가시킬 수 있다. Granqvist와 Kirkpatrick(2013)은 인간 종교 행위의 대부분이 신을 향한 애착을 상징하는 것으로 이해할 수 있다고 이론화했다. 예를 들어 인간은 사랑과 보살핌으로 표현되는 신과 감정적 유대를 형성한다. 신은 안전을 주고 우리가 지혜를 찾도록 도와준다고 여겨진다. 신은 또한 스트레스를 받을 때 우리를 보호해주고, 신과의 분리는 불안감을 안겨준다. Granqvist와 Kirkpatrick(2013)은 문헌 고찰을 통해 이 주장에 대한 근거를 발견했다. 이들은 신을 향한 상징적 애착이 인간 양육자와의 애착과 마찬가지로 웰빙을 향상시킨다는 매개 모델을 제안하였다.

자기통제와 자기조절

또 다른 잠재적 매개 모델은 종교가 자기통제와 자기조절 능력을 향상시켜서 웰빙을 증진한다는 것이다. McCullough와 Carter(2013)는 신이 올바른 행동 규칙을 규정한 '도덕적' 종교를 신봉하는 사람들은 이러한 규칙을 내면화하고 따라야만 한다는 점에 주목했다. 따라서 유대교, 이슬람교, 기독교와 같은 종교를 믿는 사람은 강한 충동을 비교적 잘 통제하는 법을 배운다. 종교적 활동에서 유래된 자기통제는 약물, 마약, 술 및 범죄의 유혹을 줄이고, 미래를 계획하도록 도와줌으로써 웰빙을 증가시킨다(McCullough & Carter, 2013).

이 주장은 생물학적 및 문화적 진화에 기반을 두고 있다. McCullough와 Carter는 유목하는 수렵채집사회에서 정착된 농경사회로 변화하면서 자기통제를 선호할 수밖에 없는 자연스러운 압력이 있었다고 주장한다. 농경사회에서 생활하면서 더 높은 수준의 협력과 인내가 필요했던 것이다. 예를 들어 인구밀도의 증가로 인해 개인이 원활하게 상호작용해야 하는 사람들이 늘어난 것이다. 또한 우물 파기나 대지 경작과 같은 집단과업도 있었다. 이러한 특징은 협력과 인내를 요구했다. 그 결과 더 높은 수준의 자기통제 능력을 갖춘 개인이 선택적 이득을 보게 되었다.

McCullough와 Carter에 따르면 종교 형태의 변화도 문화적 진화로 인해 같은 시기에 시작되었다. 엄격한 규칙에 따라 적절한 행동을 해야 하는 '도덕적' 종교를 개발한 문화는 자기통제를 일반적으로 장려할 수 있게 되었다. 이 문화적 변화는 개인의 자기통제 능력과 자기조절 능력을 향상시키기 위한 진화론적 압력과 함께 작용한 것이다.

McCullough와 Carter는 문헌을 고찰하여 그들의 가설에 대한 근거를 찾았다. 예를 들어 종교적 신앙심은 자기통제 능력과 정적 상관이 있다. 종교적 신앙심은 또한 타인에 대한 존중과 자기훈련과 정적 관련이 있으며, 자기 방종과는 부적 상관관계를 갖는다. 또한 여러 연구에서 언급된 종교적 신앙심과 웰빙 사이의 연관을 자기통제를 통해 설명할 수 있다고 주장한다. 예를 들어 종교가 더 낮은 범죄율, 청소년 비행, 물질남용이나 오용, 그리고 더 높은 수준의 학업성취도와 연관된 점을 자기통제가 설명해줄 것이라고 하였다.

한 가지 중요한 점은 McCullough와 Carter의 가설은 '도덕적' 종교에만 적용된다는 것이다. 도덕적 종교란 신이 개인의 행동에 관심을 갖고 있으며, 신도가 복종해야 하는 엄격한 규칙을 내세우는 종교이다. 그러므로 이러한 가설은 단순히 '영적'이거나 신이 평범한 인간사에 관심이 없다고 가르치는 종교에 속한 개인에게는 적용되지 않는다. 또 한 가지 중요한 점은 이 가설이 널리 검증되지는 않았다는 것이다. 특정한 유형의 종교를 자기통제를 매개요인으로 하여 웰빙과 연결시키는 매개 모델에 대한 공식적인 검증은 거의 없다. 대신 도덕적 종교가 자기통제와 관련되어 있다는 점을 보여줌으로써 모델의 일부분만 증명되었다.

요약하면 종교와 웰빙 사이의 관계는 직접적인 것이 아니다. 대신 종교는 삶의 의미, 사회적 관계, 애착, 자기통제를 포함한 긍정적인 심리적 상태를 강화하여 웰빙을 향상시킨다. 삶의 의미는 가장 많은 이론적 관심과 연구를 이끌어낸 것으로 보인다. 이 연구는 삶의 의미가 종교와 웰빙 사이의 관계를 매개한다는 이론가들의 예측을 확인시켜준다.

각 변인의 상대적 강도는 알려져 있지 않다. Diener 등(2011)은 삶의 만족도가 웰빙의 척도일 때 의미추구가 사회적 관계보다 더 중요한 요인임을 밝혀냈다. 그러나 다양한 매개요인의 설명력을 비교한 연구는 거의 없다. 행복을 위한 사회적 관계의 중요성을 감안하면(Baumeister & Leary, 1995), 사회적 관계가 다른 매개요인과 비교하여 중요하다고 기대할 수 있지만 가설에 불과하다. 늘 그렇듯 더 많은 연구가 필요하며, 종교가 웰빙을 증진시킬 수 있는 기제를 이해하는 것은 흥미로운 일이다.

• • •
요약

언제나 그렇다고 할 수는 없지만 종교는 웰빙에 정적 영향을 미친다. 통계적 통제기법을 사용한 연구는 실험적 증거가 없어서 확신할 순 없지만, 이 관계가 인과적일 수 있음을 제안한다. 그러나 복잡한 관계의 전반에 대해 정확한 요약문을 작성하는 일은 어렵다.

예를 들어 종교를 완전히 거부하는 무신론자들은 신앙인만큼이나 행복할 수 있다. 특정 종교적 신념의 특징 또한 중요하다. 또한 문화는 종교적 행동이 웰빙을 증진시키는지 여부에 영향을 미친다. 특히 종교를 지지하는 문화, 빈곤하고 불안정한 국가에서 종교는 웰빙에 도움이 된다.

최소한 종교가 간접적으로 진화에 적응한 것이라고 할 수 있는 충분한 가능성은 있다. 그러나 진화의 부산물로 발전했을 가능성도 있다. 이 의문은 행복에 중요한 영향을 미친다. 종교가 생물학적 적응으로 발전한 것이라면, 그 목적은 생존과 번식을 돕는 것이지 행복을 증진시키는 것은 아니라는 것을 의미한다. 따라서 종교와 관련된 행복은 진화론적 필요가 충족된 때만 발생한다.

종교와 행복 사이의 관계는 직접적인 것이 아니라 여러 가지 요인에 의해 매개된다. 다른 매개요인들이 있긴 하지만 삶의 의미는 특히 중요한 매개요인인 것으로 보인다. 따라서 행복에 대한 종교의 주된 역할은 삶의 의미와 목적을 강화하는 데 있을 수 있으며, 이는 우리의 웰빙을 증진시킨다.

주

1. 종교 문화에 관해 이 절에서 논의된 모든 결과와 마찬가지로, 저자는 개인의 종교적 선호도 또는 교파 변수와 함께 다양한 인구통계 변수를 통제했다. 결과가 인과관계를 반영한다는 것을 보장하지는 않지만, 인과관계가 있을 가능성을 더해준다.
2. β는 개인의 종교적 신앙심과 건강 간의 관계를 보여주는 회귀선의 표준화된 기울기이다.
3. 차별에서 정체성, 웰빙에 이르는 간접경로는 독특하지 않다. Doane과 Elliott(2015)는 아프리카계 미국인의 웰빙에 대한 차별의 영향에 관해 비슷한 결론을 내렸다.

참고문헌

Abu-Raiya, H., Pargament, K. I., & Krause, N. (2016). Religion as problem, religion as solution: Religious buffers of the links between religious/spiritual struggles and well-being/mental health. *Quality of Life Research, 25*(5), 1265–1274.

Abu-Raiya, H., Pargament, K. I., Krause, N., & Ironson, G. (2015). Robust links between religious/ spiritual struggles, psychological distress, and well-being in a national sample of American adults. *American Journal of Orthopsychiatry, 85*(6), 565–575.

Allport, G. W., & Ross, J. M. (1967). Personal religious orientation and prejudice. *Journal of Personality and Social Psychology, 5*(4), 432–443.

Altemeyer, B., & Hunsberger, B. (2004). A revised religious fundamentalism scale: The short and sweet of it. *International Journal for the Psychology of Religion, 14*(1), 47–54.

Barber, N. (2013). Country religiosity declines as material security increases. *Cross-Cultural Research: The Journal of Comparative Social Science, 47*(1), 42–50.

Barber, N. (2015). Why is Mississippi more religious than New Hampshire? Material security and ethnicity as factors. *Cross-Cultural Research: The Journal of Comparative Social Science, 49*(3), 315–325.

Baumeister, R. F. (1991). *Meanings of life.* New York, NY: Guilford Press.

Baumeister, R. F., & Leary, M. R. (1995). The need to belong: Desire for interpersonal attachments as a fundamental human motivation. *Psychological Bulletin, 117*(3), 497–529.

Berthold, A., & Ruch, W. (2014). Satisfaction with life and character strengths of non-religious and religious people: It's practicing one's religion that makes the difference. *Frontiers in Psychology, 5,* 1–9.

Bowlby, J. (1988). *A secure base: Parent–child attachment and healthy human development.* New York, NY: Basic Books.

Braam, A. W., Schaap-Jonker, H., Mooi, B., De Ritter, D., Beekman, A. T. F., & Deeg, D. J. H. (2008). God image and mood in old age: Results from a community-based pilot study in the Netherlands. *Mental Health, Religion and Culture, 11*(2), 221–237.

Brewster, M. E., Robinson, M. A., Sandil, R., Esposito, J., & Geiger, E. (2014). Arrantly absent: Atheism in psychological science from 2001 to 2012. *Counseling Psychologist, 42*(5), 628–663.

Byron, K., & Miller-Perrin, C. (2009). The value of life purpose: Purpose as a mediator of faith and well-being. *The Journal of Positive Psychology, 4*(1), 64–70.

Carlucci, L., Tommasi, M., Balsamo, M., Furnham, A., & Saggino, A. (2015). Religious fundamentalism and psychological well-being: An Italian study. *Journal of Psychology and Theology, 43*(1), 23–33.

Cranney, S. (2013). Do people who believe in God report more meaning in their lives? The existential effects of belief. *Journal for the Scientific Study of Religion, 52*(3), 638–646.

Delamontagne, R. G. (2010). High religiosity and societal dysfunction in the United States during the first decade of the twenty-first century. *Evolutionary Psychology, 8*(4), 617–657.

Desai, K. M., & Pargament, K. I. (2015). Predictors of growth and decline following spiritual struggles. *International Journal for the Psychology of Religion, 25*(1), 42–56.

Diener, E., Fujita, F., Tay, L., & Biswas-Diener, R. (2012). Purpose, mood, and pleasure in predicting satisfaction judgments. *Social Indicators Research, 105*(3), 333–341.

Diener, E., Tay, L., & Myers, D. G. (2011). The religion paradox: If religion makes people happy, why are so many dropping out? *Journal of Personality and Social Psychology, 101*(6), 1278–1290.

Doane, M. J., & Elliott, M. (2015). Perceptions of discrimination among atheists: Consequences for atheist identification, psychological and physical well-being. *Psychology of Religion and Spirituality, 7*(2), 130–141.

Edara, I. R. (2013). Spirituality's unique role in positive affect, satisfaction with life, and forgiveness over and above personality and individualism-collectivism. *Research in the Social Scientific Study of Religion, 24*, 15–41.

Exline, J. J., & Rose, E. D. (2013). Religious and spiritual struggles. In R. F. Paloutzian & C. L. Park (Eds.), *Handbook of the psychology of religion and spirituality* (2nd ed., pp. 380–398). New York, NY: Guilford Press.

Eytan, A. (2011). Religion and mental health during incarceration: A systematic literature review. *Psychiatric Quarterly, 82*(4), 287–295.

Faigin, C. A., Pargament, K. I., & Abu-Raiya, H. (2014). Spiritual struggles as a possible risk factor for addictive behaviors: An initial empirical investigation. *International Journal for the Psychology of Religion, 24*(3), 201–214.

Fitchett, G., Winter-Pfändler, U., & Pargament, K. I. (2014). Struggle with the divine in Swiss patients visited by chaplains: Prevalence and correlates. *Journal of Health Psychology, 19*(8), 966–976.

Galen, L. W., & Kloet, J. D. (2011). Mental well-being in the religious and the non-religious: Evidence for a curvilinear relationship. *Mental Health, Religion and Culture, 14*(7), 673–689.

García-Alandete, J. (2015). Does meaning in life predict psychological well-being? *The European Journal of Counselling Psychology, 3*(2), 89–98.

Gervais, W. M. (2014). Everything is permitted? People intuitively judge immorality as representative of atheists. *PLOS ONE, 9*(4). doi:10.1371/journal.pone.0092302

Gervais, W. M., Shariff, A. F., & Norenzayan, A. (2011). Do you believe in atheists? Distrust is central to anti-atheist prejudice. *Journal of Personality and Social Psychology, 101*(6), 1189–1206.

Graham, J., & Haidt, J. (2010). Beyond beliefs: Religions bind individuals into moral communities. *Personality and Social Psychology Review, 14*(1), 140–150.

Granqvist, P., & Kirkpatrick, L. A. (2013). Religion, spirituality, and attachment. In K. I. Pargament, J. J. Exline, & J. W. Jones (Eds.), *APA handbook of psychology, religion, and spirituality (Vol. 1): Context, theory, and research* (pp. 139–155). Washington, DC: American Psychological Association.

Green, M., & Elliott, M. J. (2010). Religion, health, and psychological well-being. *Journal of Religion and Health, 49*, 149–163.

Hackney, C. H., & Sanders, G. S. (2003). Religiosity and mental health: A meta-analysis of recent studies. *Journal for the Scientific Study of Religion, 42*(1), 43–55.

Headey, B., Hoehne, G., & Wagner, G. G. (2014). Does religion make you healthier and longer lived? Evidence for Germany. *Social Indicators Research*, *119*(3), 1335–1361.

Hollywell, C., & Walker, J. (2009). Private prayer as a suitable intervention for hospitalised patients: A critical review of the literature. *Journal of Clinical Nursing*, *18*(5), 637–651.

Hopkins, N., Reicher, S. D., Khan, S. S., Tewari, S., Srinivasan, N., & Stevenson, C. (2016). Explaining effervescence: Investigating the relationship between shared social identity and positive experience in crowds. *Cognition and Emotion*, *30*(1), 20–32.

Jordan, K. D., Masters, K. S., Hooker, S. A., Ruiz, J. M., & Smith, T. W. (2014). An interpersonal approach to religiousness and spirituality: Implications for health and well-being. *Journal of Personality*, *82*(5), 418–431.

Kashdan, T. B., & Nezlek, J. B. (2012). Whether, when, and how is spirituality related to well-being? Moving beyond single occasion questionnaires to understanding daily process. *Personality and Social Psychology Bulletin*, *38*(11), 1523–1535.

Kinnvall, C. (2004). Globalization and religious nationalism: Self, identity, and the search for ontological security. *Political Psychology*, *25*(5), 741–767.

Knabb, J. J., & Pelletier, J. (2014). The relationship between problematic Internet use, God attachment, and psychological functioning among adults at a Christian university. *Mental Health, Religion and Culture*, *17*(3), 239–251.

Koohsar, A. A. H., & Bonab, B. G. (2011). Relation between quality of image of God with anxiety and depression in college students. *Procedia—Social and Behavioral Sciences*, *29*, 252–256.

Koole, S. L., McCullough, M. E., Kuhl, J., & Roelofsma, P. H. M. P. (2010). Why religion's burdens are light: From religiosity to implicit self-regulation. *Personality and Social Psychology Review*, *14*(1), 95–107.

Krause, N. (2006). Church-based social support and change in health over time. *Review of Religious Research*, *48*(2), 125–140.

Krause, N. (2010). Religious involvement, humility, and self-rated health. *Social Indicators Research*, *98*(1), 23–39.

Krause, N., Emmons, R. A., & Ironson, G. (2015). Benevolent images of God, gratitude, and physical health status. *Journal of Religion and Health*, *54*(4), 1503–1519.

Krok, D. (2015). Religiousness, spirituality, and coping with stress among late adolescents: A meaning-making perspective. *Journal of Adolescence*, *45*, 196–203.

Kugelmass, H., & Garcia, A. (2015). Mental disorder among nonreligious adolescents. *Mental Health, Religion and Culture*, *18*(5), 368–379.

Larson, D. B., & Larson, S. S. (2003). Spirituality's potential relevance to physical and emotional health: A brief review of quantitative research. *Journal of Psychology and Theology*, *31*(1), 37–51.

Lawford, H. L., & Ramey, H. L. (2015). "Now I know I can make a difference": Generativity and activity engagement as predictors of meaning making in adolescents and emerging adults. *Developmental Psychology*, *51*(10), 1395–1406.

Lawrence, R. T. (1997). Measuring the image of God: The God image inventory and the God image scales. *Journal of Psychology and Theology*, *25*(2), 214–226.

Lechner, C. M., & Leopold, T. (2015). Religious attendance buffers the impact of unemployment on life satisfaction: Longitudinal evidence from Germany. *Journal for the Scientific Study of Religion, 54*(1), 166–174.

Lun, V. M., & Bond, M. H. (2013). Examining the relation of religion and spirituality to subjective well-being across national cultures. *Psychology of Religion and Spirituality, 5*(4), 304–315.

Lyubomirsky, S. (2008). *The how of happiness: A new approach to getting the life you want.* New York, NY: Penguin Press.

Masters, K. S., & Hooker, S. A. (2013). Religiousness/spirituality, cardiovascular disease, and cancer: Cultural integration for health research and intervention. *Journal of Consulting and Clinical Psychology, 81*(2), 206–216.

McCullough, M. E., & Carter, E. C. (2013). Religion, self-control, and self-regulation: How and why are they related? In K. I. Pargament, J. J. Exline, & J. W. Jones (Eds.), *APA handbook of psychology, religion, and spirituality (Vol. 1): Context, theory, and research* (pp. 123–138). Washington, DC: American Psychological Association.

Mochon, D., Norton, M. I., & Ariely, D. (2011). Who benefits from religion? *Social Indicators Research, 101*(1), 1–15.

Myers, D. G. (2008). Religion and human flourishing. In M. Eid & R. J. Larsen (Eds.), *The science of subjective well-being* (pp. 323–343). New York, NY: Guilford Press.

Oishi, S., & Diener, E. (2014). Residents of poor nations have a greater sense of meaning in life than residents of wealthy nations. *Psychological Science, 25*(2), 422–430.

Pargament, K. I. (1997). *The psychology of religion and coping: Theory, research, practice.* New York, NY: Guilford Press.

Pargament, K. I. (2002). The bitter and the sweet: An evaluation of the costs and benefits of religiousness. *Psychological Inquiry, 13*(3), 168–181.

Pargament, K. I., Falb, M. D., Ano, G. G., & Wachholtz, A. B. (2013). The religious dimension of coping: Advances in theory, research, and practice. In R. F. Paloutzian & C. L. Park (Eds.), *Handbook of the psychology of religion and spirituality* (2nd ed., pp. 560–579). New York, NY: Guilford Press.

Pargament, K. I., Murray-Swank, N., Magyar, G. M., & Ano, G. G. (2005). Spiritual struggle: A phenomenon of interest to psychology and religion. In W. R. Miller & H. D. Delaney (Eds.), *Judeo-Christian perspectives on psychology: Human nature, motivation, and change* (pp. 245–268). Washington, DC: American Psychological Association.

Park, C. L., Edmondson, D., & Hale-Smith, A. (2013). Why religion? Meaning as motivation. In K. I. Pargament, J. J. Exline, & J. W. Jones (Eds.), *APA handbook of psychology, religion, and spirituality (Vol 1.): Context, theory, and research* (pp. 157–171). Washington, DC: American Psychological Association.

Paul, G. (2009). The chronic dependence of popular religiosity upon dysfunctional psychological conditions. *Evolutionary Psychology, 7,* 398–441.

Paul, G. S. (2012). Why religion is unable to minimize lethal and nonlethal societal dysfunction within and between nations. In T. Shackelford & V. Weekes (Eds.), *The Oxford handbook of evo-*

lutionary perspectives on violence, homicide, and war (pp. 435–470). New York, NY: Oxford University Press.

Pirutinsky, S., Rosmarin, D. H., Holt, C. L., Feldman, R. H., Caplan, L. S., Midlarsky, E., & Pargament, K. I. (2011). Does social support mediate the moderating effect of intrinsic religiosity on the relationship between physical health and depressive symptoms among Jews? *Journal of Behavioral Medicine*, 34(6), 489–496.

Powell, L. H., Shahabi, L., & Thoresen, C. E. (2003). Religion and spirituality: Linkages to physical health. *American Psychologist*, 58(1), 36–52.

Ritter, R. S., Preston, J. L., & Hernandez, I. (2014). Happy tweets: Christians are happier, more socially connected, and less analytical than atheists on Twitter. *Social Psychological and Personality Science*, 5(2), 243–249.

Rosenblatt, A., Greenberg, J., Solomon, S., Pyszczynski, T., & Lyon, D. (1989). Evidence for terror management theory: I. The effects of mortality salience on reactions to those who violate or uphold cultural values. *Journal of Personality and Social Psychology*, 57(4), 681–690.

Ryan, R. M., Rigby, S., & King, K. (1993). Two types of religious internalization and their relations to religious orientations and mental health. *Journal of Personality and Social Psychology*, 65(3), 586–596.

Salsman, J. M., Brown, T. L., Brechting, E. H., & Carlson, C. R. (2005). The link between religion and spirituality and psychological adjustment: The mediating role of optimism and social support. *Personality and Social Psychology Bulletin*, 31(4), 522–535.

Schreiber, J. A., & Brockopp, D. Y. (2012). Twenty-five years later—What do we know about religion/spirituality and psychological well-being among breast cancer survivors? A systematic review. *Journal of Cancer Survivorship*, 6(1), 82–94.

Sethi, S., & Seligman, M. E. (1993). Optimism and fundamentalism. *Psychological Science*, 4(4), 256–259.

Seybold, K. S., & Hill, P. C. (2001). The role of religion and spirituality in mental and physical health. *Current Directions in Psychological Science*, 10(1), 21–24.

Sillick, W. J., & Cathcart, S. (2014). The relationship between religious orientation and happiness: The mediating role of purpose in life. *Mental Health, Religion and Culture*, 17(5), 494–507.

Silton, N. R., Flannelly, K. J., Galek, K., & Ellison, C. G. (2014). Beliefs about God and mental health among American adults. *Journal of Religion and Health*, 53(5), 1285–1296.

Snyder, C. R. (2002). Hope theory: Rainbows in the mind. *Psychological Inquiry*, 13(4), 249–275.

Stavrova, O. (2015). Religion, self-rated health, and mortality: Whether religiosity delays death depends on the cultural context. *Social Psychological and Personality Science*, 6(8), 911–922.

Stavrova, O., Fetchenhauer, D., & Schlösser, T. (2013). Why are religious people happy? The effect of the social norm of religiosity across countries. *Social Science Research*, 42(1), 90–105.

Streib, H., & Klein, C. (2013). Atheists, agnostics, and apostates. In K. I. Pargament, J. J. Exline, & J. W. Jones (Eds.), *APA handbook of psychology, religion, and spirituality (Vol. 1): Context, theory, and research* (pp. 713–728). Washington, DC: American Psychological Association.

Stroope, S., Draper, S., & Whitehead, A. L. (2013). Images of a loving God and sense of meaning in life. *Social Indicators Research, 111*(1), 25–44.

Sumner, R., Burrow, A. L., & Hill, P. L. (2015). Identity and purpose as predictors of subjective well-being in emerging adulthood. *Emerging Adulthood, 3*(1), 46–54.

Tajfel, H., & Turner, J. C. (1986). The social identity theory of inter-group behavior. In S. Worchel & L. W. Austin (Eds.), *Psychology of intergroup relations* (pp. 7–24). Chicago, IL: Nelson-Hall.

Tay, L., Li, M., Myers, D., & Diener, E. (2014). Religiosity and subjective well-being: An international perspective. In C. Kim-Prieto (Ed.), *Religion and spirituality across cultures* (pp. 163–175). Dordrecht, Netherlands: Springer Science.

Thoresen, C. E., & Harris, A. H. S. (2002). Spirituality and health: What's the evidence and what's needed? *Annals of Behavioral Medicine, 24*(1), 3–13.

van Tongeren, D. R., Hook, J. N., & Davis, D. E. (2013). Defensive religion as a source of meaning in life: A dual mediational model. *Psychology of Religion and Spirituality, 5*(3), 227–232.

Vishkin, A., Bigman, Y., & Tamir, M. (2014). Religion, emotion regulation, and well-being. In C. Kim-Prieto (Ed.), *Religion and spirituality across cultures* (pp. 247–269). New York, NY: Springer Science + Business Media.

Weber, S. R., & Pargament, K. I. (2014). The role of religion and spirituality in mental health. *Current Opinion in Psychiatry, 27*(5), 358–363.

Weber, S. R., Pargament, K. I., Kunik, M. E., Lomax, J. W., II, & Stanley, M. A. (2012). Psychological distress among religious nonbelievers: A systematic review. *Journal of Religion and Health, 51*(1), 72–86.

Wilmoth, J. D., Adams-Price, C., Turner, J. J., Blaney, A. D., & Downey, L. (2014). Examining social connections as a link between religious participation and well-being among older adults. *Journal of Religion, Spirituality and Aging, 26*(2–3), 259–278.

Ysseldyk, R., Matheson, K., & Anisman, H. (2010). Religiosity as identity: Toward an understanding of religion from a social identity perspective. *Personality and Social Psychology Review, 14*(1), 60–71.

10

건강

즐거운 마음은 병을 낫게 하지만, 근심하는 마음은 뼈를 말린다.

– 잠언 17장, 22절

이 장에서 우리는 행복한 사람들이 더 오래 살고 더 건강한 삶을 사는 경향이 있음을 발견한다. 이것은 특히 애초에 건강하고 높은 수준의 긍정정서(삶의 만족도가 아니라)를 가진 사람들에게 있어 진실이다(Pressman & Bowlin, 2014). 그러나 우리는 또한 낮은 수준의 부정정서를 가진 사람들, 삶의 만족도가 높은 사람들, 그리고/혹은 삶의 의미와 목적의식이 강한 자기실현적 웰빙 수준이 높은 사람들에게서도 이러한 경향을 볼 수 있다.

이러한 관찰은 행복이 어떻게, 그리고 왜 건강과 관련이 있는가, 행복이 건강의 한 가지 원인인가 등을 포함한 또 다른 논란거리들을 불러온다. 이것은 대중정책에 시사점을 던지는 매우 중요한 질문이기 때문에 우리는 이 장의 끝에서 이에 대해 논의할 것이다. 우리는 먼저 두 변인을 연결할 수 있는 행동적 · 신체적 경로를 포함해서 웰빙이 어떻게 건강에 영향을 미치는지에 대해 탐구해볼 것이다. 그리고 나서 웰빙과 건강의 다양한 측면 사이의 관계를 검토해볼 것이다.

• • •
행복과 건강 사이의 생리적 · 행동적 경로

행복과 신체적 건강의 관계를 검토해보는 것은 오직 우리가 이들 변인들을 연결하는 그 럴듯한 경로가 있다고 확신하는 경우에만 나름 일리가 있다. 이러한 경로를 보여주는 것 은 행복과 건강 사이의 상관이 우연이 아니라는 우리의 확신을 증대시킨다. 다행스럽게 도 그럴싸한 경로가 있다. 이들 경로 중 일부는 상대적으로 직접적인데, 웰빙의 느낌이 신체적 기능에 영향을 미치고, 이것이 신체적 건강에 직접적인 영향을 미친다는 것이다. 다른 가능한 경로는 덜 직접적이다. 여기서는 웰빙이 건강과 연관된 행동들, 가령 운동이 나 식사 같은 것에 영향을 미친다고 가정된다. 그리고 이러한 행동적 요소들이 우리의 생 리기능과 건강에 영향을 미친다(DeSteno, Gross, & Kubzansky, 2013).

직접적인 생리적 경로

긍정정서

웰빙과 생리적 체계 사이의 몇 가지 연결이 건강에 대해 함축적 의미를 갖는다. 예를 들 어 긍정적 웰빙, 특히 긍정정서는 인체 시스템에 대해 보호적이고 회복적인 효과를 미쳐 서 신체건강을 개선시키는 것으로 보인다(Mathew & Paulose, 2011). 긍정정서는 낮은 혈 압, 건강한 맥박, 그리고 남자의 경우 개선된 심혈관계 기능과 심혈관계 기능이 스트레스 로부터 더 빨리 회복되는 것 등과 관련이 있다(Dockray & Sepoe, 2010). 이러한 모든 것 은 심혈관계 질환에 긍정적인 시사점을 나타낸다(Boehm & Kubzansky, 2012; Diener & Chan, 2011; Mathew & Paulose, 2011). 긍정정서는 또한 더 나은 수면과 관련이 있고, 수 면은 건강에 매우 중요한 기여를 하는 요인이다.

아울러 웃음은 스트레스 호르몬의 수준을 낮춰주고(Dockray & Sepoe, 2010), 스트 레스로부터 면역 시스템을 보호하는 것을 돕는다(Mathew & Paulose, 2011; Pressman& Cohen,2005). 긍정정서는 또한 헬퍼 T 세포를 포함하여, 면역세포의 수와도 관련이 있 고, 사이토킨의 조절과도 관련이 있다(Dockray & Sepoe, 2010). 사이토킨이 적절하게 조 절되는 것이 중요한데, 그들이 신체 내 이물질들에 대한 감염을 방지할 수 있는 있는 면 역세포를 끌어오기 때문이다(Pinel, 2011). 사이토킨은 또한 면역 반응의 일부로서 이로 운 염증을 유발할 수도 있다. 그러나 만일 잘못 조절된다면, 이러한 염증은 건강문제를 유발할 수 있다(Denson, Spanovic, & Miller, 2009).

게다가 긍정정서는 부정적인 기분 및 좋지 않은 건강 모두에 대항해서 사람들을 보호하는 신경전달물질인 세로토닌의 분비 증가와 관련이 있다(Mathew & Paulose, 2011). 또한 긍정정서는 호르몬이자 신경전달물질로 뇌의 '쾌락중추'에 영향을 미치는 도파민에도 영향을 미친다. 세로토닌과 도파민에 반응하는 뇌회로들은 보상에 접근하고 스트레스원으로부터 도피하려는 경향에 영향을 미치기 위해 상호작용한다(Mathew & Paulose, 2011). 긍정정서가 스트레스-회피 반응이 지나치게 자극되지 않도록 조절하는 정도는, 신체를 좋지 않은 건강상태로 이끄는 만성적이고 부적절한 신경계의 과도한 활성화에 대한 보호작용을 할 것이라는 점에 있어서 중요한 함의를 갖는다.

부정정서

부정정서는 악화 과정을 통해 부정적인 건강상태로 이끄는 해로운 신체의 활성화와 관련이 있다(Boehm & Kubzansky, 2012; Mathew & Paulose, 2011). 예를 들어 부정정서는 혈관계 염증에 기여할 수 있고, 심혈관계 건강에 중요한 영향력을 미친다(Boehm & Kubzansky, 2012; Diener & Chan, 2011; Mathew & Paulose, 2011). 부정정서는 다른 질병들, 예컨대 암, 알츠하이머, 관절염 등의 다른 질병들에 기여하는 염증 과정과 관련이 있다는 증거들도 있다(Diener & Chan, 2011).

부정정서는 또한 '스트레스 호르몬'인 코르티솔의 분비를 촉진시키고, 이것이 유해한 신체 활성화에 영향을 미친다. 보다 구체적으로 스트레스, 그리고 그로 인한 부정정서는 시상하부에 있는 부신과 뇌하수체를 자극해서 코르티솔을 혈류 속으로 분비하도록 촉진한다. 코르티솔은 간으로 하여금 스트레스를 유발하는 위협에 대처하기 위해 장기적인 에너지로 사용될 수 있는 부가적인 당분을 생산하게 한다. 반복된 코르티솔 분비는 대사장애와 면역체계 기능의 손상과 연관된다(Denson et al., 2009[1]; Diener & Chan, 2011).

웰빙은 우리 유전자의 중요한 기능과 관련이 있다. 예를 들어 우울 같은 부정적 웰빙은 염색체의 말단에 있는 보호 캡인 텔로미어(telomeres)의 길이를 줄이는 것으로 보인다(Diener & Chan, 2011). 이 캡들은 DNA가 자신을 정확하게 복제할 수 있도록 돕는다(Blackburn, 2001). 텔로미어가 일찍 짧아지는 것은 조기 노화를 포함한 여러 가지 건강상의 문제와 관련이 있다(Boccardi & Paolisso, 2014; Diener & Chan, 2011).

행복은 또한 정서조절 과정을 통하여 신체적 건강과 연결되어 있다(Appleton, Buka, Loucks, Gilman, & Kubzansky, 2013; DeSteno et al., 2013; McRae, Jacobs, Ray, John, &

Gross, 2012). 개인들은 위협과 기회에 적절하게 반응하기 위해 외부 사건에 대한 자신의 반응을 통제해야만 한다. 이것은 사소하거나 착각으로 발생한 위협에 대해 과잉반응하는 것을 피하는 것을 포함한다. 그런 과잉반응들은 불안과 우울을 생성해서 웰빙을 저해한다. 과잉반응은 또한 신체 시스템에 스트레스를 가하는 불필요하게 증가된 신체 활성화에 의해 신체건강에 부정적인 영향을 미친다(Mathew & Paulose, 2011; Rickard & Vella-Brodrick, 2014).

정서조절은 심장질환을 일으키는 염증을 나타내는 혈류 속 생물학적 표지(biomarker)인 C-반응 단백질의 수준과 관련이 있다. Appleton 등(2013)은 미국 성인들의 대규모 샘플을 대상으로 이 생물학적 표지와 정서조절의 관계를 검토했다. 그 결과 적절한 정서조절(예 : 사건들에 대한 적절한 정서 반응)은 낮은 생물학적 표지를 예측하였다. 중요한 것은 행복한 사람은 훌륭한 정서조절자라는 것이다. 그들은 부정적 사건으로부터 더 빨리 회복되고, 질병에 취약하게 만드는 생리적 스트레스를 덜 경험한다(Rickard & Vella-Brodrick, 2014).

요약하자면 정서 반응들은 우리의 건강에 명백한 영향력을 미치는 생리적 체계에 연결되어 있다. 긍정정서는 스트레스/회피에 대한 더 나은 정서조절뿐 아니라 더 나은 심혈관계와 면역기능과 관련이 있다. 부정정서는 유해한 염증 과정, 좋지 않은 면역기능 및 조기 노화와 관련이 있다. 인간 건강에 영향을 미치는 긍정정서 및 부정정서와 생리체계 간의 이 명백한 경로는 웰빙이 특정한 건강 조건을 야기할 수 있다는 것을 보다 더 그럴듯하게 만든다.

행동적 경로

웰빙은 건강과 관련된 행동에도 영향을 미친다. 예를 들어 웰빙은 사회적 연계성과 지지, 그리고 건강한 식습관 그리고 니코틴 같은 유해물질의 회피와도 관련이 있다. 웰빙은 또한 "운동이나 자외선 차단제 사용 등의 자기보호 활동"과도 관련이 있다(DeSteno et al., 2013; Diener & Chan, 2011; Pressman & Cohen, 2005; Wilson, 2015).

우울은 좋지 않은 건강과 관련된 수많은 행동들을 예측한다. Paxton, Valois, Wakins, Huebner 및 Drane(2007)은 우울한 사람들이 그렇지 않은 사람들에 비해 4배 이상 과음을 하는 경향이 있으며, 불법적인 약물을 하고 성적 위험행동을 할 가능성이 10배 정도 높다는 사실을 발견하였다. 이러한 결과들은 미국 청소년들의 전국 단위의 대규모 표집에서 나온 것으로 인구사회학적 변인들을 통제한 후에도 유의한 것으로 나타났다. 우울과 건강 위험행동 사이의 관계는 아프리카계 미국인들과 다른 소수집단들에서 더 강한 경향이 있다. 저자들은 이러한 결과가 청소년들이 자신의 불행감에 대처하려는 시도를 반영하는 것이라고 해석했다.

더욱이 나이든 아프리카계 미국인들 사이에서 심리적 유능감과 취약성은 건강과 관련해서 중요한 함의를 가지는 행동인 건강관리 시스템을 사용하는 것과도 연계가 있다. O'Neal 등(2014, p. 494)은 유능감(예 : "얼마나 자주 개인적 문제를 다루는 자신의 능력에 대해 확신감을 느꼈는가?", "얼마나 자주 자신이 원하는 방향대로 일이 진행되고 있다고 느꼈는가?")과 취약성("얼마나 자주 불안하고 스트레스를 경험했는가?", "얼마나 자주 당신이 해야만 하는 모든 일에 대처하지 못한다는 것을 발견했는가?")이 인구사회학적 변인들과 건강상태를 참작한 후에도, 콜레스테롤 검사를 받는 것과 같은 건강관리 시스템 이용 행동을 예측한다는 것을 발견하였다.

다른 연구들은 삶의 만족도가 건강-유발 혹은 건강-유지 행동들과 긍정적으로 연결되어 있다는 것을 보여준다. 예를 들어 Grant, Wardle 및 Steptoe(2009)는 21개국에서 17,000명 이상의 대학생 표본을 검토하였다. 높은 수준의 삶의 만족도를 나타낸 응답자들은 담배를 덜 피우고, 지방섭취를 더 제한하고, 더 운동하고, 과일을 먹고 그리고 자외선 차단제를 사용하였다. 이러한 결과는 연령, 성 및 국적을 통제한 후에도 유의하였다. 이와 유사하게 Shahab과 West(2012)는 최소한 1년간 담배를 끊은 사람들과 전혀 담배를 피우지 않았던 사람들이, 현재 담배를 피우는 사람들보다 인구사회학적 변인들을 통제한 후에도 더 높은 삶의 만족과 즐거움 수준을 보고한다는 것을 발견하였다. 이러한 결과는 영국의 7,000명의 성인을 대상으로 한 대규모 표집에서 얻었다.

당신은 아마도 이러한 결과들이 모두 상관관계라는 것을 알아챘을 것이다. 행복이 건강상의 위협을 줄여주는 행동을 유발한다는 가설과 일치하는 한편, 이러한 발견들은 몇 개의 다른 가설들과 일치하기도 하는데, 그중 가장 중요한 것은 행복과 건강 관련 행동 간 인과관계의 방향에 대한 질문이다. 이러한 행동들이 행복을 유발하는가 혹은 그 반대인가? 사실 연구자들은 그 관련성은 아마도 양방향일 것이라고 언급하였다(예 : Shahab & West, 2012).

그러나 연구자들은 적어도 인과적 흐름의 일부분은 행복으로부터 건강 관련 행동으로 흐른다는 논리적인 주장을 하였다. 이를테면 Grant 등(2009)은 전에 논의된 21개국 대학생들로부터 연구를 수행한 바 있는데, 자외선 차단제를 사용하지 않거나 과일을 먹지 않는 것이 삶의 만족을 낮추는 것은 아닌 것 같다고 주장하였다. 따라서 인과관계에 대한 가장 그럴싸한 해석은 삶의 만족도에서 행동으로의 방향일 것이라고 암시하였다. 유사하게 다른 연구(Lipovčan, Brkljačić, & Tadić, 2013)에서는 크로아티아 표본을 사용하여, 흡연은 전반적인 행복과 부적 상관이 있을 뿐만 아니라 삶의 성취 같은 다른 만족 측정치와도 부적 상관이 있음을 발견하였다. 이러한 결과들은 흡연이 삶의 성취만족을 유발할 것 같지 않기 때문에 "행복이 건강 관련 행동을 유발한다."는 가설을 옹호한다. 특히 흡연이 크로아티아에서 사회적으로 용인되는 행동이고, 그래서 흡연이 성취를 낮추지 않을 것이라는 점을 감안하면 더욱더 그렇다(Lipovčan et al., 2013). 만일 흡연이 한 종류의 만족도 측정치의 원인이 될 수 없다면(삶의 성취 만족), 행복을 측정하는 다른 측정치들의 원인이 될 가능성도 없어 보인다.

인과관계의 방향을 방법론적으로 확인하려고 시도한 다른 연구들도 있다. 예를 들어 Kovivumaa-Honkanen 등(2012)은 핀란드 쌍둥이를 대상으로 종단연구를 수행하여 삶의 만족도와 과다한 알코올 사용이 장시간에 걸쳐 상호적으로 서로를 예측한다는 결과를 발견하였다. 달리 말하자면, 각각의 변인이 서로를 유발하는 양방향으로의 인과관계의 증거가 있다는 것이다.

결론적으로 말하자면 웰빙은 운동, 식사, 흡연, 알코올 섭취 등의 다양한 건강 관련 행동들과 관련이 있다. 비록 이러한 관련성의 인과적 본질은 불분명하지만, 증거들은 웰빙이 건강한 행동들을 촉진함으로써 부분적으로 건강에 기여를 한다는 것을 시사한다. 인과의 방향성 문제는 논쟁의 여지가 많고, 아마도 양방향적일 것이다. 그러나 몇몇 연구자들은 웰빙이 건강 관련 행동의 원인이라는 인상적인 논리적 주장을 하고 있다.

직간접경로들을 통해 웰빙이 생리적 과정과 연결되는 방식을 검토해서 우리는 웰빙이 신체적 건강에 영향을 줄 수 있는 그럴듯한 방식을 구상했다. 행복과 건강 사이에는 직접적인 생리적 경로가 존재한다. 또한 알코올 소비, 식습관 및 흡연과 같은 행동적 경로도 존재한다. 이제 만들어진 그럴듯한 경로들을 가지고, 웰빙과 건강 사이의 관계를 보다 자세하고 탐색해보자.

웰빙의 요소에 대해 더 연구해야 할 필요가 있는 것들

이 장의 대부분에서 웰빙은 긍정정서, 부정정서 및 삶의 만족도로 정의된다. 그러나 우리는 여전히 웰빙의 이 세 요소의 상대적인 중요성에 대해 많은 것을 알지는 못한다(Diener & Chan, 2011). 예를 들어 삶의 만족은 긍정 혹은 부정정서만큼 건강에 중요한가? 웰빙 유형의 상대적 중요성은 구체적 건강문제에 따라 달라지는가?

이러한 문제에 대한 이해의 부족이 이 장의 나머지 부분에 다 반영되어 있다. 다양하고 폭넓은 분야의 연구들을 기술하고 그 연구결과들이 어떠한지를 알려주기 위해, 나는 웰빙의 이 세 요소가 모두 여러 가지 건강 측정치와 관련이 있다는 것을 보여주는 증거를 제시한다. 그러나 오직 몇 개의 연구만이 이러한 웰빙 측정치들의 상대적 영향력을 직접적으로 측정하려는 시도를 하였다.

그러나 우리는 긍정정서와 부정정서가 건강에 어떻게 영향을 미치는지에 대해 어느 정도는 알고 있다. 긍정정서는 불필요하고 잠재적으로 유해한 신체의 활성화를 줄여서 생리적으로 보호기능을 하는 것으로 보인다. 그러나 부정정서는 만성적이고 유해한 각성을 활성화시켜서 우리의 건강에 부정적인 영향을 미친다(Boehm & Kubzansky, 2012).

그러므로 부정정서와 긍정정서는 건강에 독립적인 영향을 미친다(DeSteno et al., 2013; Diener & Chan, 2011; Howell, Kern, & Lyubomirsky, 2007; Larsen & McGraw, 2011). 기능적으로 보자면 이 두 가지 정서적 측정치는 연속선상에서 작동하지 않는다. 즉, 긍정정서의 존재가 부정정서의 부재를 의미하거나 혹은 그 반대인 상태로 작용하지 않는다. 대신에 개인들은 두 가지 종류의 정서를 동시에 경험할 수 있다. 게다가 긍정정서는 부정정서들을 통제하고 난 후에도 종종 건강과 관련된 결과들을 예측하는데, 이는 이 측정치들의 독립성을 보여주는 것이다. 그러므로 건강을 증진하는 것은 긍정정서의 존재이지 단순히 부정정서의 부재가 아니다. 이것이 이 장 전체에 걸쳐서 긍정정서와 부정정서를 별개로 논의하는 또 다른 이유이다.

마지막으로, 우리는 삶의 만족이 건강에 어떻게 관련되는지에 대해 잘 알지 못한다. 몇몇 연구들은 삶의 만족이 아마도 운동과 좋은 식습관 같은 건강행동들을 촉진할 것이라고 제안하지만, 이 주제에 대해서 보다 체계적인 연구들이 더 요구된다.

· · ●
행복과 건강

연구결과에 대한 표본

삶의 만족도

일반적으로 더 행복한 사람들이 신체적으로 더 건강하다(Diener & Chan, 2011). 예를 들어 쾌락적(hedonic) 웰빙(예 : 삶의 만족도, 긍정정서, 부정정서)과 낙관성이 심혈관계 질병을 특히 잘 예측한다. 자기실현적(eudaimonic) 웰빙(예 : 삶의 목표, 개인적 성장, 사회적 관계, 자기수용, 환경에 대한 지배력, 자율성) 또한 심혈관계 건강과 관련이 있다. 웰빙에 대한 이러한 측정치들은 임상적 진단과 질병의 생물학적 표지를 포함해서 다양한 심혈관계 건강의 측정치들을 예측한다. 그리고 이 결과들은 인구사회학적 요인들과 다른 위험 요소들을 통제하고도 여전히 유의하였다.

삶의 만족도는 여러 가지 좋은 건강 지표들과 관련이 있다. 예를 들어 이스라엘 시민들 표본에서, 삶의 만족도가 높은 사람은 체질량지수와 흡연요인을 통제하고도, 20개월 후에 당뇨로 진단될 가능성이 21% 정도 낮은 것으로 나타났다(Shirom, Toker, Melamed, Berliner, & Shapira, 2012). 이와 유사하게 이탈리아 표본으로부터 나온 결과도 삶의 만족도가 객관적인 신체건강을 근접하게 따라가는 측정치인 지각된 건강상태를 예측한다는 것을 보여준다(Sabatini, 2014). 이 후자의 결과는 참가자들이 사회적으로 통합되는 정도와 몇 가지 인구사회학적 변인들을 통제한 후에도 유효하였다. 여기에 더해서 Kim, Park, Sun, Smith 및 Peterson(2014)은 50세 이상의 미국인 표집에서 삶의 만족도가 높은 사람들이 병원 방문을 덜한다는 것을 발견하였다. 이 연구자들은 이 연관성의 원인의 일부는 삶의 만족도가 높은 사람들이 더 건강하기 때문이라고 제안하였다.

더 나아가 몇몇 연구들은 특별히 여성들이 높은 삶의 만족도로부터 이득을 얻는다는 것을 제안한다. Feller, Teucher, Kaaks, Boeing 및 Vigl(2013)은 독일에서 5만 명 이상을 대상으로 8년간의 종단연구를 진행하여 삶의 만족도가 낮은 여성들이 높은 만족도를 가진 여성들에 비해 암에 걸릴 확률이 1.45배 높다는 것과 뇌졸중을 겪을 확률이 1.69배 높으며, 당뇨로 진단받을 가능성이 좀 더 높다는 것을 발견하였다. 삶의 만족도가 낮은 남성은 심장마비를 경험할 가능성이 좀 더 높았다. 이러한 분석은 모두 흡연 같은 건강행동과 몇몇 인구사회학적 변인들을 통제한 후에도 통계적으로 유의하였다.

그러나 이런 종류의 연구들은 상관연구이기 때문에 인과관계는 항상 불명확하다. 하나의 대안적 설명은 삶의 만족도가 단순히 건강의 원인이라기보다는 신체적 건강을 반영하는 것이고, 그것으로부터 나온다는 것이다. 또 다른 가능성은 두 변인이 양방향적인 관련이 있을 수 있다는 것으로, 삶의 만족도와 건강은 시간에 걸쳐 상호적인 방식으로 서로를 유발한다. 시간에 따라 참가자들을 종단적으로 추적하는 연구들은 이러한 종류의 인과관계 문제들을 해결할 강력한 도구가 될 수 있다.

Gana 등(2013)은 프랑스인 은퇴자를 대상으로(평균 연령=73세) 종단연구를 실시하였다. 이 연구자들은 광범위한 통제변인들과 함께, 8년에 걸쳐 2년마다 생의 만족도와 건강에 대한 자료를 수집하였다. 그들은 상당 기간에 걸쳐 모든 변인을 여러 번 관찰하였기 때문에, 삶의 만족도와 건강의 인과관계의 방향에 대한 강력한 추론을 제안하는 통계적 방법을 사용할 수 있었다. 결과는 자료가 수집될 때마다 좋은 건강이 삶의 만족도에 더 많은 기여를 하는 것으로 나타났다. 그러나 어떤 측정시기에도 삶의 만족도가 건강에 기여한다는 증거는 발견되지 않았다.

그러므로 이러한 발견들은 적어도 이 프랑스 표집의 경우에 있어서는 삶의 만족도가 좋은 건강에 의해 유발된다는 것이지, 그 반대가 아니라는 것을 제안한다. 이러한 결과가 다시 재현될 것인지 혹은 젊은 세대에게도 적용될 것인지를 살펴보는 것은 매우 흥미로운 일이 될 것이다. 70대의 은퇴자들이 당면하는 것 같은 심각한 건강문제가 없는 젊은 사람들에게 있어서는 삶의 만족도가 건강의 보호자 역할을 할 수도 있을 것이다.

사실 최소한 한 연구가 삶의 만족도와 건강이 양방향으로 관련이 있다는 것을 보여준다. Garrido, Méndez 및 Abellán(2013)은 쌍방향적인 관계를 추정할 수 있는 통계적 기법을 사용하여 스페인 성인들(평균 연령=44세)을 검토하였다. 그들은 표준적인 인구사회학적 통제변인들에 더해서 삶의 만족도와 자기보고 형식의 건강을 측정하였다. 삶의 만족도와 건강의 관계는 진짜로 양방향적이다. 자기보고식 건강의 1% 상승은 0.32%의 삶의 만족도의 상승과 관련이 있었고, 삶의 만족도의 1% 상승은 자기보고식 건강의 0.3%의 증가와 관련이 있었다.

긍정정서

긍정정서는 몇몇 질병으로부터 개인들을 보호할 수 있다(Pressman & Bowlin, 2014). 예를 들어 Kubzansky와 Thurston(2007)은 에너지를 가졌다는 느낌, 행복감, 자신감 등으로 측정되는 활력이 원래 심장병이 없던 표집에서 이후 관상동맥성 심장질환 진단을 부적으로 예언한다는 것을 발견했다. 이러한 결과는 연구 시작 당시 평균 연령이 48세인 미국 성인들 대표 표집을 20년 이상 추적하여 얻은 것이다

활력이 높은 참가자들은 활력이 낮은 사람들보다 심혈관계 질환 진단을 32% 정도 덜 받는 경향이 있고, 중간 정도의 활력을 가진 사람들은 진단을 14% 정도 덜 받았다. 달리 말하자면, 35점의 활력도 척도상에서 1점이 상승할 때마다 심장질환 진단 가능성이 2%에서 3% 정도 감소하였다(Kubzansky & Thurston, 2007). 이러한 발견은 용량-반응(dose-response) 패턴을 보여주는 것으로, 이 관계가 우연이 아니라 낮은 활력이 심장질환의 원인이라는 것을 더 확신하게 해준다. 이러한 발견은 인구사회학적 변인, 건강상태 및 흡연 같은 건강행동들을 통제하고도 여전히 통계적으로 유의하였다.

이 결과들은 웰빙이 어떻게 개인을 질병으로부터 보호하는가를 보여준다. Kubzansky와 Thurston(2007)은 흡연과 알코올 섭취 등의 건강행동이 활력과 심장질환 사이의 연결을 부분적으로 설명해준다는 것을 발견하였다. 쉽게 말해 낮은 활력을 가진 참가자는 과음을 하는 경향이 높았고, 흡연을 하였고, 결과적으로 이러한 건강 관련 요인들이 다시 심장질환을 예측하였다. 연구자들은 활력/심장질환 관련성의 나머지 부분은 직접적인 생리적 효과에 의해 설명된다고 추측했다. 보다 구체적으로 활력은 질병과 관련이 있는 "…신경내분비, 심혈관 및 염증 과정의 활성화를 감소시켜 과다각성"을 방지하는 것 같다(Kubzansky & Thurston, 2007).

다른 연구들도 비슷한 결과를 얻었다. Lundgren, Garvin, Jonasson, Anderson 및 Kristenson(2015)은 성취감(feelings of mastery)(예 : "자신감과 자기신뢰")(p. 78)과 자존감이 스웨덴을 대표하는 종단적 표집의 사람들을 심혈관계 질병의 발병으로부터 보호하였다는 결과를 발견하였다. 모든 연구 참가자들은 처음에는 건강하였고, 연구자들은 Kubzansky와 Thurston(2007)과 유사한 통제변인들을 사용하였다. 높은 성취감과 자존감을 가진 참가자들은 심혈관계 질환과 관련된 주요 증상들을 각각 33%와 31%, 덜 경험하였다.

긍정정서는 또한 중요한 건강 관련 요인인 일상생활의 기본적 기능을 수행하는 능력과도 관련이 있다(Hirosaki et al., 2013). 예를 들어 행복하다고 느끼고 에너지가 충만하고 자신들의 삶에 만족한다고 보고한 65세 이상의 일본 참가자들은 2년 후에 독립적으로 살 수 있을 가능성이 22% 정도 더 높았다. 구체적으로 살펴보면 나이, 성별, 결혼 여부,

흡연, 음주 여부를 통제하고 나서도 행복하고, 만족하고, 활기 있는 참가자들은 그렇지 않은 참가자에 비해 잘 걷고, 계단을 잘 오르내리고, 스스로 식사를 하고, 혼자서 화장실을 이용하였다(Hirosaki et al., 2013).

부정정서

부정정서 또한 건강과 관련이 있다. Hilmert, Teoh 및 Roy(2014)는 부정정서(예 : 불안)가 높은 대학생들과 스트레스 과제(예 : 사람들 앞에서 발표하기)를 수행하도록 했을 때 열심히 하는 대학생들이 부정정서가 낮은 학생들에 비해 더 높은 심혈관계 반응성을 보이는 것을 발견하였다. 심혈관계 반응성이 스트레스에 대한 측정치이고 심장에 손상을 가져오기 때문에 이러한 결과들은 중요하다(Hilmert et al., 2014). 즉, 이러한 결과들은 스트레스의 결과인 부정정서가 장기적인 건강에 영향을 끼친다는 함의를 보여준다.

다른 연구는 부정정서가 건강 결과들과 단지 상관만 있는 것이 아니라 건강 결과들의 원인이 된다고 주장한다. Cohen, Tyrrell 및 Smith(1993)는 영국 참가자들을 호흡기 바이러스가 포함된 코 스프레이를 흡입하도록 하는 상황에 노출하였다. 참가자들은 코 스프레이에 노출되기 2일 전부터 7일 후까지 아파트에 격리되었다. 부정정서가 높은 참가자의 88%가 바이러스에 감염된 데 반해,[2] 부정정서가 낮은 사람들은 77%만이 감염되어 유의한 차이를 보였다.

높은 부정정서를 가진 참가자들에서 감기 증상이 더 잘 발전하는 것은 아니었지만, 이 연구결과는 웰빙이 개인의 질병 취약성에 영향을 미친다는 가설과 일치한다. 또한 이 연구결과는 정서가 질병의 원인요인이라는 주장과 일치하는데, 왜냐하면 이 연구에서 모든 참가자가 바이러스에 동일하게 노출되었기 때문에 다른 대안적 설명이 있을 가능성이 거의 없기 때문이다. 예를 들면 연구결과에서 나타난 감염률의 차이가 부정정서가 낮은 사람들이 더 나은 위생을 실천해서 바이러스에 대한 노출을 제한했다는 주장으로 설명될 수 없기 때문이다. 더욱이 Cohen 등은 통계적으로 나이, 체중, 교육, 성별, 알레르기 상태를 통제하였고, 연구의 시작 시점에서 참가자들이 바이러스에 대한 항체를 가지고 있는지 여부도 통제하였다.

선진국과 제3세계 비교

웰빙과 건강의 관련성은 또한 제3세계 표집에서도 나타난다. Pressman, Gallagher, Lopez

및 Campos(2014)는 140개국 이상으로부터 150,000명의 참가자들을 대상으로 한 GWP 연간 자료에서 긍정정서와 부정정서가 자기보고식 건강을 예언한다는 것을 발견하였다. 이 자료는 세계 인구의 95%를 대표하는 표집으로 간주된다. 연구자들은 응답자들에게 그들이 그 전날 웃었는지, 다른 긍정성을 보였는지, 걱정이나 다른 부정정서를 경험하였는지를 물음으로써 긍정정서 및 부정정서를 측정하였다. 응답자들은 설문 전날 자신의 건강에 만족했는지, 통증을 느꼈는지 등에 대답함으로써 자신의 건강을 표시하였다.

표 10.1은 그 설문조사에 포함된 나라들의 표본으로부터 얻은 Pressman 등(2014)의 주요 발견을 보여주는 것이다[3](표에 나타난 모든 상관은 통계적으로 유의하다). 이 결과를 잠시 살펴보자. 국가의 부와 관련해서 긍정정서 및 부정정서와 건강 사이의 관계에 대한 어떤 패턴을 알 수 있는가?[4]

아마도 여러분이 첫 번째로 알아챈 것은 긍정정서와 부정정서가 전 세계에 걸쳐서 건강을 예측한다는 것이다. 더욱이 국가의 부의 측정치인 국내총생산(GDP) 내의 모든 상관은 매우 유사하다. 그러나 긍정정서와 건강 간의 상관이 미국처럼 부자인 나라에서보다 아이티같이 GDP가 낮은 가난한 나라에서 더 강한 것에 주목하라. 이러한 결과는 개인의 물질적 욕구가 잘 충족되는 제1세계에서만 웰빙이 건강 관련 중요사항이 아니라는 것을 보여준다. 대신에 웰빙은 전 세계에 걸쳐 건강을 예측하고, 긍정정서는 특별히 가난한 나라에서 건강에 더 중요한 요인인 것 같다.

Pressman과 그 동료들은 음식, 거주지, 안전에 대한 문제 등이 건강에 미치는 잠재적인 영향에 대한 부가적인 분석을 하였다. 전 세계에 걸쳐서 이러한 요인들을 다 제거한 후에도, 긍정정서와 부정정서는 자기보고식 건강을 독자적으로 예측하였다. 음식과 거주지, 안전에 덧붙여 긍정정서가 특별히 더 가난한 나라에서 강한 예측치라는 것을 기억하라.

이 결과들은 예상치 못한 것이었다. Pressman 등은 기본적인 생리적 욕구와 안전 욕구가 충족되지 않은 삶에서 정서를 '거의 사치'라고 여기는 가난한 나라들에서는, 정서적 웰빙은 덜 중요할 것이라고 예상했었다(p. 545). 저자들은 빈부와 상관없이 정서의 생리학과 신체에 대한 그 영향력은 전 세계적이라고 언급하였다. 더 나아가 그들은 의학전문가들에게 환자들의 일상 정서를 고려할 것을 촉구하면서 논문을 끝맺었다. 그들은 또한 GDP와 다른 경제적 지표들이 인간의 욕구가 사회에서 충족되는가를 결정짓는 독점적인 지표로 보통 사용된다는 것을 지적하였다. 그러나 이러한 경제적인 지표들은 건강과 같은 가시적인 결과에 있어서 웰빙의 중요성을 반영하지 못한다.

국가	1인당 GDP($)	상관		부분 상관		평균 긍정정서-건강 부분 상관	평균 부정정서-건강 부분 상관
		긍정정서-건강	부정정서-건강	긍정정서-건강	부정정서-건강		
GDP가 높은 나라						.153	−.277
미국	41,890	.288	−.322	.166	−.196		
아일랜드	38,505	.303	−.411	.149	−.325		
스위스	35,633	.251	−.265	.172	−.175		
오스트레일리아	31,794	.264	−.377	.145	−.273		
일본	31,267	.383	−.540	.133	−.416		
GDP가 중간인 나라						.237	−.235
러시아	10,845	.426	−.351	.320	−.192		
브라질	8,402	.245	−.352	.101	−.254		
우크라이나	6,848	.480	−.399	.374	−.244		
중국	6,757	.319	−.313	.176	−.161		
페루	6,039	.347	−.418	.214	−.323		
GDP가 낮은 나라						.287	−.263
아이티	1,663	.387	−.408	.250	−.252		
르완다	1,206	.504	−.513	.295	−.266		
나이지리아	1,128	.396	−.444	.257	−.317		
시에라리온	806	.572	−.553	.337	−.287		
말라위	667	.369	−.298	.295	−.194		
전 세계 모든 국가	10,742	.406	−.396	.284	−.269	−	−

표 10.1 1인당 국내총생산(GDP)이 높은, 중간, 낮은 나라들에서 긍정정서와 부정정서의 신체적 건강과의 연관성

국내총생산(GDP)은 US 달러로 측정

문화

관계 강도의 차이

선진국과 제3세계 국가들을 비교한 Pressman 등(2014)의 연구결과는 정서가 신체적 건강에 관련되는 방식에 있어서의 비교문화적 차이를 보여주는 다른 연구결과들과 일치하지 않는 것처럼 보였기 때문에 비난받았다. Curhan 등(2014)은 다른 문화권의 사람들이 부정정서를 서로 매우 다르게 해석한다는 것을 보여주는 수십 년간의 연구들을 지적하였고, 이러한 서로 다른 해석들이 신체건강에 중요한 함의를 갖는다고 주장하였다.

Curhan 등(2014)은 미국과 일본에서 이루어진 부정정서와 건강에 대한 설문 자료 검토를 통해 이러한 차이를 보여주었다. 연구결과는 부정정서가 두 나라 모두에서 좋지 않은 건강과 관련이 있었으나, 그 관련성이 일본보다 미국에서 더 강하다는 것을 보여주었다. Curhan 등은 이러한 차이가 일본 사람들은 부정정서를 자연스러운 것으로 보는 반면, 미국 사람들은 부정적인 감정을 위험한 것으로 보고 개인적인 통제권 내에 있는 것으로 보기 때문이라고 제안하였다.

그러나 Curhan 등은 단순히 문화적 차이를 부정정서/건강 관련성의 강도의 측면에서 보여준 것이고, 그것이 문화에 걸쳐서 존재하지 않는다는 것을 보여준 것은 아니다(Pressman et al., 2014). 그러므로 Curhan 등이 보여준 문화적 영향력은 제한적이다. 여기에 더해서 Pressman 등은 Curhan 등의 비평에 대해 광범위한 다양한 문화에서 유사한 긍정정서/건강 관련성을 보여주는 부가적인 자료를 제시했다. 이러한 새로운 자료는 정서/건강 관계에 있어서 문화적 차이는 단순히 정도의 문제이지 질적인 차이가 아니라는 결과를 더욱 강화시켜준다.

질적인 문화적 차이

일반적인 부정적 감정   그러나 몇몇 연구들은 정서와 건강 사이의 관계에 있어서 질적인 문화적 차이가 있음을 보여준다. 예를 들어 Miyamoto 등 (2013)은 일본인과 미국인들에게서 부정적 감정들이 염증 과정의 생물표지자인 인터루킨-6(interleukin-6, IL-6)의 수준을 변화시킨다는 것을 발견하였다. 이는 매우 흥미롭고 중요한 결과인데, IL-6은 부정적 감정과 심장질환 및 암을 유발할 수 있는 염증 과정 사이에 경로를 제공하는 것으로 생각되기 때문이다.

미국 참가자들의 경우 부정적 감정의 높은 수준은 혈액 내 IL-6의 높은 수준과 관련이 있었다. 그러나 일본인 참가자의 경우에는 부정정서와 IL-6 사이에 아무런 관련이 없었다. Miyamoto 등은 이러한 차이가 부정정서에 대한 문화적 해석이 다르기 때문에 발생한다고 주장하였다. 일본 문화에서는 부정적 감정을 자연스러운 것으로 보고, 잠재적인 동기적 속성 때문에 심지어 바람직하다고 보기도 한다. 그러나 미국 문화는 부정적 감정을 바람직하지 않은 것으로, 피하거나 억압해야 하는 것으로 본다. 그 결과 미국인들은 부정정서에 더 부정적인 생리적 반응을 보이는 경향이 더 많다고 저자들은 주장하였다.

Miyamoto 등의 연구에 대해 몇 가지 언급해야 할 중요한 포인트가 있다. 첫째, 문화적 차이들은 그 자체로 중요하고, 또한 부정정서에 대해 문화가 반응하는 방식에 있어 질적인 차이를 구성한다는 것을 언급하였다. Pressman 등(2014)의 리뷰와는 달리 이러한 결과들은 단지 한 문화가 다른 문화에 비해 부정정서에 대해 더 강하거나, 약한 반응을 이끌어 낸다는 것을 보여주는 것은 아니다. 대신에 이러한 결과는 일본인과는 다른 방식으로 미국인들이 부정적인 정서에 반응을 한다는 것을 보여준다.

Miyamoto 등이 문화가 IL-6 생성의 차이를 가져온다는 상당히 강한 주장을 하였다는 것도 중요하다. 이러한 결과는 인구사회학적 특징, 성격, 긍정정서, 건강상태, 자기보고식 건강, 그리고 흡연 등의 건강행동들을 통제하고도 유효하였다. 비록 다른 문화권의 개인들은 서로 너무 다르기 때문에 비교하는 것도 어렵지만, 저자들은 많은 가능한 대안적 해석을 배제할 수 있도록 통계적으로 대단한 일을 해내었다. 예를 들어 우리는 IL-6 생성의 문화적 차이는 두 표집의 건강한 정도의 차이에 기인하는 것이 아니라는 것을 어느 정도 상대적으로 확신한다. 그러므로 부정적인 감정은 일본 문화에서는 IL-6 단백질 합성을 통해 나쁜 건강상태를 초래하지 않지만, 미국에서는 이 경로로 나쁜 건강상태가 초래될 수 있다.

분노 부정적인 감정들에 대한 반응에 있어서 또 다른 질적 문화적 차이가 있다. Kitayama 등(2015)은 분노는 좋지 않은 심혈관계 건강의 생리적 지표들과 일관성 있게 관련이 있다고 언급하였다. 그러나 이러한 연구의 대부분은 서구 국가 표본에서 나온 것들이고, 이 결과에 대한 범문화적 일반성은 명확하지 않다.

이 연구자들은 미국과 일본의 대표적 표집들을 검토하였다. 양쪽 표집의 참가자들은 모두 얼마나 자주 분노 감정을 표현하는지(예 : "문을 쾅 닫는다.")와 자신의 성격(예 : "나는 불같은 성질을 지녔다.")(Kitayama et al., 2015, p. 213)에 관한 질문을 받았다. 또한 연구자들은 모든 참가자로부터 혈압과 혈액 샘플을 얻었다. 마지막으로 인구사회학적 지위, 건강행동(예 : 흡연), 건강상태 및 분노 이외의 부정적 감정경험에 대한 자료가 통제를 목적으로 모아졌다.

그림 10.1에 제시된 것처럼 결과는 일본과 미국 샘플들이 분노에 대한 건강 반응에서 질적으로 다르다는 것을 보여준다. 그림의 선을 따라 있는 * 표시는 두 라인이 모두 유의한 기울기라는 것을 보여준다. 분노 표현은 미국 샘플에서 건강상의 위험을 증가시키고, 일본 표집에서는 위험을 감소시킨다. 이러한 결과는 몇 가지 이유에서 흥미롭다. 우선 Pressman 등(2014)의 발견과 달리, 이러한 결과들은 문화에 따라 부정정서에 대해 질적으로 다른 건강 관련 반응이 나타난다는 것을 보여준다.

Kitayama 등의 결과에 관해 언급할 만한 가치가 있는 몇 가지 다른 구체적 사항이 있다. 첫째, 이 결과들은 실험실에서 조작된 것이 아닌 현실세계 맥락의 부정정서와 건강 위험의 객관적인 생리지표 사이의 관계를 보여주기 때문에 주목할 만하다. 둘째, 그 결과는 또한 분노가 부정정서에서 독특하게 중요하다는 것을 보여주는데, 연구자들이 다른 부정정서들을 통계적으로 통제했기 때문이다.

무엇이 이러한 다양한 문화적 효과를 가져오는가? Miyamoto 등(2013)의 주장과 유사

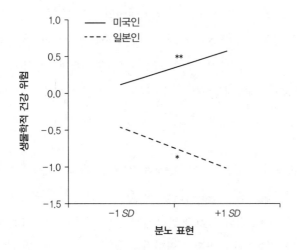

그림 10.1   미국인과 일본인의 분노 표현에 따른 생물학적 건강 위험 요인 점수. y축의 더 높은 점수들은 생물학적 건강 위험이 높은 것을 의미한다. 보고된 분석에서 인구학적 변인들, 건강상태, 건강행동, 부정정서의 경험, 그리고 사회적 지위를 나타내는 지표는 통제되었다.

*p < .05, **p < .01

출처 : Kitayama 등(2015)

하게, Kitayama 등(2015)은 분노가 일본과 미국에서 서로 다른 경험을 반영한다고 주장하였다. 미국에서 분노는 모든 사회적 계층에게 공통된 부정적 사건에 대한 일반적 반응이다. 그러나 일본의 경우 일본 사회의 위계적 성질 때문에 오직 사회적으로 힘이 있는 사람만이 분노를 자유롭게 표현할 수 있다. 그 결과 일본에서의 분노 표현은 "개인이 힘이 있고 지위가 있다고 느끼는 정도"를 반영한다(Kitayama et al., 2015, p. 218). 그러므로 동일한 부정정서가 문화에 따라 매우 다르게 경험될 수 있다. 그리고 이러한 문화적 차이가 건강에 절대적으로 다른 효과를 만들어낸 것이다.

웰빙의 세 가지 기본적인 요소, 즉 삶의 만족도, 긍정정서, 부정정서 각각이 건강을 예측한다. 부의 정도가 상당히 다른 문화들을 고려했을 때조차 이런 관계는 상당히 일관된다. 그러나 Miyamoto 등(2013)과 Kitayama 등(2015)의 결과에 의해 나타난 바와 같이, 웰빙/건강의 관계는 문화적으로 완전히 단일하지는 않다. 분노와 건강의 관계는 미국과 일본에서 질적으로 다르다. 앞으로의 연구에서는 이러한 관계에 있어서 문화적 차이의 다른 예들을 밝혀낼 것이다.

● ● ●
행복과 질병으로부터의 회복

연구 표본

행복이 질병이나 부상으로부터의 회복에 도움이 되는가에 대한 결론은 현재까지도 잠정적이고 조심스럽다(Diener & Chan, 2011). 그러나 연구자들이 최근에는 보다 용감한 언급들을 하기 시작했다. 사실 최근 연구는 질병이 너무 진전되어 의료적 예후가 나쁜 경우를 제외하고는, 비록 몸이 아프지만 더 행복한 사람들은 그렇지 않은 사람들보다 더 빨리 완벽하게 회복한다고 제안하였다(Pressman & Bowlin, 2014). Lamers, Bolier, Westerhof, Smit 및 Bohlmeijer(2012)에 의한 메타연구는 긍정정서와 삶의 만족도는 암, 심장병, 고관절 골절, 당뇨를 포함한 다양한 질병으로부터 고통받는 환자들의 회복 가능성을 14% 정도 증가시킨다는 것을 발견하였다. 이와 유사하게 Boehm과 Kubzansky(2012)는 연구들에 대한 리뷰에서 긍정정서와 낙관성이 환자가 심장질환에서 회복되는 것을 돕는다는 것을 발견하였다. 다른 연구들은 긍정정서가 생물학적인 기능을 증진시켜서 질병 회복을 돕는다는 것을 보여주었다(Mathew & Paulose, 2011).

웰빙/회복 관계에 대한 몇 가지 연구의 예들을 살펴보는 것이 도움이 될 것이다. Seale,

Berges, Ottenbacher 및 Ostir(2010)는 긍정정서를 가진 뇌졸중 환자가 매우 놀라운 기능적 회복(예 : 자기돌봄, 괄약근 조절, 의사소통)을 하였다는 것을 발견하였다. 이러한 결과는 인구사회학적 변인들, 입원 기간, 환자가 치료받았는지의 여부, 뇌졸중과 관련된 의학적 문제들, 긍정정서의 초기 수준, 퇴원할 때의 기능적 상태를 통제한 후에도 여전히 유의하였다. 이와 유사하게 Gale, Cooper, Deary 및 Sayer(2014)는 노년층(60세 이상)의 표본에서 유사한 변인들을 통제한 후에, 높은 웰빙 수준을 가진 사람들이 노쇠할 가능성이 적음을 발견하였다.

고관절 골절로부터의 회복은 또 다른 예를 제공해준다. Fredman, Hawkes, Black, Bertrand 및 Magaziner(2006)는 65세 이상의 고관절 골절 환자들의 표본을 2년간 추적하였다. 높은 긍정정서 수준을 보이는 환자들이 우울한 참가자들보다 고관절 골절에 자주 동반되는 인지적 손상이나 건강문제와 함께 사회인구학적 특징들을 통제하고 난 후에도 기능평가에서 더 나은 수행을 보였다(예 : 의자에서 일어나는 속도, 보통 걸음과 빠른 걸음 속도). 보다 최근에 Langer, Weisman, Rodebaugh, Binder 및 Lenze(2015)는 유사한 연구를 시행하였고, 고관절 골절로 인한 수술 후에 긍정정서의 증가는 1년 후의 더 나은 신체적 회복과 관련이 있었다. 이러한 결과는 환자의 원래 긍정정서의 수준과 수술 후 그들의 회복상태를 통제한 후에도 유의하였다.

마지막으로 부정정서와 더딘 회복의 관계를 보여주는 다른 증거가 있다. Spaderna 등(2014)은 심장이식을 기다리는 독일과 호주 환자들을 연구하였는데, 우울한 사람들은 이식수술이 시행되기 이전에, 심장 관련 의학적 사건을 64% 정도 더 많이 경험하는 것으로 나타났다. 이러한 사건들은 그들의 건강상태에 있어서의 부정적인 변화와 죽음을 포함한다. 이러한 결과는 연령, 성별, 체질량, 병의 심각성에 대한 초기 측정치를 통제한 후에도 유의하였다.

인과관계?

따라서 웰빙은 여러 가지 질병으로부터의 더 나은 회복과 연관된다. 그렇지만 여러분은 이 발견들에 대해 의심스러울 수도 있다. 긍정정서가 고관절 골절로부터의 회복의 원인이 되었다기보다는 회복을 뒤따랐을 가능성은 없을까? 고관절이 좋아졌을 때 환자들이 더 행복해졌으리라는 것은 놀라운 일이 아니다. 인과관계의 방향성을 어떻게 아는가?

이것은 중요한 질문이고, 연구결과들의 상관적인 성격 때문에 연구자들은 어느 방향이 맞는지 확신할 수가 없다. 그러나 증거들은 긍정정서가 회복을 돕는다는 결론을 가리킨다. 한 가지 핵심적인 증거는 Langer 등의 연구에서 긍정정서의 기저선과 수술 후 2일에서 7일까지의 기능 수준과 회복을 통제하였다는 것이다. 이것은 모든 환자들이 손상의 정도에서 통계적으로 동등하다는 것을 의미하는데, 이렇게 되면 손상의 정도가 긍정정서를 유발할 가능성은 희박해진다. 이와 유사한 변인들을 통제한 뇌졸중에서의 회복에 대한 연구를 기억하라.

웰빙이 질병과 부상으로부터의 회복을 돕는다는 증거가, 특히 나이든 사람들에게서 나타난다. 비록 이 관계에서 인과관계의 방향은 완전히 명확하지는 않지만, 증거들의 무게는 웰빙이 회복을 가져온다는 결론을 가리킨다.

• • •

행복과 사망률

긍정정서와 장수

젊은 성인

행복이 장수를 예측한다는 증거는 강력하다(Diener & Chan, 2011; Mathew & Paulose, 2011; Pressman & Bowlin, 2014). 예를 들어 Danner, Snowdon 및 Friesen(2001)은 미국 내 가톨릭 수녀 180명의 표집에서 젊은 성인의 행복 수준이 장수를 예측한다는 것을 발견하였다. 1930년대 초반에, 이 특별한 체제 속에 들어간 수녀들은 짧은(200에서 300단어의) 자서전을 쓰도록 요구받았다. 연구자들은 그 수녀들의 동의를 얻어서 이 진술들을 검토하였고 훈련된 기록자들에게 그들의 긍정적, 중립적, 부정적, 정서적 내용들을 기록하도록 하였다. 모든 기록자들은 수녀들의 건강상태에 대해 알지 못하였다.

그림 10.2에서 볼 수 있는 것처럼 결과는 긍정정서가 강력하고 유의하게 장수와 관련이 있음을 보여준다. y축은 한 개인이 주어진 나이에 여전히 생존해 있을 가능성이다. 행복의 수준(긍정정서들)은 사분위수로 나타냈다. 1사분위는 가장 덜 행복한 25%의 사람들이고 4사분위는 가장 행복한 25%를 포함한다.

보이는 바와 같이 가장 행복한 수녀들이 더 많은 나이에도 여전히 생존해 있을 가능성이 컸다. 이러한 관계는 정말로 강하다. 사실 행복의 상위 25% 수녀들의 생존율은 하위 25% 수녀들에 비해 2.5배나 높았고, 25~50% 수녀들보다 2.4배 높았다. 50~75%에 속하는 수녀들의 생존율은 상위 25%와 유의한 차이가 없었다. 이 결과를 고려하는 또 다른

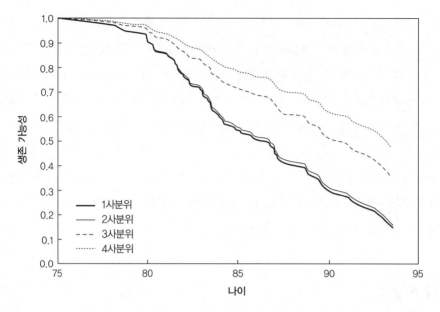

그림 10.2 180명 수녀 참가자의 인생 초기 자서전에 쓰인 긍정정서 문장 숫자의 사분위 순위와 생애 후반의 생존 가능성

사분위 1, 2의 생존 곡선은 서로 겹친다.

출처 : Danner 등(2001)

방법은 가장 덜 행복했던 수녀들의 사망의 중앙값이 86.6인 반면에, 가장 행복했던 수녀들의 중앙값은 93.5로, 수명에 있어서 거의 7년의 차이가 있었다.

이러한 모든 결과는 교육, 작문 실력, 직업(수녀들 중 다수는 교사였다) 등의 변인을 통계적으로 통제하고 난 후에 얻은 것이다. 이 결과는 또한 참가자들의 동질적인 생활 스타일(그리고 아마도 성격특성들) 때문에 특별히 더 강력하다. 모든 참가자가 수녀였고, 동일한 집단에 속해 있었기 때문에 생존율의 차이는 식사, 운동, 물질 이용, 의료적 돌봄 등의 차이에 의한 것일 가능성이 작다.

마지막으로 부정적 감정과 장수 간에는 아무런 관련이 없었다. 이 결과는 참가자들이 이 체제에 들어갈 때 쓰는 글에 부정적 감정을 표현하는 것을 주저했기 때문에 생겼을 가능성이 있다.

다른 흥미 있는 연구들이 비슷한 결과를 발견했다. Abel과 Kruger(2010)는 메이저리그 야구선수들 중 가장 크게 웃었던 사람들이 가장 오래 살았다는 것을 발견하였다. 이 연구자들은 1952년 야구선수 등록부로부터 선수들의 사진을 부호화하였는데, 이 기록부의 사진에는 웃지 않은 사진, 반쯤 웃는 사진, 함박웃음 등이 포함되어 있었다. 장수와 관련된 수많은 요인들(예 : 생년월일, 체질량 지수, 결혼상태)을 통제한 후에 웃지 않은 선수들이 평균 72.9세, 반쯤 웃은 사람들은 75세, 함박웃음을 웃은 사람은 79.9세까지 살았다는 것을 발견하였다. 더욱이 크게 웃었던 선수들은 웃지 않았던 선수들에 비해 해마다 1/2 정도만이 사망하는 경향을 보였다.

이러한 결과들이 다양한 요인을 통계적으로 통제한 후에도 발견된다는 것을 기억하라. 결과들에 대해 더 큰 확신을 얻으려고, 연구자들은 사진의 매력도도 기록하였다. 결과적으로 매력도는 수명을 예언하지 못하였다. 그러므로 이 결과들의 가장 중요한 동인은 선수들이 보여준 긍정정서이며, 보다 매력적으로 보이려고 더 크게 웃으려고 하는 의도에 의한 것이 아니고, 통계적으로 통제된 어떤 다른 요인에 의한 것도 아니다.

아동과 젊은 성인들을 대상으로 한 긍정정서/장수 관계와 관련해서는 불일치하는 발견들이 있다. Pressman과 Bowlin(2014)에 따르면, 이런 불일치는 아마도 이 연구들이 긍정정서에 대한 측정을 아동 자신의 자기보고가 아니라 교사들이나 부모의 평가를 사용했기 때문일 수 있다. 더욱이 아동과 대학생들에게 있어서의 긍정정서는 위험감수와 연관될 수 있다. 이는 청소년과 젊은 성인에게 있어서 사고사 가능성의 증가와 관련된다.

그러나 Danner 등의 수녀 연구는 위험감수를 덜하는 집단의 젊은 성인들에게 있어서 긍정정서는 장수를 예언할 수 있다는 것을 제안한다. 게다가 다른 연구에서 행복은 위험감수 행동이 줄어드는 나이인 25세(Keyes & Simoes, 2012) 혹은 30세(Yang & Waliji, 2010) 이후의 모든 연령대에서 일반적으로 줄어든 사망률과 관련이 있다는 것을 보여준다. 그러므로 아동과 청소년에 대한 이러한 불일치한 연구결과에 대한 Pressman과 Bowlin (2014)의 해석이 옳았을 가능성이 있다. 긍정정서는 기대수명을 증가시키지만, 또 어떤 세대에게는 위험감수 경향을 증가시키기 때문에 이득을 상쇄할 수도 있다.

고령자

Danner 등의 연구를 모방한 유명한 심리학자들의 장수에 관한 흥미로운 연구가 있다. Pressman과 Cohen(2012)은 1843~1926년 사이에 출생한 영향력 있는 심리학자 88명의 자서전적인 진술에 사용된 긍정적 단어들의 숫자가 그들의 수명을 정적으로 예언한다는 것을 발견하였다. 긍정적 단어들을 사용한 심리학자들은 그렇지 않은 사람들보다 5년을 더 살았다.

그러나 긍정정서와 장수 간의 가장 일관된 연관성은 의료보호시설이 아닌 곳에 거주하는 (요양원에 살고 있지 않은) 고령자들로부터 나온다. 사실 약 30개의 연구가 이 연관성을 확인하였다(Pressman & Bowlin, 2014; Pressman & Cohen, 2005). Westerhof와 Wurm(2015)은 문헌 리뷰를 통해 노인들의 웰빙이 생존율을 예측한다는 결론을 내렸다. 아울러 Lamers 등(2012)은 메타분석을 통해 일반적으로 웰빙, 특정하게는 긍정정서가 환자들 사이에서 높은 생존율과 관련이 있다는 것을 보여주었다.

예를 들어 Koopmans, Geleijinse, Zitman 및 Giltay(2010)는 시설에 살지 않는 네덜란드 남ㆍ녀(65~85세)의 대형 표본에서 행복/장수의 연관성을 발견하였다. 그림 10.3에서 볼 수 있는 바와 같이, 연구의 시작 단계에 덜 행복했던 사람들에 비해 초반에 행복했던 사람들이 연구기간 15년 동안 여전히 생존해 있는 비율이 더 높았다. 이러한 사망률의 차이는 성, 연령, 결혼상태, 교육 및 사회경제적 상태 등을 통계적으로 통제하고도 여전히 유의하였고, 그러므로 행복이 수명연장을 가져온다는 주장을 지지한다.

Newall, Chipperfield, Bailis 및 Stewart(2013)는 긍정정서를 가진 고령자들이 덜 행복한 사람들보다 7년 이내에 사망할 가능성이 36% 정도 낮다는 것을 발견하였다. 이러한 결과는 나이, 성별, 결혼상태 및 사전 건강과 외로움 정도 등을 통제한 후에도 여전히 유효하

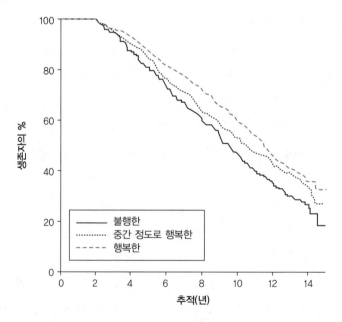

그림 10.3 Kaplan과 Meier의 참가자 861명의 행복 범주에 따른 생존 분석. 범주는 '불행한'에서 '행복한' 피험자였다. '행복하다'고 보고한 피험자들이 증가된 생존율을 보였다(p = .006, 로그순위 검정결과).
출처 : Koopmans 등(2010)

였다. 더 나아가 행복은 외로움에 대한 보호요인으로 작용하였고, 이는 수명의 강력한 예언자였다.

긍정정서가 건강한 고령자들의 수명을 연장한다는 발견들은 이론적으로 이해가 된다. Wiest, Schüz, Webster 및 Wurm(2011)은 연령과 관련해 약화된 면역체계 때문에 고령자들에게 있어서 긍정정서가 특별히 중요한 보호적 기능을 한다는 것을 연구결과들을 기초로 주장하였다. Wiest 등은 또한 고령자들은 젊은 사람들에 비해 자신의 정서를 조절하는 데 더 유능하고, 정서적으로 보상이 되는 목표에 집중하는 것을 더 잘한다고 주장하였다. 그 결과 긍정정서는 특별히 고령자들 사이에서 더 이득이 되는 것 같다.

그러나 긍정정서/장수의 연결은 의료시설에 있는 고령자들 사이에서는 덜 명확하다. Pressman과 Bowlin(2014)은 여러 논문을 검토해서 이 집단에서 이 가설과 관련된 엇갈리는 결과를 발견하였다. 이 저자들은 긍정정서는 아마도 덜 건강한(시설 보호상태에서 암시되는 것처럼) 사람들 사이에서는 수명에 더 적은 영향을 끼치는 것 같다고 주장하였다.

비록 긍정정서/장수의 관계가 시설에 있지 않은 고령자들 사이에서 가장 일치하기는 하지만 긍정정서는 젊은 사람들과 고령자들 모두에서 사망률을 감소시킨다. 시설에 있지 않은 고령자들에 대한 이 발견은 그들이 건강할 가능성이 있지만, 연령과 관련된 생리적 취약성 때문에 질병으로부터 더 큰 보호를 필요로 한다는 점을 감안하면 일리가 있다. 이 효과가 상당히 크고 긍정정서가 낮은 사망률을 가져온다는 것에 대한 증거는 유의하다. 예를 들어 긍정정서는 앞에서 언급한 몇몇 연구에서 더 낮은 사망률과 관련이 있다. 또한 몇몇 연구들에서 다른 요인들과 함께 사용된 통계적 통제는 긍정정서가 수명의 원인요인이라는 우리의 확신을 증가시킨다.

부정정서와 장수

고독과 사회적 소외

연구는 부정정서를 가진 사람들이 더 짧은 삶을 산다는 것을 보여준다(Diener & Chan, 2011). 고독은 비의료시설에 있는 서부 캐나다(Newall et al., 2013)와 핀란드(Tilvis, Laitala, Routasalo, Strandberg, & Pitkala, 2012)의 고령자들의 연구에서 사망률을 예측하였다. 나이와 성별 및 다른 인구사회학적 요인들을 통제하고도, 덜 고독한 사람들에 비해 고독한 고령자들은 해마다 15~20% 더 많이 사망하였다.

더 나아가 Tay, Tan, Diener 및 Gonzalez(2013)는 문헌을 검토하여 고독과 유사한 측정치인 약한 사회적 관계와 일반 대중에서의 사망률과의 관계를 발견하였다. Eichstaedt 등 (2015)은 미 전역에 걸쳐서 트위터 메시지에 나타난 부정적인 사회적 관계가 사회경제적인 지위를 통제한 후에도 심장질환 사망률을 예측한다는 것을 발견하였다.

Eichstaedt 등은 천만 트윗 이상을 포함하는 자료를 검토하였고, 소프트웨어를 이용해 부정적인 사회적 관계를 포함해서 몇 개의 차원으로 자료를 범주화하였다. 예를 들어 미움, 외로움, 질투, 비난, 악, 무례한 등을 포함하는 트윗은 부정적인 사회적 관계의 지표로 간주되었다. 그런 다음 트윗된 단어들을 심장질환 사망률과 연결시켰는데, 트윗의 발생지역을 식별하고 질병관리예방센터(Centers for Disease Control and Prevention, CDC)로부터 그 지역의 사망률 자료를 의뢰하였다. 비록 트윗을 한 사람이 심장병으로 더 죽는지에 대해 결정할 수는 없었으나, 결과는 좋지 않은 사회적 관계로 인한 부정정서가 사망률을 예측한다는 가설과 일치한다. 보다 많은 부정적 사회적 관계 트윗이 발생한 지역이 더 높은 심장병 사망률을 보였다.

비환자군에서의 우울

질병이 거의 없는 일반 모집단에서조차 우울한 사람들이 그렇지 않은 사람들보다 일찍 죽는다(Charlson et al., 2013; Doherty & Gaughran, 2014; Moustgaard, Jousenniemi, Sihvo, & Martikainen, 2013). 많은 연구들에 따르면 우울은 37%에서 100%까지 사망률 위험요인을 증가시켜서 일반 사람들의 조기 사망의 위험을 유의하게 증가시킨다(Hannah, Batty, & Benzeval, 2013; Markkula et al., 2012; Tilvis et al., 2012).

아울러 Charlson 등(2013)은 심장질환의 치명성에 영향을 미치는 주요우울증의 효과로 인해 2010년에 350만 이상의 '삶의 햇수'가 전 세계적으로 사라졌다고 추정하였다. 달리 말하자면 연구자들이 2010년에 우울이 얼마나 개인의 삶의 길이를 줄였는지를 추정하였을 때, 조기에 사망한 사람들이 잃어버린 삶의 햇수를 더했더니 350만 년이 넘었다는 것이다. 이런 추정치는 병원에 입원하지 않은 일반인들을 대상으로 한 연구들에 대한 메타분석을 통해 얻어졌다. 그러므로 이러한 발견들은 상대적으로 건강한 개인들 사이에서 사망률에 주요우울장애가 미치는 영향을 보여준다.

Charson 등(2013)의 연구에서 나온 표 10.2는 지구상의 각 지역에서의 추정치를 보여준다. '장애-적응 생활 햇수'는 개인이 장애를 가지고 산 햇수에, 조기 사망으로 인해 잃은 삶의 햇수를 더한 것이다. 따라서 '잃어버린 삶의 햇수'와 '장애를 가지고 살았던 햇

수'의 합이 장애-적응 생활 햇수와 동일하다. 괄호 속의 숫자들은 각각의 추정치에 대한 95%의 신뢰도 구간을 말하는 것이다. 따라서 이 저자들은 손실한 삶의 햇수에 대한 전체 시간의 참값(3,572,770)은 1,791,433에서 5,411,987 사이라고 95% 확신한다.

　일반 인구에 있어서 우울증과 사망률을 연결하는 경로는 더 명확해지고 있다. 우울증은 사회활동을 줄이는 경향이 있고, 이것은 결과적으로 사망률을 높이는 것 같다(Finlay, Olivia, Timko, Moos, & Cronkite, 2014). 흡연(Fortes et al., 2012), 그리고 지나친 음주(Markkula et al., 2012; Moustgaard et al., 2013) 같은 불건강한 행동들이 우울과 사망률을 연결시킬 수도 있다. 더욱이 우울은 불건강한 행동을 촉진하는 것에 더해서, 아마도 직접적인 부정적 생리적 결과를 초래한다. 이러한 행동적이고 생리적 효과는 누적되는 경향이 있고, 아마도 오랜 시간에 걸쳐 매우 복합적인 양상으로 나타날 수 있다

표 10.2　허혈성 심장질환(IHD) 사례와 지역별 부담 추정치, 2010(95% CI)

지역	장애-적응 삶의 기간	손실된 생의 기간	장애와 함께한 기간
아시아, 태평양, 높은 소득	39,982 (19,701 – 66,462)	33,769 (16,218 – 56,464)	6,212 (2,413 – 12,936)
아시아, 중부	112,925 (57,161 – 177,173)	108,331 (54,721 – 170,514)	4,593 (1,983 – 8,725)
아시아, 동부	386,610 (186,346 – 616,455)	347,277 (164,890 – 550,414)	39,332 (17,416 – 70,703)
아시아, 남부	863,351 (429,292 – 1,375,835)	829,281 (411,750 – 1,325,451)	34,069 (15,321 – 60,095)
아시아, 동남부	263,285 (135,382 – 421,193)	245,258 (125,893 – 395,411)	18,026 (7,955 – 32,258)
오스트랄라시아	9,622 (4,870 – 15,408)	8,541 (4,344 – 13,721)	1,081 (421 – 2,028)
카리브해	29,484 (14,661 – 46,004)	27,773 (13,791 – 43,647)	1,710 (728 – 3,224)
유럽, 중부	137,495 (69,706 – 214,634)	129,873 (65,902 – 202,094)	7,621 (3,384 – 14,119)
유럽, 동부	664,145 (321,237 – 1,063,148)	639,605 (308,328 – 1,023,931)	24,540 (10,754 – 43,824)

(계속)

지역	장애-적응 삶의 기간	손실된 생의 기간	장애와 함께한 기간
표 10.2 허혈성 심장질환(IHD) 사례와 지역별 부담 추정치, 2010(95% CI) (계속)			
유럽, 서부	284,320 (144,755 − 435,735)	252,487 (127,659 − 387,169)	31,833 (13,996 − 56,870)
라틴아메리카, 안데스	12,761 (6,305 − 20,517)	11,495 (5,747 − 18,348)	1,266 (529 − 2,470)
라틴아메리카, 중부	84,115 (43,308 − 132,587)	77,860 (39,465 − 122,414)	6,255 (2,652 − 12,031)
라틴아메리카, 남부	31,373 (15,066 − 53,307)	28,547 (13,876 − 47,362)	2,825 (1,140 − 5,412)
라틴아메리카, 적도	127,581 (65,215 − 208,633)	115,548 (58,951 − 191,580)	12,032 (5,224 − 21,858)
북부 아프리카/ 중동부	363,828 (183,937 − 571,914)	342,820 (171,720 − 533,404)	21,008 (9,630 − 37,854)
북부 아메리카, 높은 소득	244,716 (125,676 − 394,058)	223,728 (114,409 − 358,292)	20,987 (9,588 − 38,059)
오세아니아	3,628 (1,751 − 6,339)	3,355 (1,623 − 5,891)	272 (107 − 507)
사하라 아프리카 일부, 중부	28,336 (13,710 − 47,204)	26,682 (12,849 − 44,673)	1,653 (667 − 3,421)
사하라 아프리카 일부, 동부	62,438 (31,898 − 99,496)	55,098 (28,007 − 88,043)	7,340 (3,205 − 13,455)
사하라 아프리카 일부, 남부	18,385 (9,071 − 30,166)	16,567 (8,175 − 27,355)	1,817 (771 − 3,341)
사하라 아프리카 일부, 서부	54,615 (27,511 − 86,304)	48,864 (24,879 − 76,381)	5,750 (2,483 − 11,008)
전 세계	3,823,004 (1,942,771 − 5,778,350)	3,572,770 (1,791,433 − 5,411,987)	250,233 (114,845 − 444,063)

출처 : Charlson 등(2013)

(Thomson, 2011). 몇몇 증거들은 여성이 남성보다 우울로 인한 사망 위험으로 더 많이 고통받는다는 것을 제안한다(Thomson, 2011).

심장병 환자들의 우울

우울은 심장병 환자들의 사망률과 강하게 연결되어 있다. 이 연구에 대한 초기 리뷰는 희망이 없고 무기력해지는 개인들의 포기하는 증상 때문에 부정정서는 질병 관련 사망률과 관련이 있다는 것을 보여주었다(Buerki & Adler, 2015, p. 184). Diener와 Chan(2011)은 심장병 환자들의 우울과 사망률에 대한 자신들의 리뷰에서 두 연구를 언급하였다. 두 연구에서 모두 우울한 환자들이 더 빨리 사망하였다. 대부분의 이후 리뷰들도 이러한 발견을 확인하였다. Fan 등(2014)에 의한 메타분석은 심부전으로 진단받은 환자들 가운데[5] 우울한 사람들이 우울하지 않은 환자들에 비해 다음 해에 사망할 확률이 2배라는 것을 발견하였다. 몇몇 다른 연구 리뷰들도 비슷한 결론에 이르렀다(예 : Celano & Huffman, 2011; Doherty & Gaughranm, 2014; Freedland, Carney & Rich, 2011; Huffman, Celano, Beach, Motiwala, & Januzzi, 2013; Whooley & Wong, 2013).

또한 주요우울장애는 일반적인 우울보다 심장병 환자에게 있어서 사망률의 보다 강력한 예언인자로 나타났다(Fan et al., 2014; Freedland et al., 2011). 이러한 관련성은 매우 강하고 일관성이 있어서 몇몇 연구자들은 심장병 환자들에게 일상적으로 우울 선별을 실시해야 한다고 제안하기도 하였다(예 : Celano & Huffman, 2011; Scott, 2014; Whooley & Wong, 2013). 그러나 우울이 심장병 환자들에게서 사망률을 예측한다는 것은 분명한 반면에, 그것이 이 집단에게 사망률의 원인이 맞는지에 대해서는 논쟁의 여지가 있다.

인과론과 관련해서 가장 근본적인 문제는 우울증을 치료하기 위한 심리적 치료들이 심장병 환자들의 사망률을 떨어뜨리지 못한다는 것이다(Meijer, Zuidersma, & de Jonge, 2013; Reid, Ski, & Thomson, 2013; Whalley, Thomson, & Taylor, 2014). 비록 그동안 웰빙치료가 우울에 영향을 미치는 생리적 과정과 연결되어 있다는 것이 밝혀져 왔지만(Rickard & Vella-Brodrick, 2014), 이러한 개입이나 치료가 사망률을 낮추는 것으로 보이지 않는다는 사실은 중요한 문제이다. 명백히 만일 우울이 죽음을 초래하는 것이라면, 우울을 치료하는 것이 사망률을 줄여주어야만 한다. Meijer 등(2013)은 우울에 대한 치료가 임상 표본에서 사망률을 줄여준다는 어떤 연구도 발견하지 못하였다.

또한 우울이 심장질환의 원인이냐 결과냐라는 것도 명백하지 않다. Meijer 등(2013)은 초기 성인기의 우울이 이후의 삶에서의 심장질환을 예언한다는 것을 보여주는 종단연구들을 인지하였는데, 이는 우울이 원인인자라는 주장과 일치한다. 그러나 Meijer 등은 심장질환이 또한 임상 환자들에게서 우울증을 유발한다는 것을 지적하였다. 그러므로 어느 것이 더 먼저 발생하는지, 심장병인지 우울증인지는 명확하지 않다. 보다 정확하게 우울이 원인요인임을 확신하기 위해서는 우울이 심장병에 선행한다는 명백한 증거들이 있어야만 한다.

그러나 우울이 심장병 환자들에 있어서 조기 사망을 초래한다는 주장은 가능하다. Meijer 등은 환자의 우울을 낮추고자 하는 개입에 대한 연구들은 '반 정도만' 성공하였다는 데 주목하였다(p. 3). 그러므로 우울이 사망률에 의미 있는 효과를 미칠 만큼 낮아지지 않았을 가능성이 있다. 연구를 검토한 몇몇 연구자들(Celano & Huffman, 2011)은 특히 약물치료와 병행하는 우울-감소 개입법의 효과에 대해서는 보다 낙관적이다.

우울이 심장질환 환자들에게서 사망을 초래할 수 있다고 생각하는 데는 논리적 이유도 있다. 예를 들어 우울은 사망률을 증가시키는데, 첫째로 신체활동의 감소를 초래하거나 좋지 않은 식습관을 초래함으로써 사망률을 높인다(Bonnet et al., 2005). 또한 우울은 자율신경계를 지나치게 활성화시키고/혹은 시스템 내의 감염을 초래하기도 하는데, 이 두 가지는 모두 심장질환과 연관이 있다(Celano & Huffman, 2011; Whooley & Wong, 2013). 우울과 심장질환 환자들의 사망률 사이의 잠재적 경로의 존재는 우울/사망률의 연합이 인과론적이라는 것을 더욱더 그럴싸하게 만든다.

비록 우울이 심장질환 환자집단에 있어서 사망률과 연관이 있는 것은 확실하지만, 불행히도 연구는 아직까지 우울이 사망의 원인인지를 알 수 있는 지점까지 진행되지는 않았다. 이것은 여전히 대답해야 할 도전적인 질문이다. 우울은 통제된 실험에서 무선적으로 배정될 수가 없다. 그리고 검증되지 않은 우울에 대한 개입법들을, 심장질환만큼 심각한 질환을 가진 환자들에게 실시하는 것과 관련한 윤리적 문제들도 있다.

그러나 연구자들은 이 두 변인 사이의 연합을 인식하고 타당화하는 것과 가능한 인과론적 경로를 검토하는 것을 통해 이미 엄청난 진보를 만들어왔다. 연구자들은 또한 인과관계를 알아내는 것이 중요한 다음 단계라는 것을 인지하고 있는 것으로 보이며, 이것을 어떻게 가능하게 할 것인지를 제시해왔다. 예를 들어 Fan 등(2014)과 Celano와 Huffman (2011)은 앞으로의 연구는 우울과 사망률을 낮추는 항우울약제의 효력을 연구해야 한다고 제안하였다. 이 연구자들은 이 인과론적인 질문에 대답하는 또 하나의 방법으로 잠재적 인과 경로들(예 : 우울에서 감염으로, 심장질환 사망률로의)의 각각의 단계를 잘 검증할 것을 제안한다. 그리고 이제 연구자들은 무엇이 중요한 질문이고, 누가 그 답을 얻은 것 같은지에 대해 알고 있다. 그 답이 나타나는 것은 이제 시간문제이다.

삶의 만족도와 장수

정서 비교를 뺀 삶의 만족도

몇몇 연구자들은 비록 성별과 문화에 따라서 어느 정도의 불일치가 있기는 하지만 삶의 만족도가 사망률을 예측한다고 지적하였다. Kimm, Sull, Gombojav, Yi 및 Ohrr(2012)는 12년간의 연구과정 동안에 삶에 만족하는 남녀 각각과 비교해, 만족하지 못하는 남자들은 42%, 만족하지 못하는 여성들은 51% 정도 더 많이 사망한 것을 발견하였다. 참가자들은 한국의 시골 농촌지역에 살았는데, 연령, 질병 기록, 흡연과 음주, 체질량 및 장애 정도를 통제하고도 이 결과가 유의하였다.

다른 연구는 성차를 발견하였다. Guven과 Saloumidis(2014)에 따르면, 삶의 만족도가 기혼자의 사망률을 예측하고, 결혼 여부와 상관없이 일반적으로 남성들의 사망률은 예측하지만 여성들의 사망률과는 상관이 없었다. 이러한 결과들은 독일 성인들(연구의 시작 때 평균 연령이 42세)의 대규모 표집에서 사회경제적 상태와 주관적 및 객관적 건강지표를 통제하고도 유의하였다. Guven과 Saloumidis(2014)는 그들의 연구에서 비록 여성들이 일반적으로 남성에 비해 더 오래 산다는 것은 언급하였지만 성차에 대한 설명은 제공하지 않았다. 아마도 그들의 연구는 독일 여성들에게 있어서 삶의 만족도가 사망률을 예측할 수 있을 정도로 충분히 오랫 동안 참가자들을 추적하지 못했을 수 있다. 연구마다 삶의 만족도를 측정하는 측정치가 다른 것도 성차의 효과를 설명할 수 있는 방법일 수 있다.

우리가 이 장 전체를 통해서 보아왔던 것처럼 사망률은 이 연구의 매우 중요한 주제이다. 몇몇 종단연구들은 삶의 초기 만족도 측정치가 미래의 사망률을 예언한다는 것을 보여주었다. 이것은 변인들의 시간적 순서 때문에 잠재적 원인(삶의 만족도)이 잠재적 결과(사망률)에 앞서기 때문에 인과론적인 가설과 일치한다. 이러한 연구들은 또한 통계적으로 나이, 소득, 교육 등을 통계적으로 통제하였는데, 이 관계가 인과적이라는 우리의 확신을 증가시키는 데 도움이 된다.

보다 더 중요한 것은 애초의 건강상태가 이 연구에서 통계적으로 일정하였다는 점이다. 이는 삶의 만족도가 단순히 애초의 건강상태의 함수일 뿐이라고 하는 대안적 가설을 반박하기 때문에 중요하다. 예를 들어 연구의 초반에 좋지 않은 건강상태가 초반의 삶의 만족도를 낮추고 또한 조기 사망을 초래할 수 있는데, 이것은 삶의 만족이 이러한 관계에서 원인이 아니라는 것을 나타낸다. 그러나 애초의 건강상태를 통제하는 것을 통해 자료는 이러한 대안적 해석을 반박한다. 예를 들어 Guven과 Saloumidis(2014)의 연구에서 연구 시점의 삶의 만족도와 사망률 간의 관계는 초반의 건강상태가 통계적으로 통제되었을 때 변화하지 않았다.

이 모든 자료들이 상관관계를 기반으로 한 것을 기억하는 것이 중요한데, 우리는 어떤 관계가 인과적인지 확신할 수 없다. 그러나 인과관계가 있는 것으로 보이는 좋은 주장이 만들어질 수 있다.

정서 비교를 포함한 삶의 만족도

이 영역은 연구자들이 건강의 결과물들을 예측함에 있어서 웰빙의 구성요소 각각이 미치는 상대적 효과를 측정하기 위해 직접적으로 서로 다른 웰빙의 측정치들을 짝지어 온 몇 안 되는 영역이라는 점이 독특하다. 보다 구체적으로 몇몇 연구자들은 사망률을 조사하는 연구들에서 삶의 만족도와 정서, 특히 긍정정서를 측정하였다. 결과는 일반적으로 긍정정서는 삶의 만족도를 넘어서는 예언력을 보였다.

예를 들어 Wiest 등(2011)은 독일에서 종단적 표본 연구를 하였는데, 통계적으로 표준적인 사회경제적, 건강변인들을 통제하고도 삶의 만족도가 높은 나이든 성인들이 만족도가 낮은 동등한 개인들에 비해 매해 11% 정도 적게 사망하는 것으로 나타났다. 더욱이 높은 긍정정서를 가진 반응자들은 19% 정도 매해 덜 사망하는 것으로 나타났다. 부정정서와는 이런 관련성이 없었다.

그러나 긍정정서와 생활 스타일이 검토되었을 때, 두 변인에 대해 서로를 통제해서 긍정정서 수준이 높은 사람이 주어진 해에 18% 정도 덜 사망하는 것으로 나타났는데, 삶의 만족도는 사망률을 예측하지 못하였다. Pitkala, Laakkonen, Stranberg 및 Tilvis(2004)와 Tilvis 등(2012)은 핀란드 노인들에 대한 연구에서 비슷한 결과를 발견했다. 그러므로 삶의 만족도는 수명과 관련이 있지만 그것은 긍정정서보다 수명을 더 잘, 혹은 다른 방식으로 예측하지는 못하는 것 같다.

● ● ●
자기실현적 웰빙

자기실현적 웰빙은 정서와 삶의 만족도와는 구별되는 인간의 번영을 강조하는 웰빙의 또 다른 개념화이다(Kimiecik, 2011). 자기실현적 웰빙이란 대부분 Ryan과 Deci(2000)의 자기결정 이론(Self-Determination Theory, SDT)과 Ryff와 Singer(1998)의 자기실현의 개념으로부터 나온 것이고, 기본적 심리적 욕구를 만족시키고 자신의 진실한 잠재력을 실현하는 과정에 개입하는 것과 관련이 있다. Ryff(1989)는 흔히 사용되는 자기실현을 측정하는 6차원의 자기실현적 행복의 측정도구를 개발하였다: 자기수용, 삶의 목표, 개인적 성장, 타인과의 긍정적 관계, 환경에 대한 통제감, 자율성. 그러므로 자기실현적 행복은 행복의 쾌락주의적 측정과는 다르다. 자기실현적 웰빙은 단순한 즐거움이나 만족 대신에 개인적 성취와 성장으로 구성된 웰빙을 반영한다(Ryan & Deci, 2000).

자기실현적 웰빙은 건강과 연결되어 왔으며, 그리고 연구들은 그것이 건강을 예측하는 경로를 제시해왔다. 예를 들어 연구들에 대한 개관에서 Ryff(2013)와 Ryff와 Singer(1998)는 번영하는 인간관계를 더 나은 심혈관계, 신경내분비계, 그리고 면역기능과 연결하였다(자기결정 관점을 위해서는 Ng et al., 2012 참조). Miquelon과 Vallerand(2006, 2008)는 자기실현적 웰빙은 자기보고식 건강을 더 잘 예측하는데, 이것이 스트레스에 대한 더 건강한 대처반응을 촉진하기 때문이라고 보고하였다. 이 저자들은 또한 쾌락주의적 웰빙은 자기실현적 웰빙을 통제한 후에는 자기보고식 건강을 예측하지 않는다는 것을 발견하였다.

Miquelon과 Vallerand(2006)는 프랑스계 캐나다 대학생들에게 자신들이 학기 초에 가졌던 세 가지 학업과 관련된 목표를 진술하도록 하고, 왜 그 목표들을 추구하는지를 네가지 차원에서 표시하도록 하였다. 이 차원 중 둘은 그 목표가 '자율적인지'(중요하기 때문에, 재미있기 때문에), 나머지 두 가지는 그 목표가 '통제된 것인지'(하지 않으면 창피할 것이기 때문에, 누군가가 그걸 하기를 원하기 때문에)의 정도를 나타내는 것이다. 참가자들은 자신의 행복의 정도를 긍정정서와 부정정서 및 자기실현적 웰빙 수준(자기수용, 삶의 목적, 개인적 성장이라는 세 가지 수준에 대한 자기실현 수준)의 관점으로 나타냈다.

그런 다음 학기 말 2주 전에 참가자들은 자신의 대처 스타일에 대해 주의 깊은지(능동적이고, 수용적인) 혹은 회피적인지(부인에 기초한)를 표시하였다. 그리고 또한 현재의 신체적 증상들과 자기가 평가한 건강에 더해서 그 학기 동안의 스트레스 수준을 보고하도록 하였다. 그 결과가 그림 10.4에 제시되었다. 화살표에 있는 숫자들은 변인들 간의 관계를 보여주는 경로계수인데 * 표시가 있을 때 두 변인 간 관계가 유의하다. 각 계수의 + 혹은 − 부호를 잘 살펴보는 것을 명심하라.

그림 10.4의 의미를 이해할 수 있는지를 살펴보자. 자율적이고 통제된 목표들이 학기 말의 자기평가 건강과 신체적 증상들과 어떤 관련이 있는가? 그리고 원인은 무엇인가? 시점 1의 증상들, 자기평가 건강, 신경증들은 통제변인이고, 통제변인은 무시해도 된다. 이러한 통제변인들이 자율적 목표와 통제적인 목표가 왜 건강과 다른 관계를 가지는지를 설명해주지 않는다는 것만 기억하면 된다.

이러한 결과는 몇 가지 이유에서 흥미로운데, 그중 한 가지는 행복과 신체적 증상 혹은 자기평가 건강 간에 어디에도 유의한 경로가 없다는 점이다. 달리 말하면 행복은 초기 건강, 자기실현적 행복(자기실현), 신경증을 통제하고 나면 건강을 예측하지 않는다는 것이다. 그러나 자기실현적 웰빙은 그것이 건강한(주의 깊은) 대처를 촉진하고 불건강한(회피적인) 대처를 줄임으로써 스트레스를 줄여주기 때문에 건강을 예측한다. 나아가 자율적인 학업 목표는 더 적은 신체적 증상들과 더 나은 자기평가 건강과 관련이 있었는데, 이

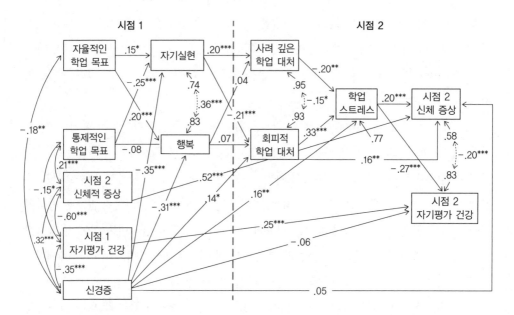

그림 10.4   자기실현적 행복, 대처방식, 스트레스, 그리고 자기보고식 건강의 관계에 대한 연구
*p < .05, **p < .01, ***p < .001
출처 : Miquelon & Vallerand(2006)

러한 목표들이 자기실현적 웰빙과 관련이 있기 때문이다. 통제적 목표들과 관련해서는 그 반대의 현상이 나타났다.

따라서 몇몇의 주목할 사항이 있다. 하나는 자율적인 목표, 즉 그것이 재미있고 그 자체로 중요하기 때문에 우리가 추구하는 목표는 더 나은 자기실현적 웰빙과 연합된다. 둘째, 행복이 아니라 자기실현적 웰빙이 더 나은 건강과 상관이 있는 데, 자기실현적 웰빙이 스트레스를 줄여주는 보다 효과적인 대처를 촉진하기 때문이다. 이 두 번째 요점이 또한 흥미로운데, 우리가 이전에 논의한 신체 각성과 스트레스의 건강에 대한 장기간의 부정적 효과와 일치하기 때문이다. 비록 이 자료에 있어서 몇 가지 명백한 단점들이 있기는 하지만(예 : 대학생 표본, 건강에 대한 자기평가 측정), 이러한 결과들은 쾌락적 웰빙과 자기실현적 웰빙을 직접 비교하고 자기실현적 웰빙이 건강에 영향을 미치는 경로를 제시할 수 있다는 점에서 매우 흥미롭다.

다른 연구에서 다른 결과 측정치들을 사용하여 자기실현적 행복의 건강상의 이점을 발견하였다. Zaslavsky 등(2014)은 개인적 성장과 삶의 목표를 잘 느끼지 못하는 미국의 나이든 여성들이 연구기간 중에 더 많이 사망하는 경향이 있음을 발견하였다. 연구자들은 참가자들의 체질량, 음주, 우울, 흡연, 운동 및 독신 여부 등에 더해서 인구사회학적 변인들을 통제하였다. 연구자들은 나이든 사람들 사이에서 '번영(flourishing)'을 장려하는 것의 중요성을 주장하면서 결론을 맺었다.

다른 연구는 건강 및 다른 이유들을 위해서 이러한 '번영'을 장려하는 것의 강조를 그대로 반복하였다. Schwartz 등(2011)은 자기실현적 웰빙 수준이 높은 미국 대학생들이 낮은 수준의 대학생들보다 불법적인 약물의 사용, 안전하지 않은 성행위, 문제가 있는 운전 등을 덜한다는 것을 발견하였다. Schwartz 등(2011)은 "스스로 삶에서 '성공적'이라고 지각하는—자신의 삶에 대해 통제감을 느끼고 다른 사람과 만족스러운 관계를 즐기는—학생들은 위험한 행동을 덜하는 것"으로 결론을 내렸다. 그러므로 Schwartz와 그의 동료들에 따르면, 자기실현적 웰빙은 위험한 행동에 대한 유혹에서 방어작용을 한다. 그들은 또한 자기실현적 웰빙을 증진할 수 있도록 고안된 개입 프로그램을 제안하였다.

• • •
요약

긍정정서와 부정정서, 삶의 만족도, 그리고 자기실현적 행복을 포함한 웰빙은 더 나은 건강과 질병으로부터의 회복, 그리고 낮은 사망률과 관련이 있다는 것과 이러한 관련성이 충분히 의미 있을 만큼 크다는 것은 이 장 전체에 걸쳐 리스크 확률에 의해 언급된 바와 같이 명백하다. 또한 이러한 관련성이 다양한 문화에 걸쳐서도 동일하게 나타난다는 것과 부유한 나라와 가난한 나라에 모두 적용된다는 것에 대한 증거도 있다. 그러나 증거들은 아시아 문화권의 사람들이 부정정서를, 특히 분노를 서양 사람들과는 달리 해석한다는 것을 보여준다. 이러한 차이들은 부정정서와 건강 사이에서 다른 관계를 만들어낸다.

인과성

이러한 관련성에 대한 가장 중요한 답변은 그 관계가 인과적이냐라는 것이다. 증거들은 자주 그렇다는 것을 제안한다. 연구결과들이 필연적으로 상관적이기는 하지만, 종단연구들과 통계적 통제가 웰빙이 건강을 초래한다는 우리의 확신을 강화해준다.

더욱이 종단적 자료들이 인생 초반의 웰빙이 후반의 건강을 예측해준다는 것을 보여주므로, 따라서 원인이 결과에 선행한다는 핵심적인 인과론적 가정을 지지해준다. 비록 여전히 종단적 연구 시점의 건강이 애초의 웰빙을 가져온 것일 가능성이 있기는 하지만, 이들 연구에서 많은 연구자들이 통계적으로 애초의 건강상태를 통제했다는 사실은 이런 가능성을 줄여준다. 인과론적인 관점에서의 다른 논쟁거리는 Diener와 Chan(2011)의 연구에 대한 개관에서 나온다. 이 연구자들은 웰빙이 건강과 연결되는 일곱 가지 다른 종류의 증거를 찾아내었고 일반적 관계는 인과론적이라고 결론지었다. 이 연구자들은 이러한 다양한 증거들은 각각의 단점들은 수정해주는 경향이 있다고 주장하였고, 인과론에 대한 증거는 '강력하다'고 결론지었다(Diener & Chan, 2011, p. 1).

우리는 역시 웰빙의 다양한 구성요소들이 건강에 미치는 상대적인 영향에 대해서는 확신이 없다. 몇 가지 예외를 제외하고는 어떤 특정한 타입의 웰빙(예 : 긍정정서 대 삶의 만족도)이 특별이 더 건강에 도움이 되는지에 대해 아는 것이 거의 없다. 또 웰빙의 어떤 조합(예 : 높은 긍정정서와 낮은 부정정서)이 특별히 도움이 되는지에 대해서도 아는 바가 거의 없다. 따라서 아직도 연구되어야 할 것이 많다.

공공정책

몇몇 연구자들이 공공정책에 대한 제안을 시작했다는 것은 이미 많이 알려진 일이다. 예를 들어 연구자들은 웰빙과 건강에 대한 가능성 있는 인과관계를 언급하고, 정책입안자들이 건강을 증진하기 위해 웰빙을 증진하는 방안을 추적하고 찾아야 한다고 제안해왔다. 사실 미국 CDC는 긍정정서가 좋은 건강에 기여하기 때문에 촉진되어야 한다고 언급하였다. 과거에 CDC는 웰빙을 단순히 긍정정서와 삶의 만족이 있고 부정정서가 없는 것으로 정의하였다가 2008년 이후로 웰빙을 건강 증진 행동으로 통합했다.

다른 연구자들은 웰빙 연구가 공공비용 지출의 우선순위를 식별할 수 있게 해준다고 제안하였다. 예를 들어 Dolan과 White(2007)는 다른 사회적 이슈들에 비해서 헬스케어가 삶의 만족도에 미치는 영향이 상대적으로 크다는 것이 연구를 통해 밝혀졌으므로 헬스케어에 비용을 더 써야 한다고 제안했다. Dolan과 White(2007), Diener, Lucas, Schimmack 및 Helliwell(2009)은 웰빙 연구가 삶의 만족에 가장 큰 영향을 끼치는 건강문제를 파악하는 데 이용되어야 하고, 보다 많은 자원들이 그러한 특정한 이슈들에 집중되어야 한다고 제안하였다. Lee 등(2013)은 웰빙은 정통적인 측정도구, 예를 들어 직급이나 감염률보다 헬스케어의 질을 측정하는 도구로 사용될 수 있다고 제안하였다. 요약하자면 웰빙 연구들이 헬스케어와 관련한 정책 결정에 정보를 줄 수 있는 방법은 다양하다.

주

1. Denson 등(2009)은 이 과정에서 부정정서의 역할이 인지적 평가에 의해 복잡해진다는 것을 발견하였다. 그러나 부정정서는 그 과정의 부분이고, 평가의 기능은 대뇌의 중요성을 조명하는 것이다.
2. 감염은 인체 내의 바이러스의 증식으로 정의되었다.
3. 표상의 수치들은 상관계수이다. 그리고 긍정정서 혹은 부정정서와 자기보고식 건강 간의 관계를 보여준다. 상관이 0에 가까운 것은 아무런 관련이 없음을 보여주고, 절댓값이 1에 가까운 것은 일대일의 상응관계가 있다는 것을 의미한다는 것을 기억하라. 부적인 값은 변인들이 역상관이 있음을 나타낸다.
4. '부분' 상관은 다른 종류의 정서를 통제한 후 긍정정서 및 부정정서와 건강 사이의 관계를 보여준다(예 : 부정정서를 통제한 후 긍정정서와 건강의 관계). 모든 부분 상관이 유의하기 때문에 그것은 긍정정서 및 부정정서와 건강 사이의 관계가 서로 독립적이라는 것을 보여준다.
5. "[심부전]은 심장이 충분한 혈액과 산소를 인체 조직에 공급할 능력을 상실한 임상적 상태이다."(Whooley & Wong, 2013, p. 331)

참고문헌

Abel, E. L., & Kruger, M. L. (2010). Smile intensity in photographs predicts longevity. *Psychological Science, 21*(4), 542–544.

Appleton, A. A., Buka, S. L., Loucks, E. B., Gilman, S. E., & Kubzansky, L. D. (2013). Divergent associations of adaptive and maladaptive emotion regulation strategies with inflammation. *Health Psychology, 32*(7), 748–756.

Blackburn, E. H. (2001). Switching and signaling at the telomere. *Cell, 106*(6), 661–673.

Boccardi, V., & Paolisso, G. (2014). Telomerase activation: A potential key modulator for human health span and longevity. *Ageing Research Reviews, 15*, 1–5.

Boehm, J. K., & Kubzansky, L. D. (2012). The heart's content: The association between positive psychological well-being and cardiovascular health. *Psychological Bulletin, 138*(4), 655–691.

Bonnet, F., Irving, K., Terra, J. L., Nony, P., Berthezène, F., & Moulin, P. (2005). Depressive symptoms are associated with unhealthy lifestyles in hypertensive patients with the metabolic syndrome. *Journal of Hypertension, 23*(3), 611–617.

Buerki, S., & Adler, R. H. (2005). Negative affect states and cardiovascular disorders: A review and the proposal of a unifying biopsychosocial concept. *General Hospital Psychiatry, 27*(3), 180–188.

Celano, C. M., & Huffman, J. C. (2011). Depression and cardiac disease: A review. *Cardiology in Review, 19*(3), 130–142.

Charlson, F. J., Moran, A. E., Freedman, G., Norman, R. E., Stapelberg, N. J. C., Baxter, A. J., . . . Whiteford, H. A. (2013). The contribution of major depression to the global burden of ischemic heart disease: A comparative risk assessment. *BMC Medicine, 11*(1). doi:10.1186/1741-7015-11-250

Cohen, S., Tyrrell, D. A., & Smith, A. P. (1993). Negative life events, perceived stress, negative affect, and susceptibility to the common cold. *Journal of Personality and Social Psychology, 64*(1), 131–140.

Curhan, K. B., Sims, T., Markus, H. R., Kitayama, S., Karasawa, M., Kawakami, N., . . . Ryff, C. D. (2014). Just how bad negative affect is for your health depends on culture. *Psychological Science, 25*(12), 2277–2280.

Danner, D. D., Snowdon, D. A., & Friesen, W. V. (2001). Positive emotions in early life and longevity: Findings from the nun study. *Journal of Personality and Social Psychology, 80*(5), 804–813.

Denson, T. F., Spanovic, M., & Miller, N. (2009). Cognitive appraisals and emotions predict cortisol and immune responses: A meta-analysis of acute laboratory social stressors and emotion inductions. *Psychological Bulletin, 135*(6), 823–853.

DeSteno, D., Gross, J. J., & Kubzansky, L. (2013). Affective science and health: The importance of emotion and emotion regulation. *Health Psychology, 32*(5), 474–486.

Diener, E., & Chan, M. Y. (2011). Happy people live longer: Subjective well-being contributes to health and longevity. *Applied Psychology: Health and Well-Being, 3*(1), 1–43.

Diener, E., Lucas, R., Schimmack, U., & Helliwell, J. (2009). *Well-being for public policy.* New York, NY: Oxford University Press.

Dockray, S., & Steptoe, A. (2010). Positive affect and psychobiological processes. *Neuroscience and Biobehavioral Reviews, 35*(1), 69–75.

Doherty, A. M., & Gaughran, F. (2014). The interface of physical and mental health. *Social Psychiatry and Psychiatric Epidemiology, 49*(5), 673–682.

Dolan, P., & White, M. P. (2007). How can measures of subjective well-being be used to inform public policy? *Perspectives on Psychological Science, 2*(1), 71–85.

Eichstaedt, J. C., Schwartz, H. A., Kern, M. L., Park, G., Labarthe, D. R., Merchant, R. M., . . . Seligman, M. E. P. (2015). Psychological language on Twitter predicts county-level heart disease mortality. *Psychological Science, 26*(2), 159–169.

Fan, H., Yu, W., Zhang, Q., Cao, H., Li, J., Wang, J., . . . Hu, X. (2014). Depression after heart failure and risk of cardiovascular and all-cause mortality: A meta-analysis. *Preventive Medicine, 63*, 36–42.

Feller, S., Teucher, B., Kaaks, R., Boeing, H., & Vigl, M. (2013). Life satisfaction and risk of chronic diseases in the European prospective investigation into cancer and nutrition (EPIC)-Germany study. *PLOS ONE, 8*(8). doi: 10.1371/journal.pone.0073462

Finlay, A. K., Oliva, E. M., Timko, C., Moos, R. H., & Cronkite, R. (2014). Predictors of 30-year mortality in depressed and comparison samples. *Journal of Affective Disorders, 165*, 114–119.

Fortes, C., Mastroeni, S., Alessandra, S., Lindau, J., Farchi, S., Franco, F., . . . Borgia, P. (2012). The combination of depressive symptoms and smoking shorten life expectancy among the aged. *International Psychogeriatrics, 24*(4), 624–630.

Fredman, L., Hawkes, W. G., Black, S., Bertrand, R. M., & Magaziner, J. (2006). Elderly patients with hip fracture with positive affect have better functional recovery over 2 years. *Journal of the American Geriatrics Society, 54*(7), 1074–1081.

Freedland, K. E., Carney, R. M., & Rich, M. W. (2011). Effect of depression on prognosis in heart failure. *Heart Failure Clinics, 7*(1), 11–21.

Gale, C. R., Cooper, C., Deary, I. J., & Sayer, A. A. (2014). Psychological well-being and incident frailty in men and women: The English longitudinal study of ageing. *Psychological Medicine, 44*(4), 697–706.

Gana, K., Bailly, N., Saada, Y., Joulain, M., Trouillet, R., Hervé, C., & Alaphilippe, D. (2013). Relationship between life satisfaction and physical health in older adults: A longitudinal test of cross-lagged and simultaneous effects. *Health Psychology, 32*(8), 896–904.

Garrido, S., Méndez, I., & Abellán, J. (2013). Analysing the simultaneous relationship between life satisfaction and health-related quality of life. *Journal of Happiness Studies, 14*(6), 1813–1838.

Grant, N., Wardle, J., & Steptoe, A. (2009). The relationship between life satisfaction and health behavior: A cross-cultural analysis of young adults. *International Journal of Behavioral Medicine, 16*(3), 259–268.

Guven, C., & Saloumidis, R. (2014). Life satisfaction and longevity: Longitudinal evidence from the German Socio-Economic Panel. *German Economic Review, 15*, 453–472.

Hannah, M. K., Batty, G. D., & Benzeval, M. (2013). Common mental disorders and mortality in the west of Scotland twenty-07 study: Comparing the general health questionnaire and the hospital anxiety and depression scale. *Journal of Epidemiology and Community Health, 67*(7), 558–563.

Hilmert, C. J., Teoh, A. N., & Roy, M. M. (2014). Effort and negative affect interact to predict cardiovascular responses to stress. *Psychology and Health, 29*(1), 64–80.

Hirosaki, M., Ishimoto, Y., Kasahara, Y., Konno, A., Kimura, Y., Fukutomi, E., . . . Matsubayashi, K. (2013). Positive affect as a predictor of lower risk of functional decline in community-dwelling elderly in Japan. *Geriatrics and Gerontology International, 13*(4), 1051–1058.

Howell, R. T., Kern, M. L., & Lyubomirsky, S. (2007). Health benefits: Meta-analytically determining the impact of well-being on objective health outcomes. *Health Psychology Review, 1*(1), 83–136.

Huffman, J. C., Celano, C. M., Beach, S. R., Motiwala, S. R., & Januzzi, J. L. (2013). Depression and cardiac disease: Epidemiology, mechanisms, and diagnosis. *Cardiovascular Psychiatry and Neurology, 2013.* doi:10.1155/2013/695925

Keyes, C. L. M., & Simoes, E. J. (2012). To flourish or not: Positive mental health and all-cause mortality. *American Journal of Public Health, 102*(11), 2164–2172.

Kim, E. S., Park, N., Sun, J. K., Smith, J., & Peterson, C. (2014). Life satisfaction and frequency of doctor visits. *Psychosomatic Medicine, 76*(1), 86–93.

Kimiecik, J. (2011). Exploring the promise of eudaimonic well-being within the practice of health promotion: The "how" is as important as the "what." *Journal of Happiness Studies, 12*(5), 769–792.

Kimm, H., Sull, J. W., Gombojav, B., Yi, S.-W., & Ohrr, H. (2012). Life satisfaction and mortality in elderly people: The Kangwha cohort study. *BMC Public Health, 12*(1), 54.

Kitayama, S., Park, J., Boylan, J. M., Miyamoto, Y., Levine, C. S., Markus, H. R., . . . Ryff, C. D. (2015). Expression of anger and ill health in two cultures: An examination of inflammation and cardiovascular risk. *Psychological Science, 26*(2), 211–220.

Koivumaa-Honkanen, H., Kaprio, J., Korhonen, T., Honkanen, R. J., Heikkilä, K., & Koskenvuo, M. (2012). Self-reported life satisfaction and alcohol use: A 15-year follow-up of healthy adult twins. *Alcohol and Alcoholism, 47*(2), 160–168.

Koopmans, T. A., Geleijnse, J. M., Zitman, F. G., & Giltay, E. J. (2010). Effects of happiness on all-cause mortality during 15 years of follow-up: The Arnhem elderly study. *Journal of Happiness Studies, 11*(1), 113–124.

Kubzansky, L. D., & Thurston, R. C. (2007). Emotional vitality and incident coronary heart disease: Benefits of healthy psychological functioning. *Archives of General Psychiatry, 64*(12), 1393–1401.

Lamers, S. M. A., Bolier, L., Westerhof, G. J., Smit, F., & Bohlmeijer, E. T. (2012). The impact of emotional well-being on long-term recovery and survival in physical illness: A meta-analysis. *Journal of Behavioral Medicine, 35*(5), 538–547.

Langer, J. K., Weisman, J. S., Rodebaugh, T. L., Binder, E. F., & Lenze, E. J. (2015). Short-term affective recovery from hip fracture prospectively predicts depression and physical functioning. *Health Psychology, 34*(1), 30–39.

Larsen, J. T., & McGraw, A. P. (2011). Further evidence for mixed emotions. *Journal of Personality and Social Psychology, 100*(6), 1095–1110.

Lee, H., Vlaev, I., King, D., Mayer, E., Darzi, A., & Dolan, P. (2013). Subjective well-being and the measurement of quality in healthcare. *Social Science and Medicine, 99*, 27–34.

Lipovčan, L. K., Brkljačić, T., & Tadić, M. (2013). Tobacco consumption, alcohol intake frequency and quality of life: Results from a Nationally Representative Croatian Sample Study. *Drustvena Istrazivanja, 22*(4), 627–649.

Lundgren, O., Garvin, P., Jonasson, L., Andersson, G., & Kristenson, M. (2015). Psychological resources are associated with reduced incidence of coronary heart disease: An 8-year follow-up of a community-based Swedish sample. *International Journal of Behavioral Medicine, 22*(1), 77–84.

Markkula, N., Härkänen, T., Perälä, J., Partti, K., Peña, S., Koskinen, S., . . . Saarni, S. I. (2012). Mortality in people with depressive, anxiety and alcohol use disorders in Finland. *British Journal of Psychiatry, 200*(2), 143–149.

Mathew, J., & Paulose, C. S. (2011). The healing power of well-being. *Acta Neuropsychiatrica, 23*(4), 145–155.

McRae, K., Jacobs, S. E., Ray, R. D., John, O. P., & Gross, J. J. (2012). Individual differences in reappraisal ability: Links to reappraisal frequency, well-being, and cognitive control. *Journal of Research in Personality, 46*(1), 2–7.

Meijer, A., Zuidersma, M., & de Jonge, P. (2013). Depression as a non-causal variable risk marker in coronary heart disease. *BMC Medicine, 11*(1). doi:10.1186/1741-7015-11-130

Miquelon, P., & Vallerand, R. J. (2006). Goal motives, well-being, and physical health: Happiness and self-realization as psychological resources under challenge. *Motivation and Emotion, 30*(4), 259–272.

Miquelon, P., & Vallerand, R. J. (2008). Goal motives, well-being, and physical health: An integrative model. *Canadian Psychology/Psychologie Canadienne, 49*(3), 241–249.

Miyamoto, Y., Boylan, J. M., Coe, C. L., Curhan, K. B., Levine, C. S., Markus, H. R., . . . Ryff, C. D. (2013). Negative emotions predict elevated interleukin-6 in the United States but not in Japan. *Brain, Behavior, and Immunity, 34*, 79–85.

Moustgaard, H., Joutsenniemi, K., Sihvo, S., & Martikainen, P. (2013). Alcohol-related deaths and social factors in depression mortality: A register-based follow-up of depressed in-patients and antidepressant users in Finland. *Journal of Affective Disorders, 148*(2–3), 278–285.

Newall, N. E. G., Chipperfield, J. G., Bailis, D. S., & Stewart, T. L. (2013). Consequences of loneliness on physical activity and mortality in older adults and the power of positive emotions. *Health Psychology, 32*(8), 921–924.

Ng, J. Y. Y., Ntoumanis, N., Thøgersen-Ntoumani, C., Deci, E. L., Ryan, R. M., Duda, J. L., & Williams, G. C. (2012). Self-determination theory applied to health contexts: A meta-analysis. *Perspectives on Psychological Science, 7*(4), 325–340.

O'Neal, C. W., Wickrama, K. A. S., Ralston, P. A., Ilich, J. Z., Harris, C. M., Coccia, C., . . . Lemacks, J. (2014). Health insurance status, psychological processes, and older African

Americans' use of preventive care. *Journal of Health Psychology, 19*(4), 491–502.

Paxton, R. J., Valois, R. F., Watkins, K. W., Huebner, E. S., & Drane, J. W. (2007). Associations between depressed mood and clusters of health risk behaviors. *American Journal of Health Behavior, 31*(3), 272–283.

Pinel, J. P. J. (2011). *Biopsychology* (8th ed.). Boston, MA: Pearson Education.

Pitkala, K. H., Laakkonen, M. L., Strandberg, T. E., & Tilvis, R. S. (2004). Positive life orientation as a predictor of 10-year outcome in an aged population. *Journal of Clinical Epidemiology, 57*(4), 409–414.

Pressman, S. D., & Bowlin, S. L. (2014). Positive affect: A pathway to better physical health. In J. Gruber & J. T. Moskowitz (Eds.), *Positive emotion: Integrating the light sides and dark sides* (pp. 183–205). New York, NY: Oxford University Press.

Pressman, S. D., & Cohen, S. (2005). Does positive affect influence health? *Psychological Bulletin, 131*(6), 925–971.

Pressman, S. D., & Cohen, S. (2012). Positive emotion word use and longevity in famous deceased psychologists. *Health Psychology, 31*(3), 297–305.

Pressman, S. D., Gallagher, M. W., Lopez, S. J., & Campos, B. (2014). Incorporating culture into the study of affect and health. *Psychological Science, 25*(12), 2281–2283.

Reid, J., Ski, C. F., & Thompson, D. R. (2013). Psychological interventions for patients with coronary heart disease and their partners: A systematic review. *PLOS ONE, 8*(9). doi:10.1371/journal.prone.0073459

Rickard, N. S., & Vella-Brodrick, D. (2014). Changes in well-being: Complementing a psychosocial approach with neurobiological insights. *Social Indicators Research, 117*(2), 437–457.

Ryan, R. M., & Deci, E. L. (2000). Self-determination theory and the facilitation of intrinsic motivation, social development, and well-being. *American Psychologist, 55*, 68–78.

Ryan, R. M., & Deci, E. L. (2001). On happiness and human potentials: A review of research on hedonic and eudaimonic well-being. *Annual Review of Psychology, 52*, 141–166.

Ryff, C. D. (1989). Happiness is everything, or is it? Explorations on the meaning of psychological well-being. *Journal of Personality and Social Psychology, 57*(6), 1069–1081.

Ryff, C. D. (2013). Eudaimonic well-being and health: Mapping consequences of self-realization. In A. S. Waterman (Ed.), *The best within us: Positive psychology perspectives on eudaimonia* (pp. 77–98). Washington, DC: American Psychological Association.

Ryff, C. D., & Singer, B. (1998). The role of purpose in life and personal growth in positive human health. In P. T. P. Wong & P. S. Fry (Eds.), *The human quest for meaning: A handbook of psychological research and clinical applications* (pp. 213–235). Mahwah, NJ: Lawrence Erlbaum.

Ryff, C. D., & Singer, B. (2000). Interpersonal flourishing: A positive health agenda for the new millennium. *Personality and Social Psychology Review, 4*(1), 30–44.

Sabatini, F. (2014). The relationship between happiness and health: Evidence from Italy. *Social Science and Medicine, 114*, 178–187.

Schwartz, S. J., Waterman, A. S., Vazsonyi, A. T., Zamboanga, B. L., Whitbourne, S. K., Weisskirch, R. S., . . . Ham, L. S. (2011). The association of well-being with health risk behaviors in college-attending young adults. *Applied Developmental Science, 15*(1), 20–36.

Scott, K. M. (2014). Depression, anxiety and incident cardiometabolic diseases. *Current Opinion in Psychiatry, 27*(4), 289–293.

Seale, G. S., Berges, I., Ottenbacher, K. J., & Ostir, G. V. (2010). Change in positive emotion and recovery of functional status following stroke. *Rehabilitation Psychology, 55*(1), 33–39.

Shahab, L., & West, R. (2012). Differences in happiness between smokers, ex-smokers and never smokers: Cross-sectional findings from a national household survey. *Drug and Alcohol Dependence, 121*(1–2), 38–44.

Shirom, A., Toker, S., Melamed, S., Berliner, S., & Shapira, I. (2012). Life and job satisfaction as predictors of the incidence of diabetes. *Applied Psychology: Health and Well-Being, 4*(1), 31–48.

Spaderna, H., Vögele, C., Barten, M. J., Smits, J. M. A., Bunyamin, V., & Weidner, G. (2014). Physical activity and depression predict event-free survival in heart transplant candidates. *Health Psychology, 33*(11), 1328–1336.

Tay, L., Tan, K., Diener, E., & Gonzalez, E. (2013). Social relations, health behaviors, and health outcomes: A survey and synthesis. *Applied Psychology: Health and Well-Being, 5*(1), 28–78.

Thomson, W. (2011). Lifting the shroud on depression and premature mortality: A 49-year follow-up study. *Journal of Affective Disorders, 130*(1–2), 60–65.

Tilvis, R. S., Laitala, V., Routasalo, P., Strandberg, T. E., & Pitkala, K. H. (2012). Positive life orientation predicts good survival prognosis in old age. *Archives of Gerontology and Geriatrics, 55*(1), 133–137.

Westerhof, G. J., & Wurm, S. (2015). Longitudinal research on subjective aging, health, and longevity: Current evidence and new directions for research. *Annual Review of Gerontology and Geriatrics, 35*(1), 145–165. doi:10.1891/0198-8794.35.145

Whalley, B., Thompson, D. R., & Taylor, R. S. (2014). Psychological interventions for coronary heart disease: Cochrane systematic review and meta-analysis. *International Journal of Behavioral Medicine, 21*(1), 109–121.

Whooley, M. A., & Wong, J. M. (2013). Depression and cardiovascular disorders. *Annual Review of Clinical Psychology, 9*, 327–354.

Wiest, M., Schüz, B., Webster, N., & Wurm, S. (2011). Subjective well-being and mortality revisited: Differential effects of cognitive and emotional facets of well-being on mortality. *Health Psychology, 30*(6), 728–735.

Wilson, D. K. (2015). Behavior matters: The relevance, impact, and reach of behavioral medicine. *Annals of Behavioral Medicine, 49*(1), 40–48.

Yang, Y., & Waliji, M. (2010). Increment-decrement life table estimates of happy life expectancy for the U.S. population. *Population Research and Policy Review, 29*(6), 775–795.

Zaslavsky, O., Rillamas-Sun, E., Woods, N. F., Cochrane, B. B., Stefanick, M. L., Tindle, H., . . . LaCroix, A. Z. (2014). Association of the selected dimensions of eudaimonic well-being with healthy survival to 85 years of age in older women. *International Psychogeriatrics, 26*(12), 2081–2091.

11
·····

행복 증진

세상은 우리의 상상을 위한 캔버스에 불과하다.

– 헨리 데이비드 소로(콘코드와 메리맥 강에서 지낸 일주일, 1849)

이제 우리는 이 책 전체에 걸쳐 논의한 주제를 통합해서 행복을 증진시킬 수 있는 방법을 검토한다. 이 장은 두 부분으로 나누어져 있다. 첫 번째는 인간의 행복 증진을 위해 긍정심리학을 사용하는 효과를 논의한다. 이 분야의 선도적 학자인 Sonja Lyubomirsky(2008, 2013)는 자신의 삶에 긍정심리적 개입법을 활용하도록 권장하는 두 권의 대중적 책을 냈다. 또한 우리는 학교나 직장과 같은 기관을 겨냥하는 긍정심리 개입법(Positive Psychology Intervention, PPI)에 대해서도 살펴본다.

두 번째 부분에서는 경제, 정부, 공공정책, 심리학 및 기타 사회과학을 망라하는 사회구조적 접근 방식을 살펴본다. 이 절에서는 기관이나 조직 수준의 변화가 개인에게 광범위한 영향을 미칠 수 있으리라는 희망에서 이러한 변화를 통해 행복을 증진하려는 기관 수준의 접근을 살펴본다. 예를 들어 세금과 사회복지정책을 변화시켜서 개인의 행복을 증진할 수 있을 것인가?

이 두 가지 접근 방식의 차이점에 유의하자. PPI는 개인의 행동 변화를 통해 행복을 증진시키려는 것이다. 사회구조적 접근은 이런 변화 노력이 기관 수준에서 이루어지게 하

407

는 것이다. 두 접근법 모두 경험적 증거의 지지가 있다.

긍정심리 개입법(PPI)

PPI는 효과가 있다

긍정심리학 연구자들은 개인의 행복을 향상시키는 개입법을 개발하고 검증했다. 예를 들어 Emmons와 McCullough(2003)는 대학생들을 감사할 만한 일을 생각하게 하는 집단, 일상적인 골치 아픈 일을 생각하게 하는 집단, 그리고 그냥 최근의 사건을 회상하게 하는 통제집단 중 하나에 무선배정했다. 이 연구는 9주 동안 계속되었으며, 결과는 개입이 효과적이었음을 보여주었다. 감사집단의 참가자들은 골치 아픈 일이나 최근 사건 회상에 배정된 참가자들에 비해, 전체적으로 자신의 삶에 대해 긍정적이었고 다음 주의 생활에 대해 더 낙관적이었다.

이와 유사한 연구를 검토한 여러 문헌 개관연구는 PPI가 행복을 증가시킨다는 것을 확증하였다. 아마도 가장 널리 인용된 첫 번째 연구는 Sin과 Lyubomirsky(2009)의 메타 분석일 것이다. 그들은 총 4,266명의 참가자를 조사한 49개의 연구를 검토했다. 이들 연구에서는 희망, 감사, 친절, 용서 및 마음챙김 등을 높이도록 고안된 것을 포함하여 다양한 PPI가 검증되었다. 다른 연구들은 긍정적인 글쓰기 연습, 목표 훈련 및 기타 유형의 개입을 촉진하는 연구였다. 그 결과 PPI가 웰빙을 유의하게 증가시키는 것으로 나타났다. 게다가 이러한 개입은 (경증의) 우울한 사람과 그렇지 않은 사람 모두의 웰빙을 증가시켰다.

이 PPI의 효과 크기는 작거나 보통 수준이었지만 여전히 유의미했다. 200명으로 구성된 집단을 상상해보라. 그중 절반은 PPI를 경험했고 나머지 절반은 경험하지 않았다. 메타분석 결과에 따르면 개입을 경험한 참가자 100명 중 65명이 이후 더 나은 웰빙을 누리는 반면 경험하지 않은 100명 중에서는 35명만이 그럴 것이라고 예측할 수 있었다(Sin & Lyubomirsky, 2009).

이 연구나 또 다른 개관연구에 따르면 PPI의 효과는 개인 특성과 개입방법 및 기타 요인에 따라 결정된다. 우리는 이후 절에서 이런 효과를 조절하는 요인을 검토한다. 그러나 그 효과는 충분히 일관성이 있어서 Sin과 Lyubomirsky(2009)는 치료자가 이러한 개입을 자신들의 치료 실무에 포함시킬 것을 권장하고 있다.

후속 개관들도 유사한 결론에 도달했다. Bolier 등(2013)은 Sin과 Lyubomirsky(2009)의

메타분석을 따르면서 몇 가지를 개선했다. 실험연구에 초점을 맞추고, 방법론적 질에 가중치를 부여하며, 더 최근의 연구와 PPI의 장기적인 영향을 고려한 연구를 포함시켰다.

Bolier 등의 메타분석 결과는 효과 크기는 더 작았지만 PPI가 주관적 웰빙을 증가시킨다는 Sin과 Lyubormirksy의 결론을 확증했다. 또한 PPI의 효과는 치료 중단 3개월에서 6개월 후에도 유의미하게 지속되었다. 또 다른 중요한 발견은 스스로 시행한 PPI의 효과는 치료자와 직접 만나서 실시한 것만큼 강력하지는 않지만 그래도 자가시행이 여전히 주관적 웰빙을 상당히 개선한다는 것이다. 나중에 Weiss, Westerhof 및 Bohlmeijer(2016)가 실시한 메타분석도 PPI가 효과적이라는 것을 보여주었다.

Bolier 등은 PPI가 일반인의 정신건강을 개선할 비용효율이 좋은 방법일 수 있다고 결론지었다. 자가시행 PPI는 치료자를 방문하는 것보다 낙인효과가 덜할 수 있다. 또한 광범한 인구집단에게 접근 가능하며 값싸게 보급될 수 있다. 예를 들어 PPI에 관한 정보는 대중에게 무료로 배포할 수 있다. 자가시행 PPI의 효과는 비교적 작지만, 많은 사람에게 전달되는 경우 그 영향은 클 수 있다.

구체적인 PPI 접근법

특정 유형의 PPI에 초점을 맞춘 개관연구들이 있다. Wood, Froh 및 Geraghty(2010)는 감사와 웰빙에 관한 연구를 검토하고 다른 개관연구자보다 더 신중한 결론을 내렸다. 하지만 이들도 감사 개입법이 웰빙을 증가시키는 것을 발견했다.

또 다른 긍정심리 접근법은 인격강점을 증진시키는 것이다. 인격강점을 정의하고 분류하는 몇 가지 시도가 있었지만(짧은 개관으로는 Quinlan, Swain, & Vella-Brodrick, 2012 참조) Peterson과 Seligman(2004)의 분류가 아마도 가장 잘 알려지고 광범위하게 사용되었다. 저자들은 인간의 생각에 가장 큰 영향을 미치는 오래된 과거 문화의 기록물에 대한 검토를 기반으로 해서 문화 보편적인 인간의 덕목과 강점을 분류했다. 그들은 유교, 도교, 불교, 힌두교, 고대 그리스, 유대교-기독교 및 이슬람의 근본 경전들을 면밀히 연구했다. 이러한 인격강점을 지혜, 용기, 인성, 초월, 정의, 조절의 여섯 가지 범주로 분류했다. 각 범주에는 특정 인격강점이 포함된다. 지혜에는 창의성과 호기심이라는 인격강점이 포함되며, 초월에는 감사와 희망이 포함된다(Peterson & Seligman, 2004).

Quinlan 등(2012)은 전통적인 문헌 개관을 통해 인격강점 개입법이 웰빙에 작지만 통계적으로 유의미한 효과를 미친다는 것을 발견했다. 비록 작은 웰빙의 증가라도 사회 전체적인 효과의 가능성이 있다는 Bolier 등의 결론과 유사하게 Quinlan 등(2012)도 이러한 작은 효과도 많은 사람들이 실시할 때는 중요할 수 있으며, 또한 인격강점 개입법은 싸고 쉽게 적용할 수 있는 잠재력이 있다고 주장한다. 여기 담긴 메시지는 강점 접근법이 행복 증진을 약속하는 PPI의 또 다른 예라는 점이다. 전반적으로 긍정심리는 사람의 행복을 증가시킬 수 있다는 좋은 증거가 있다.

PPI의 응용

임상 및 상담심리학 및 정신의학

PPI를 지지하는 축적된 증거는 충분히 강력해서 임상 및 상담심리학자, 심지어 일부 정신과 의사도 이러한 방법을 자신의 실무에 통합하고 있다. Wood와 Tarrier(2010)는 이들 큰 분야의 하위 분야로서 긍정임상심리학의 개발을 제안했다. 그들은 이렇게 함으로써 임상가들이 긍정적인 행동과 감정의 중요성을 더 잘 인식할 수 있다고 주장한다. 이는 또한 긍정연구와 부정연구를 더욱 정교하게 통합할 수 있을 것이다. 현재 치료자와 학자들은 긍정연구와 부정연구를 한 연속체의 끝쪽이 아니라 별도의 실체로 간주한다. 게다가 학자들은 둘 중 하나만을 연구하는 것 같으며, Wood와 Tarrier(2010)는 이것이 연구와 치료 효과를 제한한다고 주장한다. Jeste, Palmer, Rettew 및 Boardman(2015)은 긍정정신의학(Positive Psychiatry)의 필요성에 관해 비슷한 주장을 하고 있다.

마찬가지로 Georges와 Tomlinson-Clarke(2015)는 상담심리학 박사과정 훈련 프로그램에 긍정심리학을 통합해야 한다고 주장한다. 그들은 상담과 긍정심리학 모두 강점과 최적의 기능을 촉진하는 것을 지향한다는 점에서 둘 사이에 자연스러운 연관성이 있다고 주장한다. 그들은 긍정심리학이 충분히 과학적으로 발전했기 때문에 그 개념들을 상담심리학으로 통합하는 것이 이 분야를 더 강력하게 만들 것이라고도 주장한다.

직장과 학교의 PPI

학자들은 직장과 학교를 포함한 여러 분야에서 긍정심리학의 원리를 적용하였다. 직장에 대한 긍정심리학의 적용은 아직 초기 단계이며, 확고한 결론을 이끌어내려면 더 많은 연구가 필요하다. 그러나 긍정심리학은 사회적 지지 증진을 통한 근로자의 탄력성 향상, 경영진에 대한 긍정 리더십 기술 교육, 동료 간 팀워크 증진 등 다양한 방법으로 직장에서 활용되고 있다. 이런 등등의 응용 프로그램은 기업의 재정적 성과를 약속한다(Mills,

Fleck, & Kozikowski, 2013). 또한 연구들은 PPI가 근로자의 웰빙과 성과 향상에 도움이 될 수 있음을 보여준다(Meyers, van Woerkom, & Bakker, 2013).

몇몇 개관연구는 PPI가 중고등학생의 웰빙과 학업 성취를 증가시킬 수 있음을 보여준다(Shankland & Rosset, 2016; Waters, 2011; Waters, Barsky, Ridd, & Allen, 2015; 하지만 다소 덜 긍정적인 관점에 대해서는 Dawood, 2014 참조). 예를 들어, Shoshani와 Steinmetz(2014)는 이스라엘의 한 중학교에서 감사, 낙관주의 및 목표 설정을 포함한 긍정심리의 원리를 적용하는 2년간의 종단연구를 실시했다. 교사들은 한 학년도 동안 15회기의 2시간짜리 긍정심리의 원리에 대한 훈련을 받았다. 그런 다음 교사가 학년도 내내 15회기의 수업을 통해 이러한 기술을 학생들에게 전달했다. 이런 개입은 나중에 개입을 받은 대조군 집단에 비해 참가 학생들의 웰빙(예 : 자존감과 낙천주의)을 더 향상시켰다 .

그러나 Shankland와 Rosset(2016)은 PPI가 너무 많은 시간과 에너지를 필요로 하기 때문에 학교 환경에서 시행하기가 어려울 수 있다고 지적했다. Shoshani와 Steinmetz(2014)의 연구는 이런 문제의 좋은 예일 것이다. 많은 교사와 관리자는 오늘날의 시험의 부담이 높은 환경에서 그렇게 많은 교육과 수업시간을 할애하기가 어려울 수 있다. 그래서 Shankland와 Rosset은 간단한 PPI를 구성했다. 이 PPI는 교사 한 명이 구현할 수 있으며 집중적인 교사 교육이 불필요하다는 점을 포함하여 몇 가지 특징이 있다. 또한, 학교의 기존 커리큘럼에 통합할 수도 있다. 예를 들어 선생님은 학생들에게 종소리에 주의를 기울이도록 유도함으로써 마음챙김을 도입할 수 있다. 이는 학생들이 자신의 주의 집중력을 높이고 더욱 현재 순간을 지향할 수 있게 도와줄 것이다. 우리는 이 프로그램들의 효과에 대한 더 철저한 평가를 기다리고 있지만, 이 프로그램들은 학생들의 웰빙을 향상시킬 유망한 방법을 제공하고 있다.

특정 장애를 다루는 PPI

긍정심리학은 전통적으로 긍정적 특성을 연구하고 '정상적인' 사람들이 더 행복하고 더 충실한 삶을 영위하도록 돕는 데 중점을 두고 있다. 그러나 학자나 치료자 모두 다양한 종류의 정신병리를 가진 사람들의 고통을 덜어주기 위해 긍정심리학 원리를 사용했다. 한 가지 예는 우울증의 치료이며, PPI가 효과적인 치료전략이라는 증거가 있다. 문헌을 검토한 결과 Santos 등(2013)은 PPI가 우울증의 증상과 우울증의 재발 가능성을 감소시킨다는 결론을 내렸다(Waugh & Koster, 2015 참조). PPI는 또한 불안과 같은 다른 정서장애에 대처하는 데에 도움이 된다(Carl, Soskin, Kerns, & Barlow, 2013).

PPI는 또한 다른 일련의 장애를 가진 사람들에게 도움이 될 수 있다. Huffman, DuBois, Millstein, Celano 및 Wexler(2015)는 PPI가 운동과 같은 다양한 건강행동을 증가시키므로 당뇨병 환자가 더 건강한 삶을 살 수 있다고 지적했다. 불행히도 많은 당뇨병 환자는 식이요법과 운동 수준에 대한 중요한 권고 사항이나 규칙적인 약 복용을 지키지 않는다. 그래서 Huffman 등(2015)은 낙관성 훈련과 같은 PPI가 의사의 권고 사항을 준수하는 데 특히 도움이 될 수 있다고 생각한다.

유사하게 DuBois 등(2012)은 PPI가 심장 건강이 좋지 않은 사람들이 좀 더 건강한 행동을 하도록 도울 수 있다고 제안했다. Tweed 등(2011)은 PPI가 청소년 폭력을 감소시킬 수 있다고 제안했다. 그들은 특히 감사와 용서와 같은 인격강점과 삶의 의미감 증가와 함께 특히 도움이 될 것이라고 가설을 세웠다.

그러나 PPI를 특정 환자집단에 대한 의학적 처방준수나 청소년의 폭력 감소와 연결시키는 직접적인 증거는 거의 없다는 점에 유의해야 한다. PPI가 이러한 영역에서 효과적일 것이라 기대하는 이론적 이유가 있지만 확실하게 알기 위해 자료를 얻을 때까지 기다려야 할 것이다. 그럼에도 긍정심리가 인간의 고통을 줄이는 데 광범위한 적용 가능성이 있다는 것은 분명하다.

● ● ●
올바른 행복 추구법

제4장에서는 사람들이 행복을 효과적으로 추구할 수 있다고 언급했다. 즉, 사람은 의식적으로 특정 방식으로 행동하기로 결정함으로써 자신의 행복을 성공적으로 증가시킬 수 있다. 하지만 이런 노력은 매우 까다롭다. 행복을 직접적이고 의식적으로 추구하는 것이 역효과를 일으켜 오히려 행복을 줄일 수도 있음을 기억하라.

그러므로 올바른 방법으로 행복을 키우는 것이 중요하다. Ford와 Mauss(2014)는 우리가 행복의 기대치를 너무 높게 설정하지 않도록 하고, 적절한 행복 증진 활동에 참여하며, 시시때때로 행복 수준을 점검하지 않도록 주의해야 한다고 주장한다. Lyubomirsky와 Layous(2013, 제3장에서 소개)는 자신들의 긍정활동 모형(Positive Activity Model)을 보완하는 더욱 세세한 접근법을 개발했다. 그들은 PPI가 행복을 증가시키려면 사람의 특징, 활동의 특징 그리고 이들 두 특징의 조합에 세심한 주의를 기울여야 한다고 결론을 내렸다.

활동의 특징

활동의 양과 다양성, 시점 및 사회적 지지의 가용성을 고려해야 한다. Lyubomirsky와 Layous(2013)는 문헌 개관을 통해 하루에 여러 종류의 친절 행동을 하는 것이 같은 종류의 친절한 행동을 일주일 내내 하는 것보다 오히려 행복을 더욱 효과적으로 증진시킨다고 보고했다. 감사하기에도 비슷한 양상이 있다. 일주일에 한 번 감사하는 것은 이런 활동을 일주일에 세 번 하는 것에 비해 더 효과적이다. 이런 연구결과는 긍정적 활동의 시점이 얼마나 중요한지를 보여주는 사례이다. 긍정적 활동을 일주일에 한 번 하는 것이 최적의 시점인 것으로 보이는데, 이는 그것이 일주일에 한 번 교회 출석이나 주간 TV 프로그램과 같은 문화적 관행을 반영하기 때문인 것 같다(Lyubomirsky & Layous, 2013; Lyubomirsky, Sheldon, & Schkade, 2005).

활동량도 중요하다. 친절한 행동을 일주일간 매일 하는 것은 이 활동의 영향을 희석시킬 수 있다. 그보다는 주당 같은 수의 친절 행동을 매주 하루에 압축하면 더 두드러지고 영향력이 클 수 있다. 반면에 일주일에 세 번씩 감사 행동을 하는 것은 양이 너무 많을 수 있다. 이 활동을 일주일에 한 번해서 총량을 1/3로 줄이는 것이 훨씬 더 효과적이다(Lyubomirsky & Layous, 2013; Lyubomirsky et al., 2005).

다양성 또한 중요하다. 예를 들어 Lyubomirsky와 Layous(2013)의 개관연구는 매주 서로 다른 친절한 행동을 하는 것이 지속적으로 같은 행동을 하는 것보다 효과적이라고 보고한다. 또한 친절과 감사와 같은 긍정적인 여러 활동을 수행하는 것이 단 하나의 긍정적인 활동만 고집하는 것보다 더 효과적이라고 보고한다.

사람의 특징

어떤 사람은 PPI의 혜택을 누릴 가능성이 더 크다. 동기와 낙관주의가 특히 중요해 보인다. 더 행복해지려는 동기가 있고 기꺼이 열심히 하려는 사람들, 그리고 자신이 더 행복해질 수 있는 기회를 낙관적으로 보는 사람들이 PPI에서 가장 많은 이익을 얻는 사람들이다(Layous, Chancellor, & Lyubomirsky, 2014; Lyubomirsky & Layous, 2013).

성격특성, 인구통계학적 요인과 문화를 포함하여 다른 중요한 개인차 요인도 있다. 경험에 열려 있는 사람과 외향적인 사람(즉, 다양성을 선호하는 호기심 많고 상상력이 풍부한 사람들)(Costa & McCrae, 1992)이 가장 이득을 많이 볼 것이다. 연령도 중요해서 나이가 많은 사람들이 긍정적인 활동에서 더 많은 이익을 얻는다. 또한 서양 문화의 사람들은 동양 문화의 사람들보다 더 많은 이득을 경험한다. 사회적 지지도 영향력이 있다. 다른 사람들이 자신의 행복 추구를 지원한다고 생각하는 사람들은 PPI에 잘 반응하며 더 잘 수행한다(Lyubomirsky & Layous, 2013).

사람과 활동의 일치

Lyubomirsky(2008, 2013)는 자신의 대중서에서 우리의 성격과 욕구에 부합하는 긍정적인 활동을 찾는 것이 중요하다고 강조한다. 긍정적인 활동은 그것이 우리의 생활 양식, 기존의 불행의 근원 및 기존의 장점에 부합할 때 우리의 행복을 높일 가능성이 가장 크다. 예를 들어 어떤 사람이 너무 수줍어서 사회적 관계를 찾지 못하는 경우와 일상생활에서 즐거움을 찾는 데 어려움을 겪고 있는 경우는 그 사람에게 효과적인 긍정적 활동이 다를 수 있다. 또한 매우 바쁜 생활을 하는 사람은 시간이 덜 드는 활동을 선택할 수 있다(Lyubomirsky, 2008).

그러나 Lyubomirsky(2008, 2013)는 어떤 한 가지 활동이 모든 사람에게 효과적이지는 않다는 점을 특히 강조한다. 활동이 생활 양식과 문제요인 및 강점과 일치해야 한다는 것 외에도, 우리는 또한 활동을 우리의 성격과 인구통계학적 배경, 태도 및 기타 요인들과 일치시켜야 한다. 이 일치가 중요한 것은 우리가 하는 긍정적인 활동을 즐겁게 할 때 긍정심리적 개입으로 행복의 이득을 얻을 가능성이 훨씬 더 크기 때문이다(Lyubomirsky & Layous, 2013).

또한 특정 활동은 구체적인 당면문제가 있는 경우에 더 효과적 일 수 있다. 예컨대 부정적인 감정이 많거나 자신의 문제에 푹 빠져서 내려놓거나 다른 생각을 못하는 사람들은 자비명상이 도움이 될 수 있다. 이런 긍정적 활동은 주의를 문제에서 거두어 더 유익한 생각으로 돌릴 수 있기 때문에 그런 사람에게 특히 도움이 된다. 또한 비관적인 사람은 낙관주의 연습으로 이득을 볼 수 있는 반면에, 자존감이 낮은 사람은 친절 행동 연습을 하는 것이 좋은데, 이런 행동이 주의를 자기로부터 벗어나게 하고 자기확신을 향상시키기 때문이다(Layous et al., 2014).

쾌락 적응에 대처하기

사람들은 자신의 삶에서 긍정적 또는 부정적 사건에 적응하거나 익숙해질 수 있다. 예를 들어 우리는 심지어 결혼과 같은 긍정적 사건에도 적응하고, 한계는 있지만 심각한 장애와 같은 지극히 부정적인 사건에도 적응하는 것을 본다. 물론 부정적인 사건에 적응할 수 있다는 것은 축복이 될 수 있지만, 우리가 진정으로 행복의 증진을 원한다면 긍정적 사건에 대한 적응은 가장 치명적인 문제 중 하나이다.

적응에 대처하는 것은 쉽지 않다. 인간은 부정적인 사건에는 비교적 천천히 그리고 긍정적인 사건에 매우 신속하게 적응하도록 만들어진 것 같다(Lyubomirsky, 2011). 이것은 우리가 바라는 사건의 순서와 정반대이다. Lyubomirsky(2011)는 Baumeister, Bratslavsky, Finkenauer 및 Vohs(2001)의 "나쁜 것은 좋은 것보다 강하다."는 말을 빌려서 이러한 경향이 행복 증진에 엄청난 도전이 된다고 주장한다.

진화가 우리를 이런 식으로 만든 것 같다. 긍정적인 감정은 그저 일이 잘 풀리는 것을 신호하는 반면, 부정적인 감정은 무엇인가 잘못되고 있거나 매우 잘못될 수 있는 것을 나타낸다. 그래서 우리에게 나쁜 일이 생겨서 나타나는 부정적인 감정을 신속하게 피하는 것은 적응적이지 않다. 그렇지만 진화는 우리가 계속 더 나은 적응적 위치에 있으려 노력한다는 것을 확실히 하기 위해 새로운 긍정적인 감정을 추구하도록 자극했던 것 같다(Lyubomirsky, 2011).

쾌락 적응 방지 모형

다행히도 우리가 쾌락 적응에 효과적으로 대처할 수 있다고 보는 이유가 있다. Sheldon과 Lyubomirsky(2012; Lyubomirsky, 2011; Sheldon, Boehm, & Lyubomirsky, 2013 참조)는 쾌락 적응 방지(Hedonic Adaptation Prevention, HAP) 모형을 개발했다. HAP는 쾌락 적응이 일어나는 두 가지 방법을 설명하고 그것을 예방할 수 있다는 가설을 제시한다. 이 모형에 따르면 사람이 쾌락에 적응하는 이유는 긍정적 경험에 대한 열망이 변하며 또한 반복적인 긍정적 경험은 시간경과에 따라 긍정 감정을 생성하는 힘을 잃기 때문이다. 그림 11.1(Sheldon & Lyubomirsky, 2012)은 이 모형이 긍정적인 사건에 대한 반응에 어떻게 작동하는지 보여준다.

긍정적인 삶의 변화(그림 11.1의 왼쪽 아래 모서리에 표시됨, 예를 들어 새로 산 차 또는 한 가지 PPI의 실행)는 처음에는 두 가지 일련의 사건이 작동하게 한다. 긍정적인 사건은 긍정적인 감정(그림의 맨 아래 줄)으로 이어지고, 적어도 처음에는 웰빙을 증가시킨다. 불행하게도 긍정적 변화는 더 긍정적인 사건에 대한 우리의 열망을 증가시키고(그림의 맨 위), 이러한 열망의 증가는 우리의 웰빙을 약화시킨다. 이러한 열망의 변화는 쾌락

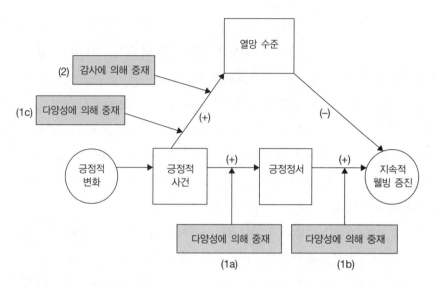

그림 11.1 쾌락 적응 방지 모형
출처 : Sheldon & Lyubomirsky(2012)

적응과정의 일부이다(Sheldon & Lyubomirsky, 2012).

그래서 초기에는 일련의 사건이 웰빙을 증가시키지만(그림의 맨 아래 줄), 다른 하나는 쾌락 적응의 과정(그림에서 삼각형의 꼭대기)을 통해 그것을 감소시킨다. 그러나 쾌락 적응 또한 결국 그림 아래쪽의 긴 선을 따라 움직인다. 우리는 긍정적 변화에 대한 초기의 강한 긍정적 감정을 상실하고 우리가 처음 경험했던 웰빙의 향상을 빠르게 잃는다. 그래서 우리의 웰빙은 종종 처음 수준으로 되돌아간다(Sheldon & Lyubomirsky, 2012).

그러나 희망이 있다. Sheldon과 Lyubomirsky(2012)는 행복을 증폭시키는 개입 (Lyubomirsky, 2011)과 함께 다양성과 감사가 쾌락 적응을 멈추거나 줄일 수 있다고 가정한다. 그림에서 볼 수 있듯이 긍정적 사건과 긍정적 감정을 다양화하려는 개인적 노력은 가장 아래 줄의 쾌락 적응을 방지할 것으로 예상한다. 다양한 방식으로 경험하는 사건이나 예상못한 새롭고 다양한 기회를 창출하는 사건도 도움이 된다. 예로 더 편안한 승차감 같은 한 가지 경험만을 제공하는 새 차는 다양성을 제공하지 않는다. 반면에 그 새 차가 새롭고 예상치 못한 곳에 갈 수 있는 기회도 제공하는 것이라면 다양성은 훨씬 크다. 게다가 긍정적 사건에 감사하고 거기서 다양성을 찾으려는 사람들은 미래의 긍정적인 사건에 대한 열망이 높아질 가능성이 작을 것으로 예상된다(그림에서 삼각형의 꼭대기). 부정적 사건에 대한 적응력도 유사한 과정을 통해 높아질 것으로 가정할 수 있다(Lyubomirsky, 2011).[1]

HAP 모형의 검증

Sheldon과 Lyubomirsky(2012; Lyubomirsky, 2011; Sheldon et al., 2013)는 HAP를 지지하는 간접적 증거를 검토했다. 그들은 또한 긍정적 사건에 적응하는 것에 대한 이 모델의 예측을 직접 검증했다. 참가자들을 3개월 동안 추적했다. 연구를 시작할 때 참가자들의 삶에서 발생했던 긍정적 사건들을 명시했다. 또한 참가자 자신이 말한 초기의 긍정적 사건에 대한 반응으로 발생한 긍정 감정과 경험의 다양성, 그리고 그 사건에 얼마나 감사했는지를 응답하도록 했다. 결과는 HAP 모형을 전체적으로 확증하는 것이었다. 다양성과 감사는 더 낮은 쾌락 적응과 관련이 있었다(Sheldon & Lyubomirsky, 2012).

다른 연구도 이러한 결과를 최소한 부분적으로는 확증해준다. Quoidbach와 Dunn (2013)은 참가자들을 일주일 동안 초콜릿을 먹지 않는 조건, 충분한 양의 초콜릿을 주고 먹고 싶은 대로 먹게 한 조건, 초콜릿 섭취에 대해 아무런 지시도 주지 않은 조건에 무작위로 배정했다. 다음 주에는 모든 참가자에게 초콜릿 한 조각을 주었다. 이 모형의 예측과 마찬가지로 지난주에 초콜릿을 먹지 말라는 지시를 받았던 학생들은 다른 두 집단의 학생들에 비해 연구 말미에 제공한 초콜릿을 더 많이 음미했고 더 긍정적인 감정을 표현했다.

이 결과가 시사하는 것은 무엇일까? 무제한으로 초콜릿을 먹은 참가자는 쾌락에 적응을 해서 초콜릿을 즐기는 능력을 최소한 일부라도 잃어버린 것 같다. 그러나 초콜릿을 먹지 않은 사람들은 쾌락에 적응하지 않았다. 그들은 실험 말미에 제공한 초콜릿을 더 많이 음미하고 더 많이 감사했으며 초콜릿에 대해 더욱 긍정적인 정서 반응을 보였다. 이는 그들이 초콜릿의 즐거움을 전혀 잃지 않았음을 보여준다. 따라서 쾌락의 거부 또는 적어도 절제가 쾌락 적응을 피할 수 있는 방법일 수 있다(Quoidbach & Dunn, 2013). 가장 중요한 것은 이러한 결과가 쾌락 적응의 저지에서 감사의 역할을 확증해준다는 것이다.

이러한 결과가 중요한 것은 우리가 긍정적 사건에 적응하는 타고난 경향에 저항할 수 있음을 보여주기 때문이다. 이 절에서 살펴본 연구결과와 마찬가지로 PPI를 올바르게 실행하면 행복을 증가시킬 수 있다. 마음챙김이나 자비와 같은 수련은 긍정적 사건에 대한 쾌락 적응의 회로를 끊어버린다는 측면에서, 우리는 사건과 그에 따른 긍정정서를 경험하는 방식의 다양성을 추구하는 것을 잊으면 안 된다. 또한 우리는 긍정적 사건과 그에 따르는 감정들을 감사의 마음으로 맞이함으로써 긍정성에 대한 우리의 열망이 너무 커지지 않도록 해야 한다(Sheldon & Lyubomirsky, 2012).

• • •
사회정책 및 경제학

경제학자는 단서를 가지고 있을까

영국의 경제학자 리처드 레이어드는 자신의 저서 행복: 신과학의 교훈(*Happiness*: *Lessons From a New Science*)(Layard, 2005)에서 전통적으로 경제 성장을 인간 문제의 해결책으로 보는 경제학자들에 대해 이런 도발적 질문을 던졌다. 레이어드는 이런 질문을 경제학자들이 웰빙을 설명하는 능력을 비판하는 것으로 간주했다. 많은 사회과학자들은 경제 성장 촉진이 가난한 나라들에서는 웰빙을 증진시킬 수 있다는 데에 동의하지만, 상대적으로 부유한 선진국에서도 그럴 수 있는지에 대해서는 의문을 가지고 있다.

그들이 이런 결론에 도달한 이유는 부유한 국가에서 성장에 의한 행복 증가 효과는 적응에 의한 행복 감소 효과(Easterlin, 2013; Layard, 2005), 상대소득의 영향(Bartolini, 2007; Layard, 2005), 환경 악화(Bartolini, 2007; Diener, Oishi, & Lucas, 2015; Diener & Tay, 2015), 소득 불평등(Abbott & Wallace, 2014; Hajdu & Hajdu, 2014), 사회적 응집력 상실(Abbott & Wallace, 2014; Diener & Tay, 2015), 사회적 고립(Bartolini, 2007; Layard, 2005)과 같이 종종 경제 성장에 수반하는 요인들에 의해 상쇄되기 때문이다. 여러 학자(Diener & Tay, 2015)는 경제 성장이 특정 상황에서 행복을 높일 수 있는 가능성을 간과하지 않는다. 그리고 아무도 경제 성장을 완전히 포기할 것을 주장하지 않는다. 그러나 경제 성장을 부유한 나라의 행복을 증진시키는 만병통치약으로 보는 사람은 거의 없다.

이런 인식은 인간의 행복에 관한 경제학자들의 가정에 대한 대대적 재검토로 이어졌다. 특히 경제학의 표준 이론은 국가 수준에서 보통 국내총생산(GDP)으로 측정하고 개인 수준에서는 평균 가구소득으로 측정하는 금전적 부유함을 가장 기본적인 웰빙의 지표로 간주한다(Diener, Lucas, Schimmack, & Helliwell, 2009). 그 논리는 부가 개인으로 하여금 웰빙을 제공하는 경험과 재료를 구입할 수 있게 한다는 것이다. 또 다른 암묵적 가정은 사람이 합리적이며 구매를 할 때 웰빙을 극대화할 수 있는 현명한 선택을 한다는 것이다(Diener et al., 2009). 인간 본성에 관한 이런 견해는 종종 호모에코노미쿠스 또는 합리적 경제행위자로서의 인간으로 요약된다(Hertwig & Herzog, 2009; O'Boyle, 2005; Schneider, Gräf, & Peter, 2010).

GDP와 소득이 비교적 부유한 사회의 웰빙과 밀접하게 관련되지 않는다는 것은, 호모에코노미쿠스 모형에 큰 타격이다. 풍요한 국가의 시민들 사이에서 경제적 측정치가 웰빙을 예측하지 못하는 데에는 여러 가지 복합적인 이유가 있으며, 이런 이유들은 모두 표준적인 경제 모형과 양립할 수 없는 것들이다. 이는 웰빙 증진을 가져올 수도 있는 돈이 드는 정책 제안과 관련이 있어서 세밀하게 살펴볼 필요가 있다.

호모에코노미쿠스의 문제점

인간이 때로는 덜 합리적인 행동을 한다고 주장하는 몇 가지 이유가 있다. 하나는 상대소득과 쾌락 적응 효과라는 비합리성의 두 가지 예이다. 사람이 완전히 이성적이라면, 다른 사람에게 얼마나 많은 돈이 있는지는 문제가 되지 않아야 하고, 현재 순간의 부의 상태를 얼마나 오랫동안 경험했는지도 문제가 되지 않아야 한다. 그러나 이런 것들이 사람들에게 큰 문제이다. 인간을 호모에코노미쿠스로 간주한다고 해도 행복 증진을 위한 사회적 정책에 관한 논의가 유익하려면 이런 효과들을 설명해야 한다.

돈이 웰빙을 별로 예측하지 못하는 두 번째 이유는 사람들이 돈을 써서 항상 현명하고 행복을 늘려주는 선택을 하는 것은 아니며, 그래서 합리성이 부족함을 보여준다는 것이다(Diener et al., 2009). 예를 들어 사람은 종종 어리석은 투자를 하고, 장기적 웰빙을 저하시키는 고지방 식품이나 담배를 구매한다. 사실 풍부한 심리학 연구는 인간이 종종 합리성이 부족하다는 것을 보여주는데(Hertwig & Herzog, 2009), 이것이 경제학과 심리학의 결합인 **행동경제학**이라는 새로운 학제적 분야의 등장에 도움이 되었다.

셋째, 부는 의도하지 않게 웰빙을 저해하는 부정적인 결과를 초래할 수 있다. 그중 하나는 사회적 관계보다 물질을 더 중하게 여기는 물질주의적 가치의 발달이다(Kasser & Ryan, 1993). Baumeister와 Leary(1995)의 소속욕구 이론(Need to Belong Theory)에서 볼 수 있듯이 사회적 관계는 웰빙에 매우 중요하기 때문에 물질주의적 가치는 행복을 손상시킬 수 있다.

넷째, 경제적 측정치는 본래 웰빙을 반영하는 것이 아니다. 가장 중요한 행복의 근원 중 많은 것들은 돈으로 살 수 있는 것이 아니다. 예를 들어 경제 척도는 행복에 중요한 영향을 미치는 영성이나 우정, 사랑, 그리고 삶의 다른 많은 요소들의 가치를 포착할 수 없다(Diener et al., 2009). 제6장에서 보았듯이, 금전이 행복을 유도하는 효과는 종종 비금전적 요인과 연결되거나 심지어 비금전적 요인으로 인해 무색해진다. 마찬가지로 경제 성장이 꼭 행복을 반영하는 것은 아닌데, 왜냐하면 경제 성장이 객관적으로 부정적 사건에 대한 반응으로 증가할 수 있기 때문이다. 예를 들어 2012년 10월의 미국 동부해안을 휩쓸고 지나간 허리케인 샌디는 엄청난 불행과 아주 적은 행복을 가져왔다. 그래도 경제 성장은 이루어졌는데, 빌딩 공급을 위한 막대한 시장을 형성했기 때문이다.

이러한 부작용은 외부성(externality)이라는 용어로 요약되는데, 이 용어는 경제학자들이 시장에서 구매자와 판매자가 직접 경험하지 못하는 교환의 결과를 설명하기 위해 사용하는 용어이다. 당신이 머리핀 한 상자를 사려 하고, 내가 그것을 만드는 공장을 운영하고 있다고 치자. 우리가 가격에 동의하면 나는 당신에게 배송하고, 그러면 우리 모두 행복하다.

이것은 이야기의 끝처럼 보이지만 그렇지 않다. 우리의 합의는 많은 다른 사람들에게 긍정적이고 부정적인 외부성(결과)을 만들어낸다. 우리의 합의의 긍정적 측면으로 내 회사의 직원, 운송사의 직원, 머리핀 제조에 사용된 재료를 채굴하고 제조한 직원을 비롯한 많은 사람들에게 일자리를 제공했다. 그러나 대체 불가능한 원재료 소비와 머리핀의 제조나 운송 과정에서 발생한 오염과 같은 부정적인 외부성도 있다. 이러한 부정적 외부성의 비용은 온전히 구매자와 판매자가 부담하는 것이 아니라 오염의 부작용을 겪는 많은 사람들에게 사회적으로 전가된다.

경제 성장은 소득 불평등, 스트레스 및 사회적 분열을 초래할 수 있다. 호모에코노미쿠스는 이러한 사건의 영향을 안 받을 수도 있지만, 당신과 나는 영향을 받는다. 레이어드는 이러한 부정적 외부성을 오염(pollution)이라 지칭한다. 경제 성장과 개개인은 행복을 낮추는 심리적 오염(psychological pollution)을 만들어낼 수 있다(Bartolini, 2007; Diener et al., 2015; Diener & Tay, 2015). 마찬가지로 사람이 개인적 소득을 늘리려고 너무 열심히 일하면, 친구나 가족과 보내는 시간이 줄어서 행복이 적어질 가능성이 있다. 추가 소득은 다른 사람들의 상대소득을 낮추어 우리의 환경을 오염시킬 수도 있다.

인간의 행동에 대한 보다 깊은 이해는 인간행동의 호모에코노미쿠스 모형을 대체하기 시작한 행동경제학이라는 떠오르는 분야에서 발전했다. 이 새로운 모형은 인간이 자신의 상황을 다른 사람들의 상황과 비교하고, 자신의 상황에 적응하며, 우리가 돈으로 쉽게 측정할 수 없는 많은 요인들로 정서적 영향을 받으며, 우리가 뼛속 깊이 사회적 존재이며, 경제 성장은 긍정적이고 부정적인 결과 모두를 초래할 수 있다는 것을 인정한다.

• • •
가능한 사회정책

주관적 웰빙 측정

간단하지만 매우 중요한 정책 제안은 현재 경제 자료 수집에 투자하는 노력과 열정에 근접하는 수준으로 그저 주관적 웰빙을 측정하는 것이다. 이것이 여러 가지 이유로 논리적 출발점이다. 첫째, Diener와 Seligman(2004, p. 1)은 다음과 같이 하였다.

> 조직, 기업 및 정부차원의 정책 결정은 웰빙에 관한 문제를 중요하게 고려해야 한다. … 우리는 경제 지표들에 많은 단점이 있으며, 경제 지표만으로는 명확하지 않은 중요한 결론을 웰빙 측정치가 짚어내는 것을 본다. 예를 들어 지난 수십 년 동안 경제적 생산이 급격히 증가했지만, 이 기간에 삶의 만족도는 상승하지 않았으며 우울증과 불신이 상당히 증가했다. 경제적 욕구의 충족이 중요한 이슈였던 경제 개발 초기 단계에는 경제 지표가 매우 중요했다고 본다. 하지만 사회가 부유해짐에 따라 소득의 차이 때문에 웰빙의 차이가 나는 경우는 별로 없다….

Diener와 동료들(Diener et al., 2015)은 자신들의 주장이 경제 지표들을 포기하자는 것이 아님을 주의 깊게 설명하지만, 웰빙 측정치는 과거에는 활용할 수 없었던 중요한 보완적 정보를 제공할 수 있다고 설명한다.

웰빙 측정이 필요한 두 번째 이유는 개입이 필요한 분야를 파악하고 진전 가능성을 평가할 수 있다는 것이다. 이러한 조치들은 돈과 관련된 광범위한 분야의 사회정책에 유용할 수 있다(Diener et al., 2015; Seaford, 2013). 예를 들어 웰빙 측정을 통해 어떤 형태의 과세가 웰빙을 최대화하는지 평가할 수 있다. 웰빙 측정치는 좀 더 개인적인 맥락에서 유용할 수 있는데, 가령 법원 소송에서 고통이나 손실을 객관적으로 측정하는 방법으로 쓰일 수 있다. 성희롱을 겪은 사람은 그런 경험이 자신의 행복을 감소시킨 정도에 따라 보상을 받을 수도 있다(Diener et al., 2015).

셋째, 웰빙을 평가하는 단순한 행위 그 자체가 웰빙 향상을 위한 정치사회적 지원을 더 쉽게 구축하게 할 수 있다(Seaford, 2013). Diener 등(2015, p. 237)은 이런 주장을 아주 분명하게 편다.

무엇을 측정하느냐가 무엇이 관심 대상인가를 보여준다고 한다. 그리고 측정은 효과적 개입 프로그램의 핵심이라고 한다. 예를 들어 미국에서 학교 성적에 대한 대중적 관심은 부분적으로는 여러 다른 나라의 학생들이 학교 교육에 대한 표준화된 시험에서 더 높은 점수를 받았다는 것을 보여주는 측정치에 관한 매스컴의 관심 때문이다. 마찬가지로 실업은 언론에서 폭넓은 관심을 받는데, 왜냐하면 우리 사회가 그것을 추적하여 그에 관한 통계를 발표하기 때문이다. 따라서 웰빙에 대한 국가적 설명은 삶의 질에 중요한 심리적 변수들에 주의를 기울이게 하는 데에 도움이 될 것이다.

마지막으로 주관적 웰빙의 측정치는 그것이 널리 공유되는 가치인 행복과 관련이 있기 때문에 가치가 있다. 그러나 웰빙 측정치는 또한 건강, 생산성 및 일반적인 삶의 질과 같은 구체적인 현실에 대해 예측력이 있다. 이러한 삶의 질 관련 변수에는 범죄율, 교육 성취도, 미술에 대한 접근성 등도 포함된다(Diener et al., 2015; Diener & Tay, 2015).

측정의 진보

전 세계의 정부와 국제기구는 웰빙 평가의 잠재적 이득을 인식하고 있는 것 같다. 미국을 비롯한 40개국 이상이 최소한 어떤 형태로든 웰빙을 측정하기 시작했다(Diener et al., 2015). 2008년 프랑스 대통령 사르코지의 위촉으로 노벨상을 받은 경제학자 조지프 스티글리츠가 아마르티아 센, 장 폴 피투시와 함께 저술한 '스티글리츠 보고서(Stiglitz Report)'(Stiglitz, Sen, & Fitoussi, 2010)는 주관적인 웰빙 측정치가 정책 입안자들 사이에서 받아들여지고 있다는 또 다른 사례이다. 사르코지 대통령은 사회적 진보의 척도로서 경제 지표의 능력에 불만을 표시했다. 그는 위원회에 이러한 경제 지표의 한계를 조사하고 가능한 개선안을 보고할 것을 요청했다.

이 보고서는 경제적 측정치에 대한 반박은 아니지만 그 한계를 인정하고 웰빙 측정치를 포함시키라는 요구를 담고 있다. 예를 들어 교통체증이 추가 연료 소비로 인해 GDP를 증가시킬 수 있지만, 이것을 웰빙의 증가로 볼 수 없다는 예를 들고 있다. 이 보고서는 또한 소득 불평등에 대한 추가적 인식 및 모니터링을 요구하며, 비시장 활동이 웰빙에 상당한 영향을 미친다는 인식의 필요성을 강조한다. 마지막으로 우리의 목적에 가장 중요한 것인데, 이 보고서가 전통적 경제 자료와 함께 개인 수준의 주관적 웰빙에 대한 정기적이고 체계적인 조사를 촉구한다는 점이다.

이 보고서는 서구의 부유한 주요 산업 민주주의가 주관적인 웰빙의 측정에 그렇게 핵심적 역할을 부여하고 있다는 놀라운 사례이다. 또한 심리학자 및 다른 사회과학자뿐만 아니라 보고서를 공동 저술한 저명한 경제학자들이 웰빙 측정의 중요성을 인식하고 있다는 점도 놀랍다. 웰빙 측정은 분명히 널리 받아들여지고 있다.

측정과 민주주의

주관적 웰빙의 측정은 민주주의의 중요한 구성요소가 될 수 있다. Seaford(2013)는 특히 2008년의 금융붕괴 이래로 경제 지표들은 공공정책의 가장 기본적인 목적인 삶의 만족도의 증가를 이루지 못했음에 주목한다. 그는 또한 웰빙 측정이 삶의 만족도의 극대화에 더 적합하며 공공정책의 논의에 대중이 더 깊이 참여하는 데에도 도움이 된다고 주장한다.

Seaford(2013)는 이러한 논쟁을 우리가 극대화하고자 하는 웰빙 지표를 중심으로 구성함으로써 정책의 가정과 목표를 대중이 더 명확하고 쉽게 식별할 수 있게 하고, 대중이 정책의 쟁점에 대해 충분한 정보에 입각하여 민주적으로 참여하도록 지원할 수 있다고 주장한다. 예를 들어 대중에게는 경제적 생산성(GDP)을 극대화하려는 목표의 결과와 가정은 일반적인 삶의 만족도 또는 주거 만족도를 극대화하는 것과 같은 목표에 비해 덜 명확하다. Seaford에 따르면 공공정책의 주요 목표는 대중의 행복을 극대화하는 것이므로 GDP와 같은 유사 측정치 대신에 행복을 직접 측정하는 것이 타당하다.

웰빙 측정치를 강조하는 것은 일반 대중이 사회적 프로그램의 성공과 실패를 더 쉽게 평가할 수 있게 할 것이다. 예를 들어 웰빙 자료가 없는 한 대중에게는 GDP의 증가가 일반 대중에게 이익이 되는지 여부가 분명하지 않다. Seaford는 근무시간 단축(임금 감소를 수반하지 않고)이 종종 웰빙에 도움이 되는 사례를 이용한다. 그러한 정책은 반드시 전반적인 웰빙을 낮추는 경제적 손실을 동반할 것이라는 기업의 주장은 이러한 입장에 반할 수 있는 웰빙 자료가 없다면 액면 그대로 수용된다. 이런 주장을 더 깊게 평가할 수 있는 능력은 더 많은 정보를 가진 유권자의 참여를 낳을 것이기 때문에 민주적 토론을 촉진할 것이다.

웰빙 측정은 취약한 집단의 관심사에 주의를 기울임으로써 민주주의에 도움이 될 수 있다. 상당한 수의 가난한 사람들이나 취약한 사람들이 부유한 사람보다 덜 행복하다는 결과는 그들에게 비례하는 더 많은 정치적 힘을 줄 수 있다. 그러한 발견은 적어도 그들이 더 많은 자원을 가지는 데에 도움이 될 수 있다.

웰빙 측정은 정치적으로 중립적인가

이것은 중요한 질문이다. 어떤 사람들은 웰빙 측정이 정치적으로 자유주의적 관점을 선호한다고 우려할지도 모른다. 그것이 사회정책에 더 많은 정부의 개입을 제안할 수 있기 때문이다(Diener & Seligman, 2004). 그러나 목표는 특정 이해집단에 정치적 이익을 부여하는 것이 아니라 충분한 정보를 가지고 하는 정책 논쟁을 위한 객관적이고 관련성 있으며 과학적인 정보를 제공하는 것이어야 한다. Diener와 Seligman(2004, p. 24)은 웰빙 측정은 정치적으로 중립적이라고 결론 내렸다.

> … 웰빙 측정치는 경제적 지표와 마찬가지로 정치적으로 중립적이어야 한다. 지표는 처방이 아니라 묘사여야 하며, 또한 그렇게 유지되어야 한다. 그것들은 좌우 모두가 사용할 수 있는 사실만을 산출하며 그래서 정책이 실제로 웰빙에 어떻게 영향을 미치는지 밝혀냄으로써 다양한 정치적 관점의 주장들을 더 잘 평가할 수 있는 부가적 방법을 제공한다.

웰빙 측정에는 일반적으로 강력한 가치 요소가 포함되지 않는다. 예를 들어 응답자들은 정치적 부담이 있는 '자유' 또는 '억압'에 관한 질문이 아니라 전체적으로 자신의 삶에 얼마나 만족하는지에 관한 다양한 질문을 받는다. 그 질문들은 정치적으로 매우 중립적이다.

또한 웰빙 측정치는 경제적 측정치와 마찬가지로 정치적으로 중립적이다. 우리가 웰빙 측정이 정치적 특성을 가질 가능성에 대한 우려를 고집한다면, 마찬가지로 경제적 측정치의 편향 가능성을 우려해야 한다. 예를 들어 GDP에 관심을 집중하는 것이 근로자의 요구보다는 비즈니스 소유주의 요구를 부당하게 강조한다는 논쟁이 가능하다.

Diener와 Seligman의 인용문에 포함된 또 다른 중요한 점은 웰빙 측정이 그저 도움이 될 만한 추가 자료를 제공한다는 것이다. 이러한 자료를 사용하는 방법은 민주적 과정으로 결정해야 한다. 공공정책의 목표가 진정으로 웰빙을 극대화하는 것이라면, 웰빙을 측정하지 않기로 할 이유가 무엇이 있는가?

Diener와 Seligman은 웰빙 측정이 정치적 특징을 가질 가능성에 대한 또 다른 구체적인 우려를 인정하고 응답한다. 예를 들어 그들은 웰빙 측정이 경제적 측정치 이상으로 '개입주의적'이거나 '온정주의적' 정책으로 이어져서는 안 된다고 주장한다. 그들은 또한 중앙

정부의 과도한 활동은 개인의 자유를 침해하여 행복을 감소시키리라 믿는 비간섭주의자
들은 그런 신념을 지지할 수 있는 웰빙 자료를 이용할 수 있게 된 것을 기뻐해야 한다고
주장한다.

행복은 경제적인 것이 아니라 개인적인 것이라는 주장도 있다. Diener와 Seligman은
이런 주장의 특징을 경제가 누구에게나 영향을 주고 연결하지만, 행복은 개인적인 실체
로 보는 것으로 파악했다. 따라서 행복 기반의 정부 개입은 개인의 자유를 더 위협한다.
Diener와 Seligman은 개인의 행복이 고립되어 존재하지 않으며 대신 우리의 더 넓은 공동
체와 국가의 사람들을 포함하여 다른 사람들의 영향을 받는다고 말한다. 예를 들어 국가
정부의 안정은 웰빙에도 영향을 미친다.

Diener와 Seligman은 웰빙 조사의 결과가 보수파와 자유주의자 모두에게 유리하게 작
용할 수 있다고 지적했다. 예를 들어 일부 행복 자료(예 : 소득 불평등)는 자유주의적 관
점을 확증하는 것 같다는 점은 사실이다. 그러나 다른 자료에 따르면 자유시장 민주주의
체제하의 시민은 덜 민주적인 국가의 시민보다 행복하며, 종교인은 종교가 없는 사람보
다 행복한데, 보수주의자들이 반길 만한 결과들이다.

스티글리츠 보고서를 위촉한 프랑스의 전임 보수파 대통령 사르코지와 영국의 보수당
총리 카메론을 비롯한 일부 저명한 보수주의자들도 공공정책을 위해 주관적인 웰빙 측정
치를 사용하는 것을 환영했다는 점은 주목할 가치가 있다(Diener et al., 2015).

웰빙 수준이 높은 국가의 정책 모델

한 가지 합리적인 접근 방법은 웰빙 수준이 가장 높은 국가를 조사하여 공통의 특성을 파
악하는 것이다. 그런 다음 이들 국가를 본보기로 해서 행복을 증진하도록 공공정책을 설
계할 수 있다. Diener 등(2015)은 고웰빙 국가의 10가지 특성을 열거한다. 특히 그들은 이
러한 특성이 부의 단순 함수가 아니라 부를 통제한 후에도 웰빙을 예측한다고 주장한다.
다음은 가장 행복한 경제 선진국의 공통된 특성을 요약한 것이다.

- ▶ 개인의 기본 욕구와 바람 충족
- ▶ 법치와 인권의 존중
- ▶ 낮은 수준의 부패
- ▶ 고품질의 효율적인 정부 서비스

▶ 부유층의 세금비율이 더 높은 점진적 세율

▶ 연금 및 실업 수당과 같은 적절한 소득 보장 프로그램

▶ 정치적 자유, 재산권 보호, 안정적인 통화

▶ 낮은 실업률과 풍부한 고용 혜택

▶ 관대한 건강 관리 시스템을 갖춘 건강하고 질병이 없는 인구

▶ 건강한 자연환경

정부, 기업 및 사회조직은 이러한 특성의 많은 부분에 영향을 미칠 수 있다(Diener et al., 2015). 따라서 행복한 사회는 깨어 있는 시민의 요구와 사회정책, 사회 지도자의 의도적 행동에 의해 만들어질 수 있다. Diener 등은 이 자료를 통해 여러 가지 가능한 정책을 제안한다. 여기에는 도시의 녹지 공간 증가와 같은 소득과 관계없는 많은 정책이 포함된다. 출퇴근 시간 단축, 대기오염 및 부패 방지, 안전하고 친근한 이웃을 설계하기 위한 지대 설치법(예 : 스쿨 존_역주) 및 기타 입안 도구를 사용하는 것 등이 그것이다.

그들의 권고 사항에는 여러 가지 소득 관련 정책도 포함되어 있다. 사회적 웰빙을 향상시키는 방법으로 소득 보장 프로그램, 실업 및 건강 보험, 사회복지정책 및 소비자 보호 등을 검토할 것을 제안했다. 이러한 권고안은 기존 연구결과를 확장한 것이며, 추가적인 확인 연구가 필요한 잠정적인 것이다. 그러나 그들은 기업들이 퇴직금을 지불하고 해고에 대한 구체적인 이유를 제시하도록 요구하는 정책은 높은 웰빙과 관련이 있다는 연구를 인용한다. 그들은 또한 웰빙이 더 높은 생산성과 관련이 있기 때문에 기업뿐만 아니라 정부도 웰빙 증진에 관심을 가질 수 있고 또한 관심을 가져야만 한다고 지적했다. 기업은 긍정적인 사회적 분위기를 조성하고 근로자에게 직무 자율성과 다양성을 제공하는 등 여러 방식으로 웰빙을 향상시킬 수 있다.

국가적 웰빙은 단순히 부와 소득의 함수가 아니라는 Diener 등의 지적을 다시 생각해볼 가치가 있다. 이 저자들이 만든 특징 목록과 구체적인 제안은 엄청난 수준의 국가적 부를 필요로 하는 것이 아니다. 이들 제안은 국가가 시민의 기본적 욕구를 충족시킬 것을 요구하지만, 도시의 녹지 공간 확장 및 기본적인 고용 보호 제공과 같은 정책은 아마도 많은 국가의 능력 범위 내에 있다.

커다란 부가 사회적 행복을 증진하는 데 필수적이지 않다는 점을 더 설명하기 위해 살펴보면, 세계에서 가장 부유한 나라인 미국은 2015년 세계행복보고서(Helliwell, Layard,

& Sachs, 2015)가 수집한 자료에서 세계에서 15번째로(158개국 중) 행복한 나라에 올랐다는 점이 흥미롭다. 우리는 14위인 멕시코와 16위인 브라질 사이에 끼어 있다. 다음은 상위 10위를 차지한 국가이다.

1. 스위스
2. 아이슬란드
3. 덴마크
4. 노르웨이
5. 캐나다
6. 핀란드
7. 네덜란드
8. 스웨덴
9. 뉴질랜드
10. 오스트레일리아

따라서 엄청난 부가 그 나라를 세계 행복 순위의 최상위에 두게 하는 것은 아니다. 가장 행복한 10개국은 부유층이지만 미국만큼은 아니다. 여러 면에서 그들의 객관적인 생활 수준은 미국에 비해 낮다. 예를 들어 2009년 영국국영방송(BBC)의 한 프로그램에 따르면 덴마크 신축 주택의 평균 바닥 면적은 137평방미터인 반면, 미국은 214평방미터였다(http://news.bbc.co.uk/2/hi/uk_news/magazine/8201900.stm).

가장 행복한 나라 대부분은 비교적 작고 겉보기에는 동질적 인구집단이다. 그들의 높은 행복이 사회복지정책의 무엇인가가 아니라 이러한 특징 때문이었을까? 확실히 가능하다. 아마도 작고 동질적인 국가는 신뢰 수준이 높아지고 사회적 불화가 적을 텐데 둘 다 웰빙에 기여한다.

우리가 궁극적으로 알고자 하는 것이 웰빙의 원인이기 때문에 이런 질문은 중요하다. 그리고 이것들은 실험 자료가 아니다. 아무도 국가를 사회복지정책에 무작위로 배정하지 않았고, 그래서 가장 행복한 나라들이 관대한 사회복지정책을 펴고 있고, 이런 정책이 행복을 불러왔다고 단순하게 볼 수는 없다. 인구 규모 및 동질성과 같은 다른 요인이 추진 요인일 수 있다.

그러나 자료를 면밀하게 검토해보면 이런 대안적 설명은 거의 불가능하다. 2013년 세계 행복 보고서를 쓴 Helliwell 등(2015)은 국가의 인구 규모와 웰빙 간에 체계적인 연관성이 없다고 지적했다. 행복 수준의 분포 전체에 걸쳐 크고 작은 나라들이 모두 속해 있다.

게다가 행복한 스칸디나비아 국가들은 생각보다 민족적으로 다양하다. 예를 들어 덴마크의 공식 정부 통계 사이트(www.statistikbanken.dk/statbank5a/default.asp?w=1280)의 자료에 따르면 2015년에 비유럽 지역에서 태어난 덴마크 인구는 563만 명으로 덴마크 인구의 7.5%를 차지하고 있다. 반면 영국 내무부(British Office of British National Office)의 2013 Bulletin에 따르면 2012년 영국(사회복지 제도가 취약하고 행복 순위가 상당히 낮다) 거주자의 8%가 유럽연합 이외 지역에서 태어났다.

또한 덴마크의 거주자 중 10.2%가 외국 출생이거나 부모가 외국 태생으로 잉글랜드와 웨일스의 20%에 비해 낮지만, 외국 출생자의 수는 별로 다르지 않아서, 덴마크의 경우 6.3%이고 잉글랜드와 웨일스는 8%였다. 그리고 아마도 놀랄 텐데 사회적 안전망이 강하고 행복도 순위도 높은 또 다른 나라 스웨덴은 잉글랜드와 웨일스보다 외국 태생 인구의 비율이 더 높다(21.7% 대 20%)(www.migrationobservatory.ox.ac.uk/briefings/immigration-population-and-ethnicity-uk-international-perspective). 따라서 인종적 동질성이 국제 행복 순위를 설명할 수 있는지 전혀 분명하지 않다.

이스털린의 정책 제안

사회 안전망 및 완전 고용

이스털린(1974)은 부(wealth)가 국가 내의 웰빙은 예측하지만 국가 간의 웰빙은 예측하지 못한다는 역설을 발견한 학자이다. 그는 또한 경제 성장이 장기간에 걸친 웰빙에 영향을 미치지 않는다는 것을 발견했다. 이스털린(2013)은 경제 성장이 장기적으로는 웰빙에 실질적인 영향을 미치지 않는다는 많은 주장을 반복했다. 그러나 그는 또한 이러한 주장에 근거한 사회정책을 명시적으로 제안한다. 그의 제안은 북유럽 국가들이 주목하고 있는 사회복지 프로그램을 촉구하는 것이다.

사회의 목표가 사람들의 웰빙을 증진하는 것이라면, 경제 성장 그 자체가 그런 역할을 하지는 않을 것이다. 완전 고용과 관대하고 포괄적인 사회 안전망이 행복을 증가시킨다.(Easterlin, 2013, p. 1)

이스털린(2013, p. 13)은 경제 성장을 반드시 포기해야 할 필요는 없다고 분명하게 언급하지만 더 나아가서 이렇게 말한다.

원칙적으로 경제 성장은 더 큰 고용에 기여해야 하며, 아직 입증된 것은 아니지만 안전망 정책을 더 쉽게 구현할 수 있게 한다. 분명히 해야 할 연구가 훨씬 더 많기는 하지만, 경제 성장만을 만능 해결책으로 추진하는 것은 행복 증진에 관해서는 타당한 정책이 아니라는 점은 분명하다.

따라서 이스털린(2013)은 완전 고용을 장려하고 안전한 사회 안전망을 제공하는 정책을 권고한다. 성장은 이러한 조건을 만드는 데 도움이 될 수는 있지만 그 자체가 행복 증가라는 목표는 아니다. 더욱이 경제학자인 이스털린은 지출의 우선순위를 인식한다면 상대적으로 빈곤한 많은 국가에서도 관대한 사회복지 프로그램은 감당할 만한 것이라고 주장한다.

이스털린(2013)은 완전 고용을 이끌어내는 정책을 설명하는 것이 아니다. 이 문제는 진흙 구덩이와 같으며 정치적으로도 얽혀 있는 개념이다. 그러나 기본 아이디어는 분명하다. 그는 제6장에서 논의한 자료를 통해 사람들이 장기 실업을 겪지 않도록 사회가 할 수 있는 일을 해야 한다고 결론을 내렸다. 예를 들어 지구상에서 가장 행복한 나라 중 하나인 덴마크는 '유연 안정성'이라는 명시적인 고용정책을 펴고 있다. 정부 웹사이트(www.denmark.dk/en/society/welfare)에 따르면, 기업이 불필요한 근로자를 비교적 쉽게 해고할 수 있지만 정부는 모든 실업자에게 조력과 교육 또는 직업을 제공하는 "적극적인 노동시장정책"을 실시하고 있다. 실직자 또한 일을 적극적으로 찾고 주어진 직장에 취업할 책임이 있다. 이러한 적극적인 노동시장정책에 대한 실증적 검토결과는 이 정책이 실업의 심리적 고통을 줄인다는 점에서 긍정적임을 밝혔다(Coutts, Stuckler, & Cann, 2014).

이스털린(2013)의 조언에서 안전한 사회 안전망은 행복 증가를 위한 사회정책의 중요한 구성요소이다. 이것이 무엇을 의미하는지 다시 한 번 덴마크를 살펴보자. 정부의 공식 웹사이트(www.denmark.dk)에서 복지라는 용어는 두드러지게 표시된다. 홈페이지에서 '사회' 버튼을 클릭하면 군복무, 덴마크 역사 및 종교 등의 버튼과 함께 복지가 표시된다. 아마도 이것은 사회복지 프로그램에 대한 덴마크의 헌신을 암시한다고 할 것이다. 그들은 자신들의 시스템을 다음과 같이 설명한다.

> 스칸디나비아 복지 모델이라고도 불리는 덴마크 복지 제도의 기본 원칙은 모든 시민
> 이 사회 보장에 동등한 권리를 갖는다는 것입니다. 덴마크 복지 제도에서는 시민들에
> 게 무료로 제공되는 여러 가지 서비스가 있습니다. 예를 들어 덴마크의 건강 및 교육
> 시스템은 무료입니다. 덴마크의 복지 모델은 주정부가 보조금을 지급하며 결과적으
> 로 덴마크는 세계에서 가장 과세 수준이 높은 나라 중 하나입니다.(복지에 대한 덴마
> 트 정부의 설명, http://denmark.dk/en/society/welfare에서 발췌)

덴마크 사람들이 복지 제도를 설명하는 맥락에서 높은 세율을 광고하는 것은 특히 흥
미롭다. 실제로 개인 소득 대비 세금은 덴마크의 GDP 대비 26.4%이며, 미국의 경우
9.8%(https://data.oecd.org)와 비교가 된다. 사회복지에 대한 덴마크의 헌신은 지출 우
선순위로 알 수 있다. 예를 들어 2011년에 덴마크는 GDP의 2.2%를 실업자의 혜택을 위
해 지출했는데, 사회 안전망이 덜 안전한 유럽국가인 영국에서는 이에 해당하는 지출이
그 해에 GDP의 0.4%에 불과하다(https://data.oecd.org/socialexp/public-unemployment-
spending.htm#indicator-chart). 마찬가지로 덴마크는 2011년에 장애 혜택에 GDP의 4.7%
를 지출했지만, 영국이 장애 혜택에 지불한 재정은 GDP의 2.5%였다(https://data.oecd.
org/socialexp/public-spending-on-incapacity.htm#indicator-chart). 덴마크는 세계 행복 보고
서(World Happiness Report)에서 세계에서 가장 행복한 국가였으며 영국은 22위였다는
것을 생각해보라.

증거

이런 권고를 뒷받침하기 위해 이스털린(2013)은 덴마크, 스웨덴, 핀란드의 세 '초복지 국
가'의 웰빙을 독일, 오스트리아, 프랑스, 영국의 네 '준복지 국가'의 웰빙과 비교했다. 초
복지 국가는 준복지 국가보다 연금, 실업 및 질병 혜택이 상당히 관대했다. 이들 두 국가
집단의 GDP와 물가 상승률은 거의 동일했다. 기대했던 것처럼 초복지 국가의 시민들은
덜 관대한 국가의 시민들보다 행복했다. 그들은 또한 일과 가정생활, 건강 및 공공 서비스
에 더 만족했다. 초복지 국가의 시민들은 그들이 받은 관대한 공공 서비스에 대해 분명히
인식하고 있었으며 감사해했다. 그들은 보건, 교육, 보육 및 공적 연금에 관한 공공 서비

스에 더 높은 평점을 주었고, 정치체제에 대해 더 많은 신뢰를 보내는 것으로 나타났다.

누진과세에 관한 연구 또한 우리가 더 강력한 사회적 안전망을 구축해야 한다는 이스털린(2013)의 제안을 지지한다.[2] 누진세란 부유한 사람이 가난한 사람보다 높은 세율로 과세되는 것이다. 누진세는 정부가 부유한 사람의 돈으로 빈곤층을 돕는 데 사용하기 때문에 재분배로 간주된다. 누진과세는 효과적인 반부패 프로그램과도 관련이 있다(Gatzia & Woods, 2014). Oishi, Schimmack 및 Diener(2012)는 국가의 부와 소득 불평등을 통제한 후에도 누진과세가 높은 웰빙과 상관이 있음을 발견했다. 이들은 누진과세가 교육과 건강 관리, 주거 및 운송과 같은 공공기반시설 시스템에 대한 만족도를 높이기 때문에 높은 웰빙과 관련이 있음을 발견했는데, 이런 결과는 사회복지 시스템에 대한 이스털린(2013)의 주장을 지지하는 것이다. 따라서 누진과세는 사회복지 사업과도 관련되기 때문에 행복을 증진시키는 것으로 보인다.

또 다른 증거도 복지 국가의 시민들이 자신의 삶에 더 만족한다는 것을 보여준다. Flavin과 Radcliff(2009)는 사회 안전망이 미국 내에서 낮은 자살률을 예측함을 발견했다. 사회 안전망의 강도는 가족 지원(전통적으로 '복지'라고 알려져 있음), 의료 혜택 및 전반적인 전환 지불(장애 보험, 교육 보조, 퇴역 군인 혜택, 퇴직 등 정부가 개인에게 지불하는 돈)을 포함해서 몇 가지 방식으로 측정했다. 그 결과 사회자본(신뢰 수준, 자원봉사 수준, 지역사회 생활 참여 정도 등), 이혼율, 주거 이동성 및 실업률을 통계적으로 통제한 후에도 결과는 유의했다. 그리고 사회적 지출과 자살률의 관계는 의미가 있기에 충분했다. 저자는 각 주에서 사회복지 지출을 1인당 연간 약 45달러씩 올리면 매년 자살로 인한 사망자가 약 3,000명 감소할 것이라고 추산한다(전체 자살률 10% 감소).

또한 Flavin, Pacek 및 Radcliff(2011)는 사회 안전망에 대한 투자 정도가 다른 15개 선진국에서의 삶의 만족도를 조사했다.[3] 사회 안전망이 복지를 증진한다는 이스털린(2013)의 제안과 일치하는 결과였는데, 사회적 프로그램에 대한 정부 지출 수준이 높은 국가에 거주하면 시민들이 더 만족했다. 특히 세소득, GDP 중 정부 지출 점유율, 실업 수당 및 정부 사회복지 지출은 모두 인구통계학적·문화적·경제적 변수를 통제한 후에도 삶의 만족도에 긍정적인 영향을 미쳤다. 그리고 이러한 관계는 단지 통계적으로만 유의한 것이 아니라 또한 실제적으로 중요할 만큼 충분히 컸다. 사회복지 지출의 효과는 결혼 또는 개인 소득의 개별 효과와 대략 동일한 크기였다. Flavin 등(2011)은 이런 발견을 나중에 다른 방법으로 재현했다.

흥미롭게도 삶의 만족도는 개인 소득과는 거의 관계없이 정부의 사회 지출 변수와 정적인 상관관계가 있었다(Flavin et al., 2011). 가장 부유한 사람들은 세금과 GDP 대비 정부 지출이 증가할수록 덜 만족했다. 그러나 이러한 만족도의 감소는 크지 않았다. Flavin 등은 학자들이 웰빙을 예측하는 데에 사용하는 전통적인 성격, 문화 및 미시경제 변수(예 : 개인 소득)에 이러한 거시경제 변수를 추가해야 한다고 결론지었다. Flavin 등(2011, p. 264)이 도출한 결론은 다음과 같다.

> 따라서 우리의 결과는 시장이 삶에 대한 만족에 영향을 끼치므로 시장을 비난하지는 않지만, 대신 국가가 근로자와 시민의 이익을 위해 개입해서 시장의 불평등과 불확실성을 줄일 때 인간의 삶의 질이 가장 좋다는 것을 시사한다. 따라서 우리의 결과는 … '자비로운 자본주의'가 웰빙과 가장 잘 맞는 것 같다는 것을 보여주는 것이라 요약할 수 있을 것이다.

이것들은 이스털린이 선호하는 것과 동일한 사회복지 국가정책이다.

마지막으로 사회 지출에 대한 한 가지 주의가 필요하다. Cullis, Hudson 및 Jones(2011)는 EU 내 국가 간 및 조세정책을 통한 소득 재분배의 효과를 조사했다. 그들은 부유한 국가에서 가난한 국가로의 재분배가 전체 행복을 증가시킬 가능성이 있음을 발견했다. 그러나 특정 국가 내에서 부의 재분배는 행복에 최소한의 영향만을 미치는 것으로 보인다. 사회복지 지출 그 자체가 항상 행복을 증가시키지는 않기 때문에 재분배된 돈을 어떻게 쓰느냐가 열쇠일 수 있다. 사회복지 프로그램을 관리하는 방식과 어떤 프로그램을 강조하는가가 중요하다. Jakubow(2014)는 사회복지 프로그램에 대한 국가 지출이 시민들이 정부를 공정하고 효율적이라고 인식할 때 효과적이며, 실업 보호와 특히 자녀 양육과 관련하여 일과 삶의 균형 문제로 어려움을 겪는 가족을 지원하는 것을 강조하는 것이 효과적이라는 것을 발견했다. 이러한 문제는 복지 지출에 관한 모든 사회정책적 논의에 통합되어야 한다.

요약하면 이스털린(2013)은 북유럽 국가를 모델로 하여 공적 자금에 기반한 강력한 사회 안전망 구축을 제안한다. 그는 실업 보호에 특히 중점을 두라고 조언한다. 그는 경제성장을 포기하라는 권고에는 반대하지만, 성장 그 자체를 뒤처진 행복의 해결책으로 보지는 않는다. 정책 제안에는 항상 가치 판단의 문제가 연루되므로, 자료만을 토대로 특정

정책이 좋다고 객관적으로 말하기는 어렵다. 기본적으로 정책이란 '좋은' 것은 촉진하고 '나쁜' 것은 지양하는 것이며, 어떤 것이 좋고 나쁜가에 대해서는 사람들의 의견이 다를 수 있다. 행복 자체는 '좋은' 것일까 '나쁜' 것일까? 이것은 우리가 자료로 대답할 수 있는 질문이 아니다.

그러나 자료를 보면 사회복지 프로그램이 강한 국가에 사는 사람들이 비교 대상 국가의 사람들에 비해 건강이 좋다. 또 자료들은 경제 성장 그 자체는 웰빙을 그리 크게 증가시키지 않음을 보여준다. 당연히 우리는 이러한 질문을 다른 방식으로 접근하고 다른 방식으로 통제하는 더 많은 자료를 받아들이기를 주저해서는 안 된다. 그러나 우리의 유일한 목적이 복지를 증진하는 것이라면 강력한 사회복지 프로그램이 효과적인 전략이라는 좋은 주장을 할 수 있다.

레이어드의 공리주의적 관점

영국의 경제학자 리처드 레이어드(2005, 2006)는 가장 많은 사람들의 최대한의 행복을 강조하는 실용주의적 공리주의의 접근법을 취한다. 레이어드의 정책 제안은 현대심리학적 연구결과를 전통경제학의 언어 및 사고과정과 함께 통합한 것이다.

레이어드(2005)의 시작점은 상대적으로 부유한 나라의 경제 성장은 그 자체만으로는 행복을 증가시키지 못할 것이라는 점이다. 그는 이미 제시한 많은 자료를 통해 정치적 자유와 빈곤으로부터 자유로울 때뿐 아니라 다른 사람들을 신뢰하고 경제적으로나 사회적으로 안정감을 느낄 때에도 더 행복하다고 주장한다. 따라서 실업과 가족 및 다른 사회적 유대의 붕괴는 우리의 행복에 엄청난 영향을 줄 수 있다.

레이어드(2006)는 서구 산업국가에서 행복을 저해하는 세 가지 주요 문제를 밝혔다. 하나는 경제학에서 우리의 선호와 바람이라고 말하는 우리의 '취향'이 문화적으로 구성된 것이라는 점이다. 즉, 문화는 우리가 바람직하다고 생각하는 것에 영향을 미친다. 이것은 심리학도들에게는 놀라운 일이 아니지만, 오랫동안 취향은 자연스러운 것이라고 가정했던 경제학에서는 약간 뜻밖의 일이다(Layard, 2005, 2006).

두 번째 문제는 사회적 비교이다. 우리와 같은 산업화된 문화에서 미디어와 광고는 선호를 형성하는 데 엄청난 영향을 미친다. 언론은 우리를 사회 비교의 불씨를 당기는 엄청난 부의 사례를 보여준다. 따라서 우리는 상대적 소득, 또는 우리의 소득이 주변 사람들에 비해 어떤지에 크게 영향을 받는다. 소득 불평등은 또한 이러한 비교 효과의 영향을 받는다(Layard, 2005).

세 번째 문제는 이러한 부유한 사례들에 대한 노출은 높은 수준의 소유욕에 불을 붙여서 부의 증대를 위한 경쟁에 뛰어들게 한다는 것이다(Layard, 2006). 그러나 우리는 또한 자연스럽게 새로운 수준의 소득과 물질적 소유에 대한 쾌락적 적응을 경험하며, 시간이 지남에 따라 소유로 인한 즐거움이 감소한다. 특히 미국인은 이런 소유욕으로 너무 많은 시간 동안 일하기 때문에 우리의 일과 가정생활 사이의 균형은 깨진다. 이렇게 긴 근무시간 때문에 우리의 가정생활과 사회생활은 덜 만족스러운 것이 된다.

레이어드(2005, 2006)는 '지위 경쟁'을 언급하면서, 이런 경쟁에 참여하는 것은 우리 자신의 행복뿐 아니라 주변 사람들의 행복도 낮추게 된다고 주장한다. 실제로 더 많은 소득을 추구하는 지위 경쟁에 참여함으로써, 이를테면 사람들은 타인의 웰빙을 낮추는 부정적 외부성(일종의 오염)을 창출한다. 여기서 레이어드는 경제학의 아이디어와 용어, 호모에코노미쿠스의 아이디어를 빌리고 있다. 물론 상대소득이 너무나 중요하기 때문에 어떤 사람이 더 높은 소득을 얻으면, 그 사람은 다른 사람의 소득에 대한 만족도를 낮추게 된다는 이론적 근거가 있다. 이것은 모든 사람이 지는 게임을 만든다.

정책 제안

세금   레이어드의 정책 제안은 일정 수준 이상의 소득(그리고 일)을 단념하도록 세율을 조정하는 것이다. 레이어드(2005, 2006)는 특히 사회에서 기본적으로 필요한 것을 얻으려는 것이 아니라 더 높은 지위 획득을 위한 '과도한' 또는 '불필요한' 일을 단념하도록 할 것을 주장한다. 일정액을 넘어서는 소득에는 무거운 세금을 매겨서 더 이상의 돈을 벌려는 유인가가 없어지는 수준으로 세율을 고정시킬 수도 있다.

이와 관련된 레이어드의 또 다른 제안은 실적에 기반한 임금을 없애거나 무거운 세금을 부과하는 것이다. 이런 제안의 이론적 근거는 대부분의 직업에서 성과를 측정하는 객관적인 방법이 없기 때문에 성과 중심의 임금은 근로자 간 비교를 토대로 정해진다는 것이다. 한 사람의 근로자가 머리핀 몇 개를 만들어야 할까? 객관적인 대답이 없으므로 일반적인 해결책은 수잔이 스탠보다 더 많은 머리핀을 만들었으니까 수잔에게 혜택을 주는 것이다. 그러나 이것은 스탠과 다른 근로자들을 질투나게 하고 불행하게 만든다. 레이어드에 따르면 수잔은 그 공장의 행복을 오염시킨 셈이다. 그리고 그녀는 새로운 소득 수준에 빠르게 적응하기 때문에 장기적으로는 행복하지 않다. 또한 수잔은 이제 다른 근로자들이 따라 잡을 수 없도록 더 열심히 일해야 하기 때문에 새로운 소득으로 행복해할 가능성도 없다(Layard, 2005, 2006).

레이어드의 세금에 대한 견해는 상대적 소득 효과, 사회적 비교, 쾌락의 쳇바퀴 및 기타 우리를 행복하게 만드는 비화폐 요인을 근거로 한다. 여분의 일을 통하거나 아니면 혜택 상승을 추구함으로써 자신의 소득을 올리려는 모든 노력은 결국 자기패배적이다(Layard, 2005, 2006). 예를 들어 일에 대한 추가 노력(장시간 근무, 정서적 에너지 소비 등)은 웰빙에 강력한 긍정적 효과가 있는 가정생활과 기타 사회관계를 방해할 수 있다. 레이어드(2005)는 일이 특히 가족관계를 포함한 사회적 관계를 방해한다는 점을 매우 중요하게 여긴다. 이것이 이 장의 앞부분에서 검토한 자료와 일치한다는 것에 주목하자. 소득과 부는 웰빙에 영향을 미치는 요인 중 하나일 뿐이며 그 효과는 대개 비교적 작다. 가족과 사회적 관계(Baumeister & Leary, 1995)는 웰빙에 중요한 영향을 미치므로, 이를 방해하는 것은 무엇이든지 강력한 부정적인 영향을 끼칠 가능성이 있다.

사람은 추가 소득에 쉽게 적응하기 때문에(그가 이미 최저 수준을 상회한다고 가정하고) 이 또한 자기패배적이다. 이는 또한 다른 사람들로 하여금 소득을 올리도록 촉진할 수 있는데, 그들도 사회 비교의 영향을 받기 때문이다. 일단 다른 사람이 소득을 늘려서 가장 소득이 많은 사람을 따라잡으면, 그 추가적 소득에서 얻는 이득은 빠르게 사라진다. 또한 추가 소득은 이제 다른 사람들로 하여금 따라잡으려는 필요를 느끼게 하기 때문에 그들의 행복을 오염시킨다는 점도 중요하다.

가족관계 개선 레이어드(2005)는 행복을 만들고 유지하는 데에 사회적 관계, 특히 가족과의 관계의 중요성을 강조한다. 그는 '과잉 노동'이 가족의 시간을 크게 방해한다고 생각한다. 우리는 제7장에서 '시간 풍요'는 더 많은 행복과 관련이 있고, 시간 부족은 더 낮은 행복과 관련이 있음을 보았다. 우리는 또한 직장의 과도한 시간 요구가 행복을 낮춘다는 것을 알았다. 이러한 결과는 모두 레이어드의 주장과 일치한다. 이 연구에 대한 응답으로 몇몇 이론가들은 우리가 적어도 일하는 주간의 단축을 고려해야 한다고 제안했다(Coote, Franklin, & Simms, 2010; Hansen, 2015; Reisch, 2001; Schor, 2010).

또한 Kasser와 Sheldon(2009)은 시간 스트레스를 줄이려는 활동가 집단인 '시간 되찾기(Take Back Your Time, TBYT)'(www.timeday.org)가 제안한 세 가지 제안을 지지한다. 구체적으로 Kasser와 Sheldon(2009)은 기업들이 유급 가족 휴가(신생아 또는 아픈 가족을 보살피기 위해)와 최소 3주간의 유급 휴가를 제공해야 한다는 TBYT의 주장에 동의한다. 또한 기업은 직원들에게 초과 근무를 요구해서는 안 된다(Kasser & Sheldon, 2009).

기타 제안   레이어드(2005, 2006)는 또한 소유욕을 낮추기 위해 광고, 특히 아동 대상의 광고를 제한해야 한다고 주장한다. 레이어드에 따르면 이러한 소유욕은 자기패배적인 지위 경쟁을 강화할 뿐이다. 우리는 또한 인간이 손실 회피적이라는 점을 인식해야 한다. 이것은 인간이 행복을 증가시키는 이익보다는 행복을 앗아가는 상실을 더 크게 여긴다는 것을 의미한다. 1달러를 얻을 때의 행복보다는 1달러를 잃을 때의 불행이 더 크다. 결과적으로 레이어드(2005, 2006)는 실업과 같은 손실로부터 개인을 보호하기 위해 우리 경제에 안정성을 담보할 방법을 찾아야 한다고 제안한다. 이 부분은 이스털린(2013)의 제안과 유사하게 근로자가 강력한 경제적 안전망을 가져야 한다는 것을 의미한다. 레이어드는 실업의 행복 감소 효과에 관한 자료를 매우 심각한 것으로 받아들인다.

그는 또한 자신들의 기본적인 생필품을 얻기 위해 분투하는 전 세계 가난한 사람들을 돕는 일을 더 많이 해야 한다고 주장한다(Layard, 2005). 그들에게는 소득이 중요하다. 마지막으로 그는 개인 간의 경쟁을 줄이고, 서로 존중받는 대안적 방법을 찾아야 한다고 주장한다(Layard, 2005, 2006), 레이어드(2005)는 물질적 지위 경쟁에서 앞서가는 사람들이 아니라 그 반대로 다른 사람들을 돕는 사람들이 더 큰 존경을 받도록 권장해야 한다고 주장한다.

여기에 레이어드의 실용주의적이고 공리주의적인 외침이 있다. 그의 의도는 그것이 아무리 비전통적인 접근일지라도 자료에 따라서 무엇이 가장 많은 사람들에게 효과적일 수 있는지를 찾아내려는 것임이 확실하다. 그리고 과세와 성과기반의 임금에 관한 그의 제안은 자본주의 사회에서는 매우 비전형적인 것이다. 하지만 접근 방식이 얼마나 비전형적이든 관계없이, 우리는 어떤 평가를 하기 전에 이런 논리를 면밀하게 검토해야 한다.

예를 들어 그의 제안은 적응과 사회적 비교 효과를 중심으로 한 합리적인 과학에 근거한 것이다. 그래서 그는 자신이 주장하는 세제를 교정적인 것이라 주장한다. 경제 논리는 다양한 사회적 관행이 자원과 돈의 효율적인 사용을 벗어나는 쪽으로 기울면 시장을 왜곡시킬 수 있다고 천명한다. 따라서 때로는 이를 교정하는 시정 조치가 필요하다. 레이어드(2005, 2006)는 우리의 목표가 모든 사람의 행복을 극대화하는 것이라면, 이 목표의 효율적인 최대화를 방해하는 우리 경제의 왜곡을 제거해야 한다고 주장한다.

잠재적 이의 제기

레이어드(2005, 2006) 정책 제안에 대한 하나의 잠재적 반대는 그것들이 관습적인 것으로부터 매우 동떨어진 급진적인 것이라는 것이다. 아마도 우리는 그가 제안한 정책이 실제 상황에서 효과적으로 작동하게 하려면 좀 더 천천히 적용하기를 원할 수도 있다. 또 다른 가능한 반대는 레이어드의 계획이 우리의 질투심을 조장하는 도덕적 해이(moral hazard)를 초래할 수 있다는 것이다. 개인의 자유를 극대화해야 한다고 믿는 자유주의자들은 레이어드의 제안에 특히 불쾌감을 느낄 수 있다. 다른 사람이 자신보다 소득이 많다는 것을 알게 되었을 때, 그 사람에게 "더 많이 벌어서 불행을 극복하라."고 지시하는 것이 더 나을 수 있지 않을까? 레이어드(2005, p. 153)는 이런 반대에 대해 "말도 안 되는 한심한 일"이라고 날카롭게 지적한다. 무엇보다도 많은 기존의 사회정책들이 탐욕을 조장하는 것임에도 아무도 이런 도덕적 해이에 반대하는 것 같지 않다. 그러나 더 중요한 것은 레이어드가 지위에 대한 질투와 욕망은 인간 본성의 일부이며, 인간의 행복을 극대화하려면 소득 격차를 줄이기 위한 노력이 필요하다고 주장한다는 점이다.

또한 노동에 세금을 매기는 것이 생산성과 경제 발전을 감소시킬 수 있다고 생각할 수도 있다. 그것은 또한 신약이나 전자제품과 같은 기술적 성취의 발달을 늦출 수도 있다. 레이어드(2005)의 주요 논제 중 하나는 지난 수십 년 동안의 경제적 진보가 경제 선진국에서 행복을 증가시키지 않았다는 것이다. 우리는 이 책 전체에서 검토한 자료로 이를 확인했다. 그러니 목표가 행복을 늘리는 것이라면, 왜 우리가 물질적인 사치품의 성장이 늦어지는 것을 걱정해야 하는가? 그동안 그런 것들은 우리를 더 행복하게 해준 것 같지 않다. 더욱이 새로운 물질적 편리함이 없다고 해서 우리가 덜 행복해질 것 같지도 않다 (Gilbert, 2006). 1950년대 사람들은 컬러 TV가 없었기 때문에 덜 행복했을까?

또한 성과기반 보상과 같은 강력한 외부 보상은 동기를 높이기보다는 오히려 줄이는 경향이 있다. 레이어드(2005)는 이 점을 뒷받침하는 자기결정 이론(Self-Determination Theory, SDT)(Deci & Ryan, 1985)의 여러 연구결과를 인용했다. 이 분야의 연구에 따르면 외부 보상은 일 자체를 목적으로 좋은 일을 하려는 내재적 동기를 감소시킨다. 오히려 근로자는 보상을 추구하게 되고, 일을 잘하는 데에 필수적인 전문가의 자부심을 잃는다. 연구결과에 따르면 외부의 재정적 보상에 초점을 두면 행복도 줄어든다. 레이어드는 재정적 보상에 너무 많은 관심이 집중될 때 발생할 수 있는 문제를 설명한다. 자신도 경제학자인 레이어드(2005)는 경제학자들이 돈과 같은 외적 보상을 너무 많이 강조하며, 이것이 직무 만족과 행복을 모두 줄인다고 주장한다.

경제 성장의 둔화로 실직 및 기타 행복을 감소시키는 효과가 발생하지 않는가? 레이어드(2005, 2006)는 그렇게 생각하지 않는다. 우선 그는 경제 성장의 종식을 주장하지 않기 때문에 고용에 너무 많은 압력을 가해서는 안 된다고 말한다. 대신 그는 단지 성장이 만병통치약이 아니며, 행복에 대해서는 다른 요인들도 성장과 마찬가지로 또는 그 이상으로 중요하다고 말할 뿐이다. 레이어드(2003, Lecture 2)는 런던 정경대학이 후원한 Lionel Robbins Memorial Lecture Series의 일환으로 웹에 출판된 일련의 강의(http://cep.lse.ac.uk/_new/events/robbins.asp)에서 자신의 세제 관련 제안들이 GDP 성장을 둔화시킬 것이라고 인정하지만, 그는 이것을 우려할 만한 일로 보지 않았다. 그의 관심은 경제 성장이 아닌 행복에 있다. 그는 자료들을 통해 이 두 가지가 같은 것이 아니라는 점을 확신하였다.

> 우리는 과세가 노동 노력을 줄임으로써 GDP를 감소시킬 것이 거의 확실하다는 점을 분명히 해야 한다. 그러나 GDP가 웰빙 측정치로는 잘못된 것이기 때문에 이것이 문제될 것이 없다는 점도 똑같이 분명히 해야 한다.(Layard, 2003, Lecture 2, p. 11)

또 다른 반대 가능성도 즐겨보자. 레이어드가 제안하는 것에 '부자연스러운' 뭔가가 있는가? 우리는 제2장에서 지위 추구가 우리 종에 선택된 것임을 배웠다. 레이어드(2005, 2006)는 지위를 높이려는 불필요하거나 과도한 작업을 권장하지 말아야 한다고 주장한다. 이 제안은 생물학적 명령을 무시하는 것일까? 이번에도 레이어드(2005, 2006)는 그렇게 생각하지 않는다. 첫째, 그는 문화의 중요성을 인식하고 있으며, 생물학적 명령은 아마도 드물 것으로 본다. 둘째, 그의 제안은 지위에 대한 충동을 무시하거나 억제하는 것이 아니라 교정적인 세제를 통해 이런 충동을 일과 소득이 아닌 다른 쪽으로 유도하는 것이다. 그는 지위에 대한 충동이 다른 사람들을 도우려는 노력과 같은 더욱 생산적인 방법으로 나타나기를 희망한다.

요약하면 레이어드는 비관습적이며 직접적이다. 우리의 목표가 가능한 한 많은 사람들의 행복을 극대화하는 것(그리고 모든 사람의 행복이 똑같이 중요하다고 생각한다면)이라면, 그것이 바로 우리가 해야 한다고 생각하는 것이다. '과잉근무'를 포기하게 하는 세제 활용, 광고 규제(특히 아동을 대상으로 한 광고), 가족과 공동체를 강화하기 위해 할 수 있는 일을 하는 것, 우리의 경제적 관심을 전 세계의 가난한 사람들을 돕는 데에 초점을 맞추는 것 등이 바로 그것이다. 그리고 그가 특히 우리가 해야 할 일이라고 주장하는 것, 즉 과세로 '과도한 노동'을 좌절시키는 것에 관한 주장은 정말 비관습적이다. 하지만 그의 논리는 매우 분명하다. 과도한 노동, 성과에 기반한 임금, 그리고 지위를 위한 금전 기반의 경쟁 등은 모두 레이어드(2005)가 쥐들의 경주라고 부르는 것에서 승리한 사람들을 포함하여 우리 모두의 행복을 갉아먹는 '오염'의 원천이다. 이 논리는 상대소득, 쾌락의 쳇바퀴, 기타 인간 동기의 다른 측면들(예 : SDT, 손실 혐오)에 대한 확고한 연구기반을 토대로 하는 것이다.

• • •
요약

이 장은 우리가 개인으로나 사회로서 더 행복해질 수 있다는 것을 보여주기 때문에 이 책의 마지막 장으로 적합하며 흥미로운 장이다. PPI는 사건 및 우리가 추구하는 목표에 대해 생각하는 방식을 바꿈으로써 우리 자신의 행복을 향상시킬 수 있는 효과적인 방법을 제공한다. 세금, 사회복지 시스템, 가족과 일의 균형 등에 관한 사회정책을 다시 생각해 보면 하나의 전체로서 우리 사회의 행복을 향상시킬 수 있는 기회를 얻을 수 있다. 아마도 가장 흥미로운 사실은 개인 및 사회 전반의 행복을 향상시키기 위한 이러한 제안들은 건전한 과학적 증거에 근거한다는 것이다. 우리는 그 정책 제안들이 효과적이라고 낙관할 수 있는 각각의 근거를 가지고 있다.

이 모든 제안에 포함된 내용은 우리가 책 전체에서 발견한 일관된 주제이다. 행복이 우리의 목표라면, 우리가 일단 기본적인 신체 및 심리적 요구를 충족시킬 수 있는 재원을 확보하고 난 후에는 부와 명성을 추구하는 것이 아무런 쓸모가 없다. 마찬가지로 행복이 우리의 목표라면, 우리는 소비와 물질문화에 매이지 않도록 특별히 주의해야 한다. 그보다는 행복을 가져다줄 가능성이 가장 높은 것에 집중해야 한다.

이 중 많은 부분은 우리가 세상을 어떻게 해석하고 생각하는지와 관련이 있다. 행복은 의미 있는 관계를 중요시하고, 감사를 격려하며, 사회적 비교를 피하고, 긍정적인 경험을 즐기는 방식으로 세상을 보는 것에서 온다. 우리는 또한 행복을 향상시키는 환경을 추구해야 한다. 삶의 의미와 목적을 찾는 데 도움이 되는 의미 있는 일과 기타 환경이 중요하다. 마찬가지로 효과적인 사회 안전망을 제공하고 근로자가 가족과 함께 충분한 시간

을 가질 수 있도록 하는 안정적이고 효율적인 정부와 함께 신뢰롭고 비교적 평등한 사회
에서 사는 것은 행복을 크게 증가시킨다. 경험주의의 마법은 더 큰 행복에 이르는 길들을
밝혀주었다. 나는 우리가 이 길을 찾을 수 있기를 바란다.

주

1. 두 가지 과정이 있지만 둘 모두 목표는 사건의 다양성과 부정적인 사건과 관련된 정서를 감소시
   키는 것이다. 우리는 부정적인 감정을 더 이상 생산하지 않도록 부정적인 사건에 대한 주의를 거
   두어들인다. 이것은 그 사건(그림의 맨 아래 줄)에 의해 생성된 부정적인 감정의 수효와 심각성
   을 줄이거나 없애서 적응을 가능하게 한다. 또한 그것은 긍정적 감정에 대한 우리의 열망을 증가
   시킬 것이다(그림에서 삼각형의 상단). 긍정적 사건에 대한 바람직한 반응과 달리 부정적 사건
   이후에는 긍정적 감정에 대한 열망을 늘리려고 노력해야 하는데, 그것이 부정적 사건에 대한 우
   리의 주의를 분산시키는 데 도움이 되기 때문이다(Lyubomirsky, 2011).
2. 그러나 부분적인 의견불일치에 관해서는 Cullis 등(2011) 참조
3. 오스트레일리아, 캐나다, 핀란드, 프랑스, 독일, 영국, 이탈리아, 일본, 네덜란드, 노르웨이, 한
   국, 스페인, 스웨덴, 스위스, 미국

참고문헌

Abbott, P., & Wallace, C. (2014). Rising economic prosperity and social quality. The case of new
    member states of the European Union. *Social Indicators Research, 115*(1), 419–439.

Bartolini, S. (2007). Why are people so unhappy? Why do they strive so hard for money? Compet-
    ing explanations of the broken promises of economic growth. In L. Bruni & P. L. Porta (Eds.),
    Handbook on the economics of happiness (pp. 337–364). Cheltenham, UK: Edward Elgar.

Baumeister, R. F., Bratslavsky, E., Finkenauer, C., & Vohs, K. D. (2001). Bad is stronger than good.
    Review of General Psychology, 5(4), 323–370.

Baumeister, R. F., & Leary, M. R. (1995). The need to belong: Desire for interpersonal attachments
    as a fundamental human motivation. *Psychological Bulletin, 117*(3), 497–529.

Bolier, L., Haverman, M., Westerhof, G. J., Riper, H., Smit, F., & Bohlmeijer, E. (2013). Positive
    psychology interventions: A meta-analysis of randomized controlled studies. *BMC Public Health,
    13*(1). doi:10.1186/1471-2458-13-119

Carl, J. R., Soskin, D. P., Kerns, C., & Barlow, D. H. (2013). Positive emotion regulation in emo-
    tional disorders: A theoretical review. *Clinical Psychology Review, 33*(3), 343–360.

Coote, A., Franklin, J., & Simms, A. (2010). *21 Hours: Why working shorter hours can help us all to
    flourish in the 21st century.* London, UK: New Economics Foundation. Retrieved from
    https://b.3cdn.net/nefoundation/f49406d81b9ed9c977_p1m6ibgje.pdf

Costa, P. T., & McCrae, R. R. (1992). The five-factor model of personality and its relevance to personality disorders. *Journal of Personality Disorders, 6*(4), 343–359.

Coutts, A. P., Stuckler, D., & Cann, D. J. (2014). The health and well-being effects of active labor market programs. In F. A. Huppert & C. L. Cooper (Eds.), *Wellbeing: Interventions and Policies to Enhance Wellbeing* (Volume 6, Part 2, Chapter 13). Hoboken, NJ: John Wiley.

Cullis, J., Hudson, J., & Jones, P. (2011). A different rationale for redistribution: Pursuit of happiness in the European Union. *Journal of Happiness Studies, 12*(2), 323–341.

Dawood, R. (2014). Positive psychology and child mental health; a premature application in school-based psychological intervention? *Procedia - Social and Behavioral Sciences, 113*, 44–53.

Deci, E. L., & Ryan, R. M. (1985). The general causality orientations scale: Self-determination in personality. *Journal of Research in Personality, 19*(2), 109–134.

Diener, E., Lucas, R., Schimmack, U., & Helliwell, J. (2009). *Well-being for public policy.* New York, NY: Oxford University Press.

Diener, E., Oishi, S., & Lucas, R. E. (2015). National accounts of subjective well-being. *American Psychologist, 70*(3), 234–242.

Diener, E., & Seligman, M. E. P. (2004). Beyond money: Toward an economy of well-being. *Psychological Science in the Public Interest, 5*(1), 1–31.

Diener, E., & Tay, L. (2015). Subjective well-being and human welfare around the world as reflected in the Gallup World Poll. *International Journal of Psychology, 50*(2), 135–149.

DuBois, C. M., Beach, S. R., Kashdan, T. B., Nyer, M. B., Park, E. R., Celano, C. M., & Huffman, J. C. (2012). Positive psychological attributes and cardiac outcomes: Associations, mechanisms, and interventions. *Psychosomatics, 53*(4), 303–318.

Easterlin, R. A. (1974). Does economic growth improve the human lot? Some empirical evidence. In P. A. David & M. W. Reder (Eds.), *Nations and households in economic growth: Essays in honour of Moses Abramovitz* (pp. 89–126). New York, NY: Academic Press.

Easterlin, R. A. (2013). Happiness, growth, and public policy. *Economic Inquiry, 51*, 1–15. doi:10.1111/j.1465-7295.2012.00505.x

Emmons, R. A., & McCullough, M. E. (2003). Counting blessings versus burdens: An experimental investigation of gratitude and subjective well-being in daily life. *Journal of Personality and Social Psychology, 84*(2), 377–389.

Flavin, P., Pacek, A. C., & Radcliff, B. (2011). State intervention and subjective well-being in advanced industrial democracies. *Politics and Policy, 39*(2), 251–269.

Flavin, P., & Radcliff, B. (2009). Public policies and suicide rates in the American states. *Social Indicators Research, 90*(2), 195–209.

Ford, B. Q., & Mauss, I. B. (2014). The paradoxical effects of pursuing positive emotion: When and why wanting to feel happy backfires. In J. Gruber & J. T. Moskowitz (Eds.), *Positive emotion: Integrating the light sides and dark sides* (pp. 363–381). New York, NY: Oxford University Press.

Gatzia, D., & Woods, E. (2014). Progressive taxation as a means to equality of condition and poverty alleviation (co-authored with Douglas Woods). *Economics, Management, and Financial Markets, 9*(4), 29–43.

Georges, C. M., & Tomlinson-Clarke, S. M. (2015). Integrating positive psychology into counseling psychology doctoral education. *Counseling Psychologist, 43*(5), 752–788.

Gilbert, D. T. (2006). *Stumbling on happiness*. New York, NY: A. A. Knopf.

Hajdu, T., & Hajdu, G. (2014). Reduction of income inequality and subjective well-being in Europe. *Economics, 8*. doi:10.5018/economics-ejournal.ja.2014-35

Hansen, K. B. (2015). Exploring compatibility between "subjective well-being" and "sustainable living" in Scandinavia. *Social Indicators Research, 122*(1), 175–187.

Helliwell, J. F., Layard, R., & Sachs, J. (Eds.). (2015). *World Happiness Report 2015*. New York, NY: Sustainable Development Solutions Network. Retrieved from http://worldhappiness.report/wp-content/uploads/sites/2/2015/04/WHR15.pdf

Hertwig, R., & Herzog, S. M. (2009). Fast and frugal heuristics: Tools of social rationality. *Social Cognition, 27*, 661–698.

Huffman, J. C., DuBois, C. M., Millstein, R. A., Celano, C. M., & Wexler, D. (2015). Positive psychological interventions for patients with type 2 diabetes: Rationale, theoretical model, and intervention development. *Journal of Diabetes Research, 2015*. doi:10.1155/2015/428349

Jakubow, A. (2014). State intervention and life satisfaction reconsidered: The role of governance quality and resource misallocation. *Politics and Policy, 42*(1), 3–36.

Jeste, D. V., Palmer, B. W., Rettew, D. C., & Boardman, S. (2015). Positive psychiatry: Its time has come. *Journal of Clinical Psychiatry, 76*(6), 675–683.

Kasser, T., & Ryan, R. M. (1993). A dark side of the American dream: Correlates of financial success as a central life aspiration. *Journal of Personality and Social Psychology, 65*(2), 410–422.

Kasser, T., & Sheldon, K. M. (2009). Time affluence as a path toward personal happiness and ethical business practice: Empirical evidence from four studies. *Journal of Business Ethics, 84*, 243–255.

Layard, R. (2003). *Happiness: Has social science a clue? (Lecture Two): The Lionel Robbins Memorial Lecture Series*. London, UK: London School of Economics and Political Science. Retrieved from http://cep.lse.ac.uk/_new/events/robbins.asp

Layard, R. (2005). *Happiness: Lessons from a new science*. London, UK: Allen Lane.

Layard, R. (2006). Happiness and public policy: A challenge to the profession. *Economic Journal, 116*(510), C24–C33.

Layous, K., Chancellor, J., & Lyubomirsky, S. (2014). Positive activities as protective factors against mental health conditions. *Journal of Abnormal Psychology, 123*(1), 3–12.

Lyubomirsky, S. (2008). *The how of happiness: A new approach to getting the life you want*. New York, NY: Penguin Press.

Lyubomirsky, S. (2011). *Hedonic adaptation to positive and negative experiences*. New York, NY: Oxford University Press.

Lyubomirsky, S. (2013). *The myths of happiness: What should make you happy, but doesn't, what shouldn't make you happy, but does*. New York, NY: Penguin Press.

Lyubomirsky, S., & Layous, K. (2013). How do simple positive activities increase well-being? *Current Directions in Psychological Science, 22*(1), 57–62.

Lyubomirsky, S., Sheldon, K. M., & Schkade, D. (2005). Pursuing happiness: The architecture of sustainable change. *Review of General Psychology, 9*(2), 111–131.

Meyers, M. C., van Woerkom, M., & Bakker, A. B. (2013). The added value of the positive: A literature review of positive psychology interventions in organizations. *European Journal of Work and Organizational Psychology, 22*(5), 618–632.

Mills, M. J., Fleck, C. R., & Kozikowski, A. (2013). Positive psychology at work: A conceptual review, state-of-practice assessment, and a look ahead. *Journal of Positive Psychology, 8*(2), 153–164.

O'Boyle, E. (2005). "Homo Socio-Economicus": Foundational to social economics and the social economy. *Review of Social Economy, 63*(3), 483–507.

Oishi, S., Schimmack, U., & Diener, E. (2012). Progressive taxation and the subjective well-being of nations. *Psychological Science, 23*(1), 86–92.

Peterson, C., & Seligman, M. E. P. (2004). Introduction to a "manual of the sanities." In C. Peterson & M. E. P. Seligman (Eds.), *Character strengths and virtues: A handbook and classification* (pp. 3–32). New York, NY: Oxford University Press and Washington, DC: American Psychological Association.

Quinlan, D., Swain, N., & Vella-Brodrick, D. (2012). Character strengths interventions: Building on what we know for improved outcomes. *Journal of Happiness Studies, 13*(6), 1145–1163.

Quoidbach, J., & Dunn, E. W. (2013). Give it up: A strategy for combating hedonic adaptation. *Social Psychological and Personality Science, 4*(5), 563–568.

Reisch, L. A. (2001). Time and wealth: The role of time and temporalities for sustainable patterns of consumption. *Time and Society, 10*(2–3), 367–385.

Santos, V., Paes, F., Pereira, V., Arias-Carrion, O., Silva, A. C., Carta, M. G.,. . . Machado, S. (2013). The role of positive emotion and contributions of positive psychology in depression treatment: Systematic review. *Clinical Practice and Epidemiology in Mental Health, 9*, 221–237.

Schneider, S., Gräf, B., & Peter, M. (2010). Homo economicus—or more like Homer Simpson? *Deutsche Bank Research.* Retrieved from https://www.dbresearch.com/PROD/DBR_INTERNET_EN-PROD/PROD0000000000259291.pdf

Schor, J. (2010). *Plenitude: The new economics of true wealth.* New York, NY: Penguin Press.

Seaford, C. (2013). The multiple uses of subjective well-being indicators. *Social Indicators Research, 114*(1), 29–43.

Shankland, R., & Rosset, E. (2016). Review of brief school-based positive psychological interventions: A taster for teachers and educators. *Educational Psychology Review,* 2016. doi:10.1007/s10648-016-9357-3

Sheldon, K. M., Boehm, J., & Lyubomirsky, S. (2013). Variety is the spice of happiness: The hedonic adaptation prevention model. In S. A. David, I. Boniwell, & A. Conley Ayers (Eds.), *The Oxford handbook of happiness* (pp. 901–914). New York, NY: Oxford University Press.

Sheldon, K. M., & Lyubomirsky, S. (2012). The challenge of staying happier: Testing the hedonic adaptation prevention model. *Personality and Social Psychology Bulletin, 38*(5), 670–680.

Shoshani, A., & Steinmetz, S. (2014). Positive psychology at school: A school-based intervention to promote adolescents' mental health and well-being. *Journal of Happiness Studies, 15*(6), 1289–

1311.

Sin, N. L., & Lyubomirsky, S. (2009). Enhancing well-being and alleviating depressive symptoms with positive psychology interventions: A practice-friendly meta-analysis. *Journal of Clinical Psychology, 65*(5), 467–487.

Stiglitz, J., Sen, A., & Fitoussi, J. P. (2010, August). Report by the Commission on the Measurement of Economic Performance and Social Progress. Retrieved from https://www.insee.fr/fr/publications-et-services/dossiers_web/stiglitz/doc-commission/RAPPORT_anglais.pdf

Tweed, R. G., Bhatt, G., Dooley, S., Spindler, A., Douglas, K. S., & Viljoen, J. L. (2011). Youth violence and positive psychology: Research potential through integration. *Canadian Psychology, 52*(2), 111–121.

Waters, L. (2011). A review of school-based positive psychology interventions. *Australian Educational and Developmental Psychologist, 28*(2), 75–90.

Waters, L., Barsky, A., Ridd, A., & Allen, K. (2015). Contemplative education: A systematic, evidence-based review of the effect of meditation interventions in schools. *Educational Psychology Review, 27*, 103–134.

Waugh, C. E., & Koster, E. H. W. (2015). A resilience framework for promoting stable remission from depression. *Clinical Psychology Review, 41*, 49–60.

Weiss, L. A., Westerhof, G. J., & Bohlmeijer, E. T. (2016). Can we increase psychological well-being? The effects of interventions on psychological well-being: A meta-analysis of randomized controlled trials. *PLOS ONE, 11*(6). doi:10.1371/journal.pone.0158092

Wood, A. M., Froh, J. J., & Geraghty, A. W. A. (2010). Gratitude and well-being: A review and theoretical integration. *Clinical Psychology Review, 30*(7), 890–905.

Wood, A. M., & Tarrier, N. (2010). Positive clinical psychology: A new vision and strategy for integrated research and practice. *Clinical Psychology Review, 30*(7), 819–829.

찾아보기

저자 소개 _

James B. Allen

뉴욕주립대학교(제니시오)의 심리학과 부교수이며, 23년간 심리학을 가르치고 있다. 정규 강좌로 행복심리학, 사회심리학, 환경심리학 및 고급 심리학의 연구법을 강의한다. 심리과학회와 동부심리학회의 연례 대회에 정기적으로 참석하여 논문을 발표하고 있다. *Journal of Personality and Social Psychology*, *Basic and Applied Social Psychology*, *Sex Roles* 및 *Environment and Behavior* 등에 논문을 게재하기도 한다. 오번대학교 심리학과를 졸업하고, 애리조나주립대학교에서 사회심리학 박사 학위를 취득했다.

역자 소개 _

김정호
덕성여자대학교 심리학과 교수
전 한국심리학회장
고려대학교 대학원 심리학 박사
주요 저서 : 스트레스의 이해와 관리(공저), 조금 더 행복해지기, 스트레스는 나의 스승이다,
　생각 바꾸기, 일상의 마음챙김＋긍정심리
주요 역서 : 받아들임(공역)

김선주
서강대학교 평생교육원 강사
고려대학교 대학원 심리학 박사
주요 저서 : 스트레스의 이해와 관리(공저)
주요 역서 : 받아들임(공역), 긍정심리학: 강점의 실현(공역)

김완석
아주대학교 심리학과 교수
사단법인 한국명상학회 이사장
아주대학교 건강명상센터장
고려대학교 대학원 심리학 박사
주요 저서 : 마인드 다이어트: 명상기반의 자기조절, 과학명상
주요 역서 : 가슴을 여는 명상: 사무량심, 긍정컴퓨팅(공역)

박경순
서울여자대학교 특수치료전문 대학원 교수
고려대학교 대학원 심리학 박사
임상심리학자
미국 뉴욕대학교 의과대학 정신분석연구소 4년 과정 정신분석 훈련 수료
주요 저서 : 엄마교과서

안귀여루
강남대학교 교육대학원 원장
대한스트레스학회 부회장
전 호연심리상담센터 공동대표
고려대학교 대학원 심리학 박사
주요 저서 : 이상심리학(공저), 심리치료핸드북(공저), 스무살의 인생설계(공저), 스트레스 과학(공저)
주요 역서 : 프로이트 심리학 입문, 건강심리학(공역), 예술치료에서의 평가와 연구(공역)

최상섭
강원대학교 심리학과 강사
미국 퍼듀대학교 심리학 박사
주요 저서 : 인지심리학(공저)
주요 역서 : 생각있는 디자인(공역)